[美] 曼昆 著 / 梁小民 梁砾 译

N. GREGORY MANKIW

经济学原理
第8版

微观经济学分册

PRINCIPLES OF ECONOMICS

8th Edition

北京大学出版社
PEKING UNIVERSITY PRESS

著作权合同登记号　图字:01-2019-5772

图书在版编目(CIP)数据

经济学原理:第8版.微观经济学分册/(美)N.格里高利·曼昆(N. Gregory Mankiw)著;梁小民,梁砾译.—北京:北京大学出版社,2020.5
ISBN 978-7-301-31297-1

Ⅰ.①经⋯　Ⅱ.①N⋯②梁⋯③梁⋯　Ⅲ.①经济学—高等学校—教材②微观经济学—高等学校—教材　Ⅳ.①F0

中国版本图书馆 CIP 数据核字(2020)第 042138 号

N. Gregory Mankiw

Principles of Economics, eighth edition

Copyright © 2018, Cengage Learning.

Original edition published by Cengage Learning. All Rights Reserved.

本书原版由圣智学习出版公司出版。版权所有,盗印必究。

Peking University Press is authorized by Cengage Learning to publish and distribute exclusively this simplified Chinese edition. This edition is authorized for sale in the People's Republic of China only (excluding Hong Kong, Macao SARs and Taiwan). Unauthorized export of this edition is a violation of the Copyright Act. No part of this publication may be reproduced or distributed by any means, or stored in a database or retrieval system, without the prior written permission of the publisher.

本书中文简体字翻译版由圣智学习出版公司授权北京大学出版社独家出版发行。此版本仅限在中华人民共和国境内(不包括中国香港、澳门特别行政区及中国台湾地区)销售。未经授权的本书出口将被视为违反版权法的行为。未经出版者预先书面许可,不得以任何方式复制或发行本书的任何部分。

本书封面贴有 **Cengage Learning** 防伪标签,无标签者不得销售。

本书采用出版物版权追溯防伪凭证,读者可通过手机下载 APP 扫描封底二维码,或者登录互联网查询产品信息。

书　　　名	经济学原理(第8版):微观经济学分册 JINGJIXUE YUANLI(DI-BA BAN):WEIGUAN JINGJIXUE FENCE
著作责任者	〔美〕N.格里高利·曼昆(N. Gregory Mankiw) 著　梁小民 梁砾 译
策划编辑	张　燕
责任编辑	王　晶
标准书号	ISBN 978-7-301-31297-1
出版发行	北京大学出版社
地　　　址	北京市海淀区成府路 205 号　100871
网　　　址	http://www.pup.cn
微信公众号	北京大学经管书苑(pupembook)
电子邮箱	编辑部 em@pup.cn　总编室 zpup@pup.cn
电　　　话	邮购部 010-62752015　发行部 010-62750672　编辑部 010-62752926
印 刷 者	河北博文科技印务有限公司
经 销 者	新华书店
	787 毫米×1092 毫米　16 开本　34 印张　849 千字 2020 年 5 月第 1 版　2024 年 12 月第 14 次印刷
定　　　价	109.00 元

未经许可,不得以任何方式复制或抄袭本书之部分或全部内容。
版权所有,侵权必究
举报电话:010-62752024　电子邮箱:fd@pup.cn
图书如有印装质量问题,请与出版部联系,电话:010-62756370

献给 *Catherine*、*Nicholas* 和 *Peter*，
作为我给下一代的另一种贡献

作者介绍

N. 格里高利·曼昆

图片来源：Jordi Cabré.

N. 格里高利·曼昆（N. Gregory Mankiw）是哈佛大学的罗伯特·M. 伯瑞（Robert M. Beren）经济学讲席教授。学生时代的曼昆曾在普林斯顿大学和麻省理工学院学习经济学。成为教师后，他讲授过宏观经济学、微观经济学、统计学和经济学原理。多年前他甚至在新泽西州的长滩岛当过一个夏天的帆船运动教练。

曼昆教授是一位高产的作者，同时也经常参与学术讨论和政治辩论。他的著作发表在许多学术期刊，例如《美国经济评论》《政治经济学杂志》和《经济学季刊》上，以及更具普及性的报刊，例如《纽约时报》和《华尔街日报》上。他也是最畅销的中级经济学教科书《宏观经济学》（沃思出版公司出版）的作者。除了教学、研究和写作，曼昆教授还是美国国家经济研究局（NBER）的研究人员，美国国会预算办公室、波士顿联邦储备银行和纽约联邦储备银行的顾问，以及美国教育考试服务中心（ETS）的经济学先修课程考试研发委员会成员。2003—2005年，他曾担任美国总统经济顾问委员会主席。

曼昆教授现在与妻子Deborah，三个孩子Catherine、Nicholas和Peter，以及宠物狗Tobin住在马萨诸塞州的威尔斯利。

中文版序

我写作经济学教科书的最大乐趣之一便是看到它们能在全世界范围内被广泛采用。当我在出国访学时碰到他国学生,或在哈佛大学碰到前来访问的外国学生时,他们往往会告诉我,我为他们提供了经济学的入门读本,尽管这些书有时是被翻译成我所不懂的各种语言。关于究竟有多少学生接触过我的教科书的报道是粗略的,但可以确定的是,在成为一名教科书作者二十余年后,我在全球数以百万计学生的经济学教育中扮演了一个小小的角色。

正因为经济学的基础知识是如此基本,这种全球范围的普遍使用才成为可能。经济学领域的伟大洞见,如亚当·斯密的"看不见的手"的概念、大卫·李嘉图的比较优势原理,以及约翰·梅纳德·凯恩斯的总需求理论,并不仅仅针对于某个特定的时间和空间。相反,它们为机敏的学生提供了观察世界的新透镜和有助于设计更好的公共政策的新工具。当然,一个人透过该透镜看到了什么,以及他或她如何运用这些工具,将取决于特定的历史、政治和文化条件。经济学理论本身并不会给出所有问题的正确答案,但作为通才教育的一部分,它为找到诸多重大问题的正确答案提供了关键线索。

美国学生通常对了解中国的经济发展颇感兴趣,我相信许多中国学生也会关注美国经济。我向我的学生们指出,中国在过去几十年里的经济增长极为引人注目。考虑到中国庞大的人口规模,人类历史上很可能没有其他事件,能比中国经济的快速增长使更多人口脱离贫困。对此,我们唯一正确而合适的反应无疑是鼓掌和赞许。

这种快速增长强化了中国作为世界经济主要参与者的角色。未来几年,将有许多经济议题需要中美两国领导人共同讨论,如全球气候变化、知识产权保护以及国际贸易和金融规则。这些讨论应基于以下认识而展开:繁荣并不是一个零和博弈,它能以一种合作和共赢的精神共同实现。就我的教科书在经济学基础课程上推动了中美两国学生的教育而言,我希望自己能以某种微不足道的方式对两国的持续发展有所贡献。

N. 格里高利·曼昆

Preface to Chinese Edition

One of the great joys of having written my textbooks on economics is to see their widespread use around the world. When I meet students as I travel abroad or foreign students who are visiting Harvard, they often tell me that I offered them their first taste of economics, sometimes translated into languages that I cannot begin to understand. Reports of exactly how many students my books have reached are sketchy, but it is clear that, after more than two decades as a textbook author, I have played a small role in the education of many millions of students all over the globe.

Such worldwide use is possible only because the basic lessons of economics are so fundamental. The big insights of the field, such as Adam Smith's concept of the invisible hand, David Ricardo's principle of comparative advantage, and John Maynard Keynes's theory of aggregate demand, are not designed to apply to only a specific time and place. Rather, they provide the astute student with a new lens with which to view the world and new tools with which to help design better public policies. Of course, what a person sees when he or she peers through the lens and how a person applies these tools may depend on particular historical, political, and cultural conditions. The theory of economics does not by itself give the right answers to all questions, but as part of a broad education, it offers a crucial input into finding the right answers to many important questions.

American students are often interested to learn about the evolution of the Chinese economy, and I am sure that many Chinese students return the favor. I point out to my students that Chinese economic growth over the past several decades has been remarkable. Given the size of China's population, it is likely that no event in human history has pulled more people out of poverty than this period of rapid growth. The only correct response is applause.

This rapid growth has reinforced China's role as a major player in the world economy. In the years to come, there will be many economic issues which American and Chinese leaders will need to discuss, such as global climate change, intellectual property protection, and the rules for international trade and finance. These discussions should take place with the recognition that prosperity is not zero-sum but, rather, can be achieved together with a spirit of cooperation and mutual gain. To the extent that my books have helped educate both American and Chinese students in the basic lessons of economics, I hope I may have contributed in some small way to the continued success of both nations.

Greg Mankiw

前　言

19世纪的伟大经济学家阿尔弗雷德·马歇尔在他的教科书《经济学原理》中这样写道："经济学是一门研究人类日常生活事务的学问。"虽然自马歇尔那个时代以来我们对经济的了解更多了，但经济学的这一定义在今天依然如同其在1890年马歇尔的教科书第一次出版时那样正确。

作为一名21世纪的读者，你为什么还应该学习经济学呢？原因有三个。

学习经济学的第一个原因是，它能帮助你理解你所生活的世界。有许多经济问题可能会激发你的好奇心。为什么在纽约市找公寓如此困难？为什么如果旅客周六停留一个晚上，那么航空公司对往返机票的收费就要低一些？为什么小罗伯特·唐尼出演电影得到的报酬如此之高？为什么许多非洲国家的生活水平特别低？为什么一些国家通货膨胀率高，而另一些国家物价稳定？为什么在一些年份找工作容易，而在另一些年份困难？这些只是经济学课程可以帮助你回答的几个问题。

学习经济学的第二个原因是，它能使你更精明地参与经济。在你的日常生活中，你要做许多经济决策。当你是学生时，你要决定在学校学习多少年。一旦你参加了工作，你就要决定把多少收入用于支出，多少用于储蓄，以及如何将你的储蓄用于投资。也许有一天你要管理一个小公司或一家大企业，而且你要决定为你的产品制定多高的价格。本书各章提出的观点将使你从一个新角度去思考如何最好地做出这些决策。学习经济学本身并不会使你富有，但它将提供一些有助于你努力致富的工具。

学习经济学的第三个原因是，它能使你更好地理解经济政策的潜力与局限性。经济问题总是市政府办公室、州政府大厦和白宫里的决策者们所关心的。各种不同形式税收带来的负担有哪些？与其他国家自由贸易的影响如何？保护环境的最好方法是什么？政府的预算赤字如何影响经济？作为一个选民，你可以帮助政府在这些引导全社会资源配置的政策之间做出选择。对经济学的理解将有助于你履行这一职责。而且或许有一天你自己也会成为那些决策者中的一员。

因此，经济学原理可以运用到生活中的方方面面。无论以后你阅读报纸、管理企业还是坐在白宫椭圆形的办公室中，你都将会为学习过经济学而感到欣慰。

N.格里高利·曼昆

学习指南图

第 1 篇　导　言

- 第 1 章　经济学十大原理 —— 一些重要思想指导着经济学的研究。
- 第 2 章　像经济学家一样思考 —— 经济学家既可以作为科学家来观察世界,也可以作为决策者来观察世界。
- 第 3 章　相互依存性与贸易的好处 —— 比较优势理论解释了人们如何从经济上的相互依存性中获益。

第 2 篇　市场如何运行

- 第 4 章　供给与需求的市场力量
- 第 5 章　弹性及其应用 —— 经济如何协调独立的经济主体?通过供求的市场力量。
- 第 6 章　供给、需求与政府政策 —— 用供求的工具来考察各种政府政策的效应。

第 3 篇　市场和福利

- 第 7 章　消费者、生产者与市场效率
- 第 8 章　应用:税收的代价 —— 为什么供求均衡对整个社会是合意的?消费者剩余和生产者剩余的概念解释了市场的效率、税收的代价,以及国际贸易的收益。
- 第 9 章　应用:国际贸易

第 4 篇　公共部门经济学

- 第 10 章　外部性
- 第 11 章　公共物品和公共资源 —— 市场结果并不总是有效率的,政府有时可以弥补市场失灵。
- 第 12 章　税制的设计 —— 为了给政府的各种计划提供资金,政府通过其税制筹集收入,设计税制要关注效率与平等的平衡。

第 5 篇　企业行为与产业组织

- 第 13 章　生产成本
- 第 14 章　竞争市场上的企业 —— 企业理论阐明了竞争市场供给背后的决策。
- 第 15 章　垄断
- 第 16 章　垄断竞争 —— 有市场势力的企业会使市场结果无效率。
- 第 17 章　寡头

第 6 篇　劳动市场经济学

- 第 18 章　生产要素市场
- 第 19 章　收入与歧视 —— 这几章考察了劳动市场的特点,大多数人在劳动市场上赚到了自己的大部分收入。
- 第 20 章　收入不平等与贫困

第 7 篇 深入研究的论题

- 第 21 章 消费者选择理论
- 第 22 章 微观经济学前沿

微观经济学中深入研究的论题包括家庭决策、不对称信息、政治经济学以及行为经济学。

第 8 篇 宏观经济学的数据

- 第 23 章 一国收入的衡量
- 第 24 章 生活费用的衡量

用于监测整体经济发展的生产总量和物价总水平。

第 9 篇 长期中的真实经济

- 第 25 章 生产与增长
- 第 26 章 储蓄、投资和金融体系
- 第 27 章 金融学的基本工具
- 第 28 章 失业

这几章描述了长期中决定关键真实变量的力量,这些变量包括GDP的增长、储蓄、投资、真实利率和失业。

第 10 篇 长期中的货币与物价

- 第 29 章 货币制度
- 第 30 章 货币增长与通货膨胀

在决定物价水平、通货膨胀率和其他名义变量的长期行为时,货币制度至关重要。

第 11 篇 开放经济的宏观经济学

- 第 31 章 开放经济的宏观经济学:基本概念
- 第 32 章 开放经济的宏观经济理论

用贸易余额、国外净投资和汇率描述了一国与其他国家的交易。

开放经济的长期模型解释了决定贸易余额、真实汇率和其他真实变量的因素。

第 12 篇 短期经济波动

- 第 33 章 总需求与总供给
- 第 34 章 货币政策和财政政策对总需求的影响
- 第 35 章 通货膨胀与失业之间的短期权衡取舍

总需求与总供给模型解释了短期经济波动、货币政策和财政政策的短期效应,以及真实变量和名义变量之间的短期联系。

第 13 篇 最后的思考

- 第 36 章 宏观经济政策的六个争论问题

最后一章提出了在经济政策六个主要争论问题上争论双方的观点。

目 录

第1篇 导 言

第1章 经济学十大原理

1.1 人们如何做出决策 4
  1.1.1 原理一:人们面临权衡取舍 4
  1.1.2 原理二:某种东西的成本是为了得到它所放弃的东西 5
  1.1.3 原理三:理性人考虑边际量 6
  1.1.4 原理四:人们会对激励做出反应 7
1.2 人们如何相互影响 9
  1.2.1 原理五:贸易可以使每个人的状况都变得更好 9
  1.2.2 原理六:市场通常是组织经济活动的一种好方法 9
  参考资料 亚当·斯密与看不见的手 11
  案例研究 亚当·斯密会爱上优步 12
  1.2.3 原理七:政府有时可以改善市场结果 13
1.3 整体经济如何运行 14
  1.3.1 原理八:一国的生活水平取决于它生产物品与服务的能力 14
  1.3.2 原理九:当政府发行了过多货币时,物价上升 15
  1.3.3 原理十:社会面临通货膨胀与失业之间的短期权衡取舍 15
1.4 结论 16
快速单选 17
内容提要 18
关键概念 18
复习题 18
问题与应用 18

第2章 像经济学家一样思考

2.1 作为科学家的经济学家 20
  2.1.1 科学方法:观察、理论和进一步观察 21
  2.1.2 假设的作用 22
  2.1.3 经济模型 23
  2.1.4 我们的第一个模型:循环流量图 23
  2.1.5 我们的第二个模型:生产可能性边界 25
  2.1.6 微观经济学与宏观经济学 28
2.2 作为政策顾问的经济学家 29
  2.2.1 实证分析与规范分析 29
  2.2.2 华盛顿的经济学家们 30
  2.2.3 为什么经济学家的建议并不总是被采纳 31
2.3 经济学家意见分歧的原因 32
  2.3.1 科学判断的不同 32
  2.3.2 价值观的不同 33

    2.3.3 感觉与现实 33
  2.4 出发吧 35
  快速单选 35
  内容提要 36
  关键概念 36
  复习题 37
  问题与应用 37
  附录 绘图:简单的复习 39

第 3 章
相互依存性与贸易的好处

  3.1 一个现代经济寓言 50
    3.1.1 生产可能性 50
    3.1.2 专业化与贸易 52
  3.2 比较优势:专业化的动力 54
    3.2.1 绝对优势 54
    3.2.2 机会成本和比较优势 55
    3.2.3 比较优势与贸易 56
    3.2.4 贸易的价格 57
    参考资料 亚当·斯密与大卫·李嘉图的思想遗产 57
  3.3 比较优势的应用 58
    3.3.1 塞雷娜·威廉姆斯应该自己修剪草坪吗 58
    新闻摘录 家庭经济学 59
    3.3.2 美国应该与其他国家进行贸易吗 61
  3.4 结论 62
  快速单选 62
  内容提要 63
  关键概念 63
  复习题 64
  问题与应用 64

第 2 篇
市场如何运行

第 4 章
供给与需求的市场力量

  4.1 市场与竞争 69
    4.1.1 什么是市场 69
    4.1.2 什么是竞争 70
  4.2 需求 71
    4.2.1 需求曲线:价格和需求量之间的关系 71
    4.2.2 市场需求与个人需求 72
    4.2.3 需求曲线的移动 73
    案例研究 减少香烟需求量的两种方法 75
  4.3 供给 77
    4.3.1 供给曲线:价格与供给量之间的关系 77
    4.3.2 市场供给与个人供给 78
    4.3.3 供给曲线的移动 79
  4.4 供给与需求的结合 81
    4.4.1 均衡 81
    4.4.2 分析均衡变动的三个步骤 84
  4.5 结论:价格如何配置资源 88
  快速单选 89
  内容提要 90
  关键概念 91
  复习题 91
  问题与应用 91

第5章
弹性及其应用

5.1 需求弹性 94
5.1.1 需求价格弹性及其决定因素 95
5.1.2 需求价格弹性的计算 96
5.1.3 中点法：一个计算变动百分比和弹性的更好方法 96
5.1.4 各种需求曲线 97
参考资料　现实世界中的几种弹性 98
5.1.5 总收益与需求价格弹性 99
5.1.6 沿着一条线性需求曲线的弹性和总收益 101
5.1.7 其他需求弹性 102
5.2 供给弹性 103
5.2.1 供给价格弹性及其决定因素 103
5.2.2 供给价格弹性的计算 104
5.2.3 各种供给曲线 104
5.3 供给、需求和弹性的三个应用 106
5.3.1 农业的好消息可能对农民来说是坏消息吗 106
5.3.2 为什么OPEC不能保持石油的高价格 109
5.3.3 禁毒增加还是减少了与毒品相关的犯罪 110
5.4 结论 112
快速单选 112
内容提要 112
关键概念 113
复习题 113
问题与应用 114

第6章
供给、需求与政府政策

6.1 价格控制 116
6.1.1 价格上限如何影响市场结果 117
案例研究　加油站前的长队 118
案例研究　短期与长期中的租金控制 119
6.1.2 价格下限如何影响市场结果 120
案例研究　最低工资 121
6.1.3 对价格控制的评价 123
6.2 税收 124
6.2.1 向卖者征税如何影响市场结果 125
6.2.2 向买者征税如何影响市场结果 126
案例研究　国会能分配工薪税的负担吗 128
6.2.3 弹性与税收归宿 129
案例研究　谁支付奢侈品税 131
6.3 结论 131
快速单选 132
内容提要 132
关键概念 133
复习题 133
问题与应用 133

第3篇
市场和福利

第7章
消费者、生产者与市场效率

7.1 消费者剩余 140
7.1.1 支付意愿 140
7.1.2 用需求曲线衡量消费者剩余 141
7.1.3 价格降低如何增加消费者剩余 144
7.1.4 消费者剩余衡量什么 146
7.2 生产者剩余 146
7.2.1 成本与销售意愿 146
7.2.2 用供给曲线衡量生产者剩余 148
7.2.3 价格上升如何增加生产者剩余 150
7.3 市场效率 152
7.3.1 仁慈的社会计划者 152
7.3.2 市场均衡的评价 153

案例研究　人体器官市场是否应该存在　*155*
新闻摘录　看不见的手可以给你停车位　*156*

7.4　结论：市场效率与市场失灵　*158*

快速单选　*159*

内容提要　*159*

关键概念　*160*

复习题　*160*

问题与应用　*160*

第8章
应用：税收的代价

8.1　税收的无谓损失　*163*

　8.1.1　税收如何影响市场参与者　*164*

　8.1.2　无谓损失与贸易的好处　*167*

8.2　决定无谓损失的因素　*168*

案例研究　关于无谓损失的争论　*169*

8.3　税收变动时的无谓损失和税收收入　*171*

案例研究　拉弗曲线和供给学派经济学　*172*

8.4　结论　*173*

快速单选　*174*

内容提要　*175*

关键概念　*175*

复习题　*175*

问题与应用　*175*

第9章
应用：国际贸易

9.1　决定贸易的因素　*178*

　9.1.1　没有贸易时的均衡　*179*

　9.1.2　世界价格和比较优势　*180*

9.2　贸易的赢家和输家　*180*

　9.2.1　出口国的得失　*181*

　9.2.2　进口国的得失　*182*

　9.2.3　关税的影响　*184*

参考资料　进口配额：另一种限制贸易的方法　*186*

　9.2.4　贸易政策的结论　*187*

　9.2.5　国际贸易的其他好处　*188*

新闻摘录　把贸易作为经济发展的工具　*189*

9.3　各种限制贸易的观点　*190*

　9.3.1　工作岗位论　*191*

新闻摘录　自由贸易的赢家应该补偿输家吗　*191*

　9.3.2　国家安全论　*192*

　9.3.3　幼稚产业论　*193*

　9.3.4　不公平竞争论　*193*

　9.3.5　作为讨价还价筹码的保护论　*194*

案例研究　贸易协定和世界贸易组织　*194*

9.4　结论　*195*

快速单选　*196*

内容提要　*197*

关键概念　*197*

复习题　*198*

问题与应用　*198*

第4篇
公共部门经济学

第10章
外部性

10.1　外部性和市场无效率　*204*

　10.1.1　福利经济学：回顾　*204*

　10.1.2　负外部性　*205*

　10.1.3　正外部性　*207*

案例研究　技术溢出、产业政策与专利保护　*208*

10.2　针对外部性的公共政策　*209*

　10.2.1　命令与控制政策：管制　*209*

　10.2.2　以市场为基础的政策1：矫正税与补

贴 209

案例研究 为什么对汽油征收的税如此之重 211

10.2.3 以市场为基础的政策2:可交易的污染许可证 212

10.2.4 对关于污染的经济分析的批评 214

10.3 外部性的私人解决方法 214

10.3.1 私人解决方法的类型 214

10.3.2 科斯定理 215

10.3.3 为什么私人解决方法并不总是有效 217

新闻摘录 科斯定理在起作用 218

10.4 结论 219

快速单选 220

内容提要 220

关键概念 221

复习题 221

问题与应用 221

第11章
公共物品和公共资源

11.1 不同类型的物品 223

11.2 公共物品 225

11.2.1 搭便车者问题 225

11.2.2 一些重要的公共物品 227

案例研究 灯塔是公共物品吗 228

11.2.3 成本—收益分析的难题 229

案例研究 一条生命值多少钱 230

11.3 公共资源 231

11.3.1 公地悲剧 231

11.3.2 一些重要的公共资源 232

新闻摘录 收费公路案例 233

案例研究 为什么奶牛没有绝种 236

11.4 结论:产权的重要性 236

快速单选 237

内容提要 237

关键概念 238

复习题 238

问题与应用 238

第12章
税制的设计

12.1 美国政府的税收概况 242

12.1.1 联邦政府筹集的税收 243

12.1.2 州与地方政府筹集的税收 245

12.2 税收和效率 246

12.2.1 无谓损失 246

案例研究 应该对收入征税,还是应该对消费征税 247

12.2.2 管理负担 248

12.2.3 边际税率与平均税率 249

12.2.4 定额税 249

12.3 税收与平等 250

12.3.1 受益原则 250

12.3.2 支付能力原则 251

案例研究 如何分配税收负担 252

12.3.3 税收归宿与税收平等 253

案例研究 谁支付公司所得税 254

12.4 结论:平等与效率之间的权衡取舍 255

快速单选 255

内容提要 256

关键概念 256

复习题 257

问题与应用 257

第5篇
企业行为与产业组织

第13章
生产成本

13.1 什么是成本 262
    13.1.1 总收益、总成本和利润 262
    13.1.2 作为机会成本的成本 262
    13.1.3 作为一种机会成本的资本成本 263
    13.1.4 经济利润与会计利润 264
13.2 生产与成本 265
    13.2.1 生产函数 265
    13.2.2 从生产函数到总成本曲线 267
13.3 成本的各种衡量指标 268
    13.3.1 固定成本与可变成本 269
    13.3.2 平均成本与边际成本 270
    13.3.3 成本曲线及其形状 271
    13.3.4 典型的成本曲线 273
13.4 短期成本与长期成本 274
    13.4.1 短期与长期平均总成本之间的关系 274
    13.4.2 规模经济与规模不经济 275
    参考资料 针厂的经验 276
13.5 结论 277
快速单选 277
内容提要 278
关键概念 279
复习题 279
问题与应用 279

第14章
竞争市场上的企业

14.1 什么是竞争市场 282
    14.1.1 竞争的含义 283
    14.1.2 竞争企业的收益 283
14.2 利润最大化与竞争企业的供给曲线 285
    14.2.1 一个简单的利润最大化例子 285
    14.2.2 边际成本曲线和企业的供给决策 286
    14.2.3 企业的短期停止营业决策 288
    14.2.4 覆水难收与其他沉没成本 290
    案例研究 生意冷清的餐馆和淡季的小型高尔夫球场 290
    14.2.5 企业退出或进入一个市场的长期决策 291
    14.2.6 用竞争企业图形来衡量利润 291
14.3 竞争市场的供给曲线 293
    14.3.1 短期:有固定数量企业的市场供给 293
    14.3.2 长期:有进入与退出的市场供给 294
    14.3.3 如果竞争企业利润为零,为什么它们要留在市场上 295
    14.3.4 短期与长期内的需求移动 296
    14.3.5 为什么长期供给曲线可能向右上方倾斜 297
14.4 结论:在供给曲线背后 298
快速单选 298
内容提要 299
关键概念 300
复习题 300
问题与应用 300

第15章
垄　断

15.1 为什么会产生垄断 304
    15.1.1 垄断资源 304
    15.1.2 政府创造的垄断 305
    15.1.3 自然垄断 305
15.2 垄断企业如何做出生产与定价决策 307

15.2.1 垄断与竞争 307
15.2.2 垄断企业的收益 308
15.2.3 利润最大化 310
参考资料 为什么垄断企业没有供给曲线 312
15.2.4 垄断企业的利润 312
案例研究 垄断药品与非专利药品 313
15.3 垄断的福利代价 314
15.3.1 无谓损失 315
15.3.2 垄断利润：是一种社会代价吗 317
15.4 价格歧视 318
15.4.1 一个关于定价的寓言 318
15.4.2 "定价寓言"的寓意 319
15.4.3 对价格歧视的分析 320
15.4.4 价格歧视的例子 321
新闻摘录 高等教育中的价格歧视 322
15.5 针对垄断的公共政策 323
15.5.1 用反托拉斯法增强竞争 323
15.5.2 管制 324
15.5.3 公有制 325
15.5.4 不作为 325
15.6 结论：垄断的普遍性 326
快速单选 327
内容提要 328
关键概念 328
复习题 328
问题与应用 329

第16章
垄断竞争

16.1 在垄断和完全竞争之间 333
16.2 有差异产品的竞争 336
16.2.1 短期中的垄断竞争企业 336
16.2.2 长期均衡 337
16.2.3 垄断竞争与完全竞争 338
16.2.4 垄断竞争与社会福利 340
16.3 广告 341
16.3.1 关于广告的争论 341

案例研究 广告与眼镜的价格 342
16.3.2 作为质量信号的广告 343
16.3.3 品牌 344
16.4 结论 346
快速单选 347
内容提要 347
关键概念 347
复习题 348
问题与应用 348

第17章
寡　头

17.1 只有少数几个卖者的市场 351
17.1.1 双头的例子 351
17.1.2 竞争、垄断和卡特尔 352
17.1.3 寡头的均衡 353
17.1.4 寡头数量如何影响市场结果 354
17.2 合作经济学 355
17.2.1 囚徒困境 356
17.2.2 作为囚徒困境的寡头 357
案例研究 OPEC和世界石油市场 358
17.2.3 囚徒困境的其他例子 359
17.2.4 囚徒困境与社会福利 361
17.2.5 人们有时能合作的原因 361
案例研究 囚徒困境的比赛 362
17.3 针对寡头的公共政策 363
17.3.1 贸易限制与反托拉斯法 363
案例研究 一次违法的通话 364
17.3.2 关于反托拉斯政策的争论 364
案例研究 微软案 367
新闻摘录 欧盟对谷歌 368
17.4 结论 369
快速单选 369
内容提要 370
关键概念 370
复习题 370
问题与应用 370

第6篇 劳动市场经济学

第18章 生产要素市场

- 18.1 对劳动的需求 378
  - 18.1.1 竞争的、以利润最大化为目标的企业 379
  - 18.1.2 生产函数与劳动的边际产量 379
  - 18.1.3 边际产量值和劳动需求 381
  - 参考资料 投入需求与产量供给：同一枚硬币的两面 382
  - 18.1.4 什么会引起劳动需求曲线移动 383
- 18.2 对劳动的供给 384
  - 18.2.1 工作与闲暇之间的权衡取舍 384
  - 18.2.2 什么会引起劳动供给曲线移动 385
- 18.3 劳动市场的均衡 386
  - 18.3.1 劳动供给的移动 387
  - 新闻摘录 移民经济学 388
  - 18.3.2 劳动需求的移动 390
  - 案例研究 生产率与工资 391
  - 参考资料 买方垄断 392
- 18.4 其他生产要素：土地和资本 392
  - 18.4.1 土地和资本市场的均衡 393
  - 参考资料 什么是资本收入 394
  - 18.4.2 生产要素之间的联系 394
  - 案例研究 黑死病的经济学 395
- 18.5 结论 396
- 快速单选 396
- 内容提要 397
- 关键概念 397
- 复习题 397
- 问题与应用 398

第19章 收入与歧视

- 19.1 决定均衡工资的若干因素 401
  - 19.1.1 补偿性工资差别 401
  - 19.1.2 人力资本 402
  - 案例研究 技能的价值日益增加 403
  - 19.1.3 能力、努力和机遇 404
  - 案例研究 漂亮的收益 405
  - 19.1.4 教育的另一种观点：信号 406
  - 19.1.5 超级明星现象 406
  - 19.1.6 高于均衡水平的工资：最低工资法、工会和效率工资 407
- 19.2 歧视经济学 408
  - 19.2.1 对劳动市场的歧视进行衡量 408
  - 案例研究 Emily 比 Lakisha 更容易找到工作吗 410
  - 19.2.2 雇主的歧视 410
  - 案例研究 电车上的种族隔离与利润动机 411
  - 19.2.3 顾客与政府的歧视 412
  - 案例研究 体育运动中的歧视 413
- 19.3 结论 413
- 快速单选 414
- 内容提要 414
- 关键概念 415
- 复习题 415
- 问题与应用 415

第20章 收入不平等与贫困

- 20.1 对不平等的衡量 418
  - 20.1.1 美国的收入不平等 418
  - 20.1.2 世界各国的不平等状况 419
  - 新闻摘录 收入分配的全球视野 420
  - 20.1.3 贫困率 422
  - 20.1.4 衡量不平等时的问题 423

案例研究　不平等的其他衡量标准　*425*
20.1.5　经济流动性　*425*
20.2　收入再分配的政治哲学　*426*
20.2.1　功利主义　*426*
20.2.2　自由主义　*428*
20.2.3　自由至上主义　*429*
20.3　减少贫困的政策　*430*
20.3.1　最低工资法　*430*
20.3.2　福利　*431*
20.3.3　负所得税　*432*
20.3.4　实物转移支付　*432*
20.3.5　反贫困计划和工作激励　*433*
20.4　结论　*434*
快速单选　*435*
内容提要　*435*
关键概念　*436*
复习题　*436*
问题与应用　*436*

第7篇
深入研究的论题

第21章
消费者选择理论

21.1　预算约束：消费者能买得起什么　*441*
21.2　偏好：消费者想要什么　*443*
21.2.1　用无差异曲线代表偏好　*443*
21.2.2　无差异曲线的四个特征　*445*
21.2.3　无差异曲线的两个极端例子　*446*
21.3　最优化：消费者选择什么　*448*
21.3.1　消费者的最优选择　*448*
参考资料　效用：描述偏好和最优化的另一种方法　*449*
21.3.2　收入变动如何影响消费者的选择　*450*

21.3.3　价格变动如何影响消费者的选择　*451*
21.3.4　收入效应与替代效应　*452*
21.3.5　需求曲线的推导　*454*
21.4　三种应用　*455*
21.4.1　所有的需求曲线都向右下方倾斜吗　*455*
案例研究　寻找吉芬物品　*456*
21.4.2　工资如何影响劳动供给　*457*
案例研究　劳动供给的收入效应：历史趋势、彩票赢家及卡内基的猜测　*459*
21.4.3　利率如何影响家庭储蓄　*460*
21.5　结论：人们真的这样想吗　*462*
快速单选　*463*
内容提要　*464*
关键概念　*464*
复习题　*464*
问题与应用　*465*

第22章
微观经济学前沿

22.1　不对称信息　*467*
22.1.1　隐蔽性行为：委托人、代理人及道德风险　*468*
参考资料　公司管理　*469*
22.1.2　隐蔽性特征：逆向选择和次品问题　*470*
22.1.3　为传递私人信息发信号　*470*
案例研究　作为信号的礼物　*471*
22.1.4　引起信息披露的筛选　*472*
22.1.5　不对称信息与公共政策　*473*
22.2　政治经济学　*473*
22.2.1　康多塞投票悖论　*474*
22.2.2　阿罗不可能性定理　*475*
22.2.3　中值选民说了算　*476*
22.2.4　政治家也是人　*477*
22.3　行为经济学　*478*

22.3.1 人们并不总是理性的 *478*
案例研究 对偏离理性的运用 *480*
22.3.2 人们关注公正 *482*
22.3.3 人们是前后不一致的 *483*
22.4 结论 *484*
快速单选 *485*
内容提要 *486*

关键概念 *486*
复习题 *486*
问题与应用 *486*

术语表 *489*

索引 *494*

第1篇 导　言

第1章
经济学十大原理

经济(economy)这个词来源于希腊语 oikonomos,它的意思是"管理一个家庭的人"。乍一看,这个来源似乎有点奇特。但事实上,家庭和经济有着许多相似之处。

一个家庭面临着许多决策。它必须决定各个家庭成员分别去做什么,以及每个家庭成员能得到什么回报:谁做晚饭?谁洗衣服?谁在晚餐时多得到一块甜点?谁来开车?简而言之,家庭必须考虑到每个成员的能力、努力和愿望,以在其各个成员间分配稀缺资源(时间、甜点、汽车行驶里程)。

和一个家庭一样,一个社会也面临着许多决策。社会必须找到某种方法来决定将要做哪些工作以及谁来做这些工作。社会需要一些人种粮食,一些人做衣服,还需要一些人设计电脑软件。一旦社会分配了人们(以及土地、建筑物和机器)去做各种工作,它就必然需要将他们生产的物品与服务进行分配。社会必须决定谁将吃鱼子酱而谁将吃土豆。它也必须决定谁将开特斯拉而谁将坐公共汽车。

由于资源是稀缺的,社会资源的管理就尤为重要。**稀缺性**(scarcity)是指社会拥有的资源是有限的,因此不能生产人们希望拥有的所有物品与服务。正如每个家庭成员都不可能得到他想要的每一件东西一样,社会上的每个人也不能达到他希望的最高生活水平。

经济学(economics)研究社会如何管理自己的稀缺资源。在大多数社会中,资源并不是由一个全权的独裁者来配置,而是通过千百万家庭和企业的共同选择来配置的。因此,经济学家研究人们如何做出决策:他们做多少工作、购买什么、储蓄多少,以及如何把储蓄用于投资。经济学家还研究人们如何相互影响。例如,经济学家考察一种物品的众多买者与卖者如何共同决定该物品的销售价格和销售量。最后,经济学家分析影响整个经济的力量和趋势,包括平均收入的增长、找不到工作的人占总人口

稀缺性:
社会资源的有限性。

经济学:
研究社会如何管理自己的稀缺资源。

---

* 正文的边码为英文原书页码,供读者查询索引中的词条时使用。由于局部删节以及排版方式的差别,个别边码可能会出现不连贯、顺序倒置或重复的情况。

的比例,以及价格上升的速度。

经济学的研究是多方面的,但可以用几个核心思想把这个领域统一起来。在本章中,我们将阐述经济学十大原理。即使你开始时不完全理解这些原理,或者它们并不能使你完全信服,也不必担心。我们将在以后各章中更充分地解释这些思想。在这里介绍十大原理只是为了让你了解经济学所研究内容的概况。你可以把这一章看作"即将到来的精彩内容的预演"。

1.1 人们如何做出决策

"经济是什么"这个问题并没有什么神秘之处。无论我们谈论的是洛杉矶经济、美国经济,还是全世界的经济,经济只不过是生活中相互交易的人们所组成的群体而已。由于一个经济的行为反映了组成这个经济的个人的行为,所以我们的经济学学习就从个人如何做出决策的四个原理开始。

1.1.1 原理一:人们面临权衡取舍

你可能听到过这句老话:"天下没有免费的午餐。"抛开文法不谈,这句格言包含了相当多的真理。为了得到一件喜爱的东西,我们通常不得不放弃另一件喜爱的东西。做出决策就是要求我们在一个目标与另一个目标之间进行权衡取舍。

考虑一个学生必须决定如何分配她最宝贵的资源——时间。她可以把所有的时间都用于学习经济学,也可以把所有的时间都用于学习心理学,还可以把时间在这两个学科之间进行分配。对于她用于学习一门课的每一个小时,她都要放弃本来可用于学习另一门课的一小时。而且,对于她用于学习功课的每一个小时,她都要放弃本来可用于打个盹、骑车、看电视或做兼职工作以赚点零花钱的一小时。

考虑父母决定如何使用他们的家庭收入。他们可以购买食物、衣物,或者全家度假。他们也可以为自己退休或孩子的大学教育储蓄一部分收入。当他们选择在上述某种用途上多花1美元时,他们在某种其他用途上就要少花1美元。

当人们组成社会时,他们面临各种不同的权衡取舍。经典的权衡取舍是在"大炮与黄油"之间。当一个社会的支出更多地用于保卫其海岸免受外国入侵的国防(大炮)时,用在提高国内生活水平的消费品(黄油)上的支出就少了。在现代社会里,同样重要的是在清洁的环境和高收入水平之间的权衡取舍。要求企业减少污染的法律增加了生产物品与服务的成本。由于成本提高了,因此这些企业赚的利润少了,支付的工资低了,收取的价格高了,或者是这三种结果的某种结合。因此,尽管污染管制所带来的好处是更清洁的环境,以及随之而来的健康水平的提高,但其代价是受管制企业的所有者、工人和消费者的收入减少了。

社会面临的另一种权衡取舍是效率与平等之间的选择。**效率**(efficiency)是指社会能从其稀缺资源中得到最大的利益。**平等**(equality)是指将这些利益平均地分配给社会成员。换句话说,效率是指经济蛋糕的大小,而平等则是指如何分割这块蛋糕。

在设计政府政策的时候,这两个目标往往是相互冲突的。例如,我们来考虑旨在实现平等分配经济福利的政策。某些此类政策,如福利制度或失业保险,是要帮助那些最需要帮助的社会成员。另一些此类政策,如个人所得税,是要求经济上成功的人士对政府给予比其他人更多的支持。尽管这些政策可以实现更大程度的平等,但它们降低了效率。当政府把富人的收入再分配给穷人时,就减少了对辛勤工作的奖励;结果是,人们工作少了,生产的物品与服务也少了。换句话说,当政府想要把经济蛋糕切成更为均等的小块时,这块蛋糕本身也变小了。

认识到人们面临权衡取舍本身并没有告诉我们人们将会或应该做出什么决策。一个学生不应该仅仅因为要增加用于学习经济学的时间而放弃心理学的学习。社会不应该仅仅因为环境管制降低了我们的物质生活水平而不再保护环境,也不应该仅仅因为帮助穷人扭曲了工作激励而对他们不闻不问。然而,人们只有了解他们面临的选择,才有可能做出良好的决策。因此,我们对经济学的学习要从认识生活中的权衡取舍开始。

效率:
社会能从其稀缺资源中得到最大利益的特性。

平等:
经济成果在社会成员中平均分配的特性。

1.1.2 原理二:某种东西的成本是为了得到它所放弃的东西

由于人们面临着权衡取舍,所以做决策时就需要比较可供选择的行动方案的成本与收益。但在许多情况下,某种行动的成本并不是一目了然的。

考虑是否上大学的决策。上大学的主要收益是丰富了知识并且在一生中都拥有了更好的工作机会。但成本是什么呢?为了回答这个问题,你可能会把你用于学费、书籍、住宿和伙食的钱加总起来。但这一总和并不真正代表你上一年大学所放弃的东西。

这种计算存在两个问题。第一个问题是,它计算在内的某些成本并不是上大学的真正成本。即使你离开了学校,你也需要有睡觉的地方并且需要吃饭。只有在大学的住宿和伙食比其他地方贵时,贵的这一部分才是上大学的成本。第二个问题是,它忽略了上大学最大的成本——你的时间。当你把一年的时间用于听课、读书和写论文时,你就不能把这段时间用于工作。对大多数学生而言,为了上大学而不得不放弃的收入是他们接受教育的最大单项成本。

一种东西的**机会成本**(opportunity cost)是为了得到这种东西所必须

机会成本:
为了得到某种东西所必须放弃的东西。

放弃的东西。当做出任何一项决策时,决策者都应该认识到每一种可能的行动所带来的机会成本。实际上,决策者通常是知道这一点的。那些大学里的运动员如果退学转而从事职业运动,就能每年赚上几百万美元。他们深深认识到,他们上大学的机会成本极高。所以他们通常认为不值得花费这些成本来获得上大学的收益,这一点儿也不奇怪。

1.1.3　原理三:理性人考虑边际量

理性人:
系统而有目的地尽最大努力实现其目标的人。

经济学家通常假设人是理性的。当可用的机会给定时,**理性人**(rational people)系统而有目的地尽最大努力去实现其目标。当你学习经济学时,你会遇到一些企业,为了实现利润最大化,它们需要决定雇用多少工人以及制造并出售多少产品。你也会遇到一些个人,他们要决定把多少时间用于工作,并用赚到的钱购买什么物品和服务,以便获得最大可能的满足。

理性人知道,生活中的许多决策很少是黑与白之间的选择,而往往是介于其间的灰色地带。要吃午饭的时候,你面临的决策往往不是"完全不吃还是大吃一顿",而更可能是"是否再多吃一勺土豆泥"。当考试临近时,你的决策不是在放弃考试和一天学习24个小时之间的选择,而是是否多花1小时来复习功课而不是看电视。经济学家用**边际变动**(marginal change)这个术语来描述对现有行动计划的微小增量调整。记住,"边际"指"边缘",因此边际变动是围绕你所做的事的边缘来进行的调整。理性人通常通过比较边际收益(marginal benefit)与边际成本(marginal cost)来做决策。

边际变动:
对行动计划的微小增量调整。

例如,假设你正在考虑用手机给一个朋友打电话。你确定与朋友通话10分钟给你带来的收益估计为7美元左右。你手机的服务费是每月40美元的固定费用加上每分钟0.5美元的通话费用。你通常每月打电话100分钟,因此你每月的付费为90美元(每分钟0.5美元乘每月100分钟,加40美元的固定费用)。在这种情况下,你应该打电话吗?你可能会有如下推理:"由于我每月为打100分钟电话支付90美元,平均每分钟我的电话费是0.9美元。因此,10分钟的电话费是9美元。由于成本9美元大于收益7美元,所以我将不打这个电话。"但是,这个结论是错误的。虽然10分钟电话的平均成本是9美元,但边际成本——如果你多打这一次电话,你付费的增加量——只是5美元。只有比较边际收益与边际成本,你才能做出正确的决策。由于边际收益7美元大于边际成本5美元,你应该打这个电话。这其实是人们先天就懂的道理:有不限时通话套餐(意味着边际上每分钟通话都是免费的)的手机使用者会更长时间且更频繁地打电话。

"这次通话的边际收益大于边际成本吗?"

图片来源:Blend Images/Alamy.

企业在做决策时边际思考也起作用。例如,考虑一家航空公司如何决定对等退票的乘客收取多高的价格。假设一架有200个座位的飞机横越美国飞行一次的成本是 10 万美元。在这种情况下,每个座位的平均成本是 10 万美元/200,即 500 美元。人们很容易就此得出结论:航空公司的票价决不应该低于 500 美元。而事实上,一个理性的航空公司往往会通过考虑边际量而设法增加利润。设想一架飞机即将起飞时仍有 10 个空位,而在登机口等退票的乘客愿意支付 300 美元买一张机票。航空公司应该把票卖给他吗?当然应该。如果飞机上有空位,那么多增加一位乘客的成本是微不足道的。虽然搭载每位乘客飞行的平均成本是 500 美元,但边际成本仅仅是这位额外的乘客将消费的一罐软饮料的成本而已。只要等退票的乘客所支付的价格高于边际成本,那么卖给他机票就是有利可图的。

边际决策还有助于解释另外一些令人困惑的经济现象。这里有一个经典问题:为什么水这么便宜,而钻石如此昂贵?人需要水来维持生存,而钻石并不是必需的。但人们愿意为钻石支付的钱要远远多于水。原因在于,一个人对任何一种物品的支付意愿都基于其增加一单位该物品所获得的边际收益。反过来,边际收益又取决于一个人已经拥有多少这种物品。水的确是不可缺少的,但增加一杯水的边际收益微不足道,因为水太多了。与此相反,尽管并没有一个人需要用钻石来维持生存,但由于钻石稀少,人们认为额外增加一颗钻石的边际收益是很大的。

当且仅当一种行为的边际收益大于边际成本时,一个理性决策者才会采取行动。这个原理可以解释为什么手机使用者会打那么多的电话,为什么航空公司愿意以低于平均成本的价格出售机票,以及为什么人们愿意为钻石支付比水高得多的价格。习惯于边际思考的逻辑可能需要一段时间,但学习经济学将给你带来许多练习的机会。

1.1.4 原理四:人们会对激励做出反应

激励(incentive)是引起一个人做出行动的某种东西(例如对惩罚或奖励的预期)。由于理性人通过比较成本与收益做出决策,所以他们会对激励做出反应。你将会知道,在经济学研究中,激励起着中心作用。一位经济学家甚至提出,整个经济学的内容可以简单地概括为:"人们会对激励做出反应。其余内容都是对此的解释。"

在分析市场如何运行时,激励起到关键作用。例如,当苹果的价格上涨时,人们决定少吃苹果。同时,苹果园主决定雇用更多工人并多摘些苹果。换言之,市场上的高价格提供了买者少消费和卖者多生产的激励。正如我们将看到的,价格对消费者和生产者行为的影响对于市场经济如何配置稀缺资源是至关重要的。

政府决策者决不能忘记激励:许多政策改变了人们面临的成本或收益,从而也改变了人们的行为。例如,汽油税鼓励人们开小型的节油型汽车。欧洲开小型车的人比美国多,原因之一就是欧洲的汽油税比美国高。

激励:
引起一个人做出行动的某种东西。

更高的汽油税还鼓励人们拼车或乘坐公共交通工具，并鼓励人们在离自己工作近的地方居住。如果汽油税高，就会有越多的人驾驶混合动力汽车；如果汽油税足够高，人们就会开始驾驶电动汽车。

当决策者未能考虑到他们的政策如何影响激励时，他们所制定的政策通常会带来意想不到的结果。例如，考虑一下有关汽车安全的公共政策。今天所有的汽车都有安全带，但60年前并不是这样。1965年，拉尔夫·纳德（Ralph Nader）的著作《任何速度都不安全》（*Unsafe at Any Speed*）引起了公众对汽车安全性能的关注。国会的反应是通过立法要求将安全带作为新汽车的标准配置。

安全带的法律如何影响汽车安全呢？直接的影响是显而易见的：当一个人系上安全带后，他发生车祸时存活的概率提高了。但是，这项法律的影响并不是仅此而已，因为它还通过改变激励而影响了人们的行为。在这里，相关的行为是司机开车时的速度和谨慎程度。缓慢而谨慎地开车是有代价的，因为这要耗费司机的时间和精力。当决定开车的安全程度时，理性人会下意识地比较安全开车的边际收益和边际成本。当提高安全程度的收益高时，他们就会更缓慢、更谨慎地开车。例如，人们在道路有冰时会比在道路干净时更缓慢而谨慎地开车。

考虑安全带的法律如何改变一个司机的成本-收益计算。安全带降低了司机的车祸代价，因为它们降低了伤亡的概率。换言之，安全带减少了缓慢而谨慎地开车的收益。人们对安全带的反应和对道路状况改善的反应一样——更快速、更不谨慎地开车。这样，安全带法律最终导致的结果是车祸的次数增加了。开车安全程度的下降对行人有明显不利的影响，因为他们遭遇车祸的概率上升了，但却没有（像司机那样）获得保护增加的收益。

乍一看，这种关于激励与安全带的讨论似乎是毫无根据的猜测。但是在一项1975年的经典研究中，经济学家萨姆·佩兹曼（Sam Peltzman）认为汽车安全法实际上已经带来了许多这类影响。根据佩兹曼的证据，这些法律减少了每次车祸的死亡人数，但却增加了车祸的次数。他的结论是，净结果是司机死亡人数变动很小，而行人死亡人数有所增加。

佩兹曼对汽车安全的分析是人们对激励做出反应这一一般性原理的一个不同寻常且带有争议的例子。在分析任何一种政策时，我们不仅应该考虑它的直接影响，而且还应该考虑它通过激励产生的不太明显的间接影响。如果政策改变了激励，那就会使人们改变自己的行为。

即问即答 • 描述一个你最近面临的重要的权衡取舍问题。 • 举出一个既有货币性机会成本又有非货币性机会成本的行动的例子。 • 描述一个你的父母为了努力影响你的行为而向你提供激励的例子。

1.2 人们如何相互影响

前四个原理讨论了个人如何做出决策。在我们的人生旅途中,我们的许多决策不仅影响我们自己,而且还会影响其他人。以下三个原理是关于人们如何相互影响的。

1.2.1 原理五:贸易可以使每个人的状况都变得更好

也许你在新闻中听到过,在世界经济中中国人是我们的竞争对手。在某些方面这是正确的,因为美国企业和中国企业生产许多相同的产品。中国企业和美国企业在服装、玩具、太阳能电池板、汽车轮胎和许多其他物品市场上争夺同一批顾客。

但这样思考国家之间的竞争很容易产生误导。美国和中国之间的贸易并不像体育比赛一样,一方赢而另一方输。实际上,事实正好相反:两国之间的贸易可以使两个国家的状况都变得更好。

为了说明原因,我们先考虑贸易如何影响你的家庭。当你的某个家庭成员找工作时,她要与也在找工作的其他家庭的成员竞争。各个家庭在购物时也会相互竞争,因为每个家庭都想以最低的价格购买最好的东西。在某种意义上说,经济中的每个家庭都会与所有其他家庭相竞争。

尽管存在这种竞争,但把你的家庭与所有其他家庭隔绝开来并不会使你的家庭过得更好。如果真的隔绝开来的话,你的家庭就必须自己种粮食、自己做衣服、自己盖房子。显然,你的家庭在与其他家庭的贸易中受益良多。贸易使每个人都可以专门从事自己最擅长的活动,无论它是耕种、做衣服还是盖房子。通过与其他人开展贸易,人们可以以较低的成本获得各种各样的物品与服务。

国家和家庭一样,也能从相互贸易中获益。贸易使各国可以专门从事自己最擅长的活动,并享有更多种类的物品与服务。中国人和法国人、埃及人、巴西人一样,在世界经济中既是我们的竞争对手,又是我们的伙伴。

1.2.2 原理六:市场通常是组织经济活动的一种好方法

20世纪80年代末和90年代初的苏联解体、东欧剧变是该世纪最重

"每周只需5美元,便可让你免去割草的困扰,尽情地观赏棒球赛!"

图片来源:From *The Wall Street Journal*—Permission, Cartoon Features Syndicate.

大的转型事件之一。中央计划经济国家运行的前提假设是,政府官员能够最佳地配置经济中的稀缺资源。这些中央计划者决定生产什么物品与服务、生产多少,以及谁生产和消费这些物品与服务。支撑中央计划的理论是,只有政府才能以促进整个社会经济福利的方式组织经济活动。

大部分曾经是中央计划经济的国家已经放弃了这种制度,代之以发展市场经济。在**市场经济**(market economy)中,中央计划者的决策被千百万企业和家庭的决策所取代。企业决定雇用谁和生产什么。家庭决定为哪家企业工作,以及用自己的收入购买什么。这些企业和家庭在市场上相互交易,价格和利己引导着他们的决策。

乍一看,市场经济的成功是一个谜,因为在市场经济中,没有一个人追求整个社会的经济福利。自由市场包括大量物品与服务的众多买者与卖者,而所有人都主要关心自己的福利。尽管市场中存在的是分散的决策和利己的决策者,但事实已经证明,市场经济在以一种促进总体经济福利的方式组织经济活动方面非常成功。

经济学家亚当·斯密(Adam Smith)在其1776年出版的著作《国民财富的性质和原因的研究》(简称《国富论》)中提出了经济学中最著名的观察结果:家庭和企业在市场上相互交易,他们仿佛被一只"看不见的手"所指引,并带来了合意的市场结果。本书的目的之一就是要解释这只看不见的手如何施展其魔力。

在学习经济学的过程中你会知道,价格就是看不见的手用来指引经济活动的工具。在任何一个市场上,当买者决定需求多少时,他们盯着价格;当卖者决定供给多少时,他们也盯着价格。作为买者与卖者决策的结果,市场价格既反映了一种物品的社会价值,也反映了生产该物品的社会成本。斯密的重要洞察是,价格会自发调整,指引这些个体买者和卖者达到某种结果,该结果在大多数情况下会实现整个社会福利的最大化。

斯密的观点有一个重要推论:当政府阻止价格根据供求情况自发调整时,它就限制了看不见的手对组成经济的千百万家庭和企业的决策进行协调的能力。这个推论解释了为什么税收对资源配置有不利的影响:税收扭曲了价格,从而也扭曲了家庭和企业的决策。这个推论还解释了像租金控制这类直接控制价格的政策所造成的巨大危害。此外,这个推论也解释了中央计划经济的失败。在中央计划经济国家,价格并不是在市场中决定的,而是由中央计划者规定的。这些计划者缺乏关于消费者爱好和生产者成本的必要信息,而在市场经济中,这些信息都反映在了价格上。中央计划者之所以失败,是因为他们在管理经济时把市场这只看不见的手"绑"起来了。

市场经济:
当许多企业和家庭在物品与服务市场上相互交易时,通过他们的分散决策配置资源的经济。

参考资料
亚当·斯密与看不见的手

这也许只是一种巧合:亚当·斯密的伟大著作《国富论》是在1776年出版的,而正好是在这一年,美国革命者签署了《独立宣言》。但是,这两部文献都表达了一个在当时非常流行的观点——让人们各行其是,而不要让政府沉重的手来指导他们的行为,结果往往会最好。这种政治哲学为市场经济,从更一般的意义上来说则是为自由社会提供了理论基础。

为什么分散的市场经济可以运行得这么好?是因为可以指望人们友爱而仁慈地相互对待吗?完全不是。亚当·斯密是这样描述市场经济中的人们是如何相互影响的:

亚当·斯密

图片来源: Bettmann/Corbis.

> 人类几乎随时随地都需要同胞的协助,因此要想仅仅依赖他人的恩惠,那是绝对不行的。一个人如果能够刺激他人的利己心,使其有利于他,并告诉其他人,给他做事是对他们自己有利的,那么他要达到目的就容易得多了。……请把我所要的东西给我吧,同时,你也可以获得你所要的东西:这句话正是交易的通义。我们所需要的相互帮忙,大部分是依照这个方法取得的。
>
> 我们每天所需的食物和饮料,不是出自屠户、酿酒师或面包师的恩惠,而是出自他们利己的打算。我们不说唤起他们利他心的话,而说唤起他们利己心的话。我们从来不说自己有需要,而只说对他们有利。社会上,除了乞丐,没有一个人愿意全然依靠别人的恩惠过活。……
>
> 每一个人……既不打算促进公共的利益,也不知道自己是在何种程度上促进那种利益……他所盘算的只是他自己的利益。在这种场合下,像在其他许多场合一样,他受着一只看不见的手的引导,去尽力达到一个并非他本意想要达到的目的。但也并不会因为不是出于本意,就对社会有害。他追求自己的利益,往往能使他比在真正出于本意的情形下更有效地促进社会的利益。

斯密是说,经济参与者受利己心所驱动,而市场上这只看不见的手指引这种利己心去促进总体的经济福利。

亚当·斯密的许多见解仍然是现代经济学的核心内容。我们在以后各章中的分析将更准确地表述斯密的结论,并更充分地分析市场这只看不见的手的优点与缺陷。

案例研究
亚当·斯密会爱上优步

技术使出租车市场更加完善。

图片来源：Richard Levine/Alamy.

也许你从未在中央计划经济下生活过，但如果你曾在大城市尝试叫过出租车，那么你就很可能体会过高度管制的市场。在许多城市，地方政府都对出租车市场实施严格的控制，这种控制往往大大超出了保险和安全范围的管制。例如，政府可以通过只批准一定数量的出租车牌照或许可证来限制市场准入。它还可能规定允许出租车收取的价格。政府往往利用它的治安权——罚款或监禁一定时间——来禁止未经批准的司机上路，并阻止司机收取未经批准的价格。

但是最近一种破坏性的力量入侵了这个高度管制的市场，这就是优步。从2009年开始，这家公司提供了联系乘客与司机的智能手机应用程序。由于优步上的车并不会为了寻找打车的行人而在街上漫无目的地行驶，因此它们在技术上并不是出租车，所以并不受同样的管制。但它们提供了几乎相同的服务。实际上，乘坐优步的车往往更方便。在一个寒冷而下雨的日子里，有谁愿意站在路边等一辆空闲的出租车恰好开过来呢？使用优步打车无疑是更愉悦的体验：用你的手机叫车，然后一直待在温暖而干爽的家中等待汽车前来。

优步车的收费往往低于出租车，但也并不总是这样。优步允许司机在需求旺盛时大幅度提高价格，例如在突发的暴雨或新年前夜时，新年前夜时会有许多微醺的人希望寻找一种安全的方法回家。与此相反，受管制的出租车一般禁止突然提价。

并不是每个人都喜欢优步。传统的出租车司机一直抱怨这种新的竞争方式吞食了他们的收入来源。这并不奇怪：物品与服务的供给者通常并不喜欢新竞争者。但对消费者来说，生产者之间的激烈竞争使市场运行得更好。

这就是为什么经济学家会喜爱优步。2014年一项针对几十位著名经济学家的调研指出，每一位经济学家都认为像优步这样的叫车服务增加了消费者的福祉。经济学家还被问到涨价是否增加了消费者的福利。85%的经济学家给出了肯定的回答。尽管涨价有时会使消费者花更多的钱，但优步的司机对激励做出了反应，即他们在消费者最需要出租车时提供了更多的服务。此外，涨价有助于把资源配置给愿意为出租车服务支付最高价格的消费者，并减少了寻找和等待出租车的成本。

如果亚当·斯密生活在今天，那么他的手机上肯定会有优步的应用程序。

1.2.3 原理七：政府有时可以改善市场结果

如果市场这只看不见的手如此强大，那么为什么我们还需要政府呢？其实学习经济学的目的之一就是提高我们对政府政策的恰当角色及管理范围的认识。

我们需要政府的原因之一是：只有当政府落实规则并维护对市场经济至关重要的制度时，看不见的手才能施展其魔力。最重要的是，市场经济需要实施**产权**（property rights）制度，以便个人可以拥有和控制稀缺资源。如果一个农民预见到他的谷物会被偷走，他就不会种庄稼；除非确保顾客在离开前会付费，餐馆就不会提供食物；如果有太多的顾客通过非法复制来逃避付费，一家电影公司就不会生产电影。我们都依靠政府提供的警察和法庭来实施我们对自己生产出来的东西的权利——而看不见的手则依靠我们实施这些权利的能力。

产权：
个人拥有并控制稀缺资源的能力。

我们需要政府的另一个原因是：尽管看不见的手是强有力的，但并不是无所不能的。政府干预经济并改变人们自己选择的资源配置的原因大体有两类：促进效率或促进平等。这就是说，大多数政策的目标要么是把经济蛋糕做大，要么是改变这个蛋糕的分割方式。

先来考虑效率目标。尽管看不见的手通常会使市场有效地配置资源，以使经济蛋糕最大化，但情况并不总是这样。经济学家用**市场失灵**（market failure）这个术语来指市场本身不能有效配置资源的情况。正如我们将会看到的，市场失灵的一个可能原因是**外部性**（externality），它是指一个人的行为对旁观者的福利产生了影响。外部性的一个经典例子就是污染。当一种产品的生产污染了空气并引起住在工厂附近人们的健康问题时，市场本身并不能将这种成本考虑在内。市场失灵的另一个可能原因是**市场势力**（market power），它是指单个个人或公司（或某个小群体）不适当地影响市场价格的能力。例如，假设一个小镇里的每个人都需要水，但只有一口井，那么这口井的所有者就不会受到残酷竞争的限制，而正常情况下，看不见的手正是以这种竞争来约束个人的利己行为；因此这口井的所有者就能够通过限制水的产量来利用这个机会收取更高的价格。当存在外部性或市场势力时，设计良好的公共政策可以提高经济效率。

市场失灵：
市场本身不能有效配置资源的情况。

外部性：
一个人的行为对旁观者的福利产生了影响。

市场势力：
单个经济活动者（或某个经济活动小群体）对市场价格有显著影响的能力。

现在来考虑平等目标。即使看不见的手带来了有效率的产出，它也不能消除经济福利上巨大的不对称。市场经济根据人们生产其他人愿意购买的东西的能力来给予其报酬。世界上最优秀的篮球运动员比世界上最优秀的棋手赚的钱多，只是因为人们愿意为看篮球比赛付出比看国际象棋比赛更多的钱。看不见的手并不能保证每个人都拥有充足的食物、体面的衣服和完善的医疗保健。根据某种政治哲学，这种不平等要求政府进行干预。实际上，许多公共政策，例如所得税和福利制度的目标就是要实现更平等的经济福利分配。

我们说政府有时可以改善市场结果并不意味着它总会这样。公共政策并不是天使制定的,而是由不完善的政治程序制定的。有时所设计的政策只是为了有利于政治上有权势的人。有时政策是由动机良好但信息不充分的领导人制定的。当你学了经济学以后,你就能更好地判断一项政府政策什么时候是合理的(因为它提高了效率或者促进了平等),而什么时候是不合理的。

即问即答 ● 为什么如果一个国家不把自己和其他国家隔离开来,那么其状况会更好? ● 为什么我们会有市场?根据经济学家的观点,政府应当在市场中扮演怎样的角色?

1.3 整体经济如何运行

我们先是讨论了个人如何做出决策,然后考察人们如何相互影响,所有这些决策和相互影响共同组成了"经济"。最后三个原理将涉及整体经济的运行。

1.3.1 原理八:一国的生活水平取决于它生产物品与服务的能力

世界各国生活水平的差别是惊人的。在2014年,美国的人均收入约为55 000美元。同一年,墨西哥的人均收入约为17 000美元,中国的人均收入约为13 000美元,而尼日利亚的人均收入只有6 000美元。毫不奇怪,这种平均收入的巨大差别反映在生活质量的各种衡量指标上。高收入国家的公民比低收入国家的公民拥有更多的电视机、更多的汽车、更好的营养、更好的医疗保健,以及更长的预期寿命。

生活水平随着时间的变化也是巨大的。在美国,从历史上看,收入每年增长2%左右(根据生活费用变动进行调整之后)。按这个增长率,人均收入每35年翻一番。在过去一个世纪中,美国的人均收入增长了8倍左右。

用什么来解释各国之间和不同时期生活水平的巨大差别呢?答案非常简单。几乎所有生活水平的差别都可以归因于各国**生产率**(productivity)的差别,即每一单位劳动投入所生产的物品与服务数量的差别。在那些每单位时间工人能生产大量物品与服务的国家,大多数人享有高生活水平;在那些工人生产率低的国家,大多数人必须忍受贫困的生活。同样,一国生产率的增长率决定了它的平均收入的增长率。

生产率和生活水平之间的基本关系是简单的,但它的意义却是深远的。如果生产率是生活水平的首要决定因素,那么其他因素就应该是次要的。例如,有人想把20世纪美国工人生活水平的提高归功于工会或最

生产率:
每单位劳动投入所生产的物品与服务数量。

低工资法。但对于美国工人来说，真正的英雄是他们不断提高的生产率。另一个例子是，一些评论家声称，20世纪70年代和80年代美国收入增长放缓是由于与日本及其他国家日益激烈的竞争。但真正的敌人并不是来自国外的竞争，而是美国生产率增长的放缓。

生产率与生活水平之间的关系对于公共政策也有深远的含义。在考虑任何一项政策如何影响生活水平时，关键问题是要分析这项政策如何影响我们生产物品与服务的能力。为了提高生活水平，决策者需要通过让工人受到良好的教育、拥有生产物品与服务需要的工具以及获取最好的技术来提高生产率。

1.3.2 原理九：当政府发行了过多货币时，物价上升

1921年1月，德国一份日报的价格为0.3马克。不到两年之后，也就是1922年11月，一份同样的报纸的价格为7 000万马克。经济中的所有其他价格都出现了类似程度的上涨。这个事件是历史上最令人震惊的**通货膨胀**（inflation）的例子之一，通货膨胀就是指经济中物价总水平的上升。

通货膨胀： 经济中物价总水平的上升。

虽然美国从未经历过类似于德国20世纪20年代的情况，但通货膨胀有时也会成为一个经济问题。例如，20世纪70年代期间，美国的物价总水平翻了一番多，当时的杰拉尔德·福特（Gerald Ford）总统称通货膨胀是"公众的头号敌人"。与此相比，在21世纪前十年，通货膨胀率平均每年为2.5%，按这种速度，物价翻一番需要将近30年。由于高通货膨胀会让社会付出各种成本，所以世界各国的经济政策制定者都把保持低通货膨胀作为目标之一。

"虽然你刚刚排队时这些东西是68美分，但现在已经是74美分了！"

图片来源：Tribune Media Services, Inc. All Rights Reserved. Reprinted with permission.

是什么引起了通货膨胀？在大多数严重或持续的通货膨胀情况下，罪魁祸首是货币量的增长。当一国政府发行了大量本国货币时，货币的价值就下降了。在20世纪20年代初的德国，当物价平均每月上升3倍时，货币量每月也增加了3倍。美国的情况虽然没有这么严重，但从美国的经济史中也可以得出类似的结论：20世纪70年代的高通货膨胀与货币量的迅速增长是相关的，而近年来经历的低通货膨胀与货币量的缓慢增长也是相关的。

1.3.3 原理十：社会面临通货膨胀与失业之间的短期权衡取舍

虽然在长期中物价水平上升主要是货币量增加的结果，但短期中，问题就变得更为复杂且更具争议性。大多数经济学家是这样描述货币注入的短期效应的：

- 经济中货币量增加刺激了社会的整体支出水平，从而增加了对物

品与服务的需求。
- 随着时间推移，需求的增加会引起企业提高物价，但同时，它也鼓励企业雇用更多的工人，并生产更多的物品与服务。
- 雇用更多的工人意味着更少的失业。

上述推理过程得出一种在整个经济范围内的最终的权衡取舍：通货膨胀与失业之间的短期权衡取舍。

尽管一些经济学家对上述观点仍然有疑问，但大多数经济学家承认，社会面临通货膨胀与失业之间的短期权衡取舍。这就意味着，在一两年的时期内，许多经济政策朝相反的方向推动通货膨胀与失业。无论通货膨胀和失业是从高水平开始（如20世纪80年代初的情况）、从低水平开始（如20世纪90年代后期的情况），还是从这两者之间的某个水平开始，决策者都面临这种权衡取舍。这种短期权衡取舍关系在分析经济周期中起着关键作用。**经济周期**（business cycle）是用生产的物品与服务量或雇用的人数来衡量的经济活动的无规律的、很大程度上无法预测的波动。

经济周期：
就业和生产等经济活动的波动。

决策者在运用各种政策工具时可以利用通货膨胀和失业之间的这种短期权衡取舍关系。决策者可以通过改变政府支出量、税收量以及发行的货币量来影响对物品和服务的总需求。需求的变动反过来又影响经济在短期中所经历的通货膨胀和失业的组合。由于这些经济政策工具拥有强大的潜在力量，因此决策者应该如何运用这些工具来控制经济一直是一个备受争议的问题。

这种争议在巴拉克·奥巴马（Barack Obama）总统任期的最初几年又激化了。在2008年和2009年，美国和世界上许多其他国家的经济都经历了严重的衰退。由住房市场的不良拖欠引起的金融体系的问题扩散到经济的其他方面，从而引起了收入下降和失业激增。决策者的反应是以各种方式增加物品与服务的总需求。奥巴马总统采取的首要措施是提出一个包含减税和增加政府支出的一揽子刺激计划。同时，美国的中央银行美联储也增加了货币供给。这些政策的目标是减少失业。但是，一些人担心，随着时间的推移，这些政策也会引起过高的通货膨胀水平。

即问即答 列出并简要解释描述整体经济如何运行的三个原理。

1.4 结论

现在你已经对经济学研究什么有了一个初步的了解。在以后各章中，我们将提出许多关于人、市场与经济的具体见解。掌握这些见解需要付出一些努力，但并不是一项难以完成的任务。经济学这门学科建立在几个基本思想上,这些思想可以应用于许多不同的情况。

我们将在全书中经常提到本章所强调的经济学十大原理(如表1-1所示)。记住这些基本原理,因为即使最复杂的经济分析也是用这里所介绍的十大原理构建起来的。

表1-1 经济学十大原理

人们如何做出决策	1. 人们面临权衡取舍 2. 某种东西的成本是为了得到它所放弃的东西 3. 理性人考虑边际量 4. 人们会对激励做出反应
人们如何相互影响	5. 贸易可以使每个人的状况都变得更好 6. 市场通常是组织经济活动的一种好方法 7. 政府有时可以改善市场结果
整体经济如何运行	8. 一国的生活水平取决于它生产物品与服务的能力 9. 当政府发行了过多货币时,物价上升 10. 社会面临通货膨胀与失业之间的短期权衡取舍

快速单选

1. 经济学最好的定义是对_____的研究。
   a. 社会如何管理其稀缺资源
   b. 如何以最盈利的方式经营企业
   c. 如何预测通货膨胀、失业和股票价格
   d. 政府如何可以制止不受约束的利己所带来的危害

2. 你去看一场电影的机会成本是_____。
   a. 门票的价格
   b. 门票的价格加上你在电影院购买汽水和爆米花的费用
   c. 去看电影所需要的所有现金支出加上你的时间的价值
   d. 零,只要你享受了电影并认为你为它付出的时间与金钱是值得的

3. 边际变动_____。
   a. 对公共政策并不重要
   b. 是逐步地改变现有计划
   c. 使结果无效率
   d. 并不影响激励

4. 亚当·斯密的看不见的手是指:
   a. 企业家以牺牲消费者为代价而获利的不易察觉而隐蔽的方法。
   b. 自由市场达到合意结果的能力(尽管市场参与者是利己的)。
   c. 政府通过管制使消费者获益的能力(即使消费者没有意识到这种管制)。
   d. 生产者或消费者在不受管制的市场上把成本加到无关旁观者身上的方法。

5. 政府干预市场经济是为了_____。
   a. 保护产权
   b. 纠正由于外部性引起的市场失灵
   c. 达到更为平等的收入分配
   d. 以上全对

6. 如果一个国家有高而持久的通货膨胀,最有可能的解释是:
   a. 中央银行发行了超量货币。
   b. 工会为了过高的工资讨价还价。
   c. 政府征收了过高的税收。
   d. 企业利用它们的垄断权力把价格抬高。

内容提要

- 关于个人做出决策的基本结论是:人们面临不同目标之间的权衡取舍;任何一种行为的成本可以用其所放弃的机会来衡量;理性人通过比较边际成本与边际收益做出决策;人们根据他们所面临的激励改变自己的行为。
- 关于人们之间相互影响的基本结论是:贸易和相互依赖性可以是互利的;市场通常是协调人们之间经济活动的一种好方法;通过纠正市场失灵或者提高经济中的平等程度,政府可能改善市场结果。
- 关于整体经济的基本结论是:生产率是生活水平的最终根源;货币量的增长是通货膨胀的最终根源;社会面临通货膨胀与失业之间的短期权衡取舍。

关键概念

稀缺性
经济学
效率
平等
机会成本
理性人

边际变动
激励
市场经济
产权
市场失灵
外部性

市场势力
生产率
通货膨胀
经济周期

复习题

1. 列举三个你在生活中面临的重大权衡取舍的例子。
2. 你会将哪些项目列为去迪士尼乐园度假的机会成本?
3. 水是生活必需品。一杯水的边际收益是大还是小呢?
4. 为什么决策者应该考虑激励?
5. 为什么各国之间的贸易不像一场比赛那样有赢家和输家呢?
6. 市场中的看不见的手会做什么呢?
7. 解释市场失灵的两个主要原因,并各举一个例子。
8. 为什么生产率是重要的?
9. 什么是通货膨胀?什么引起了通货膨胀?
10. 短期中通货膨胀与失业如何相关?

问题与应用

1. 描述下列每种情况下所面临的权衡取舍:
   a. 一个家庭决定是否购买一辆新车。
   b. 一个国会议员决定对国家公园支出多少。
   c. 一个公司总裁决定是否新开一家工厂。

d. 一个教授决定用多少时间备课。
　　e. 一个刚大学毕业的学生决定是否去读研究生。
2. 你正想决定是否去度假。度假的大部分成本(机票、住旅馆的费用、放弃的工资)都用美元来衡量,但度假的收益是心理上的。你将如何比较收益与成本呢?
3. 你正计划用星期六的时间去做兼职,但一个朋友请你去滑雪。去滑雪的真实成本是什么?现在假设你已计划星期六在图书馆学习,那么这种情况下去滑雪的成本是什么?请解释。
4. 你在篮球比赛中赢了 100 美元。你可以选择现在花掉它或者在利率为 5% 的银行账户中存一年。那么现在花掉这 100 美元的机会成本是什么呢?
5. 你管理的公司在开发一种新产品的过程中已经投资 500 万美元,但开发工作还没有完成。在最近的一次会议上,你的销售人员报告说,竞争性产品的进入使你们新产品的预期销售额减少为 300 万美元。如果完成这项开发还要花费 100 万美元,你还应该继续进行这项开发吗?为了完成这项开发,你后续的最高花费应该是多少?
6. 一项 1996 年的法案修改了联邦政府的反贫困计划,对许多福利领取者做了只能领取两年津贴的限制。
　　a. 这个变动如何影响对工作的激励?
　　b. 这个变动如何反映了平等与效率之间的权衡取舍?
7. 解释下列每一项政府活动的动机是关注平等还是关注效率。在关注效率的情况下,讨论所涉及的市场失灵的类型。
　　a. 对有线电视的价格进行管制。
　　b. 向一些穷人提供可用来购买食物的消费券。
　　c. 在公共场所禁止吸烟。
　　d. 把标准石油公司(它曾拥有美国90%的炼油厂)分拆为几个较小的公司。
　　e. 对收入较高的人实行较高的个人所得税税率。
　　f. 制定禁止酒后开车的法律。
8. 从平等和效率的角度讨论下面每种说法。
　　a. "应该保证社会上的每个人都得到尽可能好的医疗。"
　　b. "当工人被解雇时,应该使他们在找到新工作之前能一直领取失业津贴。"
9. 你的生活水平在哪些方面不同于你的父母或祖父母在你这个年龄时的生活水平?为什么会发生这些变化?
10. 假设美国人决定把他们更多的收入用于储蓄。如果银行把这笔钱借给企业,企业用这笔钱建设新工厂,这种高储蓄会如何加快生产率的提高呢?你认为谁会从更高的生产率中获益呢?社会会得到免费午餐吗?
11. 在美国独立战争期间,美国殖民地政府无法筹集到足够的税收来为战争融资。为了弥补这个差额,殖民地政府决定更多地印发货币。通过印发货币来弥补支出有时被称为"通货膨胀税"。你认为当政府增发货币时,谁被"征税"了?为什么?

第 2 章
像经济学家一样思考

每个研究领域都有自己的语言和思考方式。数学家谈论公理、积分和向量空间。心理学家谈论自我、本我和认知失调。律师谈论案发现场、侵权行为和允诺禁止反言原则。

经济学家也没有什么不同。供给、需求、弹性、比较优势、消费者剩余和无谓损失——这些术语是经济学家语言的一部分。在以后各章中,你将遇到许多新术语,还会碰上一些经济学家以特定方式使用的熟悉的词汇。乍一看,这种新语言似乎有一种不必要的神秘。但是,正如你将了解到的,它的价值在于能够为你提供一种关于你所生活的世界的新的、有用的思考方式。

本书的目的就是帮助你学会经济学家的思考方式。正如你不可能在一夜之间就成为一个数学家、心理学家或律师一样,学会像经济学家一样思考也需要一些时间。但本书将通过把理论、案例研究和新闻中的经济学事例结合起来,为你提供充分的发展和实践这种技能的机会。

在深入了解经济学的主要内容和细节之前,概览一下经济学家如何研究这个世界是很有用的。本章将讨论经济学的方法论。经济学家在处理所遇到的问题时有何独特之处?像经济学家一样思考是什么意思?

2.1 作为科学家的经济学家

经济学家努力以科学家的客观性来探讨他们的主题。他们研究经济的方法与物理学家研究物质以及生物学家研究生命的方法在很大程度上是相同的:先提出理论,再收集数据,然后分析数据,以努力证明或批驳他们的理论。

对初学者来说,经济学是一门科学的说法似乎有点不可思议。经济学家毕竟不用试管或望远镜进行研究工作。但是,科学的本质是科学方法——冷静地建立并检验有关世界如何运行的各种理论。这种研究方法适用于研究一国经济，就像适用于研究地球重力或生物进化一样。正如阿尔伯特·爱因斯坦（Albert Einstein）曾经指出的："科学不过是日常思考的不断完善而已。"

虽然爱因斯坦的评论对诸如经济学的社会科学和诸如物理学的自然科学同样适用，但许多人并不习惯用科学家的眼光去观察社会。接下来我们将讨论经济学家运用科学的逻辑来考察经济如何运行的一些方法。

"Michael，我是个社会科学家，这意味着我无法解释电学或其他类似的事物，但如果你想了解的是'人'，那你可就找对人了。"

图片来源：ⓒ J. B. Handelsman/The New Yorker Collection/www.cartoonbank.com

2.1.1 科学方法：观察、理论和进一步观察

据说17世纪著名科学家和数学家艾萨克·牛顿（Isaac Newton）有一天看到一个苹果从树上掉下来之后，好奇心油然而生。这一观察促使牛顿创立了万有引力理论，这个理论不仅能解释苹果为什么掉到地上，而且也适用于宇宙中的任意两个物体。其后对牛顿理论的检验表明，该理论在许多情况下适用（尽管正如爱因斯坦后来发现的，该理论并不是在一切情况下都适用）。由于牛顿的理论成功解释了人们所观察到的现象，所以现在全世界大学的本科物理课中仍讲授这一理论。

理论与观察之间的这种相互作用也发生在经济学领域中。如果一位经济学家生活在价格正在迅速上升的国家中，那么他就可能会受到这种观察的刺激而提出一种通货膨胀理论。这种理论可能会提出，当政府发行了过多货币时，高通货膨胀就发生了。为了检验这种理论，这位经济学家可以收集并分析许多不同国家价格和货币量的数据。如果货币量增长与价格上升的速度完全无关，那么这位经济学家就会开始怀疑自己的通货膨胀理论的正确性。但如果全球数据的检验结果表明货币量增长与通货膨胀密切相关（事实的确如此），那么这位经济学家就会更加相信自己的理论。

虽然经济学家像其他科学家那样运用理论和观察，但他们面临着一

种使其工作更具挑战性的障碍:在经济学研究中,进行实验往往是不可能的。研究重力的物理学家可以在他们的实验室里扔下许多物体以得到检验他们理论的数据。与此相比,研究通货膨胀的经济学家绝不会被允许仅仅为了获得有用的数据就去操控一国的货币政策。经济学家,就像天文学家、进化生物学家一样,通常只能使用这个世界向他们提供的数据。

为了寻找实验室实验的替代品,经济学家十分关注历史所提供的自然实验。例如,当中东战争中断了原油运输时,全世界的石油价格飞涨。对石油和石油产品的消费者来说,这个事件降低了他们的生活水平;对经济决策者来说,这个事件提出了如何做出最佳应对的难题。但对经济科学家来说,这个事件提供了研究重要自然资源如何影响世界经济的机会。因此,在本书中我们将研究许多历史事件。这些事件之所以具有研究价值,不仅仅是因为它们使我们能了解过去的经济,更重要的是因为它们使我们能对当前的经济理论做出说明和评价。

2.1.2 假设的作用

如果你问一位物理学家,一块大理石从10层楼的楼顶落下来需要多长时间,他可能会通过假设这块大理石在真空中落下来回答这个问题。当然,这个假设是不现实的。事实上,楼房周围都是空气,空气对下落的大理石产生摩擦力并使其下落速度变慢。但物理学家会指出,这种摩擦力是如此之小,以至于其影响可以忽略不计。因此假设大理石在真空中下落能使问题简化,而对答案又没有实质性影响。

经济学家由于同样的原因而做出假设:假设可以使复杂的世界简单化,从而使解释这个世界变得更为容易。例如,为了研究国际贸易的影响,我们可以假设世界只由两个国家组成,而且每个国家只生产两种产品。在现实中有许多国家,并且每个国家都生产成千上万的不同类型的产品。但通过假设只有两个国家和两种产品,我们可以集中思考问题的实质。一旦我们理解了这种简化了的假想世界中的国际贸易,我们就可以更好地理解我们生活在其中的、更加复杂的现实世界中的国际贸易。

科学思考的艺术——无论是在物理学、生物学还是经济学中——就是决定做出什么假设。例如,假设我们从楼顶扔下来的是沙滩球而不是大理石。我们的物理学家就会意识到,没有摩擦的假设在这种情况下是不太准确的:摩擦力对沙滩球的作用力要比对大理石的大得多。前面所提到的重力在真空中发生作用的假设对研究大理石的下落是适用的,但对研究沙滩球的下落并不适用。

同样,经济学家用不同的假设来回答不同的问题。假设我们想研究政府改变流通中的货币量会对经济产生怎样的影响。这一分析的一个重要内容是价格会做出什么反应。经济中的许多价格并不经常变动,如报摊上的杂志价格就好几年才会变动一次。了解了这一事实后,当我们研究政策变动在长短不同时期中的影响时,就会做出不同的假设。为了研究这种政策的短期效应,我们可以假设价格变动并不大,我们甚至可以做出极端而人为的假设:所有价格都是完全固定的。但是,为了研究这种政策的长期效应,我们可以假设所有价格都是完全可变的。正如物理学家在研究大理石下落和沙滩球下落时用了不同的假设一样,经济学家在研究货币量变动的短期与长期效应时也用了不同的假设。

2.1.3 经济模型

高中生物教师用塑料人体模型来讲授基础解剖学。这些模型包括所有主要的器官——心脏、肝脏、肾脏等——它们使教师可以用一种简单的方式向学生说明人体的这些重要器官是如何组合在一起的。因为这些塑料模型是程式化的,并略去了许多细节,所以没有人会把它们误认为是真人。尽管它缺乏真实性——实际上正是由于缺乏真实性——研究这些模型对了解人体如何运作却是很有帮助的。

经济学家也用模型来了解世界,但不是塑料模型,而通常是由图形和方程组成的模型。与生物教师的塑料模型一样,经济模型也忽略了许多细节,以便使我们了解真正重要的东西。正如生物教师的模型并不包括人体的所有肌肉和毛细血管一样,经济学家的模型也不包括经济的每一个特征。

当我们在本书中用模型来研究各种经济问题时,你会看到所有模型都建立在一些假设之上。正如物理学家通过假设不存在摩擦来分析大理石下落一样,经济学家也利用假设来撇开与所研究问题无关的许多经济细节。所有模型——物理学的、生物学的和经济学的——都为了加深我们对现实的理解而进行了简化。

2.1.4 我们的第一个模型:循环流量图

经济由从事许多活动——购买、销售、工作、雇佣、制造等——的千百万人所组成。为了理解经济的运行方式,我们必须找到某种方法来简化我们对所有这些活动的思考。换句话说,我们需要用一个模型来从总体上解释经济是如何组织起来的,并说明经济的参与者如何相互交易。

图 2-1 提出了一个直观的经济模型,这个模型被称为**循环流量图**(circular-flow diagram)。在这个模型中,经济被简化为只由两类决策者——企业和家庭——组成。企业用劳动、土地和资本(建筑物和机器)等投入品来生产物品和服务。这些投入品被称为生产要素。家庭则拥有生产要素并消费企业生产的所有物品与服务。

循环流量图:
一个说明货币如何通过市场在家庭与企业之间流动的直观经济模型。

图 2-1　循环流量图

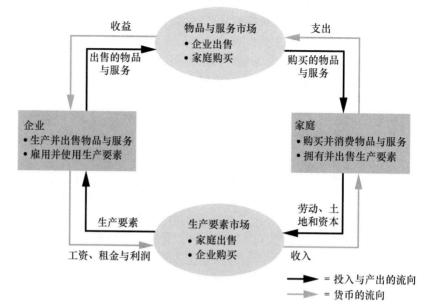

该图是对经济组织方式的简要表述。经济决策由家庭和企业做出。家庭和企业在物品与服务市场(在这个市场上,家庭是买者,而企业是卖者)以及生产要素市场(在这个市场上,企业是买者,而家庭是卖者)上相互交易。外面一圈的箭头表示货币的流向,而里面一圈的箭头表示相应的投入与产出的流向。

家庭和企业在两类市场上相互交易。在物品与服务市场上,家庭是买者,而企业是卖者。具体来说就是家庭购买企业生产的物品与服务。在生产要素市场上,家庭是卖者,而企业是买者。在这一市场上,家庭向企业提供用于生产物品与服务的投入。循环流量图提供了一种把家庭与企业之间发生的所有经济交易组织在一起的简单方法。

循环流量图的两个环形相互区别,但又相互关联。里面的环形代表投入与产出的流向。家庭在生产要素市场上把劳动、土地和资本出售给企业。然后企业用这些要素生产物品与服务,这些物品与服务又在物品与服务市场上出售给家庭。外面的环形代表相应的货币流动。家庭付钱从企业购买物品与服务。企业用一部分销售收入支付生产要素的报酬,如工人的工资。所剩下的收入是企业所有者的利润,而企业所有者本身也是家庭的成员。

现在我们通过跟踪在经济中流通的 1 美元钞票来看看循环流向。设想这 1 美元从家庭开始,比如说在你的钱包里。如果你想买一杯咖啡,你就可以拿这 1 美元到经济中的一个物品与服务市场,比如当地的星巴克咖啡店去买。你在那里把 1 美元花在了你最喜欢的咖啡上。当这 1 美元进入星巴克的收银机时,它就成为企业的收益。但是这 1 美元并不会在星巴克停留很久,因为企业需要用它在生产要素市场上购买投入品。星巴克可能会用这 1 美元向房东支付租金或为工人支付工资。无论在哪一种情况下,这 1 美元又成了某个家庭的收入,又一次回到了某个人的钱包里。此时,经济循环流量图中的故事又一次开始。

图 2-1 中的循环流量图是一个简单的经济模型。一个更为复杂、更

为现实的循环流量模型应该包括政府和国际贸易的作用。(你付给星巴克的1美元可能会用于纳税或购买巴西农民的咖啡豆。)但这些细节对于大致理解经济的组织方式并不是至关重要的。由于其简化性,在考虑经济中各部分如何组合在一起时,记住这个循环流量图是很有用的。

2.1.5 我们的第二个模型:生产可能性边界

与循环流量图不同,大多数经济模型都是用数学工具来构建的。这里我们用一个最简单的经济数学模型——生产可能性边界,来阐明一些基本的经济学思想。

虽然现实经济生产成千上万种物品与服务,但我们可以设想一个只生产两种物品——汽车与电脑——的经济。汽车行业和电脑行业共同使用该经济中的全部生产要素。**生产可能性边界**(production possibilities frontier)是一个图形,它表明在生产要素和企业可以把这些要素变为产量的生产技术既定时,一个经济所能生产的产品——在这个例子中是汽车和电脑——的数量的各种组合。

图2-2表示这个经济的生产可能性边界。如果该经济把全部资源都用于汽车行业,那么它将生产1 000辆汽车而不生产电脑。如果该经济把全部资源都用于电脑行业,那么它将生产3 000台电脑而不生产汽车。生产可能性边界的两个端点代表这两种极端的可能性。

生产可能性边界： 表示在可得到的生产要素与生产技术既定时,一个经济所能生产的产品数量的各种组合的图形。

图2-2 生产可能性边界

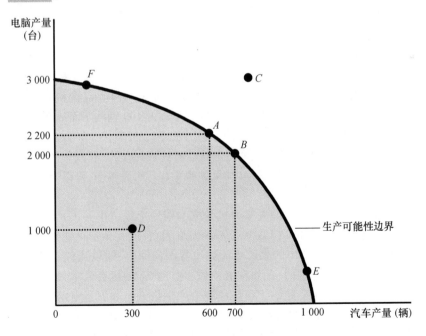

生产可能性边界表明该经济所能生产的产品——在这个例子中是汽车和电脑——的数量组合。该经济可以生产该边界上或以内的任何组合。在既定的经济资源条件下,该边界以外的各点都是无法实现的。生产可能性边界上各点的斜率代表用电脑来衡量的生产汽车的机会成本。机会成本随着这个经济生产两种产品的数量的变化而变化。

更为可能的情况是，这个经济把资源分配在两个行业中，同时生产汽车和电脑。例如，该经济可以生产 600 辆汽车和 2 200 台电脑，如图 2-2 中的 A 点所示。或者，通过把一些生产要素从电脑行业转向汽车行业，该经济可以生产 700 辆汽车和 2 000 台电脑，如 B 点所示。

由于资源是稀缺的，因此并不是每一种想象的结果都是可行的。例如，无论在两个行业之间如何配置资源，这个经济都不可能生产出 C 点所代表的汽车和电脑量。在用于制造汽车和电脑的技术为既定时，这个经济并没有足够的生产要素来提供 C 点所对应的产量水平。一个经济可以用它所拥有的资源在生产可能性边界上及以内的任何一点进行生产，但它不能在这条边界以外的任何一点进行生产。

如果一个经济从它可以获得的稀缺资源中获得了它能得到的全部东西，我们就称这种结果是有效率的。生产可能性边界上（而不是这条线之内）的各点代表了有效率的生产水平。当该经济在生产可能性边界上的某一点，比如说 A 点进行生产时，如果不减少一种物品的生产，就没有办法生产更多的另一种物品。D 点代表一种无效率的结果。由于某种原因，也许是普遍失业，该经济的产量小于它从可以获得的资源中所能得到的最大可能产量：它只生产了 300 辆汽车和 1 000 台电脑。如果消除了无效率的来源，该经济就可以增加这两种物品的产量。例如，如果该经济从 D 点移动到 A 点，那么汽车的产量就从 300 辆增加到 600 辆，电脑的产量则从 1 000 台增加到 2 200 台。

第 1 章中所讨论的经济学十大原理之一是人们面临权衡取舍。生产可能性边界表明了社会所面临的一种权衡取舍。一旦我们达到了该边界上有效率的一点，那么为了得到更多的某一种物品，唯一的方法就是减少另一种物品的生产。例如，当社会从 A 点移到 B 点时，社会多生产了 100 辆汽车，但代价是少生产了 200 台电脑。

这种权衡取舍关系有助于我们理解经济学十大原理中的另一个原理：某种东西的成本是为了得到它所放弃的东西。这被称为机会成本。生产可能性边界表明了如何用另一种物品来衡量一种物品的机会成本。当社会从 A 点移动到 B 点时，它为了得到增加的 100 辆汽车而放弃了 200 台电脑。这就是说，在 A 点时，100 辆汽车的机会成本是 200 台电脑。换言之，每辆汽车的机会成本是两台电脑。要注意的是，一辆汽车的机会成本等于生产可能性边界的斜率（如果你想不起什么是斜率，可以通过本章附录来复习一下）。

用电脑数量来衡量的汽车的机会成本在这个经济中并不是不变的，而是取决于该经济要生产多少汽车和电脑。这反映在生产可能性边界的形状上。由于图 2-2 中的生产可能性边界凹向原点，所以当该经济生产大量汽车和少量电脑时，例如在 E 点时，生产汽车的机会成本最高，此时生产可能性边界是陡峭的。当该经济生产少量汽车和大量电脑时，例如在 F 点时，生产可能性边界是平坦的，并且生产汽车的机会成本较低。

经济学家认为，生产可能性边界通常是这种凹向原点的形状。当该经济把其大部分资源用于生产电脑时,例如在 F 点时,最适于汽车生产的资源,如熟练的汽车工人,都被用于电脑行业。由于这些工人可能并不擅长生产电脑,多生产一辆汽车只会引起很小的电脑产量的减少。在 F 点,用电脑衡量的汽车的机会成本是较小的,而且生产可能性边界较为平坦。与此相反,当经济把其大部分资源用于生产汽车时,例如在 E 点时,最适于生产汽车的资源已经用于汽车行业。多生产一辆汽车就意味着要把一些最好的电脑技工从电脑行业中转移出来,并让他们成为汽车工人。结果导致多生产一辆汽车就意味着电脑产量有相当大的减少。此时生产汽车的机会成本很高,而且生产可能性边界是陡峭的。

生产可能性边界表明在某一特定时点生产不同物品之间的权衡取舍,但随着时间的推移,这种权衡取舍可能改变。例如,假设电脑行业的技术进步提高了每个工人每周可以生产的电脑数量。这种进步扩大了社会的一系列机会。对于任何一种既定的汽车产量,该经济现在都可以生产比以前更多的电脑。如果该经济并没有生产任何电脑,它仍然可以生产 1 000 辆汽车,因此生产可能性边界的一个端点仍然是相同的。但如果该经济将一些资源用于电脑行业,它将用这些资源生产出更多的电脑,生产可能性边界向外移动了,如图 2-3 所示。

图 2-3 生产可能性边界的移动

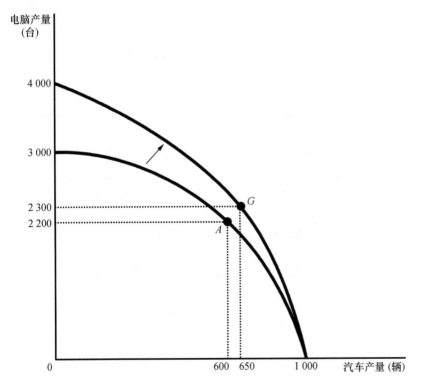

电脑行业的技术进步使经济在生产任何一个既定的汽车量时,都可以生产比以前更多的电脑。结果,生产可能性边界向外移动。如果该经济从 A 点移动到 G 点,那么汽车和电脑的产量就都增加了。

图 2-3 说明了当经济增长时会发生的情况。社会可以使生产从原来的生产可能性边界上的一点移动到新的生产可能性边界上的一点。社会

选择该边界上的哪一点取决于它对两种物品的偏好。在这个例子中,社会从 A 点移动到 G 点,享有了更多的电脑(2 300 台而不是 2 200 台)和更多的汽车(650 辆而不是 600 辆)。

生产可能性边界简化了复杂的经济,以便强调一些基本但极为重要的概念:稀缺性、效率、权衡取舍、机会成本和经济增长。当你学习经济学时,这些概念将以不同的形式反复出现。生产可能性边界为我们提供了一种思考这些问题的简单方法。

2.1.6 微观经济学与宏观经济学

许多学科在各种不同层次上进行研究。以生物学为例,分子生物学家研究构成生命体的化学合成物;细胞生物学家研究细胞,细胞由许多化学合成物构成,同时它本身也是构成活的生物体的基本单位;进化生物学家研究各种动物与植物,以及若干世纪以来物种如何逐步地进化。

经济学也在各种不同层次上进行研究。我们可以研究单个家庭与企业的决策。我们也可以研究某种物品与服务市场上家庭与企业之间的相互交易。我们还可以研究整体经济的运行,即所有这些市场上全部决策者活动的总和。

微观经济学:
研究家庭和企业如何做出决策,以及它们如何在市场上相互交易的学科。

宏观经济学:
研究整体经济现象,包括通货膨胀、失业和经济增长的学科。

传统上,经济学被划分为两个大的分领域。**微观经济学**(microeconomics)研究家庭和企业如何做出决策,以及它们如何在特定市场上相互交易。**宏观经济学**(macroeconomics)研究整体经济现象。一个微观经济学家可能研究租金控制对纽约市住房的影响、外国竞争对美国汽车行业的影响,或者接受义务教育对工人收入的影响。一个宏观经济学家可能研究联邦政府借债的影响、经济中失业率随时间推移的变动,或者提高一国生活水平的不同政策。

微观经济学和宏观经济学是紧密相关的。由于整体经济的变动产生于千百万个人的决策,所以不考虑相关的微观经济决策而要去理解宏观经济的发展是不可能的。例如,宏观经济学家可能研究联邦个人所得税的减少对整个物品与服务生产的影响。但是为了分析这个问题,他必须考虑所得税减少会如何影响家庭把多少钱用于购买物品与服务的决策。

尽管微观经济学与宏观经济学之间存在固有的联系,但这两个领域仍然是不同的。由于它们强调不同的问题,且每个领域都有自己的一套模型,所以通常在不同的课程中讲授。

即问即答 • 从何种意义上说,经济学像一门科学? • 假设一个社会只生产食物与衣服,为其画出生产可能性边界。标出一个有效率点、一个无效率点和一个不可能实现的点。说明一场旱灾对此的影响。 • 定义微观经济学与宏观经济学。

2.2 作为政策顾问的经济学家

人们经常要求经济学家解释一些经济事件的原因。例如,为什么青少年的失业率高于年龄大一些的人的失业率?有时人们也要求经济学家提出改善经济结果的政策建议。例如,政府应该为改善青少年的经济福利做些什么?当经济学家试图去解释世界时,他们是科学家;当经济学家试图去帮助改善世界时,他们是政策顾问。

2.2.1 实证分析与规范分析

为了弄清楚经济学家的这两种角色,我们首先来考察一下语言的使用。由于科学家和政策顾问有不同的目标,所以他们也以不同的方式使用语言。

例如,假设有两个人正在讨论最低工资法。下面是你可能听到的两种表述:

Portia:最低工资法引起了失业。
Noah:政府应该提高最低工资。

现在不管你是否同意这两种表述,应该注意的是,Portia 和 Noah 想要做的事情是不同的。Portia 的说法像一个科学家:她做出了一种关于世界如何运行的表述。Noah 的说法像一个政策顾问:他做出了他想如何改变世界的表述。

一般来说,关于世界的表述有两种类型。第一种类型的表述,例如 Portia 的表述,是实证的。**实证表述**(positive statements)是描述性的。它们试图描述世界是什么样子的。第二种类型的表述,例如 Noah 的表述,是规范的。**规范表述**(normative statements)是规定性的。它们试图描述世界应该是什么样子的。

实证表述和规范表述之间的关键区别是我们如何判断它们的正确性。从原则上说,我们可以通过检验证据来确认或否定实证表述。经济学家可以通过分析某一时期内最低工资变动和失业变动的数据来评价 Portia 的表述。与此相比,对规范表述的评价则既涉及事实也涉及价值观。仅仅靠数据不能判断 Noah 的表述的正确性。确定什么是好政策或什么是坏政策不仅仅是一个科学问题,它还涉及我们对伦理、宗教和政治哲学的看法。

实证表述与规范表述从根本上讲是不同的,但在一个人的观念中它们通常相互关联。特别是,我们关于世界如何运行的实证观点将影响我

实证表述:
试图描述世界是什么样子的观点。

规范表述:
试图描述世界应该是什么样子的观点。

们关于什么政策合意的规范观点。如果 Portia 关于最低工资法引起失业的说法正确的话,这可能会使她否定 Noah 关于政府应该提高最低工资的结论。但我们的规范结论并不能仅仅根据实证分析,还要涉及价值判断。

你在学习经济学时,要记住实证表述与规范表述的区别,因为这有助于你将精力集中在手头的任务上。经济学的许多内容是实证的:它仅仅在努力解释世界如何运行。但那些运用经济学的经济学家们通常有规范的目的:他们想知道如何改善经济。当你听到经济学家做出规范表述时,你就可以知道,他们此时已经是站在政策顾问的立场上,而不是站在科学家的立场上了。

2.2.2 华盛顿的经济学家们

哈里·杜鲁门(Harry Truman)总统曾经说过,他想找一个"独臂"经济学家,因为当他请经济学家提出建议时,他们总是回答:"一方面……,另一方面……"

杜鲁门总统正确地认识到经济学家的建议并不总是直截了当的。这种倾向根源于第 1 章中的经济学十大原理之一:人们面临权衡取舍。经济学家认识到在大多数政策决策中都涉及权衡取舍。一项能提高效率的政策可能会以损害平等为代价。一项有利于子孙后代的政策可能会损害当前一代人的利益。一个认为所有政策决策都轻而易举或利弊分明的经济学家是不值得信任的经济学家。

"我们来交换一下吧!我来制定政策,你执行,而他负责解释。"

图片来源:ⓒ James Stevenson/The New Yorker Collection/www.cartoonbank.com

杜鲁门并不是唯一一位看重经济学家建议的总统。自从 1946 年以来,美国总统一直得到经济顾问委员会的指导,该委员会由三位委员和数十位经济学家组成。该委员会的办公室就在离白宫只有几步之遥的地方,它的职责不外乎向总统提出建议,并撰写每年的《总统经济报告》,该报告讨论近期经济的发展,并提供该委员会对当前政策问题的分析。

总统还能从许多政府行政部门的经济学家那里得到建议。管理与预算办公室的经济学家帮助形成支出计划和监管政策。财政部的经济学家帮助设计税收政策。劳工部的经济学家分析工人和求职者的数据,以帮助制定劳动市场政策。司法部的经济学家帮助实施国家的反托拉斯法。

还有政府行政部门之外的经济学家。为了得到对政策建议的独立评价,国会往往会听取由经济学家组成的国会预算办公室的建议。美联储这个制定国家货币政策的机构也雇用了数以百计的经济学家来分析美国和全世界的经济发展状况。

经济学家对政策的影响超出了他们作为顾问的作用:他们的研究和著作经常间接地影响政策。经济学家约翰·梅纳德·凯恩斯(John Maynard Keynes)曾提出以下看法:

经济学家和政治哲学家的思想，无论正确与否，实际上都要比一般所想象的更有力量。事实上，这个世界就是由它们统治的。那些自认为能够免受经济学家思想影响的实干家往往也只是某些已故经济学家的俘虏。那些当权狂人信奉的其实也不过是若干年前某些末流学者的狂妄思想。

虽然这些文字写于1935年，但至今仍然正确。实际上，现在正影响公共政策的"末流学者"往往是凯恩斯本人。

2.2.3 为什么经济学家的建议并不总是被采纳

任何一个向总统或其他民选领导人提出建议的经济学家都知道，他的建议并不总是能够得到重视。这会使人困扰，但也很容易理解。制定经济政策的过程在很多方面与经济学教科书上假设的理想化决策过程完全不同。

在本书中，我们讨论经济政策时往往集中在一个问题上：什么是政府要追求的最好政策？我们这样做好像是假设政策是由一个仁慈的国王决定的。一旦国王选定了正确的政策，那么将这个政策付诸实施就不会有什么困难。

但在现实世界中，选定正确的政策仅仅是一个领导人工作的一部分，有时还是最容易的一部分。在总统听取了经济顾问关于什么政策最好的意见后，他还要听取其他顾问的相关意见。他的公关顾问会告诉他如何更好地向公众解释所提议的政策，而且他们会努力提前考虑任何一种可能带来严峻挑战的误解。他的新闻顾问会告诉他新闻媒体将如何报道他的提议，以及哪些意见将最有可能出现在全国报刊的社论上。他的法律事务顾问会告诉他议会将如何评论这个提议，议会议员将提出哪些修正，以及议会通过总统的提议从而将其写进法律的可能性有多大。他的政治顾问会告诉他哪些集团将组织起来支持或反对所提议的政策，这个提议将如何影响选举中他在不同集团的形象，以及是否会影响人们对总统其他政策主张的支持力度。在听取并权衡了所有这些意见之后，总统才决定下一步如何操作。

在代议制民主政体中，制定经济政策是一件麻烦的事情——而且总统（和其他政治家）往往有充分的理由不采用经济学家所建议的政策。经济学家在政策制定过程中起着重要的作用，但他们的建议也仅仅是一个复杂过程中的一种要素。

即问即答 • 举出与你的日常生活有关的一个实证表述的例子和一个规范表述的例子。• 列举出经常听取经济学家建议的三个政府部门。

2.3 经济学家意见分歧的原因

"如果让所有的经济学家围坐在一起,他们将不会达成任何一个共识。"萧伯纳(George Bernard Shaw)对经济学家的嘲讽从这句话中可见一斑。经济学家作为一个群体经常因为向决策者提供相互矛盾的建议而受到批评。罗纳德·里根(Ronald Reagan)总统曾经开玩笑说,如果小追击(Trivial Pursuit)游戏是为经济学家设计的,那么100个问题就会有3 000个答案。

为什么经济学家往往会给决策者提供相互矛盾的建议呢?这里有两个基本原因:

- 经济学家可能对世界如何运行的不同实证理论哪一种正确有着不同的看法。
- 经济学家可能有不同的价值观,因此对政策应该努力实现的目标有不同的规范观点。

我们下面开始讨论这些原因。

2.3.1 科学判断的不同

几个世纪之前,天文学家为太阳系的中心是地球还是太阳而争论不休。后来,气象学家也争论过地球是否正在经历着"全球变暖",以及如果是这样的话,原因是什么。科学是为了认识我们周围的世界而进行的持续研究。随着研究的深入,科学家会对真理的认知存在分歧,这不足为奇。

基于同样的原因,经济学家也经常会产生分歧。经济学是一门年轻的科学,仍然有许多问题需要探讨。经济学家有时意见不一致,是因为他们对不同理论的正确性或对衡量经济变量如何相关的重要参数的大小有不同的直觉。

例如,经济学家对于政府是应该根据家庭收入还是消费(支出)来征税的看法就不一致。支持把现行所得税改为消费税的人认为,这种变化会鼓励家庭更多地储蓄,因为它不对用于储蓄的收入征税。高储蓄会使更多的资源用于资本积累,从而使生产率和生活水平更快地增长。支持现行所得税制的人认为,家庭储蓄并不会对税法的改变做出太大反应。这两派经济学家对税制持有不同的规范观点,是因为他们关于储蓄对税收激励反应程度的实证观点不同。

2.3.2 价值观的不同

假设 Peter 和 Paula 都从镇上的水井中汲取等量的水。为了支付维修水井的费用,镇里向所有居民征税。Peter 的收入为 15 万美元,征税 1.5 万美元,即其收入的 10%。Paula 的收入为 3 万美元,征税 6 000 美元,即其收入的 20%。

这种政策公平吗?如果不公平的话,谁支付的太多了,而谁支付的太少了?Paula 的收入低是因为她是残疾人还是因为她决定投身演艺生涯,这一点重要吗?Peter 的收入高是因为他继承了大量遗产还是因为他愿意长时间地从事枯燥的工作,这一点又重要吗?

这些都是可能会引起人们争论的难题。如果镇里雇了两个专家来研究该镇为维修水井应该如何向居民征税的问题,而这两个专家又提出了不一致的建议,我们应该不会感到奇怪。

这个简单的例子说明了,为什么经济学家有时会对公共政策有不同的看法。正如我们在之前关于实证分析和规范分析的讨论中所说明的,不能只从科学的角度来判断政策。经济学家有时提出不一致的建议是因为他们有着不同的价值观。对经济科学的不断完善并不能告诉我们 Peter 和 Paula 两人中谁支付的税收太多了。

2.3.3 感觉与现实

由于科学判断的差别以及价值观的不同,经济学家之间有一些分歧是不可避免的,但不应该夸大这种分歧。经济学家之间能够达到共识的程度远远超出了人们有时认为的那样。

表 2-1 包含了 20 个有关经济政策的主张。在对专业经济学家的调查中,这些主张得到了绝大多数被调查者的赞同。但是,其中大部分主张并没有在公众中得到类似的认同。

表中的第一个主张是关于租金控制的,这是一项规定房东对住房可以收取的最高房租的法律规定。几乎所有经济学家都认为,租金控制对住房的可得性和质量有不利影响,而且这是一种代价高昂的帮助最弱势社会成员的方法。但是许多市政府还是不理会经济学家的建议,而对房东可以向其房客收取的租金规定了上限。

表 2-1　大多数经济学家赞同的主张

主张(以及持赞同意见经济学家所占的百分比)
1. 租金上限降低了可得到的住房的数量和质量。(93%)
2. 关税和进口配额通常降低了总体经济福利。(93%)
3. 弹性汇率和浮动汇率提供了一种有效的国际货币协定。(90%)
4. 财政政策(例如,减税和/或增加政府支出)对低于充分就业的经济有重要的刺激效应。(90%)
5. 美国不应该限制雇主将工作外包给其他国家。(90%)
6. 像美国这样的发达国家的经济增长会使福利水平更高。(88%)
7. 美国应该取消农业补贴。(85%)
8. 设计适当的财政政策可以提高长期资本形成率。(85%)
9. 地方政府和州政府应该取消对职业运动队的补贴。(85%)
10. 如果联邦预算要实现平衡,也应该是以经济周期为基础,而不是以年度为基础。(85%)
11. 如果现行的政策保持不变,在接下来的50年中,社会保障基金与支出之间的缺口会持续扩大并超出承受能力。(85%)
12. 现金支付要比与现金等值的实物转移支付更多地提高接受者的福利水平。(84%)
13. 庞大的联邦预算赤字对经济有不利的影响。(83%)
14. 在美国,收入再分配是政府的一项合法职能。(83%)
15. 通货膨胀主要是由于货币供给的过分增长而引起的。(83%)
16. 美国不应该禁止转基因作物。(82%)
17. 最低工资增加了年轻人和不熟练工人的失业。(79%)
18. 政府应该按"负所得税"的思路重建福利制度。(79%)
19. 作为控制污染的方法,排污税和可交易的污染许可证要优于实行污染上限。(78%)
20. 在美国,政府对乙醇的补贴应该减少或取消。(78%)

资料来源: Richard M. Alston, J. R. Kearl, and Michael B. Vaughn, "Is There Consensus among Economists in the 1990s?" *American Economic Review* (May 1992): 203—209; Dan Fuller and Doris Geide-Stevenson, "Consensus among Economists Revisited," *Journal of Economics Education* (Fall 2003): 369—387; Robert Whaples, "Do Economists Agree on Anything? Yes!" *Economists' Voice* (November 2006): 1—6; Robert Whaples, "The Policy Views of American Economic Association Members: The Results of a New Survey," *Econ Journal Watch* (September 2009): 337—348.

表中的第二个主张涉及关税和进口配额,这是两种限制各国间贸易的政策。几乎所有经济学家都反对这种对自由贸易的限制,其原因我们将在本书中进行更充分的讨论。但是,这些年来总统和国会一直选择限制某些物品的进口。

既然专家一致反对,那么为什么租金控制和贸易限制这些政策还一直持续呢?这可能是因为政治过程是一种不可消除的障碍,但也可能是因为经济学家还无法使普通公众相信这些政策是不合意的。本书的目的之一就是使你理解经济学家对这些问题和其他问题的观点,也许还要说服你相信这是正确的观点。

当你阅读本书时，你会偶尔看到被称为"专家看法"的小专栏。这些内容依据了 IGM 经济学家研究小组的报告，它是对几十名全世界最著名经济学家的持续调查。每过几周，调查者就会向这些经济学家提出一种看法，并询问他们是同意这种看法、不同意这种看法，还是不确定。这些专栏中的结果使你能够了解什么时候经济学家的观点是一致的，什么时候他们有分歧，而什么时候他们又不知道想什么。

这里我们可以看到一个关于演出与比赛门票转售的例子。法律制定者有时希望禁止转售门票（或者把它称为"倒票"）。这个调查的结果表明，许多经济学家支持"倒票者"而非法律制定者。

即问即答 为什么总统经济顾问们对一个政策问题会存在意见分歧？

2.4 出发吧

本书的前两章向你介绍了经济学的思想与方法。现在我们可以正式开始学习了。下一章我们开始更详细地学习经济行为和经济政策的原理。

阅读本书时，你需要运用多方面的知识和技能。也许你会发现，记住伟大的经济学家约翰·梅纳德·凯恩斯的一些忠告是颇有裨益的：

> 经济学研究似乎并不需要任何极高的特殊天赋。与更高深的哲学或纯科学相比，经济学难道不是……一门极其容易的学科吗？它是一门容易的学科，但这个学科中很少有人能出类拔萃！对这个悖论的解释也许在于，杰出的经济学家需要具有罕见的各种天赋的组合。在某种程度上，他应该是数学家、历史学家、政治家和哲学家。他必须了解符号并用文字将其表达出来。他必须根据一般性来深入思考特殊性，并以同等灵活的思想触及抽象与具体。他必须在研究现在时同时参考过去、着眼未来。他必须考虑到人性或人的制度的每一部分。他必须同时保持坚定而客观的情绪，要像艺术家一样超然脱俗，但有时又要像政治家一样脚踏实地。

这无疑是一个高标准。但通过实践，你将会越来越习惯于像经济学家一样思考。

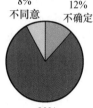

专家看法

门票转售

"限制转售演出与比赛门票的法律使这些活动的潜在观众的状况平均而言变坏了。"

经济学家怎么说？

8% 不同意
12% 不确定
80% 同意

资料来源：IGM Economic Experts Panel, April 16, 2012.

快速单选

1. 经济模型是_____。
   a. 复制经济运行的机械设备
   b. 对经济的详尽而真实的描述
   c. 经济某些方面的简单再现

d. 预测经济未来的电脑程序
2. 循环流量图说明在生产要素市场上,_____。
   a. 家庭是卖者,企业是买者
   b. 家庭是买者,企业是卖者
   c. 家庭和企业都是买者
   d. 家庭和企业都是卖者
3. 生产可能性边界内的一点是_____的。
   a. 有效率,但不可能
   b. 可能,但无效率
   c. 既有效率又可能
   d. 既无效率又不可能
4. 一个经济生产热狗与汉堡包。如果一项热狗对健康非常有利的发现改变了消费者的偏好,它将_____。
   a. 扩大生产可能性边界
   b. 收缩生产可能性边界
   c. 使经济沿着生产可能性边界变动
   d. 使经济在生产可能性边界内变动
5. 以下所有话题都在微观经济学研究范围之内,除了_____。
   a. 香烟税对青少年吸烟行为的影响
   b. 微软的市场势力在软件定价中的作用
   c. 反贫困计划在减少无家可归者中的效率
   d. 政府预算赤字对经济增长的影响
6. 以下哪一种说法是实证的,而不是规范的?
   a. X法将减少国民收入。
   b. X法是一项好的立法。
   c. 国会应该通过X法。
   d. 总统应该否决X法。

内容提要

◎ 经济学家们努力以科学家的客观态度来研究他们的学科。像所有科学家一样,他们做出了适当的假设并建立了简化的模型,以便理解我们周围的世界。两个简单的经济模型是循环流量图和生产可能性边界。

◎ 经济学可划分为两个分领域:微观经济学和宏观经济学。微观经济学家研究家庭和企业做出的决策以及家庭和企业在市场上的相互交易。宏观经济学家研究影响整体经济的力量和趋势。

◎ 实证表述是关于世界是什么的论断。规范表述是关于世界应该是什么的论断。当经济学家做出规范表述时,他们的行为更像是政策顾问而不是科学家。

◎ 经济学家们向决策者提出的建议之所以有时会相互矛盾,不是因为科学判断的差别,就是因为价值观的差别。在另一些时候,经济学家提供的建议是一致的,但由于政治过程施加的力量和约束,决策者可能选择不理会这些建议。

关键概念

循环流量图　　　　　　　　微观经济学　　　　　　　　实证表述
生产可能性边界　　　　　　宏观经济学　　　　　　　　规范表述

复习题

1. 经济学在哪些方面是一门科学？
2. 为什么经济学家要做出假设？
3. 经济模型应该准确地描述现实吗？
4. 说出你的家庭参与要素市场的一种方式，以及参与产品市场的一种方式。
5. 举出一种没有包括在简单的循环流量图中的经济关系。
6. 画出并解释一个生产牛奶与点心的经济的生产可能性边界。如果一场瘟疫使该经济中的一半奶牛死亡，这条生产可能性边界会发生怎样的变动？
7. 用生产可能性边界解释"效率"这一概念。
8. 经济学分为哪两个分领域？解释这两个分领域各自研究什么。
9. 实证表述与规范表述之间的差别是什么？各举出一个例子。
10. 为什么经济学家有时会向决策者提出相互矛盾的建议？

问题与应用

1. 画一张循环流量图。指出模型中分别对应于下列活动的物品与服务流向和货币流向的部分。
   a. Selena 向店主支付 1 美元买了 1 夸脱牛奶。
   b. Stuart 在快餐店工作，每小时赚 8 美元。
   c. Shanna 花 40 美元理发。
   d. Salma 凭借她在 Acme Industrial 公司 10% 的股权赚到了 2 万美元。

2. 设想一个生产军用品和消费品的社会，并将它们称为"大炮"和"黄油"。
   a. 画出大炮与黄油的生产可能性边界。用机会成本解释为什么这条边界的形状最可能是向外凸出。
   b. 标出这个经济不可能实现的一点。再标出可以实现但无效率的一点。
   c. 假设这个社会有两个政党，称为鹰党（想拥有强大的军事力量）和鸽党（想拥有较弱的军事力量）。在生产可能性边界上标出鹰党可能选择的一点和鸽党可能选择的一点。
   d. 假想一个侵略性的邻国削减了军事力量。结果鹰党和鸽党都等量减少了自己原来希望生产的大炮数量。用黄油产量的增加来衡量，哪一个党会得到更大的"和平红利"？并解释。

3. 第 1 章讨论的第一个经济学原理是人们面临权衡取舍。用生产可能性边界说明社会在两种"物品"——清洁的环境与工业产量之间的权衡取舍。你认为什么因素决定生产可能性边界的形状和位置？如果工程师开发出了一种新的更少污染的发电方法，生产可能性边界会发生什么变化？

4. 一个经济由 Larry、Moe 和 Curly 这三个工人组成。每个工人每天工作 10 小时，并可以提供两种服务：割草和洗汽车。在 1 小时内，Larry 可以割一块草地或洗一辆汽车，Moe 可以割一块草地或洗两辆汽车，而 Curly 可以割两块草地或洗一辆汽车。

a. 计算在以下情况（即我们所标的 A、B、C 和 D 四种情况）时，各能提供多少每种服务：
- 三个工人把他们所有的时间都用于割草。(A)
- 三个工人把他们所有的时间都用于洗汽车。(B)
- 三个工人都分别把一半时间用于两种活动。(C)
- Larry 分别把一半时间用于两种活动，而 Moe 只洗汽车，Curly 只割草。(D)

b. 画出这个经济的生产可能性边界。用你对 a 的回答来确定图形上的 A、B、C 和 D 点。

c. 解释为什么生产可能性边界的形状是这样的。

d. a 中有哪一种配置是无效率的吗？请解释。

5. 把下列话题分别归入微观经济学或宏观经济学：

a. 家庭把多少收入用于储蓄的决策。

b. 政府管制对汽车废气排放的影响。

c. 高国民储蓄对经济增长的影响。

d. 企业关于雇用多少工人的决策。

e. 通货膨胀率和货币量变动之间的关系。

6. 把下列表述分别归入实证表述或规范表述，并解释。

a. 社会面临着通货膨胀与失业之间的短期权衡取舍。

b. 降低货币增长率将降低通货膨胀率。

c. 美联储应该降低货币增长率。

d. 社会应该要求福利领取者去找工作。

e. 降低税率可以鼓励人们更多地工作和更多地储蓄。

附 录
绘图:简单的复习

经济学家研究的许多概念都可以用数字来表示——香蕉的价格、香蕉的销售量以及种植香蕉的成本等。这些经济变量通常是相互关联的。当香蕉价格上升时,人们购买香蕉的数量少了。表述变量之间关系的一种方法是使用图形。

使用图形有两个目的:第一,当建立经济理论时,用公式或文字可能表述得不够清楚,而图形提供了一种直观地表述思想的方法。第二,当分析经济数据时,图形提供了一种发现和解释数据的变动模式的有效方法。无论我们是构建理论还是分析数据,图形都提供了一个可以从大量树木中辨认出森林的透镜。

用图形来表示数字信息有多种方法,正如用文字来表述思想也有很多方法一样。一位好的作家会选择可以使其观点清晰、描述生动,或情节具有戏剧性的文字。一个有效率的经济学家会选择最适于表述其目的的图形类型。

在本附录中,我们将讨论经济学家如何用图形来研究变量之间的数学关系。我们还会讨论运用图形方法时容易出现的一些错误。

单变量的图形

图2A-1表示了三种常见的图形:(a)幅中的饼形图表示美国的总收入的各种来源,包括雇员薪酬、公司利润等。每一块扇形都代表了某种来源在总收入中的份额。(b)幅中的柱形图比较了四个国家的收入。柱形的高度代表每个国家的平均收入。(c)幅的时间序列图描述了随着时间推移,美国经济部门生产率的提高。线的高度代表各年中每小时的产量。也许你已经在报纸和杂志上见过类似的图形。

两个变量的图形:坐标系

尽管图2A-1的三个图形在表明变量如何随时间推移或在个体之间变动上是有用的,但这种图形能告诉我们的内容毕竟有限,它们只能表示一个变量的信息。经济学家通常关注变量之间的关系。因此,他们需要能在一个图形上表示两个变量。坐标系使这种需要成为可能。

图 2A-1　图形的类型

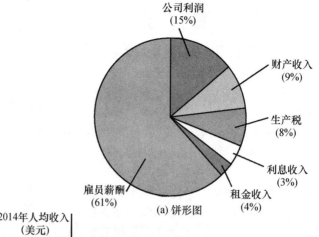

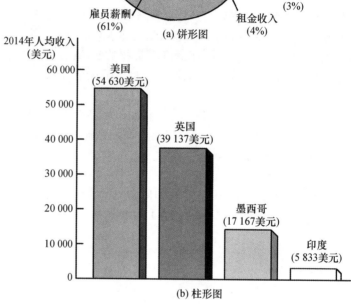

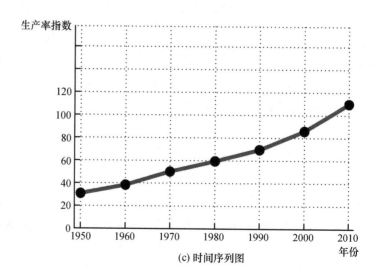

(a)幅中的饼形图表示美国国民收入的各种来源。(b)幅中的柱形图比较了四个国家的人均收入。(c)幅中的时间序列图表示美国经济部门不同时期的劳动生产率。

假设你想考察学习时间和平均绩点(GPA)之间的关系。你可以对你们班的每个学生记录一对数字:每周用在学习上的小时数和平均绩点。可以把这些数字作为一种有序数对(ordered pair)放在括号中,并用图形上的一点来表示。例如,用有序数对(每周25小时,3.5GPA)来代表Albert E.,而他的同班同学Alfred E.用有序数对(每周5小时,2.0 GPA)来代表。

我们可以把这些有序数对画在一个二维坐标方格图上。每个有序数对的第一个数字称为x坐标,它告诉我们该点的横向位置;第二个数字称为y坐标,它告诉我们该点的纵向位置。x坐标和y坐标为零的点称为原点。有序数对的两个坐标告诉我们该点相对于原点的位置:在原点右边的x个单位,并在原点上方的y个单位。

图2A-2标出了Albert E.、Alfred E.和他们同班同学的平均绩点与对应的学习时间。这种类型的图称为散点图,因为它描述了不连续的各点。在看这个图时,我们马上会注意到,越是在右边的点(表示学习时间更多),位置越高(表示平均绩点越高)。由于学习时间与平均绩点一般是同方向变动,因此我们说,这两个变量有一种正相关关系。与此相比,如果画出参加聚会的时间与学习成绩之间关系的图形,我们很可能发现,参加聚会时间多与成绩低相关。由于这些变量一般是反方向变动的,我们把这种情况称为负相关关系。在这两种情况下,坐标系都使我们可以更容易地看出两个变量之间的相关性。

图2A-2 运用坐标系

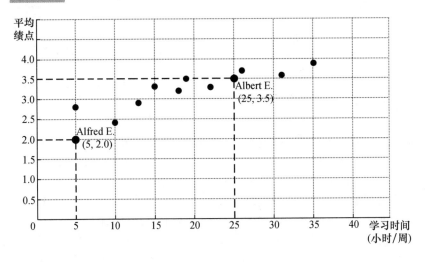

纵轴代表平均绩点,横轴代表学习时间。各点代表Albert E.、Alfred E.和他们的同班同学。从图中我们可以看出,学习时间更多的学生往往成绩更高。

坐标系中的曲线

那些学习时间多的学生往往可以取得更高的成绩,但其他因素也会影响一个学生的成绩。例如,事先准备是一个重要因素,其他因素如天赋、老师的关注程度，甚至早餐吃得好坏等都有影响。像图 2A-2 这样的散点图并没有把学习努力程度对成绩的影响与其他变量的影响分开。但是，经济学家通常更喜欢在其他条件不变的情况下，观察一个变量对另一个变量的影响。

为说明如何做到这一点，我们来看经济学中最重要的图形之一——需求曲线。需求曲线描绘出一种物品的价格对消费者想购买的物品量的影响。但是，在说明需求曲线之前，我们先看一下表 2A-1，该表说明了 Emma 购买的小说数量取决于她的收入和小说的价格。当小说便宜时，Emma 就大量购买。随着小说的价格变得越来越昂贵，她就从图书馆借书而不是买书，或者选择去看电影而不是读小说。类似地，在任何一种既定价格水平下，Emma 收入越高就买书越多。这就是说，当她的收入增加时，她把部分增加的收入用于买小说，部分用于买其他物品。

表 2A-1　Emma 购买的小说数量

该表说明在各种收入和价格水平下 Emma 购买的小说数量。在任何一种既定收入水平下，都可以用价格与需求量的数据画出 Emma 的小说需求曲线，如图 2A-3 和 2A-4 所示。

价格（美元）	小说数量（本）		
	收入为 3 万美元时	收入为 4 万美元时	收入为 5 万美元时
10	2	5	8
9	6	9	12
8	10	13	16
7	14	17	20
6	18	21	24
5	22	25	28
	需求曲线 D_3	需求曲线 D_1	需求曲线 D_2

我们现在有三个变量——小说的价格、收入和购买的小说数量，这多于我们能用二维空间表示的数量。为了把表 2A-1 中的信息描绘成图形，我们需要使三个变量中的一个保持不变，并描述其他两个变量之间的关系。由于需求曲线代表价格和需求量之间的关系，所以我们使 Emma 的收入不变，并说明她所购买的小说数量如何随小说价格的变动而变动。

假设 Emma 的年收入为 4 万美元。如果我们用 x 轴表示 Emma 购买的小说数量，y 轴表示小说的价格，我们就可以用图形来表示表 2A-1 的中间一列。当把代表表中各项的点——(5 本小说，10 美元)、(9 本小说，9 美元)等——连接起来时，它们就成为一条直线。图 2A-3 中画出的这条直线被称为 Emma 的小说需求曲线；它告诉我们在任何一种既定价格下，Emma 买多少本小说。需求曲线向右下方倾斜，表示较高的价格减少了小说的需求量。由于小说的需求量与价格呈反方向变动，我们说这两个变量是负相关的(相反，当两个变量同方向变动时，把它们连接起来的曲线向右上方倾斜，我们说这两个变量是正相关的)。

图 2A-3　需求曲线

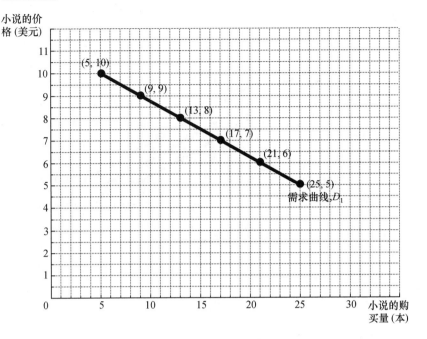

需求曲线 D_1 表明，当 Emma 的收入不变时，她购买小说的数量取决于小说的价格。由于价格与需求量是负相关的，所以，需求曲线向右下方倾斜。

现在假设 Emma 的收入增加到每年 5 万美元。在任何一种既定价格水平下，Emma 购买的小说数量都比她在以前的收入水平时多了。正如我们之前用表 2A-1 中间一列的全部数据画出了 Emma 的小说需求曲线一样，现在我们可以用该表右边一列的全部数据画出一条新需求曲线。图 2A-4 中所画出的这条新需求曲线（D_2）与旧需求曲线（D_1）平行；新需求曲线是在右方画出的一条类似的线。因此我们说，当 Emma 收入增加时，她的小说需求曲线向右移动。同样，如果 Emma 的收入减少为每年 3 万美元，在任何一种既定价格水平下，她购买的小说数量都减少了，她的需求曲线向左移动（到曲线 D_3）。

在经济学中，区分沿着一条曲线的变动与曲线的移动是很重要的。正如我们从图 2A-3 中所能看到的，如果 Emma 的收入为每年 4 万美元，而小说价格为每本 8 美元，她每年将购买 13 本小说。如果小说的价格下降到 7 美元，Emma 每年购买的小说将增加到 17 本。但需求曲线仍在同一位置上。在同一种价格下，Emma 仍购买相同数量的小说，但随着价格下降，她购买小说的数量沿着该需求曲线从左向右变动。与此相比，如果小说的价格固定在 8 美元没变，但 Emma 的收入增加到 5 万美元，她每年购买的小说就会从 13 本增加到 16 本。由于 Emma 在同一种价格下买了更多本小说，正如图 2A-4 所示，她的需求曲线向外移动。

图 2A-4 需求曲线的移动

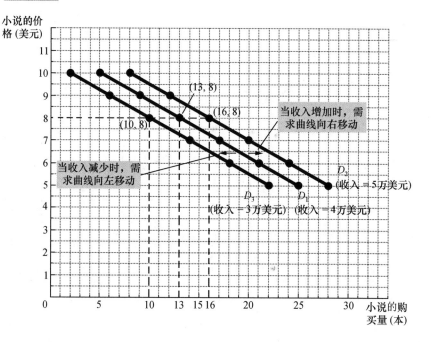

Emma 小说需求曲线的位置取决于她赚了多少钱。她赚的钱越多，在任何一种既定价格水平下买的小说就越多，她的需求曲线也就越靠右。曲线 D_1 代表 Emma 的收入为每年 4 万美元时的初始需求曲线。如果她的收入增加到每年 5 万美元，她的需求曲线就移动到 D_2。如果她的收入减少为每年 3 万美元，她的需求曲线就移动到 D_3。

可以用一种简单的方法来判断什么时候必须移动曲线。当一个未用任何坐标轴表示的相关变量发生变动时，曲线就会移动。收入既不用该图的 x 轴表示，也不用 y 轴表示，所以，当 Emma 的收入变动时，她的需求曲线必须移动。除了小说价格这个唯一例外的变动之外，任何一种影响 Emma 购买习惯的其他变动，都同样会使她的需求曲线移动。例如，如果公共图书馆关闭了，Emma 必须购买她想阅读的所有书，那么 Emma 在每种价格下都会需要更多的书，她的需求曲线将向右移动。或者，如果电影票价下降，Emma 把更多的时间用于看电影，并减少了读书时间，那么她在每种价格下需要的小说少了，她的需求曲线将向左移动。与此相比，当图形某个坐标轴上的变量变动时，曲线并不移动。我们把这种变动称为沿着曲线的变动。

斜率

关于 Emma，我们想问的一个问题是，她的购买习惯对价格的反应有多大。我们来看图 2A-5 中画出的需求曲线。如果这条曲线非常陡峭，那么无论小说便宜还是昂贵，Emma 购买的小说数量都几乎相同。如果这条曲线相当平坦，那么 Emma 购买的小说数量将对价格变动更加敏感。为了回答一个变量对另一个变量变动的反应有多大这个问题，我们可以使用斜率的概念。

图 2A-5 计算一条直线的斜率

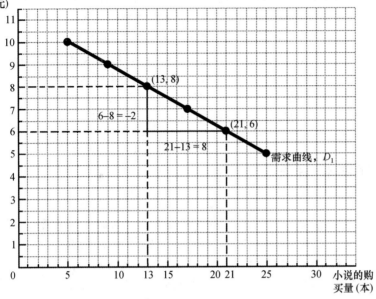

为了计算需求曲线的斜率,我们可以观察当从一点(21,6)移动到另一点(13,8)时 x 坐标和 y 坐标的变动。该直线的斜率是 y 坐标的变动量(-2)与 x 坐标的变动量(+8)的比率,即等于 -1/4。

一条直线的斜率是当我们沿着这条线变动时,纵轴变动距离与横轴变动距离的比率。通常可以用数学符号把这个定义写为:

$$斜率 = \frac{\Delta y}{\Delta x}$$

其中,希腊字母 Δ(delta)代表一个变量的变动。换句话说,一条直线的斜率等于"上升量"(y 的变动)除以"向前量"(x 的变动)。对于一条平缓地向右上方倾斜的直线,斜率将是一个小的正数;对于一条陡峭地向右上方倾斜的直线,斜率将是一个大的正数;对于一条向右下方倾斜的直线,斜率则将是一个负数。水平线的斜率为零,因为在这种情况下,y 轴的变量是固定不变的;垂直线被定义为有无限斜率,因为 y 轴的变量可以取任何值,而 x 轴的变量固定不变。

Emma 的小说需求曲线的斜率是多少? 首先,由于该曲线向右下方倾斜,我们知道斜率将是负数。为了计算斜率的数值,我们必须在这条直线上选择两个点。当 Emma 的年收入为 4 万美元时,她在价格为 6 美元时购买 21 本小说,或在价格为 8 美元时购买 13 本小说。在使用斜率的公式时,我们关心的是两点之间的变动,换句话说,我们关心的是它们之间的差别;这就使我们知道,我们必须从一组变量中减去另一组变量,如下所示:

$$斜率 = \frac{\Delta y}{\Delta x} = \frac{第一个点的\,y\,坐标 - 第二个点的\,y\,坐标}{第一个点的\,x\,坐标 - 第二个点的\,x\,坐标}$$

$$= \frac{6-8}{21-13} = \frac{-2}{8} = \frac{-1}{4}$$

图 2A-5 用图形表明了如何进行这种计算。试着用另外两个不同的点来计算 Emma 需求曲线的斜率,你应该得出完全相同的结果,–1/4。直线的性质之一是同一条线上任何一点的斜率都相同。直线的这一性质对于其他类型的曲线并不适用,它们的某些部分比其他部分更为陡峭。

Emma 需求曲线的斜率告诉我们她的购买量会对价格变动做出多大反应。斜率小(数值接近于零)意味着 Emma 的需求曲线较为平坦;在这种情况下,当价格变动时,她购买的小说数量会有大幅度调整。斜率大(数值离零较远)意味着 Emma 的需求曲线较为陡峭;在这种情况下,当价格变动时,她购买的小说数量只有很小的调整。

原因和结果

经济学家经常用图形来说明关于经济如何运行的观点。换句话说,他们用图形来说明一组事件如何引起了另一组事件的发生。用需求曲线这样的图形不会混淆原因与结果。因为我们变动价格而使所有其他变量不变,我们于是知道,小说价格的变动引起了 Emma 需求量的变动。但是应该记住,我们的需求曲线来自一个假设的例子。当用现实世界的数据来画图时,要确定一种变量如何影响另一种变量往往是较为困难的。

第一个问题是,在研究两种变量之间的关系时要使其他条件不变是很困难的。如果不能使其他变量保持不变,我们就可能会误认为图形中的一个变量引起了另一个变量的变动,而实际上这一变动是由图中没有画出的第三个被忽略的变量所引起的。即使正确地确定了所要观察的两个变量,我们仍会遇到第二个问题——反向因果关系。换句话说,我们可能认为是 A 引起 B,而事实上却是 B 引起 A。忽略的变量和反向因果关系陷阱提醒我们,在用图形得出关于原因与结果的结论时要谨慎。

忽略的变量 为了说明忽略一个变量会如何导致一个容易使人误解的图形,我们来看一个例子。假设由于公众对许多人死于癌症这一问题的关注,政府委托大兄弟统计服务公司进行一项全面的研究。大兄弟公司仔细检查了能在人们房间里找到的各种东西,以查明其中的哪一种与患癌症的风险相关。大兄弟公司在报告中指出,在两个变量之间存在密切的关系:家庭拥有的打火机数量和家庭成员得癌症的概率。图 2A-6 表示了这种关系。

图 2A-6 有一个被忽略的变量的图形

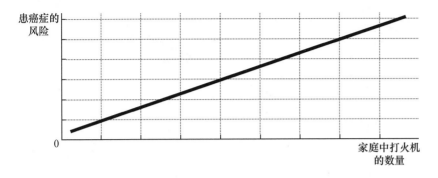

向右上方倾斜的曲线表明,家庭拥有的打火机越多,家庭成员越可能得癌症。但我们不能因此得出拥有打火机引发癌症的结论,因为该图没有考虑到吸烟的数量。

面对这一结果,我们应该做些什么?大兄弟公司建议政府在政策上迅速做出反应。它建议政府通过对打火机征收销售税来限制人们持有打火机的数量。它还建议政府在打火机上加上警示性标语:"大兄弟公司已经确认,打火机有害健康。"

在判断大兄弟公司的分析是否正确时,一个首要的问题是:大兄弟公司在考虑一个变量时,是否令其他相关变量都保持不变?如果回答是否定的,那么这个结论就值得怀疑。对图 2A-6 的一个简单解释是,拥有打火机多的人往往吸烟也多,引发癌症的是吸烟而不是打火机。如果图 2A-6 没有使吸烟数量不变,那么它就不能告诉我们持有打火机的真正后果。

这个故事说明了一个重要的原理:当你看到一幅图被用于支持一种关于原因与结果的观点时,应当问一下,是否存在一种被忽略的变量的变动能解释你所观察到的结果,这一点是很重要的。

图片来源:Courtesy of Randall Munroe/XKCD.com

反向因果关系 经济学家也会由于弄错了因果关系的方向而犯错误。为了说明这种可能性,假设美国无政府主义者联盟研究了美国的犯罪情况,并做出图 2A-7,该图画出了大城市中每千人暴力犯罪案件数量与每千人警察人数之间的对应关系。无政府主义者注意到这条曲线向右上方倾斜,并认为警察增加了而不是减少了城市暴力事件的数量,所以应该废除法律的实施。

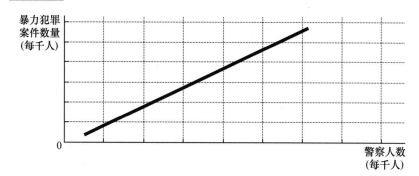

图 2A-7　表示反向因果关系的图形

向右上方倾斜的曲线表明,警察集中程度越高的城市也越危险。但这一图形并没有告诉我们,是警察引起了犯罪,还是犯罪猖獗的城市雇用了更多警察。

如果我们可以进行可控性实验,就可以避免反向因果关系的危险。为了进行这个实验,我们应该随机地设定不同城市的警察数量,然后考察警察和犯罪之间的相关性。但是图 2A-7 并不是建立在这种实验的基础上。我们只是看到越危险的城市警察越多。对这种情况的解释可能是,越危险的城市雇用的警察越多。换句话说,不是警察引起了犯罪,而是犯罪引来了警察。这个图形本身并不能使我们确定因果关系的方向。

考察哪一个变量先变动看起来是一种确定因果关系的简单方法。如果我们看到犯罪增加,然后警力扩大,那么我们得出一个结论;如果我们看到警力扩大,然后犯罪增加,那么我们就得出另一个结论。但这种方法也有一个缺陷:人们通常并不是根据他们当前状况的变动来改变自己的行为,而是根据他们对未来状况预期的变动来改变自己的行为。例如,一个预期未来有一次大的犯罪高潮的城市现在就会更多地雇用警察。用婴儿与家用旅行车的例子可以更容易地说明这个问题。一对夫妇通常在预期到孩子出生时就会购买家用旅行车。家用旅行车的购买先于小孩的出生,但我们不会得出家用旅行车销售引起人口增长的结论!

还没有一套全面的规则可以说明什么时候从图形中得出因果关系结论是适当的。但只要记住打火机没有引起癌症(忽略的变量)和家用旅行车没有引起家庭人口增加(反向因果关系),你就会避免陷入许多荒谬的经济学争论之中。

第3章
相互依存性与贸易的好处

想想你日常生活中的典型一天。你早上起床,给自己倒了一杯用佛罗里达州产的橙子榨的果汁和用巴西产的咖啡豆煮的咖啡。早餐时,你阅读了一份在纽约编写但印在中国制造的纸张上的报纸。你穿上用佐治亚州生产的棉花作原料而在泰国工厂缝制的衣服。你开着用来自世界上十几个国家生产的部件组装的汽车去上学。然后你打开经济学教科书,这本书由一位住在麻省的作者所写,由一家俄亥俄州的公司出版,并印在用俄勒冈州生长的树制成的纸上。

你每天都在享用许多素不相识的人向你提供的物品与服务。这种相互依存之所以成为可能,是因为人们相互交易。那些为你提供物品与服务的人并不是出于仁慈而这样做的。也没有某个政府机构命令他们满足你的欲望。相反,人们向你和其他消费者提供他们生产的物品与服务,是因为他们也从中得到了某种回报。

在以后的各章中,我们将考察我们的经济如何协调成千上万爱好与能力不同的人的活动。作为这种分析的一个出发点,我们将在本章考察人们在经济上相互依存的原因。第1章所强调的经济学十大原理之一是贸易可以使每个人的状况都变得更好。在本章中我们要更详尽地研究这个原理。人们在相互交易的时候究竟获得了什么好处?为什么人们选择了相互依存?

对上述问题的回答是理解现代全球经济的关键。在当今的大多数国家,其所消费的许多物品与服务都是从国外进口的,而且其所生产的许多物品与服务也都出口给国外客户。本章的分析不仅解释了个人之间的相互依存性,而且也解释了国家之间的相互依存性。正如你将看到的,无论你是让当地理发师理发还是购买地球另一端某个地方工人生产的T恤衫,贸易的好处都是相同的。

3.1 一个现代经济寓言

为了说明人们为什么选择在物品与服务上依靠其他人,以及这种选择如何改善了他们的生活,我们来看一个简单的经济。假设世界上只有两种物品——牛肉与土豆,而且世界上只有两个人——名叫 Ruby 的牧牛人和名叫 Frank 的种土豆的农民,他们每个人都既爱吃牛肉,又爱吃土豆。

如果 Ruby 只能生产牛肉,而 Frank 只能生产土豆,那么贸易的好处是显而易见的。在一种情况下,Ruby 和 Frank 可能选择"老死不相往来"。但在吃了几个月烤牛肉、煮牛肉、炸牛肉和烧牛肉之后,Ruby 确信自给自足并不像想象的那样惬意。一直吃土豆泥、炸土豆、烤土豆和土豆片的 Frank 也可能同意 Ruby 的看法。很明显,贸易使他们能享用更多的食物品种:每个人都可以吃上牛排配烤土豆或汉堡包配薯条。

虽然这个故事只是以最简单的方式说明了每个人如何能从贸易中获益,但如果 Ruby 和 Frank 都能生产对方所生产的物品,只是成本相对较高,那么这种好处也是相似的。例如,假定 Ruby 可以种土豆,但她的土地非常不适于种土豆。同样,假定 Frank 也能养牛,但他并不擅长养牛和生产牛肉。在这种情况下,很容易看出,Frank 和 Ruby 都可以通过专门从事自己最擅长的活动并从相互交易中获益。

但是,当某个人在生产每一种物品上都较为擅长时,贸易的好处就不那么明显了。例如,假定 Ruby 在养牛和种土豆上都优于 Frank。在这种情况下,Ruby 应该选择自给自足吗?或者她还是有理由去和 Frank 进行交易?为了回答这个问题,我们需要更仔细地研究影响这种决策的因素。

3.1.1 生产可能性

假设 Frank 和 Ruby 每人每天工作 8 小时,并可以把这个时间用于种土豆、养牛或两者的组合上。图 3-1(a)表明每个人生产 1 盎司每种物品所需要的时间。Frank 用 15 分钟生产 1 盎司土豆,用 60 分钟生产 1 盎司牛肉。Ruby 在这两种活动中的生产率都更高,可以用 10 分钟生产 1 盎司土豆,用 20 分钟生产 1 盎司牛肉。表中的后两列表示,如果 Frank 和 Ruby 每天工作 8 小时只生产一种物品,他们所能生产的牛肉或土豆的数量。

图 3-1(b)说明 Frank 能生产的牛肉和土豆的数量。如果 Frank 把他的全部 8 小时时间都用于生产土豆,他将生产 32 盎司土豆(用横轴表示)而没有牛肉。如果他把所有时间都用于生产牛肉,他将生产 8 盎司牛肉(用纵轴表示)而没有土豆。如果 Frank 把他的时间平均分配在两种活动上,两项活动各用 4 个小时,他将生产 16 盎司土豆和 4 盎司牛肉。这个

图 3-1 生产可能性边界

	生产 1 盎司所需要的时间(分钟)		8 个小时的产量(盎司)	
	牛肉	土豆	牛肉	土豆
Frank	60	15	8	32
Ruby	20	10	24	48

(a) 生产机会

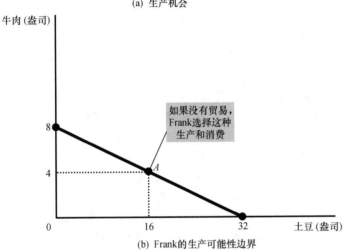

(b) Frank的生产可能性边界

(c) Ruby的生产可能性边界

(a)幅表示农民 Frank 和牧牛人 Ruby 所能得到的生产机会。(b)幅表示 Frank 能生产的牛肉和土豆的组合。(c)幅表示 Ruby 能生产的牛肉和土豆的组合。两条生产可能性边界都是通过假设 Frank 和 Ruby 每人每天工作 8 小时推导出来的。如果不存在贸易,则每个人的生产可能性边界也是他的消费可能性边界。

图表示了这三种可能的结果以及介于这三种情况之间的所有其他结果。

这个图表示 Frank 的生产可能性边界。正如我们在第 2 章中所讨论的,生产可能性边界表示一个经济所能生产的产量的各种组合。它说明了第 1 章中的经济学十大原理之一:人们面临权衡取舍。在这里,Frank 也面临着生产牛肉与生产土豆之间的权衡取舍。

你也许还记得,第 2 章中的生产可能性边界是外凸的。在那种情况下,社会可以用一种物品换取另一种物品的比率取决于两种物品当前的产量。但是在这里,Frank 生产牛肉和土豆的技术(正如图 3-1 中所概括的)使他能以不变的比率在一种物品与另一种物品之间转换。当 Frank 少用 1 小时生产牛肉并多用 1 小时生产土豆时,他的牛肉产量将减少 1 盎司,土豆产量将增加 4 盎司——而且无论他之前已经生产了多少,情况都是如此。因此,生产可能性边界是一条直线。

图 3-1(c)表示 Ruby 的生产可能性边界。如果 Ruby 把全部 8 个小时都用于生产土豆,她将生产 48 盎司土豆而没有牛肉。如果她把全部 8 个小时都用于生产牛肉,她将生产 24 盎司牛肉而没有土豆。如果 Ruby 把她的时间平均分配,每种活动用 4 个小时,她将生产 24 盎司土豆和 12 盎司牛肉。同样,生产可能性边界表明了所有可能的结果。

如果 Frank 和 Ruby 选择自给自足,而不是相互贸易,那么每个人消费的产品正是他所生产的。在这种情况下,生产可能性边界也是消费可能性边界。这就是说,没有贸易时,图 3-1 表示 Frank 和 Ruby 每人可以生产并消费的牛肉和土豆的各种可能组合。

这些生产可能性边界曲线有助于说明 Frank 和 Ruby 面临的权衡取舍,但并没有告诉我们 Frank 和 Ruby 实际上将作何选择。为了确定他们的选择,我们需要知道 Frank 和 Ruby 的爱好。我们假设他们选择了图 3-1 中 A 点和 B 点所表示的组合:根据他们的生产机会和食物偏好,Frank 生产并消费 16 盎司土豆和 4 盎司牛肉,而 Ruby 生产并消费 24 盎司土豆和 12 盎司牛肉。

3.1.2 专业化与贸易

在吃了几年 B 组合的土豆和牛肉之后,Ruby 有了个主意,并告诉了 Frank:

Ruby:Frank,我的朋友,我这里有一桩好买卖!我知道如何改善我们俩的生活。我认为你应该完全停止生产牛肉,而把你所有的时间都用于种土豆。根据我的计算,如果你一天用 8 个小时种土豆,你将生产 32 盎司土豆。如果你把这 32 盎司土豆中的 15 盎司给我,我将给你 5 盎司牛肉作为回报。最后,你每天都将能吃到 17 盎司土豆和 5 盎司牛肉,而不是现在的 16 盎司土豆和 4 盎司牛肉。如果你按我的计划去做,你将得到更多的这两种食物。[为了说明自己的观点,Ruby 向 Frank 展示了图 3-2(a)。]

Frank:(声音显得有些怀疑)这听起来对我是桩好买卖,但我不明白为什么你会提出这个交易。如果这个交易对我这么有好处,它就不可能对你也有好处。

Ruby:噢,可它对我也是有好处的!如果我每天用 6 小时养牛,2 小时种土豆,我将生产 18 盎司牛肉和 12 盎司土豆。我给你 5 盎司牛

图 3-2 贸易如何扩大了消费机会的集合

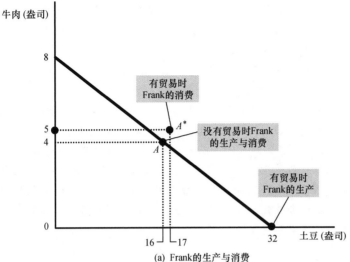

(a) Frank的生产与消费

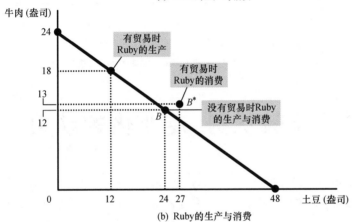

(b) Ruby的生产与消费

Ruby 所建议的在农民 Frank 和牧牛人 Ruby 之间的交易,给他们每个人都提供了一种无贸易时不可能有的牛肉和土豆的组合。在(a)幅中,Frank 得到的消费在 A^* 点,而不是 A 点;在(b)幅中,Ruby 得到的消费在 B^* 点,而不是 B 点。贸易使每个人都得以消费更多的牛肉和更多的土豆。

(单位:盎司)

	Frank		Ruby	
	牛肉	土豆	牛肉	土豆
没有贸易:				
生产与消费	4	16	12	24
有贸易:				
生产	0	32	18	12
贸易	得到5	给出15	给出5	得到15
消费	5	17	13	27
贸易的好处:				
消费增加	+1	+1	+1	+3

(c) 贸易的好处:总结

第 3 章 相互依存性与贸易的好处 ▶ 53

肉来交换你的15盎司土豆以后,我将得到13盎司牛肉和27盎司土豆,而不是现在的12盎司牛肉和24盎司土豆。因此,我所消费的这两种食物也都将比现在多。[她指着图3-2(b)。]

Frank:我不知道……这听起来太棒了,真令人难以置信。

Ruby:实际上这并不像乍看起来那么复杂。我这里有一个简单的表概括了我向你提的建议。[Ruby递给了Frank一张和图3-2(c)一样的表。]

Frank:(停下来研究该表之后)这些计算看来是正确的,但我总有点弄不明白。这一交易怎么能使我们两人都过得更好呢?

Ruby:我们两人都可以获益是因为贸易使我们每个人都可以专门从事自己最擅长的工作。你将把更多的时间用于种土豆,更少的时间用于养牛。我将把更多的时间用于养牛,更少的时间用于种土豆。由于专业化和贸易,我们每个人都可以不增加工作时间就消费更多的牛肉和更多的土豆。

即问即答 画出鲁滨孙·克鲁索的生产可能性边界的例子。鲁滨孙是一个遇难船只的水手,他把他的时间用于采集椰子和捕鱼。如果他独自生活,该生产可能性边界是否限制了他对椰子和鱼的消费?如果他可以与岛上的当地人交易,他还会面临同样的限制吗?

3.2 比较优势:专业化的动力

Ruby对贸易所带来的好处的解释虽然正确,但也引出了一个疑惑:如果Ruby在养牛和种土豆方面都更精通,Frank怎么能专门从事他最擅长的工作呢?Frank似乎做什么都不是最擅长的。为了解开这个疑惑,我们需要考察比较优势的原理。

作为建立这个原理的第一步,考虑下面的问题:在我们的例子中,谁能以较低的成本生产土豆?是Frank还是Ruby?有两种可能的答案,这两种答案包含着解决我们困惑的方法,它们是理解贸易所带来的好处的关键。

3.2.1 绝对优势

绝对优势:
一个生产者用比另一个生产者更少的投入生产某种物品的能力。

回答生产土豆的成本这个问题的一个方法是比较两个生产者所需要的投入。当比较一个人、一个企业或一个国家与另一个人、另一个企业或另一个国家的生产率时,经济学家用**绝对优势**(absolute advantage)这个术语。如果生产者生产一种物品所需要的投入较少,就可以说该生产者在生产这种物品上有绝对优势。

在我们的例子中,时间是唯一的投入,因此我们可以通过考察两个生产者所需要的时间来确定绝对优势。Ruby 无论在生产土豆还是生产牛肉上都有绝对优势,因为她生产 1 单位这两种物品需要的时间都少于 Frank。Ruby 生产 1 盎司牛肉只需要 20 分钟,而 Frank 需要 60 分钟。同样,Ruby 生产 1 盎司土豆只需要 10 分钟,而 Frank 需要 15 分钟。因此,如果我们用投入量来衡量成本,则 Ruby 生产土豆的成本较低。

3.2.2 机会成本和比较优势

还可以用另一种方法考察生产土豆的成本。我们可以不比较所需要的投入,而比较机会成本。从第 1 章中我们知道,某种东西的**机会成本**(opportunity cost)是为了得到它而放弃的东西。在我们的例子中,我们假设 Frank 和 Ruby 每人每天工作 8 小时。因此,用于生产土豆的时间就来自可用于生产牛肉的时间。当在两种物品之间重新配置时间时,Ruby 和 Frank 放弃了一些单位的某种物品去生产另一种物品,从而就会发生沿着生产可能性边界的变动。机会成本衡量了每个生产者所面临的两种物品之间的权衡取舍。

机会成本:为了得到某种东西所必须放弃的东西。

我们先考虑 Ruby 的机会成本。根据图 3-1(a),她生产 1 盎司土豆需要工作 10 分钟。当 Ruby 把 10 分钟用于生产土豆时,她用于生产牛肉的时间就要减少 10 分钟。由于 Ruby 生产 1 盎司牛肉需要 20 分钟,所以工作 10 分钟将生产 1/2 盎司牛肉。这样,Ruby 生产 1 盎司土豆的机会成本是 1/2 盎司牛肉。

现在来考虑 Frank 的机会成本。他生产 1 盎司土豆需要 15 分钟。由于他生产 1 盎司牛肉需要 60 分钟,所以工作 15 分钟将生产 1/4 盎司牛肉。这样,Frank 生产 1 盎司土豆的机会成本是 1/4 盎司牛肉。

表 3-1 表示两个生产者生产牛肉和土豆的机会成本。需要注意的是,牛肉的机会成本是土豆的机会成本的倒数。由于 1 盎司土豆要花费 Ruby 1/2 盎司的牛肉,所以 1 盎司牛肉要花费 Ruby 2 盎司的土豆。同样,由于 1 盎司土豆要花费 Frank 1/4 盎司牛肉,所以 1 盎司牛肉要花费 Frank 4 盎司土豆。

表 3-1 牛肉和土豆的机会成本

	1 盎司牛肉的机会成本	1 盎司土豆的机会成本
Frank	4 盎司土豆	1/4 盎司牛肉
Ruby	2 盎司土豆	1/2 盎司牛肉

在描述两个生产者的机会成本时,经济学家用**比较优势**(comparative advantage)这个术语。如果一个生产者在生产 X 物品时放弃了较少的其他物品,即生产 X 物品的机会成本较小,我们就可以说,他在生产该物品

比较优势:一个生产者以低于另一个生产者的机会成本生产某种物品的能力。

上具有比较优势。在我们的例子中，Frank 生产土豆的机会成本低于 Ruby：Frank 生产 1 盎司土豆的机会成本只是 1/4 盎司牛肉，而 Ruby 生产 1 盎司土豆的机会成本是 1/2 盎司牛肉。相反，Ruby 生产牛肉的机会成本低于 Frank：Ruby 生产 1 盎司牛肉的机会成本是 2 盎司土豆，而 Frank 生产 1 盎司牛肉的机会成本是 4 盎司土豆。因此，Frank 在种植土豆上有比较优势，而 Ruby 在生产牛肉上有比较优势。

尽管一个人有可能在两种物品的生产上都具有绝对优势（正如这个例子中的 Ruby 那样），但一个人却不可能在两种物品的生产上都具有比较优势。因为一种物品的机会成本是另一种物品机会成本的倒数，如果一个人生产一种物品的机会成本较高，那么他生产另一种物品的机会成本必然较低。比较优势反映了相对的机会成本。除非两个人有相同的机会成本，否则一个人就会在一种物品上具有比较优势，而另一个人将在另一种物品上具有比较优势。

3.2.3 比较优势与贸易

专业化和贸易的好处不是基于绝对优势，而是基于比较优势。当每个人都专门生产自己有比较优势的物品时，经济的总产量就增加了，经济蛋糕的变大可用于改善每个人的状况。

在我们的例子中，Frank 用更多的时间种土豆，而 Ruby 用更多的时间生产牛肉。结果土豆的总产量从 40 盎司增加到 44 盎司，牛肉的总产量从 16 盎司增加到 18 盎司。Frank 和 Ruby 分享这种产量增加的好处。

我们也可以通过各方付给对方的价格来看一下贸易的好处。由于 Frank 和 Ruby 有不同的机会成本，所以他们双方可以议价。这就是说，他们各自通过以低于自己生产某种物品的机会成本的价格得到该物品而从贸易中获益。

从 Frank 的角度考虑所提议的交易。Frank 用 15 盎司土豆换到了 5 盎司牛肉。换句话说，Frank 可以以 3 盎司土豆的价格购买 1 盎司牛肉。牛肉的这个价格低于 Frank 生产 1 盎司牛肉的机会成本，即 4 盎司土豆。因此，Frank 由于以一种有利的价格买到牛肉而从这一交易中获益。

现在从 Ruby 的角度来考虑这一交易。Ruby 购买 15 盎司土豆的价格是 5 盎司牛肉。这就是说，土豆的价格是 1/3 盎司牛肉。这一价格低于她生产土豆的机会成本，即 1/2 盎司牛肉。因此，Ruby 由于以一种有利的价格买到土豆而从这一交易中获益。

现在牧牛人 Ruby 和农民 Frank 故事的寓意应该清楚了：贸易可以使社会上的每个人都获益，因为它使人们可以专门从事他们具有比较优势的活动。

3.2.4 贸易的价格

比较优势原理确定了专业化和贸易的好处,但它又带来了一些相关的问题:贸易的价格是由什么决定的?贸易的收益如何在贸易双方之间分配?对这些问题的准确回答超出了本章的范围,但我们可以说明一个一般规律:对从贸易中获益的双方而言,他们进行贸易的价格在两种机会成本之间。

在我们的例子中,Frank 和 Ruby 同意按每盎司牛肉 3 盎司土豆的比例进行贸易。这一价格在 Ruby 的机会成本(每盎司牛肉 2 盎司土豆)和 Frank 的机会成本(每盎司牛肉 4 盎司土豆)之间。使双方均能获益的价格并不一定非得在 2 和 4 的正中间,但它一定是在 2 和 4 之间的某个地方。

为了说明价格为什么必定在这个区间内,考虑如果不是这样会发生什么情况。如果牛肉的价格低于 2 盎司土豆,Frank 和 Ruby 都想买牛肉,因为价格低于他们每个人的机会成本。同样,如果牛肉的价格高于 4 盎司土豆,他们双方都想卖出牛肉,因为价格高于他们的机会成本。但这是一个只有两个人的经济。他们不能都是牛肉的买方,也不能都是牛肉的卖方。必须有一个人充当交易的另一方。

相互有利的贸易只能在价格为 2 到 4 之间时进行。在这个价格范围内,Ruby 想卖牛肉以购买土豆,而 Frank 想卖土豆以购买牛肉。每一方都可以以低于他的机会成本的价格购买一种物品。最后,他们双方都专门生产他有比较优势的物品,结果双方的状况都改善了。

即问即答 鲁滨孙·克鲁索每小时可以摘 10 个椰子或捕 1 条鱼。他的朋友"星期五"每小时可以摘 30 个椰子或捕 2 条鱼。克鲁索捕 1 条鱼的机会成本是多少?"星期五"的呢?谁在捕鱼方面有绝对优势?谁在捕鱼方面有比较优势?

参考资料
亚当·斯密与大卫·李嘉图的思想遗产

经济学家很早就了解贸易的好处。下面是伟大的经济学家亚当·斯密所提出的观点:

> 如果购买一件东西所付出的代价比在家里生产所付出的代价小,就永远不要在家里生产,这是每一个精明的家长都知道的准则。裁缝不想制作他自己的鞋子,而向鞋匠购买。鞋匠不想缝制他自己的衣服,而雇裁缝缝制。农民不想缝衣,也不想制鞋,而宁愿雇用那些不同的工匠去做。他们都知道,为了他们自身的利益,应当把他们的全部精力集中使用到比邻人有优势的方面,而以其

大卫·李嘉图
图片来源:© Bettmann/Corbis.

生产的部分物品或者说是以部分物品的价格，购买他们所需要的其他任何物品。

这段引文出自斯密 1776 年的著作《国富论》，这本书是分析贸易与经济中相互依存性的里程碑。

斯密的著作激励大卫·李嘉图——一位家资百万的股票经纪人成为一名经济学家。在其 1817 年的著作《政治经济学及赋税原理》中，李嘉图提出了我们现在所熟知的比较优势原理。他举了一个包含两种物品（葡萄酒与衣服）和两个国家（英国和葡萄牙）的例子。他说明了两个国家都可以通过基于比较优势的贸易和专业化而获益。

李嘉图的理论是现代国际经济学的起点，但是，他对自由贸易的捍卫绝不仅限于学术层面。李嘉图将他的信仰贯彻到其作为英国议会议员的实际工作中，在议会中，他反对限制粮食进口的《谷物法》。

亚当·斯密和大卫·李嘉图关于贸易好处的结论经得起时间的考验。虽然经济学家在政策问题上通常存在分歧，但他们在支持自由贸易方面往往是一致的。此外，自由贸易的核心论点在过去两个世纪以来并没有多少变化。自斯密和李嘉图时代以来，尽管经济学扩大了学科范围并改进了它的理论，但经济学家反对贸易限制的主要依据仍是比较优势原理。

3.3 比较优势的应用

比较优势原理解释了相互依存和贸易的好处。由于在现代世界中相互依存如此普遍，所以比较优势原理有许多应用。这里有两个例子，一个新奇有趣，另一个则有着极为重要的现实意义。

3.3.1 塞雷娜·威廉姆斯应该自己修剪草坪吗

"他们把这个草坪修剪得不错。"

图片来源：Allstar Picture Library/Alamy.

当塞雷娜·威廉姆斯（Serena Williams）在温布尔登网球锦标赛上比赛时，她花了大量的时间在草地上跑来跑去。她是有史以来最天才的网球运动员之一，她可以以大多数非职业运动员梦寐以求的速度和准确性打球。极有可能的是，她在其他体力活动中也出类拔萃。例如，我们可以设想，威廉姆斯可以比其他任何一个人都更快地修剪自己的草坪。但是仅仅由于她能迅速地修剪草坪，就意味着她应该这样做吗？

为了回答这个问题，我们可以使用机会成本和比较优势的概念。比如说威廉姆斯能用 2 个小时修剪完草坪。在这同样的 2 小时中，她能拍一部电视商业广告片,并赚到3万美元。与此相比,邻居的孩子Forrest Gump能用4个小时修剪完威廉姆斯家的草坪。在这同样的4个小时中,他可以在麦当劳店工作并赚到50美元。

在这个例子中,威廉姆斯在修剪草坪上有绝对优势,因为她可以用更少的时间投入完成这项工作。但由于威廉姆斯修剪草坪的机会成本是3万美元,而Forrest的机会成本仅为50美元,因此Forrest在修剪草坪上有比较优势。

在这个例子中,贸易的好处是巨大的。威廉姆斯不应该自己修剪草坪,而应该去拍商业广告片,并雇用Forrest修剪草坪。只要她支付给Forrest的钱多于50美元而少于3万美元,双方的状况就都会变得更好。

新闻摘录
家庭经济学

一位经济学家认为,你不应该仅仅因为你比你的配偶更擅长洗碗,就总是负责洗碗。

你的家务分工分错了
Emily Oster

没有一个人喜欢做家务。在一项关于幸福的调查中,分担家务和上下班通勤一样,是人们最不喜欢的活动。也许这就是为什么谁做什么家务的选择往往会引起家庭气氛紧张,甚至吵架。

如果每个人擅长做不同的事,安排家务就容易了。如果你的配偶擅长购买日用品,而你擅长洗衣服,那就简单了。但是事实并不总是——甚至不经常是这样。通常是某一方擅长做所有的家务。(实话说,这个人往往是女方。)女主人在洗衣、购物、清扫、做饭上样样行。但这就意味着她应该什么都做吗?

图片来源: Robert Neubecker.

在女儿出生前,我既做饭又洗碗。这没什么大不了的,也用不了我多少时间,而且老实说,我做这些活都比我丈夫强很多。他做饭只会用鸡蛋和辣椒,我让他洗碗的时候,经常会发现,即使是只有一个锅和八个叉子,他也会用"满载"程序洗。

有了孩子以后,我们要做的家务更多了,而时间更少了。看来最好是重新分配一下家务。当然,我仍然更擅长做所有家务。但是,难道这意味着我应该什么都干?

我可以根据公平的原则分配:我们每人分担一半家务。我也可以采取女权主义者的立场:调查表明,女方往往在家务分配中吃亏。就家务占用时间而言,女方比男方多做44分钟(2小时11分钟对1小时27分钟)的家务。就家务分类来看,男方只在剪草坪和房屋外部维护这两方面比女方强。当然,我可以建议我丈夫多做一些家务来打破这种不平衡,借此还可以教育我女儿,我们每个人都可以保持自我,看看,爸爸妈妈是平等的,如果两人一起分担,做家务也是有乐趣的。我甚至还可以边在洗碗机边上挥弄锅铲,边大声叹气,以此希望丈夫注意到我并主动提出由他来做家务。

对于我和我丈夫来说,幸好我是一名经济学家,因此我有比暗中较劲更有效的办法。一些基本的经济学原理已经提供了答案。我们需要分担家务,原因很简单:让擅长做饭和洗碗的一方做所有饭并洗所有碗并不是有效率的。这里用到的经济学原理是边际成本递增。一般来说,当人们疲劳时,事情会越变越糟。我在芝加哥大学教我的学生时,是用管理员工来解释这个原理的。假设你有一个好员工和一个不太好的员工,你会让那个好员工做所有的工作吗?

答案经常是"不会的"。为什么不呢?想一想,上午9点的时候,经过了一夜充分休息的那位不太好的员工的状态,比起凌晨2点时那位已经工作了17个小时的好员工,还是要好一些的。因此,你至少还是要把一些工作交给你那位不太好的员工。同样的原理也可以运用于家庭。的确,你或你的配偶更擅长干所有事。但任何一个人在凌晨4点洗衣服都可能会把红色毛巾和白色T恤混起来。分工是个好办法。怎么分工取决于人们的技能下降有多快。

为了使你家庭的效率实现"最优"(这是每一个经济学家的最终目标——也是你的最终目标),你应该使每个人最后所做的一项工作的效率相等。你的配偶洗碗、剪草坪、列出购物清单,你做饭、洗衣、购物、清扫、支付账单。这可能看来不平衡,但想一想,当你看到你的配偶在列购物清单时就已经衣衫不整地坐在那里开始打盹了,你就应该知道他能把你们需要多少牛奶算出来就已经很不错了。实际上他的这种状态和你付账单时的状态差不多,尽管付账单是你做的第五项家务。

如果这时你让你的配偶再去打扫卫生——即使这只是他的第四项家务——家里也会一团糟,因为他做第三项家务时就已经精疲力竭了,而你的状态仍然不错。这种安排的结果很可能是有一方要多干一些活,但它绝不会让一个人包揽了一切家务。

一旦你决定要用这种方法来分配家务,你就要决定谁做什么。一种选择是随机指派家务,另一种选择是每个人做每件事的一部分。我在一个配偶生活建议网站上读到:你应该根据每个人的喜好排序来分配。但这些方法中没有一种是完全正确的。(如果按个人喜好排序来分配的话,哪一个人会做清扫卫生间的活?)

为了决定谁做什么,我们需要更多的经济学知识,特别是比较优势原理。经济学家通常从贸易的角度谈这个原理。设想芬兰在制造鹿皮帽和滑雪靴上都比瑞典好。但芬兰在制造鹿皮帽上要好得多,而在制造滑雪靴上只是略强一点。当芬兰制造鹿皮帽而瑞典制造滑雪靴时,全世界的产量实现了最大化。

我们认为芬兰在制造这两种物品上都有绝对优势,但只在制造鹿皮帽上有比较优势。这个原理就是经济学家支持自由贸易的部分理由。当然,这是另外一个话题了(也许需要另一位作者来写这个话题)。但这个原理也是在你家里如何"交易"家务的指导原则。你要指派每个人从事他具有比较优势的工作。这与你做每一件事都有绝对优势并没有关系。如果你在洗衣服上非常棒,而在清扫卫生间上只略好一点,那么你就应该让你的配偶去清扫卫生间。你告诉他,这样是有效率的!

在我们家,分配家务很容易。除了烧烤——我心甘情愿地承认,这是我丈夫的领地——我做饭要好得多,而我洗碗只好那么一点点。因此,我丈夫就负责饭后清扫,尽管他操作洗碗机的工作要受到监督才行。好消息是,另一个我本来没有指望的经济学原理——干中学——很快起了作用。当人们开始从事一项工作时,他们就会不断提高这项工作技能。在我们重新分配家务的18个月以后,洗碗机看起来简直就是一件艺术品:碗碟都整整齐齐排在里面,程序显示"只洗上一层"。而我已经被禁止接近洗碗机了,因为显然,我很可能会"搞砸了"。

Oster女士是布朗大学经济学教授。

资料来源: From Slate. ⓒ[2012] The Slate Group. All rights reserved. Used under license.

3.3.2 美国应该与其他国家进行贸易吗

正如个人可以从专业化和相互贸易中获益一样,不同国家的人们也可以这样。美国人喜欢的许多物品都是外国生产的,而美国生产的许多物品也在国外销售。在国外生产而在国内销售的物品称为**进口品**(imports)。在国内生产而在国外销售的物品称为**出口品**(exports)。

为了说明各国如何能从贸易中获益,假设有两个国家——美国和日本,以及两种物品——食品和汽车。假设两国在生产汽车上效率一样高:美国工人和日本工人每人每月都能生产1辆汽车。与此相比,由于美国的土地更多更好,它更善于生产食品:每个美国工人每月能生产2吨食品,而每个日本工人每月只能生产1吨食品。

比较优势原理说明,每种物品应该由生产这种物品机会成本较低的国家生产。由于美国生产1辆汽车的机会成本是2吨食品,但日本只是1吨食品,所以日本在生产汽车上有比较优势。日本应该生产多于自己使用需要的汽车,并把一些汽车出口到美国。同样,由于日本生产1吨食品的机会成本是1辆汽车,而美国只是0.5辆汽车,所以美国在生产食品上有比较优势。美国应该生产多于自己消费需要的食品,并把一些食品出口到日本。通过专业化和贸易,两国都可以有更多的食品和更多的汽车。

当然,现实中各国之间贸易所涉及的问题比我们这个例子所说明

进口品:
在国外生产而在国内销售的物品。

出口品:
在国内生产而在国外销售的物品。

专家看法
中美贸易

"与中国开展贸易可以使大多数美国人的状况更好,因为除了其他好处,人们可以购买更廉价的在中国生产或装配的东西。"

经济学家怎么说?
0% 0%
不同意 不确定
100%
同意

"与中国开展贸易使一些在服装和家具等竞争性产业中工作的美国人的状况更坏。"

经济学家怎么说?
0% 4%
不同意 不确定
96%
同意

资料来源:IGM Economic Experts Panel, June 19, 2012.

的要复杂得多。其中最重要的问题是,每个国家都有许多有着不同利益的居民。尽管国际贸易可以使国家作为一个整体的状况变好,但也会使其中一些人的状况变坏。当美国出口食品而进口汽车时,对美国农民和对美国汽车工人的影响是不同的。但是,与政治家和政治评论家有时所说的观点相反,国际贸易并不像战争,在战争中有些国家是赢家,而其他国家是输家。贸易使所有国家都可以实现更大的繁荣。

即问即答 假设一位技术高超的脑外科医生恰巧也是世界上打字最快的打字员。她应该自己打字还是雇一个秘书?解释原因。

3.4 结论

你现在应该更充分地理解了生活在一个相互依存的经济中的好处。当美国人购买来自中国的袜子时,当缅因州的居民喝着来自佛罗里达州的橙汁时,以及当房东雇用邻居的小孩来修剪草坪时,同样的经济力量在发生作用。比较优势原理表明,贸易可以使每个人的状况都变得更好。

但是,在了解了相互依存为什么合意之后,你自然会问如何使之成为可能。自由社会如何协调经济中所涉及的所有人的各种不同活动呢?怎样才能确保物品与服务将从那些应该生产它们的人的手中流入那些应该消费它们的人的手中呢?在一个只有两个人,例如牧牛人 Ruby 和农民 Frank 的世界中,答案是简单的:这两个人可以直接讨价还价,并在他们之间配置资源。而在有千百万人的现实世界中,答案就不是那么显而易见了。我们将在下一章中探讨这个问题,我们将看到自由社会如何通过供给与需求的市场力量来配置资源。

快速单选

1. 在 1 个小时内,Mateo 可以洗 2 辆汽车或修剪 1 块草坪,Tyler 可以洗 3 辆汽车或修剪 1 块草坪。谁在洗汽车上有绝对优势?谁在修剪草坪上有绝对优势?
   a. Mateo 在洗汽车上有绝对优势,Tyler 在修剪草坪上有绝对优势。
   b. Tyler 在洗汽车上有绝对优势,Mateo 在修剪草坪上有绝对优势。
   c. Mateo 的绝对优势在洗汽车上,而不在修剪草坪上。
   d. Tyler 的绝对优势在洗汽车上,而不在修剪草坪上。

2. 同样,在 1 个小时内,Mateo 可以洗 2 辆汽车或修剪 1 块草坪,Tyler 可以洗 3 辆汽车或修剪 1 块草坪。谁在洗汽车上有比较优势?谁在修剪草坪上有比较优势?

a. Mateo 在洗汽车上有比较优势,Tyler 在修剪草坪上有比较优势。
b. Tyler 在洗汽车上有比较优势,Mateo 在修剪草坪上有比较优势。
c. Mateo 的比较优势在洗汽车上,而不在修剪草坪上。
d. Tyler 的比较优势在洗汽车上,而不在修剪草坪上。

3. 两个人生产都有效率,并根据比较优势进行互利的贸易,则:
a. 他们俩人的消费都能达到各自的生产可能性边界之外。
b. 他们俩人的消费都在生产可能性边界之内。
c. 一个人的消费在生产可能性边界之内,而另一个人的消费在生产可能性边界之外。
d. 每个人的消费都在自己的生产可能性边界之上。

4. 一国通常会进口哪一种物品?
a. 该国具有绝对优势的物品。
b. 该国具有比较优势的物品。
c. 其他国家具有绝对优势的物品。
d. 其他国家具有比较优势的物品。

5. 假设在美国生产一架飞机要用 1 万小时劳动,生产一件衬衣要用 2 小时劳动。在中国,生产一架飞机要用 4 万小时劳动,生产一件衬衣要用 4 小时劳动。这两个国家将进行哪种贸易?
a. 中国将出口飞机,美国将出口衬衣。
b. 中国将出口衬衣,美国将出口飞机。
c. 两国都出口衬衣。
d. 在这种情况下贸易不会带来好处。

6. Kayla 做一顿晚餐用 30 分钟,洗一次衣服用 20 分钟。她的室友做这两件事都只要一半的时间。这两个室友应该如何分配工作?
a. Kayla 根据自己的比较优势,应该多做饭。
b. Kayla 根据自己的比较优势,应该多洗衣服。
c. Kayla 根据自己的绝对优势,应该多洗衣服。
d. 在这种情况下贸易不会带来好处。

内容提要

◎ 每个人都消费本国和世界各国许多其他人所生产的物品与服务。相互依存和贸易之所以合意,是因为它可以使每个人都享有更多数量和品种的物品与服务。

◎ 有两种方法可以用来比较两个人在生产一种物品时的能力。一个可以用较少投入生产该物品的人被称为在生产该物品上有绝对优势。生产该物品的机会成本较小的人被称为有比较优势。贸易的好处是基于比较优势,而不是绝对优势。

◎ 贸易可以使每个人的状况都变得更好,因为它使人们可以专门从事自己有比较优势的活动。

◎ 比较优势原理不仅适用于个人,还适用于国家。经济学家用比较优势原理来支持各国间的自由贸易。

关键概念

绝对优势   比较优势   出口
机会成本   进口

复习题

1. 在什么情况下,生产可能性边界是直线,而不是外凸的?
2. 解释绝对优势和比较优势有什么不同。
3. 举例说明一个人在做某件事上有绝对优势,而另一个人有比较优势。
4. 对贸易来说,是绝对优势重要还是比较优势重要?以你对上一道题的答案为例来解释你的推理。
5. 如果双方根据比较优势进行贸易并且双方都从中获益,则贸易的价格应该在哪个范围内?
6. 为什么经济学家反对限制各国之间贸易的政策?

问题与应用

1. Maria 可以每小时读 20 页经济学著作,也可以每小时读 50 页社会学著作。她每天学习 5 小时。
   a. 画出 Maria 阅读经济学和社会学著作的生产可能性边界。
   b. Maria 阅读 100 页社会学著作的机会成本是多少?
2. 美国和日本工人每人每年都可以生产 4 辆汽车。一个美国工人每年可以生产 10 吨粮食,而一个日本工人每年可以生产 5 吨粮食。为了简化起见,假设每个国家都有 1 亿名工人。
   a. 为这种情况做出类似于图 3-1 的表格。
   b. 画出美国和日本经济的生产可能性边界。
   c. 对美国来说,生产一辆汽车的机会成本是多少?生产粮食呢?对日本来说,生产一辆汽车的机会成本是多少?生产粮食呢?把这些信息填入类似于表3-1 的表中。
   d. 哪个国家在生产汽车上具有绝对优势?在生产粮食上呢?
   e. 哪个国家在生产汽车上具有比较优势?在生产粮食上呢?
   f. 没有贸易时,每个国家都有一半工人生产汽车,一半工人生产粮食。两个国家分别能生产多少汽车和粮食呢?
   g. 从没有贸易的状况出发,举例说明贸易可以使每个国家的状况都变得更好。
3. Pat 和 Kris 是室友。他们把大部分时间用于学习(理所当然),但也留出一些时间做他们喜欢的事:做比萨饼和制作清凉饮料。Pat 制作 1 加仑清凉饮料需要 4 小时,做 1 块比萨饼需要 2 小时。Kris 制作 1 加仑清凉饮料需要 6 小时,做 1 块比萨饼需要 4 小时。
   a. 每个室友做 1 块比萨饼的机会成本是多少?谁在做比萨饼上有绝对优势?谁在做比萨饼上有比较优势?
   b. 如果 Pat 和 Kris 互相交换食物,谁将用比萨饼换取清凉饮料?
   c. 比萨饼的价格可以用清凉饮料的加仑数来表示。能使两个室友状况都更好的比萨饼交易的最高价格是多少?最低价格是多少?解释原因。
4. 假设加拿大有 1000 万名工人,而且每个工人每年可生产 2 辆汽车或 30 蒲式耳小麦。
   a. 加拿大生产 1 辆汽车的机会成本是多少?加拿大生产 1 蒲式耳小麦的机会成本是多少?解释这两种物品

的机会成本之间的关系。

b. 画出加拿大的生产可能性边界。如果加拿大选择消费 1 000 万辆汽车，没有贸易时它可以消费多少小麦？在生产可能性边界上标出这一点。

c. 现在假设美国计划从加拿大购买 1 000 万辆汽车，每辆汽车用 20 蒲式耳小麦交换。如果加拿大继续消费 1 000 万辆汽车，这种交易使加拿大可以消费多少小麦？在你的图上标出这一点。加拿大应该接受这笔交易吗？

5. 英格兰和苏格兰都生产烤饼和毛衣。假设一个英格兰工人每小时能生产 50 个烤饼或 1 件毛衣。假设一个苏格兰工人每小时能生产 40 个烤饼或 2 件毛衣。

a. 在每种物品的生产上，哪个国家有绝对优势？哪个国家有比较优势？

b. 如果英格兰和苏格兰决定进行贸易，苏格兰将用哪种商品与英格兰交易？解释原因。

c. 如果一个苏格兰工人每小时只能生产 1 件毛衣，苏格兰仍然能从贸易中得到好处吗？英格兰仍然能从贸易中得到好处吗？解释原因。

6. 下表描述了 Baseballia 国两个城市的生产可能性：

	一个工人每小时生产的红袜子量	一个工人每小时生产的白袜子量
波士顿	3	3
芝加哥	2	1

a. 没有贸易时，波士顿 1 双白袜子的价格（用红袜子表示）是多少？芝加哥 1 双白袜子的价格是多少？

b. 在每种颜色的袜子的生产上，哪个城市有绝对优势？哪个城市有比较优势？

c. 如果这两个城市相互交易，两个城市将分别出口哪种颜色的袜子？

d. 可以进行交易的价格范围是多少？

7. 一个德国工人生产一辆汽车需要 400 小时，而生产一箱红酒需要 2 小时。一个法国工人生产一辆汽车需要 600 小时，而生产一箱红酒需要 x 小时。

a. 要从可能的贸易中得到好处，x 的值应该是多少？解释原因。

b. x 的值多大时德国会出口汽车，进口红酒？解释原因。

8. 假设一个美国工人每年能生产 100 件衣或 20 台电脑，而一个中国工人每年能生产 100 件衣或 10 台电脑。

a. 画出这两个国家的生产可能性边界。假设没有贸易时，两个国家的工人各用一半时间生产两种物品。在你的图上标出这一点。

b. 如果这两个国家进行贸易，哪个国家将出口衣？举出一个具体的数字的例子，并在你的图上标出。哪个国家将从贸易中获益？解释原因。

c. 解释两国可能交易的电脑价格（用衣衡量）是多少。

d. 假设中国的生产率赶上了美国，因此，一个中国工人每年可以生产 100 件衣或 20 台电脑。你预计这时的贸易形式会是什么样的？中国生产率的这种进步将如何影响两国居民的经济福利？

9. 下列表述正确还是错误？分别做出解释。

a. "即使一国在生产所有物品上都有绝对优势，两国也能从贸易中得到好处。"

b. "某些极有才能的人在做每一件事情上都有比较优势。"

c. "如果某种贸易能给某个人带来好处，那么它就不会也给另一个人带来好处。"

d. "如果某种贸易对一个人是好事，那么它对另一个人也总是好事。"

e. "如果贸易能给某个国家带来好处，那么它一定能给该国的每一个人都带来好处。"

第 2 篇　市场如何运行

第 4 章
供给与需求的市场力量

当寒流袭击佛罗里达时,全国超市的橙汁价格都上涨了。每年夏天,当新英格兰地区天气变暖时,加勒比地区旅店房间的价格直线下降。当中东爆发战争时,美国的汽油价格上升,并且二手凯迪拉克轿车的价格下降。这些事件的共同之处是什么呢?它们都表明了供给与需求的作用。

供给与需求是经济学家最经常——而且有充分理由使用的两个词。供给与需求是使市场经济运行的力量。它们决定了每种物品的产量及其出售的价格。如果你想知道任何一种事件或政策将如何影响经济,你就应该先考虑它将如何影响供给和需求。

本章将介绍供给与需求理论。该理论考虑买者与卖者的行为,以及他们相互之间的影响。该理论将说明市场经济中供给与需求如何决定价格,以及价格又如何配置经济中的稀缺资源。

4.1 市场与竞争

供给与需求这两个术语是指人们在竞争市场上相互交易时的行为。在讨论买者与卖者如何行为之前,让我们先更充分地考察一下市场和竞争这两个术语的含义。

4.1.1 什么是市场

市场(market)是由某种物品或服务的买者与卖者组成的一个群体。买者作为一个群体决定了一种产品的需求,而卖者作为一个群体决定了一种产品的供给。

市场:
由某种物品或服务的买者与卖者组成的一个群体。

市场有很多种形式。一些市场组织健全,如许多农产品市场。在这些市场上,买者与卖者在特定的时间与地点聚集在一起,市场上还有拍卖者帮助确定价格并安排销售。

更通常的情况是,市场并没有什么组织。例如,考虑一下某个镇上的冰淇淋市场。冰淇淋的买者并没有在任何一个时间聚集在一起;冰淇淋的卖者分散在不同的地方,并提供略有差别的产品;也没有报出冰淇淋价格的拍卖者。各个卖者标出冰淇淋的价格,而各个买者决定在每个店买多少冰淇淋。然而,这些冰淇淋的消费者和生产者是紧密联系的。冰淇淋买者从各个冰淇淋卖者中进行选择,来满足其需求,而冰淇淋卖者都努力吸引同样这些冰淇淋买者,以便经营成功。尽管这个市场没有人去组织,但由冰淇淋买者和冰淇淋卖者组成的群体形成了一个市场。

4.1.2 什么是竞争

冰淇淋市场也和经济中的大多数市场一样,是高度竞争的。每个买者都知道有一些卖者可供选择,并且每个卖者也都认识到,他的产品与其他卖者提供的产品是相似的。因此,冰淇淋的价格和销售量并不是由任何一个买者或卖者决定的。确切地说,冰淇淋的价格和销售量是由所有买者和卖者通过在市场上相互交易而共同决定的。

竞争市场:
有许多买者与卖者,以至于每个人对市场价格的影响都微乎其微的市场。

经济学家用**竞争市场**(competitive market)这个术语来描述有许多买者与卖者并且每个人对市场价格的影响都微乎其微的市场。每一个冰淇淋卖者对价格的控制都是有限的,因为其他卖者也提供类似的产品。卖者没有理由以低于现行价格的价格出售产品,而如果他以较高价格出售的话,买者就将到其他地方购买。同样,没有一个冰淇淋买者能影响冰淇淋的价格,因为每个买者的购买量都很少。

在本章中,我们假设市场是完全竞争的。为了达到这种竞争的最高形式,一个市场必须具备两个特征:(1)可供销售的物品是完全相同的;(2)买者和卖者人数众多,以至于没有任何一个买者或卖者可以影响市场价格。由于完全竞争市场上的买者与卖者必须接受市场决定的价格,所以他们被称为价格接受者。在市场价格下,买者可以购买他们想购买的所有东西,而卖者可以出售他们想出售的所有东西。

完全竞争的假设在某些市场上完全适用。例如,在小麦市场上,有成千上万出售小麦的农民和千百万使用小麦及小麦产品的消费者。由于没有一个买者或卖者能够影响小麦价格,因此每个人都把价格视为既定的。

但是并不是所有物品与服务都在完全竞争市场上出售。一些市场只有一个卖者,并且由这个卖者决定价格。这样的卖者被称为垄断者。例如,你们本地的有线电视公司可能就是一个垄断者。你们镇上的居民也许只能从一家有线电视公司购买有线电视服务。还有一些市场介于完全竞争和垄断这两种极端形式之间。

尽管我们在世界上看到的市场类型是多种多样的,但完全竞争假设是一种很有用的简化,因此我们的分析也自然从完全竞争市场开始。完全竞争市场是最容易分析的,因为每个市场参与者都会接受市场条件决定的价格。而且,由于大多数市场上都存在某种程度的竞争,所以我们在研究完全竞争条件下的供给与需求时所得到的许多结论也适用于更复杂的市场。

即问即答 ● 什么是市场? ● 一个完全竞争的市场具有哪些特征?

4.2 需求

我们对市场的研究从考察买者的行为开始。为了将我们的思考集中,让我们考虑一种特定的物品——冰淇淋。

4.2.1 需求曲线:价格和需求量之间的关系

一种物品的**需求量**(quantity demanded)是买者愿意并且能够购买的该种物品的数量。正如我们将看到的,任何一种物品的需求量都是由很多因素决定的,但在我们对市场如何运行的分析中,有一种因素起着主要作用——物品的价格。如果每勺冰淇淋的价格上升到 20 美元,你就会少买一些冰淇淋。你可能会去买一些冷冻酸奶。如果每勺冰淇淋的价格下降到 0.2 美元,你就会多买一些。价格与需求量之间的这种关系对于经济中的大部分物品来说都是成立的,而且实际上这种关系非常普遍,因此经济学家称之为**需求定理**(law of demand):在其他条件不变时,一种物品的价格上升,对该物品的需求量减少;一种物品的价格下降,对该物品的需求量增加。

图 4-1 中的表格表示在不同的价格水平下,Catherine 每个月买多少个冰淇淋蛋卷。如果是免费的,Catherine 吃 12 个冰淇淋蛋卷。当价格为 0.5 美元时,Catherine 买 10 个冰淇淋蛋卷。随着价格继续上升,她的需求量越来越少。当价格达到 3 美元时,Catherine 就一个冰淇淋蛋卷都不买了。这个表是一个**需求表**(demand schedule),它表明在影响消费者想购买的数量的其他因素都保持不变的情况下,一种物品的价格与其需求量之间的关系。

图 4-1 中的图形用表中的数字说明需求定理。根据习惯,纵轴代表冰淇淋蛋卷的价格,而横轴代表对冰淇淋蛋卷的需求量。把价格与需求量联系在一起的曲线被称为**需求曲线**(demand curve)。需求曲线向右下方倾斜是因为在其他条件不变的情况下,更低的价格意味着更多的需求量。

需求量:
买者愿意并且能够购买的一种物品的数量。

需求定理:
认为在其他条件不变时,一种物品的价格上升,对该物品的需求量减少的观点。

需求表:
表示一种物品的价格与需求量之间关系的表格。

需求曲线:
表示一种物品的价格与需求量之间关系的图形。

图 4-1　Catherine 的需求表和需求曲线

冰淇淋蛋卷的价格(美元)	冰淇淋蛋卷的需求量(个)
0.00	12
0.50	10
1.00	8
1.50	6
2.00	4
2.50	2
3.00	0

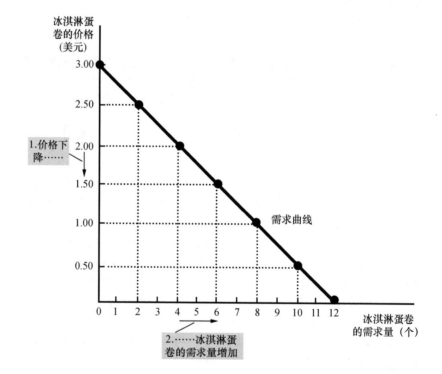

需求表是表示每种价格水平下的需求量的表。根据需求表画出的需求曲线表示一种物品的需求量如何随其价格变动而变动。由于价格下降时需求量增加,因此需求曲线向右下方倾斜。

4.2.2　市场需求与个人需求

图 4-1 中的需求曲线表示某个人对某种产品的需求。为了分析市场如何运行,我们需要确定市场需求,市场需求是所有个人对某种特定物品或服务的需求的总和。

图 4-2 中的表格是市场上的两个人——Catherine 和 Nicholas——的冰淇淋需求表。在任何一种价格水平下,Catherine 的需求表告诉我们她购买多少冰淇淋,而 Nicholas 的需求表告诉我们他购买多少冰淇淋。市场需求是在每一种价格水平下这两人的个人需求量的总和。

图 4-2 中的图形表示了对应于这些需求表的需求曲线。要注意的是,我们把个人需求曲线水平相加得到市场需求曲线。这就是说,为了得出任何一种价格水平下的总需求量,我们要把在个人需求曲线的横轴上标出的个人需求量相加。由于我们想要分析市场如何运行,所以我们最经常使用的将是市场需求曲线。市场需求曲线表示在所有影响消费者想购买的数量的其他因素保持不变时,一种物品的总需求量如何随该物品价格的变动而变动。

图 4-2　市场需求是个人需求之和

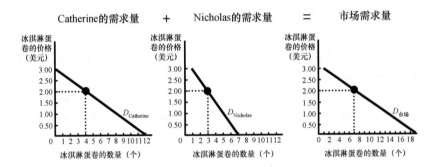

冰淇淋蛋卷的价格（美元）	Catherine 的需求量(个)	Nicholas 的需求量(个)	市场需求量(个)
0.00	12 +	7 =	19
0.50	10	6	16
1.00	8	5	13
1.50	6	4	10
2.00	4	3	7
2.50	2	2	4
3.00	0	1	1

一个市场的需求量是所有买者在每一价格水平下需求量的总和。因此,可以通过把个人需求曲线水平相加而得到市场需求曲线。在价格为 2 美元时,Catherine 的需求量是 4 个冰淇淋蛋卷,而 Nicholas 的需求量是 3 个冰淇淋蛋卷。在这一价格水平下,市场的需求量是 7 个冰淇淋蛋卷。

4.2.3　需求曲线的移动

由于市场需求曲线假设其他条件不变,但随着时间的推移,该曲线不一定是稳定的,如果某种因素改变了任何一种既定价格水平下的需求量,需求曲线就会移动。例如,假设美国医学会(American Medical Association)发现,那些经常吃冰淇淋的人更长寿,也更健康,那么这个发现将会增加人们对冰淇淋的需求。在任何一种既定价格水平下,买者现在都想购买更多冰淇淋,于是冰淇淋的需求曲线就会移动。

图 4-3 说明了需求曲线的移动。使每一种价格水平下的需求量增加的任何变动(例如,我们假设的美国医学会的一项发现),都会使需求曲线向右移动,我们称之为需求增加。使每一种价格水平下的需求量减少的任何变动都会使需求曲线向左移动,我们称之为需求减少。

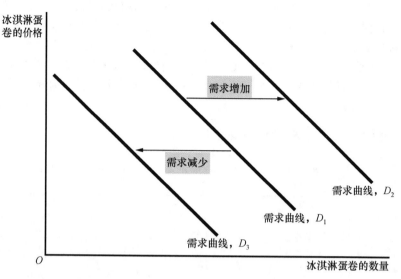

图4-3 需求曲线的移动

使任何既定价格水平下买者想购买的数量都增加的任何一种变动都会使需求曲线向右移动。使任何既定价格水平下买者想购买的数量都减少的任何一种变动都会使需求曲线向左移动。

有许多变量会使需求曲线移动。以下是一些最重要的变量。

收入 如果某个夏天你失业了,你对冰淇淋的需求会发生什么变化呢?很可能的情况是,需求会减少。收入降低意味着你的总支出减少,因此你不得不在某些物品上——也许是大多数物品上——少支出一些。当收入减少时,如果一种物品的需求量减少,那么这种物品就被称为**正常物品**(normal good)。

并不是所有物品都是正常物品。当收入减少时,如果一种物品的需求量增加,这种物品就被称为**低档物品**(inferior good)。低档物品的一个例子是坐公共汽车。随着你收入的减少,你不大可能买汽车或乘出租车,而更可能去坐公共汽车。

相关物品的价格 假设冷冻酸奶的价格下降。根据需求定理,你将多买冷冻酸奶。同时,你也许会少买冰淇淋。因为冰淇淋和冷冻酸奶都是冷而甜的奶油食品,它们能满足相似的愿望。当一种物品价格下降引起对另一种物品的需求量减少时,这两种物品被称为**替代品**(substitutes)。替代品是那些经常相互替代使用的成对物品,例如热狗与汉堡包、毛衣与长袖衫、电影票和电影视频服务,等等。

现在假设热熔软糖价格下降。根据需求定理,你将买更多的热熔软糖。但在这种情况下,你也将买更多冰淇淋,因为冰淇淋和热熔软糖通常是一起吃的。当一种物品价格下降引起另一种物品的需求量增加时,这两种物品被称为**互补品**(complements)。互补品是那些经常同时使用的成对物品,例如汽油和汽车、电脑和软件、花生酱和果酱,等等。

爱好 决定你需求的最明显因素是你的爱好。如果你喜欢冰淇淋,你就会多买一些。经济学家通常并不试图解释人们的爱好,因为爱好基于超越了经济学范围的历史与心理因素。但是,经济学家要考察当爱好

正常物品:
在其他条件相同时,收入增加引起需求量增加的物品。

低档物品:
在其他条件相同时,收入增加引起需求量减少的物品。

替代品:
一种物品价格的上升引起另一种物品需求量增加的两种物品。

互补品:
一种物品价格的上升引起另一种物品需求量减少的两种物品。

发生变动时会出现什么变化。

预期 你对未来的预期也会影响你现在对物品与服务的需求。例如，如果你预期下个月会赚到更多收入，你可能就会选择少储蓄，而用更多的当前收入去买冰淇淋。如果你预期明天冰淇淋的价格会下降，你就会不太愿意以今天的价格去买冰淇淋。

买者的数量 除了以上影响单个买者行为的因素，市场需求还取决于这些买者的数量。如果 Peter 作为冰淇淋的消费者加入 Catherine 和 Nicholas 的行列，那么在每种价格水平下的市场需求量都会增加，从而市场需求就增加了。

总结 需求曲线表示在其他所有影响买者的变量保持不变的情况下，一种物品的价格变动时，该物品的需求量会发生什么变动。当这些变量中的一个变动时，需求曲线会发生移动。表 4-1 列出了影响消费者购买物品数量的变量。

表 4-1 影响买者的变量

变　量	这些变量的变动将
价格	表现为沿着需求曲线的变动
收入	使需求曲线移动
相关物品的价格	使需求曲线移动
爱好	使需求曲线移动
预期	使需求曲线移动
买者的数量	使需求曲线移动

这个表列出了可以影响消费者选择购买多少某种物品的变量。要注意的是价格所起的特殊作用：价格变动表现为沿着需求曲线的变动，而其他任何一个变量的变动将使需求曲线移动。

如果你记住是需求曲线的移动还是沿着需求曲线的变动有困难，回想一下第 2 章附录中的结论是有帮助的：只有当用坐标轴表示的变量以外的其他相关变量变动时，曲线才会移动。由于价格用纵轴表示，所以价格的变动表现为沿着需求曲线的变动。与此相反，收入、相关物品的价格、爱好、预期和买者的数量都不能用任何一条坐标轴表示，因此其中任何一种变量的变动都将使需求曲线移动。

案例研究
减少香烟需求量的两种方法

因为吸烟会引起各种疾病，所以公共政策制定者经常想减少人们吸烟的数量。可以使用两种政策方法来实现这一目标。

减少吸烟的一种方法是使香烟或其他烟草产品的需求曲线移动。公益广告、香烟盒上强制性的有害健康的警示以及禁止在电视上做香烟广告，都是旨在减少任何一种既定价格水平下香烟需求量的政策。如果奏效，这些政策就会使香烟的需求曲线向左移动，正如图 4-4(a) 所示。

"什么是制止这种行为最好的方法？"

图片来源：Edyta Pawlowska/Shutterstock.com

图 4-4 需求曲线的移动与沿着需求曲线的变动

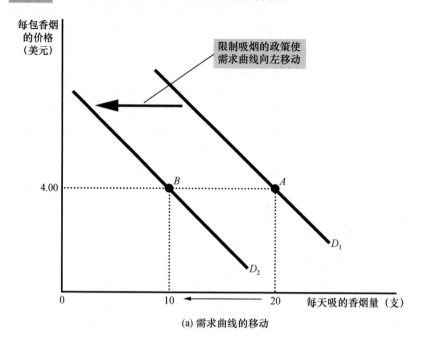

(a) 需求曲线的移动

如果香烟盒上的警示能说服吸烟者少吸烟,香烟的需求曲线就向左移动。在(a)幅中,需求曲线从 D_1 移动到 D_2。当每包香烟价格为 4 美元时,需求量从每天 20 支减少到 10 支,如图中从 A 点移动到 B 点所示。与此相比,如果税收提高了香烟价格,需求曲线没有移动,而是变动到需求曲线上的另一个点。在(b)幅中,当香烟价格从每包 4 美元上升到 8 美元时,需求量从每天 20 支减少为 12 支,如图中从 A 点移动到 C 点所示。

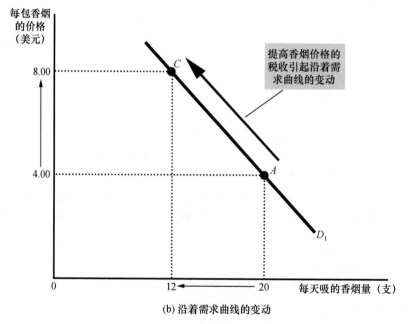

(b) 沿着需求曲线的变动

此外,政策制定者可以试着提高香烟的价格。例如,如果政府对香烟制造商征税,烟草公司就会以提高价格的形式把这种税的大部分转嫁给消费者。较高的价格促使吸烟者减少他们的吸烟量。在这种情况下,吸烟量的减少就不表现为需求曲线的移动,而是表现为沿着同一条需求曲线变动到价格更高而数量较少的一点上,如图 4-4(b) 所示。

吸烟量对香烟价格变动的反应有多大？经济学家试图通过研究当香烟税变动时吸烟量所发生的变动来回答这个问题。他们发现，价格上升10%会使需求量减少4%。他们还发现，年轻人对香烟价格特别敏感：价格上升10%会使青少年的吸烟量减少12%。

一个相关的问题是，香烟的价格如何影响大麻这类非法毒品的需求。香烟税的反对者经常争论说，烟草与大麻是替代品，因此香烟的高价格鼓励了大麻的使用。与此相反，许多毒品专家把烟草喻为"毒品之门"，它诱使青年人尝试其他有害物质。大多数数据研究的结论与后一种观点是一致的：他们发现较低的香烟价格与更多地使用大麻相关的。换句话说，烟草和大麻似乎是互补品，而不是替代品。

即问即答 ● 编出一个比萨饼月需求表的例子，并画出隐含的需求曲线。举出一个将使这条需求曲线移动的因素的例子，并简要解释你的推理。比萨饼价格的变动会使这条需求曲线移动吗？

4.3 供给

现在我们转向市场的另一方，考察卖者的行为。为了将我们的思考集中，我们仍然考虑冰淇淋市场。

4.3.1 供给曲线：价格与供给量之间的关系

一种物品或服务的**供给量**（quantity supplied）是卖者愿意并且能够出售的该种物品的数量。决定供给量的因素有许多，但在我们的分析中，价格仍然起着一种特殊作用。当冰淇淋价格较高时，出售冰淇淋是有利可图的，因此供给量也较大。这样，冰淇淋卖者工作时间更长，购买许多台冰淇淋机，并雇用许多工人。相反，当冰淇淋价格较低时，出售冰淇淋的获利较少，因此卖者将供应较少的冰淇淋。当价格很低时，一些卖者甚至会选择停止营业，其供给量减少为零。价格与供给量之间的这种关系被称为**供给定理**（law of supply）：在其他条件不变时，一种物品价格上升，该物品供给量增加；一种物品价格下降，该物品供给量减少。

图 4-5 中的表格表明了市场上的一个冰淇淋卖者 Ben 在各种冰淇淋价格下的供给量。当价格低于 1 美元时，Ben 根本不供给冰淇淋。随着价格上升，他供给的数量越来越多。这是**供给表**（supply schedule），它表示在影响某种物品的生产者想出售数量的其他因素都保持不变的情况下，该物品的价格和供给量之间的关系。

供给量：
卖者愿意并且能够出售的一种物品的数量。

供给定理：
认为在其他条件不变时，一种物品的价格上升，该物品的供给量增加的观点。

供给表：
表示一种物品的价格与供给量之间关系的表格。

图 4-5   Ben 的供给表与供给曲线

冰淇淋蛋卷的 价格(美元)	冰淇淋蛋卷的 供给量(个)
0.00	0
0.50	0
1.00	1
1.50	2
2.00	3
2.50	4
3.00	5

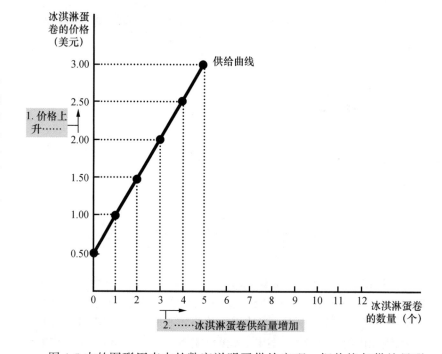

供给表是表示在每种价格水平下的供给量的表格。根据供给表画出的供给曲线表示一种物品的供给量如何随其价格的变动而变动。由于价格越高时供给量越多，所以供给曲线向右上方倾斜。

图 4-5 中的图形用表中的数字说明了供给定理。把价格与供给量联系在一起的曲线称为**供给曲线**(supply curve)。供给曲线向右上方倾斜，是因为在其他条件相同的情况下，价格越高意味着供给量越多。

供给曲线： 表示一种物品的价格与供给量之间关系的图形。

4.3.2　市场供给与个人供给

正如市场需求是所有买者需求的总和一样，市场供给也是所有卖者供给的总和。图 4-6 中的表格是市场上的两个冰淇淋生产者——Ben 和 Jerry——的供给表。在任何一种价格水平下，Ben 的供给表告诉我们 Ben

供给多少冰淇淋,而 Jerry 的供给表告诉我们 Jerry 供给多少冰淇淋。市场供给是这两人的个人供给的总和。

图 4-6　市场供给是个人供给之和

冰淇淋蛋卷的价格（美元）	Ben 的供给量（个）	Jerry 的供给量（个）	市场供给量（个）
0.00	0	0	0
0.50	0	0	0
1.00	1	0	1
1.50	2	2	4
2.00	3	4	7
2.50	4	6	10
3.00	5	8	13

市场供给量是在每种价格水平下所有卖者的供给量之和。因此,可以通过水平地相加个人供给曲线得出市场供给曲线。在价格为 2 美元时,Ben 供给 3 个冰淇淋蛋卷,而 Jerry 供给 4 个冰淇淋蛋卷。在这一价格水平下,市场供给量是 7 个冰淇淋蛋卷。

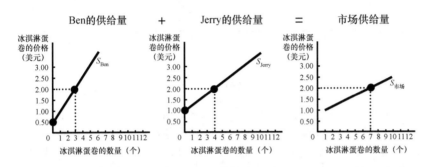

图 4-6 中的图形表示对应于供给表的供给曲线。和需求曲线一样,我们水平地加总个人供给曲线来得出市场供给曲线。这就是说,为了得出任何一种价格水平下的总供给量,我们把个人供给曲线横轴上标出的个人供给量相加。市场供给曲线表示,在影响某种物品的生产者想出售数量的其他因素都保持不变的条件下,该物品的总供给量如何随其价格的变动而变动。

4.3.3　供给曲线的移动

由于市场供给曲线假设其他条件不变,当这些因素中的一个因素变动时,该曲线将发生移动。例如,假设糖的价格下降了。糖是生产冰淇淋的一种投入品,所以糖的价格下降使销售冰淇淋更有利可图。这就增加了冰淇淋的供给:在任何一种既定价格水平下,卖者现在愿意生产更多的冰淇淋。结果,冰淇淋的供给曲线向右移动。

图 4-7 说明了供给曲线的移动。使每一种价格水平下的供给量都增加的任何一种变动(例如,糖的价格下降),都会使供给曲线向右移动,我们称之为供给增加。同样,使每一种价格水平下的供给量都减少的任何一种变动,都会使供给曲线向左移动,我们称之为供给减少。

图 4-7 供给曲线的移动

使任何既定价格水平下卖者愿意生产的数量都增加的任何一种变动,都会使供给曲线向右移动。使任何既定价格水平下卖者愿意生产的数量都减少的任何一种变动,都会使供给曲线向左移动。

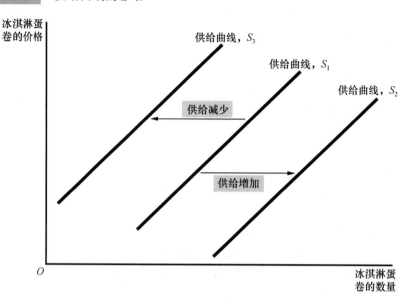

有许多变量会使供给曲线移动,以下是一些最重要的变量。

投入品价格　为了生产冰淇淋,卖者使用各种投入品:奶油、糖、香料、冰淇淋机、生产冰淇淋的厂房,以及搅拌各种材料并操作机器的工人的劳动。当这些投入品中的一种或几种价格上升时,生产冰淇淋就变得不那么有利可图,企业供给的冰淇淋就会变少。如果投入品价格大幅度上升,企业可能会停止营业,根本不再供给冰淇淋。因此,一种物品的供给量与生产这种物品所用的投入品的价格负相关。

技术　把各种投入品变为冰淇淋的技术也是供给量的另一个决定因素。例如,机械化冰淇淋机的发明减少了生产冰淇淋所必需的劳动量。这一技术进步通过降低企业的生产成本而增加了冰淇淋的供给量。

预期　企业现在的冰淇淋供给量还取决于其对未来的预期。例如,如果预期未来冰淇淋的价格会上升,那么企业就会把现在生产的一些冰淇淋储存起来,而减少当前的市场供给。

卖者的数量　除了以上影响单个卖者行为的因素以外,市场供给还取决于这些卖者的数量。如果 Ben 或 Jerry 退出冰淇淋经营,市场供给将减少。

总结　供给曲线表示在其他所有影响卖者的变量保持不变的情况下,一种物品的价格变动时,该物品的供给量会发生什么变动。当这些变量中的一个变动时,供给曲线就会发生移动。表 4-2 列出了影响生产者出售物品数量的变量。

表 4-2　影响卖者的变量

变　量	这些变量的变动将
价格	表现为沿着供给曲线的变动
投入品价格	使供给曲线移动
技术	使供给曲线移动
预期	使供给曲线移动
卖者的数量	使供给曲线移动

该表列出了可以影响生产者选择出售多少某种物品的变量。要注意价格所起的特殊作用：价格变动表现为沿着供给曲线的变动，而其他任何一个变量的变动都将使供给曲线移动。

再重复一次，为了记住是供给曲线的移动还是沿着供给曲线的变动，要记住，只有当不用坐标轴表示的相关变量发生变动时，曲线才会移动。价格用纵轴表示，因此价格的变动表现为沿着供给曲线的变动。与此相反，由于投入品的价格、技术、预期和卖者的数量都不用任何一条坐标轴表示，因此其中任何一个变量的变动都将使供给曲线移动。

即问即答　● 编出一个比萨饼月供给表的例子，并画出隐含的供给曲线。举出一个将使这条供给曲线移动的因素的例子，并简要解释你的推理。比萨饼价格的变动会使这条供给曲线移动吗？

4.4　供给与需求的结合

在分别分析了供给和需求之后，现在我们把它们结合起来说明它们将如何决定市场上一种物品的价格和销售量。

4.4.1　均衡

图 4-8 中同时给出了市场供给曲线与市场需求曲线。可以注意到，供给曲线和需求曲线相交于一点，这一点被称为市场**均衡**（equilibrium）。这两条曲线相交时的价格被称为**均衡价格**（equilibrium price），而相交时的数量被称为**均衡数量**（equilibrium quantity）。在这里，冰淇淋蛋卷的均衡价格为 2 美元，均衡数量是 7 个。

字典中，均衡这个词的定义是各种力量处于平衡的状态——这个定义也描述了市场均衡。在均衡价格时，买者愿意而且能够购买的物品量正好与卖者愿意而且能够出售的数量相平衡。均衡价格有时也被称为市场出清价格，因为在这一价格水平下，市场上的每一个人都得到了

均衡：
市场价格达到使供给量与需求量相等的水平时的状态。

均衡价格：
使供给与需求平衡的价格。

均衡数量：
均衡价格下的供给量与需求量。

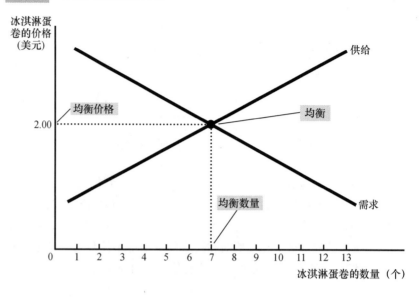

图 4-8 供给与需求的均衡

均衡出现在供给曲线与需求曲线相交的那一点。在均衡价格时,供给量等于需求量。在这里,均衡价格是 2 美元;在这一价格时,冰淇淋蛋卷的供给量是 7 个,需求量也是 7 个。

满足:买者买到了他想买的所有东西,而卖者卖出了他想卖的所有东西。

买者与卖者的行为自然而然地使市场向供给与需求的均衡变动。为了说明原因,我们来看一下当市场价格不等于均衡价格时会出现什么情况。

首先假设市场价格高于均衡价格,如图 4-9(a) 所示。在每个冰淇淋蛋卷的价格为 2.5 美元时,物品的供给量(10 个冰淇淋蛋卷)超过了需求量(4 个冰淇淋蛋卷)。此时存在物品的**过剩**(surplus):在现行价格下,供给者不能卖出他们想卖的所有物品。过剩有时也被称为超额供给的状态。当冰淇淋市场上存在过剩时,冰淇淋卖者会发现,他们的冰箱装满了越来越多的他们想卖却卖不出去的冰淇淋。他们对过剩的反应是降低其价格。反过来,价格下降增加了需求量,并减少了供给量。这种变化表现为沿着供给和需求曲线的变动,而不是曲线的移动。价格会持续下降,直到市场达到均衡时为止。

过剩:
供给量大于需求量的状态。

假设现在市场价格低于均衡价格,如图 4-9(b) 所示。在这种情况下,每个冰淇淋蛋卷的价格是 1.5 美元,物品的需求量超过了供给量。此时存在物品的**短缺**(shortage):在现行价格下,需求者不能买到他们想买的所有物品。短缺有时也被称为超额需求的状态。当冰淇淋市场出现短缺时,买者不得不排长队等候购买现有的几个冰淇淋蛋卷。由于太多的买者抢购太少的物品,卖者可以抬高自己的价格而又不会降低销售量。价格上升引起需求量减少,供给量增加。这种变化又一次表现为沿着供给和需求曲线的变动,并推动市场走向均衡。

短缺:
需求量大于供给量的状态。

因此,无论起初价格是太高还是太低,许多买者与卖者的活动都会自发地使市场价格向均衡价格移动。一旦市场达到其均衡价格,所有买者

图 4-9 非均衡的市场

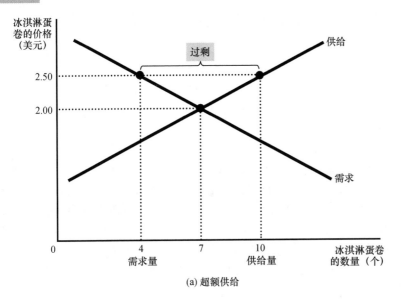

(a) 超额供给

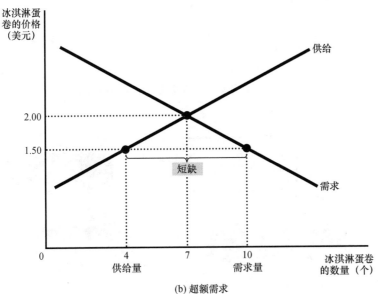

(b) 超额需求

在(a)幅中,存在过剩。由于2.5美元的市场价格高于均衡价格,供给量(10个冰淇淋蛋卷)超过了需求量(4个冰淇淋蛋卷)。供给者努力通过降低冰淇淋蛋卷的价格来增加销售量,这使价格向其均衡水平变动。在(b)幅中,存在短缺。由于1.5美元的市场价格低于均衡价格,需求量(10个冰淇淋蛋卷)超过了供给量(4个冰淇淋蛋卷)。由于有过多的买者想买过少的物品,供给者可以利用短缺提高价格。因此,在这两种情况下,价格调整都使市场向供给与需求的均衡变动。

和卖者都得到满足,也就不存在价格上升或下降的压力。不同市场上达到均衡的速度是不同的,这取决于价格调整的速度。在大多数自由市场中,由于价格最终要变动到其均衡水平,所以过剩与短缺都只是暂时的。实际上,这种现象非常普遍,因此被称为**供求定理**(law of supply and demand):任何一种物品的价格都会自发调整,使该物品的供给与需求达到平衡。

供求定理:
认为任何一种物品的价格都会自发调整,使该物品的供给与需求达到平衡的观点。

第 4 章 供给与需求的市场力量 ▶ 83

4.4.2 分析均衡变动的三个步骤

到现在为止，我们已经明白了供给与需求如何共同决定市场均衡，市场均衡又决定了买者所购买和卖者所生产的该物品的价格和数量。均衡价格和均衡数量取决于供给曲线和需求曲线的位置。当某些事件使其中一条曲线移动时，市场上的均衡就改变了，从而将在买者和卖者之间产生新的均衡价格和均衡数量。

当分析某个事件如何影响一个市场上的均衡时，我们按三个步骤进行：第一，我们确定该事件是使供给曲线移动还是使需求曲线移动，或者是（在某些情况下）使两种曲线都移动。第二，我们确定曲线是向右移动还是向左移动。第三，我们用供求图来比较原来的均衡与新均衡，以说明这种移动如何影响均衡价格和均衡数量。表4-3概括了这三个步骤。为了说明如何使用这种方法，我们考虑可能影响冰淇淋市场的各种事件。

表4-3　分析均衡变动的三个步骤

1. 确定该事件是使供给曲线移动还是使需求曲线移动（或者使两者都移动）。
2. 确定曲线移动的方向。
3. 用供求图说明这种移动如何改变均衡价格和均衡数量。

图片来源：NON SEQUITUR ⓒ 1993 Wiley Ink Inc. Dist. By ANDREWS MCMEEL SYNDICATION. Reprinted with permission. All rights reserved.

举例：由于需求移动引起的市场均衡变动　假设某一年夏季天气特别炎热。这种情况将如何影响冰淇淋市场呢？为了回答这个问题，我们遵循以上三个步骤进行分析。

（1）天气炎热通过改变人们对冰淇淋的爱好而影响需求曲线。这就是说，天气改变了人们在任何一种既定价格水平下想购买的冰淇淋数量。供给曲线不变，因为天气并不直接影响销售冰淇淋的企业。

（2）由于天气炎热使人们想吃更多的冰淇淋，所以需求曲线向右移动。图4-10表示随着需求曲线从 D_1 移动到 D_2，需求增加了。这种移动表明，在每种价格水平下，冰淇淋的需求量都增加了。

图 4-10　需求增加如何影响均衡

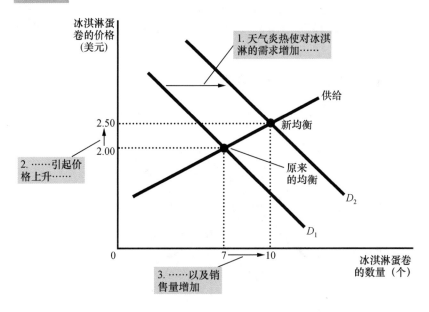

使任何一种既定价格水平下需求量增加的事件使需求曲线向右移动。均衡价格和均衡数量都上升了。在本例中，异常炎热的夏季使买者需要更多冰淇淋。需求曲线从 D_1 移动到 D_2，这就使均衡价格从 2 美元上升到 2.5 美元，而均衡数量从 7 个增加到 10 个。

（3）在原有价格 2 美元下，现在有对冰淇淋的超额需求，而且这种短缺会引起企业提高价格。如图 4-10 所示，需求增加使均衡价格由 2 美元上升到 2.5 美元，均衡数量由 7 个增加到 10 个。换句话说，天气炎热提高了冰淇淋的价格，增加了冰淇淋的销售量。

曲线的移动与沿着曲线的变动　我们注意到，当天气炎热使冰淇淋的需求增加，并使其价格上升时，尽管供给曲线仍然相同，但企业供给的冰淇淋数量增加了。在这种情况下，经济学家说，"供给量"增加，但"供给"不变。

供给指供给曲线的位置，而供给量指供给者希望出售的数量。在这个例子中，供给没有改变，因为天气炎热并没有改变在任何一种既定价格水平下企业的销售愿望，而是改变了在任何一种既定价格水平下消费者的购买愿望，从而使需求曲线向右移动。需求增加引起均衡价格上升。当价格上升时，供给量增加了。这种供给量的增加表现为沿着供给曲线的变动。

总结一下：供给曲线的移动被称为"供给变动"，而需求曲线的移动被称为"需求变动"。沿着一条固定供给曲线的变动被称为"供给量的变动"，而沿着一条固定需求曲线的变动被称为"需求量的变动"。

举例：由于供给移动引起的市场均衡变动　假设在另一个夏季，台风摧毁了部分甘蔗田，并使糖的价格上升。这一事件将如何影响冰淇淋市场呢？为了回答这个问题，我们还是遵循以上三个步骤进行分析。

（1）作为投入品之一，糖的价格上升影响了冰淇淋供给曲线。它通过增加生产成本，减少了企业在任何一种既定价格水平下生产并销售的冰淇淋数量。需求曲线没变，因为投入品成本的增加并没有直接改变家

第 4 章　供给与需求的市场力量　▶ 85

庭希望购买的冰淇淋数量。

（2）供给曲线向左移动,因为在任何一种价格水平下,企业愿意并能够出售的总量减少了。图 4-11 表明,随着供给曲线从 S_1 移动到 S_2,供给减少了。

图 4-11　供给减少如何影响均衡

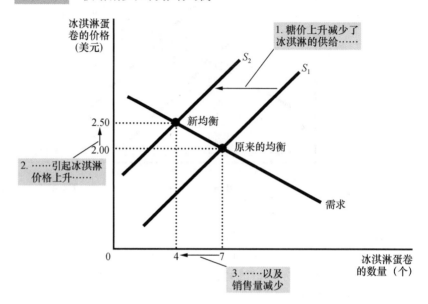

使任何一种既定价格水平下供给量减少的事件使供给曲线向左移动。均衡价格上升,而均衡数量减少。本例中,糖（投入品）的价格上升使卖者供给的冰淇淋减少了。供给曲线从 S_1 移动到 S_2,从而使均衡价格从 2 美元上升到 2.5 美元,使均衡数量从 7 个减少到 4 个。

（3）在 2 美元的原有价格水平上,存在对冰淇淋的超额需求,这种短缺促使企业提高冰淇淋的价格。如图 4-11 所示,供给曲线的移动使均衡价格从 2 美元上升到 2.5 美元,使均衡数量从 7 个减少为 4 个。由于糖价上升,冰淇淋的价格上升了,而销售量减少了。

举例:供给和需求都移动　现在假设天气炎热和台风发生在同一个夏季。为了分析这两个事件的共同影响,我们仍遵循三个步骤进行。

（1）我们认为两条曲线都应该移动。天气炎热影响需求曲线,因为它改变了家庭在任何一种既定价格水平下想要购买的冰淇淋的数量。同时,当台风使糖价上升时,它改变了冰淇淋的供给曲线,因为它改变了企业在任何一种既定价格水平下想要出售的冰淇淋的数量。

（2）这两条曲线移动的方向与它们在前面分析中所移动的方向相同:需求曲线向右移动,而供给曲线向左移动,如图 4-12 所示。

（3）如图 4-12 所示,根据需求和供给移动幅度的相对大小,可能会出现两种结果。在这两种情况下,均衡价格都上升了。在(a)幅中,需求大幅度增加,而供给减少很少,均衡数量增加了。与此相比,在(b)幅中,供给大幅度减少,而需求增加很少,均衡数量减少了。因此,这些事件肯定会提高冰淇淋的价格,但它们对冰淇淋销售量的影响是不确定的(也就是说,销售量朝哪个方向变动都是可能的)。

图 4-12 供给和需求的移动

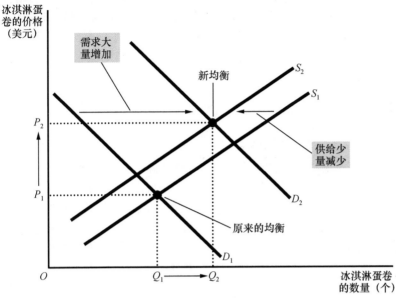

(a) 价格上升，数量增加

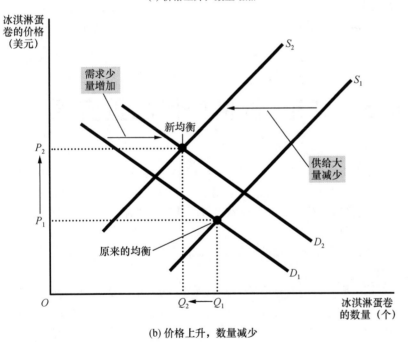

(b) 价格上升，数量减少

在这里，我们考察需求增加的同时供给减少的情况。可能有两种结果。在(a)幅中，均衡价格从 P_1 上升为 P_2，均衡数量从 Q_1 增加到 Q_2。在(b)幅中，均衡价格也是从 P_1 上升为 P_2，但均衡数量从 Q_1 下降为 Q_2。

第 4 章 供给与需求的市场力量 ▶ 87

总结 我们刚刚看到了如何用供求曲线分析均衡变动的三个例子。只要一个事件使供给曲线或需求曲线移动,或使这两条曲线同时移动,你就可以用这些工具预测这个事件将如何改变均衡时的销售量和销售价格。表 4-4 表示这两条曲线移动的任意一种组合的预期结果。为了确保你懂得了如何运用供求工具,在这个表中挑出几项,确保你可以解释表中给出的预期结果。

表 4-4 当供给或需求移动时,价格和数量会发生什么变动

作为一种即问即答,确保你能用供求图解释该表中的至少几种情况。

	供给未变	供给增加	供给减少
需求未变	价格相同 数量相同	价格下降 数量增加	价格上升 数量减少
需求增加	价格上升 数量增加	价格不确定 数量增加	价格上升 数量不确定
需求减少	价格下降 数量减少	价格下降 数量不确定	价格不确定 数量减少

即问即答 • 用供求图分析,如果西红柿价格上升,比萨饼市场会发生什么变动。• 用供求图分析,如果汉堡包价格下降,比萨饼市场会发生什么变动。

4.5 结论:价格如何配置资源

本章分析了单个市场上的供给与需求。尽管我们的讨论集中在冰淇淋市场上,但所得出的结论也适用于大多数其他市场。只要你到商店去买东西,你就对该物品的需求做出了贡献。只要你找工作,你就对劳动服务的供给做出了贡献。由于供给与需求是如此普遍的经济现象,所以供求模型是一种十分有用的分析工具。我们会在以后各章中经常使用这个模型。

第 1 章中讨论的经济学十大原理之一是,市场通常是一种组织经济活动的好方法。虽然要判断市场结果是好还是坏仍然为时过早,但在本章中,我们开始了解市场是如何运行的。任何一种经济制度都不得不在各种竞争性的用途之间分配稀缺资源。市场经济利用供给与需求的力量来实现这个目标。供给与需求共同决定了经济中许多不同物品与服务的价格,而价格又是引导资源配置的信号。

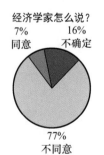

83

专家看法

哄抬物价

"康涅狄格州应该通过议会第 60 号法案,该法案规定在出现严重的自然灾害时,消费品与服务配给链中的每一个人都不应该以一种极不合理的价格出售消费品或提供与服务。"

经济学家怎么说?
7% 同意
16% 不确定
77% 不同意

资料来源:IGM Economic Experts Panel, May 2, 2012.

"2美元。"　　　　　　　　　　　　　　　　　　　　"……零75美分。"

图片来源：ⓒ Robert J. Day/The New Yorker Collection/www.cartoonbank.com

例如，考虑一下海滩土地的配置。由于这种土地的数量有限，因此并不是每一个人都能享受到住在海边的奢华生活。谁会得到这种资源呢？答案是任何一个愿意而且能够支付这种价格的人。海滩土地的价格会不断调整，直到这种土地的需求量与供给量达到平衡。因此，在市场经济中，价格是配置稀缺资源的机制。

同样，价格决定了谁生产哪种物品，以及生产多少。例如，考虑一下农业的情况。由于我们生存需要食物，所以必须要有一些人从事农业。什么因素决定了谁是农民，谁不是农民呢？在一个自由的社会中，并没有一个做出这种决策并确保食物供给充足的政府计划机构。相反，把一部分人配置到农业中是基于千百万人的工作决策。这种分散的决策制度运行良好，因为这些决策是根据价格做出的。食物的价格和农民的工资（他们劳动的价格）会不断调整，从而确保有足够的人选择从事农业。

如果一个人从未见过运行中的市场经济，那么上述整个想法看起来可能是荒谬的。经济是由许多从事各种相互依存活动的人组成的群体。用什么来避免分散决策陷入混乱呢？用什么来协调千百万有不同能力与欲望的人的行动呢？用什么来保证需要完成的事情实际上能够得以完成呢？用一个词来回答，那就是价格。如果正如亚当·斯密的著名论断所说，有一只看不见的手引导着市场经济，那么，价格制度就是这只看不见的手用来指挥经济交响乐队的指挥棒。

快速单选

1. 以下哪一种变动不会使汉堡包的需求曲线移动？
    a. 热狗的价格。
    b. 汉堡包的价格。
    c. 汉堡包面包的价格。
    d. 汉堡包消费者的收入。
2. ＿＿＿＿增加将引起沿着既定需求曲线的变动，这种变动被称为＿＿＿＿的变动。
    a. 供给，需求
    b. 供给，需求量

c. 需求,供给
　　d. 需求,供给量
3. 电影票和电影视频服务是替代品。如果电影视频服务的价格上升,电影票市场会发生什么变动?
　　a. 供给曲线向左移动。
　　b. 供给曲线向右移动。
　　c. 需求曲线向左移动。
　　d. 需求曲线向右移动。
4. 发现新的大油田将使汽油的_____曲线移动,引起均衡价格_____。
　　a. 供给,上升
　　b. 供给,下降
　　c. 需求,上升
　　d. 需求,下降
5. 如果经济进入衰退而且收入下降,低档商品市场会发生什么变动?
　　a. 价格和数量都提高。
　　b. 价格和数量都下降。
　　c. 价格提高,数量下降。
　　d. 价格下降,数量提高。
6. 以下哪一种情况会引起果酱的均衡价格上升和均衡数量减少?
　　a. 作为果酱互补品的花生酱的价格上升。
　　b. 作为果酱替代品的棉花软糖的价格上升。
　　c. 作为果酱投入品的葡萄的价格上升。
　　d. 在果酱作为正常商品时,消费者的收入增加。

内容提要

◎ 经济学家用供求模型来分析竞争市场。在竞争市场上,有许多买者和卖者,他们每个人对市场价格的影响都很小,甚至没有影响。

◎ 需求曲线表示价格如何决定一种物品的需求量。根据需求定理,随着一种物品的价格下降,其需求量会增加。因此,需求曲线向右下方倾斜。

◎ 除了价格之外,决定消费者想购买多少物品的其他因素包括收入、替代品和互补品的价格、爱好、预期以及买者的数量。如果这些因素中的一种改变了,那么需求曲线就会移动。

◎ 供给曲线表示价格如何决定一种物品的供给量。根据供给定理,随着一种物品的价格上升,其供给量会增加。因此,供给曲线向右上方倾斜。

◎ 除了价格之外,决定生产者想出售多少物品的其他因素包括投入品价格、技术、预期以及卖者的数量。如果这些因素中的一种改变了,那么供给曲线就会移动。

◎ 供给曲线与需求曲线的交点决定了市场均衡。当价格为均衡价格时,需求量等于供给量。

◎ 买者与卖者的行为会自然而然地使市场趋向均衡。当市场价格高于均衡价格时,存在物品的过剩,引起市场价格下降。当市场价格低于均衡价格时,存在物品的短缺,引起市场价格上升。

◎ 为了分析某个事件如何影响一个市场,我们用供求图来考察该事件对均衡价格和均衡数量的影响。我们遵循三个步骤进行:第一,确定该事件是使供给曲线移动,还是使需求曲线移动(还是使两者都移动)。第二,确定曲线移动的方向。第三,比较新均衡与原来的均衡。

◎ 在市场经济中,价格是引导经济决策从而配置稀缺资源的信号。对于经济中的每一种物品来说,价格确保供给与需求达到平衡。均衡价格决定了买者选择购买多少这种物品,以及卖者选择生产多少这种物品。

关键概念

市场　　　　　　　　低档物品　　　　　　均衡
竞争市场　　　　　　替代品　　　　　　　均衡价格
需求量　　　　　　　互补品　　　　　　　均衡数量
需求定理　　　　　　供给量　　　　　　　过剩
需求表　　　　　　　供给定理　　　　　　短缺
需求曲线　　　　　　供给表　　　　　　　供求定理
正常物品　　　　　　供给曲线

复习题

1. 什么是竞争市场？简单描述一种不是完全竞争的市场。
2. 什么是需求表和需求曲线？它们之间是什么关系？为什么需求曲线向右下方倾斜？
3. 消费者爱好的变化引起沿着需求曲线的变动，还是需求曲线的移动？价格的变化引起沿着需求曲线的变动，还是需求曲线的移动？请解释。
4. Harry 的收入减少了，结果他买了更多的南瓜汁。南瓜汁是低档物品，还是正常物品？Harry 的南瓜汁需求曲线会发生什么变化？
5. 什么是供给表和供给曲线？它们之间是什么关系？为什么供给曲线向右上方倾斜？
6. 生产者技术的变化引起沿着供给曲线的变动，还是供给曲线的移动？价格的变化引起沿着供给曲线的变动，还是供给曲线的移动？
7. 给市场均衡下定义。描述使市场向均衡变动的力量。
8. 啤酒与比萨饼是互补品，因为人们常常边吃比萨饼，边喝啤酒。当啤酒价格上升时，比萨饼市场的供给、需求、供给量、需求量以及价格会发生什么变动？
9. 描述市场经济中价格的作用。

问题与应用

1. 用供求图分别解释以下表述：
   a. "当寒流袭击佛罗里达时，全国超市中的橙汁价格都上升。"
   b. "当每年夏天新英格兰地区天气变暖时，加勒比地区旅馆房间的价格直线下降。"
   c. "当中东爆发战争时，汽油价格上升，而二手凯迪拉克车的价格下降。"
2. "对练习本需求的增加提高了练习本的需求量，但没有提高练习本的供给量。"这句话是对还是错？解释原因。
3. 考虑家用旅行车市场。根据下面所列的事件，分别指出哪一种需求或供给的决定因素将受到影响。同时还要指出，需求或供给是增加了,还是减少了。然后画图说明该事件对家用旅行车价格和数量的影响。

  a. 人们决定多生孩子。

  b. 钢铁工人罢工,致使钢材价格上涨。

  c. 工程师开发出用于家用旅行车生产的新的自动化机器。

  d. 运动型多功能车价格上升。

  e. 股市崩溃减少了人们的财产。

4. 考虑电影视频服务、电视和电影院门票市场。

  a. 对每一对物品,确定它们是互补品还是替代品:
   - 电影视频服务和电视
   - 电影视频服务和电影票
   - 电视和电影票

  b. 假设技术进步降低了制造电视的成本。画一个图说明电视市场会发生什么变动。

  c. 再画两个图说明电视市场的变动如何影响电影视频服务市场和电影票市场。

5. 过去40年间,技术进步降低了电脑芯片的成本。你认为这会对电脑市场产生怎样的影响?对电脑软件呢?对打字机呢?

6. 运用供求图说明下列事件对运动衫市场的影响。

  a. 南卡罗来纳的飓风损害了棉花作物。

  b. 皮夹克价格下降。

  c. 所有大学都要求学生穿合适的服装做早操。

  d. 新织布机被发明出来。

7. 番茄酱是热狗的互补品(以及调味品)。如果热狗价格上升,那么番茄酱市场会发生什么变动?番茄市场呢?番茄汁市场呢?橙汁市场呢?

8. 比萨饼市场的需求与供给表如下:

价格(美元)	需求量(个)	供给量(个)
4	135	26
5	104	53
6	81	81
7	68	98
8	53	110
9	39	121

  a. 画出需求曲线与供给曲线。该市场上的均衡价格和均衡数量是多少?

  b. 如果该市场上实际价格高于均衡价格,什么会使市场趋向于均衡?

  c. 如果该市场上实际价格低于均衡价格,什么会使市场趋向于均衡?

9. 考虑以下事件:科学家发现,多吃橙子可以降低患糖尿病的风险;同时农民用了新的肥料,提高了橙子的产量。说明并解释这些变化对橙子的均衡价格和均衡数量有什么影响。

10. 因为百吉圈与奶酪通常一起食用,所以它们是互补品。

  a. 我们观察到奶酪的均衡价格与百吉圈的均衡数量同时上升。什么因素会引起这种变动——是面粉价格下降,还是牛奶价格下降?说明并解释你的答案。

  b. 再假设奶酪的均衡价格上升了,但百吉圈的均衡数量减少了。什么因素会引起这种变动——是面粉价格上升,还是牛奶价格上升?说明并解释你的答案。

11. 假设你们大学里篮球票的价格是由市场力量决定的。现在,需求与供给表如下:

价格(美元)	需求量(张)	供给量(张)
4	10 000	8 000
8	8 000	8 000
12	6 000	8 000
16	4 000	8 000
20	2 000	8 000

a. 画出需求曲线和供给曲线。这条供给曲线有什么不寻常之处？为什么会是这样的？
b. 篮球票的均衡价格和均衡数量是多少？
c. 你们大学明年计划招收 5 000 名学生。新增的学生的需求表如下：

价格(美元)	需求量(张)
4	4 000
8	3 000
12	2 000
16	1 000
20	0

现在把原来的需求表与新生的需求表加在一起，计算整个大学的新需求表。新的均衡价格和均衡数量是多少？

第5章
弹性及其应用

假设某个事件使美国的汽油价格上升。这个事件可能是扰乱世界石油供给的中东战争,也可能是大大增加世界石油需求的中国经济的繁荣,还可能是议会通过了新的燃油税。美国消费者会对汽油价格上升做出什么反应呢?

对这个问题的大概回答是很简单的:消费者将少买汽油。这是根据我们在上一章学过的需求定理所得出的结论。但你可能想知道一个精确的回答。汽油的消费量会减少多少呢?这个问题可以用弹性的概念来回答,这个概念也是我们将要在本章中研究的。

弹性衡量买者与卖者对市场条件变化的反应程度。当研究一些事件和政策如何影响一个市场时,我们不仅要讨论影响的方向,而且要讨论影响的大小。正如我们将要在本章看到的,弹性可以应用于很多方面。

但在继续本章内容之前,你可能会对上述汽油问题的答案感到好奇。许多研究考察了消费者对汽油价格上升所做出的反应,而且他们通常发现,需求量在长期中对价格的反应要大于短期。汽油价格上升10%,会使汽油消费量在1年后减少约2.5%,而在5年后减少约6%。汽油需求量在长期中的减少量,一半是因为人们开车少了,而另一半是因为他们转向节油型汽车。这两种反应都反映在需求曲线及其弹性上。

5.1 需求弹性

在第4章介绍需求时,我们注意到,当一种物品的价格降低,或买者的收入提高,或该物品替代品的价格提高,或该物品互补品的价格降低时,买者对该物品的需求通常会增加。我们对需求的讨论是定性的,而不是定量的。这就是说,我们之前只讨论了需求量变动的方向,而没有讨论变动的大小。为了衡量消费者对这些变量变动的反应程度,经济学家使用了**弹性**(elasticity)的概念。

5.1.1 需求价格弹性及其决定因素

需求定理表明,一种物品的价格下降将使其需求量增加。**需求价格弹性**(price elasticity of demand)衡量需求量对价格变动的反应程度。如果一种物品的需求量对价格变动的反应很大,我们就说这种物品的需求是富有弹性的。如果一种物品的需求量对价格变动的反应很小,我们就说这种物品的需求是缺乏弹性的。

任何一种物品的需求价格弹性都衡量当这种物品价格上升时,消费者减少购买该物品的意愿有多强。由于需求反映了形成消费者偏好的许多经济、社会与心理因素,所以没有一个决定需求曲线弹性的简单而普遍的规律。但是,根据经验,我们可以总结出某些决定需求价格弹性的经验法则。

相近替代品的可获得性 有相近替代品的物品的需求往往较富有弹性,因为消费者从这种物品转向其他物品较为容易。例如,黄油和人造黄油很容易互相替代。假设人造黄油的价格不变,而黄油价格略有上升,那么黄油销售量就会大幅度减少。与此相比,鸡蛋是一种没有相近替代品的食物,所以鸡蛋的需求弹性就小于黄油。鸡蛋价格的小幅度上升并不会引起鸡蛋销售量的大幅减少。

必需品与奢侈品 必需品的需求往往缺乏弹性,而奢侈品的需求往往富有弹性。当看病的价格上升时,尽管人们看病的次数也许会比平常少一些,但不会大幅度地减少。与此相比,当游艇价格上升时,游艇需求量会大幅度减少。原因是大多数人都把看病当作必需品,而把游艇当作奢侈品。一种物品是必需品还是奢侈品并不取决于物品本身固有的性质,而取决于购买者的偏好。对于一个热衷于航海而不太关注自身健康的水手来说,游艇可能是需求缺乏弹性的必需品,而看病则是需求富有弹性的奢侈品。

市场的定义 任何一个市场的需求弹性都取决于我们如何划定市场的边界。狭窄定义的市场的需求弹性往往大于宽泛定义的市场的需求弹性,因为狭窄定义的市场中的物品更容易找到相近的替代品。例如,食物是一个宽泛的类别,它的需求相当缺乏弹性,因为食物没有好的替代品。冰淇淋是一个较狭窄的类别,它的需求较富有弹性,因为很容易用其他甜点来替代冰淇淋。香草冰淇淋是一个非常狭窄的类别,它的需求非常富有弹性,因为其他口味的冰淇淋几乎可以完全替代香草冰淇淋。

时间范围 物品的需求往往在长期内更富有弹性。当汽油价格上升时,在最初的几个月中,汽油的需求量只是略有减少。但随着时间的推

弹性:
衡量需求量或供给量对其某种决定因素的变动的反应程度的指标。

需求价格弹性:
衡量一种物品需求量对其价格变动反应程度的指标,用需求量变动百分比除以价格变动百分比来计算。

移,人们会购买更省油的汽车,或转而乘坐公共交通工具,或搬到离工作地点近的地方。在几年之内,汽油的需求量会更大幅度地减少。

5.1.2 需求价格弹性的计算

我们已经在一般意义上讨论了需求价格弹性,现在我们更精确地讨论如何衡量它。经济学家用需求量变动百分比除以价格变动百分比来计算需求价格弹性,即

$$需求价格弹性 = \frac{需求量变动百分比}{价格变动百分比}$$

例如,假定冰淇淋蛋卷的价格上升了10%,这使你购买的冰淇淋数量减少了20%。我们计算出你的需求价格弹性为:

$$需求价格弹性 = \frac{20\%}{10\%} = 2$$

在这个例子中,弹性是2,表明需求量变动的比例是价格变动比例的两倍。

由于一种物品的需求量与其价格负相关,所以数量变动的百分比与价格变动的百分比的符号总是相反的。在这个例子中,价格变动的百分比是正的10%(表明上升),而需求量变动的百分比是负的20%(表明减少)。由于这个原因,需求价格弹性有时被表示为负数。在本书中我们遵循一般做法,去掉负号,把所有需求价格弹性都表示为正数(数学上称之为绝对值)。按这个惯例处理后,需求价格弹性越大,意味着需求量对价格变动的反应越大。

5.1.3 中点法:一个计算变动百分比和弹性的更好方法

如果你想计算一条需求曲线上两点之间的需求价格弹性,那么你将很快发现一个令人头痛的问题:从 A 点到 B 点的弹性似乎不同于从 B 点到 A 点的弹性。例如,看一下这些数字:

A 点:价格 = 4 美元,数量 = 120
B 点:价格 = 6 美元,数量 = 80

从 A 点到 B 点,价格上升了50%,数量减少了33%,表明需求价格弹性是33/50,即0.66。与此相比,从 B 点到 A 点,价格下降了33%,而数量增加了50%,表明需求的价格弹性是50/33,即约1.5。产生这种差别是因为上述变动百分比是根据不同的基础计算的。

避免这个问题的一种方法是用中点法计算弹性。计算变动百分比的标准方法是用变动量除以原来的水平。与此相比,中点法是用变动量除以原先水平与最后水平的中点值(或平均值)来计算变动百分比。例如,4

美元到 6 美元的中点值是 5 美元。因此,根据中点法,从 4 美元到 6 美元是上升了 40%,因为(6-4)/5×100%=40%。类似地,从 6 美元变动到 4 美元是下降了 40%。

因为无论变动的方向如何,中点法给出的答案都是相同的,所以在计算两点之间的需求价格弹性时通常用这种方法。在我们的例子中,A 点与 B 点之间的中点是:

中点:价格 = 5 美元,数量 = 100

根据中点法,从 A 点到 B 点,价格上升了 40%,而数量减少了 40%。同样,从 B 点到 A 点,价格下降了 40%,而数量增加了 40%。在这两种变动方向上,需求价格弹性都等于 1。

计算 (Q_1,P_1) 和 (Q_2,P_2) 两点间需求价格弹性的中点法可以用以下公式表示:

$$需求价格弹性 = \frac{(Q_2-Q_1)/[(Q_2+Q_1)/2]}{(P_2-P_1)/[(P_2+P_1)/2]}$$

上式中的分子是用中点法计算的数量变动百分比,分母是用中点法计算的价格变动百分比。只要计算弹性,你就应该使用这个公式。

但在本书中,我们很少进行这种计算。因为在大多数情况下,弹性所表示的含义——需求量对价格变动的反应程度——比如何计算弹性更重要。

5.1.4 各种需求曲线

经济学家根据需求弹性对需求曲线进行分类。当弹性大于 1,即需求量变动的比例大于价格变动的比例时,需求是富有弹性的。当弹性小于 1,即需求量变动的比例小于价格变动的比例时,需求是缺乏弹性的。当弹性正好等于 1,即需求量与价格同比例变动时,我们说需求具有单位弹性。

由于需求价格弹性衡量需求量对价格变化的反应程度,所以它与需求曲线的斜率密切相关。下面的经验法则是一个有用的指导:通过给定一点的需求曲线越平坦,需求价格弹性就越大;通过给定一点的需求曲线越陡峭,需求价格弹性就越小。

图 5-1 描述了五种情况。极端的情况是(a)幅所示的零弹性,需求完全无弹性,需求曲线是一条垂直线。在这种情况下,无论价格如何变动,需求量总是相同的。随着弹性增大,需求曲线越来越平坦,如(b)、(c)和(d)幅所示。(e)幅所示的是另一个极端,即需求完全有弹性。当需求价格弹性接近无限大并且需求曲线变为水平时,就出现了这种情况,它表明价格的极小变动都会引起需求量的极大变动。

最后,如果你觉得记住陌生的术语富有弹性和缺乏弹性有困难,那么有一个记忆小窍门:图 5-1(a)所示的缺乏弹性(Inelastic)的曲线,看起来很像字母 I。这不是什么深刻的见解,但在你下一次考试时也许会对你有所帮助。

图 5-1 需求价格弹性

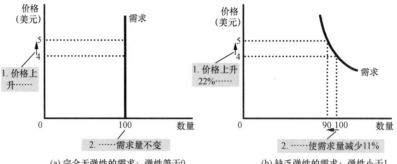

(a) 完全无弹性的需求：弹性等于0　　(b) 缺乏弹性的需求：弹性小于1

需求价格弹性决定了需求曲线是陡峭还是平坦。要注意的是，所有变动的百分比都是用中点法计算的。

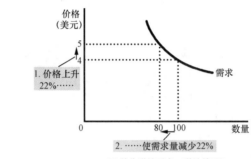

(c) 单位弹性需求：弹性等于1

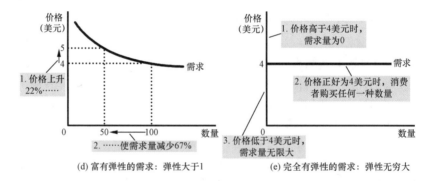

(d) 富有弹性的需求：弹性大于1　　(e) 完全有弹性的需求：弹性无穷大

参考资料
现实世界中的几种弹性

我们已经讲过了弹性的含义是什么，什么决定弹性，以及如何计算弹性。除了这些一般性的概念之外，你可能还想知道一个具体的数字。某一种物品的价格对需求量的影响究竟有多大？

为了回答这个问题，经济学家从市场结果中收集数据，并运用统计技术来估算需求价格弹性。下面是从各种研究中得出的某些物品的需求价格弹性：

鸡蛋　　　　　　　　0.1
医疗　　　　　　　　0.2

香烟	0.4
大米	0.5
住房	0.7
牛肉	1.6
花生酱	1.7
餐馆用餐	2.3
山民私酿的威士忌酒	4.4

思考一下这类数字是有趣的,而且它们在比较各种市场时也是有用的。

但是,你也应该有保留地看待这些估算。一个原因是,用于得出这些数字的统计技术要求对世界做出一些假设,而这些假设实际上可能并不真实。(这些技术的细节超出了本书的范围,但如果你选一门计量经济学课程,你就会知道它们。)另一个原因是,需求价格弹性在一条需求曲线的各个点上并不是相同的,正如我们很快会在线性需求曲线下看到的情况。由于这两个原因,如果不同的研究对同一种物品报告的需求价格弹性有所不同,你不必感到吃惊。

5.1.5 总收益与需求价格弹性

当研究市场上供给或需求的变动时,我们经常想研究的一个变量是**总收益**(total revenue),即某种物品的买者支付从而卖者得到的量。在任何一个市场上,总收益都是 $P \times Q$,即一种物品的价格乘以该物品的销售量。我们可以用图形来表示总收益,如图 5-2 所示。需求曲线下面方框的高是 P,宽是 Q。这个方框的面积 $P \times Q$ 等于这个市场的总收益。在图 5-2 中,$P = 4$ 美元,$Q = 100$,总收益是 4 美元 ×100,即 400 美元。

总收益如何沿着需求曲线变动呢?答案取决于需求价格弹性。如果需求是缺乏弹性的,如图 5-3(a)所示,那么价格上升将引起总收益增加。在这里,价格从 4 美元上升到 5 美元,引起需求量从 100 下降到 90,因此,总收益从 400 美元增加到 450 美元。价格上升引起 $P \times Q$ 增加,是因为 Q 减少的比例小于 P 上升的比例。换言之,从以更高价格出售中获得的额外收益(图中用面积 A 代表)抵消了由于出售数量减少而引起的收益减少(用面积 B 代表)而有余。

如果需求富有弹性,我们得出相反的结论:价格上升引起总收益减少。例如,在图 5-3(b)中,当价格从 4 美元上升到 5 美元时,需求量从 100 减少为 70,因此,总收益从 400 美元减少为 350 美元。由于需求富有弹性,需求量减少得如此之多,以至于需求量的减少足以抵消价格的上升而有余。这就是说,价格上升引起 $P \times Q$ 减少,是因为 Q 减少的比例大于 P 上升的比例。在这种情况下,从以更高价格出售中得到的额外收益(面积 A)小于由于出售数量减少所引起的收益减少(面积 B)。

总收益:

一种物品的买者支付从而卖者得到的量,用该物品的价格乘以销售量来计算。

图 5-2　总收益

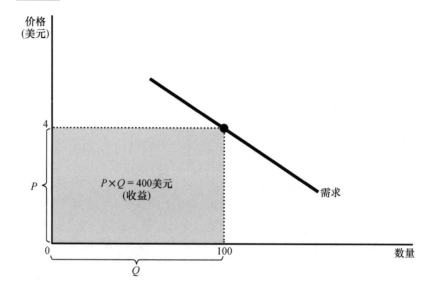

买者支付的从而卖者作为收益得到的总量等于需求曲线下面方框的面积,即 $P \times Q$。在这里,价格为 4 美元,需求量为 100,总收益是 400 美元。

图 5-3　当价格变动时,总收益如何变动

价格变动对总收益(价格和数量的乘积)的影响取决于需求价格弹性。在(a)幅中,需求曲线缺乏弹性。在这种情况下,价格上升引起的需求量减少的比例小于价格上升的比例,因此,总收益增加。在这里,价格从 4 美元上升为 5 美元,引起需求量从 100 减少为 90,总收益从 400 美元增加到 450 美元。在(b)幅中,需求曲线富有弹性。在这种情况下,价格上升引起的需求量减少的比例大于价格上升的比例,因此,总收益减少。在这里,价格从 4 美元上升为 5 美元,引起需求量从 100 减少为 70,总收益从 400 美元减少为 350 美元。

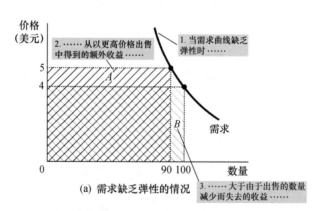

(a) 需求缺乏弹性的情况

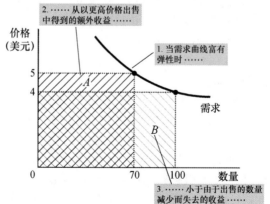

(b) 需求富有弹性的情况

图 5-3 中的例子说明了一些一般规律：
- 当需求缺乏弹性（价格弹性小于1）时，价格和总收益同方向变动：如果价格上升，总收益增加。
- 当需求富有弹性（价格弹性大于1）时，价格和总收益反方向变动：如果价格上升，总收益减少。
- 如果需求是单位弹性的（价格弹性正好等于1），当价格变动时，总收益保持不变。

5.1.6 沿着一条线性需求曲线的弹性和总收益

我们来研究沿着一条线性需求曲线的弹性的变动，如图 5-4 所示。我们知道，直线的斜率是不变的。斜率的定义是"向上量比向前量"，在这

图 5-4 一条线性需求曲线的弹性

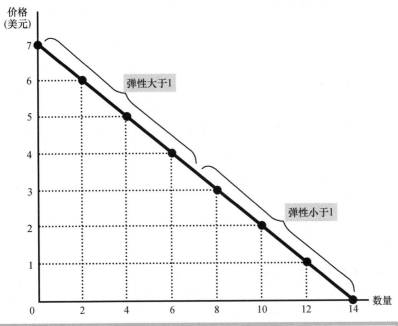

一条线性需求曲线的斜率是不变的，但它的弹性并不是不变的。需求的价格弹性是用图中的需求表和中点法计算的。在价格低而数量多的各点上，需求曲线是缺乏弹性的；在价格高而数量少的各点上，需求曲线是富有弹性的。

价格 （美元）	数量	总收益 （价格×数量） （美元）	价格变动 百分比 （％）	数量变动 百分比 （％）	弹性	弹性程度
7	0	0				
6	2	12	15	200	13.0	富有弹性
5	4	20	18	67	3.7	富有弹性
4	6	24	22	40	1.8	富有弹性
3	8	24	29	29	1.0	单位弹性
2	10	20	40	22	0.6	缺乏弹性
1	12	12	67	18	0.3	缺乏弹性
0	14	0	200	15	0.1	缺乏弹性

里即价格变动("向上量")与数量变动("向前量")的比例。这种特殊的需求曲线的斜率不变是因为价格每上升1美元都会同样使需求量减少2个单位。

尽管线性需求曲线的斜率是不变的,但弹性并不是不变的。这是因为斜率是两个变量变动的比率,而弹性是两个变量变动百分比的比率。你可以通过观察图5-4中的表格看出这一点,该表是图中线性需求曲线的需求表。该表用中点法计算需求价格弹性。该表说明以下内容:在价格低而数量高的各点上,需求曲线是缺乏弹性的;在价格高而数量低的各点上,需求曲线是富有弹性的。

可以用数学上的百分比变动来解释这个事实。当价格低而消费者购买量多时,价格上升1美元而需求量减少2个单位,使得价格上升的百分比大,而需求量减少的百分比小,结果是弹性小。与此相反,当价格高而消费者购买量少时,价格同样上升1美元而需求量同样减少2个单位,使得价格上升的百分比小,而需求量减少的百分比大,结果是弹性大。

表格还列出了需求曲线上每个点的总收益。这些数字说明了总收益和弹性之间的关系。例如,当价格是1美元时,需求缺乏弹性,价格上升到2美元会使总收益增加。当价格是5美元时,需求富有弹性,价格上升到6美元会使总收益减少。价格在3美元与4美元之间时,需求正好是单位弹性,在这两个价格时,总收益相同。

线性需求曲线的例子说明,在一条需求曲线上各点的需求价格弹性不一定是相同的。固定的弹性是可能的,但并不总是这样。

5.1.7 其他需求弹性

除了需求价格弹性之外,经济学家还用其他弹性来描述市场上买者的行为。

需求收入弹性 **需求收入弹性**(income elasticity of demand)衡量消费者收入变动时需求量如何变动。需求收入弹性用需求量变动的百分比除以收入变动的百分比来计算。即,

$$需求收入弹性 = \frac{需求量变动百分比}{收入变动百分比}$$

正如我们在第4章中所讨论的,大多数物品是正常物品:收入提高,需求量增加。由于需求量与收入同方向变动,所以正常物品的收入弹性为正数。少数物品(例如,乘公共汽车)是低档物品:收入提高,需求量减少。由于需求量与收入呈反方向变动,所以低档物品的收入弹性为负数。

即使在正常物品中,收入弹性的大小也差别很大。像食物和衣服这类必需品往往收入弹性较小,因为即使消费者的收入很低,他们也要购买一些这类物品。像鱼子酱和钻石这类奢侈品往往收入弹性很大,因为消费者觉得,如果收入太低,他们完全可以不消费这类物品。

需求收入弹性:
衡量一种物品需求量对消费者收入变动反应程度的指标,用需求量变动百分比除以收入变动百分比来计算。

需求的交叉价格弹性 需求的交叉价格弹性（cross-price elasticity of demand）衡量一种物品需求量对另外一种物品价格变动的反应程度。需求的交叉价格弹性用物品1的需求量变动百分比除以物品2的价格变动百分比来计算。即，

$$需求的交叉价格弹性 = \frac{物品1的需求量变动百分比}{物品2的价格变动百分比}$$

交叉价格弹性是正数还是负数取决于这两种物品是替代品还是互补品。正如我们在第4章中所讨论的，替代品是指通常可以互相替代使用的物品，例如汉堡包和热狗。热狗价格上升会使人们去买汉堡包来代替。由于热狗价格和汉堡包需求量呈同方向变动，所以其交叉价格弹性是正数。相反，互补品是指通常要一起使用的物品，例如电脑和软件。在这种情况下，交叉价格弹性是负数，表明电脑价格上升会使软件的需求量减少。

即问即答 ● 给出需求价格弹性的定义。● 解释总收益和需求价格弹性之间的关系。

> **需求的交叉价格弹性：** 衡量一种物品需求量对另一种物品价格变动的反应程度的指标，用第一种物品的需求量变动百分比除以第二种物品的价格变动百分比来计算。

5.2 供给弹性

当我们在第4章中讨论供给的决定因素时，我们注意到，当一种物品的价格上升时，该物品的卖者会增加供给量。为了把对供给量的说明从定性转向定量，我们要再次使用弹性的概念。

5.2.1 供给价格弹性及其决定因素

供给定理表明，价格上升将使供给量增加。**供给价格弹性**（price elasticity of supply）衡量供给量对价格变动的反应程度。如果供给量对价格变动的反应很大，就说这种物品的供给是富有弹性的；如果供给量对价格变动的反应很小，就说这种物品的供给是缺乏弹性的。

供给价格弹性取决于卖者改变他们所生产的物品量的灵活性。例如，海滩土地供给缺乏弹性，是因为生产出更多这类土地几乎是不可能的。与此相比，诸如书、汽车和电视这类制成品的供给富有弹性，是因为当价格上升时，生产这些物品的企业可以让工厂更长时间地运转。

在大多数市场上，决定供给价格弹性的一个关键因素是所考虑的时间长短。供给的弹性在长期中通常都大于短期。在短期中，企业不能轻易地改变它们工厂的规模来增加或减少一种物品的产量。因此，在短期中供给量对价格不是很敏感。与此相反，在长期中，企业可以开设新工厂

> **供给价格弹性：** 衡量一种物品供给量对其价格变动反应程度的指标，用供给量变动百分比除以价格变动百分比来计算。

或关闭旧工厂。此外,在长期中,新企业可以进入一个市场,旧企业也可以退出。因此,在长期中,供给量可以对价格变动做出相当大的反应。

5.2.2 供给价格弹性的计算

既然我们对于供给价格弹性已经有了一般性的了解,现在就让我们来更准确地说明它。经济学家用供给量变动百分比除以价格变动百分比来计算供给价格弹性。即,

$$供给价格弹性 = \frac{供给量变动百分比}{价格变动百分比}$$

例如,假设每加仑牛奶的价格从 2.85 美元上升到 3.15 美元,那么牧场主每月生产的牛奶量从 9 000 加仑增加到 11 000 加仑。使用中点法,我们计算的价格变动百分比如下:

$$价格变动百分比 = (3.15 - 2.85)/3.00 \times 100\% = 10\%$$

同样,我们计算的供给量变动百分比如下:

$$供给量变动百分比 = (11\,000 - 9\,000)/10\,000 \times 100\% = 20\%$$

在这种情况下,供给价格弹性是:

$$供给价格弹性 = \frac{20\%}{10\%} = 2$$

在这个例子中,弹性为 2 表明供给量变动的比例为价格变动比例的两倍。

5.2.3 各种供给曲线

由于供给价格弹性衡量供给量对价格变化的反应程度,所以它可以反映在供给曲线的形状上。图 5-5 描述了五种情况。一种极端情况为零弹性,如(a)幅所示,供给完全无弹性,供给曲线是一条垂直线。在这种情况下,无论价格如何变动,供给量总是相同的。随着弹性的增大,供给曲线越来越平坦,这表明供给量对价格变动的反应越来越大。在(e)幅所示的另一种极端情况下,供给完全有弹性。当供给价格弹性接近于无限大时就出现了这种情况,此时,供给曲线是水平的,这意味着价格极小的变动都会引起供给量极大的变动。

在一些市场上,供给弹性并不是不变的,而是沿着供给曲线变动。图 5-6 表示一个行业的典型情况,在这个行业中,企业拥有的工厂的生产能力是有限的。在供给量水平很低时,供给弹性很高,表明企业会对价格变动做出相当大的反应。在这一范围内,企业存在未被利用的生产能力,例如全天或部分时间处于闲置状态的厂房和设备。价格的小幅上升使得企业利用这种闲置的生产能力是有利可图的。随着供给量的增加,企业逐渐接近其最大生产能力。一旦其生产能力得到完全利用,要想再增加

产量就需要建立新工厂。要使企业能承受这种额外支出,价格就必须大幅度上升,因此供给变得缺乏弹性。

图 5-5 供给价格弹性

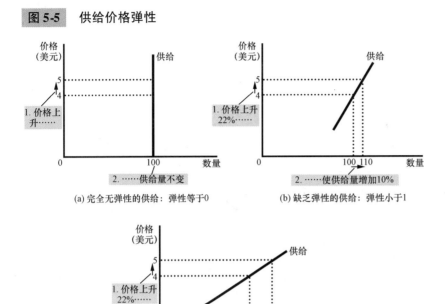

供给价格弹性决定了供给曲线是陡峭还是平坦。要注意的是,所有的变动百分比都是用中点法计算的。

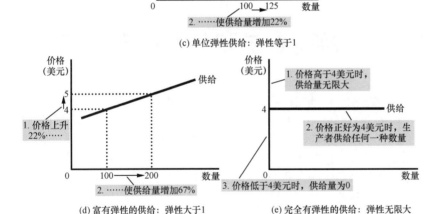

图 5-6 给出了这种现象的一个用数字表示的例子。当价格从 3 美元上升到 4 美元时(根据中点法,上升了 29%),供给量从 100 增加到 200(增加了 67%)。由于供给量变动的比例大于价格变动的比例,供给曲线的弹性大于 1。与此相比,当价格从 12 美元上升为 15 美元时(上升了 22%),供给量从 500 增加到 525(增加了 5%)。在这种情况下,供给量变动的比例小于价格变动的比例,因此供给曲线的弹性小于 1。

即问即答 ● 说明供给价格弹性的定义。 ● 解释为什么在长期内的供给价格弹性与在短期内不同。

由于企业的生产能力通常有一个最大值,所以,在供给量低时,供给弹性会非常高,而在供给量高时,供给弹性又会非常低。在图5-6中,价格从3美元上升到4美元时,供给量从100增加到200。由于供给量增加了67%(用中点法计算),大于价格上升的比例29%,所以,在这个范围内,供给曲线是富有弹性的。与此相反,当价格从12美元上升为15美元时,供给量只从500增加到525。由于供给量增加的比例5%小于价格上升的比例22%,所以,在这个范围内,供给曲线是缺乏弹性的。

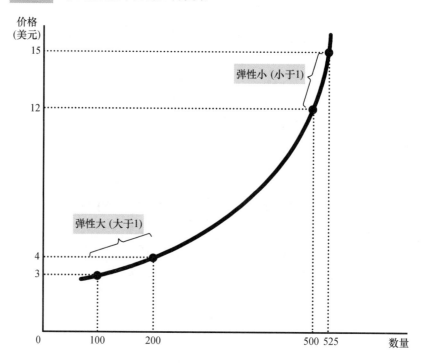

图 5-6　供给价格弹性会如何变动

5.3　供给、需求和弹性的三个应用

农业的好消息可能对农民来说是坏消息吗?为什么石油输出国组织(Organization of the Petroleum Exporting Countries, OPEC)不能保持石油的高价格呢?禁毒增加还是减少了与毒品相关的犯罪?乍一看,这些问题似乎没有什么共同之处。但这三个问题都与市场相关,而所有市场都要服从于供给与需求的力量。在这里,我们用供给、需求和弹性这些通用的工具来回答这些看似复杂的问题。

5.3.1　农业的好消息可能对农民来说是坏消息吗

设想你是堪萨斯州一个种小麦的农民。由于你所有的收入都来自出售小麦,所以你下了很大工夫以尽可能提高你的土地的生产率。你关注天气和土壤状况,检查田地以预防病虫害,并学习最新的农业技术。你知道,你的小麦种得越多,收成之后也就卖得越多,从而你的收入和你的生活水平也就越高。

有一天,堪萨斯州立大学宣布了一项重大发现。该大学农学系的研究人员培育出一种新的小麦杂交品种,该品种可以使每英亩小麦的产量增加20%。你对这条新闻应该有什么反应呢？这一发现会使你的状况比以前变好还是变坏呢？

回想一下第4章，我们回答这类问题用三个步骤。第一步，我们考察是供给曲线移动还是需求曲线移动。第二步，我们考虑曲线移动的方向。第三步，我们用供求图说明市场均衡如何变动。

在这种情况下，新杂交品种的发现影响了供给曲线。由于新杂交品种提高了每英亩土地上所能生产的小麦量，所以现在农民愿意在任何一种既定的价格水平下供给更多小麦。换句话说，供给曲线向右移动。需求曲线保持不变，因为消费者在任何一种既定价格水平下购买小麦产品的愿望并不受新杂交品种的影响。图5-7说明了这种变化的一个例子。当供给曲线从 S_1 移动到 S_2 时，小麦的销售量从100蒲式耳增加到110蒲式耳，而小麦的价格从3美元下降为2美元。

新品种的发现使农民的状况变好了吗？要回答这个问题，首先要看农民得到的总收益发生了怎样的变动。农民的总收益是 $P \times Q$，即小麦价格乘以销售量。新品种的发现以两种相矛盾的方式影响农民。新杂交品种使农民生产了更多小麦（Q 增加了），但现在每蒲式耳小麦的售价下降了（P 下降了）。

总收益是增加还是减少取决于需求价格弹性。在现实中，像小麦这样的基本食品的需求一般是缺乏弹性的，因为这些东西较为便宜，而且很少有好的替代品。当需求曲线缺乏弹性时，如图5-7所示，价格下降引起总收益减少。你可以从这个图中看到：小麦价格大幅度下降，而小麦销售

图5-7 小麦市场上供给增加

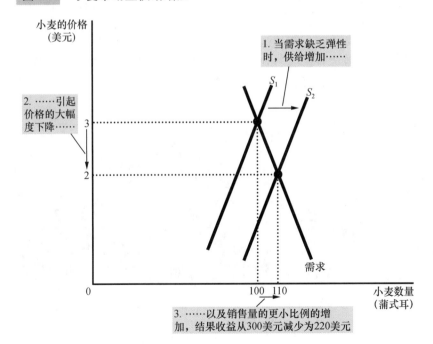

当农业技术进步使小麦供给从 S_1 增加到 S_2 时，小麦价格下降。由于小麦需求缺乏弹性，销售量从100蒲式耳增加到110蒲式耳的比例小于价格从3美元下降为2美元的比例。结果，农民的总收益从300美元（3美元×100）减少为220美元（2美元×110）。

量只是略有增加。总收益从 300 美元减少为 220 美元。因此,新杂交品种的发现减少了农民从销售农作物中所能得到的总收益。

人们一定会感到奇怪,如果这种新杂交品种的发现使农民的状况变差了,那么为什么他们还要采用这种新品种呢?对这个问题的回答涉及了竞争市场如何运行的核心。由于每个农民都是小麦市场上微不足道的一分子,所以他把小麦价格视为既定的。当小麦的价值既定时,农民会选择种植新品种以便生产并销售更多小麦,这对他来说会更好。但当所有农民都这样做时,小麦的供给增加了,价格下降了,而农民的状况也变坏了。

尽管这个例子乍看起来只是假设的,但实际上它有助于解释过去一个世纪以来美国经济的一个巨大变化。两百多年前,大部分美国人都住在农村,他们对农业生产方法的了解是相当原始的,以至于我们中的大多数人不得不当农民,以生产足够的食物来养活全国的人口。但随着时间的推移,农业技术的进步增加了每个农民所能生产的食物量。由于食物的需求缺乏弹性,这种食物供给的增加引起了农业收益的减少,进而鼓励人们离开农业。

一些数字表明了这种历史变革的程度。在 1950 年,美国有 1 000 万人从事农业生产,占劳动力的 17%。如今,从事农业的人不到 300 万,只占劳动力的 2%。这种变化与农业生产率的巨大提高是一致的:尽管农民人数大幅度减少了,但美国现在农场的产出却是 1950 年的五倍左右。

这种对农产品市场的分析也有助于解释似乎自相矛盾的公共政策:某些农业计划努力通过使农民不把他们的全部土地都种上农作物来帮助农民。这些计划的目的是要减少农产品的供给,从而提高价格。由于农产品的需求缺乏弹性,如果农民向市场供给的产品减少了,他们作为一个整体会得到更多的总收益。从自己的立场出发,没有一个农民愿意选择荒废自己的土地,因为每个农民都把市场价格视为既定的。但是,如果所有的农民都一起来这样做,他们每个人的状况就会变得更好一些。

图片来源:Doonesbury ⓒ 1972 G. B. Trudeau. Reprinted with permission of ANDREWS MCMEEL SYNDICATION. All Rights Reserved.

当我们分析农业技术或农业政策的影响时,记住下面这点很重要:对农民有利的不一定对整个社会也有利。农业技术进步对农民而言可能是坏事,因为它使农民逐渐变得不必要,但对能以低价买到食物的消费者而言肯定是好事。同样,旨在减少农产品供给的政策可以增加农民的收入,但必然会以损害消费者的利益为代价。

5.3.2　为什么OPEC不能保持石油的高价格

在过去的几十年间,对世界经济最具破坏性的许多事件都源于世界石油市场。在20世纪70年代,OPEC的成员决定提高世界石油价格,以增加它们的收入。这些国家通过共同减少它们提供的石油产量而实现了这个目标。从1973年至1974年,石油价格(根据总体通货膨胀水平进行了调整)上涨了50%以上。几年之后,OPEC又一次故伎重演。从1979年到1981年,石油价格几乎翻了一番。

但OPEC发现要维持高价格是很困难的。从1982年到1985年,石油价格一直以每年10%的速度稳步下降。不满与混乱很快蔓延到了OPEC各国。1986年,OPEC成员国之间的合作完全破裂了,石油价格猛跌了45%。1990年,石油价格(根据总体通货膨胀水平进行了调整)又回到1970年时的水平,并在20世纪90年代的大部分时间内保持在这一水平。(在21世纪的前15年中,石油价格又一次大幅波动,但其主要推动力不是OPEC的供给限制,而是世界经济的繁荣和不景气引起的需求波动,以及开采技术的进步引起的供给大幅度增加。)

OPEC在20世纪70年代和80年代的一系列事件表明,供给与需求在短期与长期中的状况是不同的。在短期中,石油的供给和需求都是较为缺乏弹性的。供给缺乏弹性是因为已知的石油贮藏量和石油开采能力不能迅速改变,需求缺乏弹性是因为购买习惯不会立即对价格变动做出反应。因此,正如图5-8(a)所示,短期供给曲线和需求曲线都是陡峭的。当石油供给从S_1移动到S_2时,价格从P_1到P_2的上升幅度是很大的。

长期中的情况则非常不同。在长期中,OPEC以外的石油生产者对高价格的反应是加强石油勘探并建立新的开采能力。消费者的反应是更为节俭,例如用新型节油汽车代替老式耗油汽车。因此,正如图5-8(b)所示,长期供给曲线和需求曲线都更富有弹性。在长期中,供给曲线从S_1移动到S_2引起的价格的变动要小得多。

这种分析说明了为什么OPEC只在短期中成功地保持了石油的高价格。当OPEC各国一致同意减少它们的石油产量时,它们使供给曲线向左移动。尽管各个OPEC成员国销售的石油少了,但短期内价格上升如此之多,以至于OPEC的收入增加了。与此相反,在长期中,当供给和需求较为富有弹性时,供给同样幅度的减少(用供给曲线的水平移动来衡量)只引起价格的小幅度上升。因此,OPEC共同减少供给在长期中无利可图。这个卡特尔明白了一点:在短期中提高油价比在长期中更容易。

当石油供给减少时,市场的反应取决于时间的长短。在短期中,供给和需求较为缺乏弹性,如(a)幅所示。因此,当供给曲线由 S_1 移动到 S_2 时,价格大幅度上升。与此相反,在长期中,供给与需求较富有弹性,如(b)幅所示。在这种情况下,供给曲线同样大小的移动(从 S_1 到 S_2)只引起价格的小幅度上升。

图5-8 世界石油市场供给减少

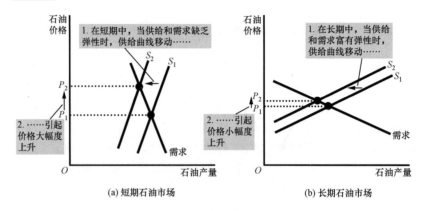

(a) 短期石油市场   (b) 长期石油市场

5.3.3 禁毒增加还是减少了与毒品相关的犯罪

我们社会面临的一个长期问题是非法毒品的使用,比如海洛因、可卡因、摇头丸和冰毒。这些非法毒品的使用有一些不利影响。一是毒品依赖会毁坏吸毒者及其家庭的生活;二是吸毒上瘾的人往往进行抢劫或其他暴力犯罪,以得到吸毒所需要的钱。为了限制非法毒品的使用,美国政府每年花费几十亿美元来减少毒品的流入。现在我们用供给和需求工具来考察这种禁毒政策。

假设政府增加了打击毒品的联邦工作人员数量,非法毒品市场会发生什么变动呢?与通常的做法一样,我们分三个步骤来回答这个问题。第一,考虑是供给曲线移动还是需求曲线移动;第二,考虑曲线移动的方向;第三,说明这种移动如何影响均衡价格和均衡数量。

虽然禁毒的目的是减少毒品的使用,但它直接影响毒品的卖者而不是买者。当政府制止某些毒品进入国内并逮捕更多走私者时,这就增加了出售毒品的成本,从而减少了任何一种既定价格时的毒品供给量。对毒品的需求——买者在任何一种既定价格时想购买的数量——并没有变。正如图5-9(a)所示,禁毒使供给曲线从 S_1 左移到 S_2,而需求曲线不变。毒品的均衡价格从 P_1 上升到 P_2,均衡数量从 Q_1 减少为 Q_2。均衡数量减少表明,禁毒确实减少了毒品的使用。

但是,与毒品相关的犯罪情况如何呢?为了回答这个问题,考虑吸毒者为购买毒品所支付的总货币量。由于受毒品价格上升影响而根除自己吸毒习惯的瘾君子很少,所以很可能的情况是,毒品的需求缺乏弹性,正如图5-9所示。如果需求是缺乏弹性的,那么价格上升就会使毒品市场的总收益增加。这就是说,由于禁毒引起的毒品价格提高的比例大于毒品使用减少的比例,所以增加了吸毒者为毒品支出的总货币量。那些已经以行窃来维持吸毒习惯的瘾君子为了更快地得到钱,会变本加厉地犯罪。因此,禁毒会增加与毒品相关的犯罪。

图5-9 减少非法毒品使用的政策

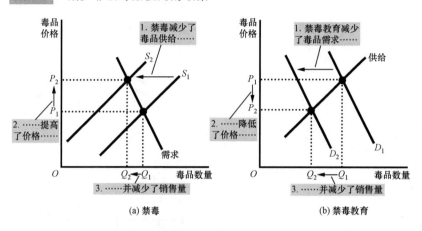

禁毒使毒品供给从 S_1 减少为 S_2,如(a)幅表示。如果毒品需求是缺乏弹性的,那么即使在吸毒量减少时,吸毒者所支付的总货币量也增加了。与此相比,禁毒教育使毒品需求从 D_1 减少为 D_2,如(b)幅所示。由于价格和数量都减少了,吸毒者支付的总货币量也减少了。

由于禁毒的这种负面影响,一些分析者提出了另一些解决毒品问题的方法。通过实行禁毒教育政策,决策者可以努力减少对毒品的需求(而不是减少毒品的供给)。成功禁毒教育的效应如图5-9(b)所示。需求曲线由 D_1 左移到 D_2。结果,均衡数量从 Q_1 减少到 Q_2,而均衡价格从 P_1 下降到 P_2。总收益,即价格乘以数量,也减少了。因此,与禁毒相比,禁毒教育可以减少吸毒以及与毒品相关的犯罪。

禁毒的支持者也许会争辩说,这项政策的长期效应与短期效应是不同的,因为需求弹性取决于时间的长短。在短期中,毒品需求也许是缺乏弹性的,因为高价格对已有的瘾君子没有实质性影响。但在长期中,毒品需求也许是较富有弹性的,因为高价格会限制年轻人尝试吸毒,从而随着时间的推移,会减少瘾君子的数量。在这种情况下,禁毒在短期中增加了与毒品相关的犯罪,而在长期中会减少这种犯罪。

即问即答 一场摧毁了一半农作物的旱灾对农民来说可能是一件好事吗?如果这样的旱灾对农民来说是好事,那么为什么在未发生旱灾的年头,农民不去摧毁自己的农作物?

5.4 结论

根据一句古谚的说法，只要学会说"供给与需求"，甚至连一只鹦鹉都可以成为一名经济学家。这两章的学习应该已经使你相信，这种说法还是有一定道理的。供给与需求工具使你能分析影响经济的许多最重要的事件和政策。现在你正朝着成为一名经济学家（或者，至少是一只受过良好训练的鹦鹉）的方向前进。

快速单选

1. 一种没有任何相近替代品的挽救生命的药物将具有_____。
   a. 很小的需求弹性
   b. 很大的需求弹性
   c. 很小的供给弹性
   d. 很大的供给弹性

2. 一种物品的价格从 8 美元上升到 12 美元，需求从 110 单位减少为 90 单位。用中点法计算的弹性是_____。
   a. 1/5   b. 1/2   c. 2   d. 5

3. 向右下方倾斜的线性需求曲线是_____。
   a. 缺乏弹性的
   b. 单位弹性的
   c. 富有弹性的
   d. 在一些点缺乏弹性，在另一些点富有弹性

4. 企业可以在一定时期内进入和退出一个市场意味着在长期中，_____。
   a. 需求曲线更有弹性
   b. 需求曲线更少弹性
   c. 供给曲线更有弹性
   d. 供给曲线更少弹性

5. 如果一种物品的_____，该物品的供给增加将减少生产者得到的总收益。
   a. 需求曲线缺乏弹性
   b. 需求曲线富有弹性
   c. 供给曲线缺乏弹性
   d. 供给曲线富有弹性

6. 随着时间的推移，技术进步增加了消费者的收入并降低了智能手机的价格。如果需求的收入弹性大于_____而且如果需求的价格弹性大于_____，那么这些力量都会增加消费者对智能手机的支出。
   a. 0，0
   b. 0，1
   c. 1，0
   d. 1，1

内容提要

◎ 需求价格弹性衡量的是需求量对价格变动的反应程度。如果某种物品可以得到相近的替代品、是奢侈品而不是必需品、市场边界狭窄，或者买者有相当长的时间对价格变动做出反应，那么这种物品就倾向于更富有弹性。

◎ 可以用需求量变动百分比除以价格变动百分比来计算需求价格弹性。如果需求量变动比例小于价格变动比例,那么弹性小于1,就可以说需求缺乏弹性。如果需求量变动比例大于价格变动比例,那么弹性大于1,就可以说需求富有弹性。

◎ 总收益,即对一种物品的总支付量,等于该物品的价格乘以销售量。对于缺乏弹性的需求曲线,其总收益与价格变动方向相同;对于富有弹性的需求曲线,其总收益与价格变动方向相反。

◎ 需求收入弹性衡量的是需求量对消费者收入变动的反应程度。需求的交叉价格弹性衡量一种物品需求量对另一种物品价格变动的反应程度。

◎ 供给价格弹性衡量的是供给量对价格变动的反应程度。这种弹性往往取决于所考虑的时间长短。在大多数市场上,供给在长期中比在短期中更富有弹性。

◎ 可以用供给量变动百分比除以价格变动百分比来计算供给价格弹性。如果供给量变动比例小于价格变动比例,那么弹性小于1,就可以说供给缺乏弹性。如果供给量变动比例大于价格变动比例,那么弹性大于1,就可以说供给富有弹性。

◎ 供求工具可以被运用于许多不同类型的市场。本章运用它们分析了小麦市场、石油市场和非法毒品市场。

关键概念

弹性　　　　　　　　　总收益　　　　　　　　　需求的交叉价格弹性
需求价格弹性　　　　　需求收入弹性　　　　　　供给价格弹性

复习题

1. 给需求价格弹性和需求收入弹性下定义。
2. 列出并解释本章中所讨论的决定需求价格弹性的四个因素。
3. 如果弹性大于1,需求是富有弹性还是缺乏弹性?如果弹性等于零,需求是完全有弹性还是完全无弹性?
4. 在一个供求图上标明均衡价格、均衡数量和生产者得到的总收益。
5. 如果需求是富有弹性的,价格上升会如何改变总收益?解释原因。
6. 如果一种物品的需求收入弹性小于零,那么我们把这种物品称为什么?
7. 如何计算供给价格弹性?供给价格弹性衡量什么?
8. 如果一种物品可获取的量是固定的,而且再也不能多生产,供给的价格弹性是多少?
9. 一场风暴摧毁了蚕豆苗的一半。当需求非常富有弹性还是非常缺乏弹性时,这个事件对农民的伤害更大?解释原因。

问题与应用

1. 在下列每一对物品中,你认为哪一种物品的需求更富有弹性?为什么?
   a. 指定教科书或神秘小说。
   b. 贝多芬音乐唱片或一般古典音乐唱片。
   c. 在未来 6 个月内乘坐地铁的人数或在未来 5 年内乘坐地铁的人数。
   d. 清凉饮料或水。

2. 假设公务乘客和度假乘客对从纽约到波士顿之间航班机票的需求如下:

价格 (美元)	需求量(张) (公务乘客)	需求量(张) (度假乘客)
150	2 100	1 000
200	2 000	800
250	1 900	600
300	1 800	400

   a. 当票价从 200 美元上升到 250 美元时,公务乘客的需求价格弹性为多少?度假乘客的需求价格弹性为多少?(用中点法计算。)
   b. 为什么度假乘客与公务乘客的需求价格弹性不同?

3. 假设取暖用油的需求价格弹性在短期中是 0.2,而在长期中是 0.7。
   a. 如果每加仑取暖用油的价格从 1.8 美元上升到 2.2 美元,短期中取暖用油的需求量会发生什么变动?长期中呢?(用中点法计算。)
   b. 为什么这种弹性取决于时间长短?

4. 价格变动引起一种物品的需求量减少了 30%,而这种物品的总收益增加了 15%。这种物品的需求曲线是富有弹性的还是缺乏弹性的?解释原因。

5. 咖啡和面包圈是互补品。两者的需求都缺乏弹性。一场飓风摧毁了一半咖啡豆。用图形回答以下问题,并做适当标记:
   a. 咖啡豆的价格会发生什么变化?
   b. 一杯咖啡的价格会发生什么变化?用于咖啡的总支出会发生什么变化?
   c. 面包圈的价格会发生什么变化?用于面包圈的总支出会发生什么变化?

6. 上个月咖啡的价格大幅度上升,而卖出的数量仍然不变。五个人提出了各自的解释:
   Leonard:需求增加了,但供给完全无弹性。
   Sheldon:需求增加了,但它是完全无弹性的。
   Penny:需求增加了,但供给同时减少了。
   Howard:供给减少了,但需求是单位弹性。
   Raj:供给减少了,但需求是完全无弹性的。
   谁讲的可能是正确的?用图形解释你的答案。

7. 假设你的比萨饼需求表如下:

价格 (美元)	需求量(张) (收入 = 20 000 美元)	需求量(张) (收入 = 24 000 美元)
8	40	50
10	32	45
12	24	30
14	16	20
16	8	12

   a. 用中点法计算如果(i)你的收入是 2 万美元和(ii)你的收入是 2.4 万美元,当比萨饼价格从 8 美元上升到 10 美元时你的需求价格弹性。
   b. 计算如果(i)价格是 12 美元和(ii)

价格是 16 美元,当你的收入从 2 万美元增加到 2.4 万美元时你的需求收入弹性。

8. 《纽约时报》(1996 年 2 月 17 日)报道,在地铁票价上升之后乘客减少了:"1995 年 12 月,即价格上涨 25 美分到了 1.5 美元的第一个月以后,乘客减少了近四百万人次,比上一年的 12 月减少了 4.3%。"

   a. 用这些数据估算地铁乘客的需求价格弹性。
   b. 根据你的估算,当票价上升时,地铁当局的收益会有什么变化?
   c. 为什么你估算的弹性可能是不可靠的?

9. 两个司机——Walt 和 Jessie——分别开车到加油站。在看价格之前,Walt 说:"我想加 10 加仑汽油。"Jessie 说:"我想加 10 美元汽油。"每个司机的需求价格弹性是多少?

10. 考虑针对吸烟的公共政策。

    a. 研究表明,香烟的需求价格弹性大约是 0.4。如果现在每盒香烟为 5 美元,并且政府想减少 20% 的吸烟量,那么它应该将香烟价格提高多少?
    b. 如果政府永久性地提高香烟价格,这项政策对从现在起 1 年内吸烟量的影响更大,还是对从现在起 5 年内吸烟量的影响更大?
    c. 研究还发现,青少年的需求价格弹性大于成年人。为什么这可能是正确的?

11. 你是一位博物馆馆长。博物馆经营缺乏资金,因此你决定增加收益。你应该提高还是降低门票的价格?解释原因。

12. 请解释下列情况为什么可能是正确的:全世界范围内的干旱会增加农民通过出售粮食得到的总收入,但如果只有堪萨斯州出现干旱,堪萨斯州农民得到的总收入就会减少。

第6章
供给、需求与政府政策

经济学家有两种作用。作为科学家，他们提出并检验解释我们周围世界的理论；作为政策顾问，他们用自己的理论来帮助世界变得更好。前两章的重点是描述经济学家作为科学家所提出的理论。我们已经知道了供给和需求如何决定一种物品的价格与销售量。我们还知道了各种事件如何使供给与需求移动，从而改变均衡价格和均衡数量。而且我们也提出了确定这些变动有多大的弹性概念。

我们将在本章中第一次考察政策。在这里，我们仅用供求工具来分析各种类型的政府政策。正如你将看到的，这种分析得出了一些令人惊讶的见解。政策往往会产生一些其设计者没有想到或没有预见到的影响。

我们从探讨直接控制价格的政策开始。例如，租金控制法规定了房东可以向房客收取的最高租金，最低工资法规定了企业应该向工人支付的最低工资。当决策者认为一种物品或服务的市场价格对买者或卖者不公平时，通常会实施价格控制。但正如我们将看到的，这些控制政策本身也会引起不公平。

在讨论价格控制之后，我们将接着考察税收的影响。决策者用税收为公共目标筹集资金并影响市场结果。虽然我们经济中税收的普遍性是显而易见的，但它们的影响却并不显而易见。例如，当政府对企业向工人支付的工资征税时，是企业还是工人承担了税收负担？在我们运用供求这种有力的工具之前，答案是不完全明朗的。

6.1 价格控制

为了说明价格控制如何影响市场结果，我们再来看一下冰淇淋市场。正如我们在第4章中所看到的，如果在一个没有政府管制的竞争市场上出售冰淇淋，冰淇淋的价格将自发调整，使供求达到平衡：在均衡价格下，买者想买的冰淇淋的数量正好等于卖者想卖的冰淇淋的数量。为了使我们的分析更具体,假设均衡价格是每个冰淇淋蛋卷3美元。

并不是每个人都对这种自由市场调整所得到的结果感到满意。比如说,美国冰淇淋消费者协会抱怨,3美元的价格太高了,无法使每个人每天享用一个冰淇淋(该协会推荐的量)。同时,全国冰淇淋制造商组织也抱怨,3美元的价格——"割颈式竞争"的结果——太低了,从而减少了其成员的收入。每个群体都在游说政府,以便通过一项借助于直接控制冰淇淋的价格来改变市场结果的法律。

由于任何一种物品的买者总希望价格更低,而卖者总希望价格更高,所以这两个群体的利益会产生冲突。如果冰淇淋消费者在游说中成功了,政府就对冰淇淋销售设置法定最高价格,由于不允许价格上升到这个水平之上,法定最高价格被称为**价格上限**(price ceiling)。与此相反,如果冰淇淋制造商在游说中成功了,政府就对冰淇淋设置法定最低价格。由于不允许价格下降到这个水平之下,法定最低价格被称为**价格下限**(price floor)。现在我们依次来考察这些政策的影响。

价格上限:
出售一种物品的法定最高价格。

价格下限:
出售一种物品的法定最低价格。

6.1.1 价格上限如何影响市场结果

当政府受冰淇淋消费者抱怨的推动,对冰淇淋市场实行价格上限时,可能有两种结果。在图6-1(a)中,政府实行每个冰淇淋蛋卷4美元的价格上限。在这种情况下,由于使供求平衡的价格(3美元)低于上限,所以价格上限是非限制性的。市场力量自然而然地使经济向均衡变动,而且价格上限对价格或销售量没有影响。

图 6-1 有价格上限的市场

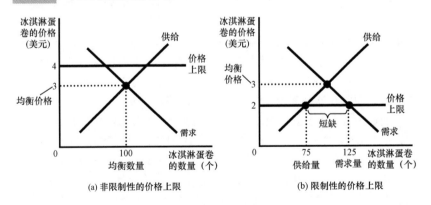

(a) 非限制性的价格上限   (b) 限制性的价格上限

在(a)幅中,政府实行的价格上限为4美元。由于价格上限高于均衡价格3美元,所以价格上限没有影响,市场可以达到供求均衡。在这种均衡下,供给量和需求量都是100个冰淇淋蛋卷。在(b)幅中,政府实行的价格上限为2美元。由于价格上限低于均衡价格3美元,所以市场价格等于2美元。在这一价格水平下,需求量是125个冰淇淋蛋卷,供给量只有75个,因此存在50个冰淇淋蛋卷的短缺。

图6-1(b)表示的是另一种更为有趣的可能结果。在这种情况下,政府实行每个冰淇淋蛋卷2美元的价格上限。由于均衡价格3美元高于价格上限,所以价格上限对市场有一种限制性约束。供求力量趋向于使价格向均衡变动,但当市场价格达到上限时,根据法律就不能再上升了。因

此,市场价格等于价格上限。在这种价格下,冰淇淋蛋卷的需求量(图中的125个)超过了供给量(75个),由于存在50个冰淇淋蛋卷的超额需求,一些想在现行价格下购买冰淇淋的人买不到。换言之,存在冰淇淋蛋卷的短缺。

当由于这种价格上限而出现冰淇淋短缺时,一些配给冰淇淋的机制自然就会出现。这种机制可能是排长队:那些愿意提前来到并排队等候的人得到一个冰淇淋,而另一些不愿意等候的人得不到。另一种方法是,卖者可以根据他们的个人偏好来配给冰淇淋,只卖给朋友、亲戚或同一种族或民族的成员。要注意的是,即使设置价格上限的动机是为了帮助冰淇淋买者,但也并不是所有买者都能从这种政策中受益。一些买者尽管不得不排队等候,但他们确实以较低的价格买到了冰淇淋,而另一些买者则根本买不到冰淇淋。

冰淇淋市场上的这个例子说明了一个一般性的结论:当政府对竞争市场实行限制性价格上限时,市场就产生了物品的短缺,而且卖者必须在大量潜在买者中配给稀缺物品。这种在价格上限政策下产生的配给机制很少是合意的。排长队是无效率的,因为这样做浪费了买者的时间。基于卖者偏好的歧视既无效率(因为该物品并不一定会卖给对它估价最高的买者)又可能不公平。与此相比,一个自由竞争市场中的配给机制既是有效率的又是客观的。当冰淇淋市场达到均衡时,任何一个想支付市场价格的人都可以得到一个冰淇淋蛋卷。自由市场用价格来配给物品。

案例研究
加油站前的长队

正如我们在第5章中讨论的,1973年OPEC提高了世界石油市场的原油价格。由于原油是生产汽油的主要原料,因此较高的石油价格减少了汽油供给。加油站前的长队成为司空见惯的现象,而且驾车人常常不得不为了买几加仑汽油而等待几个小时。

是什么导致了人们排队加油呢?大多数人将之归咎于OPEC。的确,如果OPEC不提高原油价格,汽油的短缺就不会出现。但经济学家把它归咎于限制石油公司汽油销售价格的政府管制。

图6-2描述了上述情况。正如(a)幅所示,在OPEC提高原油价格以前,汽油的均衡价格为P_1,低于价格上限。因此,价格管制没有影响。但当原油价格上升时,情况改变了。原油价格上升增加了生产汽油的成本,而这又减少了汽油的供给。正如(b)幅所示,供给曲线从S_1向左移动到S_2。在一个没有管制的市场上,供给的这种移动将使汽油的均衡价格从P_1上升为P_2,而且不会引起短缺。而价格上限使价格不能上升到均衡水平。当价格为这一价格上限时,生产者愿意出售Q_S,而消费者愿意购买Q_D。因此,供给曲线的移动引起了管制价格水平下的严重短缺。

最终,对汽油实行价格管制的法律被取消了。这项法律的制定者终于明白了,他们要为美国人因排队等候买汽油而浪费的时间承担部分责任。现在,当原油价格变动时,汽油的价格可以自发调整,使供求达到均衡。

图 6-2　有价格上限的汽油市场

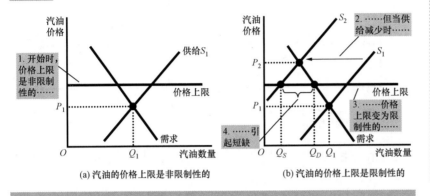

(a) 汽油的价格上限是非限制性的　　(b) 汽油的价格上限是限制性的

(a)幅表示价格上限没有限制作用时的汽油市场,因为均衡价格 P_1 低于价格上限。(b)幅表示,在原油(生产汽油的一种投入品)价格上升使供给曲线从 S_1 向左移动到 S_2 以后的汽油市场。在没有管制的市场上,价格将从 P_1 上升为 P_2。但是价格上限阻止了其上升。在这一价格上限下,消费者愿意购买 Q_D,但汽油生产者只愿意出售 Q_S。需求量与供给量之间存在差额 $Q_D - Q_S$,即汽油的短缺量。

案例研究
短期与长期中的租金控制

一个常见的价格上限例子是租金控制。在许多城市,地方政府都规定了房东能向房客收取的租金上限。这种政策的目的是使穷人更能租得起房。经济学家经常批评租金控制,认为这种帮助穷人提高生活水平的方法极无效率。一位经济学家称租金控制是"除了轰炸之外,毁灭一个城市的最好方法"。

租金控制的不利影响对一般人来说并不明显,因为这些影响要在许多年后才能显现出来。在短期中,房东出租的公寓数量是固定的,而且他们不能随着市场状况的变动而迅速调整这个数量。此外,在短期中,在一个城市寻找住房的人的数量对租金也并不会非常敏感,因为人们调整自己的住房安排要花时间。因此,住房的短期供给与需求都相对缺乏弹性。

图 6-3(a) 表示租金控制对住房市场的短期影响。与任何一种限制性的价格上限一样,租金控制导致了短缺。但由于短期中供给与需求缺乏弹性,所以最初由租金控制引起的短缺并不大。短期中的主要影响是降低了租金。

长期的情况则完全不同,因为随着时间推移,租赁性住房的买者与卖者对市场状况的反应增大了。在供给一方,房东对低租金的反应是不建新公寓,也不修缮现有的公寓;在需求一方,低租金鼓励人们去找自己的公寓(而不是与父母同住,或与室友同住),而且也促使更多的人迁居到城市。因此,在长期中供给与需求都是较为富有弹性的。

专家看法

租金控制

"有的城市(如纽约和旧金山)颁布了限制出租房屋提高租金的地方法规,这些法规过去三十年来对可供出租的一般房屋的数量和质量有极坏的影响。"

经济学家怎么说?

资料来源:IGM Economic Experts Panel, February 7, 2012.

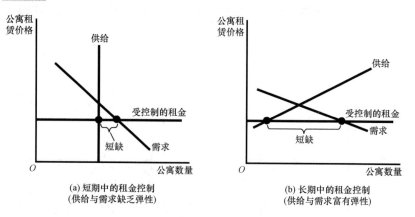

图 6-3 短期与长期中的租金控制

(a) 短期中的租金控制
(供给与需求缺乏弹性)

(b) 长期中的租金控制
(供给与需求富有弹性)

(a) 幅表示租金控制的短期影响：由于公寓的供给与需求较为缺乏弹性，租金控制法实行的价格上限只引起了住房的少量短缺。(b) 幅表示租金控制的长期影响：由于公寓的供给与需求较为富有弹性，租金控制引起了住房的大量短缺。

图 6-3(b) 说明了长期住房市场的情况。当租金控制把租金压低到均衡水平以下时，公寓的供给量大幅度减少，而公寓的需求量大幅度增加，结果使住房大量短缺。

在那些实行租金控制的城市里，房东采用各种机制来配给住房。一些房东让租房者排长队等待；另一些房东喜欢把房子租给没有孩子的房客；还有一些房东根据房客的种族实行歧视；有时住房被分配给那些愿意暗中贿赂大楼管理者的人。实际上，这些贿赂使公寓的总价格接近于均衡价格。

为了充分了解租金控制所带来的影响，我们必须回想一下第 1 章中的经济学十大原理之一：人们会对激励做出反应。在自由市场中，房东努力使自己的房子清洁而安全，因为令人满意的公寓可以租到较高的价格。与此相反，当租金控制引起短缺和排队等待时，没有什么激励能使房东对房客关心的问题做出反应。当人们排队等着住进来时，房东为什么要花钱维持和改善房屋状况呢？结果，虽然房客交的房租少了，但他们的住房质量也下降了。

决策者往往通过实施额外管制来对租金控制的后果做出反应。例如，制定相关法律，将住房中的种族歧视认定为非法，以及要求房东提供适于居住的最低条件。但是这些法律实行起来很困难并且代价高昂。与此相比，当取消租金控制，并由竞争的力量调节住房市场时，这类法律就都没有那么必要了。因为在一个自由市场上，住房价格会自发调整，从而消除那些引起不合意房东行为的短缺现象。

6.1.2 价格下限如何影响市场结果

为了考察另一种政府价格控制的影响，我们再次回到冰淇淋市场。现在设想政府被全国冰淇淋制造商组织的理由说服了，认为 3 美元的均衡价格太低。在这种情况下,政府将制定价格下限。价格下限和价格上限一样,也是政府为了使价格保持在与均衡价格不同的水平上而制定的。价格上限是为价格设置一个法定的最高值,而价格下限是为价格设置一个法定的最低值。

当政府对冰淇淋市场实行价格下限时,可能有两种结果。当均衡价格是 3 美元时,如果政府确定的价格下限是 2 美元,我们可以从图 6-4(a) 中得出结果。在这种情况下,由于均衡价格高于价格下限,价格下限没有限制作用。市场力量自然而然地使经济向均衡变动,价格下限没有影响。

图 6-4 有价格下限的市场

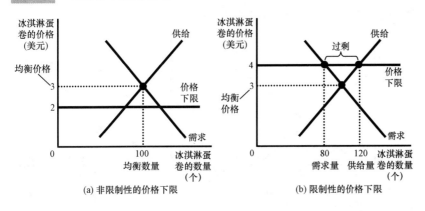

(a) 非限制性的价格下限 (b) 限制性的价格下限

在(a)幅中,政府实施的价格下限为 2 美元。由于这种价格低于均衡价格 3 美元,所以价格下限没有影响。市场价格自发调整使供求达到平衡。在均衡时,冰淇淋蛋卷的供给量和需求量都为 100 个。在(b)幅中,政府实施的价格下限为 4 美元,它高于均衡价格 3 美元。因此,市场价格等于 4 美元。由于在这一价格水平下供给量为 120 个,而需求量只有 80 个,所以存在 40 个冰淇淋蛋卷的过剩。

图 6-4(b)表示当政府实行每个冰淇淋蛋卷 4 美元的价格下限时出现的情况。在这种情况下,由于均衡价格 3 美元低于价格下限,价格下限对市场有限制性约束。供求力量使价格向均衡价格变动,但当市场价格达到价格下限时,就不能再下降了,此时的市场价格等于价格下限。当价格为这种价格下限时,冰淇淋蛋卷的供给量(120 个)超过了需求量(80 个)。一些想以现行价格销售的人卖不出他们的冰淇淋。因此,限制性价格下限引起了过剩。

正如价格上限引起的短缺会导致不合意的配给机制一样,价格下限导致的过剩也会带来同样的后果。那些由于买者的个人偏好(也许是种族或家族之故)而受买者青睐的卖者能比其他卖者更容易地出售自己的产品。与此相比,在一个自由市场中,价格起到配给机制的作用,卖者可以以均衡价格卖掉他们想卖的所有东西。

案例研究
最低工资

价格下限的一个重要例子是最低工资。最低工资法规定了任何一个雇主要支付的最低劳动价格。美国国会在《1938 年公平劳动标准法案》

(Fair Labor Standards Act of 1938)中第一次规定了最低工资,以保证工人最低的适当生活水平。2015 年,根据联邦法律,最低工资是每小时 7.25 美元。(某些州规定的最低工资高于联邦规定的水平。)大多数欧洲国家也有最低工资法,所制定的最低工资有时还远远高于美国。例如,法国的平均收入比美国低 30%,但法国的最低工资比美国高 30% 以上。

为了考察最低工资的影响,我们必须考虑劳动市场。图 6-5(a)表示的是自由的劳动市场,它和所有市场一样服从于供求的力量。工人决定劳动的供给,而企业决定劳动的需求。如果政府不干预,工资将自发调整,使劳动的供求达到平衡。

图 6-5　最低工资如何影响劳动市场

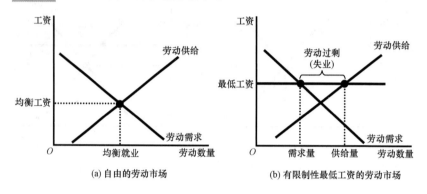

(a)幅表示工资自发调整,使劳动供给与劳动需求平衡的市场。(b)幅表示有限制性最低工资的影响。由于最低工资是价格下限,因此将引起过剩:劳动供给量大于需求量,结果是出现失业。

图 6-5(b)表示有最低工资的劳动市场。如果最低工资高于均衡水平,如图 6-5(b)中所示,劳动供给量大于需求量,结果是出现了失业。因此,最低工资增加了有工作的工人的收入,但减少了那些找不到工作的工人的收入。

为了充分理解最低工资,要记住,经济不是只包括一个劳动市场,而是包括许多由不同类型工人参与的劳动市场。最低工资的影响取决于工人的技能与经验。技能高而经验丰富的工人不受影响,因为他们的均衡工资大大高于最低工资。对于这些工人来说,最低工资是非限制性的。

最低工资对青少年劳动市场的影响最大。青少年的均衡工资往往较低,因为青少年属于技能最低而且经验最少的劳动力成员。此外,青少年为了得到在职培训的机会,往往愿意接受较低的工资。(实际上,有些青年人愿意以"实习"之名来工作而不要任何报酬。但是由于实习不支付工资,所以最低工资不适用于实习。如果适用的话,这些实习岗位就不会存在了。)结果,最低工资对青少年的限制往往比对其他劳动力成员的限制更大。

许多经济学家研究了最低工资如何影响青少年劳动市场。这些研究者比较了多年来最低工资的变动与青少年就业的变动。虽然对于最低工资在多大程度上影响就业仍有一些争论,但有代表性的研究发现,最低工资每上升10%,就会使青少年就业减少1%—3%。在解释这种估算时,我们注意到,最低工资提高10%并没有使青少年的平均工资提高10%。法律变动并没有直接影响那些工资已大大高于最低工资的青少年,而且最低工资法的实施也并不彻底。因此,所估算的就业减少1%—3%是显著的。

除了改变劳动的需求量,最低工资还改变了劳动的供给量。由于最低工资增加了青少年可以赚到的工资,它也增加了找工作的青少年人数。一些研究发现,较高的最低工资会影响被雇用的青少年类型。当最低工资提高以后,一些正在上高中的青少年会选择退学并参加工作。这些新退学的青少年代替了那些在他们之前就已退学就业的青少年,使后者成为失业者。

最低工资往往是一个备受争议的话题。最低工资的支持者认为这项政策是增加贫困工人收入的一种方法。他们正确地指出,那些赚取最低工资的工人只能勉强度日。例如,在2015年,当最低工资是每小时7.25美元时,如果两个成年人领取最低工资,并且每周都工作40小时,那么他们的总收入也只有30 160美元。这个量超过了四口之家官方贫困线的24%,但还不到美国中等家庭收入的一半。许多最低工资的支持者承认它有一些负面影响,包括引起失业,但他们认为这些影响并不大。综合考虑之后,他们的结论是,较高的最低工资可以使穷人的状况变好。

最低工资的反对者则认为,这并不是解决贫困问题的最好方法。他们注意到,较高的最低工资引起了失业,鼓励了青少年退学,并使一些不熟练工人无法得到他们所需要的在职培训。此外,最低工资的反对者指出,最低工资是一种目标欠清晰的政策。并不是所有领取最低工资的工人都在竭力帮助自己的家庭脱贫。实际上,只有不到三分之一的最低工资领取者生活在收入位于贫困线以下的家庭中。许多最低工资领取者是中产阶级家庭的青少年,他们只是为了赚点零花钱而从事兼职工作。

专家看法

最低工资

"如果到2020年联邦最低工资逐渐增加到每小时15美元,那么美国低工资工人的就业率将比维持现状时大幅下降。"

经济学家怎么说?

29% 不同意
37% 不确定
34% 同意

资料来源:IGM Economic Experts Panel, September 22, 2015.

6.1.3 对价格控制的评价

第1章讨论的经济学十大原理之一是,市场通常是组织经济活动的一种好方法。这个原理解释了为什么经济学家总是反对价格上限和价格下限。在经济学家看来,价格并不是某些偶然过程的结果。他们认为,价格是隐藏在供给曲线和需求曲线背后的千百万企业和消费者决策的结果。价格起着平衡供求从而协调经济活动的关键作用。当决策者通过法令规定价格时,他们就模糊了正常情况下指引社会资源配置的信号。

经济学十大原理的另一个是，政府有时可以改善市场结果。实际上，决策者进行价格控制是因为他们认为市场结果是不公平的。价格控制的目标往往是帮助穷人。例如，租金控制法的目的是使每一个人都能住得起房子，而最低工资法的目的是帮助人们摆脱贫困。

但价格控制往往损害了那些它本想要帮助的人。租金控制可以保持低租金，但它无法鼓励房东修缮住房，并使找房变得困难。最低工资法会增加一些工人的收入，但也使其他工人成为失业者。

政府可以用控制价格以外的其他方法来帮助那些需要帮助的人。例如，政府可以通过给贫困家庭部分租金补贴来使他们租得起房子。与租金控制不同，这种租金补贴并不减少住房的供给量，从而也就不会引起住房短缺。同样，工资补贴既提高了贫穷工人的生活水平，又没有刺激企业少雇工人。工资补贴的一个例子是劳动收入税收减免，它是用来补贴低工资工人收入的一项政府计划。

虽然这些替代性政策往往比价格控制政策好，但也不是完美的。租金补贴和工资补贴要花费政府资金，因此要求更高的税收。正如我们在下一节要说明的，税收也有自己的成本。

即问即答 给价格上限和价格下限下定义，并各举出一个例子。哪一个会引起短缺？哪一个会引起过剩？为什么？

6.2 税收

所有政府——从全世界的各国政府到小镇的地方政府——都使用税收为公路、学校和国防这类公共项目筹资。由于税收是一种非常重要的政策工具，而且由于税收在许多方面影响着我们的生活，因此我们在全书中会经常研究税收这个议题。在这一节，我们的研究从税收如何影响经济开始。

为了设定一个分析的范围，设想一个地方政府决定举办一个年度冰淇淋节，节日期间将有游行、烟火以及本镇官员的讲话。为了筹到这项活动的经费，该镇决定对每个冰淇淋蛋卷的销售征收 0.5 美元的税收。当这项计划公布时，我们的两个游说集团立即采取行动。全国冰淇淋消费者协会声称，冰淇淋消费者无力支付，并认为冰淇淋的卖者应该支付此项税收。全国冰淇淋制造商组织声称，它的成员在竞争市场上为生存而挣扎，并建议冰淇淋的买者应该支付此项税收。市长希望双方达成妥协，建议买者支付一半税收，卖者支付一半税收。

为了分析这些建议,我们需要解决一个简单而敏感的问题:当政府对一种物品征税时,谁实际上承担了税收负担?是购买此物品的人,还是出售此物品的人?或者,如果买者与卖者分摊税收负担,那么什么因素决定如何分配税收负担?政府能像这位市长建议的那样,简单地通过立法来分配税收负担吗?还是要由更基本的市场力量来决定税收负担的分配?**税收归宿**(tax incidence)这个术语是指税收负担如何在市场参与者之间分配。正如我们将看到的,通过运用供求工具,我们可以得到一些有关税收归宿的令人惊讶的结论。

税收归宿:
税收负担在市场参与者之间进行分配的方式。

6.2.1 向卖者征税如何影响市场结果

我们首先考虑向一种物品的卖者征税。假设当地政府通过了一项法律,要求冰淇淋的卖者每卖一个冰淇淋蛋卷就向政府支付 0.5 美元的税收。这项法律将如何影响冰淇淋的买者和卖者呢?为了回答这个问题,我们可以遵循第 4 章中分析供给与需求时的三个步骤:(1) 确定该法律影响供给曲线还是需求曲线;(2) 确定曲线移动的方向;(3) 考察这种移动如何影响均衡价格和数量。

第一步 在这种情况下,税收对冰淇淋的卖者产生了直接影响。由于并不向买者征税,因此在任何一种既定价格下,冰淇淋的需求量还是相同的,所以需求曲线不变。与此相反,对卖者征税使冰淇淋经营者在每一价格水平下的获利减少了,因此将使供给曲线移动。

第二步 由于对卖者征税提高了生产和销售冰淇淋的成本,因此税收减少了每一种价格下的供给量。供给曲线向左移动(也可以说是向上移动)。

除了确定供给曲线移动的方向,我们还要准确地知道该曲线移动的幅度。在任何一种冰淇淋的市场价格下,卖者的有效价格——他们在纳税之后得到的量——要降低 0.5 美元。例如,如果一个冰淇淋蛋卷的市场价格正好是 2 美元,那么卖者得到的有效价格将是 1.5 美元。无论市场价格是多少,卖者就如同在比市场价格低 0.5 美元的价格水平上来确定冰淇淋的供给量。换言之,为了促使卖者供给任何一种既定数量的冰淇淋,现在市场价格必须高 0.5 美元,以便弥补税收的影响。因此,如图 6-6 所示,供给曲线从 S_1 向上移动到 S_2,移动幅度正好是税收量(0.5 美元)。

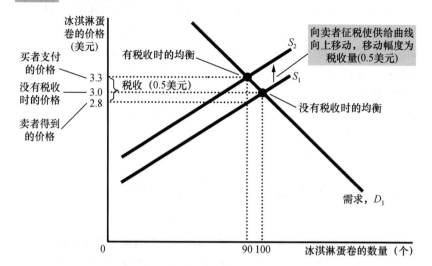

图 6-6　向卖者征税

当向卖者征收 0.5 美元的税收时，供给曲线向上移动 0.5 美元，从 S_1 移动到 S_2。均衡数量从 100 个减少为 90 个。买者支付的价格从 3 美元上升为 3.3 美元。卖者得到的价格（纳税后）从 3 美元下降为 2.8 美元。即使是向卖者征税，买者与卖者也分摊了税收负担。

第三步　在确定了供给曲线如何移动之后，我们现在可以比较原来的均衡与新均衡。图 6-6 表明，冰淇淋蛋卷的均衡价格从 3 美元上升到 3.3 美元，而均衡数量从 100 个减少为 90 个。由于在新均衡下，卖者的销售量减少了，买者的购买量也减少了，因此税收缩小了冰淇淋市场的规模。

含义　现在我们回到税收归宿问题：谁支付了税收？虽然卖者向政府支付了全部税收，但买者与卖者分摊了税收负担。由于在引进了税收后，冰淇淋蛋卷的市场价格从 3 美元上涨为 3.3 美元，买者购买一个冰淇淋蛋卷的支出比没有税收时增加了 0.3 美元。因此，税收使买者的状况变坏了。卖者从买者那里得到了一个更高的价格（3.3 美元），但交税后的有效价格从征税前的 3 美元下降为 2.8 美元（3.3 美元 − 0.5 美元 = 2.8 美元）。因此，税收使卖者的状况也变坏了。

总之，这种分析得出了两个结论：

- 税收抑制了市场活动。当对一种物品征税时，该物品在新均衡时的销售量减少了。
- 买者与卖者分摊了税收负担。在新均衡下，买者为该物品支付的更多了，而卖者得到的更少了。

6.2.2　向买者征税如何影响市场结果

现在我们考虑向一种物品的买者征税。假设当地政府通过了一项法律，要求冰淇淋的买者为他们购买的每个冰淇淋蛋卷向政府支付 0.5 美元的税收。这项法律会产生什么影响呢？我们仍然用三个步骤来分析。

第一步 这项税收首先影响冰淇淋的需求。供给曲线并不受影响，因为在任何一种既定的冰淇淋价格下，卖者向市场提供冰淇淋的激励是相同的。与此相比，买者只要购买冰淇淋就不得不向政府支付税收（以及支付给卖者的价格）。因此，税收使冰淇淋的需求曲线移动。

第二步 我们再来确定曲线移动的方向。由于对买者征税使冰淇淋的吸引力变小了，在每一种价格下买者需要的冰淇淋量也减少了。结果，如图 6-7 所示，需求曲线向左移动（也可以说是向下移动）。

图 6-7 向买者征税

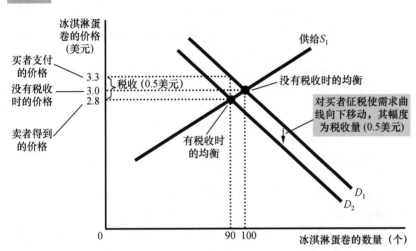

当向买者征收 0.5 美元税收时，需求曲线向下移动 0.5 美元，从 D_1 移动到 D_2。均衡数量从 100 个下降为 90 个。卖者得到的价格从 3 美元下降为 2.8 美元。买者支付的价格（包括税收）从 3 美元上升到 3.3 美元。尽管是向买者征税，但买者与卖者分摊了税收负担。

我们仍然可以准确地知道曲线移动的幅度。由于向买者征收 0.5 美元的税，所以对买者的有效价格现在比市场价格高 0.5 美元（无论市场价格是多少）。例如，如果每个冰淇淋蛋卷的市场价格正好是 2 美元，对买者的有效价格就应该是 2.5 美元。由于买者关注的是包括税收在内的总成本，所以他们如同是在比实际市场价格高出 0.5 美元的水平上确定对冰淇淋的需求量。换句话说，为了促使买者需要任何一种既定的数量，市场价格现在必须降低 0.5 美元，以弥补税收的影响。因此，如图 6-7 所示，税收使需求曲线从 D_1 向下移动到 D_2，其移动幅度正好是税收量（0.5 美元）。

第三步 在确定了需求曲线如何移动之后，我们现在可以通过比较原来的均衡与新均衡来说明税收的影响。你可以在图 6-7 中看到，冰淇淋的均衡价格从 3 美元下降到 2.8 美元，而均衡数量从 100 个减少为 90 个。税收又一次缩小了冰淇淋市场的规模。而且，买者与卖者又一次分摊了税收负担。卖者出售产品的价格更低了，买者向卖者支付的市场价格也比以前更低了，但有效价格（含买者不得不支付的税收）从 3 美元上升到了 3.3 美元。

含义 如果比较图6-6和图6-7,你将注意到一个令人惊讶的结论:对买者征税和对卖者征税是等同的。在这两种情况下,税收都在买者支付的价格和卖者得到的价格之间打入了一个楔子。无论税收是向买者征收还是向卖者征收,这一买者价格与卖者价格之间的楔子都是相同的。在这两种情况下,这个楔子都使供给曲线和需求曲线的相对位置发生移动。在新均衡时,买者和卖者分摊了税收负担。对买者征税和对卖者征税的唯一区别是谁来把钱交给政府。

如果我们设想政府在每家冰淇淋店的柜台上放一个碗来收取0.5美元的冰淇淋税,也许就容易理解这两种征税方式是等同的了。当政府向卖者征税时,要求卖者每卖一个冰淇淋蛋卷往碗里放0.5美元;当政府向买者征税时,要求买者每买一个冰淇淋蛋卷往碗里放0.5美元。无论这0.5美元是直接从买者的口袋进入碗内,还是先从买者的口袋进入卖者手中,再间接进入碗内,都无关紧要。无论向谁征税,一旦市场达到新均衡,都是买者与卖者分摊税收负担。

案例研究
国会能分配工薪税的负担吗

如果你曾收到过一张工薪支票,也许你会注意到你赚到的钱已经扣除了税收。这些税中有一种叫FICA,全称是《联邦保险税法案》(Federal Insurance Contributions Act)。联邦政府用FICA税的收入来支付社会保障(Social Security)与医疗保险(Medicare)——对老年人的收入津贴和医疗计划。FICA税是工薪税的一个例子,工薪税是向企业支付给工人的工资所征收的一种税。在2015年,一个普通工人总的FICA税占其收入的15.3%。

你认为是谁在承受这种工薪税的负担呢?是企业还是工人?当国会通过这项立法时,它试图规定税收负担的划分。根据这项法律,企业支付一半税收,工人支付一半税收。这就是说,一半税从企业收益中支付,而另一半税从工人工薪支票中扣除。出现在你工资单上的扣除量就是工人支付的部分。

但是,我们对税收归宿的分析表明,法律制定者并不能这样轻而易举地划分税收负担。为了说明这一点,我们可以把工薪税仅仅当作一种对物品征收的税来分析,在这里物品是劳动,而价格是工资。工薪税的关键特征是,它是打入企业支付的工资和工人得到的工资之间的一个楔子。图6-8表示了工薪税的结果。当征收工薪税时,工人得到的工资减少了,而企业支付的工资增加了。最后,工人和企业像立法所要求的那样分摊税收负担。但税收负担在工人和企业之间的这种划分与立法的划分无关:图6-8中税收负担的划分并不一定是一半对一半,而且,即使法律要求向工人征收全部税收或向企业征收全部税收,也会出现同样的结果。

图 6-8 工薪税

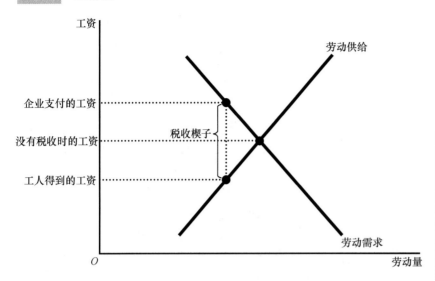

工薪税是打入工人得到的工资和企业支付的工资之间的一个楔子。比较有税收和没有税收时的工资,你会看到,工人和企业分摊了税收负担。这种税收负担在工人与企业之间的分配并不取决于政府是向工人征税,还是向企业征税,还是在两者之间平均分配税收。

这个例子说明,公共争论中往往忽略了税收归宿这个最基本的结论。立法者可以决定税收是来自买者的口袋还是来自卖者的口袋,但他们不能用立法来规定税收的真正负担。确切地说,税收归宿取决于供给和需求的力量。

6.2.3 弹性与税收归宿

当对一种物品征税时,该物品的买者与卖者分摊税收负担。但税收负担是如何确切划分的呢?只有在极少数情况下是平均分摊的。为了说明税收负担如何划分,我们考虑图 6-9 中两个市场的税收影响。在这两种情况下,该图表示了最初的需求曲线、最初的供给曲线和打入买者支付的量与卖者得到的量之间的楔子。(在两幅图中都没有画出新的供给曲线或需求曲线。哪一条曲线移动取决于税收是向买者征收还是向卖者征收。正如我们已经说明的,这与税收归宿无关。)这两幅图的差别在于供给和需求的相对弹性。

图 6-9(a)表示供给非常富有弹性而需求较为缺乏弹性的市场上的税收。这就是说,卖者对某种物品价格的变动非常敏感(因此,供给曲线较为平坦),而买者不是非常敏感(因此,需求曲线较为陡峭)。当对有这种弹性的市场征税时,卖者得到的价格并没有下降多少,因此卖者只承担了一小部分负担。与此相比,买者支付的价格大幅度上升,表示买者承担了大部分税收负担。

图 6-9 税收负担如何分摊

在(a)幅中,供给曲线富有弹性,而需求曲线缺乏弹性。在这种情况下,卖者得到的价格只有很少的下降,而买者支付的价格大幅度上升。因此,买者承担了大部分税收负担。在(b)幅中,供给曲线缺乏弹性,而需求曲线富有弹性。在这种情况下,卖者得到的价格大幅度下降,而买者支付的价格只有很少的上升。因此,卖者承担了大部分税收负担。

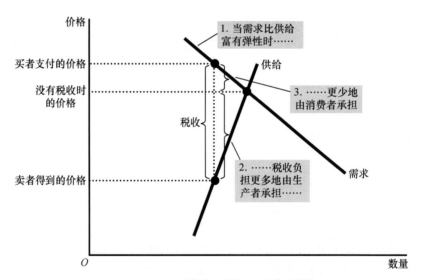

(a) 供给富有弹性,需求缺乏弹性

(b) 供给缺乏弹性,需求富有弹性

图 6-9(b)表示供给较为缺乏弹性而需求非常富有弹性的市场上的税收。在这种情况下,卖者对价格的变动不是十分敏感(因此,供给曲线较为陡峭),而买者非常敏感(因此,需求曲线较为平坦)。该图表示,当对这种市场征税时,买者支付的价格并没有上升多少,而卖者得到的价格大幅度下降。因此,卖者承担了大部分税收负担。

图 6-9 的两幅图说明了一个关于税收负担划分的一般性结论:税收负担更多地落在缺乏弹性的市场一方身上。为什么这是正确的呢?在本质上,弹性衡量当条件变得不利时,买者或卖者离开市场的意愿。需求弹性小意味着买者对消费某种物品没有适当的替代品。供给弹性小意味着

卖者对生产某种物品没有适当的替代品。当对这种物品征税时,适当替代品较少的市场一方不太愿意离开市场,从而必须承担更多的税收负担。

我们可以把这个逻辑运用于前一个案例研究中所讨论的工薪税。大多数劳动经济学家认为,劳动的供给远比劳动的需求缺乏弹性。这就意味着,是工人而不是企业承担了大部分工薪税的负担。换句话说,其税收负担的分配与立法者所期望的一半对一半相差甚远。

案例研究
谁支付奢侈品税

在 1990 年,国会通过了一项针对游艇、私人飞机、皮衣、珠宝和豪华轿车这类物品的新的奢侈品税。该税的目的是增加那些能轻而易举地承担税收负担的人的税收。由于只有富人能买得起这类奢侈品,因此,对奢侈品征税看来是向富人征税的一种合理方式。

但是,当供给与需求的力量发挥作用后,结果与国会所期望的非常不同。例如,考虑一下游艇市场。游艇的需求是极其富有弹性的。一个百万富翁很容易不买游艇,他可以用钱去买更大的房子,去欧洲度假,或者留给继承人一笔更大的遗产。与此相比,游艇的供给是较为缺乏弹性的,至少在短期中是如此。游艇工厂不能轻而易举地转向其他用途,而且,建造游艇的工人也不愿意由于市场状况改变而改行。

"如果这游艇的价格再高一点,我们就宁愿去打高尔夫球。"

图片来源:Blend Images/Getty Images.

在这种情况下,通过我们的分析可以做出一个明确的预测。由于游艇市场的需求富有弹性而供给缺乏弹性,因此税收负担将主要落在供给者身上。这就是说,对游艇征税的负担主要落在了建造游艇的企业和工人身上,因为最后是他们的产品价格大幅度下降了。但是,工人并不是富人。因此,这一奢侈品税的税收负担更多地落在了中产阶级身上,而不是富人身上。

在该奢侈品税付诸实施之后,关于其税收归宿的错误假设很快就显现出来。奢侈品供给者使他们的国会议员代表意识到了他们所面临的经济困境,于是国会在 1993 年废除了大部分奢侈品税。

即问即答 用一个供求分析图说明,对汽车购买者征收每辆 1000 美元的税将如何影响汽车销售量和汽车价格。用另一个图说明,对汽车销售者征收每辆 1000 美元的税将如何影响汽车销售量和汽车价格。在这两个图中说明汽车买者支付的价格的变化,以及汽车卖者得到的价格的变化。

6.3 结论

经济受两种规则体系支配:供求规律和政府制定的法规。在本章中我们开始说明这些规则如何相互作用。在经济中的各种市场上,价格控制政策和税收政策是很常见的,而且这些政策的影响也经常成为媒体和决策者们争论的对象。即使只懂得一点经济学知识的人也可以大致了解并评价这些政策。

在以后几章中,我们将更详细地分析更多政府政策。我们将更全面地考察税收的影响,并考察比本章所讨论的更广泛的政策。但本章的基本结论不会改变:当分析政府政策时,供给和需求是首要的、最有用的分析工具。

快速单选

1. 当政府设置限制性价格下限时,它会引起_____。
   a. 供给曲线向左移动
   b. 需求曲线向右移动
   c. 物品短缺
   d. 物品过剩

2. 在有限制性价格上限的市场上,价格上限上升会_____供给量,_____需求量,并减少_____。
   a. 增加,减少,过剩
   b. 减少,增加,过剩
   c. 增加,减少,短缺
   d. 减少,增加,短缺

3. 对一种物品的消费者征收每单位1美元的税收相当于_____。
   a. 向这种物品的生产者征收每单位1美元的税收
   b. 对这种物品的生产者支付每单位1美元的补贴
   c. 使该物品的每单位价格提高了1美元的价格下限
   d. 使该物品的每单位价格提高了1美元的价格上限

4. 以下哪一种情况会增加供给量,减少需求量,并提高消费者支付的价格?
   a. 实施限制性价格下限。
   b. 取消限制性价格下限。
   c. 把税收加在生产者一方。
   d. 取消对生产者征税。

5. 以下哪一种情况会增加供给量,增加需求量,并降低消费者支付的价格?
   a. 实施限制性价格下限。
   b. 取消限制性价格下限。
   c. 把税收加在生产者一方。
   d. 取消对生产者征税。

6. 如果_____,那么税收负担将主要落在消费者身上。
   a. 向消费者收税
   b. 向生产者收税
   c. 供给缺乏弹性,需求富有弹性
   d. 供给富有弹性,需求缺乏弹性

内容提要

◎ 价格上限是某种物品与服务的法定最高价格。租金控制是一个例子。如果价格上限低于均衡价格,则价格上限是限制性的,需求量大于供给量。由于价格上限所引起的短缺,卖者必须在买者中以某种方式配给物品或服务。

◎ 价格下限是某种物品或服务的法定最低价格。最低工资是一个例子。如果价格下限高于均衡价格,则价格下限是限制性的,供给量大于需求量。由于价格下限所引起的过剩,必然要以某种方式在卖者中配给买者的物品或服务需求。
◎ 当政府对一种物品征收税收时,该物品的均衡数量减少。也就是说,对某一市场征税缩小了该市场的规模。
◎ 对一种物品的征税是在买者支付的价格和卖者得到的价格之间打入的一个楔子。当市场向新均衡变动时,买者为该物品支付的价格高了,而卖者从该物品得到的价格低了。从这种意义上说,买者与卖者分摊了税收负担。税收归宿(即税收负担的分摊)并不取决于是向买者征税,还是向卖者征税。
◎ 税收归宿取决于供给和需求的价格弹性。税收负担更多地落在缺乏弹性的市场一方,因为市场的这一方较难通过改变购买量或销售量来对税收做出反应。

关键概念

价格上限　　　　　　　　价格下限　　　　　　　　税收归宿

复习题

1. 举出一个价格上限的例子和一个价格下限的例子。
2. 什么引起了一种物品的短缺？是价格上限还是价格下限？用图形证明你的答案。
3. 当不允许一种物品的价格使供给与需求达到平衡时,配置资源的机制是什么？
4. 解释为什么经济学家通常都反对价格控制。
5. 假设政府取消向一种物品的买者征税,而向这种物品的卖者征同样的税。税收政策的这种变动如何影响买者为这种物品向卖者支付的价格、买者所支付的(包括税在内的)货币量、卖者得到的(扣除税收的)货币量以及销售量？
6. 一种物品的税收如何影响买者支付的价格、卖者得到的价格以及销售量？
7. 什么决定了税收负担在买者和卖者之间的分配？为什么？

问题与应用

1. 古典音乐的爱好者说服了国会实行每张门票40美元的价格上限。这种政策使听古典音乐会的人多了还是少了？解释原因。
2. 政府确信奶酪自由市场的价格太低了。
   a. 假设政府对奶酪市场实行限制性价格下限。用供求图说明,这种政策对奶酪价格和奶酪销售量的影响。此时是存在奶酪的短缺还是过剩？
   b. 奶酪生产者抱怨价格下限减少了他们的总收益。这种情况可能吗？解释原因。
   c. 针对奶酪生产者的抱怨,政府同意以价格下限购买全部过剩奶酪。与基本的价格下限政策相比,谁从这种新政策中获益? 谁受损失?

3. 最近的研究发现,飞盘的需求与供给表如下:

每个飞盘的价格 (美元)	需求量 (百万个)	供给量 (百万个)
11	1	15
10	2	12
9	4	9
8	6	6
7	8	3
6	10	1

   a. 飞盘的均衡价格和均衡数量是多少?
   b. 飞盘制造厂说服了政府相信,飞盘的生产增进了科学家对空气动力学的了解,因此对于国家安全是很重要的。关注此事的国会投票通过了实行比均衡价格高 2 美元的价格下限。新的市场价格是多少? 可以卖出多少个飞盘?
   c. 愤怒的大学生在华盛顿游行并要求飞盘降价。更为关注此事的国会投票通过取消了价格下限,并将以前的价格下限降低 1 美元作为价格上限。新的市场价格是多少? 可以卖出多少个飞盘?

4. 假设联邦政府要求喝啤酒者每购买一箱啤酒就支付 2 美元税收(实际上,联邦政府和州政府都对啤酒征收某种税)。
   a. 画出没有税收时啤酒市场的供求图。说明消费者支付的价格、生产者得到的价格以及啤酒销售量。消费者支付的价格和生产者得到的价格之间的差额是多少?
   b. 现在画出有税收时啤酒市场的供求图。说明消费者支付的价格、生产者得到的价格以及啤酒销售量。消费者支付的价格和生产者得到的价格之间的差额是多少? 啤酒的销售量是增加了还是减少了?

5. 一个参议员想增加税收收入并使工人的状况变好。一个工作人员建议增加由企业支付的工薪税,并将这些额外收入中的一部分用来减少工人支付的工薪税。这一建议能实现参议员的目标吗? 解释原因。

6. 如果政府对豪华轿车征收 500 美元的税,那么消费者所支付价格的上涨幅度是大于 500 美元,小于 500 美元,还是正好为 500 美元? 解释原因。

7. 国会和总统认为,美国应该通过减少使用汽油来减轻空气污染。他们决定对所销售的每加仑汽油征收 0.5 美元的税收。
   a. 他们应该对生产者征税,还是对消费者征税? 用供求图加以详细解释。
   b. 如果汽油的需求较富有弹性,那么这种税对减少汽油消费量更为有效,还是更为无效? 用文字和图形做出解释。
   c. 这种税使汽油消费者受益还是受损? 为什么?
   d. 这种税使石油行业工人受益还是受损? 为什么?

8. 本章中的一个案例研究讨论了联邦最低工资法。
   a. 假设最低工资高于低技能劳动市场上的均衡工资。在低技能劳动市场的供求图上,标明市场工资、受雇工人数量,以及失业工人数量。再标明对低技能工人的总工资支付。
   b. 现在假设劳工部部长建议提高最低工资。这种提高对就业会有什么影响? 就业变动取决于需求弹性还是供给弹性? 还是同时取决于这两者? 还是两者都不取决于?
   c. 这种最低工资的提高对失业会有什么影响? 失业变动取决于需求弹性还是供给弹性? 还是同时取决于这

两者？还是两者都不取决于？

d. 如果对低技能劳动力的需求是缺乏弹性的,提高最低工资的建议会增加还是减少对低技能工人的工资支付总量？如果对低技能劳动力的需求是富有弹性的,你的答案会有什么改变？

9. 在 Fenway 公园,波士顿红袜队的主场,只有 38 000 个座位,因此发售的门票也固定在这个数量上。由于看到了增加收入的黄金机会,波士顿市向每张票的买者征收 5 美元的税收。波士顿的球迷很有市民风范,顺从地为每张票交纳了 5 美元。画图说明上述税收的影响。税收负担落在谁身上——球队所有者、球迷,还是两者兼而有之？为什么？

10. 一个市场的供给与需求曲线描述如下:
$$Q^s = 2P$$
$$Q^D = 300 - P$$

a. 解出均衡价格和均衡数量。

b. 如果政府实行 90 美元的价格上限,会有短缺或者过剩(或者两者都不)出现吗？价格是多少？供给量是多少？需求量是多少？以及有多大短缺或过剩？

c. 如果政府实行 90 美元的价格下限,会有短缺或过剩(或者两者都不)出现吗？价格是多少？供给量是多少？需求量是多少？以及有多大短缺或过剩？

d. 如果不实行价格控制,而是政府向每个生产者征收 30 美元税收。因此,新的供给曲线是:
$$Q^s = 2(P - 30)$$
会有短缺或过剩(或者两者都不)出现吗？价格是多少？供给量是多少？需求量是多少？以及有多大短缺或过剩？

第 3 篇 市场和福利

第7章
消费者、生产者与市场效率

当消费者到商店购买感恩节晚餐上用的火鸡时,他们可能会对火鸡的高价格感到失望。同时,当农民把饲养的火鸡送到市场时,他们可能希望火鸡的价格能再高一些。这些想法并不使人感到惊讶:买者总想少付些钱,而卖者总想多卖些钱。但是,从整个社会的角度看,存在一种火鸡的"正确价格"吗?

在前面各章中,我们说明了在市场经济中,供给与需求的力量如何决定了物品与服务的价格和销售量。但是,到现在为止,我们只是描述了市场配置稀缺资源的方式,而没有直接说明这些市场配置是不是令人满意的问题。换句话说,我们的分析是实证的(是什么),而不是规范的(应该是什么)。我们知道,火鸡的价格会自发调整,以保证火鸡的供给量等于需求量。但是,在这种均衡状态,火鸡的生产量与消费量是太少、太多,还是正好呢?

在本章中,我们要讨论**福利经济学**(welfare economics)这个主题,即研究资源配置如何影响经济福利的一门学问。我们从考察买者和卖者从参与市场中得到的利益开始。然后我们考虑社会如何才能使这种利益尽可能达到最大。这种分析得出了一个影响深远的结论:市场上的供求均衡可以最大化买者和卖者得到的总利益。

也许你还记得第1章中讲到的经济学十大原理之一是,市场通常是组织经济活动的一种好方法。福利经济学的研究更充分地阐释了这个原理。它还将回答火鸡的正确价格这个问题:从某种意义上说,使火鸡供求平衡的价格是最好的价格,因为它使火鸡消费者和火鸡生产者的总福利最大化。没有任何火鸡的消费者或生产者的行动是为了实现这个目标,但他们在市场价格指导之下的共同行动使其达成了福利最大化的结果,就像有一只看不见的手指引一样。

福利经济学:
研究资源配置如何影响经济福利的一门学问。

7.1 消费者剩余

我们从观察参与市场的买者得到的利益开始我们的福利经济学研究。

7.1.1 支付意愿

假设你有一张崭新的猫王的首张专辑。因为你不是一个猫王迷,所以你决定把这张专辑卖出去。卖出的一种方法是举行一场拍卖会。

四个猫王迷出现在你的拍卖会上:Taylor、Carrie、Rihanna 和 Gaga。他们每个人都想拥有这张专辑,但每个人愿意为此支付的价格都有限。表 7-1 列出了这四个可能的买者中每个人愿意支付的最高价格。每一个买者愿意支付的最高价格称为**支付意愿**(willingness to pay),它衡量买者对物品的评价。每个买者都希望以低于自己支付意愿的价格买到这张专辑,并拒绝以高于其支付意愿的价格买这张专辑,而且,对以正好等于自己支付意愿的价格买这张专辑持无所谓的态度:如果价格正好等于他对这张专辑的评价,那么他无论买这张专辑还是把钱留下来都同样满意。

支付意愿:
买者愿意为某种物品支付的最高量。

表7-1 四个可能买者的支付意愿

买者	支付意愿(美元)
Taylor	100
Carrie	80
Rihanna	70
Gaga	50

为了卖出你的专辑,你从一个低价格,比如 10 美元,开始叫价。因为四个买者愿意支付的价格要比这高得多,所以价格上升得很快。当 Taylor 报出 80 美元(或略高一点)的出价时,叫价停止了。在这一点上,Carrie、Rihanna 和 Gaga 退出了叫价,因为他们不愿意出任何比 80 美元高的价格。Taylor 付给你 80 美元,并得到了这张专辑。需要注意的是,这张专辑属于了对该专辑评价最高的买者。

Taylor 从购买猫王的这张专辑中得到了什么利益呢？在某种意义上说，Taylor 做了一笔划算的交易：她愿意为这张专辑支付 100 美元，但实际只为此支付了 80 美元。我们说，Taylor 得到了 20 美元的消费者剩余。**消费者剩余**（consumer surplus）是买者愿意为一种物品支付的量减去其为此实际支付的量。

消费者剩余衡量买者从参与市场中得到的利益。在这个例子中，Taylor 从参与拍卖中得到了 20 美元的利益，因为她为一件她评价为 100 美元的物品只支付了 80 美元。Carrie、Rihanna 和 Gaga 没有从参与拍卖中得到消费者剩余，因为他们没有得到专辑，也没有花一分钱。

现在考虑一个略有点不同的例子。假设你有两张相同的猫王专辑要卖，你又向这四个可能的买者拍卖它们。为了简单起见，我们假设，这两张专辑都以相同的价格卖出，而且没有一个买者想买一张以上的专辑。因此，价格上升到两个买者放弃为止。

在这种情况下，当 Taylor 和 Carrie 报出 70 美元（或略高一点）的出价时，叫价停止了。在这一价格下，Taylor 和 Carrie 愿意各买一张专辑，而 Rihnna 和 Gaga 不愿意出更高的价格。Taylor 和 Carrie 各自得到的消费者剩余等于各自的支付意愿减支付价格。Taylor 的消费者剩余是 30 美元，而 Carrie 是 10 美元。现在 Taylor 的消费者剩余比在前一种情况下要高，因为她得到了同样的专辑，但为此付的钱少了。市场上的总消费者剩余是 40 美元。

> **消费者剩余：**
> 买者愿意为一种物品支付的量减去其为此实际支付的量。

7.1.2 用需求曲线衡量消费者剩余

消费者剩余与某种物品的需求曲线密切相关。为了说明它们如何相关，我们继续用上面的例子，并考察这张稀有的猫王专辑的需求曲线。

我们首先根据四个可能买者的支付意愿做出这张专辑的需求表。图 7-1 中的表格是与表 7-1 相对应的需求表。如果价格在 100 美元以上，市场需求量是 0，因为没有一个买者愿意出这么多的钱。如果价格在 80—100 美元之间，需求量是 1，因为只有 Taylor 愿意出这么高的价格。如果价格在 70—80 美元之间，需求量是 2，因为 Taylor 和 Carrie 都愿意出这个价格。我们还可以继续这样分析其他价格。用这种方法就可以根据四个可能买者的支付意愿推导出需求表。

图 7-1 中的图形表示与这个需求表相对应的需求曲线。要注意需求曲线的高度与买者支付意愿之间的关系。在任何一种数量时，需求曲线给出的价格表示边际买者的支付意愿。边际买者是指如果价格再提高一

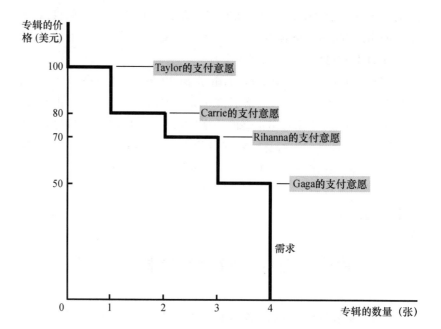

图7-1 需求表和需求曲线

价格(美元)	买者	需求量(张)
100以上	无	0
80—100	Taylor	1
70—80	Taylor, Carrie	2
50—70	Taylor, Carrie, Rihanna	3
50或以下	Taylor, Carrie, Rihanna, Gaga	4

图中的表格表示表7-1中崭新的猫王的首张专辑的买者的需求表，图形表示相对应的需求曲线。要注意的是，需求曲线的高度反映了买者的支付意愿。

点就首先离开市场的买者。例如，在4张专辑这一数量时，需求曲线上对应的高度为50美元，这是Gaga（边际买者）愿意为一张专辑支付的价格。在3张专辑这一数量时，需求曲线上对应的高度是70美元，这是Rihanna（现在的边际买者）愿意支付的价格。

由于需求曲线反映了买者的支付意愿，我们还可以用它衡量消费者剩余。图7-2用需求曲线计算我们两个例子中的消费者剩余。在(a)幅中，价格是80美元（或略高一点），而需求量是1。注意80美元的价格以上和需求曲线以下的面积等于20美元。这个量正好是我们计算的当只卖出一张专辑时的消费者剩余。

图 7-2 用需求曲线衡量消费者剩余

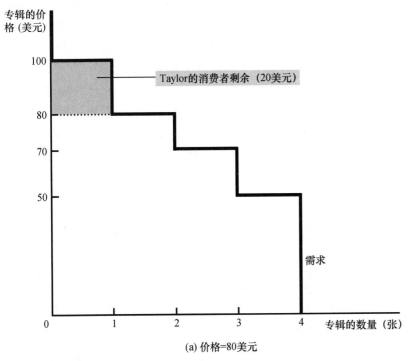

(a) 价格=80美元

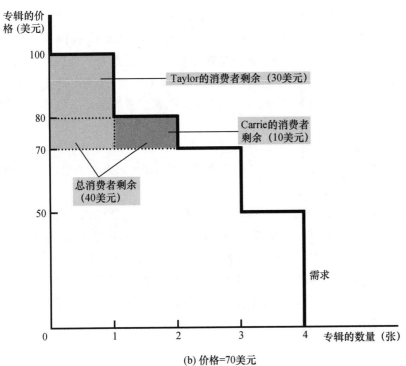

(b) 价格=70美元

在(a)幅中,物品价格是80美元,消费者剩余是20美元。在(b)幅中,物品价格是70美元,消费者剩余是40美元。

图7-2(b)表示当价格是70美元(或略高一点)时的消费者剩余。在这种情况下,价格以上和需求曲线以下的面积等于两个矩形的总面积:在这一价格时,Taylor的消费者剩余为30美元,Carrie的消费者剩余为10美元。总面积等于40美元。这个量又是我们之前计算的消费者剩余。

从这个例子得出的结论对所有需求曲线都是成立的:需求曲线以下和价格以上的面积衡量一个市场上的消费者剩余。这之所以正确,是因为需求曲线的高度衡量买者对物品的评价,即买者对此物品的支付意愿。这种支付意愿与市场价格之间的差额是每个买者的消费者剩余。因此,需求曲线以下和价格以上的总面积是某种物品或服务市场上所有买者的消费者剩余的总和。

7.1.3 价格降低如何增加消费者剩余

由于买者总想为他们买的物品少支付一些,因此价格降低使某种物品买者的状况变好。但买者的福利会由于价格降低而增加多少呢?我们可以用消费者剩余的概念来准确地回答这个问题。

图7-3表示一条典型的需求曲线。你也许注意到了,这条曲线逐渐地向右下方倾斜而不是像前两个图中那样是阶梯式的。在一个有许多买者的市场上,每个买者退出引起的阶梯如此之小,以至于它们实际上形成了一条平滑的曲线。尽管这条曲线与上节所描述的需求曲线的形状不同,但我们刚刚提出的思想仍是适用的:消费者剩余是价格以上和需求曲线以下的面积。(a)幅中,在价格为P_1时,消费者剩余是三角形ABC的面积。

现在假设如图7-3(b)所示,价格从P_1下降到P_2,消费者剩余现在等于三角形ADF的面积。由于价格降低引起的消费者剩余的增加是$BCFD$的面积。

消费者剩余的这种增加由两部分组成。第一,那些原来以较高价格P_1购买Q_1单位物品的买者由于现在支付的少了而状况变好。原有买者的消费者剩余增量是他们减少的支付量,它等于矩形$BCED$的面积。第二,一些新的买者进入市场,因为他们愿意以降低后的价格购买该物品。结果,市场需求量从Q_1增加到Q_2。这些新进入者的消费者剩余是三角形CEF的面积。

图 7-3　价格如何影响消费者剩余

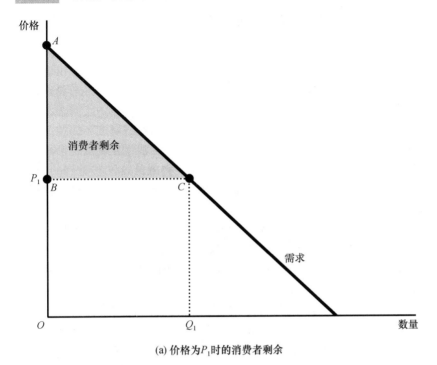

(a) 价格为 P_1 时的消费者剩余

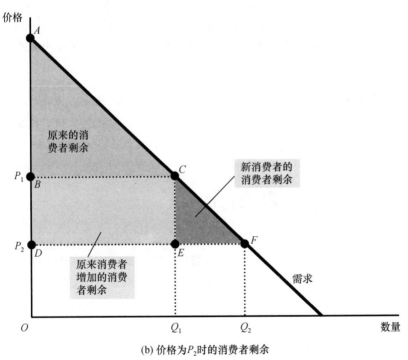

(b) 价格为 P_2 时的消费者剩余

在(a)幅中，价格为 P_1，需求量为 Q_1，消费者剩余等于三角形 ABC 的面积。当价格从 P_1 下降到 P_2 时，正如(b)幅所示，需求量从 Q_1 增加到 Q_2，消费者剩余增加到三角形 ADF 的面积。消费者剩余的增加（BCFD 的面积）部分是因为原来的消费者现在支付的少了（BCED 的面积），部分是因为价格降低时新消费者进入了市场（CEF 的面积）。

第 7 章　消费者、生产者与市场效率　▶ 145

7.1.4 消费者剩余衡量什么

我们提出消费者剩余概念的目的是对市场结果的合意性做出规范性判断。既然你已经知道了什么是消费者剩余,接下来我们再来看看它是不是经济福利的一个好的衡量指标。

设想你是一个决策者,正努力设计一种好的经济制度。你会关心消费者剩余的量吗?消费者剩余,即买者愿意为一种物品支付的量减去他们实际支付的量,衡量了买者从一种物品中得到的自己感觉到的利益。因此,如果决策者想尊重买者的偏好,那么消费者剩余不失为经济福利的一种好的衡量标准。

在某些情况下,决策者可能选择不关心消费者剩余,因为他们不尊重某些驱动买者行为的偏好。例如,吸毒者愿意支付高价格获得海洛因。但我们并不认为吸毒者可以从低价购买海洛因中得到巨大利益(尽管吸毒者可能会这样认为)。从社会的角度看,这种情况下的支付意愿并不是买者利益的好的衡量指标,消费者剩余也不是经济福利的好的衡量指标,因为吸毒者并没有关心自己的最佳利益。

但是在大多数市场上,消费者剩余确实反映了经济福利。经济学家通常假设,买者做决策时是理性的。在机会既定的情况下,理性人会尽最大努力实现其目标。经济学家通常还假设,人们的偏好应该得到尊重。在这种情况下,消费者是他们从自己购买的物品中得到了多少利益的最佳裁判。

即问即答 画出火鸡的需求曲线。在你画的图中,标出一种火鸡的价格并说明该价格下的消费者剩余。用文字解释这种消费者剩余衡量的内容。

7.2 生产者剩余

现在我们转向市场的另一方,来看看卖者从参与市场中得到的利益。正如你将看到的,我们对卖者福利的分析与我们对买者福利的分析是相似的。

7.2.1 成本与销售意愿

现在设想你是一个房屋所有者,想给你的房子刷漆。你找到了四个油漆服务的卖者：Vincent、Claude、Pablo 和 Andy。如果价格合适，每个油漆工都愿意为你工作。你决定让这四个油漆工竞价，并把这项工作拍卖给愿意以最低价格做这项工作的油漆工。

如果得到的价格超过了从事这项工作的成本，那么每个油漆工都愿意接受这项工作。在这里，**成本**（cost）这个术语应该解释为油漆工的机会成本：它包括油漆工的直接支出（油漆、刷子等）和油漆工对他们自己时间的评价。表 7-2 表示每个油漆工的成本。由于一个油漆工的成本是他愿意接受这份工作的最低价格，所以成本衡量他出售其服务的意愿。每个油漆工都渴望以高于其成本的价格出售其服务，拒绝以低于其成本的价格出售其服务，而对在价格正好等于其成本时出售其服务持无所谓的态度：无论是得到这份工作还是把他的时间和精力用于另一个目的，他都同样满意。

成本：卖者为了生产一种物品而必须放弃的所有东西的价值。

表 7-2　四个可能卖者的成本

卖者	成本（美元）
Vincent	900
Claude	800
Pablo	600
Andy	500

当你用竞价选出油漆工时，价格开始时可能很高，但由于油漆工的竞争，价格会很快下降。一旦 Andy 报出了 600 美元的价格（或者略低一点），他就是唯一留下来的竞价者。Andy 很高兴在这种价位从事这项工作，因为他的成本仅仅是 500 美元。Vincent、Claude 和 Pablo 不愿意以低于 600 美元的价格从事这项工作。要注意的是，工作给予了能以最低成本从事这项工作的油漆工。

Andy 从这项工作中得到了什么利益呢？由于他愿意以 500 美元从事这项工作，但得到了 600 美元的价格，我们说他得到了 100 美元的生产者剩余。**生产者剩余**（producer surplus）是卖者得到的量减去其生产成本。生产者剩余衡量卖者从参与市场中得到的利益。

生产者剩余：卖者出售一种物品得到的量减去其生产成本。

现在我们考虑一个略有点不同的例子。假设你有两间房子需要油漆。你又向四个油漆工拍卖这份工作。为了简单起见，我们假设没有一个油漆工能油漆两间房子，而且你将对油漆每间房子支付同样的价格。因此，价格要一直下降到还剩余两个油漆工。

在这种情况下，当 Andy 和 Pablo 都愿意以 800 美元（或略低一点）的价格从事这项工作时，竞价就停止了。在这一价格下，Andy 和 Pablo 愿意从事这项工作，而 Vincent 和 Claude 不愿报出更低的价格。在价格为 800 美元时，Andy 得到了 300 美元的生产者剩余，而 Pablo 得到了 200 美元的生产者剩余。市场上的总生产者剩余是 500 美元。

7.2.2 用供给曲线衡量生产者剩余

正如消费者剩余与需求曲线密切相关一样,生产者剩余也与供给曲线密切相关。为了说明它们如何密切相关,我们继续沿用前面的例子。

我们首先根据四个油漆工的成本做出油漆服务的供给表。图 7-4 中的表格是与表 7-2 中的成本相对应的供给表。如果价格低于 500 美元,四个油漆工中没有一个愿意从事这项工作,因此供给量是 0;如果价格在 500—600 美元之间,只有 Andy 愿意从事这项工作,因此供给量是 1;如果价格在 600—800 美元之间,Andy 和 Pablo 愿意从事这项工作,因此供给量是 2;以此类推。因此,可以根据四个油漆工的成本推导出供给表。

图 7-4　供给表和供给曲线

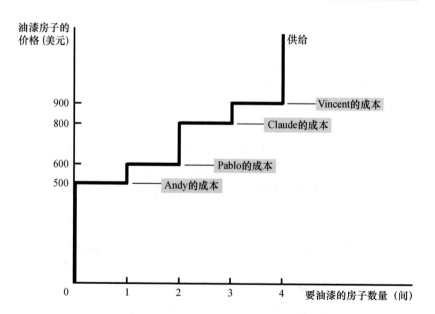

价格(美元)	卖者	供给量(间)
900 或以上	Vincent, Claude, Pablo, Andy	4
800—900	Claude, Pablo, Andy	3
600—800	Pablo, Andy	2
500—600	Andy	1
500 以下	无	0

图中的表格表示表 7-2 中油漆服务的卖者的供给表,图形表示相对应的供给曲线。要注意的是,供给曲线的高度反映了卖者的成本。

图 7-4 中的图形表示对应于这个供给表的供给曲线。要注意的是,供给曲线的高度与卖者的成本相关。在任何一种数量时,供给曲线给出的价格表示边际卖者的成本,边际卖者是如果价格再降低一点就首先离开市场的卖者。例如,当房子数量为 4 时,供给曲线的高度是 900 美元,即

Vincent(边际卖者)提供其油漆服务的成本。当房子数量为 3 时,供给曲线的高度是 800 美元,即 Claude(现在的边际卖者)提供其油漆服务的成本。

由于供给曲线反映了卖者的成本,我们可以用它来衡量生产者剩余。图 7-5 用供给曲线来计算上述两个例子中的生产者剩余。在(a)幅中,我

图 7-5 用供给曲线衡量生产者剩余

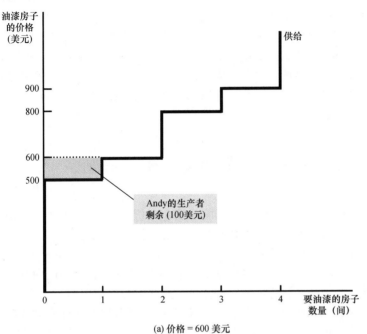

(a) 价格 = 600 美元

在(a)幅中,物品的价格是 600 美元,生产者剩余是 100 美元。在(b)幅中,物品的价格是 800 美元,生产者剩余是 500 美元。

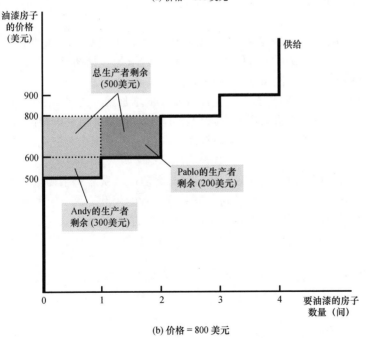

(b) 价格 = 800 美元

们假设价格是 600 美元(或略低一点)。在这种情况下,供给量是 1。要注意的是,价格以下和供给曲线以上的面积等于 100 美元。这个数量正好是我们之前计算的 Andy 的生产者剩余。

图 7-5(b)表示价格为 800 美元(或略低一点)时的生产者剩余。在这种情况下,价格以下和供给曲线以上的面积等于两个矩形的总面积。这个面积等于 500 美元,即我们前面计算的当有两间房子需要油漆时,Pablo 和 Andy 的生产者剩余。

从这个例子中得到的结论适用于所有供给曲线:价格之下和供给曲线以上的面积衡量一个市场上的生产者剩余。这里的逻辑是很直观的:供给曲线的高度衡量卖者的成本,而价格和生产成本之间的差额是每个卖者的生产者剩余。因此,价格之下和供给曲线之上的总面积是所有卖者的生产者剩余的总和。

7.2.3 价格上升如何增加生产者剩余

当听到卖者总想使他们的物品卖个好价钱时,你不会感到奇怪。但是价格上升会使卖者的福利增加多少呢?生产者剩余的概念为这个问题提供了一个准确的答案。

图 7-6 展示了一条在有许多卖者的市场上出现的典型的向右上方倾斜的供给曲线。尽管这条供给曲线在形状上与前面图中的曲线不同,但我们可以用同样的方法衡量生产者剩余:生产者剩余是价格以下和供给曲线以上的面积。在(a)幅中,价格是 P_1,生产者剩余是三角形 ABC 的面积。

(b)幅表示当价格从 P_1 上升为 P_2 时出现的变动。现在的生产者剩余等于三角形 ADF 的面积。生产者剩余的增加包括两部分:第一,在较低价格 P_1 时就已经出售 Q_1 单位物品的卖者,由于现在卖到了更高的价格而状况变好。原有卖者的生产者剩余的增加等于矩形 BCED 的面积。第二,一些新卖者进入市场,因为他们愿意以较高价格生产物品,这就使供给量从 Q_1 增加到 Q_2。这些新进入者的生产者剩余是三角形 CEF 的面积。

正如这种分析所表明的,我们用与之前用消费者剩余衡量买者福利大体相同的方法,用生产者剩余来衡量卖者的福利。由于这两种经济福利的衡量如此相似,所以同时使用它们是很自然的,而且实际上这也正是我们在下一节要做的事。

即问即答 画出火鸡的供给曲线。在你的图中标出一种火鸡的价格并说明该价格下的生产者剩余。用文字解释这种生产者剩余衡量的内容。

图 7-6　价格如何影响生产者剩余

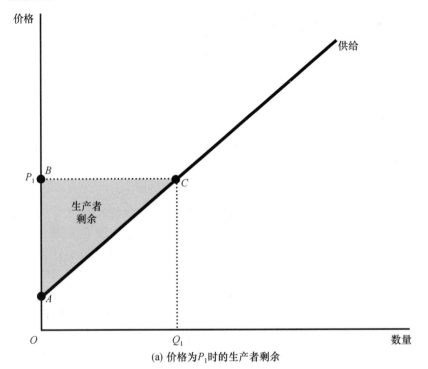

(a) 价格为 P_1 时的生产者剩余

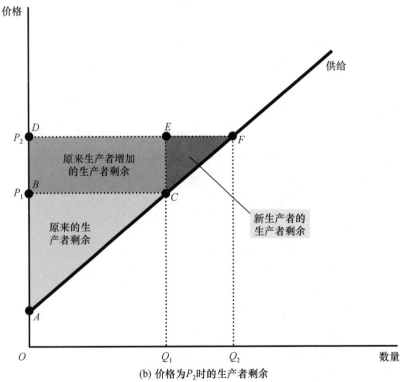

(b) 价格为 P_2 时的生产者剩余

在(a)幅中,价格是 P_1,供给量是 Q_1,生产者剩余等于三角形 ABC 的面积。当价格从 P_1 上升为 P_2 时,如(b)幅所示,供给量从 Q_1 增加到 Q_2,生产者剩余增加到三角形 ADF 的面积。生产者剩余的增加(BCFD 的面积)部分是因为原来的生产者现在得到的生产者剩余多了(BCED 的面积),部分是因为在价格较高时新生产者进入了市场(CEF 的面积)。

第 7 章　消费者、生产者与市场效率　▶*151*

7.3 市场效率

消费者剩余和生产者剩余是经济学家用来研究市场中买者与卖者福利的基本工具。这些工具有助于我们解决一个基本的经济问题:由自由市场决定的资源配置是合意的吗?

7.3.1 仁慈的社会计划者

为了评价市场结果,我们在分析中引入一个假设的新角色,并称之为仁慈的社会计划者。仁慈的社会计划者是无所不知、无所不能、意愿良好的独裁者。这个计划者想使社会上每个人的经济福利最大化。这个计划者应该怎么做呢?她是应该放任买者与卖者自然而然地根据自己的利益达到均衡呢,还是应该通过以某种方式改变市场结果来增加经济福利呢?

为了回答这个问题,计划者首先必须决定如何衡量社会的经济福利。一种可能的衡量指标是消费者剩余和生产者剩余的总和,我们称之为总剩余。消费者剩余是买者从参与市场活动中得到的利益,而生产者剩余是卖者从参与市场活动中得到的利益。因此,把总剩余作为社会经济福利的衡量指标是自然而然的。

为了更好地理解这一衡量经济福利的指标,我们回忆一下如何衡量消费者剩余与生产者剩余。我们把消费者剩余定义为:

消费者剩余 = 买者的评价 – 买者支付的量

同样,我们把生产者剩余定义为:

生产者剩余 = 卖者得到的量 – 卖者的成本

当我们把消费者剩余和生产者剩余相加时,得出:

总剩余 = (买者的评价 – 买者支付的量) + (卖者得到的量 – 卖者的成本)

买者支付的量等于卖者得到的量,因此这个公式中的中间两项相互抵消。所以我们可以把总剩余写为:

总剩余 = 买者的评价 – 卖者的成本

市场的总剩余是用买者支付意愿衡量的买者对物品的总评价减去卖者提供这些物品的总成本。

效率:
资源配置使社会所有成员得到的总剩余最大化的性质。

如果资源配置可以使总剩余最大化,那么我们就可以说这种配置是有**效率**(efficiency)的。如果一种配置是无效率的,那么买者和卖者之间交易的一些潜在利益就还没有实现。例如,如果一种物品不是由成本最低的卖者生产的,那么配置就是无效率的。在这种情况下,将生产从高成本生产者转给低成本生产者就会降低卖者的总成本,并增加总剩余。同样,如果一种物品不是由对这种物品评价最高的买者消费,那么配置也是无效率的。在这种情况下,将该物品的消费从评价低的买者转给评价高的买者就会增加总剩余。

除了效率之外,社会计划者还应该关心**平等**(equality),即市场上的各个买者与卖者是否有相似的经济福利水平。在本质上,从市场贸易中获得的利益就像一块要在市场参与者间分配的蛋糕。效率问题涉及的是蛋糕是否尽可能地做大了。平等问题涉及的是如何把这块蛋糕切成小块,以及如何在社会成员中进行分配它们。在本章中,我们的分析集中在作为社会计划者目标之一的效率上。但要记住,真正的决策者往往也关心平等。

平等:
在社会成员中平均地分配经济成果的性质。

7.3.2 市场均衡的评价

图 7-7 表示当市场供求达到均衡时的消费者剩余与生产者剩余。回想一下,消费者剩余等于价格以上和需求曲线以下的面积,而生产者剩余等于价格以下和供给曲线以上的面积。因此,供给曲线和需求曲线到均衡点之间的总面积代表该市场的总剩余。

图 7-7 市场均衡时的消费者剩余与生产者剩余

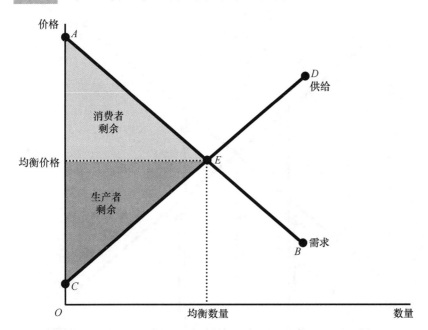

总剩余——消费者剩余和生产者剩余的总和——是供给曲线和需求曲线到均衡数量之间的面积。

这种均衡的资源配置是否有效率?也就是说,它是否使总剩余实现了最大化?为了回答这些问题,我们回想一下,当市场均衡时,价格决定了参与市场的买者与卖者。那些对物品的评价高于价格(由需求曲线上的 AE 段表示)的买者选择购买物品;那些对物品的评价低于价格(由需求曲线上的 EB 段表示)的买者选择不购买物品。同样,那些成本低于价格(由供给曲线上的 CE 段表示)的卖者选择生产并销售物品;那些成本高于价格(由供给曲线上的 ED 段表示)的卖者选择不生产和销售物品。

这些观察可以得出以下两个关于市场结果的观点:

(1)自由市场把物品的供给分配给对这些物品评价最高的买者,这种评价用买者的支付意愿来衡量。

(2)自由市场将物品的需求分配给能够以最低成本生产这些物品的卖者。

因此,在生产量与销售量达到市场均衡时,社会计划者不能通过改善买者之间的消费配置或卖者之间的生产配置来增加经济福利。

但是,社会计划者可以通过增加或减少物品量来增加总的经济福利吗? 回答是否定的,正如关于市场结果的第三个观点所述:

(3)自由市场生产出使消费者剩余和生产者剩余的总和最大化的物品量。

图 7-8 说明了为什么这是正确的。为了解释这个图,要记住,需求曲线反映了买者的评价,而供给曲线反映了卖者的成本。在低于均衡水平的任何一种产量,例如在 Q_1,边际买者的评价大于边际卖者的成本。因此,

图 7-8 均衡数量的效率

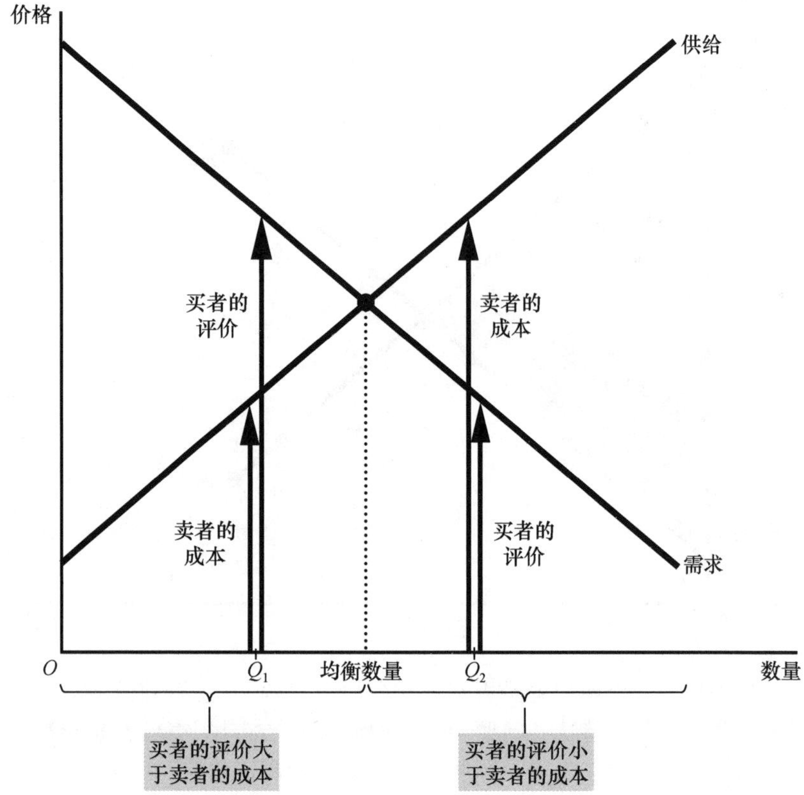

在产量小于均衡数量时,例如 Q_1,买者的评价大于卖者的成本。在产量大于均衡数量时,例如 Q_2,卖者的成本大于买者的评价。因此,市场均衡使生产者剩余和消费者剩余之和达到了最大化。

增加产量和消费量会增加总剩余。这种情况要一直持续到产量达到均衡水平时为止。同样,在高于均衡水平的任何一种产量,例如在 Q_2,边际买者的评价小于边际卖者的成本。在这种情况下,减少产量会增加总剩余,而且这种情况要一直持续到产量下降到均衡水平时为止。为了使总剩余最大化,社会计划者应该选择供给曲线与需求曲线相交时的产量。

总之,这三个关于市场结果的观点告诉我们,市场结果使消费者剩余与生产者剩余之和达到了最大化。换句话说,均衡的结果是资源的有效配置。因此,仁慈的社会计划者可以让市场自己得出她想要的结果。这种完全放任的政策可以用法语"laissez faire"来表述,这句话可以解释为"让人们自由行事吧"。

一个不需要计划者加以干预的社会是幸运的。尽管想象有一个无所不知、无所不能、意愿良好的独裁者怎样去做是一个有用的做法,但我们面临的问题是:这些特征很难具备。很少有独裁者能那样仁慈。而且,即使找到了某个具备这种品德的人,她也可能缺乏关键信息。

假设我们的社会计划者努力靠自己而不是依靠市场力量去选择有效的资源配置。为了这样做,她需要知道市场上每个特定物品对每个潜在消费者的价值和每个潜在生产者的成本。而且,她不仅需要有关这个市场的这种信息,而且还需要经济中成千上万个市场中每一个市场的这种信息。这个任务实际上是不可能完成的,这就解释了为什么中央计划经济不能良好地运行。

但是,一旦计划者有了一个伙伴——亚当·斯密所说的市场上看不见的手,事情就变得轻而易举了。这只看不见的手考虑到了有关买者与卖者的所有信息,引导市场上每一个人达到按经济效率标准判断的最好结果。这的确是一种非凡的能力。这也正是为什么经济学家通常宣称自由市场是组织经济活动的最好方法。

▎案例研究
人体器官市场是否应该存在

几年前,《波士顿环球报》(*Boston Globe*)的头版刊登了一篇题为《一位母亲的爱帮助挽救了两条生命》的文章。这篇文章讲述了关于 Susan Stephens 的故事,这位女性的儿子需要进行肾移植手术。当医生得知这位母亲的肾并不适合时,他提出了一个新奇的解决方法:如果 Stephens 把她的一个肾捐给一位陌生人,她的儿子就可以排到等待肾的队伍的最前面。这位母亲接受了这个交易,很快,两位患者都换上了他们所需要的肾。

这个故事中医生建议的别出心裁和母亲的高尚无私是毫无疑义的。但是,这个故事也引出了许多有趣的问题。如果母亲可以用一个肾换另一个肾,那么,医院是否应该允许她用一个肾去换取她在其他情况下无法承受的、昂贵的、试验性的癌症治疗呢?是否应该允许她用自己的肾换取

专家看法
供给肾脏

"为了帮助延长肾脏病患者的生命,应该先行建立一个试验性的有偿人类肾脏市场。"

经济学家怎么说?
- 16% 不同意
- 27% 不确定
- 57% 同意

资料来源:IGM Economic Experts Panel, March 11, 2014.

她儿子免费上医学院的机会呢?她能否出卖自己的肾,以便用现金把她的旧雪佛兰车换成一辆新雷克萨斯车呢?

就公共政策而言,我们的社会将人们出售自己器官的行为认定为非法。从本质上说,在人体器官市场上,政府实行零价格上限。正如任何一种限制性价格上限一样,其结果是该物品出现短缺。该案例中的交易并不在其禁止范围之内,因为没有现金转手。

许多经济学家认为,允许人体器官自由交易可以产生巨大的利益。人生来就有两个肾,但他们通常只需要一个。与此同时,少数人所患的疾病使得他们连一个功能正常的肾都没有。尽管这种贸易有明显的好处,但现在的状况是悲惨的:病人换一个肾通常要等好几年,而且每年有成千上万人由于找不到匹配的肾源而死去。如果允许这些需要肾的人向那些有两个健康肾的人买一个,价格就会使供求达到平衡。卖者口袋里的钱多了,生活状况可以变好。买者有了挽救自己生命所需的器官,状况也会变好。肾的短缺就会消失。

这种市场将带来资源的有效配置,但这种计划的批评者担心公平问题。他们认为,人体器官市场将以损害穷人的利益为代价而使富人受益,因为器官会配置给那些最愿意购买并能买得起的人。然而,现行制度的公平性也是值得质疑的:我们中的大多数人带着一个我们并不真正需要的多余器官走来走去,而我们的一些同胞却因为得不到需要的器官而生命垂危。这又公平吗?

新闻摘录
看不见的手可以给你停车位

在许多城市,在街上找一个可用的停车位看来很像中彩票。但是,如果当地政府更多地依靠价格体系,它们就可以使这种稀缺资源达到更有效的配置。

天价计时器创造了停车位
Michael Cooper Jo Craven McGinty

旧金山——在大街上发疯地寻找停车位不仅是对司机的折磨,也是对城市的考验。在某些地段,交通量的三分之一是司机在转来转去寻找停车位。这种令人厌倦的传统浪费了时间,污染了空气,而当绝望的司机平行停上两排车时,甚至还加剧了道路的拥堵。

但是,旧金山正在用一种野心勃勃的实验来缩短找车位的时间,这个实验的目的是确保在每一个有计时器的地区至少总可以找到一个空停车位。这个项目运用了新技术和供求规律,提高了城市最拥堵地区的停车价格,并降低了空闲地区的停车价格。新的价格仍然在逐渐形成中——最昂贵的停车位已经涨到每小时 4.5 美元,甚至可以达到 6 美元——初

旧金山市的新电子停车计时器有助于平衡供求。

图片来源:www.1tu.com

期数据表明,价格的变化在某些地区产生了积极效应。

我们已经可以在 Embarcadero 附近的 Drumm 大街中心区和 Ferry Building 受欢迎的餐馆看出这种变化。去年夏天在这里要找一个停车位几乎是不可能的。但在旧金山逐渐把停车价格从每小时 3.5 美元提高到 4.5 美元之后,街边嵌入的高科技传感器显示,找停车位比以前容易了点儿——Victor Chew 是一家商用洗碗机公司的销售人员,他开一辆镀银的丰田皇冠,经常在这个地区停车,这一天居然找到了一个不错的停车位。

48 岁的 Chew 说:"现在可以找到更多停车位了。我不用走半英里了。"

旧金山一直在努力改善城市和城市内部车辆之间的紧张关系——一个世纪以来,城里的高速公路建了又拆,道路扩了又缩,停车位有时增,有时减,所有这一切都是为了让市中心不至于拥堵到进不去的程度。而上述停车实验便是一种最新的重要尝试。

旧金山的这个项目也受到了美国其他城市的密切关注。借助于联邦政府的拨款,旧金山在其 26 800 个计时停车位中大约四分之一的停车位上安装了停车感应器和新计时器,可以追踪停车的时间和地点。去年夏初,旧金山开始每两个月调整一次其价格——可以选择每小时上调 25 美分或降低 50 美分——以此希望在每一个街区最少留下一个空车位。旧金山还降低了政府管理的车库和停车区位的价格,以引导汽车离开街道停车……

该项目是对加州大学洛杉矶分校城市规划教授 Donald Shoup 的理论的一次最大检验。Shoup 教授 2005 年的著作《免费停车成本高昂》(*The High Cost of Free Parking*)使他成为城市规划者崇拜的偶像——Facebook 上的 Shoupistas 小组有一千多个成员。他说:"我的基本思路是,如果我们用正确的价格来引导路边停车,那么我们就会得到大量的好处。所谓正确的价格是指在每个街区都可以保有一两个空的停车位的情况下,城市可以收取的最低价格。"

但没人喜欢涨价。在 Shoup 的书中有一章引用了电视剧《宋飞正传》(*Seinfeld*)里 George Costanza 的话:"我爸停车不付费,我妈、我哥也不付,没人付停车费。这就像去嫖娼,本来就可以免费得到的东西,我为什么要交钱?"有些旧金山社区最近否决了在现在免费停车的街道上安装计时器的提议。而在大多数好地段的价格上升也使人们担心,这会使穷人更难到这些好地段去。

在 Drumm 大街停车的一些人们就是这么想的。在价格上升之后,这里正午时分的占位率从 98% 下降到 86%。55 岁的发型师 Edward Saldate 为在这里停车 4 小时付费近 17 美元,他称这是"一笔巨额敲诈"。

69 岁的会计师 Tom Randlett 说,他很高兴第一次能在这里找到一个车位,但也承认这个方案"就社会平等层面而言是复杂的"。

市政官员们提醒大家,停车费是有涨有落的。Shoup 教授也说,这个方案有利于许多穷人,包括许多并没有汽车的旧金山人,因为所有的停车费收入都将用于公共交通,而且任何交通量的减少都会使大多人依靠的公共汽车更快捷。他设想将来会有一天,司机不再把找到一个好停车位归结为运气或因果报应。

他说:"人们会认为这是理所当然的,就像你去商店时理应买到新鲜的香蕉和苹果一样。"

资料来源: From The New York Times. © [2012] The New York Times Company. All rights reserved. Used under license.

即问即答 画出火鸡的供给曲线和需求曲线。标出均衡状态下的生产者剩余和消费者剩余。解释为什么生产更多的火鸡会使总剩余减少。

7.4 结论:市场效率与市场失灵

本章介绍了福利经济学的基本工具——消费者剩余与生产者剩余——并用这些工具来评价自由市场的效率。我们说明了供求的力量可以有效地配置资源。这就是说,即使市场的每个买者与卖者只关心他自己的福利,他们也会共同在一只看不见的手的指引下,达到使买者与卖者总利益最大化的均衡。

现在是提出一些警告的时候了。为了得出市场有效率的结论,我们做出了一些关于市场如何运行的假设。当这些假设不成立时,关于市场均衡有效率的结论可能就不再正确了。在结束本章时,我们简单地考虑这些假设中最重要的两个假设。

第一,我们的分析假设市场是完全竞争的。但在现实世界中,竞争有时远非完全竞争。在一些市场上,某个单个买者或卖者(或一小群买者或卖者)可以控制市场价格。这种影响价格的能力被称为**市场势力**。市场势力可以使市场无效率,因为它会使价格和数量背离供求均衡。

第二,我们的分析假设市场结果只影响参与市场的买者和卖者。但在现实世界中,买者和卖者的决策会影响那些根本不参与市场的人。污染是市场结果影响市场参与者以外的人的一个典型例子。例如,农药的使用不仅影响生产农药的制造商和使用农药的农民,而且还影响呼吸被农药污染的空气或饮用被农药污染的水的许多其他人。市场的这种副作用被称为**外部性**,它使市场福利不仅仅取决于买者的评价和卖者的成本。由于买者与卖者在决定消费量和生产量时并没有考虑这种副作用,所以从整个社会的角度看,市场均衡可能是无效率的。

市场势力和外部性是一种被称为**市场失灵**的普遍现象的例子,市场失灵是指一些不受管制的市场不能有效地配置资源。当出现市场失灵时,公共政策有可能纠正这些问题并提高经济效率。微观经济学家花费许多精力去研究什么时候会发生市场失灵,以及哪种政策能最有效地纠正市场失灵。在继续学习经济学的过程中,你将会看到,本章所提出的福利经济学的工具在研究上述问题时是很适用的。

尽管存在市场失灵的可能性,但市场中看不见的手仍然是极其重要的。我们在本章中做出的假设在许多市场中是成立的,从而市场有效率的结论是直接适用的。此外,我们可以运用我们关于福利经济学和市场效率的分析来说明各种政府政策的影响。在接下来的两章中,我们将运用刚刚提出的工具来研究两个重要的政策问题——税收和国际贸易的福利效应。

快速单选

1. Jen 对她的时间的评价为每小时 60 美元。她用 2 小时为 Colleen 按摩。Colleen 愿意为按摩支付 300 美元,但他们通过谈判把价格定为 200 美元。在这个交易中,_____。
   a. 消费者剩余比生产者剩余多 20 美元
   b. 消费者剩余比生产者剩余多 40 美元
   c. 生产者剩余比消费者剩余多 20 美元
   d. 生产者剩余比消费者剩余多 40 美元

2. 点心的需求曲线是向右下方倾斜的。当点心的价格是 2 美元时,需求量是 100。如果价格上升到 3 美元,消费者剩余会发生什么变动?
   a. 减少小于 100 美元。
   b. 减少多于 100 美元。
   c. 增加少于 100 美元。
   d. 增加多于 100 美元。

3. John 当大学教师每学期的收入为 300 美元。当大学把支付给教师的价格提高到 400 美元时,Emily 也进入市场并开始当教师。由于这种价格上升,生产者剩余增加了多少?
   a. 少于 100 美元。
   b. 在 100 美元到 200 美元之间。
   c. 在 200 美元到 300 美元之间。
   d. 多于 300 美元。

4. 有效的资源配置使_____最大化。
   a. 消费者剩余
   b. 生产者剩余
   c. 消费者剩余加生产者剩余
   d. 消费者剩余减生产者剩余

5. 当市场均衡时,买者是支付愿望_____的人,而卖者是成本_____的人。
   a. 最高,最高   b. 最高,最低
   c. 最低,最高   d. 最低,最低

6. 生产大于供求均衡的产量是无效率的,因为边际买者的支付意愿是_____。
   a. 负数
   b. 零
   c. 正数但小于边际卖者的成本
   d. 正数并大于边际卖者的成本

内容提要

◎ 消费者剩余等于买者对一种物品的支付意愿减去其实际为此所支付的量,它衡量买者从参与市场中得到的利益。可以通过找出需求曲线以下和价格以上的面

积,来计算消费者剩余。
- ◎ 生产者剩余等于卖者出售其物品得到的量减去其生产成本,它衡量卖者从参与市场中得到的利益。可以通过找出价格以下和供给曲线以上的面积,来计算生产者剩余。
- ◎ 使消费者剩余和生产者剩余的总和最大化的资源配置被称为是有效率的。决策者通常关心经济结果的效率及平等。
- ◎ 供给与需求的均衡使消费者剩余与生产者剩余的总和达到最大化。这就是说,市场中看不见的手指引着买者与卖者有效地配置资源。
- ◎ 在存在市场势力或外部性等市场失灵的情况下,市场不能有效地配置资源。

关键概念

福利经济学　　　　　　成本　　　　　　　　平等
支付意愿　　　　　　　生产者剩余
消费者剩余　　　　　　效率

复习题

1. 解释买者的支付意愿、消费者剩余和需求曲线如何相关。
2. 解释卖者的成本、生产者剩余和供给曲线如何相关。
3. 在供求图中,标出市场均衡时的生产者剩余和消费者剩余。
4. 什么是效率?它是经济决策者的唯一目标吗?
5. 说出两种类型的市场失灵。解释为什么每一种都可能使市场结果无效率。

问题与应用

1. Melissa 用 240 美元购买了一个 iPhone,并得到了 160 美元的消费者剩余。
   a. 她的支付意愿是多少?
   b. 如果她在降价销售时买了售价为 180 美元的 iPhone,她的消费者剩余会是多少?
   c. 如果 iPhone 的价格是 500 美元,她的消费者剩余会是多少?
2. 加利福尼亚早来的寒流使柠檬变酸。柠檬市场上的消费者剩余会有什么变动?柠檬水市场上的消费者剩余会有什么变动?用图形说明你的答案。
3. 假设对法国面包的需求增加。在法国面包市场上,生产者剩余会发生什么变动?在面粉市场上,生产者剩余会发生什么变动?用图形说明你的答案。
4. 这是一个大热天,Bert 口干舌燥。下面是他对一瓶水的评价:

对第一瓶水的评价	7 美元
对第二瓶水的评价	5 美元
对第三瓶水的评价	3 美元
对第四瓶水的评价	1 美元

a. 根据以上信息推导出 Bert 的需求表。画出他对瓶装水的需求曲线。

b. 如果一瓶水的价格是 4 美元，Bert 会买多少瓶水？Bert 从他的购买中得到了多少消费者剩余？在你的图形中标出 Bert 的消费者剩余。

c. 如果价格下降到 2 美元，需求量会有何变化？Bert 的消费者剩余会有何变化？用你的图形说明这些变化。

5. Ernie 有一台抽水机。由于抽大量的水比抽少量的水困难，因此随着抽的水越来越多，生产一瓶水的成本增加。下面是他生产每瓶水的成本：

第一瓶水的成本	1 美元
第二瓶水的成本	3 美元
第三瓶水的成本	5 美元
第四瓶水的成本	7 美元

a. 根据以上信息推导出 Ernie 的供给表。画出他的瓶装水的供给曲线。

b. 如果一瓶水的价格是 4 美元，Ernie 会生产并销售多少瓶水？Ernie 从这种销售中得到了多少生产者剩余？在你的图形中标出 Ernie 的生产者剩余。

c. 如果价格上升为 6 美元，供给量会有何变化？Ernie 的生产者剩余会有何变化？在你的图形中标出这些变化。

6. 考虑一个由问题 4 中的 Bert 作为买者、问题 5 中的 Ernie 作为卖者组成的市场。

a. 用 Ernie 的供给表和 Bert 的需求表找出价格为 2 美元、4 美元和 6 美元时的供给量和需求量。这些价格中哪一种能使供求达到均衡？

b. 在这种均衡时，消费者剩余、生产者剩余和总剩余各是多少？

c. 如果 Ernie 少生产并且 Bert 少消费一瓶水，总剩余会发生什么变动？

d. 如果 Ernie 多生产并且 Bert 多消费一瓶水，总剩余会发生什么变动？

7. 在过去十年间，生产平板电视的成本降低了。让我们考虑这一事实的某些含义。

a. 用供求图说明生产成本下降对平板电视的价格和销售量的影响。

b. 用你的图形说明消费者剩余和生产者剩余发生了什么变化。

c. 假定平板电视的供给是非常富有弹性的。谁从生产成本下降中获益最大？是平板电视的消费者还是生产者？

8. 有四位消费者愿意为理发支付下列价格：

Gloria	35 美元
Jay	10 美元
Claire	40 美元
Phil	25 美元

有四家理发店，其成本如下：

A 企业	15 美元
B 企业	30 美元
C 企业	20 美元
D 企业	10 美元

每家店只能为一个人理发。从效率来看，应该有多少次理发？哪些店应该理发？哪些消费者应该理发？最大可能的总剩余是多少？

9. 过去几十年经济中最大的变化之一是技术进步使生产电脑的成本降低了。

a. 画出供求图说明电脑市场上价格、数量、消费者剩余和生产者剩余发生了什么变动。

b. 四十年前学生在写文章时一般用打字机，今天他们都用电脑。电脑和打字机是互补品还是替代品？用供求图说明打字机市场上的价格、数量、消费者剩余和生产者剩余发生了什么变动。电脑技术进步对打字机生产者而言是好事还是坏事？

c. 电脑和软件是互补品还是替代品？用供求图说明软件市场上的价格、数量、消费者剩余和生产者剩余发生了什么变动。电脑技术进步对软件生产者而言是好事还是坏事？

d. 上述分析有助于解释为什么软件生产者比尔·盖茨是世界上最富有的人之一吗？

10. 你的朋友正在考虑两家手机服务提供商。A 提供商每月收取固定服务费 120 美元，无论打多少次电话都是如此。B 提供商不收取固定服务费，而是每打 1 分钟电话收费 1 美元。你的朋友对每月打电话时间的需求由方程 $Q^D = 150 - 50P$ 给出，其中 P 是每分钟电话的价格。

a. 对每个提供商，你的朋友多打 1 分钟电话的费用是多少？

b. 根据你对 a 的回答，你的朋友用每个提供商的服务会打多少分钟电话？

c. 她每个月向每个提供商付费多少？

d. 她从每个提供商得到的消费者剩余是多少？（提示：画出需求曲线，并回忆一下三角形的面积公式。）

e. 你会推荐你的朋友选择哪一个提供商？为什么？

11. 考虑医疗保险如何影响所进行的医疗服务量。假设一般的治疗成本为 100 美元，但一个有医疗保险的人只需自付 20 美元，他的保险公司支付剩下的 80 美元。（保险公司将通过保险费来收回这 80 美元，但一个人所支付的保险费不取决于他接受了多少治疗。）

a. 画出医疗市场上的需求曲线（在你的图形中，横轴应该代表治疗的次数）。标出如果治疗价格为 100 美元，治疗的需求量。

b. 在你的图上标出如果消费者每次治疗只支付 20 美元，治疗的需求量。如果每次治疗的社会成本的确是 100 美元，而且如果个人有如上所述的医疗保险，这一治疗数量能使总剩余最大化吗？解释原因。

c. 经济学家经常指责医疗保险制度会导致人们滥用医疗。根据你的分析，说明为什么医疗的使用被认为是"滥用"了。

d. 哪种政策可以防止这种滥用？

第8章
应用:税收的代价

税收往往是激烈的政治争论的起源。1776年,美国殖民地人们对英国税收的愤怒引发了美国独立战争。两百多年以后,美国各政党仍在争论着税制的适当规模与形式。但没有一个人否认,一定程度的税收是必要的。正如小奥利弗·温德尔·霍姆斯(Oliver Wendell Holmes Jr.)曾经说过的:"税收是我们为文明社会所付出的代价。"

由于税收对现代经济有重大影响,随着我们掌握的工具的增多,我们在全书中会多次回到这个主题。我们从第6章开始研究税收。在那一章中,我们说明了一种物品的税收如何影响它的价格和销售量,以及供给和需求的力量如何在买者与卖者之间分摊税收负担。在本章中,我们要扩展这种分析,并考察税收如何影响福利,即如何影响市场参与者的经济福利。换言之,我们要弄清楚文明社会的代价有多高。

乍看起来,税收对福利的影响似乎是显而易见的。政府征税是为了筹集收入,而这种收入必然出自某人的口袋。正如我们在第6章中所说明的,当对一种物品征税时,买者和卖者的状况都会变坏;税收提高了买者支付的价格,并降低了卖者得到的价格。但为了更充分地理解税收如何影响经济福利,我们必须比较买者和卖者减少的福利以及政府增加的收入。消费者剩余和生产者剩余工具使我们可以进行这种比较。我们的分析将表明,税收给买者和卖者带来的成本超过了政府所筹集到的收入。

8.1 税收的无谓损失

我们首先从回忆第6章中的一个出人意料的结论开始:一种物品的税收无论是向买者征收还是向卖者征收,其结果都是相同的。当向买者征税时,需求曲线向下移动,移动量为税收的大小;当向卖者征税时,供给曲线向上移动,移动量为税收的大小。在这两种情况下,当征收税收时,买者支付的价格都上升,而卖者得到的价格都下降。最终,供求弹性决定了税收负担如何在生产者和消费者之间分配。无论向谁征税,这种分配结果都是相同的。

图8-1显示了以上这些影响。为了简化我们的讨论,尽管供给曲线和需求曲线中必然有一条曲线移动,但图上并没有表示出任何一条曲线的移动。哪一条曲线移动取决于是向卖者征税(供给曲线移动),还是向买者征税(需求曲线移动)。在本章中,我们可以通过不纠缠于说明曲线如何移动而使讨论一般化并简化图形。就我们的目的而言,关键的结论是,税收在买者支付的价格和卖者得到的价格之间打入了一个楔子。由于这种税收楔子,销售量低于没有税收时应该达到的水平。换句话说,对一种物品征税使这种物品的市场规模缩小。对于这些来自第6章的结论,读者应该很熟悉了。

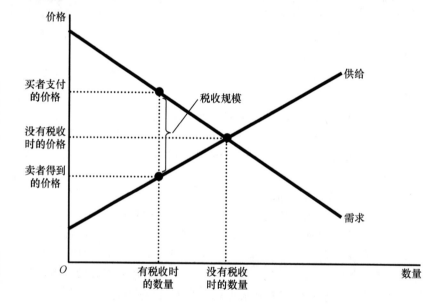

图8-1 税收效应

对一种物品征税是在买者支付的价格和卖者得到的价格之间打入了一个楔子。该物品的销售量下降。

"你知道吗?根据一州的选民人数来决定税收的主意,在我看来也不怎么样。"

图片来源:© J. B. Handelsman/The New Yorker Collection/www.cartoonbank.com

8.1.1 税收如何影响市场参与者

我们用福利经济学的工具来衡量对一种物品征税的得与失。为此,我们必须考虑税收如何影响买者、卖者和政府。市场上买者得到的利益用消费者剩余——买者愿意为某物品支付的量减去他们实际支付的量——来衡量。市场上卖者得到的利益用生产者剩余——卖者从某种物品得到的量减去其成本——来衡量。这些正是我们在第7章中所用的经济福利的衡量指标。

那么，税收又如何影响利益第三方——政府呢？如果 T 是税收规模，Q 是物品销售量，那么政府得到的总税收收入就是 $T \times Q$。政府可以用这一税收收入提供服务，例如道路、警察和公共教育，或用于帮助需要帮助的人。因此，为了分析税收如何影响经济福利，我们用政府税收收入来衡量从税收中得到的公共利益。但是，应该记住，这种利益实际上并不归政府所有，而是归那些得到这种收入的人所有。

图 8-2 描述了用供给曲线和需求曲线之间矩形的面积表示的政府税收收入。这个矩形的高是税收规模 T，而矩形的宽是销售的物品数量 Q。由于矩形的面积是高乘以宽，所以这个矩形的面积是 $T \times Q$，它等于税收收入。

图 8-2 税收收入

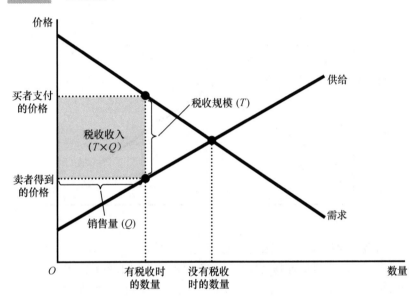

政府得到的税收收入等于 $T \times Q$，即税收规模 T 乘以销售量 Q。因此，税收收入等于供给曲线和需求曲线之间矩形的面积。

没有税收时的福利 为了说明税收如何影响福利，我们从考虑政府征税之前的福利开始。图 8-3 表示供求图，并用字母 A—F 标出了几个关键的区域。

没有税收时，我们可以在供给曲线和需求曲线相交处找出均衡价格和均衡数量。价格是 P_1，销售量是 Q_1。由于需求曲线反映了买者的支付意愿，所以消费者剩余是需求曲线和价格之间的面积，即 $A + B + C$。同样，由于供给曲线反映了卖者的成本，所以生产者剩余是供给曲线和价格之间的面积，即 $D + E + F$。在这种情况下，由于没有税收，税收收入等于零。

总剩余，即消费者剩余和生产者剩余之和，等于面积 $A + B + C + D + E + F$。换句话说，正如我们在第 7 章中所说明的，总剩余是供给曲线与需求曲线到均衡数量之间的面积。图 8-3 中表格的第一列概括了这些结论。

图8-3 税收如何影响福利

	没有税收时	有税收时	变动
消费者剩余	$A+B+C$	A	$-(B+C)$
生产者剩余	$D+E+F$	F	$-(D+E)$
税收收入	无	$B+D$	$+(B+D)$
总剩余	$A+B+C+D+E+F$	$A+B+D+F$	$-(C+E)$

面积 $C+E$ 表示总剩余的减少,并代表税收的无谓损失。

对一种物品征税减少了消费者剩余(面积 $B+C$)和生产者剩余(面积 $D+E$)。由于生产者剩余和消费者剩余的减少大于税收收入(面积 $B+D$),所以税收引起了无谓损失(面积 $C+E$)。

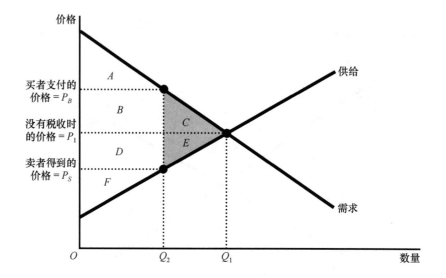

有税收时的福利 现在考虑征税之后的福利。买者支付的价格从 P_1 上升到 P_B,因此消费者剩余现在只等于面积 A(需求曲线以下和买者支付的价格以上的面积)。卖者得到的价格从 P_1 下降到 P_S,因此生产者剩余现在只等于面积 F(供给曲线以上和卖者得到的价格以下的面积)。销售量从 Q_1 减少为 Q_2,而政府得到的税收收入等于面积 $B+D$。

为了计算有税收时的总剩余,我们把消费者剩余、生产者剩余和税收收入相加。因此,我们得到总剩余是面积 $A+B+D+F$。图8-3 中表格的第二列概括了这些结论。

福利的变动 现在我们可以通过比较征税前后的福利来说明税收的影响。图8-3 中表格的第三列表明了这些变化。税收使消费者剩余减少了面积 $B+C$,使生产者剩余减少了面积 $D+E$。税收收入增加了面积 $B+D$。毫不奇怪,税收使买者和卖者的状况变坏了,而使政府的状况变好了。

总福利的变动包括消费者剩余的变动(是负的)、生产者剩余的变动(也是负的)和税收收入的变动(是正的)。当我们把这三块相加后会发现,市场总剩余减少了面积 $C+E$。因此,买者和卖者因税收遭受的损失大于政府筹集到的收入。当税收(或某种其他政策)扭曲了市场结果时其所引起的总剩余减少被称为**无谓损失**(deadweight loss)。无谓损失的大小用面积 $C+E$ 来衡量。

为了理解税收引起无谓损失的原因,回忆一下第 1 章中的经济学十大原理之一:人们会对激励做出反应。在第 7 章中我们说明了,市场通常可以有效率地配置稀缺资源。这就是说,供求均衡使市场上买者和卖者的总剩余最大化。但是,当税收提高了买者的价格而降低了卖者的价格时,它对买者的激励是比没有税收时少消费,而对卖者的激励是比没有税收时少生产。当买者和卖者对这些激励做出反应时,市场规模缩小到其最优水平之下(如图 8-3 所示,从 Q_1 移动到 Q_2)。因此,由于税收扭曲了激励,所以就引起了市场配置资源时的无效率。

无谓损失:
市场扭曲(例如税收)引起的总剩余减少。

8.1.2 无谓损失与贸易的好处

为了对税收引起无谓损失的原因有一些直观认识,我们考虑一个例子。设想 Mike 为 Mei 打扫房间,每周得到 100 美元。Mike 的时间的机会成本是 80 美元,Mei 对打扫房间的评价是 120 美元。因此,Mike 和 Mei 两人从他们的交易中各得到了 20 美元的好处。总剩余 40 美元可以衡量这一特定交易带来的好处。

现在假设政府对打扫房间服务的提供者征收 50 美元的税。现在没有一种价格能使他们两人在纳税之后状况变得更好。Mei 愿意支付的最高价格是 120 美元,但这时 Mike 在纳税之后只剩下 70 美元,小于他 80 美元的机会成本。相反,如果 Mike 得到他的机会成本 80 美元,Mei 就必须支付 130 美元,这大于她对打扫房间的评价 120 美元。结果,Mei 和 Mike 取消了他们之间的交易。Mike 没有收入了,而 Mei 生活在肮脏的房间里。

税收使 Mike 和 Mei 的状况一共变坏了 40 美元,因为他们每人失去了 20 美元的剩余量。但注意,政府也没有从 Mike 和 Mei 那里得到税收收入,因为他们决定取消他们之间的交易。40 美元是纯粹的无谓损失:它是未被政府收入增加所抵消的市场上买者和卖者的损失。在这个例子中,我们可以看出无谓损失的最终来源:税收引起无谓损失是因为它使买者和卖者不能实现某些贸易的好处。

供给曲线和需求曲线之间的三角形面积(图 8-3 中的面积 $C+E$)衡量了这种无谓损失的大小。通过回忆需求曲线反映消费者对物品的评价和供给曲线反映生产者的成本,可以用图 8-4 更容易地说明这一结论。当税收使买者价格上升到 P_B,卖者价格下降到 P_S 时,边际买者和边际卖者离开市场,因此销售量从 Q_1 减少到 Q_2。但正如图 8-4 所示,这些买者对物品的评价仍大于卖者的成本。在 Q_1 和 Q_2 之间任何一种数量时,情况都和我们所举的 Mike 和 Mei 的例子相同。贸易的好处——买者的评价与卖者的成本之间的差额——小于税收。因此,一旦征税,这些贸易就无法进行。无谓损失就是由于税收阻止了这些互利的贸易而引起的剩余损失。

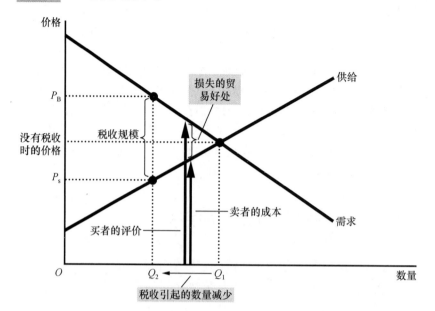

图 8-4 无谓损失的来源

当政府对一种物品征税时,销售量从 Q_1 减少为 Q_2。在 Q_1 和 Q_2 之间的每一销售量上,买者和卖者之间一些潜在的贸易好处都没有得到实现。这些贸易好处的损失就引起了无谓损失。

即问即答 画出甜点的供给曲线与需求曲线。如果政府对甜点征税,说明买者支付的价格、卖者得到的价格以及销售量的变动。用你的图说明税收的无谓损失,并解释无谓损失的含义。

8.2 决定无谓损失的因素

什么因素决定税收的无谓损失的大小?答案是供给和需求的价格弹性,价格弹性衡量供给量和需求量对价格变动的反应。

我们先来考虑供给弹性如何影响无谓损失的大小。在图 8-5 上面的两幅图中,需求曲线和税收规模是相同的,这两幅图唯一的差别是供给曲线的弹性。在(a)幅中,供给曲线比较缺乏弹性:供给量对价格变动只有很小的反应。在(b)幅中,供给曲线比较富有弹性:供给量对价格变动的反应很大。要注意的是无谓损失,即供给曲线和需求曲线之间的三角形面积,在供给曲线比较富有弹性时较大。

同样,图 8-5 下面的两幅图表示需求弹性如何影响无谓损失的大小。在这里,供给曲线和税收规模保持不变。在(c)幅中,需求曲线比较缺乏弹性,税收的无谓损失较小。在(d)幅中,需求曲线比较富有弹性,税收的无谓损失较大。

从这个图中所得出的结论是显而易见的。税收造成无谓损失,是因为它使买者和卖者改变了自己的行为。税收提高了买者支付的价格,因此他们的消费减少了;同时,税收降低了卖者得到的价格,因此他们的生产

图 8-5　税收扭曲与弹性

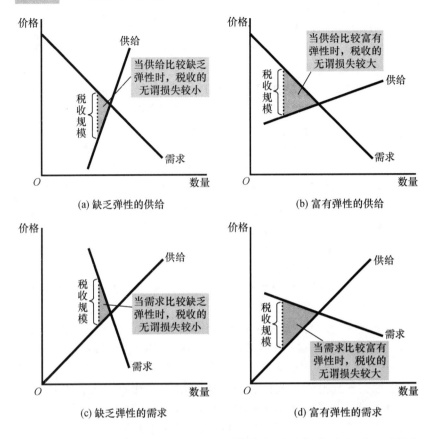

在(a)幅和(b)幅中,需求曲线和税收规模相同,但供给的价格弹性不同。要注意的是,供给曲线越富有弹性,税收的无谓损失越大。在(c)幅和(d)幅中,供给曲线和税收规模相同,但需求的价格弹性不同。要注意的是,需求曲线越富有弹性,税收的无谓损失越大。

减少了。由于行为的这些变动,市场规模缩小到最优水平之下。买者和卖者对价格变动的反应程度越大,均衡数量缩小得越多。因此,供给和需求的弹性越大,税收的无谓损失也就越大。

案例研究
关于无谓损失的争论

供给、需求、弹性和无谓损失等所有这些经济学理论足以使你头昏脑涨。但是,信不信由你,这些思想触及了深层次政治问题的中心:政府的规模应该为多大? 争论集中于这些概念的原因是,税收的无谓损失越大,政府实施一项计划的成本就越高。如果税收引起极大的无谓损失,那么这些损失就强烈支持低税无为的小政府。但是,如果税收只带来微不足道的无谓损失,那么政府计划的成本就比其他情况下要小。

税收的无谓损失究竟有多大? 经济学家对这个问题的回答并不一致。为了说明这种分歧的本质,考虑美国经济中最重要的税收——劳动税。社会保障税、医疗保险税以及(在很大程度上来讲)联邦所得税,都是劳动税。许多州政府也对劳动收入征税。劳动税是打入企业支付的工资

"你对劳动供给弹性的看法是什么?"

图片来源: EPA European Pressphoto Agency B. V./Alamy.

和工人得到的工资之间的一个楔子。对于一个普通工人来说,如果把各种形式的劳动税加在一起,劳动收入的边际税率——对最后1美元收入所征收的税收——约为40%。

尽管劳动税的规模容易确定,但这种税的无谓损失并不是显而易见的。对于这40%的劳动税的无谓损失是大还是小,经济学家们的看法并不一致。产生这种分歧的原因在于他们对劳动供给弹性的看法不同。

那些认为劳动税并没有严重扭曲市场结果的经济学家认为,劳动供给是相当缺乏弹性的。他们说,无论工资如何,大多数人都会从事全职工作。如果是这样的话,那么劳动供给曲线几乎是垂直的,劳动税引起的无谓损失很小。

那些认为劳动税引起严重扭曲的经济学家认为,劳动供给是较为富有弹性的。在承认某些工人群体的劳动供给不会随劳动税变动而反应很大的同时,他们认为许多其他群体对激励的反应较大。下面是一些例子。

- 许多工人可以调整他们工作的时间,例如加班工作。工资越高,他们选择工作的时间越长。
- 一些家庭有第二个赚钱人——往往是有孩子的已婚女性——他们要根据情况决定是在家里从事不拿报酬的家务劳动,还是在市场上从事有报酬的劳动。当决定是否参加工作时,这些第二个赚钱人要比较在家里的利益(包括节省下来的看护孩子的费用)和他们能赚到的工资。
- 许多老年人可以选择什么时候退休,而且他们的决策也部分地取决于工资。一旦他们退休了,工资将决定他们从事兼职工作的激励。
- 一些人考虑从事非法经济活动,例如毒品贸易,或从事可以逃税的暗中支付工资的工作。经济学家把这种情况称为地下经济。当决定在地下经济中工作还是合法地工作时,这些潜在的违法者要比较他们违法赚到的收入和合法赚到的工资。

在上述每一种情况下,劳动供给量都对工资(劳动价格)做出了反应。因此,当劳动收入要纳税时,这些工人的决策就被扭曲了。劳动税鼓励工人减少工作时间、第二个赚钱人留在家里、老年人早退休以及一些潜在的违法者从事地下经济活动。

这两种关于劳动税的扭曲效应的观点今天仍然存在。实际上,当你看到两个政党候选人争论政府是应该提供更多的服务还是应该降低税收负担时,要记住这种分歧部分是源于他们在劳动供给弹性和税收无谓损失上的不同观点。

即问即答 啤酒的需求比牛奶的需求更富有弹性。是啤酒税的无谓损失大还是牛奶税的无谓损失大?为什么?

8.3 税收变动时的无谓损失和税收收入

税收很少长期保持不变。地方、州和联邦政府的决策者总是在考虑提高一种税或降低另一种税。这里我们将考察当税收规模变动时,无谓损失和税收收入会发生什么变动。

图 8-6 表示在市场供给曲线和需求曲线保持不变的情况下,小额税、中额税和大额税的影响。无谓损失——当税收使市场规模缩小到最优水

图 8-6 无谓损失和税收收入如何随税收规模变动而变动

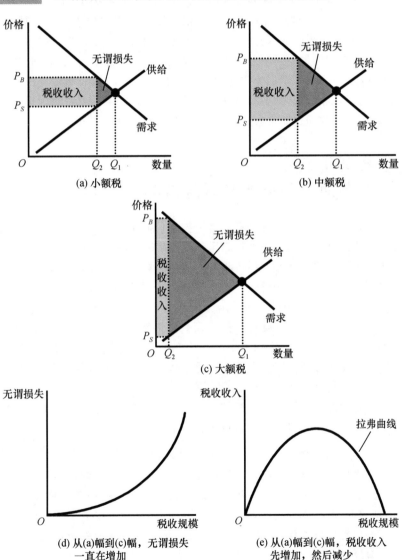

无谓损失是税收引起的总剩余减少。税收收入是税收与物品销售量的乘积。在(a)幅中,小额税有少量无谓损失,并增加了少量收入。在(b)幅中,中额税有较大无谓损失,并增加了较多收入。在(c)幅中,大额税有非常大的无谓损失,但由于它大大缩减了市场规模,所以只增加了少量收入。(d)幅和(e)幅总结了这些结论。(d)幅表示,税收规模越大,无谓损失越大。(e)幅表示,税收收入先增加后减少。这种关系有时被称为拉弗曲线。

平以下时引起的总剩余减少——等于供给曲线和需求曲线之间的三角形面积。在(a)幅中的小额税时,无谓损失(即三角形的面积)相当小。但在(b)幅和(c)幅中,随着税收规模的增大,无谓损失变得越来越大。

实际上,税收的无谓损失的增加要快于税收规模的扩大。这是因为无谓损失是一个三角形的面积,而三角形的面积取决于三角形底和高的乘积。例如,如果税收规模翻一番,三角形的底和高各翻一番,那么无谓损失就增加为原来的4倍。如果我们使税收增加为原来的3倍,三角形的底和高也增加为原来的3倍,那么无谓损失就增加为原来的9倍。

政府税收收入是税收规模乘以物品销售量。正如图8-6的前三幅所示,税收收入等于供给曲线和需求曲线之间的矩形面积。在(a)幅中的小额税时,税收收入很少。当税收规模从(a)幅所示增大到(b)幅所示时,税收收入增加了。但当税收规模再从(b)幅所示增大到(c)幅所示时,税收收入又减少了,这是因为税收的大幅度提高极大地缩小了市场规模。当税收极高时,税收收入将缩减为零,因为人们会完全停止买卖物品。

图8-6中的最后两幅总结了这些结论。在(d)幅中,我们看到,随着税收规模的扩大,无谓损失迅速增加。与此相比,(e)幅表示随着税收规模的扩大,税收收入先是随着税收规模增大而增加,但随着税收规模进一步增大,市场收缩也非常大,以至于税收收入开始减少。

专家看法
拉弗曲线

"现在减少美国联邦个人所得税在5年内比不减税会使国民收入增加。"

经济学家怎么说?

9% 不同意
48% 不确定
43% 同意

"现在减少美国联邦个人所得税在5年内比不减税会使总税收收入增加。"

0% 同意
4% 不确定
96% 不同意

资料来源:IGM Economic Experts Panel, June 26, 2012.

案例研究
拉弗曲线和供给学派经济学

1974年的一天,经济学家阿瑟·拉弗(Arthur Laffer)和一些著名记者及政治家在华盛顿的一家餐馆用餐。他拿来一块餐巾并在上面画了一个图来说明税率如何影响税收收入。这个图看起来很像图8-6中的(e)幅,接着拉弗提出,美国已处于这条曲线向下倾斜的一边上。他认为,税率如此之高,以至于降低税率实际上反而会增加税收收入。

大多数经济学家怀疑拉弗的建议。他们能接受的想法是,就经济理论而言,降低税率可以增加税收收入可能是正确的,但值得怀疑的是在实践中是否真的如此。还没有什么证据可以证明拉弗的观点,即美国的税率实际上已经达到了这种极端的水平。

但是,拉弗曲线(它因此而闻名)激发了罗纳德·里根的想象力。里根政府的第一任预算局局长David Stockman讲了这样一个故事:

> [里根]曾亲自经历过拉弗曲线所描述的情况。他总是说:"第二次世界大战期间我拍电影赚过大钱。"在那时,战时附加所得税高达90%。"你只拍四部电影就达到最高税率那一档了。"他继续说,"因此,我们都拍完四部电影就停止工作,并到乡下度假。"高税率使人们更少地工作,低税率使人们更多地工作。他的经历证明了拉弗曲线。

当里根1980年竞选总统时,他把减税作为其施政纲领的一部分。里根认为,税收如此之高,以至于不鼓励人们努力工作。他认为,减税将给人们适当的工作激励,这种激励又会提高经济福利,或许甚至可以增加税收收入。由于降低税率是要鼓励人们增加他们供给的劳动数量,所以拉弗和里根的观点就以供给学派经济学而闻名。

经济学家一直在争论拉弗的观点。许多经济学家认为,之后的历史否定了拉弗关于低税率可以增加税收收入的猜想。但是,由于历史可以有不同的解释,另一些经济学家则认为20世纪80年代的事件更支持供给学派。为了准确地评价拉弗的假说,我们需要在里根没有减税的前提下重演一遍历史,来看税收收入是高了还是低了。不幸的是,这个实验是不可能的。

在这个问题上,一些经济学家采取了中间立场。他们认为,虽然税率的全面降低通常会减少税收收入,但一些纳税人有时可能发现自己处于拉弗曲线不利的一边。在其他条件不变时,如果对面临最高税率的纳税人实施减税,减税可能增加税收收入。此外,当考虑税率比美国高得多的国家时,拉弗的观点也许更有说服力。例如,20世纪80年代初,瑞典一般工人面临的边际税率约为80%。这样高的税率确实严重不利于工作激励。研究表明,瑞典如果降低其税率,的确可以增加税收收入。

经济学家对这些问题看法不一致,部分是因为他们对相关弹性大小的看法不一致。在任何一个市场上,供给和需求越富有弹性,该市场上税收对人们行为的扭曲就越大,而且减税将增加税收收入的可能性越大。但是,经济学家对以下一般性结论是没有争议的:仅仅盯住税率并不能计算出税收变动会使政府收入增加或减少多少,后者还取决于税收变动如何影响人们的行为。

即问即答 如果政府将汽油税翻番,你能肯定汽油税的收入将增加吗?你能肯定汽油税的无谓损失将增加吗?解释原因。

8.4 结论

在本章中,我们运用前一章提出的工具来加深对税收的理解。第1章中讨论的经济学十大原理之一是,市场通常是组织经济活动的一种好方法。在第7章中,我们运用生产者剩余和消费者剩余的概念更为精确地阐释了该原理。本章我们说明了,当政府对一种物品的买者或卖者征税时,社会就损失了某些市场效率的好处。税收给市场参与者带来损失,不仅是因为税收将资源从市场参与者手中转到政府手中,还因为税收改变了激励,并扭曲了市场结果。

本章和第 6 章提供的分析会为你理解税收的经济影响打下一个良好的基础,但事情并未到此结束。微观经济学家研究如何最好地设计税制,包括如何达到平等与效率之间的适当平衡。宏观经济学家研究税收如何影响整个经济,以及决策者可以如何运用税制来稳定经济活动,并实现更快的经济增长。因此,随着你继续学习经济学,税收这个主题还会再次出现。

快速单选

1. 在哪一种情况下对一种物品征税会产生无谓损失?
   a. 消费者剩余和生产者剩余的减少大于税收收入。
   b. 税收收入大于消费者剩余和生产者剩余的减少。
   c. 消费者剩余的减少大于生产者剩余的减少。
   d. 生产者剩余的减少大于消费者剩余的减少。

2. Sofia 每周付给 Sam 50 美元的剪草坪费。当政府对 Sam 的剪草坪收入征收 10 美元的税时,他把价格提高到 60 美元。在这一较高价格时,Sofia 仍然雇用他。生产者剩余、消费者剩余和无谓损失的变化分别是多少?
   a. 0 美元,0 美元,10 美元
   b. 0 美元,−10 美元,0 美元
   c. 10 美元,−10 美元,10 美元
   d. 10 美元,−10 美元,0 美元

3. 鸡蛋的供给曲线是线性的,且向右上方倾斜;需求曲线是线性的,且向右下方倾斜。如果鸡蛋税从 2 美分增加到 3 美分,税收的无谓损失将_____。
   a. 增加 50% 以下,甚至有可能减少
   b. 正好增加 50%
   c. 增加 50% 以上
   d. 答案取决于供给和需求哪个更富有弹性

4. 花生酱有向右上方倾斜的供给曲线和向右下方倾斜的需求曲线。如果税收从每磅 10 美分增加到 15 美分,政府的税收收入将_____。
   a. 增加 50% 以下,甚至有可能减少
   b. 正好增加 50%
   c. 增加 50% 以上
   d. 答案取决于供给和需求哪个更富有弹性

5. 拉弗曲线说明,在某些情况下,政府可以对一种物品减税,并增加_____。
   a. 无谓损失
   b. 政府税收收入
   c. 均衡数量
   d. 消费者支付的价格

6. 如果决策者想通过对一种物品征税来增加收入而又减少无谓损失,那么他就应该找到一种需求弹性_____而供给弹性_____的物品。
   a. 小,小   b. 小,大
   c. 大,小   d. 大,大

内容提要

◎ 一种物品的税收使该物品买者与卖者的福利减少了,而且消费者剩余和生产者剩余的减少常常超过了政府筹集到的收入。总剩余——消费者剩余、生产者剩余和税收收入之和——的减少被称为税收的无谓损失。

◎ 税收带来无谓损失是因为它使买者少消费,使卖者少生产,而且这种行为变动使市场规模缩小到使总剩余最大化的水平之下。由于供给弹性和需求弹性衡量市场参与者对市场状况变动的反应程度,所以弹性越大意味着无谓损失越大。

◎ 税收增加越多,它对激励的扭曲越大,无谓损失也就越大。但由于税收减小了市场规模,税收收入不会一直增加。税收收入起初随着税收规模的扩大而增加,但如果税收规模达到足够大,税收收入就会开始下降。

关键概念

无谓损失

复习题

1. 当对一种物品征税时,消费者剩余和生产者剩余会发生怎样的变动?税收收入与消费者剩余和生产者剩余相比较如何?解释原因。
2. 画出对某种物品征收销售税的供求图。在图上注明无谓损失,标明税收收入。
3. 供给弹性与需求弹性如何影响税收的无谓损失?为什么会有这种影响?
4. 为什么专家们对劳动税无谓损失大小的看法不一致?
5. 当税收增加时,无谓损失和税收收入会发生怎样的变动?

问题与应用

1. 比萨饼市场的特征是需求曲线向右下方倾斜,供给曲线向右上方倾斜。
    a. 画出竞争市场的均衡图。标出价格、数量、消费者剩余和生产者剩余。存在无谓损失吗?解释原因。
    b. 假设政府令每个比萨饼店每卖出一个比萨饼缴纳 1 美元税。说明这种税对比萨饼市场的影响,确定并标出消费者剩余、生产者剩余、政府收入及无谓损失。每块面积与税前相比有何变动?
    c. 如果取消税收,比萨饼买者和卖者的状况会变好,但政府会失去税收收入。假设消费者和生产者自愿把他们的部分收入交给政府。各方(包括政府)的状况能比有税收时更好吗?用你的图上所标出的面积做出解释。
2. 评价以下两句话。你同意吗?为什么?

a. "一种没有无谓损失的税收不能为政府筹集任何收入。"

b. "不能为政府筹集收入的税收不会有任何无谓损失。"

3. 考虑橡皮筋市场。

   a. 如果这个市场供给非常富有弹性,而需求非常缺乏弹性,橡皮筋的税收负担将如何在消费者和生产者之间分摊?运用消费者剩余和生产者剩余工具来回答。

   b. 如果这个市场供给非常缺乏弹性,而需求非常富有弹性,橡皮筋的税收负担将如何在消费者和生产者之间分摊?把你的答案和 a 的答案进行对比。

4. 假设政府征收燃油税。

   a. 这种税的无谓损失是在征税后第一年大,还是第五年大?解释原因。

   b. 从这种税中得到的收入是在征税后第一年多,还是第五年多?解释原因。

5. 有一天在上完经济学课以后,你的朋友建议说:对食物征税是筹集收入的一个好方法,因为食物的需求是相当缺乏弹性的。从什么意义上说,对食物征税是筹集税收收入的"好"方法?从什么意义上说,它并不是筹集税收收入的"好"方法?

6. 前纽约州参议员 Daniel Patrick Moynihan 曾经提出一个法案,该法案要对某种空心子弹征收 10 000% 的税。

   a. 你认为这种税能筹集到大量税收收入吗?为什么?

   b. 即使这种税不能筹集到税收收入,Moynihan 参议员为什么还要提议征收这种税呢?

7. 政府对购买袜子征税。

   a. 说明这种税对袜子市场的均衡价格和均衡数量的影响。确定在征税前后的以下面积:消费者总支出、生产者总收益和政府税收收入。

   b. 生产者得到的价格上升了还是下降了?你能判断出生产者的总收益增加了还是减少了吗?解释原因。

   c. 消费者支付的价格上升了还是下降了?你能判断出消费者的总支出增加了还是减少了吗?详细解释。(提示:考虑弹性。)如果消费者总支出减少了,消费者剩余增加了吗?解释原因。

8. 本章分析了对物品征税的福利影响。现在考虑相反的政策。假定政府补贴一种物品:每销售 1 单位该物品,政府向买者支付 2 美元。该补贴如何影响消费者剩余、生产者剩余、税收收入和总剩余?补贴会引起无谓损失吗?解释原因。

9. 小镇的旅馆房间价格为每天每间 100 美元,一般每天租出去 1 000 个房间。

   a. 为了筹集收入,市长决定对旅馆每个租出去的房间收取 10 美元的税。在征税之后,旅馆房间的价格上升到 108 美元,租出去的房间减少为 900 个。计算这种税为小镇筹集到多少收入,以及税收的无谓损失。(提示:三角形的面积是 1/2 × 底 × 高。)

   b. 市长现在把税收翻一番,即增加到 20 美元。价格上升到 116 美元,租出去的房间减少为 800 个。计算税收增加后的税收收入和无谓损失。它们是等于、大于,还是小于原来的两倍?解释原因。

10. 假设某个市场可由以下供给和需求方程来描述:

$$Q^S = 2P$$

$$Q^D = 300 - P$$

   a. 求解均衡价格和均衡数量。

   b. 假设对买者征收税收 T,因此新的需求方程式是:

$$Q^D = 300 - (P + T)$$

   求解新的均衡。卖者得到的价格、买者支付的价格和销售量会发生什么变动?

c. 税收收入是 $T \times Q$。用你对问题 b 的答案求解作为 T 的函数的税收收入。画出 T 在 0—300 之间时这种关系的图形。

d. 税收的无谓损失是供给曲线和需求曲线之间三角形的面积。回忆一下,三角形的面积是 1/2 × 底 × 高,以此求解作为 T 的函数的无谓损失。画出 T 在 0—300 之间时这种关系的图形。(提示:从侧面看,无谓损失三角形的底是 T,高是有税收时的销售量与无税收时的销售量之差。)

e. 现在政府对每单位该物品征收 200 美元的税。这是一种好政策吗?为什么?你能提出更好的政策吗?

第9章
应用:国际贸易

如果你看一下你所穿衣服的标签,你也许会发现,你的一些衣服是别的国家生产的。一个世纪前,纺织业和服装业曾是美国经济的主要部门,但现在情况已经改变了。美国的许多企业发现,由于面临可以以低成本生产高质量物品的外国竞争者,要通过生产并销售纺织品和服装来获得利润已经越来越困难了。因此,它们解雇了工人,并关闭了工厂。今天,美国人消费的大部分纺织品和服装都是从国外进口的。

纺织业的故事提出了一个有关经济政策的重要问题:国际贸易如何影响经济福利?在各国间的自由贸易中谁受益?谁受损?如何比较收益和损失?

第3章运用比较优势原理介绍了关于国际贸易的研究。根据这一原理,各国都可以从相互贸易中获益,因为贸易使每个国家都可以专门从事自己最擅长的活动。但第3章的分析是不完全的,它没有解释在国际市场上如何实现这种贸易的好处,或者这些好处如何在各个经济参与者之间进行分配。

现在我们转向对国际贸易的研究并解决这些问题。在前几章中,我们提出了许多分析市场如何运行的工具:供给、需求、均衡、消费者剩余和生产者剩余等。我们可以用这些工具来更多地了解国际贸易如何影响经济福利。

9.1 决定贸易的因素

我们来看纺织品市场。纺织品市场很适于用来考察国际贸易的得失:世界上许多国家都生产纺织品,而且纺织品的国际贸易量也很大。此外,纺织品市场是决策者经常考虑(而且有时确实会实施)贸易限制,以便保护国内生产者免受外国竞争的一个市场。我们这里考察一个假想的 Isoland 国的纺织品市场。

9.1.1 没有贸易时的均衡

我们首先假设,Isoland 国的纺织品市场与世界其他地方是相隔离的。根据政府法令,Isoland 国不允许任何一个人进口或出口纺织品,而且违背该法令的惩罚非常严厉,以至于没有一个人敢违法去这样做。

因为没有国际贸易,所以 Isoland 国的纺织品市场由 Isoland 国的买者和卖者组成。如图 9-1 所示,国内价格会自发调整,使国内卖者的供给量与国内买者的需求量达到平衡。图中显示了在没有国际贸易的均衡时的消费者剩余和生产者剩余。消费者剩余和生产者剩余之和衡量买者和卖者从参与纺织品市场中得到的总利益。

图 9-1 没有国际贸易时的均衡

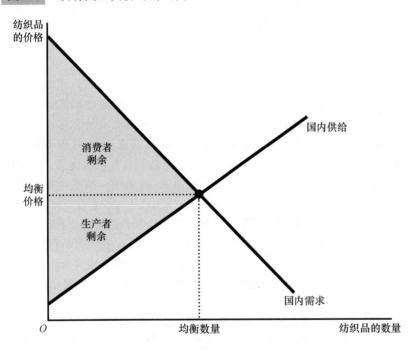

当一个经济不能在世界市场上进行贸易时,价格会自发调整,使国内供给与需求达到平衡。这个图表示在假想的 Isoland 国纺织品市场上,在没有国际贸易的均衡时的消费者剩余和生产者剩余。

现在假设在一次政局变动中,Isoland 国选出了一位新总统。新总统在参选时以"变革"为竞选纲领,并向选民承诺会大胆提出新思想。他的第一个行动是组织了一个经济学家小组来评估 Isoland 国的贸易政策,并要求这些经济学家就以下三个问题呈出报告:

- 如果政府允许 Isoland 国进口和出口纺织品,那么国内纺织品市场的纺织品价格和纺织品销售量会发生什么变动?
- 谁将从纺织品的自由贸易中获益?谁将遭受损失?好处会大于损失吗?
- 应该把关税(对纺织品进口征税)作为新贸易政策的一部分吗?

在复习了他们最喜爱的教科书(当然,就是本书)中关于供给与需求的知识之后,Isoland 国的经济学家小组开始进行分析。

9.1.2 世界价格和比较优势

经济学家要解决的第一个问题是:Isoland 国会成为一个纺织品进口国还是纺织品出口国?换句话说,如果允许自由贸易,Isoland 国最后会在世界市场上买纺织品还是卖纺织品?

为了回答这个问题,经济学家对现在 Isoland 国的纺织品价格和其他国家的纺织品价格进行了比较。我们把世界市场上通行的价格称为**世界价格**(world price)。如果纺织品的世界价格高于国内价格,那么一旦允许贸易,Isoland 国就会成为一个纺织品出口国。Isoland 国的纺织品生产者渴望得到国外的高价格,并开始向其他国家的买者出售他们的纺织品。相反,如果纺织品的世界价格低于国内价格,那么 Isoland 国就将成为一个纺织品进口国。由于外国卖者提供了更好的价格,Isoland 国的纺织品消费者将很快开始购买其他国家的纺织品。

世界价格:
一种物品在世界市场上通行的价格。

从本质上说,比较贸易之前的世界价格和国内价格可以说明 Isoland 国在生产纺织品方面有没有比较优势。国内价格反映纺织品的机会成本:它告诉我们,Isoland 国为了得到一单位纺织品必须放弃多少其他东西。如果国内价格低,即 Isoland 国生产纺织品的成本低,这表明相对于世界上其他国家而言,Isoland 国在生产纺织品上具有比较优势。如果国内价格高,即 Isoland 国生产纺织品的成本高,这表明外国在生产纺织品上具有比较优势。

正如我们在第 3 章中说明的,各国之间的贸易最终要建立在比较优势的基础之上。这就是说,贸易之所以是互惠的,是因为它使各国可以专门从事自己最擅长的活动。通过比较贸易之前的世界价格和国内价格,我们可以确定 Isoland 国比世界其他国家更擅长还是更不擅长生产纺织品。

即问即答 Autarka 国不允许国际贸易。在 Autarka 国,你可以用 3 盎司黄金买一件羊毛套装。同时,你在邻国可以用 2 盎司黄金买一件同样的羊毛套装。如果 Autarka 国打算允许自由贸易,它将进口还是出口羊毛套装?为什么?

9.2 贸易的赢家和输家

为了分析自由贸易的福利影响,Isoland 国的经济学家假设,与世界其他国家相比,Isoland 国是一个小型经济。这一小型经济假设意味着

Isoland 国的行为对世界市场的影响微不足道。具体来说就是,Isoland 国贸易政策的任何变化都不会影响纺织品的世界价格。可以说 Isoland 人在世界经济中是价格接受者。这就是说,他们把纺织品的世界价格当作是既定的。Isoland 可以通过以这种价格出售纺织品而成为纺织品的出口国,也可以通过以这种价格购买纺织品而成为纺织品的进口国。

小型经济假设并不是分析从世界贸易中受益或受损时所必需的。但 Isoland 国的经济学家从经验(以及阅读本书第 2 章)中知道,做出简单化假设是构建一个有用的经济模型的关键部分。Isoland 国是小型经济的假设大大简化了分析,而且在更为复杂的大型经济的情况下,其基本结论并不会改变。

9.2.1 出口国的得失

图 9-2 表示当贸易前国内均衡价格低于世界价格时 Isoland 国的纺织品市场。一旦允许自由贸易,国内价格上升到等于世界价格。没有一个纺

图 9-2 一个出口国的国际贸易

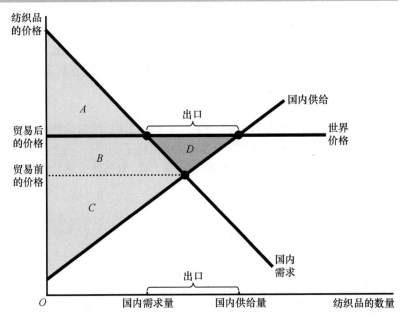

	贸易前	贸易后	变动
消费者剩余	$A+B$	A	$-B$
生产者剩余	C	$B+C+D$	$+(B+D)$
总剩余	$A+B+C$	$A+B+C+D$	$+D$

面积 D 表示总剩余的增加,并代表贸易的收益。

一旦允许贸易,国内价格就上升到等于世界价格的水平。供给曲线表示国内生产的纺织品量,需求曲线表示国内消费的纺织品量。Isoland 国的出口等于世界价格时国内供给量与国内需求量之间的差额。卖者的状况变好了(生产者剩余从 C 增加到 $B+C+D$),而买者的状况变坏了(消费者剩余从 $A+B$ 减少为 A)。总剩余的增加量等于面积 D,表明贸易增加了该国家作为一个整体的经济福利。

织品卖者会接受低于世界价格的价格,没有一个买者会支付高于世界价格的价格。

在国内价格上升到等于世界价格之后,国内的供给量就不等于国内的需求量了。供给曲线表示 Isoland 国的卖者供给的纺织品量。需求曲线表示 Isoland 国的买者需要的纺织品量。由于国内供给量大于国内需求量,Isoland 国向其他国家出售纺织品。这样,Isoland 国就成为一个纺织品出口者。

虽然国内供给量与国内需求量不同,但纺织品市场仍然是均衡的,因为现在有其他的市场参与者——世界其他国家。可以认为世界价格时的水平线代表世界其他国家的纺织品需求。这条需求曲线是完全富有弹性的,因为 Isoland 国作为一个小型经济,可以以世界价格销售它想销售的任何数量的纺织品。

现在考虑开放贸易的得失。显而易见,并不是每一个人都受益。贸易迫使国内价格上升到世界价格。国内纺织品生产者的状况变好了,因为他们现在可以以更高的价格出售纺织品,但国内纺织品消费者的状况变糟了,因为他们现在不得不以较高的价格购买纺织品。

为了衡量这种得失,我们来看一下消费者剩余和生产者剩余的变动。在允许贸易前,纺织品价格自发调整,使国内供给与国内需求达到平衡。消费者剩余,即需求曲线和贸易前价格之间的面积是 $A+B$。生产者剩余为供给曲线和贸易前价格之间的面积 C。贸易前总剩余,即消费者剩余与生产者剩余之和,是面积 $A+B+C$。

在允许贸易以后,国内价格上升到世界价格。消费者剩余减少为面积 A(需求曲线和世界价格之间的面积),生产者剩余增加为面积 $B+C+D$(供给曲线和世界价格之间的面积),因此,有贸易时的总剩余是面积 $A+B+C+D$。

这些福利计算说明了在一个出口国中,谁从贸易中受益,谁从贸易中受损。卖者受益,因为生产者剩余增加了面积 $B+D$;买者受损,因为消费者剩余减少了面积 B。因为卖者的收益大于买者的损失,差额是面积 D,所以,Isoland 国的总剩余增加了。

上述对出口国的分析得出了以下两个结论:

- 当一国允许贸易并成为一种物品的出口者时,国内该物品生产者的状况变好了,而国内该物品消费者的状况变坏了。
- 从赢家收益超过了输家损失的意义上说,贸易使一国的经济福利增加了。

9.2.2 进口国的得失

现在假设贸易前国内价格高于世界价格。同样,一旦允许贸易,国内价格就必然等于世界价格。如图 9-3 所示,国内供给量小于国内需求量。

国内需求量与国内供给量之间的差额要通过向其他国家购买来填补,从而 Isoland 国成为一个纺织品进口者。

图 9-3 一个进口国的国际贸易

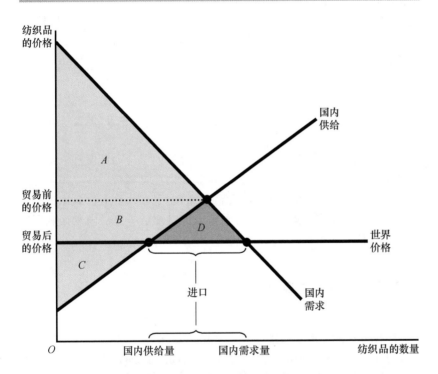

	贸易前	贸易后	变动
消费者剩余	A	$A+B+D$	$+(B+D)$
生产者剩余	$B+C$	C	$-B$
总剩余	$A+B+C$	$A+B+C+D$	$+D$

面积 D 表示总剩余增加,并代表贸易的收益。

一旦允许贸易,国内价格就下降到等于世界价格的水平。供给曲线表示国内产量,而需求曲线表示国内消费量。进口等于世界价格时国内需求量与国内供给量的差额。买者的状况变好(消费者剩余从 A 增加到 $A+B+D$),而卖者的状况变坏(生产者剩余从 $B+C$ 减少到 C)。总剩余增加了面积 D,表明贸易增加了该国家作为一个整体的经济福利。

在这种情况下,世界价格时的水平线代表世界其他国家的供给。这条供给曲线完全有弹性,因为 Isoland 国是一个小型经济,因此可以以世界价格买到它想买的任何数量的纺织品。

现在考虑贸易的得失。同样,并非每一个人都受益。当贸易迫使国内价格下降时,国内消费者的状况变好了(他们现在能以较低的价格买到纺织品),而国内生产者的状况变坏了(他们现在不得不以较低的价格出售纺织品)。消费者剩余和生产者剩余的变动衡量得失的大小。允许贸易前,消费者剩余是面积 A,生产者剩余是面积 $B+C$,而总剩余是面积 $A+B+C$;允许贸易以后,消费者剩余是面积 $A+B+D$,生产者剩余是面积 C,而总剩余是面积 $A+B+C+D$。

这些福利计算说明了在一个进口国中,谁从贸易中受益,谁从贸易中受损。买者受益,因为消费者剩余增加了面积 B + D;卖者受损,因为生产者剩余减少了面积 B。买者的收益超过了卖者的损失,总剩余增加了面积 D。

上述对进口国的分析得出了两个与出口国情况相类似的结论:

- 当一国允许贸易并成为一种物品的进口者时,国内该物品消费者的状况变好了,而国内该物品生产者的状况变坏了。
- 从赢家收益超过了输家损失的意义上说,贸易使一国的经济福利增加了。

在完成了对贸易的分析之后,我们可以更好地理解第 1 章中的经济学十大原理之一:贸易可以使每个人的状况都变得更好。如果 Isoland 国允许它的纺织品市场参与到国际贸易中,无论最后 Isoland 国是出口还是进口纺织品,这种变动都会产生赢家和输家。但是,在这两种情况下,赢家的收益都大于输家的损失,因此,赢家可以对输家进行补偿,补偿之后赢家的状况仍然是比以前更好。从这种意义上说,贸易可以使每个人的状况都变得更好。但贸易将使每个人的状况都变得更好吗?也许并不一定。在现实中,对国际贸易中输家的补偿是很少的。如果没有这种补偿,一个经济向世界开放就是一种扩大经济蛋糕规模的政策,但这一政策也可能会使一些经济参与者得到的蛋糕变小了。

现在我们可以知道,为什么关于贸易政策的争论如此激烈。每当一种政策创造了赢家和输家时,政治斗争就开始登上舞台。一些国家有时不能享受到贸易的好处,是因为自由贸易的输家在政治上比赢家更有组织性。输家可能团结起来,为实行关税或进口配额等贸易限制而利用政治影响力进行游说。

9.2.3 关税的影响

关税:
对在国外生产而在国内销售的物品征收的一种税。

Isoland 国的经济学家接下来考虑**关税**(tariff)——对进口物品征收的一种税——的影响。经济学家很快认识到,如果 Isoland 国成为一个纺织品出口国,那么对纺织品征收关税没有影响。如果 Isoland 国没有人对进口纺织品感兴趣,那么对纺织品进口征收关税也无关紧要。只有在 Isoland 国成为一个纺织品进口国时,关税才是重要的。经济学家把注意力集中在这种情况上,比较了有关税时和没有关税时的福利。

图 9-4 表示 Isoland 国的纺织品市场。在自由贸易下,国内价格等于世界价格。关税使进口纺织品的价格提高到世界价格之上,其增加量等于关税。那些与进口纺织品供给者竞争的国内纺织品供给者现在能以世界价格加关税量出售他们的纺织品。因此,纺织品——进口纺织品和国内纺织品——的价格上升了,上升幅度等于关税量,从而更接近于没有贸易时的均衡价格。

图 9-4 关税的影响

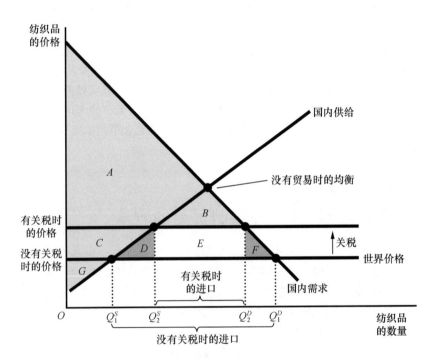

	关税前	关税后	变动
消费者剩余	$A+B+C+D+E+F$	$A+B$	$-(C+D+E+F)$
生产者剩余	G	$C+G$	$+C$
政府收入	无	E	$+E$
总剩余	$A+B+C+D+E+F+G$	$A+B+C+E+G$	$-(D+F)$

面积 $D+F$ 表示总剩余的减少,并代表关税的无谓损失。

关税减少了进口量,并使市场向没有贸易时的均衡移动。总剩余的减少量等于面积 $D+F$。这两个三角形代表关税的无谓损失。

国内买者与卖者的行为受到价格变动的影响。由于关税提高了纺织品价格,它使国内需求量从 Q_1^D 减少为 Q_2^D,使国内供给量从 Q_1^S 增加到 Q_2^S。因此,关税减少了进口量,并使国内市场向没有贸易时的均衡移动。

现在考虑关税的得失。由于关税提高了国内价格,国内卖者的状况变好了,而国内买者的状况变坏了。此外,政府筹集到了收入。为了衡量这些得失,我们观察消费者剩余、生产者剩余和政府收入的变动。图 9-4 中的表格总结了这些变动。

在征收关税之前,国内价格等于世界价格。消费者剩余,即需求曲线与世界价格之间的面积,是面积 $A+B+C+D+E+F$。生产者剩余,即供给曲线与世界价格之间的面积,是面积 G。政府收入等于零。总剩余,即消费者剩余、生产者剩余和政府收入之和,是面积 $A+B+C+D+E+F+G$。

一旦政府征收关税,国内价格上升到世界价格之上,其高出量就是关税。现在消费者剩余是面积 $A+B$。生产者剩余是面积 $C+G$。政府收入等于有关税后的进口量乘以关税规模,是面积 E。因此,有关税时的总剩余是面积 $A+B+C+E+G$。

为了确定关税的总福利影响,我们把消费者剩余的变动(为负)、生产者剩余的变动(为正)和政府收入的变动(为正)相加。我们发现市场总剩余减少了面积 $D+F$。这种总剩余的减少称为关税的无谓损失。

关税会引起无谓损失,是因为关税是一种税。与大部分税收一样,它扭曲了激励,并使稀缺资源配置背离了最优水平。在这种情况下,我们可以确定两种效应:首先,当关税使国内纺织品价格高于世界价格时,它就鼓励国内生产者把产量从 Q_1^S 增加到 Q_2^S。尽管生产这些增加的纺织品的成本大于按世界价格购买这些纺织品的成本,但关税使得国内生产者生产这些纺织品还是有利可图的。其次,当关税提高了国内纺织品消费者不得不支付的价格时,它就鼓励这些消费者把纺织品的消费量从 Q_1^D 减少到 Q_2^D。尽管国内消费者对这些增加的纺织品的评价高于世界价格,但关税也导致了他们减少购买。面积 D 代表纺织品过度生产的无谓损失,而面积 F 代表纺织品消费不足的无谓损失。关税的总无谓损失是这两个三角形的面积之和。

参考资料
进口配额:另一种限制贸易的方法

除了关税之外,有时各国限制国际贸易的另一种方法是对进口某种物品的数量实行限制。在本书中,我们对这种政策不做具体分析,仅仅是给出结论:进口配额和关税很相似。无论是关税还是进口配额,它们都减少了进口品的数量,提高了该物品的国内价格,减少了国内消费者的福利,增加了国内生产者的福利,并引起无谓损失。

这两种贸易限制之间的唯一差别是:关税增加了政府的收入,而进口配额为那些得到进口许可证的人创造了剩余。进口许可证持有者的利润是国内价格(他出售进口物品的价格)和世界价格(他购买这些物品的价格)之间的差额。

如果政府对进口许可证收费,关税和进口配额就更相似了。假定政府确定的许可证费等于国内价格与世界价格之间的差额。在这种情况下,许可证持有者的所有利润都要以许可证费的形式交给政府,进口配额的作用与关税完全相同。在这两种政策下的消费者剩余、生产者剩余以及政府收入完全相等。

但是,实际上,用进口配额限制贸易的国家很少采用出售进口许可证的做法。例如,美国政府有时施加压力让日本"自愿"限制日本汽车在美国的销售。在这种情况下,日本政府把进口许可证分配给日本企业,从而这些许可证所带来的剩余就归这些企业所有。从美国经济福利的角度说,这种进口配额的方式比向进口汽车征收关税更糟。关税和进口配额都提高了价格,限制了贸易,并引起无谓损失,但关税至少能给美国政府带来收入,而不是给外国生产者带来利润。

9.2.4 贸易政策的结论

Isoland 国经济学家小组现在可以给新总统写一封信:

亲爱的总统阁下:

您向我们提出了三个有关开放贸易的问题。在经过大量艰苦的研究工作后,我们得出了答案。

问题1:如果政府允许本国进口和出口纺织品,国内纺织品市场的纺织品价格和纺织品销售量会发生什么变动?

回答:一旦允许贸易,Isoland 国的纺织品价格将被推动到等于全世界通行价格的水平。

如果现在世界价格高于 Isoland 国的价格,我们的价格将上升。较高的价格会减少 Isoland 人的纺织品消费量,并增加 Isoland 人的纺织品生产量。因此,Isoland 国将成为一个纺织品出口者。之所以会出现这种情况,是因为此时的 Isoland 国在生产纺织品上有比较优势。

相反,如果现在世界价格低于 Isoland 国的价格,我们的价格将下降。较低的价格会增加 Isoland 人的纺织品消费量,并减少 Isoland 人的纺织品生产量。因此,Isoland 国将成为一个纺织品进口者。之所以会出现这种情况,是因为此时的其他国家在生产纺织品上有比较优势。

问题2:谁将从纺织品的自由贸易中获益?谁将受损?好处会大于损失吗?

回答:答案取决于允许贸易后价格是上升还是下降。如果价格上升,则纺织品生产者受益,纺织品消费者受损;如果价格下降,则纺织品消费者受益,纺织品生产者受损。在这两种情况下,收益都超过了损失,因此自由贸易会增加 Isoland 人的总福利。

问题3:应该把关税作为新贸易政策的一部分吗?

回答:只有当 Isoland 国成为纺织进口国时,关税才有影响。在这种情况下,关税使经济接近于没有贸易时的均衡,而且,它与大多数税收一样,也会产生无谓损失。虽然关税改善了国内生产者的福利,并增加了政府收入,但这些收益不足以弥补消费者的福利损失。从经济效率的角度看,最好的政策是允许无关税的贸易。

我们希望以上答案对您制定新政策会有所帮助。

您忠实的仆人

Isoland 国经济学家小组

9.2.5 国际贸易的其他好处

Isoland 国经济学家小组的结论是基于标准的国际贸易分析。他们的分析使用了经济学教科书中最基本的工具：供给、需求、生产者剩余和消费者剩余。它表明，当一国开放贸易时，有赢家也有输家，但赢家的收益大于输家的损失。

但是，支持自由贸易的理由还不止这些，因为除了标准分析所强调的好处之外，贸易还会带来其他一些经济好处。这里简要地列出其中一些。

- 增加了物品的多样性：不同国家生产的物品并不完全相同。例如，德国的啤酒与美国的啤酒并不完全相同。自由贸易使所有国家的消费者都拥有了更多的选择。
- 通过规模经济降低了成本：一些物品只有在大量生产时才能以低成本生产，这种现象被称为规模经济。如果一个小国的企业只在很小的国内市场上销售产品，那么它就不能充分利用规模经济。自由贸易使企业可以进入更大的世界市场，并使企业可以更充分地实现规模经济。
- 促进了竞争：一个避开了外国竞争者的公司更可能拥有市场势力，这又使其能把价格提高到竞争性水平之上。这是一种市场失灵。开放贸易促进了竞争，并使看不见的手有了施展其魔力的更好机会。
- 加强了思想交流：技术进步在世界范围内的转移通常被认为是与含有这些技术进步的物品的国际贸易相关的。例如，对一个贫穷的农业国家来说，了解电脑革命的最好方法是从国外购买一些电脑，而不是努力在国内生产电脑。

因此，自由的国际贸易增加了可供消费者选择的物品的多样性，使企业可以利用规模经济，使市场更具竞争性，并有助于技术扩散。如果 Isoland 国的经济学家把这些影响也考虑进去，那么他们给总统的建议就会更有力。

即问即答 画出 Autarka 国羊毛套装的供给曲线与需求曲线。当允许贸易时，一件羊毛套装的价格从 3 盎司黄金下降为 2 盎司黄金。在你画的图中，标明消费者剩余的变动、生产者剩余的变动和总剩余的变动。羊毛套装进口关税将如何改变上述结果？

新闻摘录
把贸易作为经济发展的工具

自由的国际贸易能够帮助世界上最穷的居民。

安迪·沃霍尔的公共政策指南
Arthur C. Brooks

我经常问我在公共政策领域的同行们,他们的灵感从何而来。自由主义者常常说是约翰·F.肯尼迪,而保守派通常会引用罗纳德·里根的名言。我个人则更喜欢艺术家安迪·沃霍尔,他的名言是:"我喜欢单调沉闷的东西。"他指的当然是艺术。但这句感性的表达里也隐含着可信赖的公共政策指南。

沃霍尔的作品将生活里的"单调沉闷"之物升华出抽象之美。最典型的例子就是他画的金宝汤罐头。对此有些人嗤之以鼻,但那些愿意认真去看的人就能够发现沃霍尔到底是什么意思。这就和18世纪的中国佛教哲学家庞居士说的一句古老禅语一样:"挑水担柴,无非妙道。"

沃霍尔的深刻洞见常为世人所缺。这并不是因为人们笨,只是因为我们的大脑天生就会忽略平凡俗事而关注于新奇之物。这是非常重要的生存适应能力:为了辨识出猎物,你必须忽略不断沙沙作响的树叶,从而才能注意到树枝的突然异动。

沃霍尔认为消除这种认知上的偏见能够让我们领略到更多的美。这也能带来更好的公共政策,特别是在消除贫困的问题上。比如说在热带国家的公共卫生领域,我们的注意力十分自然地被最新、最炫、最贵的创新技术所吸引,但许多专家坚持认为,其实便宜、平淡无奇的蚊帐在防控疟疾方面最有效。尽管蚊帐具有救命的功能,但这种平淡无奇的物品还是长期供给不足。

再仔细看看美国国内。人们总是乐于想方设法把一些花哨的技术送到贫困的学龄儿童手中。实际上,让孩子们跟得上学业的最好方法是想办法让他们去上课。

不过沃霍尔原则在公共政策中的最佳应用例子是国际贸易。如果我们的目标是通过发展来消除贫困,那么贸易比任何花哨的发展项目都强大得多。制造物品并使其自由交易的简单平凡之美是历史上最佳的反贫困利器。

二十多年来,全球贫困率基本上每年降低一个百分点。这就是说,每年大约有七千万人——相当于土耳其或泰国的全部人口——摆脱了贫困。因此加起来,自1990年以来,全球大约有十亿人摆脱了贫困。

为什么能够实现这样的成就呢?其实这既不靠联合国也不靠外国援助。用《耶鲁全球在线》(*Yale Global Online*)的话来说,这是"大型开放新兴经济体运用跨境供应链带来的高增长溢出效应"。用通俗的话来说,这意味着贫穷国家运用了自由贸易。

你手上的马克杯写着"中国制造",这就是自20世纪80年代以来中国有6.8亿人口摆脱了绝对贫困的部分原因。并不是跨国技术巨头的大规模合作或者货款带来了这种变化。而是因为中国进行了经济改革,人们开始制造物品,并装上货船,送到美国来卖,卖给你。自由贸易的批评者经常说,开放经济会带来剥削或环境恶化。这些的确是严峻的问题。但贸易保护主义绝不能解决这一问题。遏制贸易有利于保护根深蒂固的国内利益,但不利于帮助世界范围内的穷人。

那么,怎么看待贸易加剧了收入不平等这类说法呢?这类说法是错误的。世界银行和卢森堡收入研究中心(Luxembourg Income Study Center, LIS)的经济学家已经证实,从世界全局来看,过去的二十年间,收入不平等状况已经得到改善。这主要是由于发展中国家从全球化中得到了收入增长……

幸运的是,奥巴马总统了解贸易的好处,并且正在努力促成最新的国际贸易条约——"跨太平洋伙伴关系协定"(Trans-Pacific Partnership, TPP)。TPP将消除北美、南美和东亚国家之间的贸易壁垒,有利于所有国家,也有利于富人和穷人。总统不惜与他自己党内(以及反对党)的反对者针锋相对,令人敬佩。幸运的话,今年春天或夏天,TPP将在参众两院通过,并由总统签署。

当然,贸易不能解决所有问题。世界还需要民主、安全等。但在这个充满了诡异奇思和鸡毛蒜皮的政策领域中,自由贸易正如沃霍尔的沉闷之美一样,恰恰是我们所需要的。致力于帮助他人的美国人必须坚定支持自由贸易,无须妥协或辩解。

资料来源: From The New York Times. © [2015] The New York Times Company. All rights reserved. Used under license.

9.3 各种限制贸易的观点

经济学家小组的信开始说服Isoland国的新总统考虑允许纺织品贸易。他注意到,国内价格现在比世界价格高。因此,自由贸易将引起纺织品价格下降,并损害国内纺织品生产者的利益。在实施新政策之前,他请Isoland国的纺织品公司评论经济学家的建议。

毫不奇怪,纺织品公司反对纺织品自由贸易。他们认为,政府应该保护国内纺织品行业免受国外竞争。我们看一下他们可能用来支持自己立场的一些观点,并考虑经济学家小组会对此做出什么反应。

9.3.1 工作岗位论

自由贸易的反对者经常争辩说,与其他国家进行贸易消灭了国内的一些工作岗位。在我们的例子中,纺织品的自由贸易将引起纺织品价格下降,这就使 Isoland 国的纺织品产量减少,从而减少了 Isoland 国纺织品行业的就业。一些 Isoland 国的纺织品工人将会因此失业。

但自由贸易在消灭了一些工作岗位的同时,也创造了其他一些工作岗位。当 Isoland 人从其他国家购买纺织品时,这些国家得到了可以用来购买 Isoland 国其他物品的资源。Isoland 国的工人可以从纺织品行业流动到 Isoland 国有比较优势的行业。虽然这种转变在短期中可能会给一些工人带来困难,但它使 Isoland 国的人们作为一个整体可以享有更高的生活水平。

贸易的反对者通常对贸易创造了工作岗位持怀疑态度。他们会反驳说,每一件东西都可以在国外更便宜地进行生产。他们会争辩说,在自由贸易之下,Isoland 人在任何一个行业中就业都可能是不利的。但正如第 3 章所解释的,贸易的好处是基于比较优势,而不是绝对优势。即使一国在生产每一种物品上都比另一国有优势,两个国家也仍然能从相互贸易中获益。每个国家的工人最终都会在该国有比较优势的行业中找到工作岗位。

■ 新闻摘录
自由贸易的赢家应该补偿输家吗

政治家和评论员们经常说,政府应该帮助那些由于国际贸易而状况变坏的工人,比如为他们支付再培训费用。在这篇评论文章中,一位经济学家做出了相反的判断。

当你进行自由贸易时,你期望什么
Steven E. Landsburg

所有经济学家都知道,当美国人的一些工作岗位被外包到海外时,美国人作为一个整体是净赢家。我们得到低价格物品的利益足以补偿我们因工资降低而失去的利益。换言之,赢家完全可以承担得起对输家的补偿。但这就意味着他们必须这样做吗?这就会带来由纳税人对再培训计划进行补贴的道德义务吗?

嗯……不。即便你刚刚失去工作,为此就谴责你从出生以来就处于生存水平线上的现象还是有些粗鲁的。如果这个世界由于让你忍受贸易的负面影响而对你有所亏欠,那么你是否也因享受了贸易的正面影响而亏欠了这个世界呢?

我怀疑地球上还有什么人没能从与邻居自由贸易的机会中获益。设

想一下,如果你必须自己种粮食,自己做衣服,而且要依靠你祖母的家庭疗法来治病,那么你的生活会变成什么样子。认识一个有经验的医师可能会减少你对祖母的家庭疗法的需求,但是——尤其是在你祖母这个年龄——有一个医生对她来说还是要好很多。

有些人认为,把一个新的贸易机会或自由贸易协定的道德影响区别看待是说得通的。的确,我们有不少公民的利益因这些协定而受损,但除了这种情况,至少在有限的意义上,在一个贸易繁荣的世界中,他们的状况已经变得更好了。我们亏欠这些公民什么呢?

思考这个问题的一种方法是问问在类似的情况下你的道德直觉是怎样的。假设你在当地药店买了许多年洗发水之后,发现可以在网上以更少的钱订购同样的洗发水,你有责任补偿药店老板吗?如果你搬到了更便宜的公寓,你应该补偿原来的房东吗?当你在麦当劳吃饭时,你应该补偿旁边一家餐馆的老板吗?公共政策的设计不应提倡那些我们在日常生活中会拒绝的道德直觉。

那么,被取代的工人与被取代的药店老板或被取代的房东在道义上有什么不同呢?你可能会争辩说,药店老板和房东一直以来就面临激烈的竞争,因此对未来的状况有所了解,而几十年的关税和配额使制造业工人预期会受到一点保护。这种预期促使他们去培养某些技能,而现在把他们从保护伞之下拉出来是不公平的。

同样,这种观点与我们的日常直觉并不一致。几十年来,校园恶霸一直是个有利可图的行当。在全美国,这些恶霸也形成了他们自己的技能,以便更好地获利。如果我们强化了校园规则,使得恶霸无利可图,难道我们应该补偿这些恶霸吗?

恶霸和贸易保护主义有许多共同之处。他们都用暴力(直接地或借助于法律的力量)使某些人致富,而却使你付出了非自愿的损失。如果你被迫向美国人支付每小时 20 美元来购买本可以以每小时 5 美元从墨西哥人那里买来的物品,那么你就被敲诈了。当一项自由贸易协定最终允许你购买墨西哥人的东西时,你应该为你的自由而感到高兴。

Landsburg 先生是罗彻斯特大学的经济学教授。

资料来源: From The New York Times. © [2008] The New York Times Company. All rights reserved. Used under license.

9.3.2 国家安全论

当一个行业受到来自其他国家的竞争威胁时,自由贸易的反对者往往会争辩说,该行业对国家安全是至关重要的。例如,如果 Isoland 国正在考虑实行钢铁的自由贸易,国内钢铁公司就会指出,钢铁是用于生产枪炮和坦克的。自由贸易将使 Isoland 国变得依靠外国来供给钢铁。如果以后爆发了战争,外国的供给中断了,Isoland 国可能就无法生产足够的钢铁和武器来保卫自己。

经济学家承认,出于对国家安全的合理考虑,保护关键行业可能是合理的。但他们担心,这种观点会很快被那些渴望以损害消费者利益为代价而牟利的生产者所利用。

当国家安全论的观点是由行业代表而不是国防机构提出时,就应该谨慎看待。为了得到免受外国竞争的保护,公司有夸大自己在国防中作用的激励。一国将军的观点可能就会非常不同。实际上,当军事部门是某一行业产品的消费者时,它就可以从进口中获益。例如,更为便宜的钢铁可以使 Isoland 国以低成本增加武器储备。

9.3.3 幼稚产业论

新兴产业有时认为,应实行暂时性贸易限制,以有助于该产业的成长。这种观点认为,在经过一段时间的保护期以后,这些产业成熟了,也就能与外国企业竞争了。同样,老产业有时也认为,它们需要暂时性保护,以有助于它们对新情况做出调整。

经济学家经常对这些要求持怀疑态度,主要是因为幼稚产业论在实践中难以实施。为了成功地实施保护,政府要确定哪个产业实施这种保护后最终是有利可图的,并确定支持这些产业的利益是否大于实施保护给消费者带来的成本。但"挑选赢家"是极为困难的。通过政治程序来挑选就更为困难,这种做法的结果最终往往是保护了那些政治力量强大的产业。而且,一旦一个政治力量强大的产业得到了免受外国竞争的保护,这种"暂时性"政策就很难取消。

此外,许多经济学家从理论上怀疑幼稚产业论。例如,假设一个产业是新兴的,不能在与外国竞争对手的竞争中获利,但有理由相信该产业在长期中是有利可图的,那么在这种情况下,这些企业的所有者应该愿意为实现最终的利润而承受暂时的亏损。保护并不是一个幼稚产业成长所必需的。历史表明,即使没有避免竞争的保护,初创企业虽然往往会经历暂时的亏损,但在长期中会取得成功。

9.3.4 不公平竞争论

一种常见的观点是,只有各国都按同样的规则行事,自由贸易才是合意的。如果不同国家的企业服从于不同的法律和管制,那么,(该观点认为)让企业在国际市场上进行竞争就是不公平的。例如,假设 Neighborland 国政府通过给予纺织品公司大幅度减税来补贴其纺织品行业,Isoland 国的纺织品行业就会认为,自己应该得到免受这种外国竞争的保护,因为 Neighborland 国不是在进行公平竞争。

实际上,从另一个国家以有补贴的价格购买纺织品会损害 Isoland 国吗?的确,Isoland 国的纺织品生产者要蒙受损失,但 Isoland 国的纺织品消费者能从这种低价格中获益。在这种情况下的自由贸易并没有什么不同:消费者从低价购买中得到的好处会大于生产者的损失。Neighborland 国对其纺织品业的补贴可能是一个糟糕的政策,但承担税负的是 Neighborland 国的纳税人。Isoland 国可以从以受补贴的价格购买纺织品的机会中获益。也许 Isoland 国应该感谢 Neighborland 国,而不是反对其补贴行为。

9.3.5 作为讨价还价筹码的保护论

另一种支持贸易限制的观点涉及讨价还价的策略。许多决策者声称支持自由贸易,但同时认为,当与自己的贸易伙伴讨价还价时,贸易限制可能还是有用的。他们声称,贸易限制威胁有助于消除外国政府业已实施的贸易限制。例如,Isoland 国可以威胁说,除非 Neighborland 国取消它的小麦关税,否则就要对其纺织品征收关税。如果 Neighborland 国对这种威胁的反应是取消关税,其结果可能是更为自由的贸易。

这种讨价还价策略的问题是,威胁可能不起作用。如果威胁没有起到作用,那么该国就会面临在两种坏的可能性之间的选择。它可以实施其威胁并实行贸易限制,这就会减少它自己的经济福利;或者它也可以收回自己的威胁,这又会使它在国际事务中失去威信。面对这种选择,该国也许会希望,要是一开始不做这种威胁就好了。

案例研究
贸易协定和世界贸易组织

一国可以用两种方法来实现自由贸易。它可以用单边的方法取消自己的贸易限制,这是英国在 19 世纪采取的方法,也是近年来智利和韩国所采取的方法。或者,一国也可以采取多边的方法,在其他国家减少贸易限制时自己也这样做。换句话说,它可以与自己的各个贸易伙伴谈判,以便在全世界减少贸易限制。

多边方法的一个重要例子是北美自由贸易协定(North American Free Trade Agreement,NAFTA),1993 年签署的这一协定降低了美国、墨西哥和加拿大之间的贸易壁垒。另一个例子是关贸总协定(General Agreement on Tariffs and Trade,GATT),它是世界上许多国家为了促进自由贸易而进行的一系列连续谈判。第二次世界大战后,为了应对 20 世纪 30 年代大萧条期间实施的高关税,美国协助建立了 GATT。许多经济学家相信,这些高关税加剧了那一时期全世界范围内的经济困难。GATT

专家看法
贸易政策

"过去的主要贸易政策有利于大多数美国人。"

经济学家怎么说?
0% 不同意
7% 不确定
93% 同意

"如果贸易伙伴国家不采用新的劳动规则或环境规则就拒绝与其进行自由贸易是一项坏政策,因为即使新标准在一定范围内减少了扭曲,拒绝自由贸易的政策也会以限制贸易的形式维持了大量扭曲。"

经济学家怎么说?
25% 不同意
26% 不确定
49% 同意

资料来源:IGM Economic Experts Panel,November 11, 2014 and March 27, 2013.

成功地把成员国之间的平均关税从第二次世界大战后的40%左右降低到现在的5%左右。

由GATT确立的规则现在由一个叫作世界贸易组织(World Trade Organization,WTO)的国际机构加以实施。WTO于1995年成立,总部设在瑞士日内瓦。到2015年,已有162个成员,占到世界贸易总量的97%以上。WTO的职能是制定贸易协定、组织谈判论坛,并处理成员国之间的争端。

自由贸易的多边方法有什么优缺点呢?一个优点是,多边方法可能会比单边方法带来更自由的贸易,因为它不仅可以减少本国的贸易限制,而且还可以减少国外的贸易限制。但是,如果国际谈判失败了,结果也会比采用单边方法时更多地限制贸易。

此外,多边方法可能有一种政治优势。在大多数市场中,生产者比消费者人数少但组织更紧密,因此也具有更大的政治影响力。例如,Isoland国降低纺织品关税,如果就其本身来考虑,可能在政治上有困难。纺织品公司会反对自由贸易,而那些受益的纺织品使用者人数如此之多,以至于要将他们组织起来支持自由贸易是相当困难的。但假设Neighborland国承诺,在Isoland国降低纺织品关税的同时,将降低本国的小麦关税,那么在这种情况下,Isoland国那些同样在政治上有影响力的种植小麦的农民就会支持该协议。因此,当单边方法不可能赢得政治上的支持时,自由贸易的多边方法有时可以。

即问即答 Autarka国的纺织行业主张禁止羊毛套装进口。描述它的游说者可能提出的五种观点。对其中的每一种观点做出回应。

9.4 结论

经济学家和公众对自由贸易的看法往往不一致。在2015年,NBC(美国全国广播公司)新闻和《华尔街日报》面向美国公众做了一项问卷调查:"总体而言,你认为自由的国际贸易对经济是有利还是有害,还是它并没有对经济产生影响?"只有29%的被调查者认为自由的国际贸易有利,而34%的被调查者认为有害(其他人认为没有什么差别或者不确定)。与此相比,大多数经济学家支持自由的国际贸易。他们认为自由贸易是一种有效配置生产的方法,并提高了两国的生活水平。

经济学家认为,美国就是证明了自由贸易好处的持续进行的实验。美国在历史上一直允许各州之间进行无限制的贸易,国家作为一个整体也从贸易所带来的专业化中受益。佛罗里达州种橙子,阿拉斯加州产石油,加利福尼亚州酿造红酒,等等。如果美国人只能消费本州生产的物品与服务,那么他们就不会享受到今天的高生活水平。与美国类似,世界也能从各国之间的自由贸易中受益。

为了更好地理解经济学家关于贸易的观点,让我们继续我们的故事。假设 Isoland 国的总统在知道了这项最近的问卷调查结果以后,忽视了经济学家小组的建议,并决定不允许纺织品的自由贸易。该国保持在没有国际贸易时的均衡。

有一天,Isoland 国的某位发明家发现了一种以极低成本生产纺织品的新方法。但是生产过程非常神秘,而且这位发明家坚持保密。奇怪的是,这位发明家并不需要棉花或羊毛这类传统的投入品,他所需要的唯一实物投入是小麦。而且更令人感到奇怪的是,用小麦生产纺织品根本不需要任何劳动投入。

这位发明家被誉为天才。因为每个人都要购买衣服,纺织品成本的降低使所有 Isoland 人享受到了更高的生活水平。工厂关门后,那些原先的纺织业工人有些度日艰难,但最终他们在其他行业找到了工作。一些人成为农民,去种植发明家用来变成纺织品的小麦。另一些人进入由于 Isoland 人生活水平提高而出现的一些新行业。每一个人都理解,过时行业中工人的向外转移是技术进步和经济增长不可避免的一部分。

几年以后,一位报社记者决定调查这个神秘的新的纺织品生产过程。他偷偷地潜入发明家的工厂,最终却了解到这位发明家其实是一个骗子。他根本没有生产纺织品,而只是把小麦走私到国外并从其他国家进口纺织品。这位发明家所发现的唯一事情就是国际贸易所带来的好处。

当真相最终被披露时,政府关闭了发明家的工厂。纺织品价格上升了,工人重新回到纺织品厂的工作岗位。Isoland 国的生活水平退回到以前的水平。这位发明家被投入狱中并遭到大家嘲笑。毕竟,他不是发明家,而只是一位经济学家。

快速单选

1. 如果一个不允许钢铁进行国际贸易的国家的国内价格低于世界价格,那么____。
   a. 该国在生产钢铁中有比较优势,如果开放贸易会成为钢铁出口国
   b. 该国在生产钢铁中有比较优势,如果开放贸易会成为钢铁进口国
   c. 该国在生产钢铁中没有比较优势,如果开放贸易会成为钢铁出口国
   d. 该国在生产钢铁中没有比较优势,如果开放贸易会成为钢铁进口国

2. 当 Ectenia 国在咖啡豆方面对世界开放贸易时,国内咖啡豆的价格下降。以下哪一个选项说明了这种情况?
   a. 国内咖啡产量增加,而且 Ectenia 变成了咖啡进口国。
   b. 国内咖啡产量增加,而且 Ectenia 变成了咖啡出口国。
   c. 国内咖啡产量减少,而且 Ectenia 变

成了咖啡进口国。
  d. 国内咖啡产量减少,而且 Ectenia 变成了咖啡出口国。
3. 当一国开放一种产品的贸易并成为一个进口国时,将带来哪种结果?
  a. 生产者剩余减少,但消费者剩余和总剩余都增加。
  b. 生产者剩余减少,消费者剩余增加,而进口对总剩余的影响不确定。
  c. 生产者剩余和总剩余都增加,但消费者剩余减少。
  d. 生产者剩余、消费者剩余和总剩余都增加。
4. 如果进口一种产品的国家征收关税,这就会增加_____。
  a. 国内需求量   b. 国内供给量
  c. 从国外的进口量 d. 以上全部
5. 以下哪一种贸易政策将有利于生产者,损害消费者,并增加一国贸易量?
  a. 增加对进口国征收的关税。
  b. 减少对进口国征收的关税。
  c. 当世界价格高于国内价格时,开始允许贸易。
  d. 当世界价格低于国内价格时,开始允许贸易。
6. 征收关税和在进口配额下发放许可证的主要差别是关税增加了_____。
  a. 消费者剩余   b. 生产者剩余
  c. 国际贸易   d. 政府收入

内容提要

◎ 通过比较没有国际贸易时的国内价格和世界价格可以确定自由贸易的影响。国内价格低表明,该国在生产这种物品上有比较优势,而且将成为出口者。国内价格高表明,世界其他国家在生产这种物品上有比较优势,而且该国将成为进口者。

◎ 当一国允许贸易并成为一种物品的出口者时,该物品生产者的状况变好了,而该物品消费者的状况变坏了。当一国允许贸易并成为一种物品的进口者时,该物品消费者的状况变好了,而该物品生产者的状况变坏了。在这两种情况下,贸易的好处都大于损失。

◎ 关税——对进口物品征收的一种税——使市场向没有贸易时的均衡移动,因此减少了贸易的好处。虽然国内生产者的状况变好了,而且政府筹集了收入,但消费者的损失大于这些好处。

◎ 有各种限制贸易的观点:保护工作岗位、保卫国家安全、帮助幼稚产业、防止不公平竞争以及对外国的贸易限制做出反应。尽管这些观点在某些情况下有些道理,但经济学家相信,自由贸易通常是一种更好的政策。

关键概念

世界价格   关税

复习题

1. 一国在没有国际贸易时的国内价格向我们传达了关于该国比较优势的哪些信息？
2. 一国什么时候成为一种物品的出口者？什么时候成为进口者？
3. 画出一个进口国的供求图。在允许贸易之前，消费者剩余和生产者剩余是多少？有自由贸易时，消费者剩余和生产者剩余是多少？总剩余有什么变化？
4. 描述什么是关税以及关税的经济影响。
5. 列出经常用来支持贸易限制的五种观点。经济学家如何对这些观点做出回应？
6. 实现自由贸易的单边方法和多边方法之间有什么区别？各举一个例子。

问题与应用

1. 没有贸易时，世界红酒的价格低于加拿大的现行价格。
   a. 假设加拿大的红酒进口只是世界红酒总产量的一小部分，画出自由贸易下加拿大红酒市场的图形。在一个适当的表中，列出消费者剩余、生产者剩余和总剩余。
   b. 现在假设墨西哥湾流的异常移动使欧洲的夏天气候异常寒冷，破坏了大部分的葡萄收成。这种冲击对世界红酒价格有什么影响？用你在问题 a 中的图和表说明对加拿大的消费者剩余、生产者剩余和总剩余的影响。谁是赢家？谁是输家？加拿大作为一个整体，状况变好了还是变坏了？
2. 假设国会对进口汽车征收关税，以保护美国汽车工业免受外国竞争，并且假设美国在世界汽车市场上是一个价格接受者。用图形说明：进口量的变化、美国消费者的损失、美国制造商的收益、政府收入以及关税带来的无谓损失。消费者的损失可以分为三部分：转移给国内生产者的收益、转移给政府的收入及无谓损失。用你的图形确定这三个部分。
3. 当中国的纺织业扩张时，世界供给的增加降低了纺织品的世界价格。
   a. 画出一个适当的图来分析这种价格变动如何影响像美国这样的纺织品进口国的消费者剩余、生产者剩余和总剩余。
   b. 现在画出一个适当的图来说明这种价格变动如何影响像多米尼加共和国这样的纺织品出口国的消费者剩余、生产者剩余和总剩余。
   c. 比较你对 a 和 b 的答案。相同之处是什么？不同之处是什么？哪一个国家应担心中国纺织品行业的扩张？哪一个国家应欢迎这种情况？解释原因。
4. 考虑本章中支持限制贸易的观点。
   a. 假设你是一个木材业的游说者，该行业因低价格的国外竞争而受损。你认为五种限制贸易的观点中，哪两个或三个能最有效地说服普通议员？解释你的理由。
   b. 现在假设你是一个聪明的经济学专业学生（希望这不是一个难以实现的假设）。虽然所有支持限制贸易的观点都有缺点，但请选择两个或三个看来对你最具经济学意义的观点。对于其中每种支持限制贸易的观点，给出支持它或反对它的经济学原理。

5. Textilia 国不允许服装进口。在没有贸易的均衡下,一件 T 恤衫的价格为 20 美元,均衡产量为 300 万件。有一天该国总统在度假时读了亚当·斯密的《国富论》,他决定向世界开放 Textilia 国的市场。T 恤衫的市场价格下降到世界价格 16 美元。Textilia 国消费的 T 恤衫增加到 400 万件,而生产的 T 恤衫减少到 100 万件。
   a. 用一个图描述以上情况。你的图上应该标明所有数字。
   b. 计算开放贸易引起的消费者剩余、生产者剩余和总剩余的变动。(提示:三角形的面积是 1/2×底×高。)

6. 中国是一个粮食(如小麦、玉米和大米)的生产大国。若干年前,中国政府由于担心粮食出口提高了国内消费者的食品价格,所以对粮食出口征税。
   a. 画出一个说明出口国粮食市场的图形。把这个图作为回答以下问题的出发点。
   b. 出口税对国内粮食价格有什么影响?
   c. 它如何影响国内消费者的福利、国内生产者的福利及政府收入?
   d. 用消费者剩余、生产者剩余和税收收入的总和来衡量中国的总福利会发生什么变化?

7. 考虑一个从外国进口某种物品的国家。判断以下各种说法是对还是错。解释你的答案。
   a. "需求弹性越大,从贸易中获益越多。"
   b. "如果需求完全无弹性,就不能从贸易中获益。"
   c. "如果需求完全无弹性,消费者就不能从贸易中获益。"

8. 在否决了纺织品关税(进口税)提案之后,Isoland 国总统现在考虑对纺织品消费(既包括进口的纺织品,也包括国内生产的纺织品)征收同样数额的税。
   a. 用图 9-4 确定在纺织品消费税下,Isoland 国纺织品的消费量和生产量。
   b. 对纺织品消费税设计一个与图 9-4 中表格相似的表格。
   c. 哪一种税——消费税还是关税——使政府筹集的收入更多?哪一种税的无谓损失更少?解释原因。

9. 假设美国是一个电视进口国,而且没有贸易限制。美国消费者一年购买 100 万台电视,其中 40 万台是国内生产的,60 万台是进口的。
   a. 假设日本电视制造商的技术进步使世界电视价格下降了 100 美元。画图说明这种变化如何影响美国消费者和美国生产者的福利,以及如何影响美国的总剩余。
   b. 价格下降后,消费者购买 120 万台电视,其中 20 万台是国内生产的,而 100 万台是进口的。计算价格下降引起的消费者剩余、生产者剩余和总剩余的变动。
   c. 如果政府的反应是对进口电视征收 100 美元关税,这会产生什么影响?计算筹集的收入和无谓损失。从美国福利的角度看,这是一个好政策吗?谁可能会支持这项政策?
   d. 假设价格下降并不是由于技术进步,而是由于日本政府向该行业进行了每台电视 100 美元的补贴。这会影响你的分析吗?

10. 考虑一个出口钢铁的小国。假设该国"支持贸易"的政府决定通过对每吨销往国外的钢铁支付一定量货币来补贴钢铁出口。这种出口补贴如何影响国内钢铁价格、钢铁产量、钢铁消费量以及钢铁出口量?它如何影响消费者剩余、生产者剩余、政府收入和总剩余?从经济效率的角度看,这是一项好政策吗?(提示:对出口补贴的分析类似于对关税的分析。)

第 4 篇　公共部门经济学

第 10 章
外部性

制造并销售纸张的企业也在生产过程中产生了副产品,这一物质在化学上被称为二噁英。科学家相信,一旦二噁英进入环境,就会增加人们患癌症、生出畸形儿以及出现其他健康问题的风险。

生产并排放二噁英对社会是不是一个问题呢?在第 4 章到第 9 章中,我们考察了市场如何用供求的力量配置稀缺资源,并说明了供求均衡一般是一种有效率的资源配置。用亚当·斯密的著名比喻,就是市场中看不见的手引导着市场上利己的买者和卖者,使社会从市场上得到的总利益最大化。这种见解是第 1 章中的经济学十大原理之一——市场通常是一种组织经济活动的好方法的基础。我们是否可以由此得出结论:看不见的手可以阻止造纸企业排放过多二噁英呢?

市场的确可以把很多事做好,但并不能把每一件事都做好。在本章中,我们开始研究经济学十大原理中的另一个原理:政府行为有时可以改善市场结果。我们考察为什么市场有时不能有效率地配置资源,政府政策如何潜在地改善市场配置,以及哪种政策有可能最好地发挥作用。

本章中所考察的市场失灵属于被称为外部性的一般范畴之内。当一个人从事一种影响旁观者福利但对这种影响既不付报酬又不得报酬的活动时,就产生了**外部性**(externality)。如果对旁观者的影响是不利的,就称为负外部性;如果这种影响是有利的,就称为正外部性。当存在外部性时,社会对市场结果的关注扩大到参与市场的买者与卖者的福利之外,以包括那些间接受影响的旁观者的福利。由于买者与卖者在决定其需求量或供给量时忽略了他们行为的外部效应,因此当存在外部性时,市场均衡并不是有效率的。这就是说,均衡并没有实现整体社会总利益的最大化。例如,把二噁英排放到环境中就是一种负外部性。利己的造纸企业不会考虑他们在生产过程中引起的全部污染成本,而纸张的消费者也不会考虑他们的购买决策所引起的全部污染成本。因此,除非政府进行阻止或限制,否则企业就会大量排放污染物。

外部性:
一个人的行为对旁观者福利的无补偿的影响。

正如外部性有很多种一样,试图解决市场失灵的政策也多种多样。

下面是一些例子：

- 汽车尾气有负外部性，因为它产生了其他人不得不呼吸的烟雾。由于这种外部性，司机往往造成过多污染。联邦政府努力通过规定汽车的尾气排放标准来解决这个问题。联邦政府还对汽油征税来减少人们开车的次数。

- 修复历史建筑物具有正外部性，因为那些在这种建筑物附近散步或骑车的人可以欣赏到这些建筑物的美丽，并感受到这些建筑物带来的历史沧桑感。由于建筑物的所有者得不到修复这些建筑物的全部利益，因此他们往往很快就遗弃了这些古老的建筑物。许多地方政府对这个问题的反应是对拆毁历史建筑物实行管制，并向修复这些建筑物的所有者提供税收减免。

- 狂吠的狗引起负外部性，因为邻居会受到噪声干扰。狗的主人并不承担噪声的全部成本，因此很少采取防止自己的狗狂吠的预防措施。地方政府通过宣布"干扰宁静"为非法来解决这个问题。

- 新技术研究带来正外部性，因为它创造了其他人可以运用的知识。如果个人发明者、企业和高校不能占有其发明的全部利益，那么他们就会倾向于投入很少的资源来从事研究。联邦政府通过专利制度部分地解决了这个问题，专利制度赋予发明者在一定时期内对其发明的专有使用权。

在以上每种情况中，都有一些决策者没有考虑到自己行为的外部效应。政府的反应是努力影响这种行为，以保护旁观者的利益。

10.1 外部性和市场无效率

在这一节中，我们将用第 7 章提出的福利经济学工具来考察外部性如何影响经济福利。这种分析正是要说明为什么外部性会引起市场资源配置的无效率。在本章的后面，我们还会考察私人和公共政策制定者用来解决这种市场失灵的各种方法。

10.1.1 福利经济学：回顾

我们从复习第 7 章中福利经济学的一些关键结论开始。为了使分析更具体，我们考虑一个特定的市场——铝市场。图 10-1 表示铝市场的供给曲线与需求曲线。

正如你在第 7 章中所了解的，供给曲线与需求曲线包含了有关成本与利益的重要信息。铝的需求曲线反映了铝对消费者的价值，这种价值用他们愿意支付的价格来衡量。在任何一种既定数量时，需求曲线的高度表示边际买者的支付意愿。换句话说，它表示所购买的最后一单位铝

图 10-1 铝市场

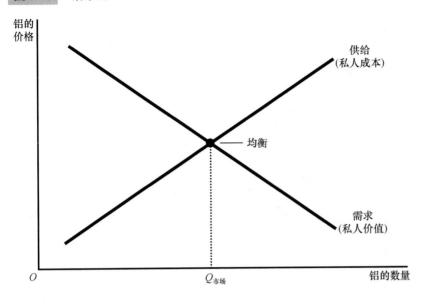

需求曲线反映对买者的价值,而供给曲线反映卖者的成本。均衡数量,即 $Q_{市场}$,使买者总价值减卖者总成本最大化。因此,在没有外部性时,市场均衡是有效率的。

对消费者的价值。同样,供给曲线反映了生产铝的成本。在任何一种既定数量时,供给曲线的高度表示边际卖者的成本。换句话说,它表示出售最后一单位铝对生产者的成本。

在没有政府干预时,铝的价格会自发调整,使铝的供求达到平衡。如图 10-1 中的 $Q_{市场}$ 所示的市场均衡时的生产量和消费量,在使生产者剩余和消费者剩余之和最大化的意义上说是有效率的。这就是说,市场以一种使购买和使用铝的消费者的总价值减生产并销售铝的生产者的总成本最大化的方式来配置资源。

10.1.2 负外部性

现在我们假设铝工厂排放污染物:每生产一吨铝就有一定量烟尘进入大气。由于这种烟尘可能损害那些呼吸空气的人的健康,因此它产生了负外部性。这种外部性如何影响市场结果的效率呢?

由于存在这种外部性,因此生产铝对于社会的成本大于对于铝生产者的成本。每生产一单位铝,社会成本都包括铝生产者的私人成本加上受到污染的不利影响的旁观者的成本。图 10-2 表示生产铝的社会成本。社会成本曲线在供给曲线之上,因为它考虑到了生产铝给社会所带来的外部成本。这两条曲线的差别反映了排放污染物的成本。

应该生产多少铝呢?为了回答这个问题,我们又要来考虑一个仁慈的社会计划者将会做什么。该计划者力图使该市场产生的总剩余——铝对消费者的价值减去生产铝的成本——最大化。但该计划者知道,生产铝的成本还包括污染的外部成本。

"我只能这样讲,如果制造业的龙头老大必然也是污染的龙头老大的话,那就坦然接受这个事实吧!"

图片来源: © J. B. Handelsman/The New Yorker Collection/www.cartoonbank.com

图 10-2 污染与社会最优

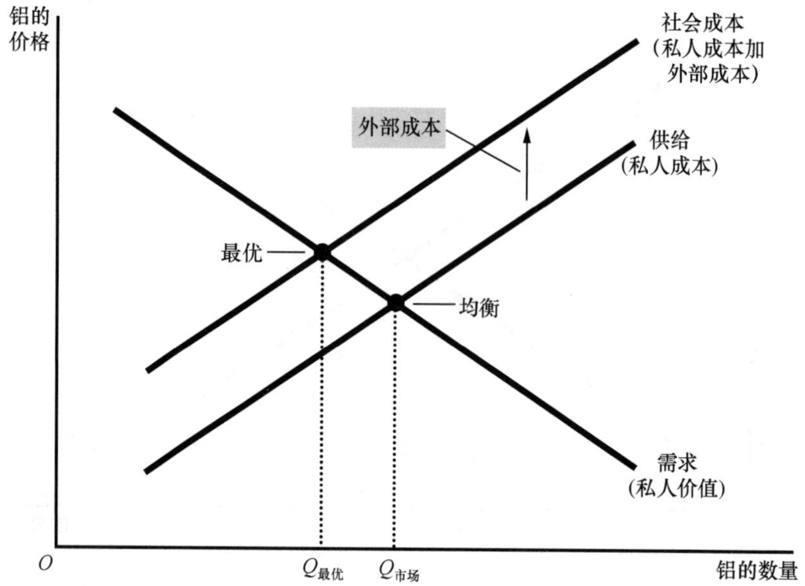

在存在负外部性的情况下，例如出现污染时，物品的社会成本大于其私人成本。因此，最优量 $Q_{最优}$ 小于均衡数量 $Q_{市场}$。

[图示：纵轴为铝的价格，横轴为铝的数量。曲线包括需求（私人价值）、供给（私人成本）、社会成本（私人成本加外部成本）。社会成本曲线与供给曲线之间为外部成本。需求与社会成本曲线相交点为"最优"，对应 $Q_{最优}$；需求与供给曲线相交点为"均衡"，对应 $Q_{市场}$。]

该计划者将选择需求曲线与社会成本曲线相交时的铝的生产水平。从整个社会的角度来看，这个交点决定了铝的最优数量。低于这一水平时，铝对消费者的价值（用需求曲线的高来衡量）大于生产它的社会成本（用社会成本曲线的高来衡量）。计划者不会使产量高于这一水平，因为生产额外铝的社会成本大于其对消费者的价值。

注意，铝的均衡数量（$Q_{市场}$）大于社会的最优量（$Q_{最优}$）。出现这种无效率是因为市场均衡仅仅反映了生产的私人成本。在市场均衡时，边际消费者对铝的评价小于生产它的社会成本。这就是说，在 $Q_{市场}$ 时，需求曲线位于社会成本曲线之下。因此，若将铝的生产量和消费量降低到均衡水平之下，就会增加社会的总经济福利。

该社会计划者如何达到这种最优结果呢？一种方法是对铝生产者销售的铝按吨征税。税收使铝的供给曲线向上移动，移动量为税收规模。如果税收准确地反映了排入大气的烟尘的外部成本，那么新的供给曲线就与社会成本曲线相重合。在达到新的市场均衡时，铝生产者将生产社会最优量的铝。

外部性内在化：
改变激励，以使人们考虑到自己行为的外部效应。

这种税的运用被称为**外部性内在化**（internalizing the externality），因为它激励市场买者与卖者考虑其行为的外部影响。实际上，铝生产者在决定供给多少铝时会考虑到污染的成本，因为现在税收使其要支付这些外部成本。而且，由于市场价格反映了对生产者征收的税收，铝的消费者也有少消费铝的激励。这项政策根据的是经济学十大原理之一：人们会对激励做出反应。在本章的后面，我们将更详细地考察决策者如何解决外部性。

10.1.3 正外部性

虽然一些活动给第三方带来了成本,但也有一些活动给第三方带来了利益。例如,考虑教育的情况。在相当大程度上,教育的利益是私人的:教育的消费者成为生产率高的工人,从而以高工资的形式获得大部分利益。但是,除了这些私人利益,教育也产生了正外部性。一种外部性是,受教育更多的人成为更理智的选民,这对每个人来说都意味着更好的政府;另一种外部性是,受教育更多的人意味着更低的犯罪率;还有一种外部性是,受教育更多的人可以促进技术进步的开发与扩散,这给每个人都带来更高的生产率和更高的工资。由于这三种正外部性,人们可能更喜欢受过良好教育的邻居。

对正外部性的分析类似于对负外部性的分析。如图 10-3 所示,需求曲线并不反映一种物品的社会价值。由于社会价值大于私人价值,因此社会价值曲线在需求曲线之上。在社会价值曲线和供给曲线相交之处得出了最优量。因此,社会最优量大于私人市场决定的数量。

图 10-3 教育与社会最优

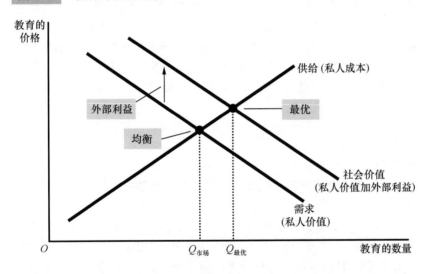

当存在正外部性时,物品的社会价值大于其私人价值。因此,最优量 $Q_{最优}$ 大于均衡数量 $Q_{市场}$。

同样,政府也可以通过使市场参与者把外部性内在化来纠正市场失灵。在存在正外部性的情况下,政府的适当反应正好与负外部性的情况相反。为了使市场均衡向社会最优移动,需要对正外部性进行补贴。实际上,这正是政府所遵循的政策:通过公立学校和政府助学金来大量补贴教育。

总之,负外部性使市场生产的数量大于社会合意的数量,正外部性使市场生产的数量小于社会合意的数量。为了解决这个问题,政府可以通过对有负外部性的物品征税和给予有正外部性的物品补贴来使外部性内在化。

案例研究
技术溢出、产业政策与专利保护

正外部性的一种潜在、重要的类型是技术溢出——一个企业的研究和生产努力对其他企业获取技术进步所产生的影响。例如,考虑工业机器人市场。机器人处于迅速变革的技术前沿。只要一个企业制造了机器人,那么就有可能发现新的、更好的设计。这种新的设计不仅有利于这个企业,而且有利于整个社会,因为这种设计将进入社会的技术知识宝库。这就是说,新的设计对经济中的其他生产者有正外部性。

在这种情况下,政府可以通过补贴机器人生产而把外部性内在化。如果政府就企业所生产的每一个机器人向企业支付补贴,那么供给曲线将向下移动,移动量就是补贴量,这种移动将使机器人的均衡数量增加。为了确保市场均衡量等于社会最优量,这种补贴应该等于技术溢出效应的价值。

技术溢出效应有多大?技术溢出效应又对公共政策意味着什么呢?这是一个很重要的问题,因为技术进步是生活水平不断提高的关键所在。但这也是经济学家经常争论的一个难题。

一些经济学家认为,技术溢出效应是普遍存在的,政府应该鼓励那些产生最大溢出效应的行业。例如,这些经济学家认为,如果生产计算机芯片比生产土豆片有更大的溢出效应,那么相对于土豆片的生产,政府应该更鼓励计算机芯片的生产。美国税法通过对研发支出提供特别税收减免以进行有限的鼓励。另一些国家则通过对具有巨大技术溢出效应的特定行业提供补贴,进行更多的鼓励。政府旨在促进技术进步行业的干预有时被称为**产业政策**。

另一些经济学家则对产业政策持怀疑态度。即使技术溢出效应是普遍存在的,产业政策的成功也要求政府能衡量不同市场溢出效应的大小。而这种衡量是极为困难的。此外,如果不能准确地衡量溢出效应的大小,那么政治制度的结果可能最终是那些最有政治影响力的行业得到了补贴,而不是那些产生了最大正外部性的行业获得补贴。

对待技术溢出的另一种方法是专利保护。专利法通过赋予发明者在一定时期内对其发明享有专用权而保护发明者的权利。当一个企业实现了技术突破时,它可以为这种技术申请专利,并自己占有大部分经济利益。专利通过赋予企业对其发明的产权来使外部性内在化。如果其他企业想使用这种新技术,它就必须得到发明企业的允许并向该企业支付专利使用费。因此,专利制度对于企业从事推动技术进步的研究和其他活动提供了更多的激励。

即问即答 • 分别举出一个负外部性和一个正外部性的例子。解释为什么当存在这些外部性时市场结果是无效率的。

10.2 针对外部性的公共政策

我们已经讨论了为什么外部性会导致资源配置的无效率,但对于如何解决这种无效率只是简要提及。实际上,无论是公共决策者还是私人,都可以以各种方法对外部性做出反应。所有这些方法都是为了使资源配置更接近于社会最优状态。

这一节考虑政府的解决方法。通常情况下,政府可以通过两种方式做出反应:命令与控制政策直接对行为进行管制;以市场为基础的政策提供激励,以促使私人决策者自己来解决问题。

10.2.1 命令与控制政策:管制

政府可以通过规定或禁止某些行为来解决外部性。例如,把有毒的化学物质倒入供水系统是一种犯罪行为。在这种情况下,社会的外部成本远远大于排污者的利益。因此,政府制定了完全禁止这种行为的命令与控制政策。

但是,在污染的大多数情况下,事情并不是这么简单。尽管一些环境保护主义者确定了目标,但要禁止所有有污染的活动是不可能的。例如,实际上各种形式的运输工具,甚至马,都会带来一些不合意的污染副产品,然而要让政府禁止使用所有运输工具肯定是不明智的。因此,社会不是要完全消除污染,而是要权衡成本与利益,以便决定允许哪种污染以及允许多少污染。在美国,环境保护署(Environmental Protection Agency, EPA)就是一个提出并实施旨在保护环境的管制的政府机构。

环境管制可以采取多种形式。有时 EPA 规定工厂可以排放的最高污染水平,有时 EPA 要求企业采用某项减少排污的技术。无论在哪种情况下,为了制定出良好的规则,政府管制者都需要了解有关某些特定行业以及这些行业可以采用的各种技术的详细信息,但政府管制者要得到这些信息往往是困难的。

10.2.2 以市场为基础的政策1:矫正税与补贴

对于外部性,政府也可以不采取管制行为,而通过以市场为基础的政策向私人提供符合社会效率的激励。例如,正如我们前面已经提到的,政府可以通过对有负外部性的活动征税以及对有正外部性的活动提供补贴来使外部性内在化。用于纠正负外部性影响的税收被称为**矫正税**(corrective

专家看法
打疫苗

"减少针对麻疹之类传染病的疫苗注射会给其他人带来损失,这是一种负外部性。"

经济学家怎么说?

0% 不同意　0% 不确定

100% 同意

"考虑到限制自由选择的代价以及那些选择不给自己的孩子注射麻疹疫苗的美国人的比例,命令所有美国人(除了那些有迫不得已的医疗原因的人)注射麻疹疫苗的社会收益大于社会成本。"

经济学家怎么说?

6% 不同意　5% 不确定

89% 同意

资料来源:IGM Economic Experts Panel, March 10, 2015.

矫正税:
旨在引导私人决策者考虑负外部性引起的社会成本的税收。

阿瑟·庇古

图片来源：Mary Evans Picture Library/Alamy.

taxes)。这种税也被称为庇古税(Pigovian taxes)，它是以最早主张采用这种税收的经济学家阿瑟·庇古(Arthur Pigou，1877—1959)的名字命名的。一种理想的矫正税应该等于有负外部性的活动引起的外部成本，而理想的矫正补贴应该等于有正外部性的活动带来的外部利益。

作为解决污染的方法，经济学家对矫正税的偏爱通常大于管制，因为税收可以以较低的社会成本减少污染。为了说明其原因，让我们考虑一个例子。

假设有造纸厂和钢铁厂这两家工厂，每年各自向河中倾倒500吨黏稠状的废物。EPA决定减少污染量，它考虑了两种解决方法：

- 管制：EPA可以让每个工厂把年排污量减少为300吨。
- 矫正税：EPA可以对每个工厂排出的每吨废物征收5万美元的税收。

管制规定了污染水平，税收则向工厂所有者提供了一种减少污染的经济激励。你认为哪一种解决方法更好呢？

大多数经济学家倾向于税收。为了解释这种偏好，他们首先会指出，在减少污染总水平上，税收和管制同样有效。EPA可以通过把税收确定在适当的水平上，来达到它所希望的任何污染水平。税收越高，减少的污染也越多。如果税收足够高，工厂将全部关门，污染减少为零。

虽然管制和矫正税都可以减少污染，但税收在实现这个目标上更有效率。管制要求每个工厂都等量减少污染。但是，等量减少并不一定是成本最低的净化河水的方法。可能的情况是，造纸厂减少污染的成本比钢铁厂低。如果是这样的话，那么造纸厂对税收的反应将是大幅度减少污染，以便少交税，而钢铁厂的反应则是小幅减少污染，多交税。

从本质上讲，矫正税规定了污染权的价格。正如市场把物品分配给那些对物品评价最高的买者一样，矫正税把污染权分配给那些减少污染成本最高的工厂。无论EPA选择的污染水平是多少，它都可以通过税收以最低的总成本达到这个目标。

经济学家还认为，矫正税对环境更有利。在命令与控制的管制政策下，一旦工厂的排污量减少到了300吨，就没有理由再减少排污。与此相反，税收激励工厂去开发更环保的技术，因为更环保的技术可以减少工厂不得不支付的税收量。

矫正税与大多数其他税不同。正如我们在第8章中讨论的，大多数税扭曲了激励，并使资源配置背离社会最优水平。经济福利的减少——消费者剩余和生产者剩余的减少——大于政府收入的增加，引起了无谓损失。与此相反，当存在外部性问题时，社会也关注那些受到影响的旁观者的福利。矫正税改变了激励，使其考虑到外部性的存在，从而使资源配置向社会最优水平移动。因此，矫正税既增加了政府的收入，又提高了经济效率。

案例研究
为什么对汽油征收的税如此之重

汽油在许多国家是经济中税负最重的物品。汽油税可以被看作一种旨在消除与开车相关的三种负外部性的矫正税。

- **拥堵**：如果你曾滞留在一辆汽车接着一辆汽车的公路上，你也许会希望路上的车少一些。汽油税通过鼓励人们乘坐公共交通工具，更经常地拼车，以及住得离工作地点近一些来减少拥堵。

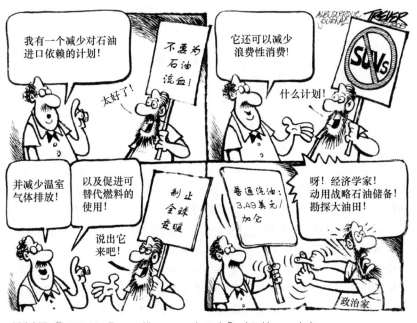

图片来源：© 2005 John Trever, *Albuquerque Journal*. Reprinted by permission.

- **车祸**：一旦一个人买了一辆大型车或运动型多功能车，那么他也许使自己较为安全了，但却让周围的人处于危险中。根据美国国家公路交通安全管理局的说法，一个开普通车的人如果被一辆运动型多功能车撞了，死亡的可能性是被一辆普通车撞的五倍。汽油税是在大型耗油车给其他人带来危险时使驾驶这种车的人进行支付的一种间接方式，旨在使他们在选择购买什么汽车时考虑到这种危险。

- **污染**：汽车带来了烟雾。而且，汽油之类的矿物燃料的燃烧普遍被认为会引起全球变暖。对于其危险性有多大，专家们的看法并不一致，但毫无疑问，汽油税通过减少汽油的使用而降低了这种危险。

因此，汽油税并不像大多数税收那样会引起无谓损失，而是实际上可以使经济运行得更好。汽油税意味着更少的交通拥堵、更安全的道路以及更清洁的环境。

汽油税应该为多高呢？许多欧洲国家征收的汽油税比美国高得多。许多观察者也认为，美国应该对汽油征收更重的税。《经济文献杂志》

（Journal of Economic Literature）发表的一项2007年的研究总结了各种与开车相关的外部性大小的研究。它得出的结论是，2005年，对每加仑汽油的最优矫正税是2.28美元；根据通货膨胀调整之后，在2015年这相当于每加仑汽油的最优矫正税是2.78美元。与此相比，2015年美国的实际矫正税是每加仑汽油50美分。

这种税收可以用来降低那些扭曲激励并引起无谓损失的税收，比如所得税。此外，一些要求汽车制造商生产节油型汽车的繁杂政府管制可能是不必要的。然而，这种观点从来没有在政治上受到过欢迎。

10.2.3 以市场为基础的政策2：可交易的污染许可证

专家看法
碳税

"布鲁金斯学会最近的一项研究表明，如果美国的碳税为每吨20美元，并在此基础上每年增加4%，那么它可以在未来十年内为联邦政府带来每年1500亿美元的收入。考虑到二氧化碳排放所带来的负外部性，与为了获得等量的税收收入而在国内普遍提高劳动者所得税的边际税率相比，这一比率的联邦碳税对美国经济带来的不利净扭曲要更小。"

经济学家怎么说？

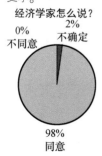

0% 不同意
2% 不确定
98% 同意

回到我们造纸厂和钢铁厂的例子。我们假设，尽管经济学家提出了建议，EPA仍决定实行管制，并要求每个工厂把排污量减少到每年300吨。在实施管制并且两个工厂都予以遵守之后的某一天，两个企业来到EPA提出了一个建议。钢铁厂想把排污量从300吨增加到400吨。如果钢铁厂付给造纸厂500万美元，造纸厂同意把排污量从300吨减少为200吨。总排污量仍然是600吨。EPA应该允许两个工厂进行这一交易吗？

从经济效率的观点看，允许这一交易是一种好政策。这一交易必然会使两个工厂的所有者状况都变好，因为他们是自愿达成交易的。而且这种交易没有产生任何外部影响，因为污染总量仍然是相同的。因此，通过允许造纸厂把自己的污染权出售给钢铁厂可以提高社会福利。

同样的逻辑也适用于任何一种污染权从一个企业到另一个企业的自愿转移。如果EPA允许进行这些交易，那么它实际上就创造了一种新的稀缺资源：污染许可证。最终将形成交易这种许可证的市场，而且这种市场将为供求力量所支配。看不见的手将保证这种新市场有效地配置污染权。这就是说，基于支付意愿，许可证最终会被分配到那些对它评价最高的企业手中。反过来，企业的支付意愿又取决于它为减少污染所付出的成本：一个企业减少污染的成本越高，它对许可证的支付意愿就越高。

允许污染许可证市场存在的一个优点是，从经济效率的角度看，污染许可证在企业之间的初始配置是无关紧要的。那些能以低成本减少污染的企业将出售它们得到的许可证，而那些只能以高成本减少污染的企业将购买它们需要的许可证。只要存在一个交易污染权的自由市场，那么无论最初的配置如何，最后的配置都将是有效率的。

虽然用污染许可证减少污染看起来可能与用矫正税非常不同，但这两种政策有许多共同之处。在这两种情况下，企业都要为污染付费。在使用矫正税时，污染企业必须向政府交税；在使用污染许可证时，污染企业必须为购买许可证进行支付。(即使自己拥有许可证的企业也必须为污染进行支付:污染的机会成本是它们在公开市场上卖出其许可证所能得到的收入。)矫正税和污染许可证都是通过使企业必须为其污染付出代价而把污染的外部性内在化的。

我们可以通过考虑污染市场的情形来说明这两种政策的相似性。图10-4的两幅图表示污染权的需求曲线。需求曲线表明,污染的价格越低,企业的排污量越多。在(a)幅中,EPA通过矫正税确定污染的价格。在这种情况下,污染权的供给曲线完全有弹性(因为企业纳税后想污染多少就污染多少),而需求曲线的位置决定了污染量。在(b)幅中,EPA通过发放污染许可证确定排污量。在这种情况下,污染权的供给曲线是完全无弹性的(因为排污量是由许可证数量固定的),而需求曲线的位置决定了污染的价格。因此,EPA既可以通过用矫正税确定价格来达到既定需求曲线上的任意一点,也可以通过用污染许可证确定数量来达到既定需求曲线上的任意一点。

但是在某些情况下,出售污染许可证可能比实行矫正税更好。假设EPA想使倒入河流的废物不超过600吨。但由于EPA并不知道污染的需求曲线,它无法确定征收多少税才能达到这个目标。在这种情况下,它只需拍卖排放600吨废物的污染许可证。根据拍卖价格就可以得出矫正税的适当规模。

政府拍卖污染权的主意乍一看可能会让人以为是一些经济学家想象出来的。实际上,一开始情况确实是这样的。但EPA已日益把这种制度作为控制污染的一种方法。其中一个著名的成功案例是与二氧化硫(SO_2)——一种引起酸雨的最主要物质——有关的。1990年,《清洁空气法》(Clean Air Act)修正案要求发电站大幅度减少二氧化硫的排放量。同时,该修正案建立了允许工厂交易其二氧化硫许可证的制度。尽管刚开始行业代表和环保主义者都对这一方案持怀疑态度,但随着时间的推移,这种制度被证明了可以以最小的代价减少污染。污染许可证和矫正税一样,现在被普遍认为是一种低成本、高效率的保护环境的方法。

"与一系列对汽车提出限制的政策(如乘用车企业平均燃料消耗量)相比,对含碳燃料征税是一种更经济的减少二氧化碳排放的方法。"

经济学家怎么说?

2% 不同意　3% 不确定　95% 同意

资料来源:IGM Economic Experts Panel, December 4, 2012 and December 20, 2011.

图10-4 矫正税和污染许可证的相等性

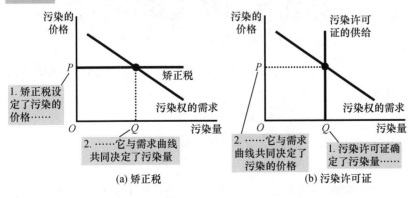

(a) 矫正税　(b) 污染许可证

在(a)幅中,EPA通过征收矫正税确定了污染的价格,而需求曲线决定污染量。在(b)幅中,EPA通过限制污染许可证的数量限制了排污量,而需求曲线决定污染的价格。在这两种情况下,污染的价格和数量都是相同的。

10.2.4 对关于污染的经济分析的批评

"我们不能给任何人付费就可以污染的选择权。"前参议员 Edmund Muskie 的这句评论反映了一些环保主义者的观点。他们认为,享有清新的空气和清洁的水是基本人权,因此不应该从经济方面考虑它们,否则就是对它们价值的贬低。你怎么能给清新的空气和清洁的水定价呢?他们声称,环境是如此之重要,以至于无论代价多大,我们都应该尽可能地保护它。

经济学家很少赞同这种观点。在经济学家看来,好的环境政策要从承认第 1 章中经济学十大原理的第一个原理开始:人们面临权衡取舍。清新的空气和清洁的水肯定是有价值的。但是,必须把它们的价值与其机会成本进行权衡取舍,也就是说,与为了得到它们而必须放弃的东西相比较。消除所有污染是不可能的。如果想要消除所有污染,就不得不把许多使我们享有高生活水平的技术进步倒退回去。很少有人愿意为了使环境尽可能清洁而接受营养不良、医疗缺乏或拥挤的住房。

经济学家认为,一些环保积极分子由于没有从经济学角度思考问题而损害了自己的目标。可以将清洁的环境仅仅视为另外一种物品。与所有正常物品一样,它有正的收入弹性:富国比穷国更有能力维持更清洁的环境,因此通常也有更严格的环境保护。此外,像大多数其他物品一样,清新的空气和清洁的水也服从需求定理:环境保护的价格越低,公众就越想要保护环境。污染许可证和矫正税这种经济手段降低了环境保护的成本,因此,它增加了公众对清洁环境的需求。

即问即答 一个胶水厂和一个钢铁厂都排放烟雾,并且这种烟雾中含有一种如果大量吸入会有害健康的化学物质。描述镇政府可以对这种外部性做出反应的三种方法。每一种解决方法的优缺点各是什么?

10.3 外部性的私人解决方法

虽然外部性往往会引起市场的无效率,但解决这个问题并不总是需要政府行为。在一些情况下,人们可以采取私人解决方法。

10.3.1 私人解决方法的类型

有时外部性问题可以用道德规范和社会约束来解决。例如,想一想,为什么大多数人不乱扔垃圾？尽管有禁止乱扔垃圾的法律，但这些法律实际上并没有严格实行过。大多数人不乱扔垃圾只是因为这样做是错误的。一条教导大多数孩子的金科玉律是："己所不欲，勿施于人。"这个道德规范告诉我们，要考虑到自己的行为会对别人造成何种影响。用经济学术语讲，这就告诉我们要将外部性内在化。

另一种外部性的私人解决方法是慈善行为。例如，西拉俱乐部（Sierra Club）是一个通过私人捐款筹资的非营利组织，其目标是保护环境。另一个例子是学院和大学接受校友、公司和基金会的捐赠，部分是因为教育对社会有正外部性。政府通过允许计算所得税时扣除慈善捐赠的税制来鼓励这种外部性的私人解决方法。

私人市场往往可以通过依靠有关各方的利己心来解决外部性问题。有时这种解决方法采取了把不同类型的经营整合在一起的形式。例如，考虑位置相邻的一个苹果园主和一个养蜂人。每个人的经营都给对方带来了正外部性：蜜蜂在苹果树上采花粉，有助于果树结果实；同时蜜蜂也用从苹果树上采集的花粉来酿造蜂蜜。但是，当苹果园主决定种多少苹果树以及养蜂人决定养多少蜜蜂时，他们都没考虑到正外部性。结果，苹果园主种的苹果树太少，而养蜂人养的蜜蜂也太少。如果养蜂人购买苹果树，或苹果园主购买蜜蜂，那么这些外部性就可以内在化了：可以在同一个企业内进行这两种活动，而且这个企业可以选择最优的苹果树数量和蜜蜂数量。外部性内在化是某些企业进行多样化经营的一个原因。

在私人市场，另一种解决外部效应的方法是利益各方签订合约。在上面的例子中，苹果园主和养蜂人之间的合约也可以解决树太少和蜜蜂太少的问题。他们可以在合约中规定树和蜜蜂的数量，也许还可以规定一方对另一方的支付。通过确定树和蜜蜂的适当数量，这个合约就可以解决外部性通常产生的无效率问题，并使双方的状况都变得更好。

10.3.2 科斯定理

私人市场在解决这些外部性方面的有效性如何？一个著名的结论是，在某些情况下，这种方法是非常有效的，这个结论被称为**科斯定理**（Coase theorem），该定理是以经济学家罗纳德·科斯（Ronald Coase）的名字命名的。根据科斯定理，如果私人各方可以无成本地就资源配置进行协商，那么私人市场就总能解决外部性问题，并有效地配置资源。

为了说明科斯定理如何发挥作用，考虑一个例子。假定 Dick 有一条名为 Spot 的狗。Spot 的狂吠干扰了 Dick 的邻居 Jane。Dick 从拥有一条狗中得到了利益，但这条狗给 Jane 带来了负外部性。是应该强迫 Dick 把狗送到动物收容所，还是应该让 Jane 忍受由于狗狂吠而夜不能寐的痛苦呢？

科斯定理： 认为如果私人各方可以无成本地就资源配置进行协商，那么，他们就可以自己解决外部性问题的观点。

先来考虑什么结果对社会是有效率的。一个正在考虑如何从上述两种方案中做出选择的社会计划者，会比较 Dick 从养狗中得到的收益与 Jane 承受狂吠声的成本。如果收益超过成本，有效率的做法就是让 Dick 继续养狗而让 Jane 生活在狂吠声中；但如果成本超过收益，Dick 就应该放弃养狗。

根据科斯定理，私人市场可以自己达到有效率的结果。如何达到呢？Jane 只需付给 Dick 一些钱让他放弃养狗。如果 Jane 给出的金额大于养狗的收益，那么 Dick 将接受这笔交易。

通过对价格的协商，Dick 和 Jane 总可以达成有效率的结果。例如，假设 Dick 从养狗中得到的收益为 500 美元，而 Jane 由于狗的狂吠承受了 800 美元的成本。在这种情况下，Jane 可以给 Dick 600 美元，让他放弃养狗，而 Dick 也会很乐意地接受。双方的状况都比以前变好了，也达到了有效率的结果。

当然，Jane 不愿意提供任何 Dick 愿意接受的价格也是可能的。例如，假设 Dick 从养狗中得到的收益是 1 000 美元，而 Jane 由于狗的狂吠承受了 800 美元的成本。在这种情况下，Dick 不会接受任何在 1 000 美元以下的出价，而 Jane 又不愿意提供任何在 800 美元以上的价格。因此，Dick 最终还会继续养狗。但在这种既定的成本与收益情况下，这种结果是有效率的。

到现在为止，我们一直假设 Dick 在法律上有权养一条爱叫的狗。换句话说，我们假设，除非 Jane 给 Dick 足够的钱让 Dick 自愿放弃养狗，否则 Dick 就可以养狗。但是，如果 Jane 在法律上有权要求平静与安宁，结果会有什么不同呢？

根据科斯定理，最初的权利分配对市场达到有效率结果的能力没有影响。例如，假设 Jane 可以通过法律强迫 Dick 放弃养狗。虽然拥有这种权利对 Jane 有利，但结果也许并不会改变。在这种情况下，Dick 可以向 Jane 付钱，让 Jane 同意他养狗。如果养狗给 Dick 带来的收益大于狗狂吠对 Jane 的成本，那么 Dick 和 Jane 将就 Dick 养狗问题进行讨价还价。

虽然无论最初的权利怎样分配，Dick 和 Jane 都可以达到有效率的结果，但权利分配并不是毫不相关的：它决定了经济福利的分配。是 Dick 有权养一条爱叫的狗，还是 Jane 有权得到平静与安宁，决定了在最后的协商中谁该向谁付钱。但是，在这两种情况下，双方都可以互相协商并解决外部性问题。只有养狗的收益超过 Jane 的成本时，Dick 最后才会养狗。

总结一下：科斯定理说明，私人经济主体可以解决他们之间的外部性问题。无论最初的权利如何分配，有关各方总可以达成一种协议，在这种协议中，每个人的状况都可以变好，而且，结果是有效率的。

10.3.3 为什么私人解决方法并不总是有效

尽管科斯定理的逻辑很吸引人,但私人主体往往不能自己解决外部性所引起的问题。只有当利益各方可以顺利达成并实施协议时,科斯定理才适用。但是,在现实世界中,即使在有可能达成互利协议的情况下,协商的方式也并不总是奏效。

有时利益各方不能解决外部性问题是因为**交易成本**(transaction cost)的存在,交易成本是各方在达成协议及遵守协议过程中所发生的成本。在我们的例子中,设想 Dick 和 Jane 讲不同的语言,以至于为了达成协议他们需要请一个翻译。如果解决狗狂吠问题的收益小于翻译的成本,那么 Dick 和 Jane 就会选择不解决这个问题。在较为现实的例子中,交易成本不是翻译的支出,而是起草和执行合约所需要的律师的费用。

还有的时候,谈判很容易破裂。战争和罢工的反复出现表明达成协议可能是困难的,而达不成协议又可能是代价高昂的。问题通常在于各方都竭力要达成对自己更好的交易。例如,假设 Dick 从养狗中得到 500 美元的收益,而 Jane 由于狗吠要承受 800 美元的成本。虽然 Jane 为 Dick 放弃狗而进行支付是有效率的,但是存在多种可以带来这种结果的价格。Dick 想要 750 美元,而 Jane 只愿意支付 550 美元。当他们就价格进行争执时,Dick 养狗这个无效率的结果仍然存在。

当利益各方人数众多时,达成有效率的协议就尤其困难,因为协调每个人的代价过于高昂。例如,考虑一个污染了附近湖水的工厂。污染给当地渔民带来了负外部性。根据科斯定理,如果污染是无效率的,那么工厂和渔民可以达成一个协议。根据协议,渔民要对工厂进行支付,以使其放弃排污。但是如果有很多渔民,那么要协调所有人来与工厂协商就几乎是不可能的。

当私人协商无效时,政府有时就可以发挥作用。政府是为集体行为而设立的一种机构。在这个例子中,即使在渔民代表自己的利益进行协商不现实时,政府也可以代表渔民的利益行事。

即问即答 • 举出一个用私人方法解决外部性问题的例子。• 什么是科斯定理? • 为什么私人经济主体有时不能解决外部性引起的问题?

交易成本:
各方在达成协议与遵守协议过程中所发生的成本。

新闻摘录
科斯定理在起作用

一旦人们亲密接触，外部性就产生了。

不想让我放倒我的航空座椅？你可以付钱啊！

Josh Barro

我经常坐飞机。飞行的时候，我会放倒椅背。我不觉得这样做有什么不妥当。我还会这么做下去，除非你付钱给我，不让我放倒椅背并斜倚上去。

我提起这个是因为最近发生了一件事，你可能也听说了：一个星期天，一架美国联合航空公司的飞机从纽瓦克飞往丹佛，结果意外降落在了芝加哥，驱逐了两名因为是否放倒椅背而争执的乘客。根据美联社的报道，一位坐在中间座位的男乘客在他前面的座椅后面安装了一个膝盖保护器，这件设备价值21.95美元，能让座椅保持直立。

乘务员要求这位男乘客拆下他的设备，但遭到了拒绝。坐在前面的女乘客转身把水泼向这位男乘客。最终飞行员使飞机降落，把这两位乘客都赶下了飞机。

在飞机上向其他乘客泼水显然不妥当，即便这位女乘客有道理。但我看也没有多少人同情那位使用膝盖保护器的男乘客：他不仅挑起了这场争斗，而且还侵犯了同机乘客的产权。当你买了机票，你就拥有了使用座椅斜倚功能的权利。如果这位男乘客特别不愿意前面的座椅向后倾斜，他就应该向前座的女乘客付费以使她放弃这一权利。

我在2011年写过一篇文章，当时我就注意到航空座椅是科斯定理很理想的案例。科斯定理这一经济理论认为，谁被赋予了最初的产权并不重要；只要产权明晰，而且交易成本不高，人们就会进行产权交易，直到产权转移到出价最高的人手中。这就是说，我拥有放倒椅背并斜倚的权利，但如果我倾斜的座椅妨碍到了你，你可以付费让我停止使用这个权利。我们可以（但也不必要）换一套制度，按这套制度坐在我身后的乘客拥有斜倚权。这样的话，如果我实在喜欢向后倾斜的座椅，那么我可以付钱给他，购买这种斜倚权。

前美国国会预算办公室主任Donald Marron同意这种分析，但他有一点附加说明。座椅斜倚权谈判有交易成本问题——人们不喜欢与邻座就是否放倒座椅讨价还价，因为有时候这的确会招致劈头泼来的水。

Marron先生认为，我们应该把座椅放倒的最初产权赋予那些更在乎座椅是否斜倚的人，以降低不必要的交易频率。他进一步指出，这类人应该更可能是后排的乘客，因为事实上人们通常要为更宽松的腿部空间付费。

Marron先生的后一个观点是错误的，我理解人们不喜欢与陌生人讨价还价，但在我乘坐的数百次航班上，我几乎没有碰到有人抱怨我把椅背放倒，也没有人向我付钱或给我其他值钱的东西，以换取我把椅背调直。

如果坐在我放倒的座椅后面真的很不幸，或者像我这种喜欢斜倚的人真是"恶魔"，就像《旗帜周刊》(*The Weekly Standard*)的 Mark Hemingway 说的那样，那么为什么没人付钱给我，让我不再放倒椅背？社交媒体上人们为放倒椅背带来的烦恼吵翻了天，但人们通常总是喜欢抱怨一切事情。如果真有人那么在意这件事，他就应该拿出钱包来，现在就付钱给我。

资料来源：From The New York Times. © ［2014］The New York Times Company. All rights reserved. Used under license.

10.4 结论

看不见的手是强大的，但不是万能的。市场均衡使生产者剩余和消费者剩余之和最大化。当市场上的买者和卖者是仅有的利益方时，从整个社会的角度看，这种结果是有效率的。但是，当存在诸如污染等外部效应时，评价市场结果时还要考虑第三方的福利。在这种情况下，市场中看不见的手也许不能有效率地配置资源。

在某些情况下，人们可以自己解决外部性问题。科斯定理表明，利益各方可以相互谈判，并达成一个有效率的解决方案。但是，现实中有时无法通过谈判达成一个有效率的结果，这也许是因为利益各方人数太多而使谈判变得困难。

当人们不能用私人方法解决外部性问题时，政府往往就会介入。但即使有了政府干预，社会也不应该完全放弃市场的力量。政府可以通过要求决策者承担他们行为的全部成本来解决外部性问题。例如，污染许可证和针对污染排放的矫正税就是为了使污染的外部性内在化。这些做法日益成为那些关心环境保护的人的政策选择。只要得到适当的调整，市场力量往往是解决市场失灵的最好办法。

快速单选

1. 以下哪一种是正外部性的例子?
   a. Dev 为 Hillary 修剪草坪,并因这项工作得到 100 美元的报酬。
   b. 在修剪草坪时,Dev 的修剪草机喷出烟雾,而 Hillary 的邻居 Kristen 不得不吸入。
   c. Hillary 的新修剪的草坪使她所在的社区更有吸引力。
   d. 如果 Hillary 答应定期修剪草坪,她的邻居会向她付费。
2. 如一种物品的生产引起了负外部性,那么,社会成本曲线就在供给曲线_____,而且社会的最优数量_____均衡数量。
   a. 上方,大于   b. 上方,小于
   c. 下方,大于   d. 下方,小于
3. 当政府对一种物品征收的税等于与生产这种物品相关的外部成本时,它就_____消费者支付的价格,并使市场结果_____效率。
   a. 提高了,更有   b. 提高了,更无
   c. 降低了,更有   d. 降低了,更无
4. 以下哪一种关于矫正税的说法不正确?
   a. 经济学家更偏爱矫正税,而不是命令与控制型管制。
   b. 矫正税增加了政府收入。
   c. 矫正税引起了无谓损失。
   d. 矫正税减少了市场销售量。
5. 政府拍卖出 500 单位的污染权。拍卖价格为每单位 50 美元,一共筹集了 25 000 美元。这种政策相当于对每单位污染征收_____的矫正税。
   a. 10 美元   b. 50 美元
   c. 450 美元   d. 500 美元
6. 在以下哪一种情况下,科斯定理并不适用?
   a. 双方之间存在严重的外部性。
   b. 法院系统可以有效地执行所有合约。
   c. 交易成本使谈判变得困难。
   d. 双方都完全了解外部性。

内容提要

◎ 当买者和卖者之间的交易间接影响了第三方时,这种影响被称为外部性。如果一项活动产生了负外部性,例如污染,那么市场的社会最优量将小于均衡量。如果一项活动产生了正外部性,例如技术溢出效应,那么社会最优量将大于均衡量。

◎ 政府用各种政策来解决外部性引起的无效率。有时政府通过管制来防止从社会来看无效率的活动。有时政府通过矫正税来使外部性内部化。还有一种公共政策是发放许可证。例如,政府可以通过发放数量有限的污染许可证来保护环境。这种政策的结果与对污染者征收矫正税的结果大致相同。

◎ 受外部性影响的人有时可以用私人方法解决问题。例如,当一个企业给另一个企业带来了外部性时,两个企业可以通过合并把外部性内在化。此外,利益各方也可通过签订合约来解决问题。根据科斯定理,如果人们能够无成本地谈判,那么他们总可以达成一个资源有效配置的协议。但在许多情况下,在许多利益各方间达成协议是很困难的,从而科斯定理并不适用。

关键概念

外部性　　　　　　　　　矫正税　　　　　　　　　交易成本
外部性内在化　　　　　　科斯定理

复习题

1. 举出一个负外部性的例子和一个正外部性的例子。
2. 用供求图解释企业生产过程中发生负外部性的影响。
3. 专利制度怎样帮助社会解决外部性问题？
4. 什么是矫正税？为什么就保护环境免受污染的方法而言，经济学家更偏好矫正税，而非管制？
5. 列出不用政府干预也可以解决外部性引起的问题的一些方法。
6. 设想你是一个与吸烟者同住一间房的不吸烟者。根据科斯定理，什么因素决定了你的室友是否在房间里吸烟？这个结果有效率吗？你和你的室友是如何达成这种解决方法的？

问题与应用

1. 考虑保护你的汽车不被偷窃的两种方法。防盗杆（一种方向盘锁）使偷车者难以偷走你的汽车，而报警器（一种跟踪系统）使得你的车在被偷以后，警察可以轻而易举地抓住小偷。以上哪一种类型的保护会给其他车主带来负外部性呢？哪一种会带来正外部性？你认为你的分析有什么政策含义吗？
2. 考虑灭火器市场。
   a. 为什么灭火器会表现出正外部性？
   b. 画出灭火器市场的图形，标出需求曲线、社会价值曲线、供给曲线和社会成本曲线。
   c. 指出市场均衡产量水平和有效率的产量水平。直观地解释为什么这两种产量不同。
   d. 如果每个灭火器的外部收益是 10 美元，描述一种能带来有效率结果的政府政策。
3. 酒的消费越多，引发的汽车事故就越多，因此给那些不喝酒但开车的人带来了成本。
   a. 画出酒的市场的图形，标出需求曲线、社会价值曲线、供给曲线、社会成本曲线、市场均衡的产量水平和有效率的产量水平。
   b. 在你画的图上用阴影标出与市场均衡的无谓损失相对应的面积。（提示：由于消费某种数量的酒的社会成本大于社会价值，从而产生了无谓损失。）解释原因。
4. 许多观察者认为，我们社会中的污染程度太高了。
   a. 如果社会希望把总污染减少一定量，为什么让不同企业减少不同量是有效率的？
   b. 命令与控制方法通常依靠各个企业等量地减少污染。为什么这种方法一般不能针对那些本应该减少更多污染的企业？

c. 经济学家认为，适当的矫正税或可交易的污染权可以有效率地减少污染。这些方法是怎样针对那些应该减少更多污染的企业的？

5. Whoville 镇的许多非常相似的居民都喜欢喝 Zlurp 饮料。每位居民对这种美味饮料的支付意愿是：

第一瓶	5 美元
第二瓶	4 美元
第三瓶	3 美元
第四瓶	2 美元
第五瓶	1 美元
更多瓶	0 美元

a. 生产 Zlurp 饮料的成本是 1.5 美元，而且竞争性的供给者以这一价格出售。（供给曲线是水平的。）Whoville 镇的每个居民将消费多少瓶饮料？每个人的消费者剩余是多少？

b. 生产 Zlurp 饮料引起了污染。每瓶饮料的外部成本是 1 美元。把这个额外的成本计算进去，在 a 题中你所描述的配置的情况下，每个人的总剩余是多少？

c. Whoville 镇的一个居民 Cindy Lou 决定把自己消费的 Zlurp 饮料减少一瓶。Cindy 的福利（她的消费者剩余减她承受的污染成本）会发生什么变动？Cindy 的决策如何影响 Whoville 的总剩余？

d. Grinch 市长对 Zlurp 饮料征收 1 美元的税收。现在每人消费多少？计算消费者剩余、外部成本、政府收入以及每个人的总剩余。

e. 根据你的计算，你会支持市长的政策吗？为什么？

6. Bruno 喜爱以高音量演奏摇滚乐。Pacido 喜爱歌剧，并讨厌摇滚乐。不幸的是，他们是一座墙薄如纸的公寓楼里的邻居。

a. 这个例子中的外部性是什么？

b. 房东可以实行什么命令与控制政策？这种政策可能引起无效率的结果吗？

c. 假设房东允许房客做自己想做的事。根据科斯定理，Bruno 和 Placido 可以怎样自己实现有效率的结果？什么可能妨碍他们实现有效率的结果？

7. 图 10-4 表明当污染权的需求曲线既定时，政府可以通过用矫正税确定价格或用污染许可证确定数量来达到同样的结果。现在假设控制污染的技术有了显著进步。

a. 用类似于图 10-4 的图形说明这种技术进步对污染权需求的影响。

b. 在每种管制制度下，这对污染的价格和数量有什么影响？解释原因。

8. 假设政府决定发行针对某种污染的可交易许可证。

a. 政府是分配还是拍卖许可证对经济效率有影响吗？

b. 如果政府选择分配许可证，则许可证在各企业中的分配方式对效率有影响吗？

9. 在快乐山谷有三家工业企业。

企业	最初的污染水平（单位）	减少一单位污染的成本（美元）
A	30	20
B	40	30
C	20	10

政府想把污染减少为 60 单位，所以它给每个企业颁发 20 单位的可交易污染许可证。

a. 谁将出售许可证？出售多少？谁将购买许可证？购买多少？简单解释为什么卖者与买者愿意这样做。在这种情况下减少污染的总成本是多少？

b. 如果许可证不能交易，减少污染的成本会高多少？

第 11 章
公共物品和公共资源

一首老歌吟唱着这样一个事实:"生活中最美好的东西都是免费的。"稍微思考一下就可以列出一长串这首歌中所说的这类事物的清单。其中有些东西是大自然提供的,比如河流、高山、海岸、湖泊和海洋。另一些是政府提供的,比如运动场、公园和节庆游行。在这些情况下,当人们选择享用这些物品的好处时,并不需要花钱。

没有价格的物品向经济分析提出了特殊的挑战。在我们的经济中,大部分物品都是在市场中配置的,买者为了得到这些东西而付出钱,卖者因提供这些东西而得到钱。对这些物品来说,价格是引导买者与卖者决策的信号,而且这些决策会带来有效率的资源配置。但是,当一些物品可以免费得到时,在正常情况下配置经济中资源的市场力量就不存在了。

在本章中,我们将考察没有市场价格的物品所面临的资源配置问题。我们的分析将说明第 1 章中的经济学十大原理之一:政府有时可以改善市场结果。当一种物品没有价格时,私人市场不能保证该物品生产和消费的数量就是适当的。在这种情况下,政府政策可以潜在地解决市场失灵问题,并增进经济福利。

11.1 不同类型的物品

在为人们提供所需要的物品方面,市场能做到多好呢?对这个问题的回答取决于所涉及的物品。正如我们在第 7 章中所讨论的,市场可以提供有效率的冰淇淋蛋卷数量:冰淇淋蛋卷的价格会自发调节以使供求达到平衡,而且这种均衡可以使生产者剩余和消费者剩余之和最大化。但是,正如我们在第 10 章所讨论的,市场不能阻止铝产品制造者污染我们呼吸的空气:一般情况下,市场上的买者与卖者不考虑他们决策的外部效应。因此,当物品是冰淇淋时,市场能很好地发挥作用;而当物品是清

排他性：
一种物品具有的可以阻止一个人使用该物品的特性。

消费中的竞争性：
一个人使用一种物品将减少其他人对该物品的使用的特性。

可以根据以下两个特征把物品分为四种类型：(1) 如果可以阻止人们使用一种物品，则该物品就是排他的。(2) 如果一个人使用某种物品会减少其他人对该物品的使用，则该物品在消费中就是竞争的。这个图表给出了每种类型物品的例子。

私人物品：
既有排他性又有消费竞争性的物品。

公共物品：
既无排他性又无消费竞争性的物品。

公共资源：
有消费竞争性但无排他性的物品。

新的空气时，市场将很难发挥作用。

在考虑经济中的各种物品时，根据两个特点来对其进行分类是有用的：

- 该物品有**排他性**（excludability）吗？这就是说，可以阻止人们使用这些物品吗？
- 该物品有**消费中的竞争性**（rivalry in consumption）吗？这就是说，一个人使用某种物品会减少其他人对该物品的使用吗？

根据这两个特点，图 11-1 把物品分成了四种类型。

图 11-1 四种类型的物品

	消费中的竞争性？	
	是	否
排他性？ 是	私人物品 • 冰淇淋蛋卷 • 衣服 • 拥挤的收费道路	俱乐部物品 • 消防 • 有线电视 • 不拥挤的收费道路
排他性？ 否	公共资源 • 海洋中的鱼 • 环境 • 拥挤的不收费道路	公共物品 • 龙卷风警报器 • 国防 • 不拥挤的不收费道路

（1）**私人物品**（private goods）既有排他性又有消费中的竞争性。例如考虑一个冰淇淋蛋卷。一个冰淇淋蛋卷之所以有排他性，是因为可以阻止某个人吃冰淇淋蛋卷——你只要不把冰淇淋蛋卷给他就行了。一个冰淇淋蛋卷具有消费中的竞争性，是因为如果一个人吃了一个冰淇淋蛋卷，那么另一个人就不能吃同一个冰淇淋蛋卷了。经济中的大多数物品都是像冰淇淋蛋卷这样的私人物品：除非你花钱，否则你就得不到东西，而且一旦你得到了它，你就是唯一获益的人。在第 4、5、6 章分析供给与需求，以及在第 7、8、9 章分析市场效率时，我们隐含地假设物品既有排他性又有消费中的竞争性。

（2）**公共物品**（public goods）既无排他性又无消费中的竞争性。这就是说，不能阻止人们使用一种公共物品，而且一个人享用一种公共物品并不减少另一个人对它的使用。例如，一个小镇上的龙卷风警报器是一种公共物品。一旦警报器响起来，要阻止任何一个人听到它都是不可能的（所以它不具有排他性）。而且，当一个人得到警报的利益时，并不减少其他任何一个人的利益（所以它不具有消费中的竞争性）。

（3）**公共资源**（common resources）具有消费中的竞争性但没有排他性。例如，海洋中的鱼具有消费中的竞争性：当一个人捕到鱼时，留给其他人捕的鱼就少了。但这些鱼并不是排他性物品，因为在海洋浩瀚无边的情况下，要阻止渔民在海中捕鱼是很困难的。

(4) **俱乐部物品**(club goods)具有排他性但没有消费中的竞争性。例如考虑一个小镇中的消防。要排除某人享用这种物品是很容易的：消防部门只要袖手旁观，让他的房子烧为平地就行了。但消防并不具有消费中的竞争性：一旦该镇为消防部门付了钱，多保护一所房子的额外成本就是微不足道的。（我们将在第 15 章中再次讨论俱乐部物品，到时我们将了解到，它们是自然垄断的一种类型。）

> **俱乐部物品：**
> 有排他性但无消费竞争性的物品。

尽管图 11-1 将物品清晰地划分为四种类型，但各种类型间的界线有时是模糊的。物品是否具有排他性或消费中的竞争性往往是一个程度问题。由于监督捕鱼非常困难，所以海洋中的鱼可能没有排他性，但足够多的海岸卫队就可以使鱼至少有部分排他性。同样，虽然鱼通常具有消费中的竞争性，但如果与鱼的数量相比，渔民的数量很少，那么竞争性就很小了（想一下在欧洲居民到来之前，北美洲可以捕鱼的水域）。但是，就我们的分析目的而言，把物品划分为四种类型是有帮助的。

在本章中，我们考察没有排他性的物品：公共物品和公共资源。由于无法阻止人们使用这些物品，任何人都可以免费得到它。对公共物品和公共资源的研究与对外部性的研究密切相关。对于这两种类型的物品而言，产生外部性是因为这些有价值的东西并没有价格。如果一个人提供了一种公共物品，例如龙卷风警报器，那么其他人的状况也会变好。他们不用为此花钱却得到了好处——正外部性。同样，当一个人使用海洋中的鱼这样的公共资源时，其他人的状况会变坏，因为可以捕的鱼减少了。他们蒙受了损失但并没有因此得到补偿——负外部性。由于这些外部效应，关于消费和生产的私人决策会引起无效率的资源配置，而政府干预可以潜在地增进经济福利。

即问即答 给公共物品和公共资源下定义，并各举出一个例子。

11.2 公共物品

为了说明公共物品与其他物品有什么不同，并说明公共物品给社会带来了什么问题，我们考虑一个例子：烟火表演。这种物品不具有排他性，因为要阻止某人看烟火是不可能的，而且它也不具有消费中的竞争性，因为一个人欣赏烟火并不会减少其他任何一个人欣赏烟火的乐趣。

11.2.1 搭便车者问题

美国一个小镇的居民喜欢在每年的 7 月 4 日这天观看烟火表演。全镇 500 个居民中的每个人对观看烟火表演的评价都是 10 美元，总收益为 5 000 美元。举行烟火表演的成本为 1 000 美元。由于 5 000 美元的收益大于 1 000 美元的成本,所以小镇居民在 7 月 4 日观看烟火表演是有效率的。

私人市场能提供这种有效率的结果吗?也许不能。设想这个小镇的企业家 Ella 决定举行一场烟火表演。Ella 肯定会在卖这场表演的门票时遇到麻烦,因为她的潜在顾客很快就会想到,他们即使不买票也能观看烟火表演。由于烟火表演没有排他性,因此人们有成为搭便车者的激励。**搭便车者**(free rider)是指得到一种物品的收益但没有为此付费的人。由于人们有成为搭便车者而不是成为买票者的激励,所以市场就不能提供有效率的结果。

> **搭便车者:**
> 得到一种物品的收益但避免为此付费的人。

说明这种市场失灵的一种方法是,它的产生是由于外部性的存在。如果 Ella 举行烟火表演,她就给那些不交钱看表演的人提供了一种外部收益。然而,当 Ella 决定是否举行烟火表演时,她并不会将这种外部收益考虑在内。尽管从社会来看举行烟火表演是合意的,但这对 Ella 而言却是无利可图的。结果,Ella 做出了不举行烟火表演这种从私人来看理性、从社会来看无效率的决策。

尽管私人市场不能提供小镇居民需要的烟火表演,但解决这个问题的方法是显而易见的:当地政府可以赞助 7 月 4 日的庆祝活动。镇委员会可以向每个人征收 2 美元的税收,并用这些收入雇用 Ella 提供烟火表演。小镇上每个人的福利都增加了 8 美元——对烟火的评价 10 美元减去税收 2 美元。尽管 Ella 作为一个私人企业家不能做这件事,但如果她是政府雇员,她就可以帮助小镇达到有效率的结果。

小镇的这个故事是简化的,但却是现实的。实际上,美国许多地方政府都为 7 月 4 日的烟火表演付费。而且,这个故事说明了公共物品的一个一般性结论:由于公共物品没有排他性,搭便车者问题的存在就使私人市场无法提供公共物品。但是,政府可以潜在地解决这个问题。如果政府确信一种公共物品的总收益大于总成本,那么它就可以提供该公共物品,并用税收收入对其进行支付,从而使每个人的状况都变好。

"如果我们做这件事不用增加新税收,那么我喜欢这个概念。"

图片来源:© Dana Fradon/The New Yorker Collection/www.cartoonbank.com

11.2.2　一些重要的公共物品

公共物品的例子有很多，这里我们考虑三种最重要的公共物品。

国防　保卫国家免受外国入侵是公共物品的典型例子。一旦国家有了国防，要阻止任何一个人享受这种国防的收益都是不可能的。而且，当一个人享受国防的收益时，他并没有减少其他任何一个人的收益。因此，国防既无排他性，也无竞争性。

国防也是最贵的公共物品之一。在 2014 年，美国联邦政府用于国防的支出总计为 7 480 亿美元，人均支出在 2 346 美元以上。尽管人们对于这一支出量是太少还是太多的看法并不一致，但几乎没有人怀疑政府将某些支出用于国防的必要性。即使那些主张小政府的经济学家也同意，国防是政府应该提供的一种公共物品。

基础研究　知识是通过研究创造的。在评价有关知识创造的适当公共政策时，区分一般性知识与特定的技术知识是很重要的。特定的技术知识，例如发明一种长效电池、一种更小的芯片或者一种更好的数码音乐播放器，是可以申请专利的。专利赋予发明者在一定时期内对自己创造的知识的排他性权利。其他任何一个想使用这种专利知识的人都必须为这种权利向发明者付费。换言之，专利使发明者创造的知识具有了排他性。

与此相反，一般性知识是公共物品。例如，一个数学家不能为一项定理申请专利。一旦某个定理得到证明，该知识就没有排他性了：这个定理进入了任何人都可以免费使用的社会一般性知识库。这种定理也不具有消费中的竞争性：一个人使用这个定理并不妨碍其他任何一个人使用这个定理。

追求利润的企业将大量支出用于开发新产品的研究，以便获得专利并出售，但它们用于基础研究的支出并不多。他们的激励是搭其他人创造的一般知识的便车。结果，在没有任何公共政策的情况下，社会在创造新知识上投入的资源就会太少。

政府努力以各种方式提供一般性知识这种公共物品。政府机构，例如美国国立卫生研究院（National Institutes of Health）和美国国家科学基金会（National Science Foundation），对医学、数学、物理学、化学、生物学，甚至经济学中的基础研究进行补贴。一些人以太空计划丰富了社会知识库来证明政府为太空计划提供资金是正确的。确定政府支持这些研究的合适水平是很困难的，因为其收益很难衡量。此外，那些分配研究资金的国会议员们通常缺乏科学方面的专业知识，因此他们不能最准确地判断哪些研究将产生最大的收益。所以，尽管基础研究的确是一种公共物品,但如果公共部门没有为适当种类的基础研究提供适当数量的资金,我们也不必大惊小怪。

反贫困 许多政府计划的目的是帮助穷人。美国的福利制度(官方称为 TANF,Temporary Assistance for Needy Families,即"贫困家庭临时援助")为一些贫困家庭提供了少量收入。食品券计划(官方称为 SNAP,Supplemental Nutrition Assistance Program,即"补充营养援助计划")为低收入家庭提供食物购买补贴。政府的各种住房计划使人们更能住得起房子。这些反贫困计划通过向那些经济上较为富裕的家庭征税来提供资金。

对于政府在反贫困问题上应该发挥什么作用,经济学家的看法并不一致。尽管我们将在第20章中更充分地讨论这种争论,但在这里我们要注意一种重要观点:反贫困计划的支持者声称,反贫困是一种公共物品。即使每个人都喜欢生活在一个没有贫困的社会中,反贫困也不是一种私人行为可以充分提供的"物品"。

为了说明原因,假设某个人试图组织一个富人集团来努力消除贫困。他们将提供一种公共物品。这种物品并不具有消费中的竞争性:一个人享受在没有贫困的社会中生活并不会减少其他任何一个人对这种生活的享受。这种物品也没有排他性:一旦消除了贫困,就无法阻止任何人从这个事实中享受愉悦感。结果,人们会有一种搭其他人慈善事业便车的倾向,即不做出贡献而享受消除贫困带来的收益。

由于存在搭便车问题,通过私人慈善活动来消除贫困也许无法实现。但政府的行为可以解决这个问题。通过向富人征税来提高穷人的生活水平可以使每个人的状况都变好。穷人的状况变好,是因为他们现在享有更高的生活水平,而那些纳税人的状况变好,是因为他们现在生活在一个贫困更少的社会中。

■ 案例研究
灯塔是公共物品吗

这是哪一类物品呢?

图片来源:www.1tu.com

根据情况的不同,一些物品可以在公共物品与私人物品之间转换。例如,如果在一个有许多居民的镇上举办烟火表演,那么烟火表演就是一种公共物品。但如果是在一个私人经营的游乐场,例如迪士尼公园放烟火,那么烟火表演就更像是私人物品,因为游人要付费才能进入公园。

另一个例子是灯塔。经济学家早就把灯塔作为公共物品的例子。灯塔用来标出特定的地点,以便过往船只可以避开有暗礁的水域。灯塔为船长提供的利益既无排他性又无竞争性,因此每个船长都有搭便车的激励,即利用灯塔航行而又不为这种服务付费。由于这个搭便车者问题,私人市场通常不能提供船长所需要的灯塔。因此,现在的灯塔大多是由政府经营的。

但是,在一些情况下,灯塔也可以类似于私人物品。例如,19 世纪英国海岸上有一些灯塔是由私人拥有并经营的。但是,当地灯塔的所有者并不向享用这种服务的船长收费,而是向附近港口的所有者收费。如果港口所有者不付费,灯塔所有者就关掉灯,而船只就会避开这个港口。

在确定一种物品是不是公共物品时,必须确定谁是受益者以及能否把这些受益者排除在这种物品的使用之外。当受益者人数众多,而且要排除任何一个受益者都不可能时,搭便车者问题就出现了。如果一个灯塔使许多船长受益,那么它就是一种公共物品;但如果主要受益者是一个港口所有者,那么它就更像是一种私人物品。

11.2.3 成本—收益分析的难题

到现在为止,我们说明了政府之所以提供公共物品是因为私人市场本身不能生产有效率的数量。但确定政府应该起作用只是第一步。政府还必须决定提供哪些公共物品以及提供多少。

假定政府正在考虑一个公共项目,例如修一条新的高速公路。为了确定要不要修这条高速公路,政府必须比较所有使用这条高速公路的人的总收益与建设及维护这条高速公路的总成本。为了做出这个决策,政府可能会雇用一个由经济学家和工程师组成的小组来进行研究,这种研究称为**成本—收益分析**(cost-benefit analysis),它的目标是估算该项目对于作为一个整体的社会的总成本和总收益。

成本—收益分析面临一些难题。因为所有人都可以免费使用高速公路,因而没有用来判断高速公路价值的价格。简单地向人们询问他们对高速公路的评价是很不可靠的;用问卷调查的结果来对收益进行定量分析是很困难的,而且回答问卷的人其实并没有如实回答的激励。那些要使用高速公路的人为了修这条路有夸大他们所得到收益的激励,那些受高速公路损害的人为了阻止修这条路有夸大其成本的激励。

因此,有效率地提供公共物品在本质上比有效率地提供私人物品更困难。当私人物品的买者进入市场时,他们通过自己愿意支付的价格来显示自己对这种物品的评价。同时,卖者也通过自己愿意接受的价格来显示自己的成本。均衡是一种有效的资源配置,因为它反映了所有这些信息。与此相反,当在利用成本—收益分析方法来评价政府是否应该提供一种公共物品以及如果应该提供,那么提供多少时,政府并没有可供观察的价格信号。因此,政府所得出的关于公共项目成本和收益的结论充其量只是一种近似而已。

成本—收益分析: 比较提供一种公共物品的社会成本与社会收益的研究。

案例研究
一条生命值多少钱

设想你被选为你们当地小镇委员会的委员。本镇工程师带着一份建议书来到了你这里:本镇可以花 1 万美元在现在只有停车标志的十字路口安装并投入使用一个红绿灯。红绿灯的收益是提高了安全性。工程师根据类似的十字路口的数据进行了估算:红绿灯在整个使用期间可以使致命性交通事故的危险从 1.6% 降低到 1.1%。你应该花钱安装这个新红绿灯吗?

为了回答这个问题,又要回到成本—收益分析。但你马上就遇到一个障碍:如果你要使成本与收益的比较有意义,那么就必须用同一种单位来衡量。成本可以用美元衡量,但收益——拯救一个人生命的可能性——却不能直接用货币来衡量。但为了做出决策,你不得不用美元来评价人的生命。

起初,你可能会得出结论:人的生命是无价的。毕竟,无论给你多少钱,你也不会自愿放弃你的生命或你所爱的人的生命。这都表明人的生命有无限的价值。

但是,对于成本—收益分析而言,这个回答只能导致毫无意义的结果。如果我们真的认为人的生命是无价的,那么我们就应该在每一个路口都安装上红绿灯。同样,我们也应该都去驾驶有全套最新安全设备的大型车。但事实上并不是每个路口都有红绿灯,而且人们有时会选择购买没有防撞气囊或防抱死刹车的小型汽车。无论在公共决策还是私人决策中,我们有时确实会为了节约一些钱而愿意拿自己的生命来冒险。

一旦我们接受了一个人的生命有其隐含价值的观点,我们该如何确定这种价值是多少呢?一种方法是考察一个人如果活着那么其能赚到的总收入,法院在判决过失致死赔偿案时有时会用到这种方法。经济学家经常批评这种方法,因为它忽略了失去一个人生命的其他机会成本。因此这种方法会得出一个荒诞的结论,即退休者和残疾人的生命没有价值。

评价人的生命价值的一种较好方法是,观察人们自愿冒的危险以及要给一个人多少钱他才愿意冒这种危险。例如,不同职业的死亡风险是不同的。高楼大厦上的建筑工人所面临的死亡危险就大于在办公室工作的人员。在受教育程度、经验以及其他决定工资的因素不变的情况下,通过比较高风险职业和低风险职业的工资,经济学家就可以在一定程度上得出人们对自己生命的评价。用这种方法研究得出的结论是,一个人生命的价值约为 1000 万美元。

现在我们可以回到最初的例子,并对小镇工程师做出答复。红绿灯使车祸死亡的危险降低了 0.5%。因此,安装红绿灯的预期收益是 0.005 × 1000 万美元,即 5 万美元。这一收益估算值大于成本 1 万美元,所以你应该批准该项目。

> **即问即答** • 什么是搭便车者问题？为什么搭便车者问题促使政府提供公共物品？ • 政府应该如何决定是否提供一种公共物品？

11.3 公共资源

公共资源与公共物品一样没有排他性：任何想使用公共资源的人都可以免费使用。但是，公共资源在消费中有竞争性：一个人使用公共资源会减少其他人对它的享用。因此，公共资源就带来了一个新问题：一旦提供了一种物品，那么决策者就需要关注它被使用了多少。用一个经典寓言最有助于我们理解这个问题，这个寓言被称为**公地悲剧**（Tragedy of the Commons）。

公地悲剧：一个说明从整个社会的角度看，为什么公共资源的使用大于合意水平的寓言。

11.3.1 公地悲剧

设想一个中世纪小镇的生活。该镇的人从事许多经济活动，其中最重要的一种活动是养羊。镇上的许多家庭都有自己的羊群，并以出售用来做衣服的羊毛来维持生活。

当我们的故事开始时，羊大部分时间都在镇周围的草地上吃草，这些地被称为镇公地。这些草地不归任何一个家庭所有，而是归镇上居民集体所有，并且允许所有居民在上面放羊。集体所有权很好地发挥了作用，因为土地很广阔。只要每个人都可以得到他们想要的优质草地，那么镇公地就不是一种竞争性物品，而且允许居民在草地上免费放羊也不会引起任何问题。镇上的每一个人都是幸福的。

但随着时光的流逝，镇上的人口在增加，镇公地上的羊也在增加。由于羊的数量日益增加，而土地的数量是固定的，所以土地开始渐渐失去自我养护的能力。最后，土地上放牧的羊如此之多，以至于土地变得寸草不生。由于公地上没有草，养羊就不可能了，而且该镇曾经繁荣的羊毛业也消失了。许多家庭失去了生活的来源。

什么原因引起了这种悲剧呢？为什么牧羊人让羊繁殖得如此之多，以至于毁坏了镇公地呢？原因是社会激励与私人激励不同。避免草地被破坏需要依靠牧羊人的集体行动。如果牧羊人共同行动，那么他们就可以使羊群数量减少到镇公地可以承受的规模。但没有一个家庭有减少自己羊群规模的激励，因为每家的羊群都只是问题产生的一小部分原因。

实际上，公地悲剧的产生正是因为外部性。当一个家庭的羊群在公地上吃草时，它降低了其他家庭可以得到的土地质量。由于人们在决定自己养多少羊时并不考虑这种负外部性，所以导致羊的数量过多。

如果预见到了这种悲剧，镇里就可以用各种方法解决这个问题。它可以管制每个家庭的羊群数量,通过对羊征税把外部性内在化,或者拍卖数量有限的牧羊许可证。就是说,这个中世纪小镇可以用现代社会解决污染问题的方法来解决放牧过度的问题。

但是,土地的这个例子还有一种较简单的解决方法。该镇可以把土地分给各个家庭。每个家庭都可以把自己的一块地用栅栏圈起来,并避免过度放牧。通过这种方法,土地就成为私人物品而不是公共资源。实际上,在17世纪英国圈地运动时期就出现了这种结果。

公地悲剧得出了一个一般性的结论:当一个人使用公共资源时,他就减少了其他人对这种资源的享用。由于存在这种负外部性,所以公共资源往往被过度使用。政府可以通过用管制或税收的方法来减少公共资源的消耗,从而解决这个问题。此外,政府有时也可以把公共资源变为私人物品。

数千年前人们就知道这个结论。古希腊哲学家亚里士多德就指出了公共资源的问题:"大家公有的东西总是被关心得最少,因为所有人对自己东西的关心都大于对与其他人共同拥有的东西的关心。"

专家看法
拥堵定价

"一般来说,如果在拥堵的交通网中使用更多的拥堵收费——例如,城市交通高峰时收取更高的过路费,以及机场起落繁忙时收取高峰费——并用这种收益来降低其他税收,那么会使居民的状况得到改善。"

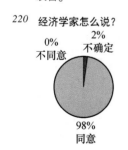

资料来源:IGM Economic Experts Panel, January 11, 2012.

11.3.2 一些重要的公共资源

有许多公共资源的例子。在几乎所有的例子中,都产生了与公地悲剧一样的问题:私人决策者过分地使用公共资源。政府通常对私人行为实行管制或收费以减轻过度使用的问题。

清洁的空气和水 正如我们在第10章中所讨论的,市场并没有充分地保护环境。污染是可以用管制或对污染性活动征收矫正税来解决的负外部性。可以把这种市场失灵看作公共资源问题的一个例子。清新的空气和洁净的水与开放的草地一样是公共资源,而且过度污染也与过度放牧一样。环境恶化是现代社会的一种"公地悲剧"。

拥堵的道路 道路既可以是公共物品,也可以是公共资源。如果道路不拥堵,那么一个人使用道路就不影响其他任何一个人使用。在这种情况下,道路的使用没有竞争性,道路是公共物品。但如果道路是拥堵的,那么道路的使用就会引起负外部性。当一个人在路上开车时,道路就变得更为拥堵,其他人必然开得更慢。在这种情况下,道路是公共资源。

政府解决道路拥堵问题的一个方法是对司机收取通行费。道路通行费本质上就是对拥堵所产生的外部性征收的一种矫正税。有时道路通行费并不是一种切合实际的解决方法,因为收费的成本太高了,就像在一些地方道路所发生的情况那样。但是,在一些大城市,包括伦敦和斯德哥尔摩,提高收费都是减少拥堵的一种非常有效的方法。

有时拥堵只是在一天中的某些时段存在。例如,如果一座桥只是在上下班高峰期过往车辆多,那么这些时段的拥堵外部性是最大的。解决这些外部性的有效方法是在上下班高峰时收费更高。这种收费就会激励驾车人改变安排,从而会减少拥堵最严重时的交通量。

对道路拥堵问题做出反应的另一种政策是在上一章案例研究中讨论过的汽油税。汽油是开车的互补品:汽油价格上升往往会降低开车的需求量。因此,汽油税减少了道路拥堵。但是汽油税也不是一种完美的解决方法,因为除了拥堵道路上的开车量,汽油税还影响了其他决策。例如,汽油税也使人们不愿在不拥堵的道路上开车,尽管这些道路并不存在拥堵所产生的外部性。

新闻摘录
收费公路案例

许多经济学家认为,应该向使用道路的司机收取更多费用。下面这篇文章说明了原因。

为什么你会愿意为曾经免费的道路付费

Eric A. Morris

为了解决交通拥堵的祸患,朱利叶斯·恺撒禁止大多数马车白天行驶在罗马街道上。但这没什么用——交通拥堵挪到了晚上。两千多年以后,我们已经把人类送上了月球,并开发出了比罗马长袍实用得多的衣服,但我们对交通拥堵问题却好像依然无可奈何。

如果你住在城市,尤其是大城市,毫无疑问,你会觉得交通拥堵是一件既烦人又浪费时间的事情。根据得克萨斯交通研究所的数据,在 2005 年,交通拥堵使平均每个美国城市出行者损失了 38 个小时,几乎是一个完整的工作周。交通拥堵越来越严重,而不是有所改善:在 1982 年,平均每个美国城市出行者只被延误了 14 个小时。

美国人想有所作为,但不幸的是,对于应该采取什么行动,我们想不出什么好办法。正如 Anthony Downs 的杰作《仍然身陷拥堵中:应对高峰时段的交通拥堵》(*Still Stuck in Traffic: Coping With Peak-Hour Traffic Congestion*)所指出的,人们建议的大部分解决办法不是太难执行,就是没有效果,或者两者兼备。

幸运的是,有一种办法既可行又能保证奏效。在一两年内,我们就可以让你在高峰时段,以令人舒畅的 55 英里时速在 405 号公路或 LIE 公路上呼啸而过。

用这个妙方解决交通拥堵只有一个小问题:当比较这个妙方和现状时,人们似乎宁可选择保持现状。尽管有其优点,但这种被称为"拥堵定价""价值定价"或"可变收费"的政策在政治上不容易受到欢迎。

几十年来,经济学家和其他交通学者一直建议根据道路上的拥堵情况进行不同程度的收费。简而言之,就是交通越拥堵,收费就越高,直至拥堵消失。

在许多人看来,这种想法像是精明老练的官员及其学术界的辩护者提出的计划,目的是抢夺司机辛苦赚来的钱。为什么司机必须为使用道路付费,他们不是已经纳税了吗?当司机被迫离开收费道路时,那些仍然免费的道路不会堵得一塌糊涂吗?当收费公路成为"奢侈路线"时,工薪阶层和穷人不就成为牺牲品了吗?

此外,采用这种政策就意味着听从了经济学家的意见。谁想这样做呢?

这种可以自圆其说的逻辑,其实是有问题的(除了听从经济学家的部分)。收费的反对者肯定也不傻,他们的观点值得认真考虑。但是,归根结底,他们的担心被过分夸大了,而且收费的收益超过了潜在成本。

不幸的是,很难让人相信这一点,因为收费背后的理论有点复杂,而且与人们的直觉相左。这是很糟的,因为可变收费是一项很好的公共政策。理由如下:当你为某种物品——在本案例里是道路行驶空间——出价时,如果你的出价低于物品的真实价值,就会出现短缺。这是一个基本的经济学理论。

最终来看,天下没有免费的午餐。如果你想得到物品而又不想付钱,你就必须付出努力与时间。想想苏联时期,人们为了购买人为造成的低价又极为稀缺的物品,要把他们的生命都用于无止境的排队。再想想美国人,只要付出货币成本,几乎就可以很快满足任何能想象到的消费需求。免费而拥堵的道路就是把我们甩到了莫斯科的大街上。

换一种方式来思考,延误是司机给他的同行们带来的一种外部性。由于开车进入繁忙的道路并引起拥堵,司机使其他人放慢了速度——但他们不用为此付费,至少没有直接付费。当然结果是每个人都付了费,因为在我们给其他人带来拥堵时,其他人也给我们带来了拥堵。这就陷入了一场没有赢家的博弈。

当外部性内在化,即你要为你强加于别人的麻烦付费时,市场最能发挥作用……收费有助于使拥堵的外部性内在化,它会减少最高峰时期最拥堵道路上出行车辆的数量:有些车会转向不太拥堵的时段和路段;还有些车则完全不再出行了。这种方法使我们可以减少互相带来的拥堵成本。

可以肯定的是,收费并不能完全解决车祸及其他偶发事件,而这些都是交通延误的主要原因。但收费可以大大消除长期反复的拥堵。无论对道路的需求有多高,总有一个收费水平可以使道路畅通无阻。

为了使收费确实有效,价格就必须适当。收费太高会使过多汽车离开,道路无法充分发挥作用;而如果收费太低,拥堵问题就无法解决。

最好的解决方法是根据目前的交通状况实时调整收费。一些试行的道路收费计划(如明尼苏达州的 I-394 号公路和南卡罗来纳州的 I-15 号公路上所进行的)是用道路上安装的感应器来监控道路上的汽车数量和速度。

然后用一个简单的电脑程序就能确定可以允许上路行驶的汽车数量。电脑可以算出为了吸引到这一数量——而不是更多——的汽车而应该实行的收费水平。电子信号牌上的价格每隔几分钟就变动一次。高科技的发射应答器和天线使得在收费站排长队等待交费成为历史。

最重要的是,这种方法可以保持较高的通行速度(时速45英里以上),从而提高道路的吞吐量。相比之下,如果在高峰时段允许所有汽车一起涌入公路,使得通行速度变得如同爬行速度时,则道路吞吐量较低。

为了实现最高效率,经济学家可能希望对所有出行都定价,从高速公路开始。但是,被选出来的官员可不想砸自己的饭碗,所以现在比较现实的选择是只对一些有新运力或运力利用不足的高速公路收费。另一些道路仍将保持免费——并且拥堵的状态。这样司机就有了选择:等待或交费。当然,这两者都不那么理想。但现在的情况是司机连选择的机会都没有。

这里的关键因素是什么?华盛顿州最近在167号公路上开通了拥堵定价车道。运行第一个月达到的最高收费(在5月21日周三晚间达到)是5.75美元。我知道,我知道,你绝不会支付这么高得离谱的收费,美国可一直教导你说,享用免费道路是你天生的权利。但这些钱让华盛顿的司机节省了27分钟的时间。你半小时的时间值6美元吗?

我想我已经知道了答案:这得看情况。大多数人对时间的评价在不同情况下差别很大,这取决于他们那一天要干什么事。到托儿所接孩子要迟到了?那么支付6美元节省半小时可太划算了。如果是要赶回去清扫房间呢?你回家要用的时间可是越长越好。收费赋予你按自己的时间表制定出行成本的权利,从而给你的生活带来更高的灵活性和自由度。

资料来源:Freakonomics blog, January 6, 2009.

鱼、鲸和其他野生动物 许多动物物种都是公共资源。例如,鱼和鲸有商业价值,而且任何人都可以到海里捕捉其所能捕捉到的任何数量。人们很少有为下一年维系物种的激励。正如过分放牧可以毁坏镇上的公地一样,过分捕鱼和捕鲸也会摧毁有商业价值的海洋生物。

海洋仍然是受管制最少的公共资源之一。有两个问题使之不易解决。第一,许多国家濒临海洋,因此,任何一种解决方法都需要在拥有不同价值观的各国之间开展国际合作。第二,由于海洋如此浩瀚,实施任何协议都是很困难的。因此,捕鱼权经常成为引起友好国家之间紧张国际局势的缘由。

在美国国内,有各种旨在保护鱼类和其他野生动物的法律。例如,政府对捕鱼和打猎的许可证收费,并规定捕鱼和打猎季节的期限。法律通常会要求渔民把小鱼放回水中,而且猎人只能捕杀有限数量的动物。所有这些法律都减少了公共资源的使用,并有助于维持动物种群。

案例研究
为什么奶牛没有绝种

"市场会保护我吗?"
图片来源:www.1tu.com

历史上许多动物都遭受过物种灭绝的威胁。当欧洲人第一次到达北美洲时,这个大陆上的野牛数量超过6 000万头。但在19世纪期间猎杀野牛如此盛行,以至于到1900年,在政府开始保护这种动物之前,野牛只剩下400头左右了。在现在的一些非洲国家,由于偷猎者为取得象牙而捕杀大象,大象也面临着类似的困境。

但并不是所有具有商业价值的动物都面临着这种威胁。例如,奶牛是一种有价值的食物来源,但没有一个人担心奶牛会很快绝种。实际上,对牛肉的大量需求看起来保证了这种动物会一直繁衍下去。

为什么象牙的商业价值是对大象的威胁,而牛肉的商业价值却是奶牛的护身符呢?原因是大象是公共资源,而奶牛是私人物品。大象可以自由自在地漫步而不属于任何人。每个偷猎者都有尽可能多地猎杀他们所能找到的大象的强烈激励。由于偷猎者人数众多,每个偷猎者都很少有维护大象种群的激励。与此相反,奶牛生活在私人所有的牧场上。每个牧场主都尽最大的努力来维持自己牧场上的牛群,因为他能从这种努力中得到利益。

政府试图用两种方法来解决大象的问题。一些国家,例如肯尼亚、坦桑尼亚和乌干达,已经把猎杀大象并出售象牙列为违法行为。但这些法律一直很难得到实施,政府和偷猎者之间的斗争越来越暴力,而且大象种群在继续减少。与此相反,另一些国家,例如博茨瓦纳、马拉维、纳米比亚和津巴布韦,允许人们捕杀大象,但只能捕杀自己所有的大象,从而使大象成为一种私人物品。土地所有者现在有保护自己土地上大象的激励,结果是大象的数量开始增加了。在私有制和利润动机的共同作用下,也许某一天非洲大象也会像奶牛一样,摆脱灭绝的威胁。

即问即答 为什么政府努力限制公共资源的使用?

11.4 结论:产权的重要性

在本章和上一章中,我们说明了存在一些市场不能充分提供的"物品"。市场不能确保我们呼吸的空气是清洁的,也不能确保我们的国家不受外国侵略。相反,社会依靠政府来保护环境并提供国防。

虽然我们在这两章考虑的问题发生于不同的市场上,但它们有一个共同的主题:在所有这些情况下,市场没能有效地配置资源,是因为没有很好地确立产权。这就是说,某些有价值的东西并没有在法律上认定有权控制它的所有者。例如,虽然没有人怀疑清洁的空气或国防等"物品"是有价值的,但没有一个人有权给它定一个价格,并从人们对它的使用中得到利润。工厂污染太严重,是因为没有一个人能因为工厂排放污染物而向工厂收费;市场没有提供国防,是因为没有一个人能因为向人们提供了保卫而收费。

当产权缺失引起市场失灵时,政府可以潜在地解决这个问题。有些时候,例如在出售污染许可证的情况下,解决方法是政府帮助界定产权,从而释放市场的力量。另一些时候,例如在限制捕猎季节的情况下,解决方法是政府对私人行为进行管制。还有一些时候,例如在提供国防的情况下,解决方法是由政府提供市场不能提供的物品。在所有这些情况下,如果政策能得到很好的计划和实施,就可以使资源配置更有效率,从而增进经济福利。

快速单选

1. 以下哪一类物品具有排他性?
   a. 私人物品与俱乐部物品。
   b. 私人物品与公共资源。
   c. 公共物品与俱乐部物品。
   d. 公共物品与公共资源。
2. 以下哪一类物品具有消费中的竞争性?
   a. 私人物品与俱乐部物品。
   b. 私人物品与公共资源。
   c. 公共物品与俱乐部物品。
   d. 公共物品与公共资源。
3. 以下哪一种是公共物品的例子?
   a. 住房。　　　b. 国防。
   c. 餐馆的饮食。　d. 海洋中的鱼。
4. 以下哪一种是公共资源的例子?
   a. 住房。　　　b. 国防。
   c. 餐馆的饮食。　d. 海洋中的鱼。
5. 公共物品_____。
   a. 可以由市场力量有效率地提供
   b. 如果没有政府就会提供不足
   c. 如果没有政府就会使用过多
   d. 是一种自然垄断
6. 公共资源_____。
   a. 可以由市场力量有效率地提供
   b. 如果没有政府就会提供不足
   c. 如果没有政府就会使用过多
   d. 是一种自然垄断

内容提要

◎ 物品在是否具有排他性和竞争性上存在差别。如果阻止某个人使用某种物品是可能的,那么这种物品就具有排他性。如果一个人对某种物品的使用减少了其他人对同一物品的使用,那么这种物品就具有竞争性。市场运行最适用于既有排他性又有竞争性的私人物品。市场运行不适用于其他类型的物品。

◎ 公共物品既无竞争性又无排他性。公共物品的例子包括烟火表演、国防和基础知识的创造。因为不能对使用公共物品的人收费,所以人们存在搭便车的激励,导致私人不能提供这种物品。因此,政府提供公共物品,并以成本—收益分析为基础做出关于每种物品供给量的决策。
◎ 公共资源具有消费中的竞争性但无排他性。例子包括公有的草地、清洁的空气和拥挤的道路。由于不能向使用公共资源的人收费，所以这些人往往会过度使用公共资源。因此，政府努力用各种方法限制公共资源的使用。

关键概念

排他性　　　　　　　　公共物品　　　　　　　　搭便车者
消费中的竞争性　　　　公共资源　　　　　　　　成本—收益分析
私人物品　　　　　　　俱乐部物品　　　　　　　公地悲剧

复习题

1. 解释一种物品具有"排他性"意味着什么。解释一种物品具有"消费中的竞争性"意味着什么。一块比萨饼是否有排他性？是否有消费中的竞争性？
2. 给公共物品下定义并举出一个例子。私人市场本身能提供这种物品吗？解释原因。
3. 什么是公共物品的成本—收益分析？为什么它很重要？为什么进行这种分析很困难？
4. 给公共资源下定义并举出一个例子。如果没有政府干预，人们对这种物品的使用会太多还是太少？为什么？

问题与应用

1. 考虑你们当地政府提供的物品与服务。
   a. 用图 11-1 中的分类解释下列每种物品分别属于哪类：
      - 警察保护
      - 铲雪
      - 教育
      - 乡间道路
      - 城市街道
   b. 你认为政府为什么要提供不是公共物品的东西？
2. 公共物品和公共资源都涉及外部性。
   a. 与公共物品相关的外部性通常是正的还是负的？举例回答。自由市场上的公共物品数量通常大于还是小于有效率的数量？
   b. 与公共资源相关的外部性通常是正的还是负的？举例回答。自由市场上公共资源的使用量通常大于还是小于有效率的使用量？
3. Fredo 喜欢看本地公共电视台的"Downton Abbey"节目，但在电视台筹集运营资金时，他从不出钱支持电视台。
   a. 经济学家给像 Fredo 这样的人起了个什么名字？
   b. 政府如何能解决像 Fredo 这样的人引起的问题？
   c. 你能想出私人市场解决这个问题的方法吗？有线电视台的存在如何改

变这种状况?

4. Communityville 市的机场免费提供无线高速互联网服务。

   a. 起初只有几个人使用这种服务。此时这种服务属于哪一种类型的物品?为什么?

   b. 后来,随着越来越多的人发现了这项服务并开始使用它,上网的速度开始下降了。现在无线互联网服务属于哪一种类型的物品?

   c. 这可能会引起什么问题?为什么?解决这个问题的一种可能方法是什么?

5. 四个室友计划在宿舍看老电影来共度周末,但他们还在争论要看几部。下面是他们对每部电影的支付意愿:

   (单位:美元)

	Steven	Peter	James	Christopher
第一部电影	7	5	3	2
第二部电影	6	4	2	1
第三部电影	5	3	1	0
第四部电影	4	2	0	0
第五部电影	3	1	0	0

   a. 在宿舍范围内播放电影是一种公共物品吗?为什么?

   b. 如果租一部电影的花费为 8 美元,为使所有室友的总剩余最大化,应该租几部电影?

   c. 如果他们从 b 中得出了所选择的最优数量,并平均分摊租电影的费用,每个人从看电影中得到了多少剩余?

   d. 有一种分摊成本的方法能保证每个人都获益吗?这种解决方法引起了什么实际问题?

   e. 假设他们事前一致同意选择有效率的电影数量并平均分摊电影的成本。当被问到支付意愿时,Steven 有说实话的激励吗?如果有的话,为什么?如果没有的话,他最可能说什么?

   f. 关于公共物品的最优供给量,这个例子给你什么启发?

6. 一些经济学家认为私人企业从事的基础科学研究不会达到有效率的数量。

   a. 解释为什么可能会这样。在你的回答中,把基础研究划入图 11-1 所示类型中的某一类。

   b. 为了应对这个问题,美国政府采取了什么政策?

   c. 人们往往认为,这种政策提高了美国企业相对于外国企业的技术能力。这种观点与你在 a 中对基础研究的分类一致吗?(提示:排他性能否只适用于公共物品的某些潜在受益者,而不适用于其他人?)

7. 两个镇都在决定是否要举行烟火表演来庆祝新年,而且每个小镇都有 3 个人。举行烟火表演的成本是 360 美元。在每个镇都存在一些人比另一些人更喜欢观看烟火表演的情况。

   a. 在 Bayport 镇,每位居民对这种公共物品的评价如下:

   Frank   50 美元
   Joe   100 美元
   Callie   300 美元

   举行烟火表演能通过成本—收益分析吗?解释原因。

   b. Bayport 的镇长提议根据多数原则来做决定,而且如果举行烟火表演在全民投票中通过了,那么所有居民都平均分摊成本。谁会投票支持?谁会投票反对?投票能得出和成本—收益分析一样的结果吗?

   c. 在 River Heights 镇,每位居民对这种公共物品的评价如下:

   Nancy   20 美元
   Bess   140 美元
   Ned   160 美元

   举行烟火表演能通过成本—收益分

析吗？解释原因。

d. River Heights 镇的镇长也提议根据多数原则来做决定，而且如果举行烟火表演在全民投票中通过了，那么所有居民都平均分摊成本。谁会投票支持？谁会投票反对？投票能得出和成本—收益分析一样的结果吗？

e. 关于公共物品的最优供给量，你认为这些例子说明了什么？

8. 在公路旁往往有垃圾，而在私人花园则很少出现垃圾，对这种现象给出一种经济学解释。

9. 许多交通体系，例如华盛顿特区的地铁，在高峰时段的收费比一天中的其他时间高。为什么要这样做？

10. 为了避免死亡的风险，高收入的人愿意比低收入的人花更多钱，例如他们更愿意为汽车的安全性花钱。你认为当评价公共项目时，成本—收益分析应该考虑这一事实吗？例如，考虑有一个富人镇和一个穷人镇，它们都正在考虑是否安装红绿灯。在做出这项决策时，富人镇应该对人的生命的货币价值做出更高的估计吗？为什么？

第 12 章
税制的设计

20 世纪 20 年代臭名昭著的匪徒和犯罪团伙头子,"疤面人"阿尔·卡彭(Al Capone)从来没有因为他的许多暴力犯罪行为而入狱,但最终他还是被关在监牢里——因为逃税。他忽视了本·富兰克林(Ben Franklin)的劝告:"在这个世界上除了死亡和税收以外,没有什么事情是确定无疑的。"

当富兰克林在 1789 年说这句话的时候,普通美国人缴纳的税不到其收入的 5%,而且在之后的一百年中维持了这种状况。但是,在 20 世纪期间,税收在普通美国人的生活中变得越来越重要。现在,把所有税收加在一起——包括个人所得税、公司所得税、工薪税、销售税和财产税——总计可以超过一个普通美国人收入的四分之一。在许多欧洲国家,税收甚至比这还要高。

税收是不可避免的,因为作为公民的我们期望政府提供各种物品和服务。第一章的经济学十大原理之一是:市场通常是组织经济活动的一种好方法。但市场经济的良好运转建立在产权和法律的基础上,所以政府需要提供警察和法庭。另一项经济学十大原理之一是:政府有时能改善市场结果。当政府解决一种外部性(例如空气污染),提供一种公共物品(例如国防),或管制一种公共资源的使用(例如在公共湖泊中捕鱼)时,它就可以增进经济福利。但这些活动是需要花费成本的。政府为了行使这些以及其他许多职能,需要通过税收来筹集收入。

在前几章中我们已经开始了对税收的研究,我们说明了对一种物品征税将如何影响该物品的供给与需求。在第 6 章中,我们说明了税收会减少市场上的销售量,还考察了税收负担如何由买者与卖者分摊,这取决于供给弹性和需求弹性。在第 8 章中,我们考察了税收如何影响经济福利。我们知道,税收引起了无谓损失:税收引起的消费者剩余和生产者剩余的减少大于政府筹集的收入。

在本章中,我们将以这些结论为基础来讨论税制的设计。我们从美国政府的财政概况开始。在考虑税制时了解关于美国政府如何筹资和支出的一些基本事实是有用的。然后我们再考虑税收的基本原则。大多数人都赞同税收给社会带来的成本应尽可能地低,而且税收负担应公平地分配。这就是说,税制应该既有效率又平等。但是,正如我们将看到的,这些目标宣称起来容易但实现起来难。

12.1 美国政府的税收概况

政府的税收占国民收入的多少？图 12-1 显示了美国经济中包括联邦、州和地方政府在内的政府收入在总收入中的百分比。它表明,在过去一个世纪中,政府的作用大大加强了。在 1902 年,政府收入占总收入的 7%;而在近些年中,政府收入约占到总收入的 30%。换句话说,随着经济中收入的增长,政府从税收中得到的收入增长得更快。

图 12-1 政府收入占 GDP 的百分比

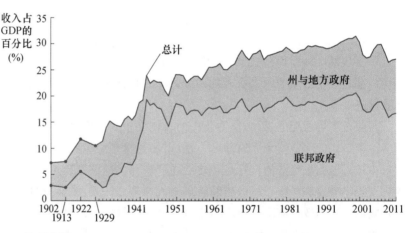

这个图表示联邦政府和州与地方政府收入占国内生产总值(GDP)的百分比,GDP 衡量经济中的总收入。该图表示,政府在美国经济中起着重要作用,而且其作用在不断加强。

资料来源:*Historical Statistics of the United States*；Bureau of Economic Analysis；作者的计算。

图 12-2 用政府税收收入占国民总收入的百分比这个指标比较了几个大国的税收负担。与大多数发达国家相比,美国的税收负担较轻。许多欧洲国家的税收负担高得多,这些税收支持了更为慷慨的社会保障网,包括对穷人和失业者提供更多的收入支持。

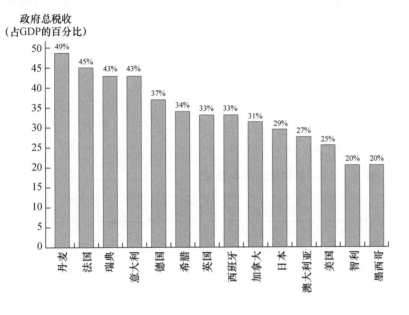

图 12-2 政府收入占 GDP 的百分比：国际比较

12.1.1 联邦政府筹集的税收

美国联邦政府收取了美国经济中约三分之二的税收。表 12-1 显示了联邦政府 2014 年的收入。这一年的总收入是 33 000 亿美元，这一数字大得令人费解。为了使这个天文数字回到现实中来，我们用它除以美国的人口数，2014 年美国人口约为 3.19 亿。这样，我们发现，平均每个美国人向联邦政府缴纳了 10 235 美元的税收。

表 12-1 2014 年联邦政府的收入

税收	数量（10 亿美元）	人均数量（美元）	占收入的百分比（%）
个人所得税	1 397	4 379	43
社会保险税	1 145	3 589	35
公司所得税	418	1 310	13
其他	305	956	9
总计	3 265	10 235	100

资料来源：Bureau of Economic Analysis。由于取整，每列的数字加总不一定等于总数。

个人所得税 联邦政府最大的收入来源是个人所得税。在每年临近 4 月 15 日时，几乎每个美国家庭都要填写纳税表，以确定应向政府交多少所得税。每个家庭都需要报告其所有来源的收入：工作的工资、储蓄的利息、在拥有股份的公司中的股息以及经营任何一种小生意的利润,等等。家庭的纳税义务(tax liability)(应交多少税)是根据其总收入计算的。

一个家庭的所得税纳税义务并不是简单地与其收入成比例。相反,法律规定了更为复杂的计算方法。计算应纳税收入时,要从总收入中减去以抚养人口(主要是孩子)数量为基础计算出来的数额,再减去决策者认定为"可扣除"的某些支出(例如,住房抵押贷款的利息支付、州和地方的税收支付和慈善捐赠)。然后用表12-2所示的税率根据应纳税收入来计算纳税义务。

表 12-2　2014 年联邦所得税税率

应纳税收入(美元)	税率(%)
0—9 075	10
9 076—36 900	15
36 901—89 350	25
89 351—186 350	28
186 351—405 100	33
405 101—406 750	35
406 751 及以上	39.6

这个表表示一个未婚纳税人的边际税率。纳税人的纳税义务取决于他收入水平以下的所有边际税率。例如,收入为2.5万美元的纳税人对第一个9 075美元的收入按10%的税率纳税,然后再对其余收入按15%的税率纳税。

表12-2表示边际税率——收入每增加1美元所适用的税率。由于边际税率随着收入增加而提高,所以高收入家庭在收入方面的纳税百分比较高。需要注意的是,表中的每种税率只适用于对应范围内的收入,而不适用于一个人的全部收入。例如,一个有100万美元收入的人,第一个9 075美元也只缴纳10%的税。(我们将在本章后面更充分地讨论边际税率的概念。)

工薪税　对联邦政府来说,工薪税几乎与个人所得税同样重要。工薪税是对企业付给工人的工资征收的税。表12-1把这种收入称为社会保险税,因为这些税的收入被专门用来支付社会保障和医疗保障。社会保障是一项收入支持计划,主要用来维持老年人的生活水平。医疗保障是政府为老年人提供的保健计划。2014年,对于年收入低于117 000美元的个人,工薪税税率为15.3%,超过117 000美元的部分税率为2.9%,同时高收入纳税人(如果单身,20万美元以上;如果已婚,25万美元以上)额外缴纳0.9%。对许多中产家庭来说,工薪税是他们支付的最大税收种类。

公司所得税　在重要性上仅次于个人所得税和社会保险税,但在数量上远远小于两者的是公司所得税。公司是作为一个独立法人建立的企业,区别并独立于其所有者。政府根据每个公司的利润——该公司出售物品与服务的收入减去生产这些物品与服务的成本——对其征税。需要注意的是,公司利润实际上要交两次税。当企业赚到利润时,要缴纳公司所得税；当公司用其利润向公司股东支付股息时，还要再缴纳个人所得税。为了部分地补偿这种双重纳税，决策者决定对股息收入执行比其他收入更低的税率：在 2014 年，股息收入的最高税率只有 20%（再加 3.8%的医疗保险税），与此相比，普通收入的最高税率为 39.6%（同样，再加 3.8%）。

其他税收　表 12-1 中的最后一类，即标为"其他"的，占税收收入的 9%。这个类别包括特种物品销售税（excise tax），即对某些特殊物品，如汽油、香烟和酒精饮料征收的税。"其他"类还包括各种小税种，如不动产税和关税。

12.1.2　州与地方政府筹集的税收

美国州与地方政府筹集的税收占全部税收收入的三分之一左右。表 12-3 显示了美国州与地方政府的收入。2014 年的总收入是 22 250 亿美元，人均 6 975 美元。该表还显示了这一总收入在不同税种中的分布。

表 12-3　**2014 年州与地方政府的收入**

类　　别	数量 （10 亿美元）	人均数量 （美元）	占收入的百分比 （%）
销售税	525	1 646	24
财产税	456	1 429	20
个人所得税	383	1 201	17
公司所得税	58	182	3
联邦政府资金	495	1 552	22
其他	308	916	14
总计	2 225	6 975	100

资料来源：Bureau of Economic Analysis。由于取整，每列的数字加总不一定等于总数。

州与地方政府最重要的两类税是销售税（sales tax）和财产税（property tax）。销售税按消费者购买零售商品的总支出的一定百分比征收。顾客每次买东西时，都要向店主支付一个额外量，店主把它交给政府。（有些州不对某些必需品征收销售税，例如食物和衣服。）财产税按土地和建筑物估算价值的一定百分比征收，由财产所有者支付。这两项税加在一起占州与地方政府全部收入的 40% 以上。

州与地方政府还征收个人所得税和公司所得税。在许多情况下，州与地方政府的所得税与联邦所得税类似。在另一些情况下，它们又非常不同。例如一些州对工资收入的征税大大低于对以利息和股利形式赚到的收入的征税，还有一些州根本不对收入征税。

州与地方政府还从联邦政府那里得到大量资金。在某种程度上而言,联邦政府与州政府分享其收入的政策是资金从高收入州(支付更多税收)向低收入州(得到更多收益)的再分配。这些资金往往被指定用于联邦政府想补贴的特定计划,例如提供给穷人治病的医疗援助(Medicaid);这项计划由州政府管理,但大部分资金来自联邦政府。

最后,州与地方政府从表 12-3 中"其他"类包括的各种来源中得到了相当多的收入。这些来源包括捕鱼与打猎许可证收费、道路与桥梁收费以及公共汽车和地铁收费。

即问即答 • 联邦政府最重要的两类税收来源是什么? • 州与地方政府最重要的两类税收来源是什么?

12.2 税收和效率

我们已经说明了实际中美国各级政府如何筹资,现在我们再来考虑从原理上讲如何设计一种好的税制。税收制度的主要目标是为政府筹集收入。但是,有许多方法可以用来筹集一定量的收入。当在许多不同的税制方案中进行选择时,决策者有两个目标:效率和平等。

如果一种税制能以对纳税人来说较低的成本筹集到与另一种税制等量的收入,那么这种税制就比另一种更有效率。纳税人的税收成本是什么呢?最明显的成本就是支付的税收本身。这种货币从纳税人向政府的转移是任何一种税制都无法避免的特点。但税收还会引起其他两种成本,设计良好的税收政策正是要避免这两种成本或至少使它们最小。

• 税收扭曲了人们做出的决策,从而引起了无谓损失。
• 纳税人在遵照税法纳税时需要承担的管理负担。

一种有效率的税制是所引起的无谓损失和管理负担很小的税制。

12.2.1 无谓损失

经济学十大原理之一是人们会对激励做出反应,这里所说的激励也包括税制提供的激励。如果政府对冰淇淋征税,那么人们就会少吃冰淇淋而多吃冷冻酸奶;如果政府对住房征税,那么人们就会住较小的房子并把更多收入用于其他事情;如果政府对劳动收入征税,那么人们就会少工作而多享受闲暇。

由于税收扭曲了激励,所以引起了无谓损失。正如我们在第 8 章中第一次讨论的,税收的无谓损失是纳税人经济福利的减少超过了政府筹集到的收入的部分。无谓损失是当人们根据税收激励,而不是根据他们所买卖的物品与服务的真实成本与收益配置资源时,税收引起的无效率。

为了回忆起税收如何引起无谓损失，我们来看一个例子。假设 Jake 对一个比萨饼的评价是 8 美元，而 Jane 对它的评价是 6 美元。如果没有比萨饼税，那么比萨饼的价格将反映制作它的成本。让我们假设，比萨饼的价格是 5 美元，因此 Jake 和 Jane 都选择购买 1 块。这两个消费者都得到了超过支付量的价值剩余。Jake 得到 3 美元的消费者剩余，而 Jane 得到了 1 美元的消费者剩余。总剩余是 4 美元。

现在假设政府对比萨饼征收 2 美元的税，比萨饼的价格上升到 7 美元（当供给完全富有弹性时，就会发生这种情况）。Jake 仍购买 1 块比萨饼，但现在他的消费者剩余只有 1 美元。Jane 现在决定不再购买比萨饼，因为比萨饼的价格高于她对比萨饼的评价。政府从 Jake 的比萨饼上得到 2 美元的税收收入。消费者总剩余减少了 3 美元（从 4 美元减少为 1 美元）。由于总剩余的减少大于税收收入，所以税收有无谓损失。在这个例子中，无谓损失是 1 美元。

要注意的是，无谓损失并不是来自 Jake，即纳税的人，而是来自 Jane，即没有纳税的人。Jake 的剩余减少 2 美元正好抵消了政府得到的收入量。无谓损失的产生是由于税收使 Jane 改变了她的行为。当税收提高了比萨饼的价格时，Jane 的状况变坏了，但并没有可以用于抵消这种损失的政府收入。Jane 的福利的这种减少就是税收的无谓损失。

■ 案例研究
应该对收入征税，还是应该对消费征税

当税收引起人们的行为改变——例如引起 Jane 少买比萨饼——时，税收就引起了无谓损失，并使资源配置效率降低。正如我们已经说明的，政府的很多收入来自个人所得税。在第 8 章的案例研究中，我们讨论了这种税如何不鼓励人们像没有税收时那样勤奋工作。这种税引起的另一种无效率是它不鼓励人们储蓄。

考虑一个 25 岁的人正打算储蓄 1 000 美元。如果他把钱存入储蓄账户以赚取 8% 的利息，并把钱一直保留在账户上，那么当他 65 岁退休时就会有 21 720 美元。但如果政府对他每年赚到的利息收入征收 1/4 的税，有效利率就仅为 6%，40 年后，1 000 美元只增加到 10 290 美元，还不到没有税收时可以得到的一半。因此，由于对利息收入征税，储蓄的吸引力就小多了。

一些经济学家主张通过改变税基来消除现行税制对储蓄的抑制作用。在这种情况下，政府不再是对人们的收入量征税，而是对人们的支出量征税。根据这种主张，人们所储蓄起来的全部收入在最后支出之前都不需要纳税。这种制度被称为**消费税**（consumption tax），它不会扭曲人们的储蓄决策。

目前美国税法的各种条款已经使税制有点像消费税。纳税人可以把一定量的收入存进特殊储蓄账户——例如，个人退休账户和 401（k）计

划——这笔收入及其赚到的累积利息在退休时支取之前都可以不纳税。对那些通过这些退休账户来进行储蓄的人来说，他们的税单实际上是基于他们的消费，而不是基于他们的收入。

欧洲各国对消费税的依赖比美国还强。大多数欧洲国家都通过增值税筹集到了大量政府收入。增值税类似于美国许多州使用的零售税，但政府并不是在消费者购买最终物品时的零售环节取得全部税收，而是在物品生产的各个阶段（即在企业增加了该物品价值的各个生产环节）取得税收。

不同的美国政策制定者都认为，税制未来的变动方向是对消费而不是对收入征税。2005年，当时的美联储主席、经济学家艾伦·格林斯潘（Alan Greenspan）向总统经济顾问委员会提交了他的税收改革建议："正如你们所知道的，许多经济学家认为，从促进经济增长的角度看，消费税是最好的——特别是从零开始设计一种税制时——因为消费税会鼓励储蓄和资本形成。但是，从现行税制转向消费税也面临着一系列有挑战性的转型问题。"

12.2.2　管理负担

如果你在4月15日向一个普通人问他对税制的看法，你会听到大量有关填报纳税申报表如何令人头痛的抱怨。任何一种税制的管理负担都是它引起的无效率的一部分。这种负担不仅包括在4月初为填表所花费的时间，而且还包括整个一年中为税收保存各种记录的时间以及政府为实施税法所必须使用的资源。

许多纳税人——特别是适用较高税率的人——雇用纳税律师和会计师帮他们纳税。这些复杂税法方面的专家为他们的客户填表，并帮助客户安排相关事务，以减少应纳税额。这种行为是合法避税，它不同于非法逃税。

税制的批评者认为，这些纳税顾问通过滥用税法的一些细小条款，即通常所说的"漏洞"，来帮助客户避税。在有些情况下，漏洞是国会的失误：这些漏洞源于税法的含糊和遗漏。更经常的情况是，这些漏洞的产生是因为国会有选择性地给某种类型的行为予以特殊对待。例如，美国联邦税法就给予市政公债投资者以优惠待遇，因为国会想使州与地方政府更容易地借到钱。在某种程度上，这条规定有利于州与地方政府；在某种程度上，它也有利于收入高的纳税人。大多数漏洞是那些制定税收政策的国会议员们所知晓的，但在一位纳税人看来可能是有漏洞的地方，在另一位纳税人看来则可能是一种合理的税收扣除。

专门用于遵从税法的资源是一种无谓损失。政府只得到了所缴纳的税收金额。与此相反，纳税人不仅失去了这一金额，而且还失去了整理文件、计算和避税所花费的时间和金钱。

简化税法可以减少税制的管理负担。但这种简化在政治上往往会有困难。大多数人都希望通过消除有利于他人的漏洞来简化税法,但很少有人愿意放弃有利于自己的漏洞。最终结果是,有各自特殊利益的各种纳税人为自身目的而进行游说,这一政治过程导致了税法的复杂性。

12.2.3 边际税率与平均税率

在讨论所得税的效率与平等时,经济学家区分了两个税率概念:平均税率和边际税率。**平均税率**(average tax rate)是支付的总税收除以总收入。**边际税率**(marginal tax rate)是增加1美元收入所支付的额外税收。

例如,假设政府对第一个5万美元的收入征收20%的税,而对全部收入中超过5万美元以上的部分征收50%的税。在这种税收制度下,一个有6万美元收入的人纳税1.5万美元:第一个5万美元的20%(0.2×5万美元=1万美元),再加上其余1万美元的50%(0.5×1万美元=0.5万美元)。对这个人来说,平均税率是1.5万美元/6万美元,即25%。但边际税率是50%。如果该纳税人再多赚1美元,这1美元就适用50%的税率,因而该纳税人应向政府缴纳的税就增加0.5美元。

边际税率和平均税率各自都包含了有用的信息。如果我们想知道纳税人做出的牺牲,那么平均税率就是比较合适的,因为它衡量收入中用于纳税的比例。与此相反,如果我们想要了解税制在多大程度上扭曲了激励,那么边际税率就更有意义。第1章中的经济学十大原理之一是,理性人考虑边际量。这个原理的一个推论是,边际税率衡量税制在多大程度上鼓励人们不工作。如果你正在考虑多工作几小时,那么边际税率决定了政府将从你增加的收入中拿走多少。因此,决定所得税无谓损失的是边际税率。

平均税率:
支付的总税收除以总收入。

边际税率:
增加1美元收入所支付的额外税收。

12.2.4 定额税

假设政府向每个人征收4 000美元税。这就是说,无论每个人的收入如何,也无论他会采取什么行为,每个人应缴纳的税都是等量的。这种税被称为**定额税**(lump-sum tax)。

定额税清楚地表明了平均税率和边际税率之间的差别。对一个收入为2万美元的纳税人来说,4 000美元定额税的平均税率是20%;对一个收入为4万美元的纳税人来说,平均税率是10%。对这两个纳税人来说,边际税率都是零,因为收入增加1美元并不改变应缴纳的税收额。

定额税可能是最有效率的税。因为一个人的决策并不改变应纳税额,税收也没有扭曲激励,因此不会引起无谓损失。因为每个人都能很容易地算出应纳税额,而且由于没有必要雇用纳税律师和会计师,因此定额税给纳税人带来的管理负担最小。

定额税:
对每个人等量征收的税收。

既然定额税如此有效率,那为什么我们在现实世界中很少看到这种税呢?原因在于效率只是税制的一个目标。定额税对穷人和富人收取同样的量,大多数人认为这种结果是不公平的。为了理解我们所看到的税制,我们必须考虑税收政策的另一个主要目标:平等。

即问即答 ● 税制的效率是指什么? ● 什么会使税制无效率?

12.3 税收与平等

自从美国殖民地居民把进口茶叶倒入波士顿港以抗议英国的高税收以来,税收政策就开始在美国政治中引起了一些最激烈的争论。争论的焦点很少是由效率问题引起的,其往往是由在税收负担应该如何分配问题上的分歧引起的。参议员 Russell Long 曾经用这样一首歌谣来嘲讽公众的争论:

> 你也不纳税。
> 我也不纳税。
> 让树后的那个家伙来纳税。

当然,如果我们要依靠政府提供一些我们想要的物品和服务,那么税收必定要落在某个人身上。在这一节中,我们考虑税制的平等问题。应该如何在人们之间分配税收负担?我们应如何评价一种税制是否公平呢?每一个人都同意税制应该是平等的,但对于如何判断一种税制的平等性,人们却存在着许多分歧。

12.3.1 受益原则

受益原则:
认为人们应该根据他们从政府服务中得到的收益来纳税的思想。

税收的一个原则被称为**受益原则**(benefits principle)。它认为,人们应该根据他们从政府服务中得到的收益来纳税。这种原则努力使公共物品与私人物品相似。那些经常去看电影的人为买电影票花的总钱数比很少去看电影的人多,这看起来是公平的。与此相似,一个从公共物品中得到更多收益的人也应该比那些得到较少收益的人多纳税。

例如,人们有时用受益原则来支持汽油税。在一些州,汽油税的收入被用于修建和维护公路。因为买汽油多的人同样也是使用道路多的人,所以,汽油税被视为一种为这种政府服务付费的公平方法。

受益原则也可以用于支持富有的公民应该比贫困的公民多纳税的观点。为什么?仅仅是因为富人从公共服务中受益更多。例如,考虑警察保护使得人们不受盗贼偷窃所带来的收益。有很多东西需要保护的公民从警察那里得到的收益要大于那些没什么东西需要保护的人。因此,根据受益原则,富人应该比穷人更多地支付维持警力的费用。同样的道理也可以用于许多其他公共服务,例如,防火、国防以及法院系统。

甚至还可以用受益原则支持用富人纳的税来为反贫困计划提供资金。正如我们在第11章中所讨论的,人们喜欢生活在一个没有贫困的社会中,这表明反贫困计划是一种公共物品。如果富人对这种公共物品的货币评价大于中产阶级(这也许仅仅是因为他们有更多钱可花),那么,根据受益原则,他们就应该为这种计划更多地纳税。

12.3.2 支付能力原则

评价税制平等性的另一种方法被称为**支付能力原则**(ability-to-pay principle)。该原则认为,应该根据一个人所能承受的负担来对其征税。这个原则有时证明了这样一种主张:所有公民都应该做出"平等的牺牲"来支持政府。但是,一个人的牺牲量不仅取决于他支付了多少税收,而且还取决于他的收入和其他情况。一个穷人为缴纳1 000美元的税而做出的牺牲可能要比一个富人为缴纳1万美元的税而做出的牺牲还要大。

支付能力原则得出了平等观念的两个推论:纵向平等和横向平等。**纵向平等**(vertical equity)认为,支付能力更强的纳税人应该缴纳更多的税收。**横向平等**(horizontal equity)认为,有相似支付能力的纳税人应该缴纳等量的税收。虽然这些平等概念被广泛接受,但实际上很难直接运用这些概念来评价一种税制。

纵向平等　如果税收以支付能力为基础,那么,富有的纳税人就应该比穷困的纳税人多纳税,但富人应该多纳多少呢?许多有关税收政策的争论正是围绕着这个问题展开的。

考虑表12-4中的三种税制。在每一种情况下,收入高的纳税人都支付了更多。但在这三种税制下,税收随着收入增加而增加的速率并不一样。第一种税制被称为**比例税**(proportional tax),因为所有纳税人都按收入的相同比例纳税。第二种税制被称为**累退税**(regressive tax),因为尽管高收入纳税人支付的税收量大,但税收在他们收入中所占的比例较小。第三种税制被称为**累进税**(progressive tax),因为高收入纳税人支付的税收在他们收入中所占的比例较大。

表12-4　三种税制

收入（美元）	比例税		累退税		累进税	
	税收量（美元）	收入百分比（%）	税收量（美元）	收入百分比（%）	税收量（美元）	收入百分比（%）
50 000	12 500	25	15 000	30	10 000	20
100 000	25 000	25	25 000	25	25 000	25
200 000	50 000	25	40 000	20	60 000	30

支付能力原则:
认为应该根据一个人可以承受的负担来对这个人征税的思想。

纵向平等:
主张支付能力更强的纳税人应该缴纳更多税收的思想。

横向平等:
主张有相似支付能力的纳税人应该缴纳等量税收的思想。

比例税:
高收入纳税人和低收入纳税人缴纳收入中相同比例的税收。

累退税:
高收入纳税人缴纳的税收在收入中所占的比例低于低收入纳税人的这一比例。

累进税:
高收入纳税人缴纳的税收在收入中所占的比例高于低收入纳税人的这一比例。

这三种税制中哪一种最公平？其实这里没有一个显而易见的答案，而且经济理论也无助于找出一种最公平的税制。平等和美丽一样，是"情人眼里出西施"。

案例研究
如何分配税收负担

许多关于税收政策的争论都围绕富人是否支付了对他们而言公正的税收份额展开。没有一种客观的方法可以帮助我们进行这种判断。但是，当你自己评价这个问题时，了解在现行税制下不同收入的家庭支付了多少税收是有用的。

表 12-5 提供了有关联邦税收如何在各收入阶层中分配的一些数据。这些数据是 2011 年的，这个表是国会预算办公室编制的。它包括了所有联邦税收——个人所得税、工薪税、公司所得税以及特种物品销售税——但不包括州与地方税收。在计算一个家庭的税收负担时，国会预算办公室把公司所得税划分给资本所有者并把工薪税划分给工人。

表 12-5　联邦税收负担

五等分	平均收入（美元）	税收占收入的百分比(%)	占全部收入的百分比(%)	占全部税收的百分比(%)
最低群体	24 600	1.9	5.3	0.6
第二群体	45 300	7.0	9.6	3.8
中等群体	66 400	11.2	14.1	8.9
第四群体	97 500	15.2	20.4	17.6
最高群体	245 700	23.4	51.9	68.7
收入最高的 1%	1 453 100	29.0	14.6	24.0

资料来源：Congressional Budget Office Analysis，2011 年数据。

为了编制这个表，我们根据家庭收入的高低进行排序，并将其分为五个同样大小的群体，称作五等分。这个表还提供了有关最富的 1% 美国人的数据。表的第二列表示每个群体的平均收入。收入包括市场收入（家庭从工作和储蓄中赚到的收入）和政府计划的转移支付（例如社会保障和福利）。最穷的 1/5 家庭的平均收入为 24 600 美元，最富的 1/5 家庭的平均收入为 245 700 美元。最富的 1% 家庭的平均收入在 140 万美元以上。

该表的第三列表示总税收占收入的百分比。正如你所看到的，美国联邦税制是累进的。最穷的 1/5 家庭把他们收入的 1.9% 用于纳税；最富的 1/5 家庭把他们收入的 23.4% 用于纳税。收入最高的 1% 家庭把他们收入的 29.0% 用于纳税。

第四列和第五列比较这五个群体的收入分配和税收分配。最穷的1/5家庭赚到了全部收入的5.3%,并支付了全部税收的0.6%;最富的1/5家庭赚到了全部收入的51.9%,并支付了全部税收收入的68.7%;最富的1%家庭(记住,这是每个五等分大小的1/20)赚到了全部收入的14.6%,并支付了全部税收的24%。

这些关于所缴纳税收的数字是了解政府负担如何分配的一个很好的起点,但并不完整。货币不仅以税收的形式从家庭流向政府,而且也以转移支付的形式从政府流回家庭。在某些方面,转移支付是税收的反面,如果把转移支付当作负税收考虑在内就会极大地改变税收负担的分配。即使减去转移支付,最富的1/5家庭仍把收入的1/4左右支付给政府,而收入最高的1%家庭几乎把30%的收入支付给政府。与此相反,最穷的1/5家庭的平均税率则变成相当大的负数。这就是说,处于收入分配底端的普通家庭所得到的转移支付远远大于他们缴纳的税收。结论很清楚:为了充分理解政府政策的累进性,既要考虑人们所支付的,也要考虑人们所得到的。

最后,值得注意的是,表12-5中的数据是有些过时的。在2012年年底,美国国会通过并由奥巴马总统签署了一项税收法案,大幅提高了那些以前普遍被认为是收入分配顶端的纳税人的税收。因此2013年及以后的税制比表12-5中显示的更具累进性。根据国会预算办公室的计划,对于收入最高的1%家庭,税收在其收入中所占的百分比将从29%上升到33.3%。

横向平等 如果根据支付能力缴纳税收,那么相似的纳税人应该支付相似的税收量。但是,怎样确定两个纳税人是否相似呢?各个家庭在许多方面存在差别。为了评价税收是不是横向平等的,必须决定哪些差别与家庭的支付能力相关,而哪些差别与家庭的支付能力无关。

假设Smith和Jones的家庭各有10万美元的收入。Smith家没有孩子,但Smith先生患有一种疾病,这会带来4万美元的医疗支出。Jones家人人健康,但他们有四个孩子,其中两个孩子在上大学,学费为6万美元。这两个家庭由于收入相同而支付同样的税公平吗?给Smith家税收减免以帮助他们弥补昂贵的医疗支出公平吗?给Jones家税收减免以帮助他们弥补学费支出公平吗?

这些问题都没有一个简单的答案。在现实中,美国的所得税有很多特殊条款,这些条款根据特定情况相应改变了家庭的纳税义务。

12.3.3 税收归宿与税收平等

税收归宿——对于谁承担税收负担的研究——是评价税收平等性的核心问题。正如我们在第6章中第一次说明的,承受税收负担的人并不总是从政府收到税单的人。由于税收改变了供给与需求,所以它们也改变了均衡价格。因此，税收影响的不只是根据法律实际纳税的人。当评价任何一种税收的纵向平等与横向平等时，将这些间接影响考虑在内是很重要的。

许多关于税收平等的讨论忽略了税收的间接影响，并且以经济学家所戏称的税收归宿的粘蝇纸理论为依据。根据这种理论，税收负担就像粘蝇纸上的苍蝇，被粘在它首次落下的地方。但是，这种假设很少是正确的。

例如，一个没有受过经济学训练的人可能会认为，对昂贵皮衣征税是纵向平等的，因为买皮衣的人大部分都是富人。但如果这些买者可以很轻易地用其他奢侈品来替代皮衣，那么征皮衣税就只能减少皮衣的销售。最后，落在皮衣生产者和卖者身上的税收负担将大于落在买者身上的税收负担。由于生产皮衣的大多数工人并不是富人，所以实际上皮衣税的平等性就与粘蝇纸理论所说的大相径庭。

案例研究
谁支付公司所得税

这位工人支付了部分的公司所得税。

图片来源：Bill Pugliano/Getty Image.

公司所得税是说明税收归宿对税收政策重要性的一个好例子。选民普遍欢迎公司税，毕竟公司不是人。选民们总是渴望自己的税收减少，并由一些非个人化的公司来埋单。

但是，在确定公司所得税是政府筹集收入的一种好方法之前，我们应该考虑谁承担了公司税负担。这是一个难题，经济学家对此的看法并不一致，但有一点是确定无疑的：个人支付所有税收。当政府对公司征税时，公司更像一个税收征集人而不是纳税人。税收负担将最终落在个人——公司的所有者、顾客或工人身上。

许多经济学家认为，工人和顾客承担了公司所得税的大部分负担。为了说明其原因，考虑一个例子。假设美国政府决定增加汽车公司的所得税。乍一看，这种税损害了汽车公司所有者的利益，因为他们得到的利润少了。但是，随着时间的推移，这些所有者将对税收做出反应。由于生产汽车不太有利可图，他们将减少对建立新汽车厂的投资。相反，他们会以其他形式投资自己的财产——例如，购买更大的房子，或在其他行业或其他国家建厂。当汽车工厂减少时，汽车的供给减少了，对汽车工人的需求也减少了。因此，对生产汽车的公司征税引起了汽车价格的上升和汽车工人工资的下降。

公司所得税表明了税收归宿的粘蝇纸理论是多么危险。公司所得税之所以受欢迎，部分原因是它看上去好像是由富有的公司支付的。但那些最终承担税收负担的人——顾客和公司工人——往往并不是富人。如果更多的人了解公司税的真正归宿，那么这种税在选民中可能就不会那么受欢迎了。

即问即答 • 解释受益原则和支付能力原则。 • 什么是纵向平等和横向平等? • 为什么研究税收归宿对于确定税制的平等性是很重要的?

12.4 结论:平等与效率之间的权衡取舍

几乎每一个人都同意平等和效率是税制的两个最重要的目标。但这两个目标往往是冲突的,特别是当根据税制的累进性来评价平等性时。人们对税收政策的分歧往往是由于他们对这些目标的侧重有所不同。

税收政策最近的历史表明,政治领导人有关平等与效率的观点各不相同。当罗纳德·里根 1980 年当选为总统时,最富的美国人的边际税率是 50%,利息收入的边际税率是 70%。里根认为,这种高税率极大地扭曲了工作和储蓄的经济激励。换句话说,他声称从经济效率来看,这些高税率的成本太高昂了。因此,税制改革成为里根政府首要推行的一项改革。1981 年,里根签署了大幅度减税的法律,之后又在 1986 年再次签署了类似法律。当里根 1989 年离开白宫时,最富的美国人适用的边际税率只有 28%。

政治争论之翼左右摇摆。当比尔·克林顿(Bill Clinton)竞选 1992 年总统时,他认为富人没有缴纳公正的税收份额。换句话说,对富人的低税率违背了他关于纵向平等的观点。1993 年,克林顿总统签署了一项提案,使之成为法律,这个提案把最富的美国人的税率提高到 40% 左右。当乔治·W. 布什(George W. Bush)竞选总统时,他又再次提出了许多里根的思想,在总统任期中,他部分扭转了克林顿的增税政策,把最高税率降低到 35%。在 2008 年总统竞选期间,巴拉克·奥巴马承诺提高高收入家庭的税收,而且从 2013 年开始把最高边际税率拉回到 40% 左右。

只靠经济学家并不能确定平衡效率与平等目标的最好方法。这个问题不仅涉及经济学,而且还涉及政治哲学。但经济学家在这场争论中起着重要作用:他们可以说明在设计税制时社会必须面临的权衡取舍,并帮助我们避免那些牺牲了效率而从平等来看也没有任何好处的政策。

快速单选

1. 美国联邦政府两个最大的税收来源是_____。
   a. 个人所得税和公司所得税
   b. 个人所得税和用于社会保险的工薪税
   c. 公司所得税和用于社会保险的工薪税
   d. 用于社会保险的工薪税和财产税

2. Aiden 讲授钢琴课,他每堂课的机会成本是 50 美元,收费 60 美元。他有两位学生：Brandon 的支付意愿为 70 美元，Chloe 的支付意愿为 90 美元。当政府对每堂钢琴课征收 20 美元税收而且 Aiden 把价格提高到 80 美元时，无谓损失是_____，税收收入是_____。

a. 10 美元，20 美元　b. 10 美元，40 美元
c. 20 美元，20 美元
d. 20 美元，40 美元

3. 如果税法规定第一个 2 万美元的收入免税，然后对所有高于这一水平的收入征收 25% 的税，那么，一个赚 5 万美元的人的平均税率是_____%，边际税率是_____%。

a. 15，25　　　　b. 25，15
c. 25，30　　　　d. 30，25

4. 通行费是针对那些使用收费公路的人的税。这种政策可以看作对_____的运用。

a. 受益原则　　　b. 横向公平
c. 纵向公平　　　d. 累进税

5. 在美国，收入分配中最高收入的 1% 的纳税人在联邦税中支付了他们收入的_____。

a. 5%　　　　　　b. 10%
c. 20%　　　　　 d. 30%

6. 如果公司所得税引起企业减少它们的资本投资，那么_____。

a. 税收没有任何无谓损失
b. 公司股东从税收中获益
c. 工人要承担部分税收负担
d. 税收达到了纵向公平的目标

内容提要

◎ 美国政府用各种税收筹集收入。联邦政府最重要的税是个人所得税和用于社会保险的工薪税。州与地方政府最重要的税是销售税和财产税。

◎ 税制的效率是指它给纳税人带来的成本。除了资源从纳税人向政府的转移，税收还有两种成本：第一种是由于税收改变了激励、扭曲了资源配置而带来的无谓损失；第二种是为遵从税法而必须承担的管理负担。

◎ 税制的平等涉及税收负担是否公平地在个人之间进行分配。根据受益原则，人们根据他们从政府得到的收益来纳税是公平的。根据支付能力原则，人们根据他们承受财务负担的能力来纳税是公平的。当评价税制的平等性时，记住从税收归宿研究中得出的一条结论是很重要的：税收负担的分配与税单的分配并不相同。

◎ 当考虑税法的变动时，决策者经常面临效率与平等之间的权衡取舍。大多数关于税收政策的争论是因为人们对这两个目标的侧重不同。

关键概念

平均税率　　　　　　　支付能力原则　　　　　　累退税
边际税率　　　　　　　纵向平等　　　　　　　　累进税
定额税　　　　　　　　横向平等
受益原则　　　　　　　比例税

复习题

1. 过去的一个世纪以来，政府税收收入的增长与经济中其他部分的增长相比，是更快还是更慢？
2. 解释公司利润为何是双重纳税。
3. 为什么纳税人的税收负担大于政府得到的收入？
4. 为什么一些经济学家支持对消费征税，而不是对收入征税？
5. 定额税的边际税率是多少？这与这种税的效率有什么关系？
6. 举出富有的纳税人应该比贫穷的纳税人多纳税的两个论据。
7. 什么是横向平等的概念？为什么很难将其运用于实践？

问题与应用

1. 本章中许多表的信息都可以在每年公布一次的《总统经济报告》中找到。根据从你们图书馆或网上找到的最近一期报告回答下列问题，并举出一些数字来支持你的答案。（提示：美国政府印刷局的网站是 http://www.gpo.gov。）
    a. 图 12-1 表示政府收入占总收入的百分比在不断提高。这种增长主要是由于联邦政府收入的变动，还是州与地方政府收入的变动？
    b. 观察联邦政府和州与地方政府的共同收入。总收入的构成如何随着时间变动？个人所得税是更重要了，还是更不重要了？社会保险税呢？公司所得税呢？
2. 假设你是美国经济中的一个普通人。你将收入的 4% 用于支付州所得税，并将劳动收入的 15.3% 用于支付联邦工薪税（雇主与雇员共同分摊）。你还要按表 12-2 支付联邦所得税。如果你的年收入是 3 万美元，那么你每年支付的各种税是多少？考虑到所有税收，你的平均税率与边际税率是多少？如果你的收入增加到 6 万美元，你的税单和你的平均税率与边际税率会发生什么变动？
3. 一些州不对食物和衣服这类必需品征收销售税，另一些州则征收。考虑这种扣除的优点。讨论中既要考虑效率又要考虑平等。
4. 当某个人拥有的一种资产（例如股票）升值时，他有一种"增值"的资本收益。如果他出售这种资产，那么他就把以前增值的收益"实现"了。按照美国的所得税，实现了的资本收益要纳税，但"增值"的资本收益不纳税。
    a. 解释这种规定如何影响个人行为。
    b. 一些经济学家认为，降低资本收益，特别是暂时性资本收益的税率，会增加税收收入。为什么可能会是这样呢？
    c. 你认为对实现了的资本收益征税但对增值的资本收益不征税是一个好规定吗？为什么？
5. 假设你所在的州把销售税税率从 5% 提高到 6%。该州税收委员会预期销售税收入会增加 20%。这个说法有道理吗？解释原因。
6. 1986 年的税收改革法案取消了对消费者债务（主要是信用卡和汽车贷款）利息支付的免税，但保留了对抵押贷款和房屋净值贷款利息支付的免税。你认为消费者贷款和房屋净值贷款的相对量会发生什么变化?
7. 把以下各项筹资计划作为受益原则或支付能力原则的例子进行分类。
   a. 许多国家公园的观光者要支付门票。
   b. 地方财产税用于支持小学与初中教育。
   c. 机场信托基金会对出售的每张机票收税,并用这些钱来改善机场和空中交通控制系统。

第 5 篇　企业行为与产业组织

第13章
生产成本

经济是由成千上万个生产你每天享用的物品与服务的企业组成的：通用汽车公司生产汽车，通用电气公司生产电灯，而通用磨坊公司生产早餐麦片。一些企业是大型的，例如上述三家公司，它们雇用成千上万名工人，并有成千上万位分享企业利润的股东；另一些企业是小型的，例如本地的理发店或咖啡店，它们只雇用几个工人，而且归一个人或一个家庭所有。

在前几章中我们用供给曲线总结了企业的生产决策。根据供给定理，当一种物品价格上升时，企业愿意更多地生产并销售这种物品，而且这种反应导致了向右上方倾斜的供给曲线。在分析许多问题时，供给定理是你了解企业行为所需要的全部知识。

在本章和以下各章中，我们将更详细地考察企业行为。这个主题将有利于我们更好地理解供给曲线背后的决策。此外，我们还要向你介绍经济学中被称为产业组织的这一部分内容——产业组织研究企业有关价格和数量的决策如何取决于其所面临的市场条件。例如，你所住的镇可能有几家比萨饼店，但只有一家有线电视公司。这引出了一个关键的问题：企业的数量如何影响一个市场的价格以及市场结果的效率呢？产业组织领域正是研究这个问题的。

但是，在转向这些问题之前，我们需要先讨论生产成本。所有企业，从Delta航空公司到你家当地的熟食店，在生产它们所销售的物品与服务时都会发生成本。正如我们将在以后各章中说明的，企业成本是其生产和定价决策的一个关键决定因素。在本章中，我们将定义一些经济学家用来衡量一个企业的成本的变量，并考察这些变量之间的关系。

提醒一句：这个主题可能很枯燥且具技术性。坦率地说，你甚至可能会认为它令人厌烦。但这些内容为后面令人着迷的主题提供了一个极为重要的基础。

13.1 什么是成本

我们从 Caroline 的糕点厂开始讨论成本。这家工厂的所有者 Caroline 需要购买面粉、糖、巧克力块和其他制作糕点的材料。她还需要购买搅拌机和烤箱,并雇用操纵这些设备的工人。然后她把生产出来的糕点卖给消费者。通过考察 Caroline 在其经营中面临的一些问题,我们就可以得到一些适用于经济中所有企业的关于成本的结论。

13.1.1 总收益、总成本和利润

我们从企业的目标开始。为了理解企业所做出的决策,我们必须了解它们想做什么。可以想象,Caroline 开办她的企业也许是出于为世界提供糕点的利他主义愿望,或者也许是出于她对糕点事业的热爱。但更可能的情况是,Caroline 开办这家工厂是为了赚钱。经济学家通常假设企业的目标是利润最大化,而且他们发现,这个假设在大多数情况下都能很好地发挥作用。

什么是企业的利润?企业从销售其产品(糕点)中得到的货币量被称为**总收益**(total revenue)。企业为购买投入品(面粉、糖、工人的劳动、烤箱等)所支付的货币量被称为**总成本**(total cost)。Caroline 可以保留支付成本之外的任何收入。**利润**(profit)等于企业的总收益减去其总成本:

利润 = 总收益 – 总成本

Caroline 的目标就是使其企业的利润尽可能地多。

为了说明企业如何实现利润最大化,我们必须全面考虑如何衡量总收益和总成本。总收益的衡量较为简单:它等于企业的产量乘以出售这些产品的价格。如果 Caroline 生产了 1 万块糕点,并以每块 2 美元的价格出售,那么总收益就是 2 万美元。与此相比,企业总成本的衡量就较为微妙了。

总收益:
企业出售其产品所得到的货币量。

总成本:
企业用于生产的投入品的市场价值。

利润:
总收益减去总成本。

13.1.2 作为机会成本的成本

当我们衡量 Caroline 的糕点厂或任何一个其他企业的成本时,记住第 1 章的经济学十大原理之一是很重要的:某种东西的成本是你为了得到它所放弃的东西。回忆一下,一种东西的机会成本是指为了得到那种东西所必须放弃的所有东西。当经济学家提到某个企业的生产成本时,它包括了该企业生产其物品与服务的所有机会成本。

一些企业的生产的机会成本是显而易见的,而另一些企业的生产的机会成本则不那么明显。当 Caroline 花了 1000 美元买面粉时,这 1000 美

元是一种机会成本,因为 Caroline 不能再用这 1 000 美元去买其他东西了。同样,当 Caroline 雇用生产糕点的工人时,她支付的工资也是企业成本的一部分。由于这些机会成本要求企业付出一些货币,因此它们被称为**显性成本**(explicit costs)。与此相反,企业的另一些机会成本不需要现金支付,这种成本被称为**隐性成本**(implicit costs)。设想 Caroline 精通电脑,她作为程序员每工作一小时就可以赚 100 美元。因此对于 Caroline 在糕点厂工作的每一个小时,她都放弃了 100 美元的收入,而这种放弃的收入也是她的成本的一部分。Caroline 经营的总成本是显性成本和隐性成本之和。

显性成本与隐性成本之间的区别强调了经济学家与会计师在分析经营活动时的重要区别。经济学家关注于研究企业如何做出生产和定价决策。由于这些决策既考虑了显性成本又考虑了隐性成本,因此经济学家在衡量企业的成本时就包括了这两种成本。与此相比,会计师的工作是记录流入企业和流出企业的货币。因此,他们衡量显性成本,但往往忽略隐性成本。

在 Caroline 糕点厂的例子中很容易看出经济学家和会计师之间的差别。当 Caroline 放弃了作为电脑程序员来赚钱的机会时,她的会计师并没有把这一点作为她经营糕点厂的成本。因为企业并没有为这种成本支付货币,所以它绝不会出现在会计师的财务报表上。但是,一个经济学家会把放弃的收入作为成本,因为它会影响 Caroline 在其糕点经营中做出的决策。例如,如果 Caroline 作为电脑程序员的工资从每小时 100 美元增加到 500 美元,那么她就会认为经营糕点生意成本太高了,并选择关闭工厂,以便成为一名全职的电脑程序员。

显性成本:
需要企业支出货币的投入成本。

隐性成本:
不需要企业支出货币的投入成本。

13.1.3 作为一种机会成本的资本成本

几乎每个企业都有一项重要的隐性成本,那就是已经投资于企业的金融资本的机会成本。例如,假定 Caroline 用她储蓄的 30 万美元从前一个所有者那里买下了糕点厂。如果 Caroline 把她的这笔钱存入利率为 5% 的储蓄账户,那么她每年将赚到 1.5 万美元。因此,为了拥有自己的糕点厂,Caroline 放弃了每年 1.5 万美元的利息收入。放弃的这 1.5 万美元是 Caroline 企业的隐性机会成本之一。

正如我们已经注意到的,经济学家和会计师以不同的方式来看待成本,在他们对资本成本的处理上,这一点尤其正确。一个经济学家把 Caroline 放弃的每年 1.5 万美元的利息收入作为她企业的一种隐性成本。但是 Caroline 的会计师并不把这 1.5 万美元列入成本,因为并没有货币流出企业去支付这种成本。

为了进一步揭示经济学家和会计师之间的差别,我们将上例略作改动。假设现在 Caroline 并没有购买工厂所需的全部 30 万美元,而是只有 10 万美元的储蓄,并以 5% 的利率从银行借了 20 万美元。Caroline 的会计师只衡量显性成本,即把每年为银行贷款支付的 1 万美元利息作为成本,因为这是从企业流出的货币量。与此相反,根据经济学家的看法,拥有企业的机会成本仍然是 1.5 万美元。机会成本等于支付的银行贷款利息（显性成本 1 万美元）加上放弃的储蓄利息（隐性成本 5 000 美元）。

13.1.4 经济利润与会计利润

现在我们再回到企业的经营目标：利润。由于经济学家和会计师用不同的方法衡量成本，因此他们也用不同的方法衡量利润。经济学家衡量企业的**经济利润**（economic profit），即企业的总收益减去生产所销售物品与服务的总机会成本（显性的与隐性的）。会计师衡量企业的**会计利润**（accounting profit），即企业的总收益仅仅减去企业的显性成本。

图 13-1 总结了这种差别。需要注意的是，由于会计师忽略了隐性成本，所以会计利润通常大于经济利润。从经济学家的角度看，要使企业有利可图，总收益必须弥补全部机会成本，包括显性成本与隐性成本。

经济利润：
总收益减总成本，包括显性成本与隐性成本。

会计利润：
总收益减总显性成本。

图 13-1　经济学家与会计师

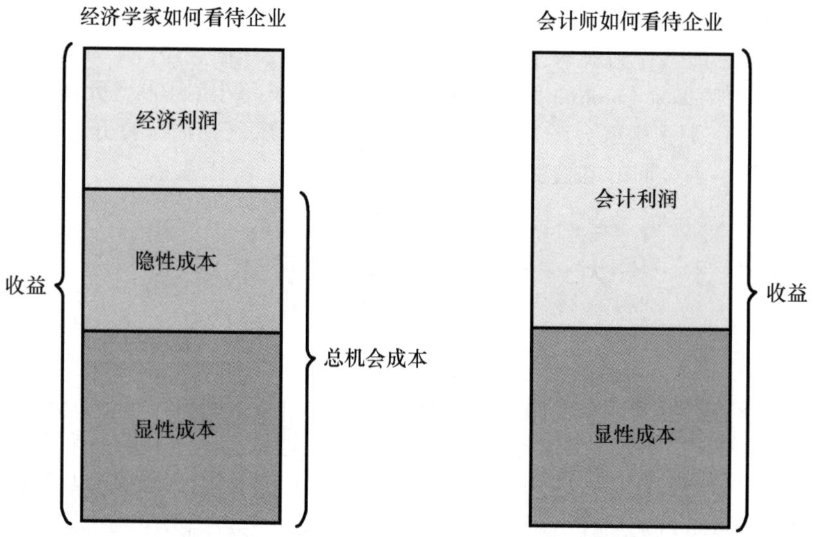

在分析企业时，经济学家衡量所有机会成本，而会计师只衡量显性成本。因此，经济利润小于会计利润。

经济利润是一个重要的概念，因为它是企业供给物品与服务的动机所在。正如我们将要说明的，获得正经济利润的企业将继续经营。它弥补了企业的所有机会成本，并留下一些收益作为对企业所有者的报酬。当一个企业有经济亏损（即经济利润为负）时，企业所有者就没有足够的收入来弥补其所有生产成本。除非条件改变，否则企业所有者最终将关闭企业，并退出该行业。为了了解企业决策，我们需要紧盯经济利润。

即问即答　农民 McDonald 讲授班卓琴课每小时赚 20 美元。有一天他在自己的农场用 10 个小时种了价值 100 美元的种子。他这样做产生的机会成本是多少？他的会计师衡量的成本是多少？如果这些种子收获了价值 200 美元的农作物，那么 McDonald 赚到了多少会计利润？他赚到经济利润了吗？

13.2 生产与成本

当企业购买投入品生产它们计划出售的物品与服务时，就发生了成本。在这一节，我们将考察企业生产过程与其总成本之间的这种联系。我们再次考虑 Caroline 的糕点厂。

在以下的分析中，我们做出了一个重要的简单化假设：假设 Caroline 工厂的规模是固定的，而且 Caroline 只能通过改变其工人数量来改变其所生产的糕点量。这种假设在短期中是现实的，但在长期中并不现实。这就是说，Caroline 不能在一夜之间建立一个更大的工厂，但她可以在一两年内这样做。因此，这里的分析描述了 Caroline 在短期中面临的生产决策。我们在本章后面将更充分地考察成本和时间范围之间的关系。

13.2.1 生产函数

表 13-1 显示了 Caroline 工厂每小时生产的糕点量如何取决于工人的数量。正如你在前两列中看到的，如果工厂中没有工人，那么 Caroline 生产不出糕点；当有 1 个工人时，她生产 50 块糕点；当有 2 个工人时，她生产 90 块糕点，等等。图 13-2(a)是根据这两列数字画出的图形。横轴是工人的数量，纵轴是所生产的糕点的数量。投入量（工人）与产量（糕点）之间的这种关系被称为**生产函数**(production function)。

生产函数：用于生产一种物品的投入量与该物品产量之间的关系。

表 13-1　生产函数与总成本：Caroline 的糕点厂

工人数量	产量（每小时生产的糕点量）	劳动的边际产量	工厂成本（美元）	工人成本（美元）	投入总成本（工厂成本+工人成本）（美元）
0	0		30	0	30
		50			
1	50		30	10	40
		40			
2	90		30	20	50
		30			
3	120		30	30	60
		20			
4	140		30	40	70
		10			
5	150		30	50	80
		5			
6	155		30	60	90

图 13-2　Caroline 的生产函数和总成本曲线

(a) 幅中的生产函数表示所雇用的工人数量和产量之间的关系。这里雇用的工人数量(横轴)取自表 13-1 第一列,产量(纵轴)取自表 13-1 第二列。随着工人数量增加,生产函数变得平坦,这反映了边际产量递减。(b) 幅中总成本曲线表示产量与生产总成本之间的关系。这里产量(横轴)取自表 13-1 第二列,总成本(纵轴)取自第六列。由于边际产量递减,因此随着产量增加,总成本曲线变得越来越陡峭。

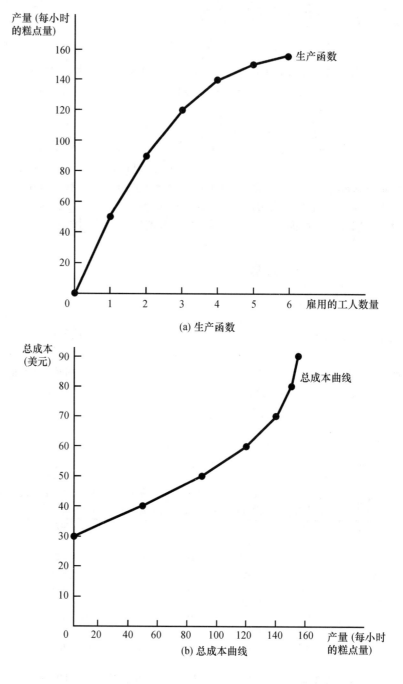

第1章的经济学十大原理之一是，理性人考虑边际量。正如我们将在以后几章中看到的，这个原理是理解企业决定雇用多少工人和生产多少产量的关键。为了理解这些决策，表13-1的第三列给出了一个工人的边际产量。生产过程中任何一种投入的**边际产量**（marginal product）是增加一单位投入所引起的产量增加。当工人数量从1个增加到2个时，糕点产量从50块增加到90块，因此，第二个工人的边际产量是40块糕点。而且，当工人数量从2个增加到3个时，糕点产量从90块增加到120块，因此，第三个工人的边际产量是30块糕点。在该表中，边际产量标在两行的中间，因为它代表当工人数量从一个水平增加到另一个水平时产量的变动。

边际产量：
增加一单位投入所带来的产量增加。

需要注意的是，随着工人数量的增加，工人的边际产量在减少。第二个工人的边际产量是40块糕点，第三个工人的边际产量是30块糕点，而第四个工人的边际产量是20块糕点。这个特征被称为**边际产量递减**（diminishing marginal product）。当只雇用少量工人时，工人很容易使用到Caroline厨房的设备。随着工人数量的增加，增加的工人不得不与别人共同使用设备，而且在较为拥挤的条件下工作。最后，厨房变得非常拥挤，以至于工人开始相互妨碍。因此，当雇用的工人越来越多时，每个增加的工人对生产糕点的贡献就越来越小了。

边际产量递减：
一种投入的边际产量随着投入量增加而减少的特征。

边际产量递减也反映在图13-2中。生产函数的斜率（"向上量比向前量"）告诉了我们在每增加一单位劳动投入（"向前量"）时，Caroline糕点产量的变动（"向上量"）。这就是说，生产函数的斜率衡量一个工人的边际产量。随着工人数量的增加，工人的边际产量减少了，生产函数变得越来越平坦。

13.2.2 从生产函数到总成本曲线

表13-1的最后三列表示Caroline生产糕点的成本。在这个例子中，Caroline工厂的成本是每小时30美元，一个工人的成本是每小时10美元。如果她雇用一个工人，那么她的总成本是每小时40美元；如果她雇用两个工人，那么她的总成本是每小时50美元；以此类推。该表用这些信息显示了Caroline雇用的工人数量如何与她生产的糕点量及她的生产总成本相关。

我们在以下几章中的目的是研究企业的生产和定价决策。对于这个目的来说，表13-1中最重要的关系是产量（第二列）和总成本（第六列）之间的关系。图13-2(b)以横轴表示产量，纵轴表示总成本，根据这两列数据画出了图形。这个图被称为总成本曲线。

现在比较图13-2(b)中的总成本曲线与图13-2(a)中的生产函数。这两条曲线是同一枚硬币的正反两面。随着产量的增加，总成本曲线越来越陡峭，而随着产量的增加，生产函数却越来越平坦。两条曲线斜率的变化是由于同一个原因。生产的糕点多，意味着 Caroline 的厨房挤满了工人。由于厨房拥挤，导致每增加一个工人增加的产量并不多，这反映了边际产量递减。因此，生产函数是比较平坦的。但现在将这个逻辑倒过来看：当厨房拥挤时，多生产一块糕点要求增加更多工人，从而使成本增加。因此，当产量很高时，总成本曲线是较为陡峭的。

即问即答 如果农民 Jones 没有在自己的土地上播种，那么她就得不到收成。如果她种 1 袋种子，那么她将得到 3 蒲式耳小麦；如果她种 2 袋种子，将得到 5 蒲式耳小麦；如果她种 3 袋种子，将得到 6 蒲式耳小麦。一袋种子的成本是 100 美元，而且种子是她唯一的成本。利用这些数据画出该农民的生产函数和总成本曲线。解释它们的形状。

13.3 成本的各种衡量指标

我们对 Caroline 的糕点厂的分析说明了企业的总成本如何反映它的生产函数。从企业总成本的数据中，我们可以得出几种相关的成本衡量指标，当我们在以后几章中分析生产和定价决策时，这些成本衡量指标将被证明是很有用的。为了说明如何得出这些相关的衡量指标，我们考虑表 13-2 中的例子。该表提供了 Caroline 的邻居——Conrad 的咖啡店的成本数据。

表 13-2 成本的各种衡量指标：Conrad 的咖啡店

咖啡的产量（杯/每小时）	总成本（美元）	固定成本（美元）	可变成本（美元）	平均固定成本（美元）	平均可变成本（美元）	平均总成本（美元）	边际成本（美元）
0	3.00	3.00	0.00	—	—	—	
1	3.30	3.00	0.30	3.00	0.30	3.30	0.30
2	3.80	3.00	0.80	1.50	0.40	1.90	0.50
3	4.50	3.00	1.50	1.00	0.50	1.50	0.70
4	5.40	3.00	2.40	0.75	0.60	1.35	0.90
5	6.50	3.00	3.50	0.60	0.70	1.30	1.10
6	7.80	3.00	4.80	0.50	0.80	1.30	1.30
7	9.30	3.00	6.30	0.43	0.90	1.33	1.50
8	11.00	3.00	8.00	0.38	1.00	1.38	1.70
9	12.90	3.00	9.90	0.33	1.10	1.43	1.90
10	15.00	3.00	12.00	0.30	1.20	1.50	2.10

表 13-2 的第一列表示 Conrad 可以生产的咖啡杯数，每小时从 0 杯到 10 杯不等。第二列表示 Conrad 生产咖啡的总成本。图 13-3 据此画出了 Conrad 的总成本曲线。咖啡的产量（根据第一列得到）用横轴表示，而总成本（根据第二列得到）用纵轴表示。Conrad 的总成本曲线的形状与

Caroline 的总成本曲线的形状相似。具体而言就是,随着产量增加,它变得较为陡峭,(正如我们所讨论过的)这反映了边际产量递减。

图 13-3 Conrad 的咖啡店的总成本曲线

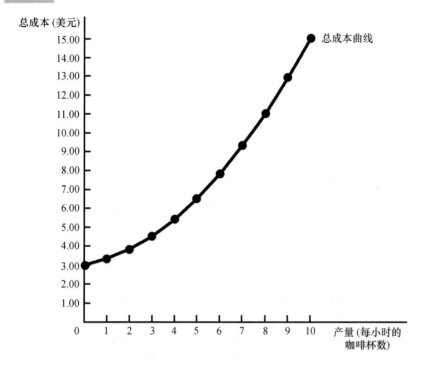

这里的产量(用横轴表示)取自表 13-2 第一列,总成本(用纵轴表示)取自第二列。正如在图 13-2 中一样,由于边际产量递减,随着产量增加,总成本曲线变得越来越陡峭。

13.3.1 固定成本与可变成本

Conrad 的总成本可以分为两类。一些成本不随着产量的变动而变动,称为**固定成本**(fixed costs)。固定成本是即使企业根本不生产也要发生的成本。Conrad 的固定成本包括他所要支付的任何租金,因为无论 Conrad 生产多少咖啡,这种成本都是相同的。同样,如果 Conrad 需要雇用一个负责账目的簿记员,那么无论生产多少咖啡,这位簿记员的薪水也是固定成本。表 13-2 的第三列表示 Conrad 的固定成本,在这个例子中是每小时 3 美元。

企业的一些成本随着企业产量的变动而变动,称为**可变成本**(variable costs)。Conrad 的可变成本包括咖啡豆、牛奶、糖和纸杯的成本:Conrad 制作的咖啡越多,他需要买的这些东西就越多。同样,如果 Conrad 必须多雇工人以便多生产咖啡,那么这些工人的薪水也是可变成本。表的第四列表示 Conrad 的可变成本。如果他不生产,那么可变成本是零;如果生产 1 杯咖啡,可变成本是 0.3 美元;如果生产 2 杯咖啡,可变成本是 0.8 美元;以此类推。

固定成本:
不随着产量变动而变动的成本。

可变成本:
随着产量变动而变动的成本。

企业总成本是固定成本与可变成本之和。在表 13-2 中，第二列中的总成本等于第三列的固定成本加第四列的可变成本。

13.3.2 平均成本与边际成本

作为企业所有者，Conrad 必须决定生产多少。这种决策的关键在于他的成本如何随着产量水平的变动而变动。在做出这种决策时，Conrad 要问他的生产主管下面两个关于生产咖啡成本的问题：

- 生产普通的一杯咖啡需要多少成本？
- 多生产一杯咖啡需要多少成本？

虽然这两个问题乍一看似乎有相同的答案，但其实不然。这两个答案对于了解企业如何做出生产决策十分重要。

为了算出生产普通一单位产品的成本，我们用企业的成本除以产量。例如，如果企业每小时生产 2 杯咖啡，它的总成本是 3.8 美元，则普通一杯咖啡的成本是 3.8 美元/2，即 1.9 美元。总成本除以产量被称为**平均总成本**（average total cost）。由于总成本就是固定成本与可变成本之和，所以平均总成本可以表示为平均固定成本与平均可变成本之和。**平均固定成本**（average fixed cost）是固定成本除以产量，**平均可变成本**（average variable cost）是可变成本除以产量。

虽然平均总成本告诉了我们普通一单位产品的成本，但它没有告诉我们当企业改变其生产水平时总成本将如何变动。表 13-2 的最后一列表示当企业增加一单位产量时总成本的增加量。这个量被称为**边际成本**（marginal cost）。例如，如果 Conrad 的产量从 2 杯增加到 3 杯，总成本从 3.8 美元增加到 4.5 美元，因此第三杯咖啡的边际成本是 4.5 美元减去 3.8 美元，即 0.7 美元。在表 13-2 中，边际成本标在两行的中间，因为它代表了随着产量从一个水平增加到另一个水平总成本的变动。

用数学来表示这些定义可能有助于理解：

$$平均总成本 = 总成本 / 产量$$

$$ATC = TC/Q$$

以及

$$边际成本 = 总成本变动量 / 产量变动量$$

$$MC = \Delta TC/\Delta Q$$

在这里，Δ 即希腊字母 delta，代表变量的变动。这些公式表示如何从总成本中得出平均成本和边际成本。如果总成本在所生产的所有单位中平均分摊，那么平均总成本告诉了我们生产普通一单位产品的成本。边际成本告诉了我们多生产一单位产品引起的总成本增加。正如我们将在下一章中更充分说明的，当决定向市场供给多少产品时，像 Conrad 这样的企业管理者需要记住平均总成本和边际成本的概念。

平均总成本：
总成本除以产量。

平均固定成本：
固定成本除以产量。

平均可变成本：
可变成本除以产量。

边际成本：
额外一单位产量所引起的总成本的增加。

13.3.3 成本曲线及其形状

正如我们在前几章中分析市场行为时发现供求图很有用一样,当分析企业行为时,我们将发现平均成本与边际成本图也是很有用的。图13-4 用表13-2 中的数据画出了 Conrad 的成本曲线。横轴代表企业产量,纵轴代表边际成本和平均成本。该图显示了四条曲线:平均总成本(ATC)、平均固定成本(AFC)、平均可变成本(AVC)以及边际成本(MC)。

图 13-4 Conrad 的咖啡店的平均成本曲线和边际成本曲线

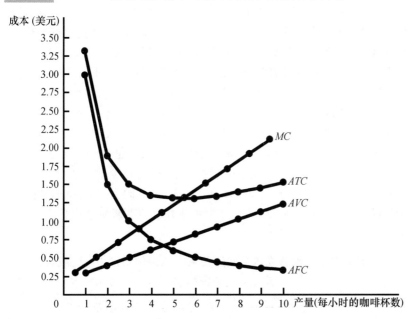

该图表示 Conrad 的咖啡店的平均总成本(ATC)、平均固定成本(AFC)、平均可变成本(AVC)和边际成本(MC)。所有这些曲线都是用表13-2 中的数据画出的。这些成本曲线呈现出许多企业的成本曲线都具有的三个特征:(1) 边际成本随着产量的增加而上升;(2) 平均总成本曲线是 U 形的;(3) 边际成本曲线与平均总成本曲线在平均总成本的最低点处相交。

图中所示的 Conrad 的咖啡店的成本曲线与经济中许多其他企业的成本曲线有一些相同的特征。我们将特别考察其中的三个特征:边际成本曲线的形状、平均总成本曲线的形状以及边际成本与平均总成本之间的关系。

递增的边际成本　Conrad 的边际成本随着产量的增加而上升。正的斜率反映了边际产量递减的性质。当 Conrad 生产少量咖啡时,他的工人很少,许多设备没有得到利用。由于他可以轻而易举地把这些闲置的资源投入使用,额外增加一个工人的边际产量很大,而且额外增加一杯咖啡的边际成本很小。与此相反,当 Conrad 生产大量咖啡时,他的车间挤满了工人,而且大部分设备已经得到充分利用。Conrad 可以增加工人来生产更多的咖啡,但新工人不得不在拥挤的条件下工作,而且可能不得不在使用设备前进行等待。因此,当咖啡产量已经相当高时,额外增加一个工人的边际产量很小,而且额外增加一杯咖啡的边际成本很大。

U 形平均总成本 如图 13-4 所示，Conrad 的平均总成本曲线是 U 形的。为了理解为什么是这样，要记住平均总成本是平均固定成本与平均可变成本之和。平均固定成本总是随着产量的增加而下降，因为固定成本被分摊到更多单位的产品上。而由于边际产量递减，平均可变成本一般随着产量增加而增加。

平均总成本曲线同时反映了平均固定成本曲线和平均可变成本曲线的形状。在产量水平很低时，例如每小时生产 1 杯或 2 杯咖啡时，平均总成本很高，因为尽管平均可变成本低，但由于固定成本只分摊到少数几单位产品上，所以平均固定成本高。随着产量增加，固定成本被分摊到越来越多的产品上。平均固定成本下降，开始下降得很快，以后越来越慢。结果，平均总成本也下降，直至企业产量达到每小时 5 杯咖啡为止，这时平均总成本下降到每杯 1.3 美元。但是，当企业每小时的产量超过 6 杯时，平均可变成本的增加开始起决定性作用，从而平均总成本开始上升。平均固定成本与平均可变成本之间的"拉锯战"使平均总成本曲线呈现为 U 形。

U 形曲线的底端对应着使平均总成本最小的产量。这种产量有时被称为企业的**有效规模**（efficient scale）。对 Conrad 来说，有效规模是每小时 5 杯或 6 杯咖啡。如果他的产量大于或小于这一数量，那么他的平均总成本就增加到 1.3 美元这一最低值以上。当产量水平低于这一数量时，平均总成本高于 1.3 美元，因为固定成本分摊在少量产品上。在产量水平高于这一数量时，平均总成本高于 1.3 美元，因为投入品的边际产量大大递减了。在这一有效规模上，这两种力量的平衡使平均总成本达到最低。

边际成本和平均总成本之间的关系 如果你看图 13-4（或者回头看表 13-2），你将发现乍一看会令人惊讶的东西。只要边际成本小于平均总成本，那么平均总成本就下降；只要边际成本大于平均总成本，那么平均总成本就上升。Conrad 的成本曲线的这个特征不是由于该例中所用的特定数字产生的巧合：它对所有企业而言都是正确的。

为了说明其原因，考虑一个类比。平均总成本就像你的累积平均绩点，边际成本就像你下一门课将获得的成绩。如果你下一门课的成绩小于你的平均绩点，那么你的平均绩点就下降；如果你下一门课的成绩高于你的平均绩点，那么你的平均绩点就上升。平均成本与边际成本的数学关系和平均成绩与边际成绩的数学关系完全相同。

平均总成本和边际成本之间的这种关系有一个重要的推论：边际成本曲线与平均总成本曲线在平均总成本曲线的最低点处相交。为什么？当产量水平很低时，边际成本低于平均总成本，因此平均总成本下降。但在这两条曲线相交以后，边际成本增加到平均总成本之上。由于我们刚刚讨论过的原因，在这种产量水平时，平均总成本必然开始上升。因此，这个交点是平均总成本的最低点。正如你将在下一章中看到的，这个最低平均总成本在对竞争企业的分析中起着关键作用。

有效规模：

使平均总成本最小的产量。

13.3.4 典型的成本曲线

到现在为止,在我们所考察的例子中,企业都表现出边际产量递减,因此,在所有产量水平时边际成本增加。这个简化的假设是有用的,因为它可以使我们的注意力集中在成本曲线的关键特征上,而这些特征在分析企业行为时是很有用的。但是,实际中的企业情况通常要比这复杂一些。在许多企业中,并不是在雇用了第一个工人后边际产量就立即开始递减。根据生产过程,第二个或第三个工人的边际产量可能高于第一个,因为工人团队可以进行分工,并比一个工人工作更有生产率。具有这种生产模式的企业在发生边际产量递减之前,会经历一段时期的边际产量递增。

图 13-5 表示这种企业的成本曲线,包括平均总成本(ATC)、平均固定成本(AFC)、平均可变成本(AVC)和边际成本(MC)曲线。在产量水平较低时,企业经历了边际产量递增,而边际成本曲线下降。最后,企业开始经历边际产量递减,而边际成本曲线开始上升。边际产量的先递增与后递减的结合也使平均可变成本曲线呈现为 U 形。

图 13-5　一个典型企业的成本曲线

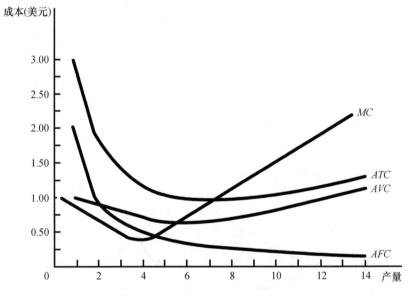

许多企业在边际产量递减以前经历了边际产量递增。因此,它们的成本曲线的形状与本图中类似。要注意的是,边际成本和平均可变成本在上升之前有一段时间的下降。

尽管图中所示的这些曲线与我们之前的例子有所不同,但它们也同样具备三个应该记住的最重要的共同特征:
- 随着产量增加,边际成本最终会上升。
- 平均总成本曲线是 U 形的。
- 边际成本曲线与平均总成本曲线在平均总成本曲线的最低点处相交。

即问即答 ● 假设本田公司生产4辆汽车的总成本是22.5万美元,而生产5辆汽车的总成本是25万美元。那么生产5辆汽车的平均总成本是多少?第五辆汽车的边际成本是多少? ● 画出一个典型企业的边际成本曲线和平均总成本曲线,并解释这两条曲线为什么会在它们的相交处相交。

13.4 短期成本与长期成本

在本章前面,我们提到了企业的成本取决于所考察的时间范围。现在我们来更确切地考察为什么会是这样。

13.4.1 短期与长期平均总成本之间的关系

对许多企业来说,总成本在固定成本和可变成本之间的划分取决于时间范围。例如,考虑一个汽车制造商,比如福特汽车公司。在只有几个月的时期内,福特公司不能调整汽车工厂的数量与规模。它生产更多汽车的唯一方法是在已有的工厂中雇用更多工人。因此,这些工厂的成本在短期中是固定成本。与此相反,在几年的时期中,福特公司可以扩大其工厂规模,建立新工厂或关闭旧工厂。因此,其工厂的成本在长期中是可变成本。

由于许多决策在短期中是固定的,但在长期中是可变的,所以企业的长期成本曲线不同于其短期成本曲线。图13-6即为一个例子。这个图中

图13-6 短期与长期的平均总成本曲线

由于在长期中固定成本是可变的,所以短期平均总成本曲线不同于长期平均总成本曲线。

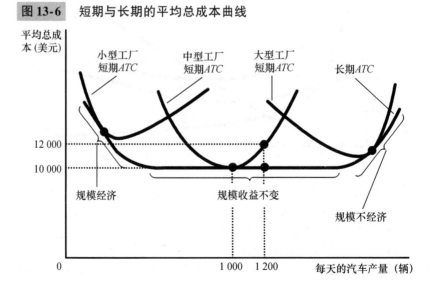

有三条短期平均总成本曲线——一个小型工厂、一个中型工厂和一个大型工厂的。图中还给出了长期平均总成本曲线。当企业沿着这一长期曲线移动时，它是在根据产量调整工厂的规模。

这个图表明了短期成本与长期成本如何相关。长期平均总成本曲线是比短期平均总成本曲线平坦得多的U形曲线。此外，所有短期成本曲线都在长期成本曲线上或以上。之所以会出现这些特点，是因为企业在长期中有更大的灵活性。从本质上说，在长期中，企业可以选择自己想要的短期成本曲线。但在短期中，它不得不使用它所拥有的那一条短期成本曲线，而该曲线取决于它过去的选择。

该图是表示在不同时间范围内产量变动如何改变成本的一个例子。当福特公司想把每天的产量从1 000辆汽车增加到1 200辆时，在短期中，除了在现有的中等规模工厂中多雇工人之外别无选择。由于边际产量递减，每辆汽车的平均总成本从10 000美元增加到12 000美元。但是，在长期中，福特公司可以扩大工厂和劳动力的规模，从而使平均总成本又回到10 000美元的水平上。

对一个企业来说，进入长期需要多长时间呢？不同的企业有着不同的答案。对一个大型制造业企业，例如汽车公司来说，建一个更大的工厂可能需要一年或更长时间。与此相比，一个经营咖啡店的人可以在几天之内再买一台咖啡机。因此，关于企业调整其生产设备需要多长时间，并没有唯一的答案。

13.4.2　规模经济与规模不经济

长期平均总成本曲线的形状传递了关于一个企业生产一种物品的生产过程的重要信息。具体而言，它告诉了我们成本如何随着一个企业的经营规模——即大小——变动而变动。当长期平均总成本随着产量增加而减少时，可以说存在**规模经济**（economies of scale）。当长期平均总成本随着产量增加而增加时，可以说存在**规模不经济**（diseconomies of scale）。当长期平均总成本不随产量变动而变动时，可以说存在**规模收益不变**（constant returns to scale）。正如我们在图13-6中看到的，福特公司在产量水平低时有规模经济，在产量处于中等水平时规模收益不变，在产量水平高时有规模不经济。

什么会引起规模经济或规模不经济呢？规模经济的产生是因为较高的产量水平允许在工人中实现专业化，而专业化可以使工人更精通某一项工作。例如，如果福特公司雇用了大量工人并生产大量汽车，那么它就可以用现代化流水线来生产以降低成本。规模不经济的产生可能是由于任何一个大型组织中都可能存在的固有的协调问题。福特公司生产的汽车越多，管理团队就变得越庞大，管理者在压低成本方面的效率就越低。

这种分析表明了长期平均总成本曲线通常呈现为U形的原因。当生

规模经济：
长期平均总成本随产量增加而减少的特性。

规模不经济：
长期平均总成本随产量增加而增加的特性。

规模收益不变：
长期平均总成本在产量变动时保持不变的特性。

产水平低时,企业从扩大规模中获益是因为它可以利用更高程度的专业化,同时协调问题并不尖锐。与此相比,当生产水平高时,专业化的好处已经实现了,而随着企业规模越来越大,协调问题也变得越来越严重。因此,长期平均总成本曲线在生产水平低时下降是由于专业化程度提高了,而在生产水平高时上升是因为协调问题增加了。

即问即答 如果波音公司每个月生产9架喷气式客机,那么它的长期总成本是每个月900万美元。如果它每个月生产10架客机,那么长期总成本是950万美元。那么,波音公司表现出的是规模经济还是规模不经济?

参考资料
针厂的经验

"样样通,样样松。"这句众人皆知的俗语揭示了成本曲线的本质特征。一个努力去做每一件事的人通常会以什么都做不好而告终。如果一个企业想使自己工人的生产率尽可能地高,那么一般最好是让他们每个人都从事自己所精通的有限工作。但只有在一个企业雇用了大量工人并生产大量产品时,这种工作的组织方式才是可能的。

亚当·斯密在其名著《国富论》中,描述了他参观一个针厂的情况。斯密所看到的工人之间的专业化及由此带来的规模经济给他留下了深刻的印象。他写道:

> 一个人抽铁丝,另一个人拉直,第三个人截断,第四个人削尖,第五个人磨光顶端以便安装圆头;做圆头要求有两三道不同的工序;装圆头是一项专门的业务;把针涂白是另一项;甚至将针装进纸盒中也是一门手艺。

斯密说,由于这种专业化,针厂每个工人每天能生产成千上万枚针。他得出的结论是,如果工人选择独立工作,而不是作为一个团队来工作,"那他们每人每天肯定不能制造出20枚针,或许连1枚也造不出来"。换句话说,由于专业化,大针厂可以比小针厂实现更高的人均产量以及每枚针更低的平均成本。

斯密在针厂中观察到的专业化在现代经济中普遍存在。例如,如果你想盖一栋房子,那么你可以试图自己去完成所有工作。但大多数人会去找建筑商,建筑商又雇用木工、水暖工、电工、油漆工和许多其他类型的工人。这些工人把他们的培训和经验集中在某种工作上,因此这使他们在这种工作上比作为通用型工人做得更好。实际上,运用专业化实现规模经济正是现代社会如此繁荣的原因之一。

13.5 结论

本章旨在提出一些我们可用于研究企业如何做出生产与定价决策的工具。现在你应该懂得经济学家所用的成本这个术语的含义以及成本如何随着企业产量的变动而变动。为了加深你的记忆,表 13-3 总结了我们已经认识的一些定义。

表 13-3 诸多成本类型的总结

名　称	定　义	数学表述
显性成本	要求企业支出货币的成本	
隐性成本	不要求企业支出货币的成本	
固定成本	不随产量变动而变动的成本	FC
可变成本	随产量变动而变动的成本	VC
总成本	企业在生产中使用的所有投入的市场价值	$TC = FC + VC$
平均固定成本	固定成本除以产量	$AFC = FC/Q$
平均可变成本	可变成本除以产量	$AVC = VC/Q$
平均总成本	总成本除以产量	$ATC = TC/Q$
边际成本	多生产一单位产品引起的总成本增加量	$MC = \Delta TC/\Delta Q$

就其本身而言,某个企业的成本曲线并没有告诉我们该企业将做出什么决策。但是,正如我们将在下一章看到的,它们是这种决策的一个重要组成部分。

快速单选

1. Xavier 用两个小时开了一家柠檬水摊位。他花了 10 美元买原料,并卖了价值 60 美元的柠檬水。在这同样的两个小时中,他本可以帮邻居剪草坪而赚到 40 美元。Xavier 的会计利润是＿＿＿,经济利润是＿＿＿。
   a. 50 美元,10 美元
   b. 90 美元,50 美元
   c. 10 美元,50 美元
   d. 50 美元,90 美元

2. 边际产量递减解释了为什么随着企业产量增加,＿＿＿＿。
   a. 生产函数和总成本曲线变得陡峭
   b. 生产函数和总成本曲线变得平坦
   c. 生产函数变得陡峭,而总成本曲线变得平坦
   d. 生产函数变得平坦,而总成本曲线变得陡峭

3. 一个企业以总成本 5 000 美元生产了 1 000 单位产品。如果将产量增加到

1001单位,那么总成本将增加到5 008美元。这些信息告诉了你关于这个企业的什么成本数据?

    a. 边际成本是5美元,平均可变成本是8美元。

    b. 边际成本是8美元,平均可变成本是5美元。

    c. 边际成本是5美元,平均总成本是8美元。

    d. 边际成本是8美元,平均总成本是5美元。

4. 一个企业生产20单位产品,平均总成本是25美元,边际成本是15美元。如果将产量增加到21单位,以下哪种情况一定会发生?

    a. 边际成本会减少。

    b. 边际成本会增加。

    c. 平均总成本会减少。

    d. 平均总成本会增加。

5. 政府每年对所有比萨饼店征收1 000美元许可证费,这会导致哪一条成本曲线移动?

    a. 平均总成本和边际成本曲线。

    b. 平均总成本和平均固定成本曲线。

    c. 平均可变成本和边际成本曲线。

    d. 平均可变成本和平均固定成本曲线。

6. 如果更高的产量水平使工人在特定工作中更专业化,那么企业就会表现出规模_____和平均总成本_____。

    a. 经济,下降   b. 经济,上升

    c. 不经济,下降   d. 不经济,上升

内容提要

◎ 企业的目标是利润最大化,利润等于总收益减总成本。

◎ 在分析企业的行为时,重要的是要包括生产的所有机会成本。一些机会成本是显性的,例如企业支付给工人的工资。另一些机会成本则是隐性的,例如企业所有者在其企业工作而不去找其他工作所放弃的工资。经济利润既考虑显性成本也考虑隐性成本,而会计利润只考虑显性成本。

◎ 企业的成本反映其生产过程。随着投入量的增加,典型企业的生产函数曲线变得更加平坦,这表现了边际产量递减的性质。因此,随着产量的增加,企业的总成本曲线变得更加陡峭。

◎ 企业的总成本可以分为固定成本和可变成本。固定成本是在企业改变产量时不变的成本。可变成本是在企业改变产量时改变的成本。

◎ 根据企业的总成本可以推导出成本的两种相关的衡量指标。平均总成本是总成本除以产量。边际成本是产量增加一单位时总成本的增加量。

◎ 在分析企业行为时,画出平均总成本和边际成本的图形往往是有帮助的。对一个典型企业来说,边际成本随着产量增加而增加。平均总成本随着产量增加先下降,然后随着产量进一步增加而上升。边际成本曲线总是与平均总成本曲线相交于平均总成本的最低点。

◎ 一个企业的成本往往取决于所考虑的时间范围。具体来说,许多成本在短期中是固定的,但在长期中是可变的。结果,当企业改变其产量水平时,短期中的平均总成本可以比长期中增加得更快。

关键概念

总收益
总成本
利润
显性成本
隐性成本
经济利润
会计利润

生产函数
边际产量
边际产量递减
固定成本
可变成本
平均总成本
平均固定成本

平均可变成本
边际成本
有效规模
规模经济
规模不经济
规模收益不变

复习题

1. 企业总收益、利润和总成本之间的关系是什么?
2. 举出一种会计师不算作成本的机会成本的例子。为什么会计师不考虑这种成本?
3. 什么是边际产量? 边际产量递减意味着什么?
4. 画出表示劳动的边际产量递减的生产函数。画出相关的总成本曲线。(在这两种情况下,都要标明坐标轴代表什么。)解释你所画出的两个曲线的形状。
5. 给总成本、平均总成本和边际成本下定义。它们之间的关系是怎样的?
6. 画出一个典型企业的边际成本曲线和平均总成本曲线。解释为什么这些曲线的形状是这样,以及为什么在那一点相交。
7. 企业的平均总成本曲线在短期与长期中如何不同? 为什么会不同?
8. 给规模经济下定义并解释其产生的原因。给规模不经济下定义并解释其产生的原因。

问题与应用

1. 本章讨论了许多成本类型:机会成本、总成本、固定成本、可变成本、平均总成本和边际成本。在以下句子中填入最合适的成本类型:
   a. 采取某个行为所放弃的东西称为_____。
   b. _____是当边际成本低于它时下降,当边际成本高于它时上升。
   c. 不取决于产量的成本是_____。
   d. 在冰淇淋行业里,短期中,_____包括奶油和糖的成本,但不包括工厂的成本。
   e. 利润等于总收益减_____。
   f. 生产额外一单位产品的成本是_____。

2. 你的姑姑正考虑开一家五金店。她估计,租店铺和买库存货物每年要花费50万美元。此外,她要辞去薪水为每年5万美元的会计师工作。
   a. 给机会成本下定义。
   b. 你姑妈经营五金店一年的机会成本是多少? 如果你姑妈认为她一年可

以卖出价值 51 万美元的商品，她应该开这个店吗？解释原因。

3. 一个商业渔民注意到了钓鱼时间与钓鱼量之间存在以下关系：

小时	钓鱼量（磅）
0	0
1	10
2	18
3	24
4	28
5	30

a. 用于钓鱼的每小时的边际产量是多少？

b. 根据这些数据画出该渔民的生产函数。解释其形状。

c. 该渔民的固定成本为 10 美元（他的钓鱼竿）。他每小时时间的机会成本是 5 美元。画出该渔民的总成本曲线。解释它的形状。

4. Nimbus 公司是一家生产扫帚并挨家挨户推销扫帚的公司。下面是某一天中工人数量与产量之间的关系：

工人数	产量	边际产量	总成本	平均总成本	边际成本
0	0	—			
1	20	—			
2	50	—			
3	90	—			
4	120	—			
5	140	—			
6	150	—			
7	155	—			

a. 填写边际产量一列。边际产量呈现出何种模式？你如何解释这种模式？

b. 雇用一个工人的成本是一天 100 美元，企业的固定成本是 200 美元。

根据这些信息填写总成本一列。

c. 填写平均总成本一列（记住 ATC = TC/Q）。平均总成本呈现出何种模式？

d. 现在填写边际成本一列（记住 MC = ΔTC/ΔQ）。边际成本呈现出何种模式？

e. 比较边际产量和边际成本。解释其关系。

f. 比较平均总成本和边际成本。解释其关系。

5. 你是一家出售数码音乐播放器的企业的财务总监。下面是你的企业的平均总成本表：

数量（台）	平均总成本（美元）
600	300
601	301

你们当前的产量水平是 600 台，而且全部售出。有一个人打来电话，非常希望买一台播放器，并出价 550 美元。你应该接受他的要求吗？为什么？

6. 考虑以下关于比萨饼店的成本信息：

数量（打）	总成本（美元）	可变成本（美元）
0	300	0
1	350	50
2	390	90
3	420	120
4	450	150
5	490	190
6	540	240

a. 比萨饼店的固定成本是多少？

b. 列一个表，在这个表上根据总成本的信息计算每打比萨饼的边际成本。

再根据可变成本的信息计算每打比萨饼的边际成本。这些数字之间有什么关系？请解释。

7. 你的堂兄 Vinnie 拥有一家油漆公司，其固定总成本为 200 美元，可变成本如下表所示：

每月油漆房屋量(间)	1	2	3	4	5	6	7
可变成本（美元）	10	20	40	80	160	320	640

计算每种产量下的平均固定成本、平均可变成本及平均总成本。该油漆公司的有效规模是多少？

8. 市政府正在考虑以下两个税收建议：
   - 对每位汉堡包的生产者征收 300 美元的定额税。
   - 对每个汉堡包征收 1 美元的税，由汉堡包的生产者支付。

   a. 下列哪一条曲线——平均固定成本、平均可变成本、平均总成本和边际成本——会由于定额税而移动？为什么？用图形说明这一点。尽可能准确地在图形上做好标记。

   b. 这同样的四条曲线中，哪一条会由于对每个汉堡包的税收而移动？为什么？用新的图形说明这一点。尽可能准确地在图形上做好标记。

9. Jane 的果汁店有以下成本表：

产量（桶）	可变成本（美元）	总成本（美元）
0	0	30
1	10	40
2	25	55
3	45	75
4	70	100
5	100	130
6	135	165

   a. 计算每种产量下的平均可变成本、平均总成本和边际成本。

   b. 画出这三条曲线。边际成本曲线与平均总成本曲线之间是什么关系？边际成本曲线与平均可变成本曲线之间是什么关系？解释原因。

10. 考虑下表中三个不同企业的长期总成本：

（单位：美元）

产量	1	2	3	4	5	6	7
企业 A	60	70	80	90	100	110	120
企业 B	11	24	39	56	75	96	119
企业 C	21	34	49	66	85	106	129

这三个企业分别处于规模经济还是规模不经济？

第 14 章
竞争市场上的企业

如果你们当地的加油站将它的汽油价格提高 20%,那么它就会发现其销售量大幅度下降。它的顾客会很快转而去其他加油站购买汽油。与此相比,如果你们当地的自来水公司将水价提高 20%,它会发现水的销售量只是略微减少。人们会比以往少浇几次草地,并购买更节水的喷头,但他们很难让用水量大幅度减少,而且也不可能找到另一个供给者。汽油市场和自来水市场的差别是:许多企业向本地市场供给汽油,但只有一家企业供水。正如你可以预见到的,这种市场结构的差别决定了在这些市场经营的企业的定价与生产决策。

在本章中我们将考察竞争企业(例如你们当地的加油站)的行为。你也许还记得,如果每个买者和卖者与市场规模相比都微不足道,从而没有什么能力影响市场价格,那么该市场就是竞争性的。与此相反,如果一个企业可以影响它出售的物品的市场价格,我们就说该企业有市场势力。在本书的后面部分,我们将考察有市场势力的企业(例如你们当地的自来水公司)的行为。

我们将在本章中分析竞争企业,以说明竞争市场上供给曲线背后的决策。毫不奇怪,我们将发现,市场供给曲线与企业的生产成本密切相关。但是,一个不太显而易见的问题是:在各种类型的企业成本——固定成本、可变成本、平均成本和边际成本——中,哪一种是与企业的供给决策最相关的?我们将看到,所有这些成本的衡量指标都起着重要而相互关联的作用。

14.1 什么是竞争市场

本章的目标是考察竞争市场上的企业如何做出生产决策。作为这种分析的背景,我们从回顾什么是竞争市场开始。

14.1.1 竞争的含义

竞争市场(competitive market)有时被称为完全竞争市场,它有两个特征:

- 市场上有许多买者和许多卖者。
- 各个卖者提供的物品大体上是相同的。

由于以上这些条件,市场上任何一个买者或卖者的行为对市场价格的影响都可以忽略不计。每一个买者和卖者都把市场价格当作既定的。

例如,考虑牛奶市场。没有一个牛奶消费者可以影响牛奶价格,因为相对于市场规模,每个买者购买的量都很小。同样,每个牛奶场场主对价格的控制都是有限的,因为有许多其他卖者在提供基本相同的牛奶。由于每个卖者都可以在现行价格下卖出他想卖的所有量,所以他没有什么理由收取较低价格,而且如果他收取较高价格,那么买者就会到其他地方购买。在竞争市场上,买者和卖者都必须接受市场决定的价格,因而被称为价格接受者。

除了上述两个关于竞争的条件外,有时也把下面的第三个条件作为完全竞争市场的特征:

- 企业可以自由地进入或退出市场。

例如,如果任何一个人都可以决定开一个牛奶场,而且任何一个现有的牛奶场场主都可以决定离开牛奶行业,那么牛奶行业就满足了这个条件。对竞争企业的许多分析并不需要自由进入和退出的假设,因为这个条件对企业成为价格接受者并不是必要的。但正如我们在本章后面要说明的,如果竞争市场上存在自由进入与退出,那么这就是一种影响长期均衡的强大力量。

> **竞争市场:**
> 有许多交易相同产品的买者与卖者,以至于每一个买者与卖者都是价格接受者的市场。

14.1.2 竞争企业的收益

竞争市场上的企业与经济中大多数其他企业一样,努力使利润(总收益减去总成本)最大化。为了说明其如何做到这一点,我们首先考虑一个竞争企业的收益。为了使问题具体化,我们考虑一个特定企业:Vaca 家庭牛奶场。

Vaca 牛奶场生产的牛奶量为 Q,并以市场价格 P 出售每单位牛奶。牛奶场的总收益是 $P \times Q$。例如,如果一加仑牛奶卖 6 美元,而且牛奶场出售 1 000 加仑牛奶,则其总收益就是 6 000 美元。

由于 Vaca 牛奶场与牛奶的世界市场相比是微不足道的,所以它接受市场条件给定的价格。具体而言,这意味着,牛奶的价格并不取决于 Vaca 牛奶场生产并销售的产量。如果 Vaca 使自己生产的牛奶量翻一番,达到

2 000加仑,牛奶价格仍然是相同的,而他的总收益也将翻一番,达到12 000美元。因此,总收益与产量同比例变动。

表14-1表示Vaca家庭牛奶场的收益。前两列表示牛奶场的产量和出售其产品的价格。第三列是牛奶场的总收益。该表假设牛奶的价格是每加仑6美元,因此总收益就是6美元乘以加仑量。

表14-1 竞争企业的总收益、平均收益和边际收益

产量 (Q) (加仑)	价格 (P) (美元)	总收益 ($TR = P \times Q$) (美元)	平均收益 ($AR = TR/Q$) (美元)	边际收益 ($MR = \Delta TR/\Delta Q$) (美元)
1	6	6	6	
				6
2	6	12	6	
				6
3	6	18	6	
				6
4	6	24	6	
				6
5	6	30	6	
				6
6	6	36	6	
				6
7	6	42	6	
				6
8	6	48	6	

正如我们在上一章中分析成本时平均与边际的概念很有用一样,在分析收益时,这些概念也是很有用的。为了说明这些概念告诉了我们什么,考虑以下两个问题:

- 牛奶场从普通1加仑牛奶中得到了多少收益?
- 如果牛奶场多生产1加仑牛奶,它能得到多少额外收益?

表14-1中的后两列回答了这两个问题。

平均收益:
总收益除以销售量。

表的第四列表示**平均收益**(average revenue),平均收益是总收益(第三列)除以产量(第一列)。平均收益告诉我们企业从销售普通一单位的牛奶中得到了多少收益。在表14-1中,你可以看出平均收益等于6美元,即1加仑牛奶的价格。这说明了一个不仅适用于竞争企业,而且也适用于其他企业的一般性结论:平均收益是总收益($P \times Q$)除以产量(Q)。因此,对所有企业而言,平均收益等于物品的价格。

边际收益:
增加一单位销售量引起的总收益变动。

第五列表示**边际收益**(marginal revenue),边际收益是每增加一单位销售量所引起的总收益变动量。在表14-1中,边际收益等于6美元,即1加仑牛奶的价格。这个结果说明了一个只适用于竞争企业的结论:总收益是$P \times Q$,而对竞争企业来说,P是固定的。因此,当Q增加一单位时,总收益增加P美元。对竞争企业而言,边际收益等于物品的价格。

即问即答 当一个竞争企业的销售量翻一番时,它的产品价格和总收益会发生什么变动?

14.2 利润最大化与竞争企业的供给曲线

企业的目标是利润最大化,利润等于总收益减去总成本。我们刚刚讨论了竞争企业的收益,而且我们已经在上一章讨论了企业的成本。现在我们准备好考察一个竞争企业如何使利润最大化,以及这种决策如何决定了其供给曲线。

14.2.1 一个简单的利润最大化例子

我们从表14-2的例子开始分析企业的供给决策。该表的第一列是Vaca家庭牛奶场生产的牛奶加仑量。第二列表示牛奶场的总收益,它等于6美元乘以牛奶的加仑量。第三列表示牛奶场的总成本。总成本包括固定成本和可变成本,在这个例子中,固定成本是3美元,可变成本取决于产量。

表14-2 利润最大化:一个数字实例

产量 (Q) (加仑)	总收益 (TR) (美元)	总成本 (TC) (美元)	利润 (TR − TC) (美元)	边际收益 (MR = ΔTR/ΔQ) (美元)	边际成本 (MC = ΔTC/ΔQ) (美元)	利润的变动 (MR − MC) (美元)
0	0	3	−3			
				6	2	4
1	6	5	1			
				6	3	3
2	12	8	4			
				6	4	2
3	18	12	6			
				6	5	1
4	24	17	7			
				6	6	0
5	30	23	7			
				6	7	−1
6	36	30	6			
				6	8	−2
7	42	38	4			
				6	9	−3
8	48	47	1			

第四列表示牛奶场的利润,可以用总收益减总成本来计算。如果牛奶场没有生产任何牛奶,那么它就有3美元的亏损(它的固定成本)。如果生产1加仑牛奶,就有1美元的利润;如果生产2加仑牛奶,就有4美元的利润,以此类推。因为Vaca家庭牛奶场的目标是利润最大化,所以它要选择使利润尽可能大的产量。在这个例子中,当牛奶场生产4或5加

仓牛奶时,就实现了利润最大化,这时利润为 7 美元。

考察 Vaca 牛奶场决策的另一种方法是:Vaca 可以通过比较每生产一单位牛奶的边际收益和边际成本来找出使利润最大化的产量。表 14-2 的第五列和第六列根据总收益和总成本的变动计算出了边际收益和边际成本,而且最后一列表示每多生产 1 加仑牛奶所引起的利润变动。牛奶场生产第一加仑牛奶的边际收益为 6 美元,边际成本为 2 美元,因此生产这 1 加仑牛奶增加了 4 美元利润(从 –3 美元到 1 美元)。生产第二加仑牛奶的边际收益为 6 美元,边际成本为 3 美元,因此这 1 加仑牛奶增加了 3 美元利润(从 1 美元到 4 美元)。只要边际收益大于边际成本,那么增加产量就会增加利润。但是,一旦 Vaca 牛奶场的产量达到了 5 加仑牛奶,情况就发生变化了。第六加仑牛奶的边际收益为 6 美元,而边际成本为 7 美元,因此生产这 1 加仑牛奶就会减少 1 美元利润(从 7 美元减少到 6 美元)。所以 Vaca 牛奶场的产量不会超过 5 加仑。

第 1 章中的经济学十大原理之一是,理性人考虑边际量。现在我们来看 Vaca 家庭牛奶场如何运用这一原理。如果边际收益大于边际成本——当产量为 1、2 或 3 加仑时——Vaca 家庭牛奶场就将增加牛奶生产,因为它装入口袋的货币(边际收益)大于从口袋中拿出来的货币(边际成本)。如果边际收益小于边际成本——当产量为 6、7 或 8 加仑时——Vaca 家庭牛奶场就将减少牛奶生产。如果 Vaca 牛奶场考虑边际量并对产量水平进行逐步调整,那么它就会自然而然地生产使其利润最大化的产量。

14.2.2 边际成本曲线和企业的供给决策

为了将这种利润最大化的分析进行扩展,考虑图 14-1 中的成本曲线。正如我们在上一章讨论的,这些成本曲线有三个特征可以描述大多数企业:边际成本曲线(MC)向右上方倾斜;平均总成本曲线(ATC)是 U 形的;边际成本曲线与平均总成本曲线相交于平均总成本曲线的最低点。该图还显示了市场价格(P)是一条水平线。价格线是一条水平线是因为竞争企业是价格接受者:无论企业决定生产多少,企业产品的价格都是相同的。要记住,对竞争企业来说,企业产品的价格既等于其平均收益(AR),又等于其边际收益(MR)。

我们可以用图 14-1 找出使利润最大化的产量。设想企业的产量为 Q_1。在这种产量水平时,边际收益曲线在边际成本曲线之上,说明边际收益大于边际成本。这就是说,如果企业将其生产提高一个单位,增加的收益(MR_1)将大于增加的成本(MC_1)。利润,等于总收益减总成本,会增加。因此,如果边际收益大于边际成本,正如在 Q_1 时的情形,那么企业就可以通过增加产量来增加利润。

相似的推论适用于产量为 Q_2 时的情形。在这种情况下,边际成本曲线在边际收益曲线之上,说明边际成本大于边际收益。如果企业减少一单位的生产,节约的成本(MC_2)将大于失去的收益(MR_2)。因此,如果边际收益小于边际成本,正如在 Q_2 时的情形,那么企业就可以通过减少产量来增加利润。

图 14-1　一个竞争企业的利润最大化

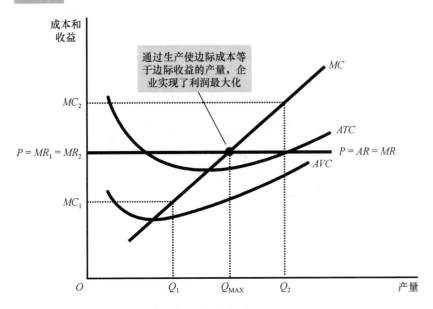

这个图表示出了边际成本曲线(MC)、平均总成本曲线(ATC)和平均可变成本曲线(AVC)。它还表示出了市场价格(P),对一个竞争企业而言,市场价格等于边际收益(MR)和平均收益(AR)。当产量为 Q_1 时,边际收益 MR_1 大于边际成本 MC_1,因此增加产量增加了利润。当产量为 Q_2 时,边际成本 MC_2 大于边际收益 MR_2,因此减少产量增加了利润。使利润最大化的产量 Q_{MAX} 是在水平价格线与边际成本曲线相交的地方。

对产量的边际调整到哪一点时结束呢?无论企业是从低产量水平(例如 Q_1)开始,还是从高产量水平(例如 Q_2)开始,企业最终都要调整到产量达到 Q_{MAX} 为止。这种分析得出了利润最大化的三个一般性规律:

- 如果边际收益大于边际成本,那么企业应该增加其产量。
- 如果边际成本大于边际收益,那么企业应该减少其产量。
- 在利润最大化的产量水平时,边际收益和边际成本正好相等。

这些规律是任何一个利润最大化企业做出理性决策的关键。它们不仅适用于竞争企业,而且正如我们将在下一章说明的,也适用于其他类型的企业。

现在我们可以说明竞争企业如何决定向市场供给的物品数量。由于一个竞争企业是价格接受者,所以其产品的边际收益等于市场价格。对于任何一个既定价格来说,竞争企业可以通过观察价格与边际成本曲线的交点来找出使利润最大化的产量。在图 14-1 中,这一产量是 Q_{MAX}。

假设由于市场需求增加,这个市场上的现行价格上升了。图 14-2 表明了一个竞争企业如何对价格上升做出反应。当价格为 P_1 时,企业的产量为 Q_1,Q_1 是使边际成本等于价格的产量。当价格上升到 P_2 时,企业发现,在以前的产量水平时现在边际收益大于边际成本,因此企业会增加生产。新的利润最大化产量是 Q_2,此时边际成本等于新的更高的价格。在本质上,由于企业的边际成本曲线决定了企业在任何一种价格时愿意供给的物品数量,因此,边际成本曲线也是竞争企业的供给曲线。但是,该结论也有一些限制,我们将在下面讨论。

图 14-2　作为竞争企业供给曲线的边际成本曲线

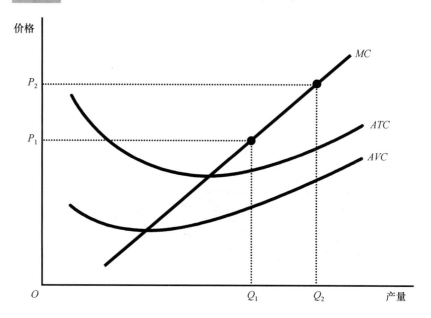

价格从 P_1 上升到 P_2,使企业利润最大化的产量从 Q_1 增加到 Q_2。由于边际成本曲线表示企业在任意一种既定价格时的供给量,所以它是企业的供给曲线。

14.2.3　企业的短期停止营业决策

到现在为止,我们一直在分析竞争企业愿意生产多少的问题。但是,在某些情况下,企业将决定停止营业,并根本不再生产任何东西。

这里我们应该区分企业暂时停止营业和企业永久性地退出市场。**停止营业**指由于当前的市场条件而导致企业在某个特定时期不生产任何东西的短期决策。**退出**指企业离开市场的长期决策。长期决策与短期决策不同,因为大多数企业在短期中不能避开它们的固定成本,而在长期中可以避开。这就是说,暂时停止营业的企业仍然必须支付固定成本,而退出市场的企业既不需要支付可变成本,也不需要支付固定成本。

例如,考虑一个农民面临的生产决策。土地成本是农民的固定成本之一。如果农民决定在一个季节不生产任何作物,土地被荒废,那么他就无法弥补这种成本。当做出是否在一个季节停止营业的短期决策时,土地的固定成本被称为一种**沉没成本**。与此相比,如果农民决定完全离开农业,那么他就可以出售土地。当做出是否退出市场的长期决策时,土地的成本并没有沉没。(后面我们会很快回到沉没成本问题。)

现在我们来考虑什么决定了企业的停止营业决策。如果企业停止营业,那么它就失去了出售其产品的全部收益,同时节省了生产其产品的可变成本(但仍需支付固定成本)。因此,如果生产能得到的收益小于生产的可变成本,那么企业就停止营业。

用一点数学知识可以使这种停止营业规则更有用。如果 TR 代表总收益,VC 代表可变成本,那么企业的决策可以写为:

如果 TR < VC,停止营业

如果总收益小于可变成本,企业就停止营业。把这个等式两边除以产量 Q,我们可以把它写为:

如果 TR/Q < VC/Q,停止营业

不等式的左边 TR/Q 是总收益 $P \times Q$ 除以产量 Q,即平均收益,最简单的是用物品的价格 P 来表示。不等式的右边 VC/Q 是平均可变成本 AVC。因此,企业停止营业的规则还可以写作:

如果 P < AVC,停止营业

这就是说,如果物品的价格低于生产的平均可变成本,那么企业就选择停止营业。这个规则是非常直观的:在选择是否生产时,企业会比较普通的一单位产品所得到的价格与生产这一单位产品必定引起的平均可变成本。如果价格没有弥补平均可变成本,那么企业完全停止生产会变好一些。企业将损失一些钱(因为它仍然必须支付固定成本),但如果继续营业,损失的钱会更多。如果将来条件改变,使得价格大于平均可变成本,则企业可以重新开张。

现在我们完整描述竞争企业的利润最大化策略。如果企业生产某种物品,那么它将生产使边际成本等于物品价格的产量,这一物品价格对于企业来说是既定的。但如果价格低于企业在该产量时的平均可变成本,则企业暂时停止营业并什么也不生产会使其状况更好一些。图 14-3 说明了这些结论。竞争企业的短期供给曲线是边际成本曲线位于平均可变成本曲线之上的那一部分。

图 14-3 竞争企业的短期供给曲线

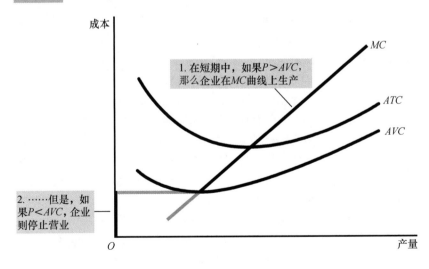

在短期中,竞争企业的供给曲线是平均可变成本曲线(AVC)以上的边际成本曲线(MC)。如果价格低于平均可变成本,则企业暂时停止营业更好。

14.2.4 覆水难收与其他沉没成本

沉没成本：
已经发生而且无法收回的成本。

在你的生活中或许曾经有人告诉过你"覆水难收"或者"过去的事就让它过去吧"，这些话蕴含着理性决策的深刻真理。经济学家说，当一种成本已经发生而且无法收回时，这种成本就是**沉没成本**（sunk cost）。因为沉没成本无法收回，所以当你做出包括经营战略在内的各种生活决策时可以不考虑沉没成本。

我们对企业停止营业决策的分析是沉没成本无关性的一个例子。我们假设，企业不能通过暂时停产来收回它的固定成本。这就是说，无论供给的数量是多少，即使产量是零，企业也仍然需要支付它的固定成本。因此，固定成本在短期中是沉没成本，企业在决定生产多少时可以不予考虑。企业的短期供给曲线是边际成本曲线在平均可变成本曲线以上的那一部分，而且固定成本的大小与供给决策无关。

在做个人决策时，沉没成本的无关性也是很重要的。例如，设想你对看一场新上映的电影的评价是 15 美元。你用 10 美元买了一张票，但在进电影院之前，你把票给弄丢了。你应该再买一张吗？还是应该马上回家并拒绝花 20 美元看电影？答案是你应该再买一张票。看电影的收益（15 美元）仍然大于机会成本（第二张票的 10 美元）。你为丢了的那张票支付的 10 美元是沉没成本。覆水难收，不要为此而懊恼。

案例研究
生意冷清的餐馆和淡季的小型高尔夫球场

即使许多桌子都空着，照常营业仍然是有利可图的。

图片来源：ⓒ Adrian Sherratt/Alamy Stock Photo.

你是否曾经走进一家餐馆吃午饭而发现里面几乎没人？你可能会问，为什么这种餐馆还要开门呢？因为看起来来自几个顾客的收入不可能弥补餐馆的经营成本。

当做出是否在午餐期间营业的决策时，餐馆老板必须记住固定成本与可变成本的区别。餐馆的许多成本——租金、厨房设备、桌子、盘子、银器等——都是固定的。在午餐期间停止营业并不能减少这些成本。换句话说，在短期中，这些是沉没成本。当老板决定是否提供午餐时，只有可变成本——增加的食物价格和增加的店员工资——是与决策相关的。只有从吃午餐的顾客那里得到的收入少到不能弥补餐馆的可变成本时，老板才会在午餐期间关门。

夏季度假区小型高尔夫球场的经营者也面临着类似的决策。由于不同的季节收入变动很大，企业必须决定什么时候开门，什么时候关门。固定成本——购买土地和修建球场的成本——又是与决策无关的。只有在一年中收入大于可变成本的时间里，小型高尔夫球场才应开业经营。

14.2.5 企业退出或进入一个市场的长期决策

企业退出一个市场的长期决策与停止营业决策相似。如果企业退出市场，那么它将失去自己从出售产品中得到的全部收益，但它现在不仅节省了生产的可变成本，而且还节省了固定成本。因此，如果从生产中得到的收益小于它的总成本，那么企业就应该退出市场。

通过用数学公式表达，我们可以使这个规则更有用。如果 TR 代表总收益，TC 代表总成本，那么企业的退出规则可以写为：

$$\text{如果 } TR < TC \text{，就退出}$$

如果总收益小于总成本，企业就退出。用这个公式的两边除以产量 Q，我们可以把这个公式写为：

$$\text{如果 } TR/Q < TC/Q \text{，就退出}$$

注意到 TR/Q 是平均收益，它等于价格，而 TC/Q 是平均总成本 ATC，因此，企业的退出规则是：

$$\text{如果 } P < ATC \text{，就退出}$$

这就是说，如果物品的价格低于生产的平均总成本，那么企业就选择退出。

相应的分析也适用于一个正在考虑开办一家企业的企业家。如果开办企业有利可图，即如果物品的价格大于生产的平均总成本，那么企业就将进入这个市场。进入规则是：

$$\text{如果 } P > ATC \text{，就进入}$$

进入的规则正好与退出的规则相反。

现在我们可以说明竞争企业的长期利润最大化战略。如果企业决定生产某种物品，那么它将生产使边际成本等于物品价格的产量。但如果价格低于该产量时的平均总成本，企业就会选择退出（或不进入）市场。图 14-4 说明了这些结论。竞争企业的长期供给曲线是边际成本曲线位于平均总成本曲线之上的那一部分。

14.2.6 用竞争企业图形来衡量利润

当我们分析退出与进入时，能更详细地分析企业的利润是有帮助的。回想一下，利润等于总收益（TR）减总成本（TC）：

$$\text{利润} = TR - TC$$

我们可以通过把该式右边乘以并除以 Q 而把这个定义改写为：

$$\text{利润} = (TR/Q - TC/Q) \times Q$$

但注意 TR/Q 是平均收益，它也是价格 P，而 TC/Q 是平均总成本 ATC。因此，

图 14-4　竞争企业的长期供给曲线

在长期中,竞争企业的供给曲线是其边际成本曲线(MC)位于平均总成本曲线(ATC)以上的部分。如果价格低于平均总成本,那么企业退出市场会好一些。

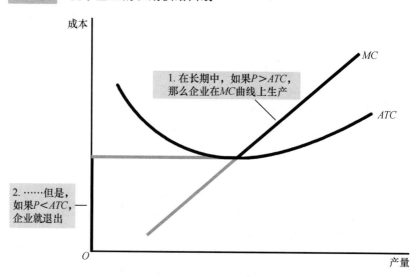

$$利润 = (P - ATC) \times Q$$

这种表示企业利润的方法使我们可以用图形来衡量利润。

图 14-5(a)表示有正利润的企业。正如我们已经讨论过的,企业通过生产价格等于边际成本时的产量使利润最大化。现在看图中用阴影表示的矩形。矩形的高是 $P - ATC$,即价格与平均总成本之间的差额。矩形的宽是 Q,即产量。因此矩形的面积是 $(P - ATC) \times Q$,即企业的利润。

图 14-5　用价格与平均总成本之间的面积表示的利润

价格和平均总成本之间阴影方框的面积代表企业的利润。这个方框的高是价格减平均总成本($P - ATC$),而方框的宽是产量(Q)。在(a)幅中,价格高于平均总成本,因此企业有正利润。在(b)幅中,价格低于平均总成本,因此企业有亏损。

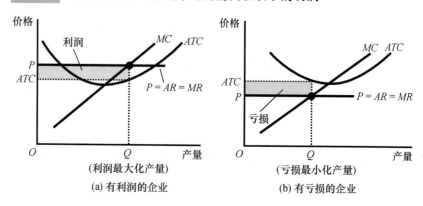

同样,图 14-5(b)表示有亏损(负利润)的企业。在这种情况下,利润最大化意味着亏损最小化,同样可以通过生产价格等于边际成本时的产量来实现这一目标。现在考虑用阴影表示的矩形面积。矩形的高是 $ATC - P$,而宽是 Q。面积是 $(ATC - P) \times Q$,即企业的亏损。由于在这种情况下,企业的每单位收益不足以弥补其平均总成本,因此企业在长期中将选择退出市场。

即问即答 • 竞争企业如何决定其利润最大化的产量水平？解释原因。• 什么时候一家利润最大化的竞争企业决定停止营业？什么时候一家利润最大化的竞争企业决定退出市场？

14.3　竞争市场的供给曲线

我们已经考察了单个企业的供给决策，现在我们来讨论市场的供给曲线。我们要考虑两种情况：第一，考察有固定数量企业的市场；第二，考察企业数量会随着老企业退出和新企业进入而变动的市场。这两种情况都是很重要的，因为两种情况分别适用于两种特定的时间范围。在短期中，企业进入和退出市场通常都是很困难的，因此企业数量固定的假设是合适的。但在长期中，企业数量可以随着市场条件的变化而调整。

14.3.1　短期：有固定数量企业的市场供给

首先考虑有1 000个相同企业的市场。在任意一种既定价格下，每个企业都供给使其边际成本等于价格的产量，如图14-6(a)所示。这就是说，只要价格高于平均可变成本，那么每个企业的边际成本曲线就是其供给曲线。市场供给量等于1 000家单个企业的供给量之和。因此，为了推导出市场供给曲线，我们把市场上每个企业的供给量相加。正如图14-6(b)所示，由于企业是相同的，所以市场供给量是1 000乘以每个企业的供给量。

图14-6　短期的市场供给曲线

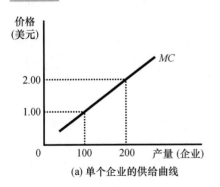

(a) 单个企业的供给曲线

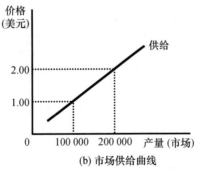

(b) 市场供给曲线

在短期中，市场上企业的数量是固定的。因此，(b)幅所示的市场供给曲线反映了(a)幅所示的单个企业的边际成本曲线。在这个有1 000家企业的市场上，市场供给量是1 000乘以每个企业的供给量。

14.3.2　长期:有进入与退出的市场供给

现在我们来考察,如果企业能够进入或退出市场,那么情况会发生什么变化。我们假设每个人都可以获得生产该种物品的同样技术,并可以进入同一个市场购买生产所需的投入品。因此,所有企业和潜在企业都有同样的成本曲线。

进入与退出这种类型市场的决策取决于现有企业所有者和可以开办新企业的企业家所面临的激励。如果市场上的现有企业盈利,那么新企业就有进入市场的激励。这种进入将增加企业数量,增加物品供给量,并使价格下降,利润减少。相反,如果市场上的企业有亏损,那么一些现有企业将退出市场。它们的退出将减少企业数量,减少物品供给量,并使价格上升,利润增加。在这种进入和退出过程结束时,仍然留在市场中的企业的经济利润必定为零。

回想一下,我们可以把企业的利润写为:

$$利润 = (P - ATC) \times Q$$

这个公式表明,当且仅当物品的价格等于生产那种物品的平均总成本时,一个正在经营的企业才有零利润。如果价格高于平均总成本,那么利润就是正的,这就鼓励了新企业进入;如果价格低于平均总成本,利润是负的,这就鼓励了一些企业退出。只有当价格与平均总成本被推向相等时,进入与退出过程才结束。

这种分析有一个惊人的含义。我们在本章前面曾提到,竞争企业通过选择使价格等于边际成本的产量来使利润最大化。我们刚才又提到,自由进入与退出的力量驱使价格等于平均总成本。但如果价格既要等于边际成本,又要等于平均总成本,那么这两种成本必须相等。但是,只有当企业是在平均总成本最低点运营时,边际成本和平均总成本才相等。回想一下前一章,平均总成本最低的生产水平被称为企业的有效规模。因此,在可以自由进入与退出的竞争市场的长期均衡中,企业一定是在其有效规模上运营。

图14-7(a)表示一个处于这种长期均衡中的企业。在这幅图中,价格 P 等于边际成本 MC,因此该企业实现了利润最大化。价格还等于平均总成本 ATC,因此利润是零。新企业没有进入市场的激励,现有企业也没有离开市场的激励。

根据对企业行为的这种分析,我们可以确定市场长期供给曲线。在一个可以自由进入与退出的市场上,只有一种价格与零利润一致,那就是等于最低平均总成本的价格。因此,长期市场供给曲线必然是这种价格的水平线,如图14-7(b)所示,是一条完全富有弹性的供给曲线。任何高于这种水平的价格都会带来利润,导致企业进入,并增加总供给量;任何低于这种水平的价格都会引起亏损,导致企业退出,并减少总供给量。最终，市场中的企业数量会自发调整，以使价格等于最低平均总成本，而且，在这种价格时，有足够的企业可以满足所有需求。

图 14-7　长期市场供给曲线

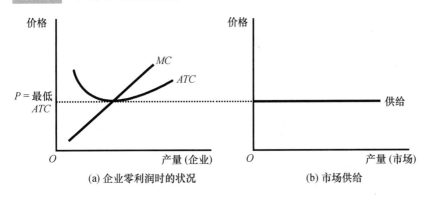

(a) 企业零利润时的状况　　(b) 市场供给

长期中，企业将进入或退出市场，直至利润变为零。因此，价格等于最低平均总成本，如(a)幅所示。企业数量自发调整，以保证在这种价格时所有需求都得到满足。长期市场供给曲线在这种价格时是水平的，如(b)幅所示。

14.3.3　如果竞争企业利润为零，为什么它们要留在市场上

竞争企业在长期中获得零利润乍一看似乎是荒唐的，毕竟人们办企业是为了获得利润。如果进入市场最终会导致利润为零，那么看起来似乎就没有什么理由再继续经营了。

为了更充分地理解零利润状况，回想一下，利润等于总收益减总成本，而总成本包括企业的所有机会成本。具体而言，总成本包括企业所有者用于经营的时间和金钱的成本。在零利润均衡时，企业的收益必须能够补偿所有者的上述机会成本。

考虑一个例子。假设为了开办农场，一个农民要投入 100 万美元。如果不这样做，他可以把这笔钱存入银行，赚取每年 5 万美元的利息。此外，他还必须放弃每年能赚到 3 万美元的另一份工作。这样，农民种地的机会成本既包括他本可以赚到的利息，又包括他放弃的工资，总计 8 万美元。即使他的利润为零，他从经营农场中得到的收益也弥补了他的上述机会成本。

记住，会计师与经济学家衡量成本的方法是不同的。正如我们在前一章讨论的，会计师只关注显性成本，但不关注隐性成本。这就是说，他们衡量使货币流出企业的成本，但他们没有考虑不涉及货币流出的生产的机会成本。因此，在零利润均衡时，经济利润是零，但会计利润是正的。例如，我们这位农民的会计师将得出结论：农民赚到了 8 万美元会计利润，这足以使农民继续经营其农场。

"我们是'非营利'组织！我们无意为之，但我们确实是。"

图片来源：Grin & Beat it ⓒ North America Syndicate.

14.3.4 短期与长期内的需求移动

既然我们对于企业如何做出供给决策已经有了更完整的理解,现在我们就可以更好地解释市场如何对需求变动做出反应。由于企业在长期中可以进入或退出市场,但在短期中不行,所以市场对需求变动的反应取决于时间范围。为了说明这一点,我们来跟踪在某一时期内需求移动的影响。

假设牛奶市场开始时处于长期均衡。企业赚到零利润,因此价格等于最低平均总成本。图14-8(a)表明了这种状况。长期均衡是 A 点,市场销售量是 Q_1,价格是 P_1。

图 14-8 短期和长期内的需求增加

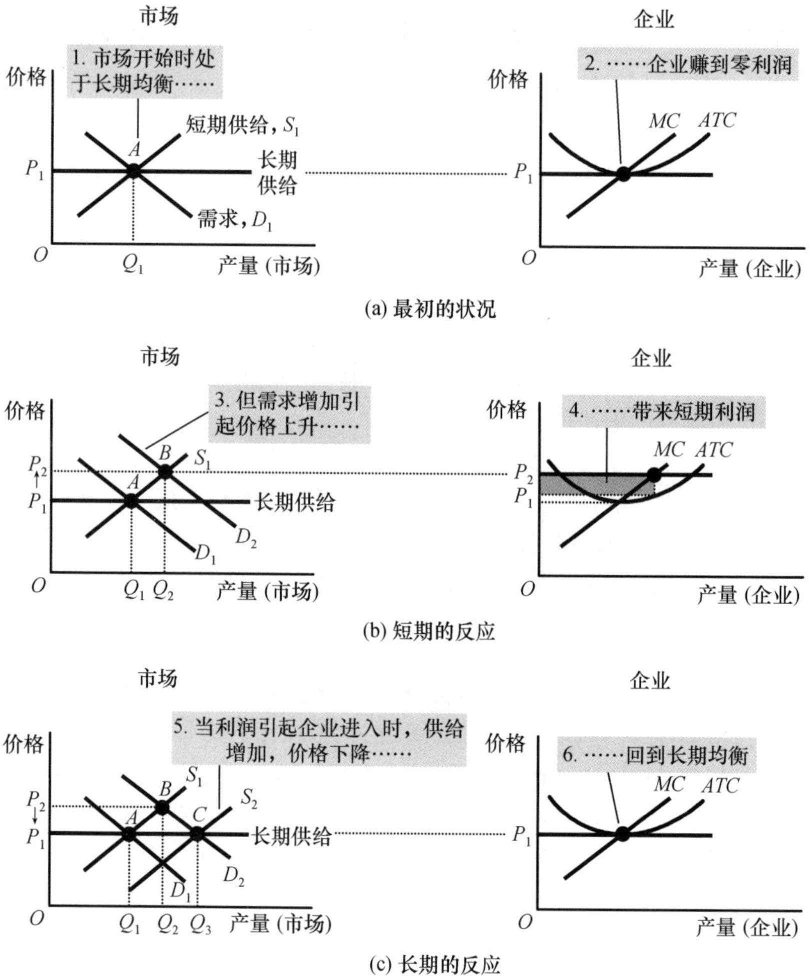

市场开始时处于长期均衡,如(a)幅中 A 点所示。在这种均衡下,每个企业都获得零利润,而且价格等于最低平均总成本。(b)幅表示当需求从 D_1 增加到 D_2 时短期中发生的变动。均衡从 A 点移动到 B 点,价格从 P_1 上升为 P_2,市场销售量从 Q_1 增加到 Q_2。由于价格现在高于平均总成本,企业盈利,所以在某一时期内鼓励新的企业进入市场。这种进入使短期供给曲线从 S_1 向右移动到 S_2,如(c)幅所示。在新的长期均衡,即 C 点时,价格回到 P_1,但销售量增加到 Q_3。此时利润再次为零,价格回到最低平均总成本,但市场上有更多的企业来满足更大的需求。

(a) 最初的状况

(b) 短期的反应

(c) 长期的反应

现在假设科学家发现，牛奶有神奇的保健功效。结果，在每一价格下的牛奶需求都上升，牛奶的需求曲线从 D_1 向外移动到 D_2，如图 14-8(b) 所示，短期均衡从 A 点移动到 B 点；结果，产量从 Q_1 增加到 Q_2，价格从 P_1 上升到 P_2。所有现存企业对高价格的反应都是增加生产量。由于每个企业的供给曲线反映了它的边际成本曲线，所以每家企业增加多少产量由边际成本曲线决定。在新的短期均衡中，牛奶的价格高于平均总成本，因此企业赚到了正利润。

随着时间的推移，这个市场的利润鼓励新企业进入。例如，一些农民从生产其他农产品转向生产牛奶。随着企业数量的增加，在每一价格下的牛奶供给量都上升，短期供给曲线从 S_1 向右移动到 S_2，如图 14-8(c) 所示，这种移动引起牛奶价格下降。最后，价格又向下回到最低平均总成本，利润为零，企业停止进入该市场。因此，市场达到新的长期均衡，即 C 点。牛奶价格又回到 P_1，但产量增加到 Q_3。每个企业仍然在其有效规模上生产，但由于牛奶业中现在有更多的企业，所以牛奶的产量和销售量比以前提高了。

14.3.5 为什么长期供给曲线可能向右上方倾斜

到现在为止，我们说明了企业进入和退出使长期市场供给曲线是完全有弹性的。我们分析的实质是存在大量潜在进入者，其中每一个都面临同样的成本。因此，长期市场供给曲线在平均总成本最低时为一条水平线。当物品需求增加时，长期的结果是企业数量和总供给量增加，而价格没有发生任何变化。

但是，有两个原因使市场长期供给曲线可能会向右上方倾斜。第一个原因是一些用于生产的资源数量可能是有限的。例如，考虑农产品市场。任何一个人都可以选择购买土地来从事农业，但土地的数量是有限的。随着越来越多的人成为农民，农业土地的价格急剧上升，这就增加了市场上所有农民的成本。因此，农产品需求增加不能在农民的成本不增加的情况下引起供给量的增加，这就意味着价格要上升。结果，即使在农业可以自由进入的情况下，长期市场供给曲线也向右上方倾斜。

供给曲线向右上方倾斜的第二个原因是，不同企业可能有不同的成本。例如，考虑一个油漆工市场。任何一个人都可以进入油漆服务市场，但并不是每一个人都有相同的成本。成本之所以不同，部分是因为一些人干活比另一些人快，部分是因为有些人的时间比另一些人有更好的可供选择的用途。在任何一种既定价格下，那些成本低的人都比那些成本高的人更有可能进入市场。为了增加油漆服务的供给量，就必须鼓励额外的进入者进入市场。由于这些新进入者成本较高，因此为了使市场进入对这些人来说有利可图，价格就必须上升。因此，即使在市场可以自由进入的情况下，油漆服务的长期市场供给曲线也向右上方倾斜。

要注意的是，如果企业有不同的成本，而其中一些企业甚至在长期中也能盈利，那么在这种情况下，市场价格代表边际企业——如果价格有任何下降就退出市场的企业——的平均总成本。这种企业赚到零利润，但成本更低的企业赚到正利润。企业进入并没有消除这种利润，因为想要成为进入者的企业的成本高于市场中已有的企业。只有在价格上升使得该市场对它们有利可图时，高成本企业才会进入。

由于上述两个原因，为了得到更大的供给量，较高的价格可能是必要的，在这种情况下，市场的长期供给曲线会向右上方倾斜而不是水平的。但是，关于进入和退出的基本结论仍然是正确的。由于企业在长期中比在短期中更容易进入和退出，所以长期供给曲线一般比短期供给曲线更富弹性。

即问即答 在企业可以自由进入与退出的长期中，市场价格等于边际成本还是平均总成本？还是与两者都相等？或者都不等？用图形解释。

14.4 结论：在供给曲线背后

我们已经讨论了在完全竞争市场上供给物品的利润最大化企业的行为。你可以回忆一下，第1章的经济学十大原理之一是，理性人考虑边际量。本章把这一思想运用于竞争企业。边际分析向我们提供了一种竞争市场中的供给曲线理论，因此加深了我们对市场结果的理解。

我们知道，当你向一个竞争市场中的企业购买一种物品时，可以保证你支付的价格接近于生产那种物品的成本。特别是，如果该市场中的企业是竞争的和利润最大化的，则一种物品的价格等于生产这种物品的边际成本。此外，如果企业可以自由地进入和退出市场，价格还等于可能的最低生产平均总成本。

虽然我们在全章中都假设企业是价格接受者，但本章提出的许多工具对于研究竞争较少的市场的企业也是很有用的。现在我们将转向考察有市场势力的企业的行为。边际分析仍将是很有用的，但它对于企业的生产决策和市场结果的本质特征将具有完全不同的含义。

快速单选

1. 一个完全竞争企业会_____。
   a. 选择其价格以实现利润最大化
   b. 使其价格低于出售相似产品的其他企业的价格
   c. 把价格作为既定的市场条件
   d. 选择使其获得最大市场份额的价格

2. 一个竞争企业通过选择使_____的数量来实现利润最大化。
   a. 平均总成本最低
   b. 边际成本等于价格
   c. 平均总成本等于价格
   d. 边际成本等于平均总成本

3. 一个竞争企业的短期供给曲线是其_____曲线在其_____曲线之上的部分。
   a. 平均总成本,边际成本
   b. 平均可变成本,边际成本
   c. 边际成本,平均总成本
   d. 边际成本,平均可变成本

4. 如果一个利润最大化的竞争企业所生产的产量使边际成本在平均可变成本和平均总成本之间,它将_____。
   a. 在短期中继续生产,但在长期中会退出市场
   b. 在短期中停业,但在长期中会恢复生产
   c. 在短期中停业,而且在长期中退出市场
   d. 在短期与长期中都会继续生产

5. 在一个有许多同质企业的竞争市场的长期均衡中,价格 P、边际成本 MC 以及平均总成本 ATC 的关系是怎样的?
   a. $P > MC$,且 $P > ATC$。
   b. $P > MC$,且 $P = ATC$。
   c. $P = MC$,且 $P > ATC$。
   d. $P = MC$,且 $P = ATC$。

6. 纽约的椒盐卷饼摊是实现了长期均衡的完全竞争行业。有一天,市政府开始对每个摊位每月征收 100 美元的税。这种政策在短期和长期中会如何影响椒盐卷饼的消费量?
   a. 短期中减少,长期中没有变化。
   b. 短期中增加,长期中没有变化。
   c. 短期中没有变化,长期中减少。
   d. 短期中没有变化,长期中增加。

内容提要

◎ 由于竞争企业是价格接受者,所以它的收益与产量是成比例的。物品的价格等于企业的平均收益和边际收益。

◎ 为了使利润最大化,企业选择使边际收益等于边际成本的产量。由于竞争企业的边际收益等于市场价格,所以企业选择使边际成本等于价格的产量。因此,企业的边际成本曲线又是它的供给曲线。

◎ 在短期中,当企业不能收回其固定成本时,如果物品价格小于平均可变成本,那么企业将选择暂时停止营业。在长期中,当企业能收回其固定成本和可变成本时,如果价格小于平均总成本,企业将选择退出市场。

◎ 在可以自由进入与退出的市场上,长期中利润为零。在长期均衡时,所有企业都在有效规模上生产,价格等于最低平均总成本,而且企业数量会自发调整,以满足在这种价格时的需求量。

◎ 需求变动在不同时间范围之内有不同影响。在短期中,需求增加引起价格上升,并带来利润,而需求减少引起价格下降,并带来亏损。但如果企业可以自由进入和退出市场,那么在长期中企业数量将自发调整,使市场回到零利润均衡。

关键概念

竞争市场　　　　　　边际收益　　　　　　沉没成本
平均收益

复习题

1. 竞争市场的主要特征是什么？
2. 解释企业收益与企业利润的差别。企业使其中哪一个最大化？
3. 画出一个典型企业的成本曲线。解释竞争企业如何选择利润最大化的产量水平。在该产量水平时，在你的图形中标明企业的总收益及总成本。
4. 在什么条件下企业将暂时停止营业？解释原因。
5. 在什么条件下企业将退出市场？解释原因。
6. 竞争企业的价格是在短期中、长期中，还是在这两个时期中都等于边际成本？解释原因。
7. 竞争企业的价格是在短期中、长期中，还是在这两个时期中都等于最低平均总成本？解释原因。
8. 一般而言，市场供给曲线是在短期中更富有弹性，还是在长期中更富有弹性？解释原因。

问题与应用

1. 许多小船是用从石油中提炼出来的玻璃纤维和树脂制造的。假设石油价格上升。
   a. 用图形说明单个造船企业的成本曲线和市场的供给曲线会发生什么变动。
   b. 短期中造船者的利润会发生什么变动？长期中造船者的数量会发生什么变动？
2. Bob 的草坪修剪中心是追求利润最大化的竞争企业。Bob 每修剪一块草坪赚 27 美元。他每天的总成本是 280 美元，其中 30 美元是固定成本。他每天剪 10 块草坪。你对 Bob 的短期停止营业决策和长期退出决策有何见解？
3. 考虑下表中给出的总成本和总收益：

（单位：美元）

产量	0	1	2	3	4	5	6	7
总成本	8	9	10	11	13	19	27	37
总收益	0	8	16	24	32	40	48	56

   a. 计算每种产量时的利润。企业为了使利润最大化应该生产多少？
   b. 计算每种产量时的边际收益和边际成本。画出它们的图形。（提示：把各点画在整数之间。例如，2 和 3 之间的边际成本应该画在 2.5 处。）这些曲线在哪一种数量时相交？如何把这一点与你对 a 的回答联系起来？
   c. 你认为这个企业是否处于竞争行业中？如果是的话，你认为这个行业是否处于长期均衡？

4. 某轴承公司面对的生产成本如下：

数量（箱）	总固定成本（美元）	总可变成本（美元）
0	100	0
1	100	50
2	100	70
3	100	90
4	100	140
5	100	200
6	100	360

a. 计算该公司在每一产量水平时的平均固定成本、平均可变成本、平均总成本以及边际成本。

b. 每箱轴承的价格是 50 美元。鉴于公司无法获得利润,该公司的 CEO 决定停止经营。该公司的利润或亏损是多少? 这是一个明智的决策吗? 解释原因。

c. 该公司的 CFO 隐约记起了他的初级经济学课程,他告诉 CEO 生产一箱轴承更好一些,因为在这一产量时边际收益等于边际成本。在这种产量水平时,该企业的利润或亏损是多少? 这是最好的决策吗? 解释原因。

5. 假设图书印刷行业是竞争性的,而且开始时处于长期均衡。

a. 画出描述该行业中一个典型企业的平均总成本、边际成本、边际收益和供给曲线的图形。

b. 某高科技印刷公司发明了大幅度降低印刷成本的新工艺。当该公司的专利阻止其他企业使用该项新技术时,该公司的利润和短期中图书的价格会发生什么变动?

c. 长期中,当专利到期,从而其他企业可以自由使用这种新工艺时,会发生什么变动?

6. 一家竞争市场中的企业得到了 500 美元的总收益,而且边际收益是 10 美元。平均收益是多少? 多少单位的产品被售出?

7. 竞争市场上的一家利润最大化企业现在生产 100 单位产品,它的平均收益是 10 美元,平均总成本是 8 美元,固定成本是 200 美元。

a. 利润是多少?

b. 边际成本是多少?

c. 平均可变成本是多少?

d. 该企业的有效规模大于、小于还是等于 100 单位?

8. 化肥市场是完全竞争的。市场上的企业在生产产品,但它们现在有经济亏损。

a. 与生产化肥的平均总成本、平均可变成本和边际成本相比,化肥的价格如何?

b. 并排画出两个图形,说明一个典型企业的现况和该市场的现况。

c. 假设需求曲线或企业的成本曲线都没有变动,解释长期中化肥的价格、每个企业的边际成本、平均总成本、供给量以及市场总供给量会如何变动。

9. Ectenia 市的苹果派市场是竞争性的,而且有以下的需求表:

价格(美元)	需求量(个)
1	1 200
2	1 100
3	1 000
4	900
5	800
6	700
7	600
8	500
9	400
10	300
11	200
12	100
13	0

市场上每个生产者的固定成本为 9 美

元,并且边际成本如下:

数量(个)	边际成本(美元)
1	2
2	4
3	6
4	8
5	10
6	12

a. 计算每个生产者生产1—6个苹果派时的总成本和平均总成本。

b. 现在苹果派的价格是11美元。多少个苹果派会被售出?每个生产者生产多少苹果派?有多少个生产者?每个生产者能赚到多少利润?

c. b部分中所描述的情况是长期均衡吗?为什么?

d. 假设在长期中企业可以自由进出。长期均衡时每个生产者能赚到多少利润?市场均衡价格是多少?每个生产者生产苹果派的数量是多少?多少苹果派会被售出?有多少生产者在经营?

10. 某个行业现在有100家企业,所有企业的固定成本都为16美元,平均可变成本如下:

产量	平均可变成本(美元)
1	1
2	2
3	3
4	4
5	5
6	6

a. 计算对于从1到6之间的每一种产量,每家企业的边际成本和平均总成本。

b. 现在的均衡价格是10美元。每家企业的产量为多少?市场总供给量是多少?

c. 在长期中,企业可以进入和退出市场,而且所有进入者都有相同的成本(如上表所示)。当这个市场转向其长期均衡时,价格将上升还是下降?需求量将增加还是减少?每个企业的供给量将增加还是减少?解释原因。

d. 画出该市场的长期供给曲线,在相关的坐标轴上标出具体的数字。

11. 假设在一个竞争行业中每家企业的成本如下:

总成本 $TC = 50 + 0.5q^2$

边际成本 $MC = q$

其中 q 是一个企业的产量。这种产品的市场需求曲线是:

需求 $Q^D = 120 - P$

其中 P 是价格,Q 是这种物品的总供给量。现在市场上有9家企业。

a. 每家企业的固定成本是多少?可变成本是多少?给出平均总成本的方程式。

b. 画出 q 从5到15时的平均总成本曲线和边际成本曲线。在哪一种产量时平均总成本曲线达到它的最低点?在这种产量时边际成本和平均总成本是多少?

c. 给出每个企业的供给曲线方程式。

d. 给出在企业数量不变时短期的市场供给曲线方程式。

e. 在短期中市场均衡价格和均衡产量是多少?

f. 在这种均衡时,每家企业的产量为多少?计算每家企业的利润或亏损。此时存在对企业进入还是退出的激励?

g. 在企业可以自由进出的长期中,这个市场的均衡价格和均衡产量是多少?

h. 在这种长期均衡时,每家企业的产量为多少?在这个市场上有多少家企业?

第15章
垄断

如果你有一台个人电脑,那么这台电脑很可能会使用微软公司所出售的操作系统——某种版本的 Windows 软件。当微软公司在许多年前第一次设计 Windows 软件时,它申请并获得了政府给予的版权,该版权授予微软公司排他性地生产和销售 Windows 操作系统的权利。如果一个人想要购买 Windows 软件,那么他只能向微软公司支付它对该产品制定的价格——近一百美元。可以说微软公司在 Windows 软件市场上拥有垄断地位。

上一章中我们提出的企业行为模型不能用来很好地描述微软公司的经营决策。在那一章中,我们分析了竞争市场,在竞争市场上有许多企业提供基本相同的产品,因此每一个企业对其所接受的价格都没有什么影响。与此相比,像微软公司这样的垄断企业没有与之相近的竞争者,因此它拥有影响其产品市场价格的力量。竞争企业是价格接受者,而垄断企业是价格决定者。

在本章中,我们将考察这种市场势力的含义。我们将看到,市场势力改变了企业成本与其产品的出售价格之间的关系。竞争企业接受市场给定的产品价格,并选择供给量,以使价格等于边际成本。与此相比,垄断企业收取高于其边际成本的价格。这个结论在微软公司 Windows 软件的例子中显然是正确的。Windows 软件的边际成本——微软公司把它的程序复制到另一张 CD 上所引起的额外成本——只有几美元。Windows 软件的市场价格是其边际成本的许多倍。

垄断企业对其产品收取高价格并不令人奇怪。垄断企业的顾客似乎除了支付垄断企业收取的价格之外别无选择。但如果这样的话,为什么一个 Windows 软件不定价为 1 000 美元或 10 000 美元呢?原因是如果微软制定了如此高的价格,那么购买该产品的人就会减少。人们会少买电脑,或者转向用其他的操作系统,或者非法盗版。一个垄断企业可以控制它所出售的物品的价格,但由于高价格会减少其顾客的购买量,因此垄断利润并不是无限的。

考察垄断企业的生产与定价决策时,我们还要考虑垄断对整个社会的含义。与竞争企业一样,垄断企业的目标也是利润最大化,但这个目标对竞争企业和垄断企业却有非常不同的后果。在竞争市场上,利己的消费者和生产者的行为仿佛是由一只看不见的手指引着,达到了提高总体经济福利的均衡。与此相比,由于垄断企业不受竞争限制,存在垄断的市场的结果往往并不符合社会的最佳利益。

第1章中的经济学十大原理之一是,政府有时可以改善市场结果。本章的分析将更充分地说明这个原理。在讨论垄断引起的社会问题时,我们还要讨论政府决策者对这些问题做出反应的各种方式。例如,美国政府就紧盯着微软公司的经营决策。在1994年,政府阻止微软公司收购个人财务软件的主要销售商Intuit公司,其依据是这两家企业的合并会集中过于强大的市场势力。同样,在1998年,当微软公司宣布把其网页浏览器捆绑到Windows操作系统时,美国司法部持反对意见,宣称这会使微软公司的市场势力扩张到新领域。近年来,美国和外国管制机构已经把它们的注意力转向市场势力日益增长的企业,比如Google和Samsung,但它们仍然继续监督微软公司遵守反托拉斯法。

15.1 为什么会产生垄断

垄断企业:
作为一种没有相近替代品的产品的唯一卖者的企业。

如果一个企业是其产品唯一的卖者,而且其产品并没有相近的替代品,那么这个企业就是一个**垄断企业**(monopoly)。垄断产生的基本原因是**进入壁垒**:垄断企业能在其市场上保持唯一卖者的地位,是因为其他企业不能进入该市场并与之竞争。而进入壁垒又有三个主要的形成原因:

- 垄断资源:生产所需要的关键资源由单个企业所拥有;
- 政府管制:政府给予单个企业排他性地生产某种物品或服务的权利;
- 生产流程:某个企业能以低于大多数企业的成本生产产品。

下面我们简要地讨论每一种情况。

15.1.1 垄断资源

"我们不是垄断者,我们认为自己是'镇上唯一的游戏参与者'。"

图片来源: The Wall Street Journal—Permission, Cartoon Features Syndicate.

垄断产生的最简单方式是单个企业拥有一种关键的资源。例如,考虑一个小镇上的水市场。如果小镇上的几十个居民都拥有能用的井,那么前一章讨论的竞争模型就可以描述该市场上卖者的行为。结果是,由于水供给者之间的竞争,每加仑水的价格被降到等于多抽取1加仑水的边际成本。但是,如果镇上只有一口井,而且不可能从其他地方得到水,那么井的所有者就垄断了水。毫不奇怪,垄断企业拥有比竞争市场上任何一家企业都大得多的市场势力。对于像水这样的必需品,即使多抽取1加仑的边际成本很低,垄断企业也可以制定相当高的价格。

市场势力来自拥有某种关键资源的一个经典案例是南非的钻石公司DeBeers。DeBeers公司在1888年由英国商人Cecil Rhodes（也是罗德奖学金的捐助者）建立，它一度控制着全世界钻石矿产量的80%。由于它的市场份额小于100%，因此DeBeers公司不完全是一个垄断企业，但该公司对钻石的市场价格可以产生巨大的影响。

虽然关键资源的排他性所有权是垄断的一个潜在起因，但实际上垄断很少是由于这种原因而产生的。现实中的经济非常庞大，而且资源由许多人拥有。事实上，由于许多物品可以在国际上交易，因此很多市场的自然范围往往是世界性的。因此，拥有没有相近替代品资源的企业的例子很少。

15.1.2 政府创造的垄断

在许多情况下，垄断的产生是因为政府给予一个人或一个企业排他性地出售某种物品或服务的权利。有时垄断产生于想成为垄断者的人的政治影响。例如，国王曾经赋予他们的朋友或盟友某些排他性的经营许可证。还有些时候，政府也会出于公共利益而赋予垄断者相应权利。

专利法和版权法是两个重要的例子。当一家制药公司发明了一种新药时，它就可以向政府申请专利。如果政府认为这种药是真正原创性的，那么它就会批准该专利。该专利给予该公司在20年内排他性地生产并销售这种药的权利。同样，当一位小说家写完一本书时，她可以拥有这本书的版权。版权是一种政府的保证，它保证未经作者许可，任何人都不能印刷并出售这部作品。版权使这位小说家成为她的小说销售的一个垄断者。

专利法和版权法的影响是显而易见的。由于这些法律使一个生产者成为垄断者，因而也就使价格高于竞争下的价格。但是，通过允许这些垄断生产者收取较高价格并赚取较多利润，这些法律也鼓励了一些合意的行为。允许制药公司成为它们发明的药物的垄断者是为了鼓励药物研发，允许作者成为销售他们著作的垄断者是为了鼓励他们写出更多更好的书。

因此，有关专利和版权的法律既有收益也有成本。专利法和版权法的收益是增加了对创造性活动的激励，然而这些收益也在某种程度上被垄断定价的成本所抵消，在本章的后面，我们要充分讨论这一问题。

15.1.3 自然垄断

当一个企业能以低于两个或更多企业的成本为整个市场供给一种物品或服务时，这个行业就存在**自然垄断**（natural monopoly）。当相关产量范围存在规模经济时，自然垄断就产生了。图15-1表示有规模经济的企业的平均总成本。在这种情况下，一个企业可以以最低的成本生产任何

自然垄断：
由于一个企业能以低于两个或更多企业的成本向整个市场供给一种物品或服务而产生的垄断。

数量的产品。这就是说,在既定的产量下,企业的数量越多,每个企业的产量越少,平均总成本越高。

图 15-1 规模经济是垄断产生的一个原因

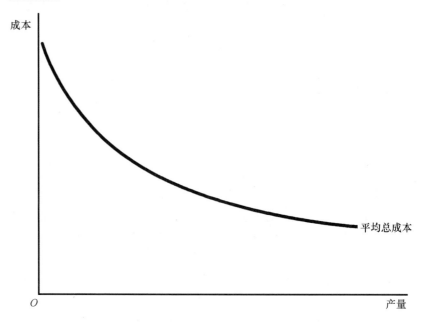

当一个企业的平均总成本曲线持续下降时,该企业就被称为自然垄断企业。在这种情况下,当生产分散到更多企业中时,每个企业的产量减少了,平均总成本上升了。结果是,单个企业可以以最低成本生产任何既定量的产品。

自然垄断的一个例子是供水。为了向镇上居民供水,企业必须铺设遍及全镇的水管网。如果两家或更多企业在提供这种服务中竞争,那么每个企业就都必须支付铺设水管网的固定成本。因此,如果只有一家企业为整个市场提供服务,水的平均总成本就最低。

当我们在第 11 章中讨论公共物品和公共资源时,我们看到了自然垄断的另一些例子。我们提到了俱乐部物品有排他性而无消费中的竞争性。其中一个例子是很少使用以至于从不拥挤的桥。桥有排他性,是因为收费站可以阻止一个人使用桥,桥没有消费中的竞争性是因为一个人使用桥并不减少其他人使用它的能力。由于修桥有固定成本,而增加一个使用者的边际成本微乎其微,所以过一次桥的平均总成本(总成本除以过桥人次)随着过桥人数的增加而减少。因此,桥是一种自然垄断。

当一个企业是自然垄断企业时,它很少担心会出现有损于其垄断势力的新进入者。正常情况下,如果一个企业没有关键资源的所有权或政府保护,那么要维持其垄断地位是不容易的。垄断利润增加了进入市场的吸引力,而且这些进入者使市场更具竞争性。与此相反,进入一个存在自然垄断企业的市场并不具吸引力。即将进入者知道,他们无法实现与垄断企业享有同样低的成本,因为在进入之后,每个企业的市场份额都变小了。

在某些情况下,市场规模也是决定一个行业是不是自然垄断行业的一个因素。仍考虑一条河上的一座桥。当人数很少时,这座桥可能是自然垄断的。一座桥可以以最低成本满足所有过河的需求。但当随着人数的增加桥变得拥挤时,满足通过同一条河的所有需求就可能需要两座或更多桥。因此,随着市场的扩大,一个自然垄断市场可能会变为一个更具竞争性的市场。

即问即答 • 市场存在垄断的三个原因是什么? • 举出两个垄断的例子,并解释各自的原因。

15.2 垄断企业如何做出生产与定价决策

我们已经知道垄断是如何产生的,现在就可以考虑一个垄断企业如何决定生产多少产品并对产品收取多高的价格。这一部分的垄断行为分析是评价垄断是否合意和政府在垄断市场上会采用什么政策的起点。

15.2.1 垄断与竞争

竞争企业和垄断企业之间的关键差别在于垄断企业具有影响其产品价格的能力。一个竞争企业与它所处的市场相比规模很小,因此没有影响其产品价格的力量,它接受市场条件所给定的价格。与此相反,因为垄断企业是其市场上唯一的卖者,所以它就可以通过调整向市场供给的产量来改变产品的价格。

说明竞争企业与垄断企业之间差别的一种方法是考察每个企业所面临的需求曲线。在前一章中分析竞争企业的利润最大化时,我们把市场价格表示为坐标系中的一条水平线。因为竞争企业可以在这种价格时想卖多少就卖多少,所以竞争企业面临一条水平的需求曲线,如图 15-2(a) 所示。实际上,因为竞争企业出售的产品有许多完全替代品(该市场上所有其他企业的产品),所以任何一个企业所面临的需求曲线都是完全富有弹性的。

图 15-2 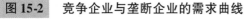 竞争企业与垄断企业的需求曲线

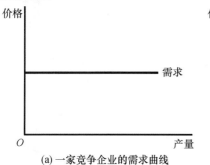

(a) 一家竞争企业的需求曲线

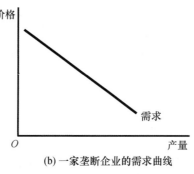

(b) 一家垄断企业的需求曲线

因为竞争企业是价格接受者,所以它们实际上面临一条水平的需求曲线,如(a)幅所示。因为垄断企业是其市场上唯一的生产者,所以它面临一条向右下方倾斜的市场需求曲线,如(b)幅所示。因此,垄断企业如果想多销售产品,就必须接受一个较低的价格。

与此相反，因为垄断企业是其市场上的唯一卖者，所以它的需求曲线就是市场需求曲线。这样，垄断企业的需求曲线向右下方倾斜，正如图 15-2(b) 所示。如果垄断企业提高其物品价格，消费者就会少买这种物品。换个角度看，如果垄断企业减少它生产并销售的产量，则其产品价格就会上升。

市场需求曲线限制了垄断企业通过其市场势力获得利润的能力。只要有可能，一个垄断企业就愿意收取高价格，并在这种高价时卖出大量产品。市场需求曲线使这种结果变得不可能，具体来说，市场需求曲线描述了垄断企业所能得到的价格和产量的组合。通过调整所生产的数量（或者同样地，调整所收取的价格），垄断企业可以选择需求曲线上的任意一点，但它不能选择需求曲线外的一点。

垄断企业将选择什么价格与产量呢？正如分析竞争企业时一样，我们假设垄断企业的目标是利润最大化。因为企业的利润是总收益减去总成本，所以我们解释垄断企业行为的下一个任务是考察垄断企业的收益。

15.2.2 垄断企业的收益

考虑只有一个水的生产企业的小镇。表 15-1 表示了垄断企业的收益如何取决于水的生产量。

表 15-1　垄断企业的总收益、平均收益和边际收益

水的生产量 (Q) （加仑）	价格 (P) （美元）	总收益 $(TR = P \times Q)$ （美元）	平均收益 $(AR = TR/Q)$ （美元）	边际收益 $(MR = \Delta TR/\Delta Q)$ （美元）
0	11	0	—	
				10
1	10	10	10	
				8
2	9	18	9	
				6
3	8	24	8	
				4
4	7	28	7	
				2
5	6	30	6	
				0
6	5	30	5	
				−2
7	4	28	4	
				−4
8	3	24	3	

前两列表示垄断企业的需求表。如果垄断企业生产 1 加仑水,它可以把这 1 加仑水卖 10 美元;如果它生产 2 加仑水,它为了把这 2 加仑水卖出去,就必须把价格降为 9 美元;如果它生产 3 加仑水,它就必须把价格降为 8 美元,以此类推。如果根据这两列的数字作图,就可以得到一条典型的向右下方倾斜的需求曲线。

该表第三列代表垄断企业的总收益。它等于销售量(取自第一列)乘以价格(取自第二列)。第四列计算企业的平均收益,即企业每销售一单位产品所得到的收益量。我们可以用第三列中总收益的数字除以第一列的产量来计算平均收益。正如我们在前一章中所讨论的,平均收益总是等于物品的价格。这一点对垄断企业和竞争企业来说都同样正确。

表 15-1 的最后一列计算企业的边际收益,即企业每增加一单位产量所得到的收益量。我们可以用增加一单位产量时总收益的变动来计算边际收益。例如,当企业生产 3 加仑水时,它得到的总收益是 24 美元;当产量增加到 4 加仑水时,总收益增加到 28 美元。因此,销售第 4 加仑水的边际收益是 28 美元 − 24 美元,即 4 美元。

表 15-1 中所示的结果对理解垄断企业的行为非常重要:垄断企业的边际收益总是小于其物品的价格。例如,如果企业把水的生产从 3 加仑增加到 4 加仑,即使它能以 7 美元卖出每加仑水,总收益也只增加 4 美元。对垄断企业来说,边际收益小于价格是因为垄断企业面临一条向右下方倾斜的需求曲线。为了增加销售量,垄断企业必须降低其向所有消费者收取的价格。因此,为了卖出第 4 加仑水,垄断企业得到的前 3 加仑水的每单位收益要各少 1 美元。这 3 美元的损失是第 4 加仑水的价格(7 美元)和第 4 加仑水的边际收益(4 美元)之间的差额。

垄断企业的边际收益与竞争企业大不相同。当垄断企业增加它销售的数量时,这会对总收益($P \times Q$)产生两种效应:

- **产量效应**:销售的数量增多了,即 Q 增大,从而可能增加总收益。
- **价格效应**:价格下降了,即 P 降低,从而可能减少总收益。

由于竞争企业在市场价格时可以销售它想销售的任何数量,所以没有价格效应。当竞争企业增加一单位产量时,它得到该单位所对应的市场价格,而且它不会减少已经销售产品的收益。这就是说,由于竞争企业是价格接受者,所以它的边际收益等于其物品的价格。与此相比,当一个垄断企业增加一单位产量时,它就必须降低对所销售的每一单位产品收取的价格,而且这种价格下降减少了它已经卖出的各单位的收益。因此,垄断企业的边际收益小于其价格。

图 15-3 画出了一个垄断企业的需求曲线和边际收益曲线(由于企业的价格等于平均收益,因此需求曲线也是平均收益曲线)。这两条曲线总是从纵轴上的同一点出发,因为第一单位的边际收益等于物品价格。但是,由于我们刚刚讨论过的原因,此后垄断企业的边际收益小于物品的价格。因此,垄断企业的边际收益曲线位于需求曲线之下。

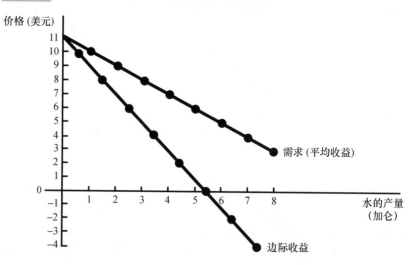

图 15-3 垄断企业的需求曲线与边际收益曲线

需求曲线表示产量如何影响物品的价格。边际收益曲线表示,当产量增加一单位时,企业的收益如何变动。由于如果垄断企业增加生产,所销售的所有单位的价格都必须下降,所以边际收益总是小于价格。

在图 15-3 中(以及在表 15-1 中),你还可以看出边际收益甚至可以是负的。当价格对收益的影响大于产量对收益的影响时,边际收益就是负的。在这种情况下,当企业多生产一单位产品时,尽管企业销售了更多单位的产品,但价格下降之大足以引起企业的总收益减少。

15.2.3 利润最大化

既然我们已经考虑了一个垄断企业的收益,那么现在我们来考察这种企业如何实现利润最大化。我们还记得第 1 章中的经济学十大原理之一是,理性人考虑边际量。这个结论对垄断企业和竞争企业同样正确。这里我们把边际分析的逻辑用于分析垄断企业如何决定生产多少的问题。

图 15-4 画出了一个垄断企业的需求曲线、边际收益曲线和成本曲线。所有这些曲线看起来都是熟悉的:需求曲线和边际收益曲线像图 15-3 中所示的曲线,成本曲线像我们在前两章中见过的成本曲线。这些曲线包含了我们确定利润最大化垄断企业将选择的产量水平所需要的全部信息。

首先,我们假设企业在低产量水平,例如 Q_1 上生产。在这种情况下,边际成本小于边际收益。如果企业增加一单位产量,那么增加的收益将大于增加的成本,利润将增加。因此,当边际成本小于边际收益时,企业可以通过生产更多单位的产品来增加利润。

高产量水平(例如 Q_2)的情况下也可以照此推理。在这种情况下,边际成本大于边际收益。如果企业减少一单位产量,节省的成本将大于失去的收益。因此,当边际成本大于边际收益时,企业可以通过减少生产来增加利润。

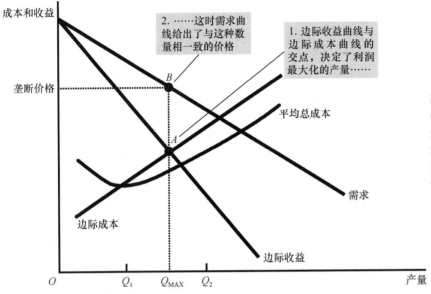

图 15-4 垄断企业的利润最大化

垄断企业通过选择边际收益等于边际成本的产量（A 点）来实现利润最大化。然后可以用需求曲线找出使消费者购买该数量的价格（B 点）。

最后，企业调整其生产水平直至产量达到 Q_{MAX} 时为止，在这时，边际收益等于边际成本。因此，垄断企业的利润最大化产量是由边际收益曲线与边际成本曲线的交点决定的。在图 15-4 中，两条曲线在 A 点相交。

你应该还记得，在上一章中，竞争企业也选择边际收益等于边际成本的产量。在遵循这条利润最大化原则上，竞争企业和垄断企业是相似的。但是，这两类企业之间也有一个重要的差别：竞争企业的边际收益等于其价格，而垄断企业的边际收益小于其价格。这就是说：

对于竞争企业：$P = MR = MC$

对于垄断企业：$P > MR = MC$

在利润最大化的产量时，边际收益与边际成本相等，这一点对于这两种企业都是同样成立的。差别在于价格与边际收益及边际成本的关系。

垄断企业如何找出使其产品利润最大化的价格呢？需求曲线回答了这个问题，因为需求曲线把消费者愿意支付的价格和销售量联系起来了。因此，在垄断企业选择了使边际收益等于边际成本的产量之后，就可以用需求曲线找出为销售该产量它能收取的最高价格。在图 15-4 中，利润最大化的价格在 B 点。

现在我们知道了竞争企业组成的市场与垄断企业组成的市场之间的关键差别：在竞争市场上，价格等于边际成本；在垄断市场上，价格大于边际成本。正如我们即将看到的，这一结论对于理解垄断的社会成本是至关重要的。

第 15 章 垄断 ▶ 311

> **参考资料**
> **为什么垄断企业没有供给曲线**
>
> 你也许注意到了,我们是用市场需求曲线和企业成本曲线分析垄断市场的价格的,而并没有提到市场供给曲线。与此相比,当我们在第4章开始分析竞争市场的价格时,两个最重要的词总是供给与需求。
>
> 供给曲线哪儿去了?虽然垄断企业要(以我们在本章中说明的方式)做出供给多少的决策,但它没有供给曲线。供给曲线向我们揭示,企业在任何一种既定价格时选择的供给量。当我们分析作为价格接受者的竞争企业时,这个概念是有意义的。但垄断企业是价格制定者,而不是价格接受者,问这种企业在任意一个既定价格下生产多少是没有意义的,因为垄断企业在选择供给量的同时确定价格(沿着需求曲线)。
>
> 实际上,垄断企业关于供给多少的决策不可能与它所面临的需求曲线分开。需求曲线的形状决定了边际收益曲线的形状,边际收益曲线的形状又决定了垄断企业的利润最大化产量。在竞争市场上,我们可以在不了解需求曲线的情况下分析供给决策,但在垄断市场上,这是不行的。因此,我们从不谈及垄断企业的供给曲线。

15.2.4 垄断企业的利润

垄断企业会获得多少利润?为了用图形来说明垄断企业的利润,回忆一下利润等于总收益(TR)减去总成本(TC):

$$\text{利润} = TR - TC$$

我们可以把这个式子改写为:

$$\text{利润} = (TR/Q - TC/Q) \times Q$$

TR/Q 是平均收益,等于价格 P,而 TC/Q 是平均总成本(ATC)。因此,

$$\text{利润} = (P - ATC) \times Q$$

这个利润方程式(对竞争企业同样成立)使我们可以用图形来衡量垄断企业的利润。

考虑图 15-5 中的阴影方框。方框的高(BC 段)是价格减去平均总成本,即 $P - ATC$,这是正常销售一单位产品的利润。方框的宽(DC 段)是销售量 Q_{MAX}。因此,这个方框的面积是该垄断企业的总利润。

图 15-5　垄断企业的利润

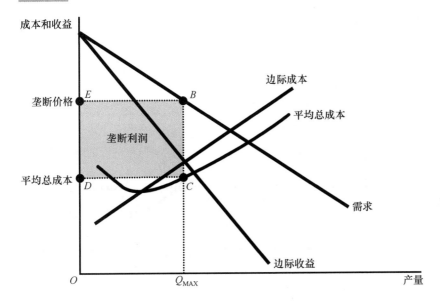

方框 BCDE 的面积等于垄断企业的利润。方框的高（BC 段）是价格减去平均总成本，它等于销售每单位产品的利润。方框的宽（DC 段）是销售的单位量。

案例研究
垄断药品与非专利药品

根据我们的分析，垄断市场上的价格决定不同于竞争市场上的价格决定。对这种理论的一种自然检验是药品市场，因为这个市场同时拥有垄断市场和竞争市场的结构。当一个企业开发了一种新药时，专利法使企业垄断了该药品的销售。但后来，当企业的专利过期时，任何公司都可以生产并销售这种药品。这时，市场就从一个垄断市场变为竞争市场。

当专利过期后，药品的价格会发生什么变动呢？图 15-6 表示一个典型的药品市场。在这幅图上，生产药品的边际成本是不变的（这对许多药品来说是基本正确的）。在专利保护期内，垄断企业通过生产边际收益等于边际成本的产量并收取大大高于边际成本的价格使利润最大化。但是，当专利到期时，生产这种药品的利润将鼓励新企业进入市场。随着市场变得越来越具竞争性，价格将下降到等于边际成本。

实际上，经验与我们的理论一致。当药品专利到期时，其他公司迅速进入并开始销售所谓的非专利药品，这种药品的化学成分与先前垄断企业的品牌产品相同。而且，正如我们的分析所预言的，竞争者生产的非专利药品的价格大大低于垄断企业收取的价格。

但是，专利到期并没有使垄断企业失去全部的市场势力。一些消费者仍忠于有品牌的药品，这也许是因为担心新的非专利药品的成分实际上与他们用了许多年的药品成分不一样。因此，以前的垄断企业可以继

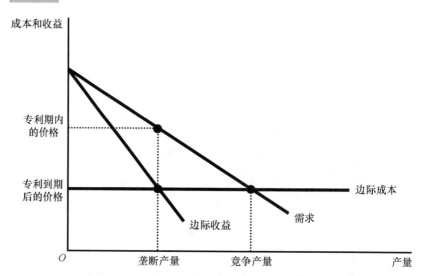

图 15-6 药品市场

当专利赋予一个企业销售一种药品的垄断权时,企业收取垄断价格,垄断价格大大高于生产这种药品的边际成本。当药品专利到期时,新企业进入市场,使市场更有竞争性。因此,价格从垄断价格下降到边际成本。

续收取比新竞争者高的价格。

例如,最广泛使用的兴奋剂之一是氟西汀,它被几百万美国人使用。由于这种药品的专利在 2001 年到期,今天的消费者可以在 Prozac 品牌的原药品和同样成分的无专利产品之间做出选择。Prozac 牌氟西汀的销售价格是无专利的氟西汀的三倍。这种价格差别之所以能持续,是因为一些消费者不相信两种药是可以完全替代的。

即问即答 解释垄断企业如何决定产品的产量和价格。

15.3 垄断的福利代价

垄断是不是一种组织市场的好方法?我们已经说明了,与竞争企业相反,垄断企业收取高于边际成本的价格。从消费者的角度来看,这种高价格使垄断是不合意的。但同时,垄断企业也从收取这种高价格中赚到了利润。从企业所有者的角度看,高价格使垄断非常合意。那么,企业所有者的利益会大于给消费者带来的成本,从而使垄断从整个社会的角度来看是合意的吗?

我们可以用福利经济学的工具来回答这个问题。回想一下第 7 章,总剩余衡量市场上买者和卖者的经济福利。总剩余是消费者剩余与生产者剩余之和。消费者剩余是消费者对一种物品的支付意愿减去他们为此实际支付的量,生产者剩余是生产者出售一种物品得到的量减去他们生产该物品的成本。在本例中,只存在一个生产者——垄断企业。

你也许已经能猜到这种分析的结果。在第 7 章中我们得出的结论是,在竞争市场上,供求均衡不仅是一个自然而然的结果,而且是一个合意的结果。市场中看不见的手实现了使总剩余尽可能大的资源配置。由于垄断引起的资源配置不同于竞争市场,所以其结果必然以某种方式使总经济福利无法实现最大化。

15.3.1 无谓损失

我们从考虑如果由一个仁慈的社会计划者管理垄断企业将会怎么做开始。该社会计划者不仅关心企业所有者赚到的利润,而且还关心企业消费者得到的利益。该计划者努力使总剩余最大化,总剩余等于生产者剩余(利润)加消费者剩余。要记住的是,总剩余等于物品对消费者的价值减去垄断企业生产该物品的成本。

图 15-7 分析了一个仁慈的社会计划者将选择的垄断的产量水平。需求曲线反映物品对消费者的价值,用他们对物品的支付意愿来衡量。边际成本曲线反映垄断企业的成本。因此,可以在需求曲线与边际成本曲线的相交处找出社会有效率的产量。在这个产量之下,增加一单位物品对消费者的价值大于提供物品的成本,因此增加产量将增加总剩余。在这个产量之上,多生产一单位物品的成本大于其对消费者的价值,因此减少产量将增加总剩余。在最优产量时,增加一单位物品对消费者的价值恰好等于生产的边际成本。

图 15-7　有效率的产量水平

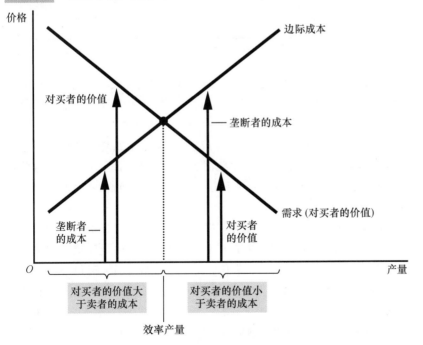

想使市场上总剩余最大化的仁慈的社会计划者将选择需求曲线与边际成本曲线相交的产量水平。低于这一水平时,物品对边际买者的价值(反映在需求曲线上)大于生产该物品的边际成本;高于这一水平时,物品对边际买者的价值小于其边际成本。

如果由该社会计划者管理垄断企业,则该垄断企业可以通过收取需求曲线与边际成本曲线相交时的价格来达到这种有效率的结果。因此,与利润最大化的垄断企业不同,社会计划者将与竞争企业一样收取等于边际成本的价格。因为这种价格向消费者提供了有关生产该物品成本的一个准确信号,消费者将购买这一有效率的产量。

我们可以通过比较垄断企业选择的产量水平和社会计划者可能选择的产量水平来评价垄断的福利效应。正如我们已经了解的,垄断企业选择生产并销售边际收益曲线与边际成本曲线相交的产量;社会计划者将选择需求曲线与边际成本曲线相交的产量。比较的结果如图 15-8 所示。垄断者生产的产量小于社会有效率的产量。

由于垄断企业收取高于边际成本的价格,这就导致并不是所有对物品评价高于物品成本的消费者都会购买它。因此,垄断企业生产并销售的数量低于社会有效率的水平。需求曲线(反映物品对消费者的价值)与边际成本曲线(反映垄断生产者的成本)之间的三角形面积代表无谓损失。

图 15-8　垄断的无效率

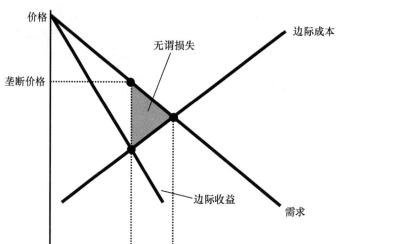

我们还可以根据垄断企业的价格来看垄断的无效率。由于市场需求曲线描述了价格和需求量之间的负相关关系,所以无效率的低产量就相当于无效率的高价格。当垄断企业收取高于边际成本的价格时,一些潜在消费者对物品的评价高于其边际成本,但低于垄断企业的价格。这些消费者不会购买该物品。因为这些消费者对物品的评价大于生产这些物品的成本,所以这个结果是无效率的。因此,垄断定价使一些对双方有益的交易无法进行。

正如图 15-8 所示,可以用无谓损失三角形来衡量垄断的无效率。由于需求曲线反映了消费者对物品的评价,边际成本曲线反映垄断生产者的成本,所以需求曲线和边际成本曲线之间的无谓损失三角形面积等于垄断定价引起的总剩余损失。这是垄断企业运用其市场势力所引起的经济福利的减少。

垄断引起的无谓损失类似于税收引起的无谓损失。实际上,垄断企业类似于一个私人收税者。正如我们在第8章中所说明的,一种物品的税收是打入消费者支付意愿(反映在需求曲线上)和生产者成本(反映在供给曲线上)之间的一个楔子。由于垄断企业通过收取高于边际成本的价格发挥其市场势力,它就相当于打入了一个类似的楔子。在这两种情况下,楔子都使销售量低于社会最优水平。这两种情况之间的区别在于,政府得到了税收收入,而私人企业得到了垄断利润。

15.3.2 垄断利润:是一种社会代价吗

控诉垄断企业以损害公众来"肥己"是很有吸引力的。的确,垄断企业利用其市场势力赚取了更高的利润。但根据对垄断的经济分析,企业利润本身并不一定是一个社会问题。

垄断市场上的福利也与所有市场一样,包括消费者和生产者的福利。只要消费者由于垄断价格额外支付给生产者1美元,消费者状况就会变坏1美元,而生产者状况会变好1美元。这种从物品消费者向垄断所有者的转移并不影响市场总剩余——消费者剩余和生产者剩余之和。换句话说,垄断利润本身并不代表经济蛋糕的规模变小了,它仅仅代表生产者的那一块变大了,而消费者的那一块变小了。除非基于某种理由认为消费者比生产者更应得到市场剩余——这是已经超出经济效率范围的涉及平等的规范性判断——否则垄断利润就不是一个社会问题。

垄断市场上问题的产生是由于企业生产和销售的产量低于使总剩余最大化的产量水平。无谓损失衡量经济蛋糕变小了多少。这种无效率与垄断的高价格相关:当企业把价格提高到边际成本以上时,消费者就买得少了。但是要记住,从仍能销售的产品数量中赚到的利润并不是问题所在。问题产生于无效率的低产量。换句话说,如果高垄断价格不会阻碍一些消费者购买这些物品,那么它所增加的生产者剩余就正好是消费者剩余减少的量,而总剩余仍然可以与仁慈的社会计划者一样。

但是,这个结论也有一个可能的例外。假设一个垄断企业为维持其垄断地位不得不引起额外的成本。例如,一个拥有政府创造的垄断地位的企业,为了保持它的垄断地位,需要雇用游说者来说服法律制定者。在这种情况下,垄断企业可以用它的一些垄断利润来支付这些额外的成本。如果是这样的话,垄断带来的社会损失既包括这些成本,也包括产量下降引起的无谓损失。

即问即答 垄断企业的产量与使总剩余最大化的产量相比有何差别?这种差别与无谓损失有什么关系?

15.4 价格歧视

到现在为止,我们假设垄断企业对所有顾客收取同样的价格。但在许多情况下,企业以不同价格把同一种物品卖给不同顾客,尽管为两个顾客生产这一物品的成本是相同的。这种做法被称为**价格歧视**(price discrimination)。

价格歧视:
以不同价格向不同顾客出售同一种物品的经营做法。

在讨论价格歧视型垄断企业的行为之前,我们应该注意,当一种物品在竞争市场上出售时,实行价格歧视是不可能的。在竞争市场上,许多企业以市场价格出售同一种物品。没有一个企业愿意向任何一个顾客收取低价格,因为企业可以以市场价格出售它想出售的所有物品;另外,如果任何一个企业想向顾客收取高价格,顾客就会转向另一个企业购买。对于一个实行价格歧视的企业来说,它一定具有某种市场势力。

15.4.1 一个关于定价的寓言

为了理解为什么垄断企业想实行价格歧视,我们来考虑一个例子。设想你是 Readalot 出版公司的总裁。Readalot 的一位畅销书作者刚刚写完他的最新一本小说。为了使事情简化,我们设想,你为获得出版这本书的排他性权利向作者支付了固定的 200 万美元。我们再假设,印刷该书的成本为 0(这确实有可能,例如电子书)。因此,Readalot 的利润是从销售书所得的收益减去支付给作者的 200 万美元。在这种假设之下,作为 Readalot 的总裁,你应该如何确定这本书的售价呢?

你确定价格的第一步是估算这本书可能的需求量。Readalot 的市场营销部告诉你,这本书将吸引两类读者。一类是作者的 10 万名崇拜者,这些崇拜者愿意为这本书支付 30 美元。还有一类是 40 万名不太热心的读者,他们最多愿意为这本书支付 5 美元。

如果 Readalot 向所有顾客收取同一种价格,利润最大化的价格是多少呢?我们自然会考虑到两种价格:Readalot 能吸引 10 万名崇拜者的最高价格是 30 美元,而能吸引整个市场 50 万名潜在读者的最高价格是 5 美元。解决 Readalot 的问题只需要简单的数学。当价格为 30 美元时,Readalot 售出 10 万本书,收益为 300 万美元,从而获得 100 万美元的利润;当价格为 5 美元时,售出 50 万本书,收益为 250 万美元,从而获得 50 万美元的利润。因此,Readalot 通过收取 30 美元的单价并放弃将书出售给 40 万名不太热心读者的机会而使利润最大化。

要注意的是,Readalot 的决策引起了无谓损失。有 40 万名读者愿意支付 5 美元买书,而向这些读者提供书的边际成本是 0。因此,当 Readalot

收取30美元的高价格时,就损失了200万美元的总剩余。这种无谓损失是垄断企业收取高于边际成本的价格时所引起的无效率。

现在假设Readalot的市场营销部有一个重要发现:这两个读者群处于相互分离的市场上。崇拜者都住在澳大利亚,而其他读者都住在美国。而且一个国家的读者很难到另一个国家买书。

作为对这种发现的反应,Readalot可以改变其市场战略并增加利润。它可以对10万名澳大利亚读者收取30美元,对40万名美国读者收取5美元。在这种情况下,在澳大利亚的收益是300万美元,而在美国的收益是200万美元,总计500万美元。这时利润是300万美元,它大大高于公司对所有顾客收取30美元价格时所能赚到的100万美元。毫不奇怪,Readalot公司会选择实施这种价格歧视策略。

Readalot出版公司的故事是虚构的,但它正确地描述了许多出版公司的经营实践。例如,考虑精装本与平装本的价格差别。当一个出版商出版一本新小说时,它先发行昂贵的精装本,然后再发行便宜的平装本。这两种版本价格之间的差别远远大于其印刷成本的差别。出版商的目标正与我们所举的例子中一样。通过向崇拜者出售精装本和向不太热心的读者出售平装本,出版商实行了价格歧视并增加了利润。

15.4.2 "定价寓言"的寓意

与任何一个寓言一样,Readalot出版公司的故事也是一种典型化。同样,与任何一个寓言一样,它得出了一些具有一般性的结论。在这个例子中,可以得出三个与价格歧视有关的结论。

第一个,也是最明显的结论是,价格歧视是利润最大化垄断企业的一种理性策略。这就是说,通过对不同的顾客收取不同的价格,垄断企业可以增加利润。实际上,实行价格歧视的垄断企业向不同顾客收取的价格比单一价格更接近于顾客的支付意愿。

第二个结论是,价格歧视要求能根据支付意愿划分顾客。在我们的例子中,可以从地域上划分顾客。但有时垄断企业也会选择其他差别,例如,以年龄或收入来划分顾客。

第二个结论的一个推论是,某些市场力量会阻止企业实行价格歧视。其中一种力量是套利,套利是指在一个市场上以低价购买一种物品,而在另一个市场上以高价出售,以便从价格差中获利的过程。在我们的例子中,假设澳大利亚的书店可以在美国买书并转卖给澳大利亚的读者,那么这种套利就使Readalot不能实行价格歧视,因为没有一个澳大利亚人愿意以较高的价格买书。

从我们的寓言中得到的第三个结论是最惊人的:价格歧视可以增进经济福利。回想一下,当Readalot收取单一的30美元价格时,这里产生了无谓损失,这是由于有40万名不太热心的读者没有买到书,尽管他们对书的评价高于生产的边际成本。与此相反,当 Readalot 实行价格歧视时,所有读者最终都得到了书,而这个结果是有效率的。因此,价格歧视可以消除垄断定价中固有的无效率。

要注意的是,在这个例子中,价格歧视带来的福利增加表现为生产者剩余更高,而不是消费者剩余更高。消费者买到了书,但其福利并没有增加:因为他们支付的价格完全等于他们对书的评价,因此他们没有得到消费者剩余。从价格歧视中获得的总剩余增加全部以更高利润的形式归 Readalot 出版公司所有。

15.4.3 对价格歧视的分析

现在我们更正式地来考察价格歧视是如何影响经济福利的。我们从假设垄断企业可以实行完全价格歧视开始。完全价格歧视描述垄断企业完全了解每个顾客的支付意愿,并对每位顾客收取不同价格的情况。在这种情况下,垄断企业对每位顾客收取的价格正好等于该顾客的支付意愿,而且垄断企业得到每次交易中的全部剩余。

图 15-9 表示有价格歧视和无价格歧视时的生产者剩余及消费者剩余。为了使分析简化,该图假设单位成本不变,也就是说,边际成本和平均总成本不变且相等。在没有价格歧视时,企业收取高于边际成本的单一价格,如(a)幅所示。由于一些对物品评价高于边际成本的潜在顾客在这种高价格时没有购买,因此垄断引起了无谓损失。但当企业可以实行完全价格歧视时,如(b)幅所示,每位对物品评价大于边际成本的顾客都买到了物品,并被收取了其愿意支付的价格。所有互惠的贸易都得以进行,没有无谓损失,垄断生产者以利润的形式获得了市场的全部剩余。

(a)幅表示对所有顾客收取同样价格的垄断企业。在这个市场上,总剩余等于利润(生产者剩余)和消费者剩余之和。(b)幅表示可以实行完全价格歧视的垄断企业。由于消费者剩余等于零,此时总剩余等于企业利润。比较这两幅图,你可以看出,完全价格歧视增加了利润,增加了总剩余,但减少了消费者剩余。

图 15-9 有价格歧视和无价格歧视时的福利

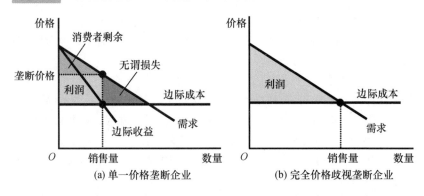

当然,在现实中价格歧视是不完全的。顾客走进商店时并没有发出其支付意愿的信号。于是,企业通过把消费者划分为不同的群体来实行价格歧视:年轻人与老年人、平时购物者与周末购物者、美国人与澳大利亚人,等等。与我们前面的 Readalot 出版公司寓言中的情况不同,现实中在每个群体内部的顾客对一种产品的支付意愿也不同,因此要实行完全价格歧视是不可能的。

这种不完全价格歧视如何影响福利呢?对这种定价方案的分析是极为复杂的,而且对这个问题也没有一个一般性的答案。与单一价格的垄断结果相比,不完全价格歧视可能增进、减少市场总剩余,或使市场总剩余不变。唯一确定的结论是:价格歧视增加了垄断利润,否则企业就会选择对所有顾客收取同样的价格了。

15.4.4 价格歧视的例子

经济中的企业使用各种旨在对不同顾客收取不同价格的经营策略。既然我们已经懂得了价格歧视的经济学,那么我们现在来考虑一些例子。

电影票 许多电影院对儿童和老年人收取低于其他观众的价格。在竞争市场上很难解释这个事实。在竞争市场上,价格等于边际成本,为儿童和老年人提供一个座位的边际成本与为其他人提供一个座位的边际成本相同。但如果电影院有某种地区性垄断力量,而且如果儿童和老年人对电影票的支付意愿较低,那么就很容易解释差异化定价这个事实了。在这种情况下,电影院通过价格歧视增加了利润。

飞机票价 飞机上的座位以许多不同的价格出售。许多航空公司对在两个城市间往返,但周六在对方城市住一个晚上的旅客收取低价格。乍一看这有点令人费解。为什么乘客在周六是否停留一个晚上与航空公司有关呢?原因是这条规定是区分公务乘客和休闲乘客的一种方法。公务乘客支付意愿高,而且很可能不想在周六停留一晚。与此相反,出于个人原因旅行的乘客支付意愿低,并更愿意在周六停留一晚。因此,航空公司可以通过对周六停留一晚的乘客收取低价格而成功地实行价格歧视。

折扣券 许多企业在报纸、杂志或网上向公众提供折扣券。买者为了能够在下次购买时享受 0.5 美元的折扣而剪下折扣券。为什么企业会提供这些折扣券?为什么它们不直接把产品价格降低 0.5 美元?

答案是折扣券使企业可以实行价格歧视。企业知道,并不是所有顾客都愿意花时间剪下折扣券。此外,剪折扣券的意愿与顾客对物品的支付意愿是相关的。富裕而繁忙的高层管理人员不大可能花时间从报纸上剪下折扣券,而且她也许愿意为许多物品支付较高的价格。一个失业者更可能剪下折扣券并且其本身支付意愿较低。因此,通过只对这些剪下折扣券的顾客收取较低价格,企业就可以成功地实行价格歧视。

财务援助 许多学院和大学对贫困学生提供财务援助。这种政策也可以被视为一种价格歧视。富有的学生钱多,因此支付意愿比贫困学生高。通过收取高学费并有选择地提供财务援助,学校实际上是根据学生

"你大概有兴趣知道我的机票有多便宜吧?"

图片来源: Hamilton ⓒ Universal Press Syndicate.

们对上学的评价来收取价格。这种行为与任何一个价格歧视垄断企业的行为相似。

数量折扣 到现在为止,在我们价格歧视的例子中,垄断企业都是对不同顾客收取不同的价格。但是,有时垄断企业也通过对购买不同数量的同一顾客收取不同价格来实行价格歧视。例如,许多企业对购买量大的顾客提供低价格。面包店可能对每个甜甜圈收取0.5美元的价格,但对一打甜甜圈收取5美元的价格。这之所以是一种价格歧视,是因为顾客对购买的第一单位商品付出的价格高于第十二单位。数量折扣通常是一种成功的价格歧视方法,因为随着购买量的增加,顾客对额外一单位商品的支付意愿降低了。

即问即答 ● 举出两个价格歧视的例子。● 解释完全价格歧视如何影响消费者剩余、生产者剩余和总剩余?

新闻摘录
高等教育中的价格歧视

图片来源:ⓒ Michaeljung/Shutterstock.

学院和大学正越来越多地对不同的学生收取不同的价格,这使得教育成本的数据更加难以解释。

第101种错觉:为什么学费并不是在飙升
Evan Soltas

大家普遍认为,美国学院和大学的学费在近年来变得越来越高昂。

美国总统巴拉克·奥巴马在2012年国情咨文演说中说:"当孩子们从高中毕业后,他们所面临的最具威胁的挑战会是大学学费。我们不能一直补贴飞涨的学费,这样会耗尽我们的钱。"

乍一看,大学学费提高是有其数据支持的。根据美国劳工统计局(Bureau of Labor Statistics,BLS)的资料,自1978年以来,大学学费和其他收费的上升比消费物价指数衡量的通货膨胀率的上升快三倍。

真实学费和各种收费的上升是确定无疑的,但并不像媒体经常报道或数据表面上所显示的那么大。大学董事会的大学年度调查数据显示,在近二十年间,根据通货膨胀调整的大学净学费只是温和地增长。

学费的变化是转向了价格歧视——对相同的产品标出不同的价格。大学通过以助学金为基础的财务援助和奖学金为大部分家庭抵消了学费标价的上涨。这就在没有增加净成本的情况下引起了BLS衡量指标的上升。

现在富裕家庭把孩子送到学校所付的学费比以前高多了。但对许多中产阶层来说,上大学的真实净费用并没有太大变化;对许多穷人家庭而言,援助的扩大增加了他们接受大学教育的可能性和可负担性。

美国最好的学校引领了以收入为基础的价格歧视。例如,在哈佛大学,大多数学生得到了财务援助;2012年,本科教育每年的学费标价为

54 496 美元,而助学金平均大约为 41 000 美元。

换言之,自 20 世纪 90 年代以来,大学费用的负担已经具有了相当大的累进性。来自富裕家庭的学生现在不仅为自己的教育支付了更多费用,而且也相当大程度地补贴了不太富裕的学生的费用。

资料来源:Bloomberg.com, November 27, 2012.

15.5 针对垄断的公共政策

我们已经知道,与竞争市场相比,垄断市场不能有效率地配置资源。垄断企业生产的产量小于社会合意的产量,而且其收取的价格高于边际成本。政府决策者会用以下四种方式之一来应对垄断问题:
- 努力使垄断行业更有竞争性;
- 管制垄断企业的行为;
- 把一些私人垄断企业变为公共企业;
- 不作为。

15.5.1 用反托拉斯法增强竞争

如果可口可乐公司和百事可乐公司想合并,那么这项交易在付诸实施之前肯定会受到联邦政府的严格审查。司法部的律师和经济学家可能会认定,这两家大型软饮料公司之间的合并会使美国软饮料市场的竞争性大大减弱,结果将引起整个国家经济福利的减少。如果是这样的话,司法部将对该项合并提出诉讼,而且如果法院判决同意司法部的观点,那么这两家公司就不会被允许合并。正是这种诉讼阻止了微软公司在 1994 年收购 Intuit 公司。同样,在 2011 年美国政府阻止了电话巨头 AT&T 公司收购其竞争对手 T-Mobile 公司。

政府对私人产业行使的这种权力来自反托拉斯法,反托拉斯法是旨在遏制垄断势力的法律集成。第一个也是最重要的反托拉斯法是《谢尔曼反托拉斯法》,美国国会在 1890 年通过了该法案,以减少当时被认为主宰经济的大而强的"托拉斯"的市场势力。1914 年通过的《克莱顿反托拉斯法》加强了美国政府的权力,并使私人对此类案件的诉讼合法化。正如美国最高法院曾经指出的,反托拉斯法是"一部全面的经济自由宪章,其目的在于维护作为贸易规则的自由和不受干预的竞争"。

反托拉斯法为政府提供了各种促进竞争的方式。首先,这些法律允许政府阻止合并,例如 AT&T 公司和 T-Mobile 公司之间的合并。同时,这

"如果我们公司与'大一统企业'合并,我们就有足够的资源来对抗因为此项合并所引发的反垄断制裁行动。"

图片来源:ScienceCartoonsPlus.com

些法律还允许政府把一个大公司分拆为一些小公司。最后,反托拉斯法禁止公司以使市场竞争性减弱的方法协调它们的活动。

反托拉斯法有成本也有收益。有时公司合并并不是为了减弱竞争,而是为了通过更有效率的联合生产来降低成本。这种来自合并的收益有时被称为"协同效应"。例如,近年来许多美国银行进行了合并,通过联合经营可以减少行政管理人员。航空业也经历了类似的合并。如果反托拉斯法旨在增进社会福利,那么政府就必须能确定哪些合并是合意的,而哪些不是。这就是说,它必须要衡量并比较协同效应的社会收益与减少竞争的社会成本。批评反托拉斯法的人对于政府能否足够准确地进行必要的成本—收益分析持怀疑态度。最后,即使在专家中,反托拉斯法的运用也往往引起争论。

专家看法

航空业的合并

"如果管制者在过去十年中不批准主要航空公司之间的合并,那么今天旅行者的状况会更好。"

经济学家怎么说?

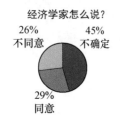

26% 不同意
45% 不确定
29% 同意

资料来源:IGM Economic Experts Panel, August 28, 2013.

15.5.2 管制

政府解决垄断问题的另一种方法是管制垄断企业的行为。在自然垄断的情况下,例如在自来水和电力公司中,这种解决方式是很常见的。政府机构不允许这些公司随意定价,而是对它们的价格进行管制。

政府应该为自然垄断企业确定多高的价格呢?这个问题并不像乍看起来那么容易回答。一些人可能推断说:价格应该等于垄断企业的边际成本。如果价格等于边际成本,那么消费者就将购买使总剩余最大化的垄断企业产量,而且资源配置将是有效率的。

但是,将边际成本定价作为一种管制制度存在两个现实问题。第一个问题产生于成本曲线的逻辑。根据定义,自然垄断下的平均总成本是递减的。正如我们在第13章中讨论的,当平均总成本递减时,边际成本小于平均总成本。图15-10说明了这种情况,它表明企业有大量固定成

图15-10 自然垄断的边际成本定价

由于自然垄断下的平均总成本递减,边际成本小于平均总成本。因此,如果管制者要求自然垄断企业收取等于边际成本的价格,价格将低于平均总成本,而且垄断企业将亏损。

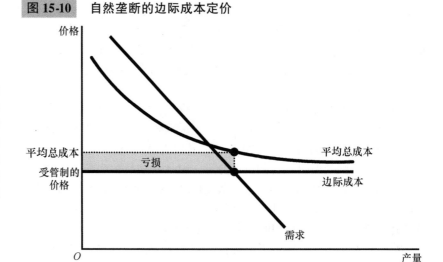

本,而且以后边际成本不变。如果管制者将价格设定为等于边际成本,价格就将低于企业的平均总成本,从而企业将亏损。与其收取如此之低的价格,垄断企业还不如离开该行业。

管制者可以用各种方式对这一问题做出反应,但没有一种方式是完美的。一种方法是补贴垄断企业。实际上,政府此时承担了边际成本定价所固有的亏损。为了支付补贴,政府需要通过税收筹集资金,这又会引起税收本身的无谓损失。另一种方法是管制者可以允许垄断企业收取高于边际成本的价格。如果受管制的价格等于平均总成本,垄断企业正好赚到零经济利润。但平均成本定价引起了无谓损失,因为垄断企业的价格不再反映生产该物品的边际成本。实际上,平均成本定价类似于对垄断企业出售的商品征税。

将边际成本定价(或平均成本定价)作为一种管制制度的第二个问题是,它不能激励垄断企业降低成本。由于低成本意味着高利润,竞争市场上的每个企业都努力降低其成本。但如果一个受管制的垄断企业知道,只要成本降低,管制者就将降低价格,那么垄断企业就不会预期从降低成本中受益。在实践中,管制者解决这一问题的方法是允许垄断企业以更高利润的形式从降低成本中得到一些利益,这种做法要求对边际成本定价有一定的背离。

15.5.3 公有制

政府用来解决垄断问题的第三种政策是公有制。这就是说,政府不是管制由私人企业经营的自然垄断企业,而是自己经营自然垄断企业。这种解决方法在欧洲许多国家是常见的,在这些国家,政府拥有并经营公共事业,如电话、供水和电力公司。在美国,政府经营邮政服务。普通的一级邮件的投递常常被认为是自然垄断。

经济学家对自然垄断企业私有化的偏爱通常大于公有制。关键问题是企业的所有权如何影响生产成本。只要私人所有者能以高利润的形式得到部分利益,他们就会有成本最小化的激励。如果企业管理者在压低成本上不成功,企业所有者就会解雇他们。与此相反,如果经营垄断企业的政府官员做不好工作,损失者是顾客和纳税人,他们只有求助于政治制度。官员有可能成为一个特殊的利益集团,并企图阻止降低成本的改革。简而言之,作为一种保证企业良好经营的方法,投票机制不如利润动机可靠。

15.5.4 不作为

以上每一项旨在减少垄断问题的政策都有其缺点。因此,一些经济学家认为,政府通常最好不要设法去纠正垄断定价的无效率。经济学家乔治·斯蒂格勒(George Stigler)曾因对产业组织的研究而获得诺贝尔奖,下面是他的一段论述：

> 经济学中的一个著名定理认为，一个竞争性的企业经济将从既定资源存量中产生最大可能的收入。没有一个现实经济完全满足这个定理的条件，而且所有现实经济都与理想经济有差距——这种差距被称为"市场失灵"。但是，在我看来，美国经济"市场失灵"的程度远远小于根植于现实政治制度中的经济政策不完善所引起的"政治失灵"。

正如这段论述所清楚表明的，当确定政府在经济中的适当角色时，需要结合政治学与经济学来进行判断。

即问即答 描述决策者应对垄断引起的无效率问题的方式。列出每一种应对政策存在的一个潜在问题。

15.6 结论：垄断的普遍性

本章讨论了可以控制自己售价的企业的行为。我们已经说明了，这些企业的行为与前一章研究的竞争企业的行为有很大的不同。表15-2总结了竞争市场与垄断市场的一些相似之处与不同之处。

表 15-2　竞争与垄断：总结性比较

	竞　争	垄　断
相似之处		
企业目标	利润最大化	利润最大化
最大化原则	$MR = MC$	$MR = MC$
短期中能赚到经济利润吗？	能	能
不同之处		
企业数量	许多	一家
边际收益	$MR = P$	$MR < P$
价格	$P = MC$	$P > MC$
能生产出使福利最大化的产量水平吗？	能	不能
长期中能进入吗？	能	不能
长期中能赚到经济利润吗？	不能	能
有价格歧视的可能性吗？	没有	有

从公共政策的角度看，关键结论是，垄断企业生产小于社会有效率的数量，并收取高于边际成本的价格。所以，垄断引起了无谓损失。在某些情况下，垄断企业可以通过价格歧视来减少这种无效率。但另一些时候，

需要政策制定者扮演积极的角色。

垄断问题有多普遍呢？对这个问题有两种回答。

在某种意义上说，垄断是常见的。大多数企业对它们收取的价格都有某种控制力。无法强迫它们对自己的产品收取市场价格，因为其提供的物品与其他企业提供的物品并不完全一样。福特的 Taurus 汽车与丰田的 Camry 汽车不完全一样。Ben & Jerry 的冰淇淋与 Breyer 的冰淇淋也不完全一样。这里的每一种产品都有向右下方倾斜的需求曲线，这使得每个生产者都有一定程度的垄断权力。

但有相当大垄断权力的企业是很少的。很少有物品是真正独一无二的。大多数物品都有替代品，即使不完全一样，也是相似的。Ben & Jerry 可以略微提高其冰淇淋的价格而不失去其全部销售量；但如果他们提价很多，顾客就会转向其他品牌，从而销售量就会大大减少。

最后，垄断权力是一个程度问题。认为许多企业有某种垄断势力是正确的，认为它们的垄断势力通常是有限的也是正确的。在这种情况下，假设企业在竞争市场上经营即使不完全正确，也不至于太离谱。

快速单选

1. 如果一个企业随着产量增加表现出以下哪些特点，这家企业就是自然垄断企业？
   a. 边际收益递减。
   b. 边际成本递增。
   c. 平均收益递减。
   d. 平均总成本递减。

2. 对于向所有消费者收取相同价格的以利润最大化为目标的垄断企业，价格 P、边际收益 MR 和边际成本 MC 之间的关系是什么？
   a. $P = MR$，以及 $MR = MC$。
   b. $P > MR$，以及 $MR = MC$。
   c. $P = MR$，以及 $MR > MC$。
   d. $P > MR$，以及 $MR > MC$。

3. 如果一个垄断企业的固定成本增加，它的价格将_____，而它的利润将_____。
   a. 增加，减少
   b. 减少，增加
   c. 增加，保持不变
   d. 保持不变，减少

4. 与社会最优水平相比，垄断企业会选择_____。
   a. 过低的产量和过高的价格
   b. 过高的产量和过低的价格
   c. 过高的产量和过高的价格
   d. 过低的产量和过低的价格

5. 垄断引起无谓损失是因为_____。
   a. 垄断企业比竞争企业赚取更高的利润
   b. 一些潜在消费者不去购买价值高于其边际成本的物品
   c. 购买该物品的消费者不得不支付高于边际成本的价格，这就减少了他们的消费者剩余
   d. 垄断企业选择的产量不能使价格等于平均收益

6. 当垄断企业从收取单一价格转为完全价格歧视价格时，它减少了_____。
   a. 产量
   b. 企业的利润
   c. 消费者剩余
   d. 总剩余

内容提要

◎ 垄断企业是在其市场上作为唯一卖者的企业。当一个企业拥有一种关键资源，当政府给一个企业排他性地生产一种物品的权利，或者当一个企业可以比许多同行企业以较低成本供给整个市场时，垄断就产生了。

◎ 由于垄断企业是其市场上唯一的生产者，所以它面临向右下方倾斜的产品需求曲线。当垄断企业增加一单位产量时，会引起它的产品价格下降，这就减少了所有单位的产量赚到的收益量。因此，垄断企业的边际收益总是低于其物品的价格。

◎ 和竞争企业一样，垄断企业也通过生产边际收益等于边际成本的产量来实现利润最大化。这时垄断企业根据需求量确定价格。与竞争企业不同，垄断企业的价格高于它的边际收益，因此它的价格高于边际成本。

◎ 垄断企业利润最大化的产量水平低于使消费者剩余与生产者剩余之和最大化的产量水平。这就是说，当垄断企业收取高于边际成本的价格时，一些对物品评价大于其生产成本的消费者不再购买这种物品。因此，垄断会引起无谓损失（与税收的无谓损失类似）。

◎ 垄断企业通常可以通过根据买者的支付意愿对同一种物品收取不同价格的方式来增加利润。这种价格歧视的做法可以通过使一些本来没有购买意愿的消费者购买物品从而增加经济福利。在完全价格歧视的极端情况下，垄断的无谓损失完全消除了，而且市场上所有剩余都归垄断生产者。在更一般的情况下，当价格歧视不完全时，与单一垄断价格相比，它会增加或减少福利。

◎ 决策者可以用四种方式对垄断行为的无效率做出反应：用反托拉斯法使行业更具竞争性；管制垄断企业收取的价格；把垄断企业变为政府经营的企业；或者，如果与政策不可避免的不完善性相比，市场失灵的程度相对要小，那么政府可以选择不作为。

关键概念

垄断企业　　　　　　自然垄断　　　　　　价格歧视

复习题

1. 举出一个政府创造的垄断的例子。创造这种垄断必定是一种糟糕的公共政策吗？解释原因。

2. 给出自然垄断的定义。市场规模的大小与一个行业是不是自然垄断有什么关系？

3. 为什么垄断企业的边际收益小于其物品的价格？边际收益能成为负的吗？解释原因。

4. 画出垄断企业的需求、边际收益、平均总成本和边际成本曲线。标出利润最大化的产量水平、利润最大化的价格和利润量。

5. 在你前一个问题的图上标明使总剩余最大化的产量水平，标明垄断的无谓损失。解释你的答案。

6. 举出两个价格歧视的例子。在每个例子中,解释为什么垄断企业选择实施这种经营战略。
7. 是什么给予政府管制企业之间合并的权力?从社会福利的角度,分别列举出两个企业想合并的一个好理由与一个坏理由。
8. 当管制者命令一个自然垄断企业必须设定等于边际成本的价格时,会产生哪两个问题?

问题与应用

1. 一家出版公司面临的一位著名作家的下一部小说的需求表如下:

价格(美元)	需求量(本)
100	0
90	100 000
80	200 000
70	300 000
60	400 000
50	500 000
40	600 000
30	700 000
20	800 000
10	900 000
0	1 000 000

出版公司向作者支付的稿酬是 200 万美元,印刷一本书的边际成本是固定的 10 美元。

a. 计算每种数量时的总收益、总成本和利润。出版社选择的利润最大化产量是多少?它收取的价格是多少?

b. 计算边际收益(回想一下,$MR = \Delta TR/\Delta Q$)。边际收益与价格相比如何?解释原因。

c. 画出边际收益曲线、边际成本曲线和需求曲线。在哪个数量时边际收益曲线与边际成本曲线相交?这一交点表示什么?

d. 在你的图中,用阴影表示无谓损失。用文字解释该阴影代表什么。

e. 如果向作者支付的稿酬是 300 万美元而不是 200 万美元,这将如何影响出版社关于收取的价格的决策?解释原因。

f. 假设出版社的目标不是利润最大化,而是经济效率最大化。那么它对这本书收取的价格是多少?在这种价格时能获得多少利润?

2. 一个小镇有许多相互竞争的超市,它们有相同而不变的边际成本。

a. 用日用品市场图形说明消费者剩余、生产者剩余和总剩余。

b. 现在假设各个独立的超市联合为一个连锁店。用新图形说明新的消费者剩余、生产者剩余和总剩余。相对于竞争市场而言,从消费者转移给生产者的是什么?无谓损失是什么?

3. Johnny Rockabilly 刚刚录制完他的最新 CD。他的录音公司的市场营销部认为对这张 CD 的需求如下表所示:

价格(美元)	CD 需求量(张)
24	10 000
22	20 000
20	30 000
18	40 000
16	50 000
14	60 000

该公司生产 CD 没有固定成本,可变成本是每张 CD 5 美元。

a. 求产量分别等于 10 000 张、20 000 张……时的总收益。销售量每增加

10 000 张的边际收益是多少?

b. 求利润最大化时的 CD 产量、价格和利润。

c. 如果你是 Johnny 的经纪人,你会建议 Johnny 向录音公司要多少报酬?为什么?

4. 一个公司正在考虑在一条河上建一座桥。修桥的成本是 200 万美元,没有维修费用。下表是该公司对桥在使用寿命内需求的预期:

每过一次的价格 (美元)	过桥次数 (千次)
8	0
7	100
6	200
5	300
4	400
3	500
2	600
1	700
0	800

a. 如果公司建这座桥,其利润最大化的价格是多少?该价格对应的是不是有效率的产量水平?为什么?

b. 如果公司关注利润最大化,它应该建桥吗?它的利润或亏损是多少?

c. 如果政府要建桥,它收取的价格应该是多少?

d. 政府应该建桥吗?解释原因。

5. 考虑垄断定价和需求价格弹性之间的关系。

a. 解释为什么一个垄断企业决不生产需求曲线缺乏弹性时的数量。(提示:如果需求缺乏弹性而企业提高其价格,总收益和总成本会发生什么变动?)

b. 画出垄断企业的图形,准确地标出缺乏弹性的需求曲线部分。(提示:答案与边际收益曲线相关。)

c. 在你的图形上标明使总收益最大化的数量和价格。

6. 你住在一个有 300 个成人和 200 个儿童的小镇上,而且你正考虑举办一场演出来娱乐你的邻居并赚点钱。该演出的固定成本为 2 000 美元,但多售出一张票的边际成本为 0。下面是你的两类顾客的需求表:

价格(美元)	成人(个)	儿童(个)
10	0	0
9	100	0
8	200	0
7	300	0
6	300	0
5	300	100
4	300	200
3	300	200
2	300	200
1	300	200
0	300	200

a. 为了使利润最大化,你对成人票收取多高的价格?对儿童票呢?你获得多少利润?

b. 市委会通过了一项法律,禁止你向不同顾客收取不同价格。现在你把票价确定为多少?你获得多少利润?

c. 由于法律禁止价格歧视,谁的状况变坏了?谁的状况变好了?(如果可以的话,计算福利变动的数量。)

d. 如果这场演出的固定成本是 2 500 美元,而不是 2 000 美元,你对 a、b、c 的回答有什么变动?

7. Ectenia 市的居民都喜爱经济学,市长提议建一座经济学博物馆。博物馆的固定成本是 240 万美元,而且没有可变成本。该市有 10 万名居民,而且每个人对参观博物馆都有相同的需求: $Q^D = 10 - P$,其中 P 是门票的价格。

a. 用图形表示该博物馆的平均总成本曲线和边际成本曲线。该博物馆属于哪一种类型的企业?

b. 市长建议用 24 美元的定额税来为博物馆提供资金，然后免费向公众开放。每个人会参观多少次？计算每个人从博物馆得到的收益，用消费者剩余减去这一新税收来计算。

c. 市长的税收的反对者说，博物馆应该自己通过收取门票费来筹资。在不引起亏损的情况下，该博物馆能收取的最低价格是多少？（提示：找出价格为 2 美元、3 美元、4 美元和 5 美元时的参观者人数和博物馆利润。）

d. 根据你在 c 中找出的保本价格，计算每个居民的消费者剩余。与市长的计划相比，收取门票费会使谁的状况变好？谁的状况变坏？解释原因。

e. 在上述问题中被略去的哪些现实问题可能会有利于支持收取门票费？

8. Henry Potter 拥有小镇上唯一一个生产清洁饮用水的水井。他面对以下需求曲线、边际收益和边际成本曲线：

   需求：$P = 70 - Q$

   边际收益：$MR = 70 - 2Q$

   边际成本：$MC = 10 + Q$

   a. 画出这三条曲线的图形。假设 Potter 先生以利润最大化为目标，生产量是多少？他收取的价格是多少？用你的画形表示这些结论。

   b. George Bailey 市长关注水的消费者，正在考虑将价格上限定为比 a 中的垄断价格低 10%。在这种新价格时需求量是多少？以利润最大化为目标的 Potter 先生会生产多少？解释原因。（提示：考虑边际成本。）

   c. George 的叔叔 Billy 说，价格上限是一个坏主意，因为价格上限引起短缺。在这种情况下，他正确吗？价格上限会引起多大的短缺？解释原因。

   d. George 的朋友 Clarence 更关注消费者，提出价格上限应低于垄断价格 50%。在这种价格时，需求量是多少？Potter 先生会生产多少？在这种情况下，Billy 叔叔正确吗？价格上限引起多大短缺？

9. 在 Wiknam 国，只有一家企业生产并销售足球，而且在开始时，足球的国际贸易是被禁止的。以下方程式说明了垄断企业的需求、边际收益、总成本和边际成本：

   需求：$P = 10 - Q$

   边际收益：$MR = 10 - 2Q$

   总成本：$TC = 3 + Q + 0.5Q^2$

   边际成本：$MC = 1 + Q$

   其中 Q 是数量，而 P 是用 Wiknam 国货币衡量的价格。

   a. 垄断企业生产多少足球？制定什么价格？垄断企业的利润是多少？

   b. 一天，Wiknam 国的国王命令，今后允许足球自由贸易——既可以进口也可以出口，而足球的世界价格是 6 美元。企业现在是竞争市场上的价格接受者。足球的国内生产会发生什么变化？国内消费呢？Wiknam 国是出口还是进口足球？

   c. 在我们分析国际贸易的第 9 章中，当一个国家没有贸易时的价格低于世界价格时，它会成为出口国，高于世界价格时成为进口国。这个结论在你对 a 和 b 的回答中成立吗？解释原因。

   d. 假设足球的世界价格现在不是 6 美元，而是与 a 中决定的没有贸易时的国内价格正好完全相同。允许贸易改变了 Wiknam 国经济的某些方面吗？解释原因。这里得出的结论与第 9 章的分析相比较如何？

10. 根据市场研究，Ectenia 国的一家电影公司获得了以下有关其新 DVD 的需求和生产成本信息：

    需求：$P = 1\,000 - 10Q$

    总收益：$TR = 1\,000Q - 10Q^2$

    边际收益：$MR = 1\,000 - 20Q$

边际成本：$MC = 100 + 10Q$

其中，Q 表示可以售出的 DVD 数量，而 P 是用 Ectenian 元表示的价格。

a. 找出使公司利润最大化的价格和数量。

b. 找出能实现社会福利最大化的价格和数量。

c. 计算垄断带来的无谓损失。

d. 假设除了以上成本外，公司还要向电影的导演支付报酬。这家公司正在考虑以下四种方案：
   i. 一次性付费 2 000 Ectenian 元；
   ii. 利润的 50%；
   iii. 每售出一张 DVD 支付 150 Ectenian 元；
   iv. 收益的 50%。

对于以上四种方案，分别计算使利润最大化的价格和数量。在这些付酬计划中，如果有的话，哪一种能改变垄断引起的无谓损失？解释原因。

11. Larry、Curly 和 Moe 经营着镇里唯一的一家酒吧。Larry 想在不赔钱的情况下尽量多卖饮料，Curly 想让酒吧带来尽可能多的收益，Moe 想使利润尽量多。只用一个该酒吧的需求曲线和成本曲线图形分别标出各个合伙人赞成的价格和数量组合。解释原因。（提示：只有一个合伙人希望边际收益等于边际成本。）

12. 许多价格歧视计划都会带来一些成本。例如，折扣券要占用买者和卖者的时间与资源。本题考虑有成本的价格歧视的含义。为了使问题简化，我们假设垄断企业的生产成本与产量是成比例的，因此平均总成本和边际成本是不变的，而且两者相等。

a. 画出垄断企业的成本曲线、需求曲线和边际收益曲线。说明没有价格歧视时垄断企业收取的价格。

b. 在你的图上标出等于垄断企业利润的面积，并称之为 X；标出消费者剩余的面积，并称之为 Y；标出无谓损失的面积，并称之为 Z。

c. 现在假设垄断企业可以实行完全价格歧视。垄断企业的利润是多少？（用 X、Y 和 Z 表示你的答案。）

d. 价格歧视引起的垄断利润变动是多少？价格歧视引起的总剩余变动是多少？哪一个变动更大？解释原因。（用 X、Y 和 Z 表示你的答案。）

e. 现在假设价格歧视有一些成本。为了使这种成本模型化，我们假设，垄断企业为了实行价格歧视必须支付固定成本 C。垄断企业如何做出是否支付这种固定成本的决策？（用 X、Y、Z 和 C 表示你的答案。）

f. 关心总剩余的仁慈的社会计划者如何决定垄断企业是否应该实行价格歧视？（用 X、Y、Z 和 C 表示你的答案。）

g. 比较你对 e 和 f 的答案。垄断企业实行价格歧视的激励与社会计划者的激励有什么不同？即使价格歧视从社会来看是不合意的，垄断企业也可能实行价格歧视吗？

第 16 章
垄断竞争

你走进一家书店,想买一本书作为假期的消遣。你在书架上发现了一本 Patricia Cornwell 的神秘小说、一本 Stephen King 的恐怖小说、一本 Nathaniel Philbrick 的历史小说、一本 Suzanne Collins 的吸血鬼传奇小说,以及许多其他可选择的书。当你从中挑选出一本书并买下它时,你是在参与哪一种市场?

一方面,书的市场看起来是竞争性的。当你浏览书店的书架时,会发现许多吸引你的作者和出版者。这个市场上的买者可以在成千上万种相互竞争的产品中选择。而且,因为任何一个人都可以通过写作和出版一本书而进入这个行业,所以图书经营并不十分有利可图。对每一位高收入的小说家来说,都存在着数以百计的贫穷的作家。

另一方面,书的市场看起来又是垄断性的。因为每本书都是独一无二的,出版者在某种程度上可以选择其所收取的价格。这个市场上的卖者是价格决定者,而不是价格接受者。而且实际上书的价格大大超过了其边际成本。例如,一本精装本小说的价格通常是 25 美元左右,而多印一本这种小说的成本不超过 5 美元。

小说市场既不适用于竞争模式,又不适用于垄断模式。垄断竞争模式是对它最好的描述,这正是本章的主题。"垄断竞争"这个词乍一看有点矛盾,就像说"巨大的小矮人"似的。但是,正如我们将要说明的,垄断竞争行业在某些方面是垄断的,而在另一些方面又是竞争的。这个模式不仅描述了出版行业,而且也描述了许多其他物品与服务市场。

16.1 在垄断和完全竞争之间

前两章分析了有许多竞争企业的市场和只有一个垄断企业的市场。在第 14 章中,我们说明了完全竞争市场的价格总是等于生产的边际成本。我们还说明了在长期中，进入与退出使经济利润为零，因此价格也等于平均总成本。在第15章中，我们说明了垄断企业如何可以通过它们的市场势力使价格高于边际成本，这就产生了企业的正经济利润和社会的无谓损失。竞争和垄断是市场结构的极端形式。当市场上有很多企业提供基本相同的物品时，就出现了竞争；当市场上只有一家企业时，就出现了垄断。

虽然完全竞争和垄断的情况说明了有关市场如何运行的一些重要思想，但是经济中的大部分市场同时包含了这两种成分，因此不能用这两种情况中的任何一种来全面地对市场进行描述。经济中的一般企业会面临竞争，但竞争并没有激烈到使企业完全像第14章分析的那样，成为价格接受者。一般企业也具有某种程度的市场势力，但其市场势力还没有大到使企业可以完全像第15章分析的垄断模型那样。换句话说，很多行业介于完全竞争和垄断这两种极端情况之间的某个位置。经济学家称这种情形为不完全竞争。

寡头：
只有少数几个提供相似或相同产品的卖者的市场结构。

不完全竞争市场的一种类型是**寡头**(oligopoly)，寡头是只有少数几个卖者的市场，每个卖者都提供与其他企业相似或相同的产品。经济学家用统计学上所说的集中率来衡量少数企业的市场支配地位，集中率是指四家最大的企业在市场总产量中所占的百分比。在美国经济中，大多数行业的四企业集中率在50%以下，但是在某一些行业中，最大的企业起了相当大的决定作用。高度集中的行业包括大型家用电器（集中率为90%）、轮胎（91%）、电灯泡（92%）、苏打（94%）以及无线通信（95%）。这些行业最适于被描述为寡头。在下一章中我们将看到，分析的关键内容正是少数寡头企业之间所形成的策略性相互作用。也就是说，寡头市场上的每个企业在选择生产多少以及定价多少时，不仅会考虑它的竞争者怎么做，而且会考虑它的竞争者会对其决策如何做出反应。

321 **垄断竞争**：
存在许多出售相似但不相同产品的企业的市场结构。

不完全竞争市场的第二种类型被称为**垄断竞争**(monopolistic competition)，它描述一个有许多出售相似但不相同产品的企业的市场结构。在垄断竞争的市场上，每家企业都垄断着自己生产的产品，但许多其他企业也生产相似但不相同的产品来争夺同样的顾客。

说得更准确些，垄断竞争描述了具有以下特征的市场：

- **许多卖者**：有许多企业争夺相同的顾客群体。
- **产品存在差异**：每个企业生产的产品至少与其他企业生产的这种产品略有不同。因此每个企业都不是价格接受者，而是面临一条向右下方倾斜的需求曲线。
- **自由进入和退出**：企业可以无限制地进入或退出一个市场。因此，市场上企业的数量要一直调整到经济利润为零时为止。

略微想一下，就可以列出一系列有这些特征的市场：书籍、电脑游戏、餐馆、钢琴课、点心和衣服等。

垄断竞争和寡头一样，也是介于竞争和垄断这两种极端情况之间的一种市场结构。但寡头和垄断竞争有很大的区别。寡头与第14章中所讲的完全竞争的理想状态的区别在于，在寡头市场上只有几个卖者。卖者数量少使得激烈的竞争不大可能产生,并使得卖者之间的策略性相互作用极为重要。与此相反,在垄断竞争之下,有许多卖者,其中每一个卖者与市场相比都很小。垄断竞争市场与完全竞争的理想状态的区别在于,在垄断竞争市场上,每个卖者都提供略有差异的产品。

图 16-1 总结了市场结构的四种类型。对于任何市场来说,所要提的第一个问题是该市场上有多少家企业。如果只有一家企业,那么该市场就是垄断的。如果只有几家企业,那么该市场就是寡头。如果有许多企业,我们就需要问另一个问题:企业出售的是相同的产品还是有差异的产品?如果这些企业出售相同的产品,那么该市场就是完全竞争的;如果这些企业出售有差异的产品,那么该市场就是垄断竞争的。

图 16-1 市场结构的四种类型

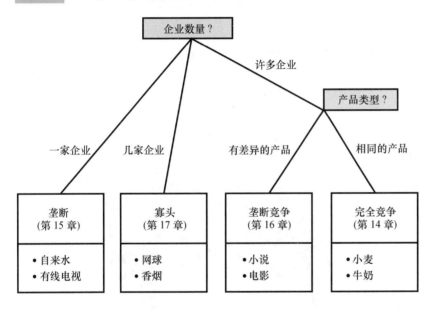

研究产业组织的经济学家把市场分为四种类型——垄断、寡头、垄断竞争和完全竞争。

由于现实绝不像理论这样界限分明,在某些情况下,你会发现很难用某种结构来描述一个市场。例如,当计算企业数量时,没有一个神奇的数字能用来区分"很少"和"很多"(现在约有 12 家公司在美国出售汽车,这使得汽车市场更接近于寡头,还是更接近于垄断竞争?答案是有争议的)。同样,也没有一种确切的方法可以确定什么情况下产品是有差异的,而什么情况下又是相同的(不同品牌的牛奶真的是相同的吗?答案也是有争议的)。当分析实际市场时,经济学家必须记住从研究各种市场结构类型中得出的结论,并在适当的时候才运用各个结论。

我们已经知道了经济学家如何定义不同类型的市场结构,现在我们就可以继续对每一种类型进行分析了。在本章中我们考察垄断竞争。在下一章中,我们分析寡头。

即问即答 给出寡头和垄断竞争的定义,并各举一个例子。

16.2 有差异产品的竞争

为了理解垄断竞争市场,我们首先考虑一个企业所面临的决策;然后考察企业进入和退出一个行业在长期中的影响;接着比较垄断竞争下的均衡与我们在第14章中考察的完全竞争下的均衡;最后,我们从整个社会的角度来考察垄断竞争的结果是否合意。

16.2.1 短期中的垄断竞争企业

垄断竞争市场上的企业在许多方面很像垄断企业。因为它的产品与其他企业提供的这种产品有差异,所以它面临一条向右下方倾斜的需求曲线(与此相比,完全竞争企业面临一条由市场价格决定的水平需求曲线)。因此,垄断竞争企业遵循垄断企业的利润最大化规律:它选择生产边际收益等于边际成本的产量,然后用其需求曲线找出它可以出售的价格。

"既然我们面临的是一条向右下方倾斜的需求曲线,而且其他企业又很容易进入这个行业,那么我们就只能让边际成本等于边际收益,从而寻求最高利润。所以再多订一些软糖吧!"

图片来源:ScienceCartoonsPlus.com

图 16-2 表示在不同垄断竞争行业中的两家典型企业的成本、需求和边际收益曲线。在这两幅图中,利润最大化产量都位于边际收益与边际成本曲线的交点。这两幅图显示了企业利润的不同结果。在(a)幅中,价格高于平均总成本,因此企业获得正利润;在(b)幅中,价格低于平均总成本,在这种情况下,企业不能获得正利润,因此企业能做的最好的事就是使其亏损最小化。

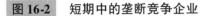

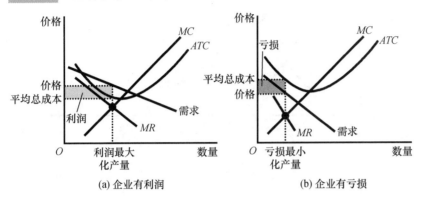

垄断竞争企业和垄断企业一样,通过生产边际收益等于边际成本的产量来实现利润最大化。(a)幅中的企业有利润,因为在这个产量时,价格高于平均总成本。(b)幅中的企业有亏损,因为在这个产量时,价格低于平均总成本。

所有这一切看起来都是熟悉的。垄断竞争企业选择产量和价格的方式与垄断企业一样。在短期中,这两种类型的市场结构是相似的。

16.2.2 长期均衡

图 16-2 描述的情况不会持续太久。当企业有利润时,如(a)幅所示,新企业有进入市场的激励。这种进入增加了顾客可以选择的产品数量,从而减少了市场已有的每家企业面临的需求。换句话说,利润鼓励新企业进入,而进入又使已有企业面临的需求曲线向左移动。随着对已有企业产品需求的减少,这些企业的利润下降了。

相反,当企业有亏损时,如(b)幅所示,市场上的企业有退出的激励。随着企业退出,顾客可选择的产品少了。这种企业数量的减少扩大了留在市场上的企业面临的需求。换句话说,亏损鼓励企业退出,退出使仍然留下来的企业的需求曲线向右移动。随着对留下来的企业产品需求的增加,这些企业的利润增加了(也就是说,亏损减少了)。

这个进入和退出的过程一直要持续到市场上企业正好有零经济利润时为止。图 16-3 描述了长期均衡。一旦市场达到了这种均衡,新企业将没有进入的激励,已有企业也没有退出的激励。

图 16-3　长期中的垄断竞争企业

在一个垄断竞争市场中,如果企业有利润,那么新企业进入,导致原有企业的需求曲线向左移动。类似地,如果企业有亏损,就会有一些旧企业退出,从而留下来的企业的需求曲线向右移动。由于需求曲线的这种移动,垄断竞争企业最后达到本图所示的长期均衡。当达到这种长期均衡时,价格等于平均总成本,企业赚到零利润。

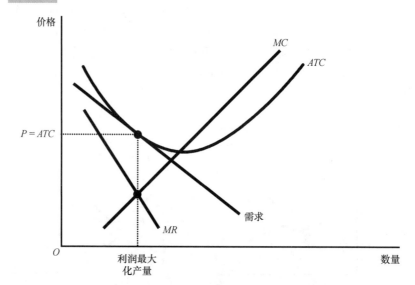

要注意的是,这个图上的需求曲线正好与平均总成本曲线相接触,在数学上,我们说这两条曲线相切。一旦进入和退出使利润为零,那么这两条曲线必定相切。由于所销售的每单位产品的利润是价格(根据需求曲线找出)与平均总成本之间的差额,因此只有在这两条曲线相接触且没有相交时,最大化的利润才是零。还要注意的是,这个切点与边际收益等于边际成本的那一点对应的是同一个产量。这两个点处于同一条垂线上并不是巧合;这是因为这一特定产量使利润最大化,而在长期中最大的利润正好等于零。

总之,以下两个特点描述了垄断竞争市场上的长期均衡:

● 正如在垄断市场上一样,价格大于边际成本($P > MC$)。得出这个结论是因为利润最大化要求边际收益等于边际成本($MR = MC$),并且向右下方倾斜的需求曲线使边际收益小于价格($MR < P$)。

● 正如在竞争市场上一样,价格等于平均总成本($P = ATC$)。得出这个结论是因为自由进入和退出使经济利润为零。

第二个特点表明了垄断竞争如何不同于垄断。由于垄断企业是没有相近替代产品的唯一卖者,因此即使在长期中,它也可以有正经济利润。与此相比,由于垄断竞争市场可以自由进入,因此在这种类型的市场中,企业的经济利润被驱使为零。

16.2.3　垄断竞争与完全竞争

图 16-4 比较了垄断竞争下的长期均衡和完全竞争下的长期均衡(第 14 章讨论了完全竞争的均衡)。垄断竞争和完全竞争之间有两个值得注

意的差别——生产能力过剩与价格加成。

生产能力过剩 正如我们刚刚说明的,进入与退出使垄断竞争市场上的每个企业都达到需求曲线与平均总成本曲线相切的一点上。图16-4(a)表示,这一点时的产量小于使平均总成本最小时的产量。因此,在垄断竞争中,企业的生产位于其平均总成本曲线向右下方倾斜的那一部分上。在这方面,垄断竞争与完全竞争形成了鲜明对照。正如图16-4(b)所示,竞争市场上的自由进入使企业生产平均总成本最小时的产量。

图16-4 垄断竞争与完全竞争

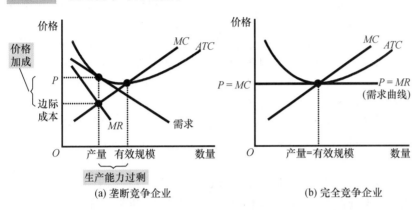

(a) 垄断竞争企业　　(b) 完全竞争企业

(a)幅表示垄断竞争市场的长期均衡,而(b)幅表示完全竞争市场的长期均衡。有两个差别是值得注意的:(1) 完全竞争企业在有效规模上生产,平均总成本最小。与此相比,垄断竞争企业在小于有效规模处生产。(2) 完全竞争之下价格等于边际成本,而在垄断竞争之下价格高于边际成本。

使平均总成本最小的产量称为企业的有效规模。在长期中,完全竞争企业在有效规模上生产,而垄断竞争企业的产量低于这一水平。可以说企业在垄断竞争之下有过剩生产能力。换言之,与完全竞争企业不同,垄断竞争企业可以增加其产量并降低生产的平均总成本。企业放弃这种机会是因为为了把增加的产品卖出去,它必须降价。对于垄断竞争企业来说,继续以存在过剩生产能力的状态运营会更有利。

高于边际成本的价格加成 完全竞争和垄断竞争之间的第二个差别是价格和边际成本的关系。对于一个如图16-4(b)所示的完全竞争企业来说,价格等于边际成本;对于一个如图16-4(a)所示的垄断竞争企业来说,价格高于边际成本,因为企业总有某种市场势力。

这种高于边际成本的价格加成如何与自由进入和零利润保持一致呢?零利润状况只能保证价格等于平均总成本,它并不能保证价格等于边际成本。实际上,在长期均衡时,垄断竞争企业在其平均总成本曲线向下的部分运营,因此边际成本低于平均总成本。这样,在价格等于平均总成本时,价格必定高于边际成本。

在这种价格与边际成本的关系中,我们可以看到完全竞争者与垄断竞争企业之间一个关键的行为差别。设想你问企业这样的问题:"你愿意看到多一位顾客走进你的店门并以你现在的价格购买你的产品吗?"一个完全竞争企业将回答这无所谓,因为完全竞争企业的价格完全等于边际成本,企业从多销售一单位产品中得到的利润为零。与此相反,垄断竞争企业总是渴望得到多一个顾客。因为它的价格高于边际成本，以标价多销售出一单位产品就意味着利润增多了。

套用一个古谚的说法，垄断竞争市场是卖者向买者"寄圣诞贺卡"的市场。只有价格高于边际成本，努力吸引更多的顾客才变得有意义。

16.2.4 垄断竞争与社会福利

从整个社会的角度来看，垄断竞争市场的结果是合意的吗？决策者可以改善市场结果吗？在前几章中，我们以效率的观点——即社会是否从其稀缺资源中得到了可以得到的最大量——来评价市场。我们知道，竞争市场得出了有效率的结果，除非有外部性存在；而垄断市场引起了无谓损失。垄断竞争市场比这两种极端情况中的任何一种都更复杂，因此评价这类市场上的福利就更为微妙。

无效率的来源之一是高于边际成本的价格加成。由于存在价格加成，一些对物品的评价高于生产的边际成本（但低于价格）的顾客没有购买物品。因此，垄断竞争市场存在垄断定价的正常的无谓损失。

虽然与价格等于边际成本的有效数量相比，这种结果并不合意，但政策制定者并没有一个简单易行的办法来解决这个问题。为了强制实行边际成本定价，政策制定者就需要管制所有生产有差异产品的企业。由于这种产品在经济中非常普遍，所以这种管制的管理负担将是巨大的。

此外，管制垄断竞争也会引起管制自然垄断所产生的所有问题。特别是，由于垄断竞争已经是零利润，要求企业把价格降低到等于边际成本就会使它们亏损。为了维持这些企业的经营，政府就需要帮助它们弥补亏损。与其为支付补贴而增加税收，政策制定者通常认为允许垄断定价的无效率存在是更好的。

垄断竞争可能引起社会无效率的另一个来源是，市场上的企业数量可能并不是"理想"的数量。也就是说，可能有太多或太少的企业进入。思考这个问题的一种方法是分析与新企业进入相关的外部性。每当一家新企业考虑带着一种新产品进入市场时，它只考虑自己能赚到的利润。但它的进入还产生了两种外部效应：

- **产品多样化外部性**：由于消费者从新产品引进中得到了消费者剩余，因此新企业进入给消费者带来了正外部性。
- **抢走业务外部性**：由于其他企业因新竞争者进入而失去了部分顾客和利润，因此新企业进入给原有企业带来了负外部性。

因此，在垄断竞争市场上，与新企业进入相关的既有正外部性又有负外部性。垄断竞争市场中的产品有可能太多，也可能太少，这取决于哪一种外部性更大。

这两种外部性都与垄断竞争的条件密切相关。产品多样化外部性的产生，是因为新企业提供了不同于原有企业产品的产品；抢走业务外部性的产生,是因为企业使价格高于边际成本,因此它总是渴望多卖出一些产品。相反,由于完全竞争企业生产相同的产品并收取等于边际成本的价格,因此在完全竞争下,这两种外部性都不存在。

最后,我们所能得出的结论只是,垄断竞争市场并不具有完全竞争市场所具有的全部合意的福利特点。也就是说,在垄断竞争下,看不见的手并不能确保总剩余最大化。但由于这种无效率是模糊的,很难衡量,也很难解决,因此公共政策没有一种简单易行的办法来改善这种市场结果。

即问即答 ● 列出垄断竞争的三个关键特征。● 画出并解释表示垄断竞争市场上长期均衡的图形。这种均衡与完全竞争市场上的长期均衡有何不同?

16.3 广告

在现代经济中,我们的每一天几乎都伴随着铺天盖地的广告。不管你是在上网、更新 Facebook、读杂志、看电视,还是在高速公路上行驶,一些企业都力图说服你购买它的产品。这种行为是垄断竞争(以及某些寡头行业)的一个自然特征。当企业销售有差异的产品并收取高于边际成本的价格时,每个企业都有激励以做广告的方式来吸引更多的买者购买自己的特定产品。

各种产品之间的广告量差别很大。销售有较大差异的消费品(例如药品、香水、软饮料、剃须刀片、早餐麦片和狗粮)的企业,通常都把收益的10%—20%用于广告;出售工业品(例如钻探机和通信卫星)的企业,用于广告的支出一般很少;而出售同质产品(例如小麦、盐、糖和原油)的企业,根本没有广告支出。

就整个经济而言,企业总收益中的约2%被用于广告。这种支出表现为多种形式,包括通过网站、社交媒体、电视、广播和广告牌,以及报纸、杂志和直接邮寄发布的商业广告。

16.3.1 关于广告的争论

用于广告的资源是不是一种社会浪费?或者说广告是否服务于有价值的目的?判断广告的社会价值是很困难的,而且往往会引起经济学家之间的激烈争论。我们来看一下争论双方的观点。

广告的批评者 广告的批评者认为,企业做广告是为了操纵人们的爱好。许多广告是心理性的,而不是信息性的。例如,考虑某品牌软饮料的一个典型电视商业广告。最可能的情况是,这一商业广告并没有告诉观众产品的价格或质量,而很可能只是展现了一个情景:在一个阳光明媚的日子里,海边沙滩上有一群快乐的人们正在举办派对,每个人手中都拿着一罐同样的软饮料。这一商业广告的目的是要下意识地(如果不是暗示的话)传递一个信息:"只要你喝我们的产品,你也能拥有这么多朋友和快乐。"广告的批评者认为,这种商业广告创造了一种本来不存在的欲望。

批评者还认为,广告抑制了竞争。广告向消费者夸大了各产品之间的差异。通过增加产品差异意识和提高品牌忠诚度,广告使买者不太关心相似产品之间的价格差,因此使某一特定品牌的需求更缺乏弹性。在需求曲线缺乏弹性时,每个企业都要收取高于边际成本的价格加成。

广告的辩护者 广告的辩护者认为,企业用广告向顾客提供信息。广告向消费者传递所销售物品的价格、新产品的推出和零售店的位置等信息。这种信息可以使顾客更好地选择想购买的物品,从而提高市场有效配置资源的能力。

辩护者还认为,广告促进了竞争。因为广告使顾客能更充分地了解市场上的所有企业,所以顾客就可以更容易地利用价格差。因此,每个企业拥有的市场势力变小了。此外,广告使新企业更容易进入,因为它赋予了新进入者从现有企业中吸引顾客的一种手段。

随着时间的推移,政策制定者逐渐接受了广告可以使市场更具竞争性的观点。一个重要的例子是对某些职业的广告进行管制,比如律师、医生和药剂师等职业。过去,这些群体都以广告是"非专业性的"为理由,成功地使州政府禁止这些行业做广告。但近年来,法院得出结论:这些对广告的限制的主要影响是抑制了竞争。因此,它们取消了许多禁止这些专业人员做广告的法律。

案例研究
广告与眼镜的价格

广告对一种物品的价格有什么影响呢?一方面,做广告比不做广告使消费者认为这种产品与其他产品的差别更大。如果是这样的话,那么广告就减少了市场的竞争性,而且使企业的需求曲线更缺乏弹性,这就使企业能收取较高价格。另一方面,广告使消费者更易于找到提供最优价格的企业。在这种情况下,这就会使市场更具有竞争性,并使企业需求曲线更富有弹性,从而使企业降低价格。

经济学家 Lee Benham 在 1972 年发表于《法律与经济学杂志》(*The Journal of Law and Economics*)的一篇文章中检验了关于广告的这两种观点。在 20 世纪 60 年代的美国,各州政府对配镜师做广告有非常不同的规定。一些州允许为眼镜和验光服务做广告。但是,也有许多州禁止这种广告。例如，佛罗里达州的法律规定如下：

> 任何个人、企业或公司……直接或间接地对治疗或矫正用镜片和镜架、完全治疗或矫正用眼镜或任何验光服务做广告，无论是否有确定或不确定的价格与信用信息，都是违法的……这项规定符合公众健康、安全和福利的利益，对其条款应予以自由解释(liberally construed)，以实现其目的和目标。

专业配镜师热烈地支持这些对广告的限制。

Benham 把各州法律的差别作为检验关于广告的两种观点的一个自然实验，其结果令人惊讶。在那些禁止广告的州中，一副眼镜的平均价格是 33 美元，相当于 2015 年的 256 美元。在那些不限制广告的州中，平均价格是 26 美元，相当于 2015 年的 202 美元。因此，广告使眼镜的平均价格下降了 20% 以上。在眼镜市场(也许还有许多其他市场)上，广告促进了竞争并使消费者得到了较低的价格。

16.3.2 作为质量信号的广告

许多类型的广告中只含有很少的关于所宣传产品的明确信息。假设一个企业要宣传一种新早餐麦片。一般来说，这种类型的广告会是某个收入很高的演员正在吃麦片，并感叹味道好极了。这个广告实际上提供了多少信息呢？

答案是可能比你想到的要多。广告的辩护者认为，即使看起来没有什么真正信息的广告，实际上也会告诉消费者某些关于产品质量的信息。企业愿意用大量的钱来做广告，这本身就向消费者传递了一个所提供产品质量的信号。

考虑两个企业——通用磨坊(General Mills)和凯洛格(Kellogg)——所面临的问题。每个公司都将有新麦片上市，每盒销售价格为 3 美元。为了简化起见，我们假设生产麦片的边际成本是零，因此 3 美元全是利润。每个公司都知道，如果把 1 000 万美元用于广告，就能有 100 万名消费者试用自己的新麦片。而且每个公司都知道，如果消费者喜欢这种麦片，那么他们就不会只购买一次，而是会购买多次。

先来考虑通用磨坊的决策。根据市场研究，通用磨坊知道，它的麦片并不美味。虽然广告能使 100 万名消费者每人买一盒，但消费者很快就会知道麦片味道并不怎么好，而且不再购买了。通用磨坊认为，支付 1 000 万美元广告费只得到 300 万美元销售额并不值得。因此，它不打算做广告，而是让厨师回厨房研究更好的口味。

另一方面，凯洛格知道，它的麦片味道极棒。尝试过它的每个人第二年都会每个月买一盒。因此，1 000 万美元的广告费能带来 3 600 万美元的销售额。在这里,广告之所以有利可图,是因为消费者会反复购买凯洛格的好产品。因此,凯洛格选择做广告。

我们已经考虑了两个企业的行为,现在来考虑消费者的行为。我们首先断言消费者倾向于尝试他们从广告上看到的新麦片。但这种行为是否理性呢?仅仅因为卖者选择了做广告,消费者就应该尝试这种新麦片吗?

事实上,消费者尝试他们从广告上看到的新产品是完全理性的。在我们的故事中,消费者决定尝试凯洛格的新麦片,因为凯洛格做了广告。凯洛格之所以选择做广告,是因为它知道自己的麦片极棒,而通用磨坊选择不做广告,是因为它知道自己的麦片并不怎么好。凯洛格通过为广告付钱的意愿向消费者传递了其麦片质量的信号。每个消费者都会十分敏感地想到:"啊,如果凯洛格公司愿意花这么多钱为这种新麦片做广告,那么它肯定是真的不错。"

关于这种广告理论最令人惊讶的一点是,广告的内容是无关紧要的。凯洛格通过它为广告付钱的意愿传递了其产品质量的信号。广告本身说了什么并不如消费者知道广告很昂贵这一事实重要。与此相反,便宜的广告在向消费者传递质量信号方面是不可能有效的。在我们的例子中,如果广告宣传费用不超过300万美元,那么通用磨坊和凯洛格就都可以用广告来推销它们的新麦片。由于好麦片和坏麦片都做广告,所以消费者就不能从做广告这一事实中了解到新麦片的质量。时间长了,消费者就将学会不理会这种便宜的广告。

这种理论可以解释为什么企业会付给著名演员大笔的钱来做广告,而从表面上看,这些广告似乎又根本没有提供什么信息。信息并不在于广告的内容,而仅仅在于做广告本身及其昂贵的价格。

"消费者对 Jennifer Aniston 称赞的产品印象深刻是理性的吗?"

图片来源:Image Courtesy of The Advertising Archives.

16.3.3 品牌

广告与品牌的存在密切相关。在许多市场上,存在两种类型的企业。一些企业出售有广泛知名度的产品,而另一些企业出售无品牌的替代品。例如,在一个普通药店里,你可以在拜耳牌阿司匹林旁的货架上找到无品牌的阿司匹林。在一个普通杂货店中,你可以在百事可乐旁边找到不太熟悉的可乐。最常见的情况是,有品牌的企业花更多的广告费,而且产品价格也更高。

正如对广告经济学存在分歧一样,经济学家对品牌经济学也存在分歧。我们来看一下争论双方的观点。

批评者认为,品牌使消费者感觉到实际上并不存在的差异。在很多情况下,无品牌的物品与有品牌的物品几乎没什么差异。这些批评者断言,消费者对有品牌物品的支付意愿更高是广告引起的一种非理性形式。垄断竞争理论的早期创立者之一、经济学家爱德华·张伯伦(Edward Chamberlin)从这种观点中得出的推论是,品牌对经济而言是一件坏事。他主张,政府应该通过拒绝承认公司用来识别它们产品的专有商标来限制品牌。

图片来源:ScienceCartoonsPlus.com

近年来,经济学家已经在为品牌进行辩护,认为品牌是消费者确保他们购买的物品具有高质量的一种有用方法。这里有两种相关的论据:第一,品牌向消费者提供了在购买前不易判断的产品质量的信息;第二,品牌向企业提供了保持高质量的激励,因为企业有保持自己品牌声誉的财务利害关系。

为了说明这些观点在实践中如何起作用,我们来考虑一个著名的品牌:麦当劳。设想你开车经过一个不知名的小镇并想停下来吃饭。你看到了麦当劳和旁边一个当地餐馆。你会选择哪一个呢?当地餐馆实际上可能是以低价格提供更好的食物,但你无法知道这一点。与此相反,麦当劳在许多城市提供统一的产品。它的品牌是你判断要买的物品质量的一种有用方法。

麦当劳的品牌还保证了该公司有保持产品质量的激励。例如,如果某个顾客由于吃了麦当劳出售的变质食物而生病了,那么这条新闻对于麦当劳而言可能是灾难性的。麦当劳就会失去以多年昂贵广告建立起来的良好声誉。结果,它不仅会失去出售变质食物那家店的销售额和利润,而且还会失去全国许多家店的销售额和利润。与此相反,如果一些顾客由于吃当地餐馆出售的变质食物而生病了,那么这个餐馆虽然也不得不关门,但损失的利润要小得多。因此,麦当劳确保自己食物安全的激励更大。

关于品牌的争论的焦点在于,消费者对品牌产品的偏好大于无品牌替代品的偏好是不是理性的。批评者认为,品牌是非理性消费者对广告反应的结果。辩护者则认为,消费者有充分的理由为有品牌的产品支付更高的价格,因为他们可以更信任这些产品的质量。

即问即答 ● 广告如何使市场竞争性降低?它又如何使市场更有竞争性? ● 举出支持与反对品牌的观点。

16.4　结论

垄断竞争,顾名思义,是垄断和竞争的混合。正如垄断企业一样,每一个垄断竞争企业都面临一条向右下方倾斜的需求曲线,因此收取的价格高于边际成本。而在完全竞争市场上存在许多企业,而且进入与退出使每个垄断竞争企业的利润趋向于零。表16-1总结了这些结论。

表16-1　垄断竞争:在完全竞争与垄断之间

	市场结构		
	完全竞争	垄断竞争	垄断
三种市场结构共同的特征			
企业目标	利润最大化	利润最大化	利润最大化
最大化原则	$MR = MC$	$MR = MC$	$MR = MC$
短期中能赚到经济利润吗?	能	能	能
垄断竞争和垄断共同的特征			
是价格接受者吗?	是	不是	不是
价格	$P = MC$	$P > MC$	$P > MC$
能生产出使福利最大化的产量水平吗?	能	不能	不能
垄断竞争与完全竞争共同的特征			
企业数量	许多	许多	一家
长期中能进入吗?	能	能	不能
长期中能赚到经济利润吗?	不能	不能	能

由于垄断竞争企业生产有差异的产品,因此每个企业都要靠做广告打出自己的品牌来吸引顾客。在某种程度上,广告操纵了消费者的偏好,促成了非理性的品牌忠诚,并抑制了竞争。在更大程度上,广告提供了信息,建立了具有可靠质量的品牌,并促进了竞争。

垄断竞争理论看起来描述了经济中的许多市场。但有点令人失望的是,这种理论并没有得出简单而令人信服的公共政策建议。从经济理论家的角度来看,垄断竞争市场上的资源配置并不完美。但从实际政策制定者的角度看,也没有什么办法可以改善这种状况。

快速单选

1. 下面哪一种条件不能描述垄断竞争市场中的企业?
   a. 生产与其竞争者不同的产品。
   b. 接受市场条件给定的价格。
   c. 可以在短期与长期中实现利润最大化。
   d. 长期中有进入或退出的自由。
2. 下面哪一种产品最适于垄断竞争的定义?
   a. 小麦   b. 自来水
   c. 原油   d. 理发
3. 在哪种条件下垄断竞争企业将增加其生产?
   a. 边际收益大于边际成本。
   b. 边际收益大于平均总成本。
   c. 价格高于边际成本。
   d. 价格高于平均总成本。
4. 在哪种条件下新企业会进入垄断竞争市场?
   a. 边际收益大于边际成本。
   b. 边际收益大于平均总成本。
   c. 价格高于边际成本。
   d. 价格高于平均总成本。
5. 关于垄断竞争市场的长期均衡,以下哪种说法是正确的?
   a. 价格高于边际成本。
   b. 价格等于边际收益。
   c. 企业有正的经济利润。
   d. 企业的生产处于平均总成本最低时。
6. 如果广告使消费者更忠于某种品牌,这种品牌就会_____需求弹性,并_____高于边际成本的价格加成。
   a. 增加,增加   b. 增加,减少
   c. 减少,增加   d. 减少,减少

内容提要

◎ 垄断竞争市场有三个特点:许多企业、有差异的产品和自由进入。

◎ 垄断竞争市场的长期均衡在两个相关的方面不同于完全竞争市场。第一,垄断竞争市场上的每个企业都有过剩生产能力。也就是说,它在平均总成本曲线向右下方倾斜的部分运营。第二,每个企业都收取高于边际成本的价格。

◎ 垄断竞争不具备完全竞争的所有合意的特点。由于存在高于边际成本的价格加成,垄断引起了标准的无谓损失。此外,企业的数量(从而产品的种类)可能过多或过少。实际中,政策制定者纠正这些无效率的能力是有限的。

◎ 垄断竞争中固有的产品差异使企业使用广告与品牌。广告与品牌的批评者认为企业用广告和品牌操纵了消费者的爱好,并减少了了竞争;广告与品牌的支持者则认为企业用广告和品牌向消费者提供了信息,并使价格和产品质量上的竞争更为激烈。

关键概念

寡头

垄断竞争

复习题

1. 描述垄断竞争的三个特点。垄断竞争在哪些方面像垄断？在哪些方面像完全竞争？
2. 画出一个描述在垄断竞争市场上赚取利润的企业的图形。说明当新企业进入该行业时，这个企业会发生什么变动。
3. 画出一个垄断竞争市场长期均衡的图形。价格与平均总成本之间有什么关系？价格与边际成本之间有什么关系？
4. 与最有效率的生产水平相比，垄断竞争企业生产的产量太多还是太少？使政策制定者难以解决这个问题的实际因素是什么？
5. 广告会怎样减少经济福利？广告又会怎样增进经济福利？
6. 没有明显信息内容的广告实际上如何向消费者传递信息？
7. 解释品牌的存在可能带来的两种好处。

问题与应用

1. 在垄断、寡头、垄断竞争和完全竞争中，你如何给下列每一种饮料的市场分类？
   a. 自来水   b. 瓶装水
   c. 可乐   d. 啤酒
2. 按照完全竞争、垄断和垄断竞争给下列市场分类，并解释你的答案。
   a. 2 号木杆铅笔   b. 铜
   c. 本地电力服务   d. 花生酱
   e. 唇膏
3. 说出下面每一个特征描述的是完全竞争企业、垄断竞争企业、两者都是，还是两者都不是。
   a. 出售的产品与其竞争对手的产品有差异
   b. 边际收益低于价格
   c. 在长期中获得经济利润
   d. 在长期中生产最低平均总成本处的产量
   e. 边际收益与边际成本相等
   f. 收取高于边际成本的价格
4. 说出下面每一个特征描述的是垄断企业、垄断竞争企业、两者都是，还是两者都不是。
   a. 面临一条向右下方倾斜的需求曲线
   b. 边际收益小于价格
   c. 面临出售相似产品的新企业的进入
   d. 在长期中赚到经济利润
   e. 边际收益与边际成本相等
   f. 生产从社会来看有效率的产量
5. 你被雇用为一家垄断竞争企业的顾问。该企业报告了以下有关其价格、边际成本和平均总成本的信息。该企业可以使利润最大化吗？如果不能，它如何增加利润？如果该企业是利润最大化的，它处于长期均衡吗？如果不是，恢复长期均衡时会出现什么情况？
   a. $P < MC, P > ATC$
   b. $P > MC, P < ATC$
   c. $P = MC, P > ATC$
   d. $P > MC, P = ATC$
6. Sparkle 为牙膏市场中的众多企业之一，它处于长期均衡。
   a. 画出表示 Sparkle 的需求、边际收益、平均总成本及边际成本曲线的图形。标出 Sparkle 的利润最大化产量和价格。
   b. Sparkle 的利润是多少？解释原因。
   c. 用你的图形说明从购买 Sparkle 牙膏

中所得到的消费者剩余。再说明与有效率产量水平相关的无谓损失。

d. 如果政府强迫 Sparkle 在有效率产量水平上进行生产,那么企业会发生什么变化?Sparkle 的顾客会发生什么变化?

7. 考虑一个有 N 家企业的垄断竞争市场。每家企业的经营机会可以用以下方程式描述：

需求：$Q = 100/N - P$
边际收益：$MR = 100/N - 2Q$
总成本：$TC = 50 + Q^2$
边际成本：$MC = 2Q$

a. 市场中的企业数量 N 如何影响每一家企业的需求曲线?为什么?

b. 每家企业生产多少单位产品?(对这个问题和以下两个问题的回答取决于 N。)

c. 每家企业收取的价格是多少?

d. 每家企业有多少利润?

e. 在长期中,多少家企业将会留在这个市场上?

8. Nutville 的花生酱市场是垄断竞争的,而且处于长期均衡。有一天,消费者权益倡导者 Skippy Jif 发现,Nutville 所有品牌的花生酱都是相同的。此后,市场就成为完全竞争的,而且再次达到了长期均衡。用适当的图形解释对于该市场上的一个普通企业而言,以下每一种变量是增加了、减少了,还是保持不变。

a. 价格　　　　　　b. 数量
c. 平均总成本　　　d. 边际成本
e. 利润

9. 解释下列每对企业中的哪一个更可能做广告。

a. 家庭拥有的农场或家庭拥有的餐馆。

b. 叉车制造商或轿车制造商。

c. 一家发明了极为舒适的剃须刀的公司,或一家发明了不太舒适的剃须刀的公司。

10. Sleek Sneakers 公司(以下简称 Sleek)是鞋子市场上众多的企业之一。

a. 假设 Sleek 现在获得短期经济利润。在一个正确标注的图上,标明 Sleek 利润最大化的产量和价格,以及表示利润的区间。

b. 长期中 Sleek 的价格、产量和利润会发生什么变化?用文字解释这种变化,并用新的图形说明这种变化。

c. 假设消费者越来越关注鞋子品牌之间的风格差异。这种态度的变化如何影响每个企业的需求价格弹性?在长期中,这种需求的变化如何影响 Sleek 的价格、产量和利润?

d. 在你在 c 中确定的利润最大化的价格下,Sleek 的需求曲线是富有弹性的,还是缺乏弹性的?解释原因。

第 17 章
寡头

寡头：
只有少数几个卖者提供相似或相同产品的市场结构。

博弈论：
研究在策略状况下人们如何行为的理论。

如果你去商店买网球，那么你回家时拿的网球可能是四个生产商 Penn、Wilson、Prince 或 Dunlop Slazenger 中的一家生产的。在美国销售的几乎全部网球都是这四家公司生产的。这几家公司共同决定了网球的生产数量，而且当市场需求曲线为既定时，也决定了网球的销售价格。

网球市场正是寡头的例子。**寡头**（oligopoly）市场的本质是只有少数几个卖者。因此，市场上任何一个卖者的行为对其他所有企业的利润都可能有很大的影响。寡头企业以一种竞争企业所没有的方式相互依存。本章中我们的目的是说明这种相互依存如何影响企业的行为，以及它给公共政策提出了什么问题。

寡头分析为引入**博弈论**（game theory）提供了一个机会，博弈论研究在策略状况下人们如何行为。我们所说的"策略"是指，一个人所处的状态使他在不同的行为之中做出选择时，必须考虑其他人会对他采取的行为做出什么反应。策略思维不仅在国际跳棋、国际象棋和井字棋游戏中是至关重要的，而且在许多商业决策中也是至关重要的。由于寡头市场上只有少数几家企业，因此每一家企业都必须有策略地行事。每一家企业都知道，它的利润不仅取决于它生产多少，而且还取决于其他企业生产多少。在做出自己的生产决策时，寡头市场的每一家企业都要考虑它的决策会如何影响市场上所有其他企业的生产决策。

博弈论对于理解竞争或垄断市场是不必要的。在完全竞争或垄断竞争市场上，每个企业与市场相比都如此之小，以至于它和其他企业在策略上的相互关系并不重要。在垄断市场上则没有策略上的相互关系，因为市场上只有一家企业。但是，正如我们将说明的，博弈论对于理解寡头和许多其他只有几个相互关联的参与者的情况是有用的。博弈论有助于解释人们所选择的策略，无论他是打网球，还是卖网球。

17.1 只有少数几个卖者的市场

由于寡头市场只有几个卖者,因此寡头的关键特征是合作与利己之间的冲突。寡头集团合作起来并像一个垄断者那样行事——生产少量产品并收取高于边际成本的价格——会使其情况最好。但由于每个寡头只关心自己的利润,因此有一种强大的激励在起作用,使得企业集团很难维持合作的结果。

17.1.1 双头的例子

为了理解寡头的行为,我们考虑只有两个卖者的寡头,即双头(duopoly)。双头是寡头中最简单的类型。有三家或更多数量的寡头所面临的问题和只有双头所面临的问题是相同的,因此我们从简单的情况开始分析并不会对结果有很大影响。

设想在一个镇上只有两个居民——Jack 和 Jill——拥有能生产饮用水的水井。每周六,Jack 和 Jill 要决定抽取多少加仑水带到镇上,并以市场所能承受的价格出售。为了简单起见,假设 Jack 和 Jill 可以无成本地想抽取多少水就抽取多少水,也就是说,水的边际成本等于零。

表 17-1 表示镇上水的需求表。第一列表示总需求量,而第二列表示价格。如果两个水井的所有者总计出售 10 加仑水,那么 1 加仑水的价格就是 110 美元。

表 17-1　水的需求表

数量(加仑)	价格(美元)	总收益/总利润(美元)
0	120	0
10	110	1 100
20	100	2 000
30	90	2 700
40	80	3 200
50	70	3 500
60	60	3 600
70	50	3 500
80	40	3 200
90	30	2 700
100	20	2 000
110	10	1 100
120	0	0

如果他们总计出售 20 加仑水,价格将下降到 1 加仑 100 美元,以此类推。如果根据这两列的数字画成图形,你就将得到一个标准的向右下方倾斜的需求曲线。

表 17-1 的最后一列表示卖水得到的总收益。它等于销售量乘以价格。因为不存在抽水的成本,所以两个生产者的总收益等于他们的总利润。

现在,我们来考虑该镇水行业的组织是如何影响水的价格和销售量的。

17.1.2 竞争、垄断和卡特尔

在考虑 Jack 和 Jill 这个双头会引起的水的价格和数量之前,先简单地讨论一下如果水的市场是完全竞争的或者垄断的,会出现什么结果。这两种极端情况是自然而然的基点。

如果水的市场是完全竞争的,那么每个企业的生产决策会使价格等于边际成本。由于我们已经假设多抽 1 加仑水的边际成本是零,因此完全竞争的情况下水的均衡价格也将是零。均衡数量将是 120 加仑。水的价格反映了生产它的成本,而且水的生产量与消费量将是有效率的数量。

现在考虑垄断者将如何行事。表 17-1 表明,在产量为 60 加仑和每加仑价格为 60 美元时,总利润最大。因此,利润最大化的垄断者将生产这种产量并收取这种价格。价格大于边际成本是垄断者的标准情况。结果将是无效率的,因为水的生产量和消费量低于对社会有效率的 120 加仑。

我们预期这一双头会带来什么市场结果呢?一种可能是 Jack 和 Jill 联合起来,并就水的生产量和收取的价格达成一致。企业之间有关生产和价格的这种协议被称为**勾结**(collusion),而且联合起来行事的企业集团被称为**卡特尔**(cartel)。一旦形成了卡特尔,市场实际上就是由一个垄断者提供服务,此时可以运用我们在第 15 章的分析。这就是说,如果 Jack 和 Jill 勾结起来,他们就会在垄断的结果上达成一致,因为该结果使生产者能从市场上得到的总利润最大化。这两个生产者将总共生产 60 加仑水,并以每加仑 60 美元的价格出售。价格又一次大于边际成本,而且从社会来看,该结果是无效率的。

卡特尔不仅必须就总产量水平达成一致,而且还要就每个成员的生产量达成一致。在这个例子中,Jack 和 Jill 还要就如何在他们之间分配 60 加仑水的垄断性生产达成一致。卡特尔的每个成员都想有较大的市场份额,因为市场份额越大,利润就越大。如果 Jack 和 Jill 同意平均地划分市场,那么每个人将生产 30 加仑水,价格将是每加仑 60 美元,从而每个人可以得到 1 800 美元利润。

勾结:
一个市场上的企业之间就生产的产量或收取的价格达成的协议。

卡特尔:
联合起来行事的企业集团。

17.1.3 寡头的均衡

寡头希望形成卡特尔并赚到垄断利润,但这往往是不可能的。卡特尔成员之间对如何瓜分利润的争斗会使他们彼此很难达成协议。此外,反托拉斯法把禁止寡头之间的显性协议作为公共政策的关键。即使只是与竞争对手谈论定价和生产限制也可能构成犯罪。因此,我们来考虑如果 Jack 和 Jill 分别决定生产多少水,会出现什么情况。

乍一看,可以预计 Jack 和 Jill 会联合起来共同达到垄断的结果,因为这种结果使他们共同的利润最大化。但是,在没有限制性协议时,垄断结果是不可能产生的。为了说明其中的原因,设想 Jack 预计 Jill 只生产 30 加仑水(垄断量的一半)。Jack 的推理如下:

> 我也可以生产 30 加仑水。在这种情况下,总计 60 加仑水将以每加仑 60 美元的价格出售。我的利润将是 1 800 美元(30 加仑×60 美元/加仑)。或者,我可以生产 40 加仑水。在这种情况下,总量为 70 加仑的水要以每加仑 50 美元的价格出售。我的利润将是 2 000 美元(40 加仑×50 美元/加仑)。尽管市场的总利润减少了,但我的利润增加了,因为我将占有较大的市场份额。

当然,Jill 也会以同样的方法推理。如果是这样的话,Jack 和 Jill 将各带 40 加仑水来到镇上。总销售量将是 80 加仑,而价格将下降为 40 美元。因此,如果双头在决定生产量时追求自己的私利,那么他们生产的总量将大于垄断产量,收取的价格会低于垄断价格,而且赚到的总利润也会小于垄断利润。

虽然利己的逻辑使双头的产量增加到大于垄断水平,但不至于使双头达到竞争状态下的分配。考虑当两人各生产 40 加仑水时会出现的情况。此时的价格是 40 美元,而且两人各能得到 1 600 美元利润。在这种情况下,Jack 的利己逻辑又得出了不同的结论:

> 现在我的利润是 1 600 美元。假设我把自己的生产增加到 50 加仑。在这种情况下,总计可以销售 90 加仑水,价格是每加仑 30 美元。这时我的利润只有 1 500 美元。与增加生产并使价格下降相比,将产量保持在 40 加仑时我的状况会更好一些。

Jack 和 Jill 各生产 40 加仑的结果看起来像是达到了某种均衡。实际上,这种结果被称为纳什均衡。[它以经济理论家约翰·纳什(John Nash)而命名,《美丽心灵》(*A Beautiful Mind*)一书和同名电影描述了他的一生。]**纳什均衡**(Nash equilibrium)是相互作用的经济主体在假定其他主体所选择的策略为既定时,选择他们自己的最优策略的状态。在

纳什均衡:
相互作用的经济主体在假定所有其他主体所选策略为既定的情况下,选择他们自己最优策略的状态。

这个例子中,当 Jill 生产 40 加仑水为既定时,Jack 的最优策略是生产 40 加仑水。同样,当 Jack 生产 40 加仑水为既定时,Jill 的最优策略是生产 40 加仑水。一旦他们达到了这种纳什均衡,Jack 和 Jill 都没有做出不同决策的激励。

这个例子说明了合作和利己之间的冲突。合作并达到垄断的结果会使寡头的状况更好。但由于他们追求自己的私利,所以最后不能达到垄断的结果,并且不能使他们共同的利润最大化。每一个寡头都面临扩大生产并攫取更大市场份额的诱惑。当他们每一个都努力这样做时,总产量增加了,而价格下降了。

同时,利己也不能使市场一路达到竞争的结果。和垄断者一样,寡头认识到,他们增加生产的产品数量会降低其产品的价格,这反过来又影响利润。因此,他们不会遵循竞争企业的规律,在价格等于边际成本的那个点上进行生产。

总之,当寡头企业单独地选择利润最大化的产量时,它们生产的产量大于垄断的产量水平,但小于竞争的产量水平;寡头价格低于垄断价格,但高于竞争价格(竞争价格等于边际成本)。

17.1.4 寡头数量如何影响市场结果

我们可以用这种双头分析的结论来讨论寡头数量可能会如何影响市场结果。例如,假设 John 和 Joan 突然在他们的土地上发现了水源,并同 Jack 和 Jill 一起成为水的寡头。需求表仍是表 17-1,但现在可以满足这种需求的生产者多了。卖者从两个增加到四个,这将如何影响镇里水的价格和数量呢?

如果水的卖者可以形成一个卡特尔,那么他们就又可以通过生产垄断产量并收取垄断价格来使总利润最大化。正如只有两个卖者时的情况,卡特尔成员需要就每个成员的生产水平达成一致,并找出某种实施协议的方法。但随着卡特尔的扩大,这种结果更不可能了。随着集团规模的扩大,达成和实施协议会变得越来越困难。

如果各寡头没有形成卡特尔——也许是由于反托拉斯法禁止这样做——那么他们就必须各自决定自己生产多少水。为了说明卖者数量增加如何影响结果,我们来考虑每个卖者面临的决策。在任何时候,每个水井所有者都有权选择多生产 1 加仑水。在做出这个决策时,水井所有者要权衡两种效应:

- **产量效应**:由于价格高于边际成本,在现行价格时每多销售 1 加仑水都将增加利润。
- **价格效应**:提高产量将增加总销售量,这就会降低水的价格并减少所销售的所有其他水的利润。

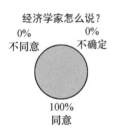

专家看法

纳什均衡

"在许多复杂且看似难以处理的策略情况下,如果能够找出博弈双方在意识到对方会如何解决同样的问题时的策略选择,那么我们就可以更清楚地理解这些行为。这种方法已经帮助我们更好地理解了各种各样的行为,包括军事冲突、竞争企业的定价,以及足球中的点球大战。"

经济学家怎么说?
0% 不同意   0% 不确定
100% 同意

资料来源:IGM Economic Experts Panel, June 2, 2015.

如果产量效应大于价格效应,那么水井所有者将增加产量;如果价格效应大于产量效应,那么水井所有者将不会增加产量(实际上,在这种情况下,减少产量是有利的)。每个寡头都把其他企业的产量看成既定的,并一直增加产量,直至这两种边际效应恰好平衡为止。

现在考虑行业中的企业数量如何影响每个寡头的边际分析。卖者的数量越多,每个卖者就越不关心自己对市场价格的影响。这就是说,随着寡头数量的增加,价格效应在减小。当寡头数量增加到极大时,价格效应就完全消失了。这就是说,个别企业的生产决策不再影响市场价格。在这种极端情况下,每个企业在决定生产多少时都把市场价格作为既定的。只要价格高于边际成本,它就增加生产。

现在我们可以看到,一个大的寡头市场本质上是一个竞争企业集团。竞争企业在决定生产多少时只考虑产量效应,因为竞争企业是价格接受者,不存在价格效应。因此,随着寡头市场上卖者数量的增加,寡头市场就越来越像竞争市场。其价格接近于边际成本,生产量接近于对社会有效率的水平。

这种寡头分析提供了一种有关国际贸易的影响的新视角。设想日本只有丰田和本田两家汽车制造商,德国只有大众和宝马两家汽车制造商,美国只有福特和通用两家汽车制造商。如果这些国家禁止汽车的国际贸易,那么每个国家就都是只有两个成员的寡头市场,而且市场结果可能远远背离了竞争的理想水平。但是,当有国际贸易时,汽车市场是一个世界市场,而且在这个例子中寡头市场有六个成员。允许自由贸易增加了每个消费者可以选择的生产者数量,增加的竞争使价格接近于边际成本。因此,除了在第3章讨论的比较优势理论之外,寡头理论提供了各国可以从自由贸易中获益的另一个理由。

即问即答 • 如果寡头成员能就总产量达成一致,他们会选择什么产量? • 如果寡头并不同时行动,而是单独地做出生产决策,他们的总产量会比你在上一题中回答的产量大还是小?为什么?

17.2 合作经济学

正如我们已经说明的,寡头想达到垄断的结果,而这样做需要合作,但合作往往是难以建立和维持的。在这一部分我们要更深入地考察当参与者之间的合作是合意但却有困难时会出现的问题。为了分析合作经济学,我们需要学习一点博弈论的知识。

囚徒困境：
两个被捕的囚徒之间的一种特殊"博弈"，说明为什么甚至在合作对双方都有利时，保持合作也是困难的。

特别地，我们现在集中讨论一个被称为**囚徒困境**（prisoners' dilemma）的"博弈"，这个博弈说明了为什么合作是困难的。即使在合作使所有人状况都变好时，人们在生活中也往往不能相互合作。寡头正是这样一个例子。囚徒困境的故事包含着一个一般性结论，这个结论适用于任何一个力图维持其成员间合作的集团。

17.2.1 囚徒困境

囚徒困境是一个关于两名被警察抓住的罪犯的故事。我们把这两个罪犯称为 Bonnie 和 Clyde。警察有足够的证据证明 Bonnie 和 Clyde 犯有非法携带枪支的轻罪，因此每人都要在狱中度过一年。警察还怀疑这两名罪犯曾合伙抢劫银行，但他们缺乏有力的证据证明这两名罪犯有该严重罪行。警察分别审问了 Bonnie 和 Clyde，而且向他们每个人提出以下的交易：

> 现在我们可以关你 1 年。但如果你承认银行抢劫案，并供出同伙，我们就免除你的监禁，你可以得到自由，你的同伙将在狱中度过 20 年。但如果你们两人都承认罪行，我们就不需要你的供词，而且我们可以节省一些审讯成本，这样我们就采用一种折中的方式，给你们每人判 8 年徒刑。

如果 Bonnie 和 Clyde 是残忍的银行抢劫犯，只关心自己的刑期，你预计他们会怎么做呢？图 17-1 表明了他们的选择。每个囚徒都有两种策略：坦白与保持沉默。他们每个人的刑期都既取决于他所选择的策略，也取决于他的犯罪同伙所选择的策略。

图 17-1 囚徒困境

在两个被怀疑犯罪的罪犯之间的博弈中，每个人得到的刑期既取决于自己是坦白还是保持沉默的个人决策，又取决于另一个罪犯所做出的决策。

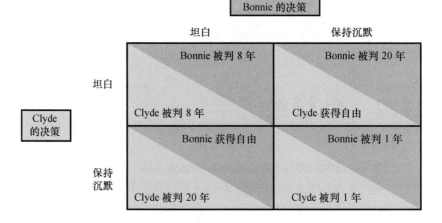

首先考虑 Bonnie 的决策。她会推理如下：

> 我并不知道 Clyde 将会怎么做。如果他保持沉默，那么我最好的

策略是坦白,因为我将得到自由而不是在狱中待 1 年。如果他坦白,我最好的策略仍然是坦白,因为这样我将在狱中待 8 年而不是 20 年。因此,无论 Clyde 怎么做,我选择坦白都会更好些。

用博弈论的语言来说,如果无论其他参与者采取什么策略,某一策略都是一个参与者可以采取的最好的策略,那么这种策略就被称为**占优策略**(dominant strategy)。在这个例子中,坦白是 Bonnie 的占优策略。无论 Clyde 是坦白还是保持沉默,如果 Bonnie 坦白了,她在狱中待的时间都会比较短。

占优策略:
无论其他参与者选择什么策略,对一个参与者都为最优的策略。

现在考虑 Clyde 的决策。他面临着和 Bonnie 同样的选择,而且他的推理也与 Bonnie 相似。无论 Bonnie 怎么做,Clyde 都可以通过坦白减少他待在狱中的时间。换句话说,坦白也是 Clyde 的占优策略。

最后,Bonnie 和 Clyde 都坦白了,两人都要在狱中待 8 年。这个结果是一个纳什均衡:在其他人的策略为既定的情况下,每个罪犯都选择了可能的最优策略。但从他们的角度来看,这是一个糟糕的结果。如果他们两人都保持沉默,那么两人的状况都会更好些,这样他们只会因为持有枪支而在狱中待 1 年。由于各自追求自己的利益,两个囚徒共同达到了使每个人状况都变坏的结果。

你会想到,Bonnie 和 Clyde 应该预见到这种情况,并提前做出计划。但是,即使有事先的计划,他们也仍然会遇到问题。设想在警察逮捕 Bonnie 和 Clyde 之前,两个罪犯做出了不坦白的承诺。显然,如果他们两人都坚持这种协议,两人的状况就会变好,因为这样的话他们每人将只在狱中待 1 年。然而,事实上,这两个罪犯会仅仅由于他们之间有协议就保持沉默吗?一旦他们被分别审问,利己的逻辑就会起主导作用,并使他们坦白。两个囚犯之间的合作是难以维持的,因为从个人的角度来看,合作是不理性的。

17.2.2 作为囚徒困境的寡头

囚徒困境与市场和不完全竞争有什么关系呢?事实证明,寡头在力图达到垄断结果时的博弈也类似于两个处于囚徒困境的囚徒的博弈。

再次考虑 Jack 和 Jill 所面临的选择。在漫长的谈判之后,两个水的供给者一致同意把产量保持在 30 加仑,以便能保持高价位,同时共同赚到最大利润。但是,在他们就生产水平达成协议后,双方都要决定是合作并遵守这个协议,还是不理会协议并生产更多水。图 17-2 表示这两个生产者的利润如何取决于他们所选择的策略。

假设你是 Jack,你可能会这样推理:"我可以遵守协议将产量保持在低水平的 30 加仑,也可以把我的产量和销售量增加到 40 加仑。如果 Jill 遵守协议把产量保持在 30 加仑,那么我在 40 加仑时就赚到 2 000 美元,而在 30 加仑时赚到 1 800 美元。在这种情况下,我保持高产量状况会更

图 17-2　Jack 和 Jill 的寡头博弈

在 Jack 和 Jill 之间的这个博弈中,每个人从出售水中所赚到的利润都既取决于自己选择出售的数量也取决于对方选择出售的数量。

		Jack 的决策	
		高产量:40加仑	低产量:30加仑
Jill 的决策	高产量:40加仑	Jack 得到 1 600 美元利润 / Jill 得到 1 600 美元利润	Jack 得到 1 500 美元利润 / Jill 得到 2 000 美元利润
	低产量:30加仑	Jack 得到 2 000 美元利润 / Jill 得到 1 500 美元利润	Jack 得到 1 800 美元利润 / Jill 得到 1 800 美元利润

好。如果 Jill 不遵守协议并生产 40 加仑,那么我在 40 加仑时赚到 1 600 美元,而在 30 加仑时赚到 1 500 美元。仍然是保持高产量会使我的状况更好。因此,无论 Jill 选择怎么做,违背协议并把产量保持在高水平都会使我的状况更好。"

生产 40 加仑是 Jack 的占优策略。当然,Jill 也以完全相同的方式推理,因此他们两人都保持 40 加仑的高产量。结果是不利的(从 Jack 和 Jill 的角度看),因为两个生产者中的每一个都只得到了较低的利润。

这个例子说明了为什么寡头维持垄断利润有困难。垄断结果对寡头整体来讲是理性的,但每个寡头都有违背协议的激励。正如利己使囚徒困境中的囚犯坦白一样,利己也使寡头难以维持低产量、高价格和垄断利润的合作性结果。

案例研究
OPEC 和世界石油市场

我们关于小镇水市场的故事是虚构的,但如果把故事中的水变成石油,把 Jack 和 Jill 变成伊朗和伊拉克,那么这个故事就接近于真实了。世界上的大部分石油是由少数国家——主要是中东国家——生产的。这些国家一起组成了一个寡头市场。它们关于开采多少石油的决策与 Jack 和 Jill 关于抽多少水的决策大致相同。

生产世界上大部分石油的国家形成了一个卡特尔,称为石油输出国组织(OPEC)。在 1960 年成立之初时,OPEC 包括伊朗、伊拉克、科威特、沙特阿拉伯和委内瑞拉。到 1973 年,又有其他 8 个国家加入:卡塔尔、印度尼西亚、利比亚、阿联酋、阿尔及利亚、尼日利亚、厄瓜多尔和加蓬。这些国家控制了世界石油储量的大约四分之三。与任何一个卡特尔一样,OPEC 力图通过协议减少产量来提高其产品的价格,并努力确定每个成员国的产量水平。

OPEC 面临的问题与我们故事中 Jack 和 Jill 面临的问题大致相同。OPEC 想维持石油的高价格,但是卡特尔的每个成员都受到增加生产以得到总利润的更大份额的诱惑,因此 OPEC 成员常常就减少产量达成协议,然后又私下各自违背协议。

1973—1985 年,OPEC 最成功地维持了合作和高价格。原油价格从 1972 年的每桶 3 美元上升到 1974 年的每桶 11 美元,然后又在 1981 年上升到 35 美元。但在 20 世纪 80 年代中期,各成员国开始就产量水平发生争议,OPEC 在维持合作方面变得无效率了。到了 1986 年,原油价格回落到每桶 13 美元。

近年来,OPEC 成员继续定期会谈,但它们在达成和实施协议上再也不那么成功了。因此,石油价格的波动已经更大程度上被供求的自然力量所驱动,而不是卡特尔人为对生产的限制。虽然 OPEC 各成员国之间合作的缺乏损害了产油国的利润,但却使全世界的消费者受益。

17.2.3 囚徒困境的其他例子

我们已经说明了如何用囚徒困境来解释寡头面临的问题。同样的逻辑也可以应用于其他许多情况。下面我们考虑利己阻止了合作并导致各方不利结果的两个例子。

军备竞赛 在第二次世界大战以后的几十年中,世界两个超级大国——美国和苏联——进行了军备力量的长期竞争。这个主题引发了有关博弈论的一些早期研究。博弈论专家提出,军备竞赛非常像囚徒困境。

为了说明这一点,考虑美国和苏联关于建造新式武器还是裁军的决策。每个国家都愿意拥有比另一国更强大的军备,因为只有军事力量强大才能对世界事务有更大的影响。但是,每个国家也喜欢生活在一个不受另一国军备威胁的安全世界中。

图 17-3 表示这种致命的博弈。如果苏联选择军备,美国做出同样选择以免权力丧失,美国状况就会变好;如果苏联选择裁军,美国选择军备,美国状况会变好,因为这样做会使美国更强大。对每一个国家来说,军备都是占优策略。因此,每个国家都选择继续进行军备竞赛,这就导致了两国都处于危险之中的不良结果。

在 1945—1991 年的整个冷战期间,美国和苏联企图通过军备控制谈判和协议来解决军备竞赛问题。两国面临的问题和寡头在力图维持卡特尔中遇到的问题是相似的。正如寡头争论产量水平,美国和苏联争论允许各国保留的军备数量;而且正如卡特尔在执行产量水平时会遇到麻烦,美国和苏联都担心另一国会违背协议。在军备竞赛和寡头的情况下,无情的利己逻辑使参与者得到各方状况都变坏的非合作性结果。

图 17-3 军备竞赛博弈

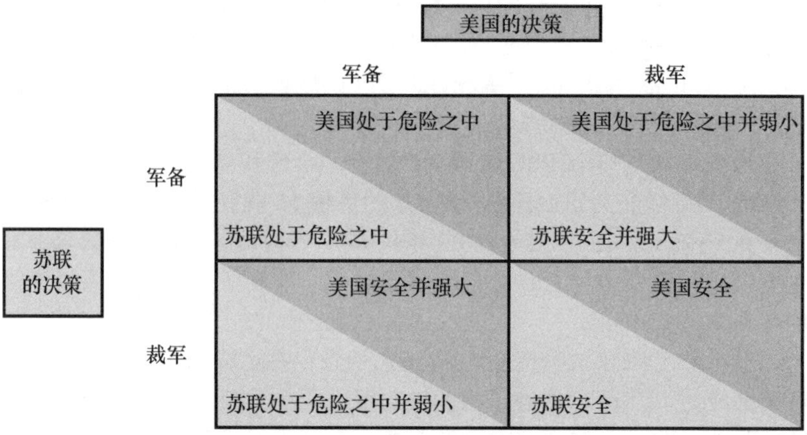

在这个两国之间的博弈中，每个国家的安全程度与力量强弱取决于本国是否加强军备的决策以及另一个国家做出的决策。

		美国的决策	
		军备	裁军
苏联的决策	军备	美国处于危险之中 / 苏联处于危险之中	美国处于危险之中并弱小 / 苏联安全并强大
	裁军	美国安全并强大 / 苏联处于危险之中并弱小	美国安全 / 苏联安全

公共资源 我们在第 11 章中说明了，人们倾向于过度使用公共资源。可以把这个问题看作囚徒困境的一个例子。

设想两家石油公司——Exxon 和 Texaco——拥有相邻的油田。在这些油田下储备的价值 1 200 万美元的石油由它们共同所有。钻一口井要花 100 万美元。如果每个公司钻一口井，每个公司就将得到一半石油，并赚取 500 万美元的利润（收益 600 万美元减成本 100 万美元）。

由于油田是公共资源，因此各家公司都不会有效率地使用。假设两个公司都可以钻第二口井。如果一家公司在三口井中占有两口，那么这个公司就得到 2/3 的石油，这将带来 600 万美元的利润。另一家公司只得到 1/3 的石油，获得 300 万美元利润。但如果每个公司都钻第二口井，那么两个公司又是平分石油。在这种情况下，每家公司都要承担第二口井的成本，因此每家公司的利润只有 400 万美元。

图 17-4 表示了这个博弈。钻两口井是每个公司的占优策略。这两个博弈者的利己又一次使它们得到了不利的结果。

图 17-4 公共资源博弈

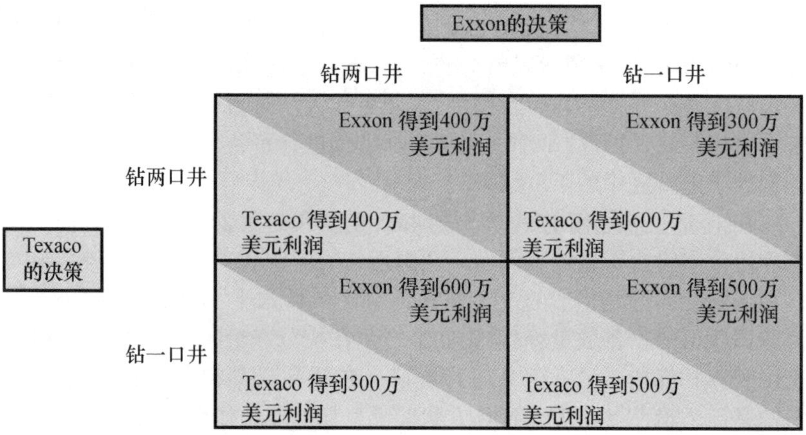

在从公共油田中采油的两个企业的博弈中，每家企业所赚到的利润都既取决于本企业钻井的数量，又取决于另一企业钻井的数量。

		Exxon的决策	
		钻两口井	钻一口井
Texaco的决策	钻两口井	Exxon 得到400万美元利润 / Texaco 得到400万美元利润	Exxon 得到300万美元利润 / Texaco 得到600万美元利润
	钻一口井	Exxon 得到600万美元利润 / Texaco 得到300万美元利润	Exxon 得到500万美元利润 / Texaco 得到500万美元利润

17.2.4 囚徒困境与社会福利

囚徒困境可以用于描述生活中的许多情况,并说明了即使合作可以使每个博弈参与者的状况都变好,要维持合作也是困难的。显然,缺乏合作对这些情况中所涉及的各方是个问题,但这种合作的缺乏从整个社会的角度来看是一个问题吗?这个问题的答案取决于环境。

在某些情况下,非合作均衡对社会和参与者来说都是不利的。在图17-3的军备竞赛博弈中,美国和苏联最后都处于危险中。在图17-4的公共资源博弈中,Exxon和Texaco公司额外钻的井完全是浪费。在这两种情况下,如果两个参与者能达到合作性的结果,社会的状况会变得更好。

与此相反,在企图维持垄断利润的寡头情况下,从整个社会的角度来看,缺乏合作是合意的。垄断结果对寡头是好的,但对物品的消费者是糟糕的。正如我们最早在第7章中说明的,竞争的结果对社会是最好的,因为这个结果使总剩余最大化。当寡头不能合作时,他们生产的数量接近于这个最优水平。换句话说,只有当市场存在竞争时,看不见的手才能引导资源有效率地配置,而只有市场上的企业不能相互合作时,市场才是竞争的。

类似地,考虑警察审问两个嫌疑犯的情况。嫌疑犯之间的缺乏合作是合意的,因为这样的话,警察可以使更多罪犯认罪服法。囚徒困境对囚犯来说是一种困境,但对其他每个人来说都是一种福音。

17.2.5 人们有时能合作的原因

囚徒困境表明合作是困难的。但合作真的不可能吗?当被警察审问的时候,并不是所有囚犯都决定出卖他们的犯罪同伙。尽管有时卡特尔的个别成员有违规的激励,但卡特尔也能维持勾结性的协议。最经常的情况是,参与者可以解决囚徒困境是因为,他们的博弈不是一次性的,而是多次的。

为了说明为什么在多次博弈中合作是容易的,让我们回到双头的例子——Jack和Jill,图17-2给出了他们的选择。Jack和Jill都想达成协议以维持每人生产30加仑水的垄断结果。但如果Jack和Jill的博弈只是一次性的,那么他们就没有任何遵守协议的激励。利己使他们每个人都违背协议,并选择生产40加仑水的占优策略。

现在假设Jack和Jill知道,他们每周都将进行一次同样的博弈。当最初达成保持低产量的协议时,他们还可以规定如果一方违约将如何处理。例如,他们可以达成协议,一旦他们之中有一个人违约并生产了40加仑水,那么两个人以后都永远生产40加仑水。这种惩罚是容易实施的，因为如果一方生产了较高的产量，另一方也有足够的理由这样做。

这种惩罚的威胁可能就是维持合作所需要的一切。每个人都知道，欺骗会使自己的利润从1 800美元增加到2 000美元，但这种利益只能维持一周，以后利润将降为1 600美元，并从此固定在这一水平上。只要参与者都非常关心未来的利润，那么他们就将放弃违规带来的一次性好处。因此，在多次进行的囚徒困境博弈中，两个参与者可能达到合作性的结果。

案例研究
囚徒困境的比赛

设想你正与被关在另一个屋子里的"嫌疑人"进行囚徒困境的博弈，而且再设想这种博弈不是进行一次而是多次。博弈结束后你的得分是你被监禁的总年数。你希望使这种得分尽可能地低。你应该用什么策略呢？你应该从坦白开始还是从保持沉默开始？另一个参与者的行动会如何影响你以后的坦白决策？

多次的囚徒困境是极为复杂的博弈。为了鼓励合作，参与者应该相互惩罚不合作行为。但之前描述的Jack和Jill的水的卡特尔策略——只要一方违约，另一方就永远违约——是非常不宽容的。在反复许多次的博弈中，在一段不合作时期之后，允许参与者回到合作性结果的策略，可能更好一些。

为了说明哪一种策略最好，政治学家Robert Axelrod主持了一场比赛。人们通过提交为反复进行囚徒困境博弈而设计的电脑程序参加比赛。然后每个程序都与其他所有程序进行博弈比赛，得到待在狱中总年数最低的程序将成为"赢家"。

赢家最后是被称为"一报还一报"的简单策略。根据"一报还一报"策略，参与者应该从合作开始，然后上一次另一个参与者怎么做自己也怎么做。因此，"一报还一报"策略的参与者要一直合作直到另一方违约时为止，然后再一直违约直到另一方重新合作时为止。换句话说，这种策略从友好开始，惩罚不友好的参与者，而且如果对方做出保证，就给予原谅。令Axelrod惊讶的是，这种简单的策略比人们提交的所有更复杂的策略都好。

"一报还一报"策略有悠久的历史。它实质上正是《圣经》上"以眼还眼，以牙还牙"的策略。囚徒困境的比赛表明，该策略可能是进行生活中某些博弈时的一个好的经验法则。

即问即答 • 讲述囚徒困境的故事。写出表示囚徒选择的表格，并解释可能的结果是什么。• 囚徒困境告诉我们关于寡头的什么道理？

17.3 针对寡头的公共政策

第 1 章中的经济学十大原理之一是,政府有时可以改善市场结果。这个原理直接适用于寡头市场。正如我们已经说明的,从整个社会的角度来看,寡头之间的合作是不合意的,因为它使产量太低而价格太高。为了使资源配置接近于社会最优,决策者应该努力使寡头企业竞争而不是合作。我们来考虑决策者怎样处理这种情况,并考察其在公共政策领域所引起的争论。

17.3.1 贸易限制与反托拉斯法

通过政策限制合作的一种方法是普通法。正常情况下,合约自由是市场经济的一个基本部分。企业和家庭用合约安排互利的贸易。在这样做时,它们依靠法院系统来履行合约。但几百年来,英国和美国的法官都认定竞争者之间减少产量并提高价格的协议违背了公共利益。因此,他们拒绝执行这类协议。

1890 年的《谢尔曼反托拉斯法》(以下简称《谢尔曼法》)把这个政策列入法规,并强化了这种政策:

> 每一个限制各州之间及与外国之间贸易和商业往来的合约,以托拉斯或其他形式出现的联合或者勾结,都被宣布为违法……每一个将要垄断、企图垄断或与他人联合或勾结起来以垄断州际或国际的贸易或商业往来任何环节的人,都应被认为行为不当而有罪,而且在法庭根据罪行定罪时,应该处以 5 万美元以下的罚金,或一年以内的监禁,或两者并罚。

《谢尔曼法》把寡头之间的协议从一种未执行的合约提升为有罪的勾结。

1914 年的《克莱顿法》进一步强化了反托拉斯法。根据该法,如果一个人可以证明他受到限制贸易的非法协议的危害,那么他就可以提起诉讼并得到三倍于他所受损害的赔偿。这种不同寻常的三倍于损害的赔偿规定是为了鼓励私人提起针对勾结的寡头的法律诉讼。

现在,美国司法部和私人方面都有权提起法律诉讼来履行反托拉斯法。正如我们在第 15 章中讨论的,这些法律被用于阻止使过多的市场势力集中于任何单个企业的合并。此外,这些法律也用于防止寡头以一种降低市场竞争性的方式共同行事。

案例研究
一次违法的通话

在寡头市场上,企业有勾结起来以便减少产量、提高价格和增加利润的强烈激励。18世纪的伟大经济学家亚当·斯密已经深刻认识到这种潜在的市场失灵。在《国富论》中,他写道:"同业者往往很少聚在一起,但这种集会的结果是针对公众的合谋,或是某种提高价格的计谋。"

为了用现代的例子来说明斯密的这种观察,下面我们来看一段20世纪80年代初两个航空公司的高级管理人员之间的电话谈话。1983年2月24日的《纽约时报》报道了这段电话谈话。Robert Crandall 是美国航空公司总裁,Howard Putnam 是布拉尼夫航空公司总裁,当时的一家主要航空公司。

Crandall:"我觉得我们在这里拼个你死我活,但一分钱也没赚到,这是很愚蠢的。"

Putnam:"你有什么高见吗?"

Crandall:"有,我有个建议。将你的票价提高20%,明天一早我也这么做。"

Putnam:"Robert,我们……"

Crandall:"你能赚更多的钱,我也是。"

Putnam:"我们不能谈论定价问题!"

Crandall:"哦,Howard。我们想谈什么就能谈什么。"

Putnam 是对的:《谢尔曼法》禁止相互竞争的企业的高层管理人员哪怕仅仅是谈论定价问题。当 Putnam 把这段谈话的录音带交给司法部时,司法部立即对 Crandall 提出了诉讼。

两年以后,Crandall 和司法部达成一项和解方案。按这个方案,Crandall 同意对他的业务活动进行的各种限制,其中包括限制他与其他航空公司官员的接触。司法部说,该方案的条款将"防止美国航空公司和 Crandall 通过与竞争者讨论航空服务价格以企图垄断任何一条航线上的乘客飞行服务,来保护民航业的竞争"。

17.3.2 关于反托拉斯政策的争论

长期以来,许多争论都集中在反托拉斯法应该禁止哪一种行为的问题上。大多数评论者同意,竞争企业之间的价格勾结协议应该是非法的。但反托拉斯法还被用于谴责一些影响并不明显的经营做法。下面我们考虑三个例子。

转售价格维持 一个有争议的经营做法的例子是转售价格维持。设想超级电子公司以50美元的价格把蓝光光盘播放机卖给零售商。如果超级电子公司要求零售商向顾客收取75美元，那么就可以认为该公司在进行转售价格维持。任何一个收取价格低于75美元的零售商都违背了它与超级电子公司之间的合约。

乍一看，转售价格维持似乎是反竞争的，从而对社会是不利的。正如卡特尔成员间的协议一样，它禁止零售商之间的价格竞争。由于这一原因，法庭往往认为转售价格维持违背了反托拉斯法。

但一些经济学家基于两个理由为转售价格维持辩护。第一，他们否认这种做法是为了减少竞争。如果超级电子公司拥有相当的市场势力，那么它可以通过批发价格而不是转售价格维持来实施这种力量。此外，并没有什么激励使超级电子公司控制其零售商之间的竞争。实际上，由于一个零售商卡特尔出售的数量低于一群竞争的零售商出售的数量，因此，如果零售商是一个卡特尔，超级电子公司的状况会变坏。

第二，经济学家认为，转售价格维持有合理的目标。超级电子公司可能希望它的零售商向顾客提供令人赏心悦目的展示间和知识丰富的销售人员队伍。但如果没有转售价格维持，一些顾客就会通过某家商店了解蓝光播放机的特点，然后在不提供这些服务的折扣零售店购买。在某种程度上，良好的服务可以被看作出售超级电子公司产品的零售商们的公共物品。正如我们在第11章中讨论的，当一个人提供了一种公共物品时，其他人可以不付费就享用。在这种情况下，折扣零售商将搭其他零售商提供的服务便车，这就会使服务低于合意的水平。转售价格维持是超级电子公司解决这种搭便车问题的一种方法。

转售价格维持的例子阐明了一个重要的原则：看起来减少竞争的经营做法实际上可能有其合理的目的。这个原则使反托拉斯法的适用变得更为困难。那些负责实施这些法律的经济学家、律师和法官必须确定，公共政策应该禁止哪一类抑制竞争并减少经济福利的行为。这项工作通常并不容易。

掠夺性定价 有市场势力的企业通常用这种力量把价格提高到竞争性水平之上。但对于有市场势力的企业收取太低价格的情况，政策制定者应该予以关注吗？这个问题是关于反托拉斯政策的另一种争论的核心。

设想一家名为Coyote的大航空公司垄断了一些航线。随后，Roadrunner公司进入，并夺走了20%的市场，留给Coyote航空公司80%的市场。为了应对这种竞争，Coyote开始大幅度降低自己的收费。一些反托拉斯分析家认为，Coyote的行为可能是反竞争的：降价可能是为了把Roadrunner赶出市场，以便Coyote可以重新恢复它的垄断地位，然后再提高价格。这种行为被称为掠夺性定价。

尽管掠夺性定价是反托拉斯诉讼中的一种普遍说法，但一些经济学家怀疑这种观点，并认为掠夺性定价是不太可能，甚至根本不可能获利的经营策略。为什么呢？对于一场要赶走竞争对手的价格战而言，价格必须低于成本。但一旦 Coyote 开始以亏损状态来出售廉价机票，它就最好准备多飞几次航班，因为低票价将吸引更多的顾客。同时，Roadrunner 也可以通过减少航班来对 Coyote 的掠夺性定价做出反应。结果，Coyote 最后承担了 80% 以上的亏损，使 Roadrunner 处于较好状况并能继续在价格战中生存。正如关于哔哔鸟与歪心狼的经典动画片中所描述的一样，掠夺者遭受的苦难大于被掠夺者。

经济学家一直在争论反托拉斯的政策制定者是否应该关注掠夺性定价。还有各种问题没有得到解决。掠夺性定价是一种有利可图的经营策略吗？如果是的话，在什么情况下有利可图？法庭能够说明哪一种降价是竞争性的，从而有利于消费者，而哪一种降价是掠夺性的吗？对此并没有简单的答案。

搭售 有争议的经营做法的第三个例子是搭售。假设 Makemoney 电影制片厂拍摄了两部新电影——《复仇者联盟》和《哈姆雷特》。如果 Makemoney 制片厂以单一价格向电影院同时提供两部电影，而不是对两部电影分别定价，那么就可以认为制片厂是在搭售它的两种产品。

当搭售电影的做法在法庭上受到质疑后，联邦最高法院禁止了这种做法。法院的推理如下：假设《复仇者联盟》是高票房影片，而《哈姆雷特》是不盈利的艺术片。这样制片厂就可以用《复仇者联盟》的高需求迫使电影院购买《哈姆雷特》。看来制片厂可以将搭售作为扩大其市场势力的一种机制。

许多经济学家怀疑这种推论。设想电影院愿意为《复仇者联盟》支付 2 万美元，而不愿为《哈姆雷特》支付一分钱。这样，电影院愿意为两部电影总共支付的最高价格是 2 万美元，这与为《复仇者联盟》支付的价格一样。把迫使电影院接受一文不值的电影作为交易的一部分，并没有提高电影院的支付意愿。Makemoney 公司也不能简单地通过把两部电影捆绑在一起而增加它的市场势力。

那么，为什么存在搭售呢？一种可能是它是价格歧视的一种形式。假设有两家电影院。城市电影院愿意为《复仇者联盟》支付 1.5 万美元，为《哈姆雷特》支付 5 000 美元；乡村电影院正好相反，愿意为《复仇者联盟》支付 5 000 美元，为《哈姆雷特》支付 1.5 万美元。如果 Makemoney 制片厂对两部电影分别定价，那么它的最优策略是，为每部电影收取 1.5 万美元，而每家电影院将选择只上映一部电影。但如果 Makemoney 制片厂将两部电影捆绑出售，那么它就可以从每家电影院收取 2 万美元。因此，如果不同的电影院对电影的评价不同，搭售就可以使制片厂通过收取接近于买者总支付意愿的联合价格而增加利润。

搭售仍然是一种有争议的经营做法。联邦最高法院的观点——搭售使一个企业可以把它的市场势力扩大到其他物品——是没有什么依据的，至少以这种最简单的形式来看是没有什么依据的。但是经济学家也提出了更为详尽的理论，说明搭售如何会阻碍竞争。就我们现在所掌握的经济学知识而言，搭售对整个社会是否有不利影响尚不明确。

案例研究
微软案

近年来最重要而且最有争议的反托拉斯案件是美国政府在 1998 年对微软公司的起诉。可以肯定的是,这个案件极富戏剧性。它使世界上最富有的人(比尔·盖茨)和世界上最有权力的监管机构(美国司法部)进行对抗。为政府作证的是一位著名经济学家——MIT 的教授 Franklin Fisher。为微软作证的同样是一位著名经济学家——MIT 的教授 Richard Schmalensee。受到威胁的是经济中增长最快的行业(电脑软件业)中一个世界上最有价值的公司(微软)的未来。

"我?一个垄断者?等一等……"

图片来源:AP Photo/Laura Ranch.

微软案的中心问题涉及搭售——特别是,是否应该允许微软把它的互联网浏览器与 Windows 操作系统捆绑起来销售。政府声称,微软把这两种产品捆绑在一起是为了把它在电脑操作系统市场上的市场势力扩大到不相关的互联网浏览器市场。政府认为,允许微软把这些产品与操作系统组合起来会阻止其他软件公司进入该市场并提供新产品。

微软的回应是指出把新功能融入老产品中是技术进步自然而然的一部分。今天的汽车包括 CD 播放器和空调,而这些东西曾经是分开销售的,而且照相机也已经有了内置的闪光灯。这一道理同样适用于操作系统。随着时间的推移,微软把许多功能融入以前是单一产品的 Windows 中,这会使电脑更稳定、更容易使用,而且消费者能够相信各个组成部分可以一起运行。微软认为,互联网技术的整合是自然而然的下一步。

关于微软市场势力的延伸是一个分歧点。政府注意到新个人电脑中使用微软操作系统的比例超过了 80%,因此认为该公司已经有相当大的垄断势力,而且还有扩大之势。微软申辩说,软件市场时刻都在变动,而且微软的 Windows 操作系统一直受到竞争对手的挑战,例如苹果 Mac 和 Linux 操作系统。它还认为,自己对 Windows 操作系统收取的低价格——50 美元左右,只占普通电脑价格的 3%——是其市场势力受到严重限制的证据。

与许多大的反托拉斯诉讼一样,微软案陷入了法律的泥潭。1999 年 11 月,在长期审讯之后,法官 Penfield Jackson 判定,微软有极大的垄断势力,并非法地滥用这种力量。2000 年 6 月,在关于可能的补救措施的听证会之后,他命令微软拆分为两个公司——一个销售操作系统,另一个销售应用软件。一年后,上诉法院驳回了 Jackson 的拆分命令,并把这个案件移交给一个新法官。2001 年 9 月,司法部宣布,它不再要求拆分微软,并想尽快结案。

最终,在 2002 年 11 月双方达成一项和解方案。微软接受对自己经营做法的某些限制,政府同意浏览器仍然可以作为 Windows 操作系统的一部分。但这项和解方案并没有结束微软的反托拉斯麻烦。近年来,该公司遇到了好几起私人反垄断诉讼,以及由欧盟认定的各种反竞争行为引起的诉讼。

即问即答 • 企业所达成的哪种协议是非法的？ • 为什么反托拉斯法存在争议？

新闻摘录
欧盟对谷歌

谷歌可能是反垄断监管者的又一个大目标。

欧盟对谷歌展开正式反垄断诉讼

欧盟委员会周三直指谷歌，起诉这一互联网搜索巨擘为自己的比价服务歪曲搜索结果。这次正式指控可能仅仅是一场推动谷歌改变的大戏的序曲。

欧盟反垄断主管 Margrethe Vestager 说，她会继续调查其他领域，例如旅游和本地服务，谷歌在这些领域也被指控偏向自己的服务。她还开辟了第二战场，加强调查谷歌的安卓手机操作系统。

从以往的经验来看，欧洲针对谷歌的案件会越来越多。欧盟针对美国高科技公司的大规模诉讼始于 2000 年对微软公司计算机服务器业务的指控。之后，欧盟委员会又追加起诉诉讼微软将自己的媒体播放器和互联网浏览器捆绑在 Windows 操作系统上。

诉讼可能会给谷歌带来数十亿欧元的罚款以及强制性的业务变更。微软最终支付了 22 亿欧元（23 亿美元）。但微软公司内外的人认为，反垄断诉讼还改变了微软的文化，使它少些傲慢，多些谨慎。

"有些事情别的公司做得了，而你知道你不能做。"代理微软欧洲公司事务的律师 Jean-François Bellis 说。欧盟周三给谷歌贴上了"支配"的标签，这意味着公司高管现在不仅仅要讨好用户，而且还要讨好监管者。

一位熟悉谷歌的人士说，周三谷歌内部（对反垄断调查）忧心忡忡……

这是监管者第一次正式发起针对谷歌的反垄断诉讼。美国的监管者在两年前曾发起过对谷歌搜索业务的调查，后来因为谷歌公司同意自愿改进而停止。

当美国同仁放弃了调查时，欧洲监管者决定对谷歌采取行动，这在相当大程度上说明，谷歌在全球市场上份额更大了，同时也说明欧美法律标准的差异。与美国不同，欧洲的反垄断法不仅保护消费者，而且也保护竞争者。

资料来源：*The Wall Street Journal*, April 15, 2015.

17.4 结论

寡头希望像垄断者那样行事,但利己使他们趋近于竞争。因此,最终寡头介于这两者之间的何处,取决于寡头市场上的企业数量以及这些企业的合作程度如何。囚徒困境的故事说明了为什么寡头即使在合作符合它们的最大利益时也不能维持合作。

决策者通过反托拉斯法管制寡头的行为。这种法律的适用范围是一个一直备受争议的话题。虽然竞争企业之间的价格勾结显然减少了经济福利,应该是违法的,但一些看来减少了竞争的经营做法也可能有即便微小但却合理的目的。因此,当决策者在运用反托拉斯法的巨大权力来限制企业行为时,需谨慎行事。

快速单选

1. 寡头市场的关键特征是_____。
   a. 每个企业都生产与其他企业不同的产品
   b. 一个企业选择市场需求曲线上的某一点
   c. 每个企业都把市场价格作为既定的
   d. 少数企业按策略行事
2. 如果一个寡头行业把自己组成一个合作性卡特尔,那么它的产量将_____竞争水平,并_____垄断水平。
   a. 低于,高于   b. 高于,低于
   c. 低于,等于   d. 等于,高于
3. 如果一个寡头不进行合作,而且每个企业都选择自己的产量,那么这个行业的产量将_____竞争水平,并_____垄断水平。
   a. 低于,高于   b. 高于,低于
   c. 低于,等于   d. 等于,高于
4. 当一个寡头行业的企业数量越来越多时,所达到的产量水平将_____竞争水平,并_____垄断水平。
   a. 低于,高于   b. 高于,低于
   c. 低于,等于   d. 等于,高于
5. 囚徒困境是两个人的博弈,它说明了_____。
   a. 合作的结果对两个人来说可能比纳什均衡还坏
   b. 即使合作的结果对一个人来说比纳什均衡好,也可能对另一个人来说更坏
   c. 即使合作比纳什均衡好,每个囚徒也会有不合作的激励
   d. 理性、利己的人会自然而然地回避纳什均衡,因为这对他们都不好
6. 反托拉斯法的目的是_____。
   a. 促进寡头行业中企业之间的合作
   b. 鼓励合并以利用规模经济
   c. 不鼓励企业把生产设备迁至海外
   d. 阻止企业以减少竞争的方式行事

内容提要

◎ 寡头通过形成一个卡特尔并像垄断者那样行事来使自己的总利润最大化。但如果寡头独立地做出产量决策,那么结果是产量大于垄断产量,价格低于垄断价格。在寡头市场上企业数量越多,产量和价格越接近于完全竞争状态下的水平。

◎ 囚徒困境表明,利己使人们即使在合作符合他们共同利益时也无法维持合作。囚徒困境的逻辑适用于许多情况,包括军备竞赛、公共资源问题和寡头。

◎ 政策制定者用反托拉斯法来防止寡头从事减少竞争的行为。这些法律的适用性是有争议的,因为有些看来可能减少竞争的行为实际上可能有合理的经营目的。

关键概念

寡头　　　　　　　　卡特尔　　　　　　　　囚徒困境
博弈论　　　　　　　纳什均衡　　　　　　　占优策略
勾结

复习题

1. 如果一群卖者可以组成一个卡特尔,那么它们将试图设定怎样的产量和价格?
2. 比较寡头与垄断的产量和价格。
3. 比较寡头与竞争市场的产量和价格。
4. 一个寡头市场上的企业数量如何影响市场结果?
5. 什么是囚徒困境?它与寡头有什么关系?
6. 举出寡头之外的两个例子,说明囚徒困境如何有助于解释行为。
7. 反托拉斯法禁止哪些类型的行为?

问题与应用

1. 全世界大部分的钻石供给都来自俄罗斯和南非。假设采集每块钻石的边际成本是 1 000 美元,而且钻石的需求如下表所示:

价格(美元)	数量(块)
8 000	5 000
7 000	6 000
6 000	7 000
5 000	8 000
4 000	9 000
3 000	10 000
2 000	11 000
1 000	12 000

a. 如果有许多钻石供给者,价格和数量会是多少?

b. 如果只有一个钻石供给者,价格和数量会是多少?

c. 如果俄罗斯和南非形成一个卡特尔,价格和数量会是多少?如果这两个国家平分市场,南非的产量和利润会是多少?如果南非将产量增加1 000块,而俄罗斯遵守卡特尔协议,那么南非的利润会有什么变化?

d. 用你对 c 的答案解释为什么卡特尔协议往往是不成功的。

2. 若干年前,《纽约时报》报道:"OPEC 上周不能就减少生产达成一致而使石油市场陷入混乱……(并导致了)国内原油价格下降到自 1990 年 6 月以来的最低水平。"

a. 为什么 OPEC 成员国力图对减产达成一致?

b. 你认为为什么 OPEC 不能就减产达成一致?为什么石油市场因此陷入了"混乱"?

c. 该报提到 OPEC 认为"该组织以外的产油国,如挪威和英国,也应该和我们共同行动并减产"。"和我们共同行动"这句话表明 OPEC 希望与挪威和英国形成一种什么样的关系?

3. 本章讨论了在其销售物品的市场上是寡头的公司。许多同样的思想适用于在其购买投入品的市场上是寡头的公司。

a. 如果作为寡头的卖者力图提高它们销售的物品的价格,那么作为寡头的买者的目标是什么?

b. 棒球大联盟的老板在棒球运动员市场上是寡头。这些老板考虑运动员薪水时的目标是什么?为什么这种目标难以达到?

c. 棒球运动员在 1994 年举行罢工是因为他们不愿接受老板想实行的薪水上限。如果这些老板已经就薪水进行了勾结,为什么他们还认为需要薪水上限?

4. 考虑美国和墨西哥之间的贸易关系。假定两国领导人认为不同贸易政策的支付如下:

	美国的决策	
	低关税	高关税
墨西哥的决策 — 低关税	美国获益250亿美元 / 墨西哥获益250亿美元	美国获益300亿美元 / 墨西哥获益100亿美元
墨西哥的决策 — 高关税	美国获益100亿美元 / 墨西哥获益300亿美元	美国获益200亿美元 / 墨西哥获益200亿美元

a. 美国的占优策略是什么?墨西哥的呢?解释原因。

b. 定义纳什均衡。贸易政策的纳什均衡是什么?

c. 1993 年美国国会通过了《北美自由贸易协定》。根据这个协定,美国和墨西哥同意同时降低关税。上表给出的支付能证明这种贸易政策正确吗?解释原因。

d. 根据你对(第 3 章和第 9 章中所讨论的)贸易好处的了解,你认为上表给出的支付实际上反映了一国在这四种可能结果下的福利了吗？
5. Synergy 和 Dynaco 是某高科技行业仅有的两家企业，当它们在决定研究预算为多大规模时面临着以下支付矩阵：

		Synergy 的决策	
		大预算	小预算
Dynaco 的决策	大预算	Synergy获益 2 000万美元 / Dynaco获益 3 000万美元	Synergy获益 0 / Dynaco获益 7 000万美元
	小预算	Synergy获益 3 000万美元 / Dynaco获益 0	Synergy获益 4 000万美元 / Dynaco获益 5 000万美元

a. Synergy 有占优策略吗？解释原因。
b. Dynaco 有占优策略吗？解释原因。
c. 这种情况下存在纳什均衡吗？解释原因。（提示：再认真阅读纳什均衡的定义。）

6. 假设你和你的同学被分配到一个项目组，你们将根据该项目得到一个共同的分数。你们每个人都想得到一个好成绩，但你们还想尽量少干点活。具体情况如下：

- 如果你们俩都努力工作，就都得 A，这给你们俩每人带来 40 单位快乐。
- 如果你们俩只有一个人努力工作，就都得 B，这给你们俩每人带来 30 单位快乐。
- 如果你们俩都不努力工作，就都得 D，这给你们俩每人带来 10 单位快乐。
- 努力工作的代价是 25 单位快乐。

		你的决策	
		工作	偷懒
同学的决策	工作	你： / 同学：	你： / 同学：
	偷懒	你： / 同学：	你： / 同学：

a. 在以上的决策方框中填写结果。
b. 最可能的结果是什么？解释你的答案。
c. 如果你把这位同学作为你一年中一系列项目的合作者，而不只是一次的合作者，那么你预期 b 的结果会有什么改变？
d. 你的另一位同学更关心好成绩：他从

B 中得到 50 单位快乐,而从 A 中得到 80 单位快乐。如果这位同学是你的合作者(但你的偏好不变),你对 a 和 b 的答案会有什么改变?你希望这两位同学中的哪一位成为你的合作者?他也希望你成为他的合作者吗?

7. 本章的案例研究描述了美国航空公司和布拉尼夫航空公司总裁的一段电话交谈。我们来分析这两家公司之间的博弈。假设每家公司既可以对机票收取高价格,也可以收取低价格。如果一家公司收取 300 美元,另一家公司也收取 300 美元,那么第一家公司就赚到低利润;如果另一家公司收取 600 美元,那么第一家公司就赚到高利润。另一方面,如果一家公司收取 600 美元,另一家公司收取 300 美元,那么第一家公司就赚到很低的利润;如果另一家公司也收取 600 美元,那么第一家公司就赚到中等的利润。
   a. 画出这个博弈的决策方框。
   b. 这个博弈中的纳什均衡是什么?解释原因。
   c. 对两家航空公司来说,有比纳什均衡更好的结果吗?如何达到这种结果?如果达到的话,谁将蒙受损失?

8. 两名能力相同的运动员竞争 1 万美元的奖金。每个人都要决定是否使用一种危险的提高成绩的药物。如果一个运动员使用了这种药,而另一个人没用,那么用药的运动员将获得奖金。如果两个运动员都用药或都不用药,他们就平局并平分奖金。用药给健康带来的风险相当于损失 x 美元。
   a. 画出一个 2×2 的支付矩阵,以描述两名运动员面临的决策。
   b. 当 x 为多少时,服用药物将是纳什均衡?
   c. 如果服用药物的安全性提高(即 x 降低),运动员的状况将变好还是变糟?解释原因。

9. Little Kona 是一家小型咖啡企业,正在考虑进入由 Big Brew 控制的市场。每家企业的利润取决于 Little Kona 是否进入以及 Big Brew 设定高价格还是低价格。
   a. 这个博弈的两个参与者有占优策略吗?
   b. 你对 a 的回答有助于你理解另一个参与者应该怎么做吗?
   c. 纳什均衡是什么?只有一个纳什均衡吗?
   d. Big Brew 威胁 Little Kona 说:"如果你进入,我们就将设定低价格,因此你最好不要进入。"你认为 Little Kona 应该相信这种威胁吗?为什么?
   e. 如果这两个企业可以勾结并就如何瓜分总利润达成协议,你预期他们会选择什么结果?

	Big Brew	
Little Kona	高价格	低价格
进入	Big Brew 赚 300 万美元 / Little Kona 赚 200 万美元	Big Brew 赚 100 万美元 / Little Kona 亏损 100 万美元
不进入	Big Brew 赚 700 万美元 / Little Kona 利润为零	Big Brew 赚 200 万美元 / Little Kona 利润为零

第6篇 劳动市场经济学

第 18 章
生产要素市场

当你毕业后,你的收入将主要取决于你所从事工作的类型。如果你成为一名电脑程序员,你将比成为一名加油站服务员赚得更多。这个事实并不让人吃惊,但其中的原因却并非显而易见。并没有哪一条法律规定电脑程序员的工资要比加油站服务员高,也没有哪一条道德规范认为程序员应该报酬更高。那么,是什么决定了不同工作的报酬呢?

当然,你的收入只是更大经济图景中的一小部分。2015 年美国居民的总收入(统计学上称为国民收入)是 16 万亿美元左右。人们以各种方式赚到这份收入。工人以工资和福利津贴的形式赚到总收入的 2/3。其他部分以租金、利润和利息的形式归土地所有者和资本所有者——资本是经济中设备和建筑物的存量。什么因素决定了多少归工人,多少归土地所有者,多少归资本所有者呢?为什么一些工人赚的工资比另一些工人高?为什么一些土地所有者赚的租金比另一些土地所有者高?为什么一些资本所有者赚的利润比另一些资本所有者高?特别是,为什么电脑程序员赚的钱比加油站服务员多?

正如经济学中的大部分问题一样,对这些问题的回答仍取决于供给与需求。劳动、土地和资本的供给与需求决定了支付给工人、土地所有者和资本所有者的价格。因此,为了说明一些人的收入为什么比另一些人高,我们需要更深入地考察他们所提供的服务的市场。这正是我们在本章和以下两章中将要做的工作。

本章将阐述分析要素市场的基本理论。你可以回忆一下第 2 章,**生产要素**(factors of production)是指用于生产物品与服务的投入。劳动、土地和资本是三种最重要的生产要素。当一家电脑公司开发新的软件程序时,它要利用程序员的时间(劳动)、它的办公室所处的物理空间(土地),以及办公楼和电脑设备(资本)。同样,当一个加油站出售汽油时,它要利用服务员的时间(劳动)、物理空间(土地)以及油箱和油泵(资本)。

在许多方面,要素市场类似于我们在前几章中分析的物品与服务市场,但两者在一个重要的方面有所不同:生产要素的需求是派生需求,也

生产要素:
用于生产物品与服务的投入。

就是说,企业的生产要素需求是从它向另一个市场供给物品的决策派生出来的。对电脑程序员的需求与电脑软件的供给有不可分割的联系,而对加油站服务员的需求与汽油的供给密不可分。

在本章中,我们通过考虑竞争的、以利润最大化为目标的企业如何决定购买多少生产要素来分析要素需求。我们从考察劳动需求开始分析。劳动是最重要的生产要素,因为在美国经济中工人的收入占到了总收入的大部分。在本章的后面,我们将说明,从劳动市场中得到的结论也可以应用于其他生产要素市场。

本章提出的要素市场的基本理论在解释美国经济的收入如何在工人、土地所有者和资本所有者之间分配方面向前迈出了一大步。第19章将在这一分析的基础上更详尽地考察为什么一些工人赚的钱比另一些工人多。第20章将考察要素市场运作所引起的收入不平等程度,然后考察政府在改变收入分配中应该起什么作用,以及实际起到了什么作用。

18.1 对劳动的需求

与经济中的其他市场一样,劳动市场也是由供求力量支配的。图 18-1 说明了这一点。在(a)幅中,苹果的供给与需求决定了苹果的价格。在(b)幅中,摘苹果工人的供给与需求决定了摘苹果工人的价格或工资。

图 18-1 供给与需求的多功能性

供给与需求的基本工具适用于物品与劳动服务。(a)幅表示苹果的供给与需求如何决定苹果的价格。(b)幅表示摘苹果工人的供给与需求如何决定摘苹果工人的工资。

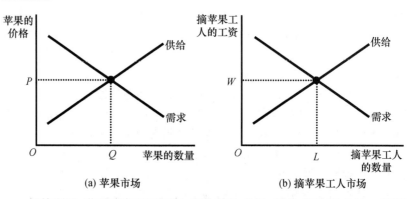

(a) 苹果市场　　(b) 摘苹果工人市场

如前所述,劳动市场不同于大多数其他市场,因为劳动需求是一种派生需求。大多数劳动服务不是作为最终产品供消费者享用的,而是作为生产成本投入其他物品的生产中去的。为了理解对劳动的需求,我们需要将注意力集中在雇用劳动力并用之生产和销售物品的企业上。通过考察物品生产和为生产这些物品所需求的劳动之间的联系,我们就可以说明均衡工资的决定。

18.1.1 竞争的、以利润最大化为目标的企业

我们来观察一个典型的企业,比如一个苹果生产商,如何决定其对劳动的需求量。该企业拥有一个苹果园,并且每周都必须决定雇用多少工人来摘苹果。在企业做出它的雇佣决策以后,工人就尽可能多地摘苹果。然后企业出售苹果,支付工人工资,剩下的就是利润。

我们做出两个关于企业的假设。第一,假设我们的企业在苹果市场上(在该市场上企业是卖者)和摘苹果工人市场上(在该市场上企业是买者)都是竞争性的。竞争企业是价格接受者。由于有许多其他企业出售苹果和雇用摘苹果工人,因此,一个企业对市场上苹果的售价和付给摘苹果工人的工资几乎没有什么影响。企业接受市场条件决定的价格和工资。它唯一要决定的是出售多少苹果和雇用多少工人。

第二,我们假设企业是追求利润最大化的。因此,企业并不直接关心它雇用的工人数和它生产的苹果量。它只关心利润,利润等于销售苹果的总收益减去生产这些苹果的总成本。企业的苹果供给和工人需求都由其利润最大化这个首要目标派生而来。

18.1.2 生产函数与劳动的边际产量

为了做出雇佣决策,企业必须考虑工人数量的多少如何影响产量。换句话说,它必须考虑摘苹果工人的数量如何影响它能收获和销售的苹果量。表18-1用数字进行了说明。第一列是工人数量;第二列是工人每周收获的苹果量。

表18-1　竞争企业如何决定雇用的工人数量

劳动力 (L) (工人数量)	产量 (Q) (蒲式耳/周)	劳动的 边际产量 ($MPL=$ $\Delta Q/\Delta L$) (蒲式耳/周)	劳动的 边际产量值 ($VMPL=$ $P \times MPL$) (美元)	工资 (W) (美元)	边际利润 (Δ利润$=$ $VMPL-W$) (美元)
0	0				
		100	1 000	500	500
1	100				
		80	800	500	300
2	180				
		60	600	500	100
3	240				
		40	400	500	-100
4	280				
		20	200	500	-300
5	300				

生产函数：
用于生产一种物品的投入量与该物品产量之间的关系。

这两列数字描述了企业的生产能力。我们还记得，经济学家用**生产函数**（production function）来描述生产中使用的投入量与产量之间的关系。在这里，"投入"是摘苹果的工人，而"产出"是苹果。其他投入——苹果树本身、土地、企业的卡车和拖拉机等——现在保持固定。这个企业的生产函数显示：如果企业雇用1个工人，那么这个工人每周将摘100蒲式耳苹果；如果企业雇用2个工人，那么2个工人每周一共摘180蒲式耳苹果，以此类推。

图18-2是根据表18-1提供的劳动与产量的数据绘制的。横轴是工人数量，纵轴是产量。这个图阐释了生产函数。

图 18-2　生产函数

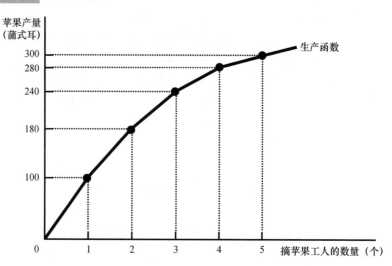

生产函数是生产中的投入量（摘苹果工人）与生产的产品数量（苹果）之间的关系。随着投入量增加，生产函数变得越来越平坦，这反映了边际产量递减的特性。

劳动的边际产量：
增加一单位劳动所引起的产量增加量。

边际产量递减：
一单位投入的边际产量随着投入量增加而减少的性质。

第1章中的经济学十大原理之一是理性人考虑边际量。这是理解企业如何决定雇用多少劳动数量的关键。作为决策的一步，表18-1的第三列给出了**劳动的边际产量**（marginal product of labor），即增加一单位劳动所引起的产量增加量。例如，当企业把工人数量从1个增加到2个时，生产的苹果从100蒲式耳增加到180蒲式耳。因此，第2个工人的边际产量是80蒲式耳。

需要注意的是，随着工人数量的增加，劳动的边际产量递减。这就是说，生产过程表现出**边际产量递减**（diminishing marginal product）。起初，当只雇用少数几个工人时，他们可以摘低处的苹果。随着工人数量的增加，增加的工人不得不爬上高高的梯子来找要摘的苹果。因此，随着雇用的工人越来越多，每个新增的工人对苹果产量的贡献越来越小。由于这个原因，图18-2中的生产函数随着工人数量的增加变得越来越平坦。

18.1.3 边际产量值和劳动需求

我们的利润最大化企业并不是关注苹果本身,而是关注生产和销售苹果所带来的财富。因此,在决定雇用多少工人摘苹果时,企业会更多地考虑每个工人能带来多少利润。由于利润是总收益减总成本,因此,增加1个工人的利润是工人对收益的贡献减去工人的工资。

为了确定工人对收益的贡献,我们必须把劳动的边际产量(用苹果的蒲式耳数来衡量)变为边际产量值(用美元来表示)。我们用苹果的价格来进行变换。继续看我们的例子,如果每蒲式耳苹果卖 10 美元,而且如果 1 个增加的工人生产 80 蒲式耳苹果,那么这个工人就产生 800 美元收益。

任何一种投入的**边际产量值**(value of the marginal product)就是该投入的边际产量乘以产品的市场价格。在我们的例子中,假设每蒲式耳苹果的价格是 10 美元,表 18-1 的第四列就表示劳动的边际产量值。由于一个竞争企业的市场价格是不变的,而边际产量随着工人增加而递减,因此,边际产量值(与边际产量本身一样)随着工人数量的增加而递减。经济学家有时把这一列数字称为企业的边际收益产量:它是企业从多使用一单位生产要素中得到的额外收益。

现在考虑企业将雇用多少工人。假定摘苹果工人的市场工资是每周 500 美元。在这种情况下,正如你在表 18-1 中看到的,企业雇用第 1 个工人是有利可图的:第 1 个工人产生 1 000 美元收益,或 500 美元利润。类似地,第 2 个工人产生 800 美元的额外收益,或 300 美元利润。第 3 个工人产生 600 美元的额外收益,或 100 美元利润。但是,在第 3 个工人之后,再雇用工人就无利可图了。第 4 个工人只产生 400 美元的额外收益,由于工人的工资是 500 美元,所以雇用第 4 个工人意味着利润减少 100 美元。因此,企业只雇用 3 个工人。

图 18-3 描述了边际产量值。这条曲线向右下方倾斜,是因为劳动的边际产量随着工人数量的增加而递减。该图还包括一条市场工资的水平线。为了使利润最大化,企业雇用的工人数要达到这两条曲线相交的那一点。低于这个雇用水平时,边际产量值大于工资,再多雇用 1 个工人会增加利润;高于这个雇用水平时,边际产量值低于工资,雇用该边际工人是无利可图的。因此,一个竞争性的、利润最大化企业雇用的工人数要达到使劳动的边际产量值等于工资的那一点。

在理解了一个竞争企业的利润最大化雇佣策略之后,我们现在可以提出劳动需求理论了。我们还记得,企业的劳动需求曲线告诉了我们在任何一种既定的工资水平下企业所需要的劳动数量。我们刚刚在图 18-3

边际产量值:
一种投入的边际产量乘以该产品的价格。

中看到了,企业选择劳动数量的决策原则是使边际产量值等于工资。因此,对一个竞争性的、利润最大化的企业来说,边际产量值曲线也是劳动需求曲线。

图 18-3 劳动的边际产量值

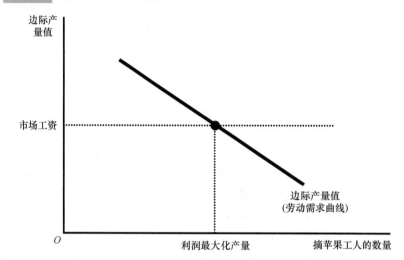

该图表示边际产量值(边际产量乘以产品价格)如何取决于工人的数量。该曲线向右下方倾斜是因为边际产量递减。对一个竞争性的、以利润最大化为目标的企业来说,这条边际产量值曲线也是企业的劳动需求曲线。

参考资料
投入需求与产量供给:同一枚硬币的两面

在第 14 章中,我们说明了一个竞争性的、以利润最大化为目标的企业如何决定其产量:它将选择在该物品的价格等于生产的边际成本时的产量。我们刚才说明了这种企业如何决定其所雇用劳动的数量:它选择工资等于边际产量值时的劳动数量。由于生产函数把投入量与产量联系起来,因此,当你了解到企业的投入需求决策与产量供给决策密切相关时,应该不会感到惊讶。实际上,这两种决策是同一枚硬币的正反两面。

为了更充分地说明这种关系,让我们看看劳动的边际产量(MPL)与边际成本(MC)如何相关。假设增加 1 个工人的成本为 500 美元,边际产量为 50 蒲式耳苹果。在这种情况下,多生产 50 蒲式耳苹果成本为 500 美元,1 蒲式耳苹果的边际成本是 500 美元/50,即 10 美元。推而广之,如果 W 表示工资,而且额外的一单位劳动会生产出 MPL 单位的产量,那么,一单位产量的边际成本是 $MC = W/MPL$。

这种分析表明,边际产量递减与边际成本递增是紧密相关的。当苹果园里挤满了工人时,每个新增的工人所增加的苹果产量就会减少(MPL 减少)。类似地,当苹果企业生产大量苹果时,苹果园已经挤满了工人,以至于生产额外 1 蒲式耳苹果的成本会增加(MC 增加)。

现在考虑我们的利润最大化标准。我们已经明确,利润最大化企业选择的劳动数量应使劳动的边际产量值($P \times MPL$)等于工资(W)。用数学公式可以表示为

$$P \times MPL = W$$

如果我们把这个式子的两边同时除以 MPL,就得出

$$P = W/MPL$$

我们刚刚提到,W/MPL 等于边际成本 MC。因此,我们可以将其代入上式得出

$$P = MC$$

这个等式表明,企业所生产产品的价格等于生产一单位该产品的边际成本。因此,当一个竞争企业雇用的劳动达到边际产量值等于工资的那一点时,它的产量也就达到价格等于边际成本的那一点。本章对劳动需求的分析正是我们看待第 14 章中的生产决策的另一种方式。

18.1.4　什么会引起劳动需求曲线移动

现在我们理解了为什么劳动需求曲线反映了劳动的边际产量值。记住这一结论,下面我们考察可能会引起劳动需求曲线移动的几个因素。

产品价格　边际产量值是边际产量乘以产品的价格。因此,当产品价格变动时,边际产量值变动,而且,劳动需求曲线移动。例如,苹果价格上升会增加每个摘苹果工人的边际产量值,从而增加了生产苹果的企业的劳动需求。相反,苹果价格下降减少了边际产量值,也减少了劳动需求。

技术变革　在 1960—2015 年,一个普通美国工人一小时生产的产量增加了 195%。为什么呢?最重要的原因是技术进步:科学家和工程师不断地发明出新的、更好的做事情的方法。这对劳动市场有深远的含义。技术进步通常增加了劳动的边际产量,从而增加了劳动需求,并使劳动需求曲线向右移动。

技术变革也可能减少劳动需求。例如,廉价的工业机器人的发明就可能减少劳动的边际产量,使劳动曲线向左移动。经济学家把这种情况称为劳动节约型的技术变革。但是,历史表明,大多数技术进步是劳动扩张型的。例如,有一把钉枪的木匠比只有一把锤子的木匠生产效率高。劳动扩张型技术的进步解释了在工资上升时就业持续增加的现象:尽管

(根据通货膨胀调整过的)工资从1960年到2015年上升了165%,但企业雇用的工人数量翻了一番。

其他要素的供给 一种生产要素的可获得量会影响其他生产要素的边际产量。例如,摘苹果工人的生产率取决于可获取的梯子。如果梯子的供给减少了,那么摘苹果工人的边际产量也会减少,这就减少了对摘苹果工人的需求。在本章的后面,我们还要更充分地考察生产要素之间的这种联系。

即问即答 • 描述劳动的边际产量与劳动的边际产量值的含义。
• 描述一个竞争性的、以利润最大化为目标的企业如何决定雇用工人的数量。

18.2 对劳动的供给

在详细分析了劳动需求后,我们转向市场的另一面,来考虑劳动供给。劳动供给的正式模型将在第21章给出,在那一章我们会提出家庭决策理论。在这里,我们简单而非正式地讨论劳动供给曲线背后的决策。

18.2.1 工作与闲暇之间的权衡取舍

"四十年来,我的确并未享受一周工作5天、一年工作50周的生活,但我需要钱。"

图片来源: ⓒ Peter C. Vey/The New Yorker Collection/www.cartoonbank.com

第1章中的经济学十大原理之一是人们面临权衡取舍。在人的一生中,也许没有一种权衡取舍比工作与闲暇之间的权衡取舍更明显、更重要。你用于工作的时间越多,用于看电视、浏览社会媒体、与朋友吃饭,或追求自己喜欢的业余爱好的时间就越少。劳动与闲暇之间的权衡取舍隐藏在劳动供给曲线的背后。

经济学十大原理中还有一个是,某种东西的成本是为了得到它所放弃的东西。为了得到一小时闲暇,你放弃了什么呢?你放弃了一小时工作,这又意味着放弃了一小时工资。因此,如果你的工资是每小时15美元,那么一小时闲暇的机会成本就是15美元。而且,当你的工资提高到每小时20美元时,享受闲暇的机会成本也随之增加了。

劳动供给曲线反映了工人如何根据这一机会成本的变动做出劳动—闲暇权衡取舍的决策。向右上方倾斜的劳动供给曲线意味着,工资上升将使工人增加他们供给的劳动量。由于时间是有限的,工作时间越多就意味着工人享受闲暇的时间越少。也就是说,工人对闲暇的机会成本增加的反应是减少闲暇。

值得注意的是,劳动供给曲线并不一定是向右上方倾斜的。假定你的工资从每小时 15 美元上升到 20 美元,闲暇的机会成本现在变大了,但你也比以前更富有了。有了这笔额外的财富,你现在可能会选择去享受更多的闲暇。这就是说,在高工资时,你会选择少工作几小时。如果是这样的话,你的劳动供给曲线会向后弯曲。在第 21 章中,我们将根据你劳动供给决策的冲突效应(称为收入效应与替代效应)来讨论这种可能性。现在我们暂时不考虑向后弯曲的劳动供给曲线的可能性,并假设劳动供给曲线向右上方倾斜。

18.2.2 什么会引起劳动供给曲线移动

只要人们改变他们在某一既定工资上想工作的量,劳动供给曲线就会发生移动。现在我们来考虑可能会引起这种移动的一些因素。

爱好变动 在 1950 年,34% 的女性从事有酬职业或正在找工作。2015 年,这一数字上升到 57%。虽然人们对这种变化有许多解释,但其中之一是爱好或对工作的态度发生了改变。65 年前,女性留在家里照料孩子是正常的。今天,普通家庭的规模变小了,更多的母亲选择了工作。结果是劳动供给增加。

可供选择的机会改变 在任何一个劳动市场上,劳动的供给都取决于其他劳动市场上可以得到的机会。如果摘梨的工人赚到的工资突然上升了,那么一些摘苹果的工人就会选择改变职业,结果导致摘苹果工人市场上的劳动供给减少了。

移民 工人从一个地区向另一个地区,或从一个国家向另一个国家的流动是劳动供给曲线移动的另一个重要来源。例如,当移民来到美国时,美国的劳动供给增加了,而移民国的劳动供给减少了。实际上,许多有关移民的争论集中在它对劳动供给,从而对劳动市场均衡工资的影响上。

即问即答 谁享受闲暇的机会成本更高——看门人还是脑外科医生?解释原因。这有助于解释为什么医生工作时间如此之长吗?

专家看法

移民

"如果法律允许高素质的外国工人每年都大量移民到美国,那么普通美国公民的状况会更好。"

经济学家怎么说?

0% 不同意　5% 不确定

95% 同意

"如果法律允许低技能的外国工人每年都大量移民到美国,那么普通美国公民状况会更好。"

经济学家怎么说?

10% 不同意　27% 不确定

63% 同意

"如果法律允许更多的低技能外国工人移民到美国,那么许多低技能美国工人的状况会大大变坏,除非美国工人得到一定补偿。"

经济学家怎么说?

11% 不同意　29% 不确定

60% 同意

资料来源:IGM Economic Experts Panel, February 12, 2013, December 10, 2013.

18.3 劳动市场的均衡

到现在为止,我们已经确认了竞争性劳动市场上工资如何决定的两个因素:
- 工资会自发调整,使劳动的供求达到平衡。
- 工资等于劳动的边际产量值。

乍一看,工资可以同时做到这两件事可能令人感到惊讶。实际上,这里并不存在真正的难解之谜,但解释为什么不存在这个谜是理解工资决定的重要一步。

图 18-4 表示劳动市场均衡。工资和劳动数量的自发调整使供求达到平衡。当市场处于这种均衡时,每个企业都已购买了其在均衡工资时有利可图的最大劳动数量。这就是说,每个企业都遵循了利润最大化原则:它雇用劳动直到边际产量值等于工资时为止。因此,一旦劳动的购买量使供求达到均衡,工资必定等于劳动的边际产量值。

图 18-4　劳动市场的均衡

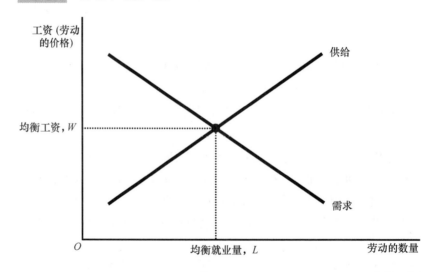

和所有的价格一样,劳动的价格(工资)取决于供给与需求。由于需求曲线反映劳动的边际产量值,因此,在均衡时工人得到他们对生产物品与服务的边际贡献值。

这就使我们得出一个重要的结论:改变劳动供求的任何事件都必定使均衡工资和边际产量值等量变动,因为这两个量必定总是相等的。为了说明这一点如何发生作用,我们考虑几个使这些曲线移动的事件。

18.3.1 劳动供给的移动

假定向境内移民增加了摘苹果工人的供给。如图 18-5 所示,劳动供给曲线从 S_1 向右移动到 S_2。在最初的工资 W_1 下,劳动供给量大于需求量。这种劳动过剩对摘苹果工人的工资产生向下的压力,工资从 W_1 下降到 W_2 又使企业多雇用工人变得有利可图。随着每个苹果园雇用工人数量的增加,工人的边际产量减少了,从而边际产量值也减少了。在这种新均衡下,工资和劳动的边际产量值都低于新工人流入以前的水平。

图 18-5 劳动供给的移动

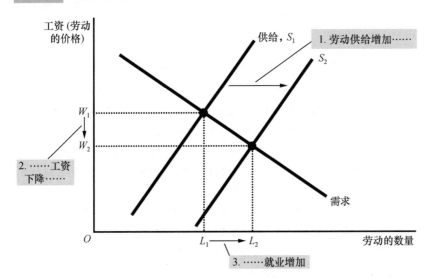

也许是由于出现新工人的移民潮,劳动供给由 S_1 增加到 S_2,均衡工资从 W_1 下降到 W_2。在这种较低的工资水平下,企业雇用更多工人,因此就业从 L_1 增加到 L_2。工资的变动反映了劳动边际产量值的变动:在工人较多时,增加一个工人所增加的产量减少了。

麻省理工学院的经济学家 Joshua Angrist 研究的一个以色列事例说明了劳动供给移动如何改变劳动市场均衡。在 20 世纪 80 年代的大部分时间,成千上万的巴勒斯坦人定期地从他们被以色列占领的西岸和加沙地带的家乡流动到以色列境内工作,他们主要从事建筑业与农业。但是,1988 年,由于以色列政府对这些被占领地区的政治动乱采取了措施,受其影响,这种工人的供给也减少了。以色列当局实施了戒严,更彻底地检查工作许可证,更严格地执行禁止巴勒斯坦人在以色列过夜的规定。这些措施的经济影响完全与理论预期的一样:在以色列有工作的巴勒斯坦人的数量减少了一半,而那些继续在以色列工作的人的工资增加了 50% 左右。由于在以色列的巴勒斯坦工人数量减少,仍然留下来的工人的边际产量值大大提高了。

当考虑移民经济学时,要记住经济不是由一个劳动市场组成,而是由拥有不同工人的各种劳动市场组成。移民潮可能会在新移民找工作的市场上使工资下降,但在其他劳动市场上可能会带来相反的影响。例如,如果新移民寻找摘苹果的工作,那么摘苹果工人的供给增加而且摘苹果工人的工资下降。但假设新移民是医生并用他们的一些收入购买苹果,那么在这种情况下,移民潮增加了医生的供给,同时也增加了对苹果的需求,从而增加了对摘苹果工人的需求。因此,医生的工资减少了,而摘苹果工人的工资增加了。各种市场之间的联系——有时被称为一般均衡效应——使对移民的全部影响进行分析比乍看起来更加复杂。

新闻摘录
移民经济学

下面是与研究移民的达拉斯联邦储备银行高级经济学家 Pia Orrenius 的对话。

Pia Orrenius

图片来源: Courtesy of Federal Reserve Bank of Dallas, Southwest Economy, March/April 2006.

问:你能告诉我们美国的移民人口有多少吗?

答:移民占了总人口的13%,这意味着约有4 200万出生在外国的人生活在美国。2014年普遍接受的对在外国出生的未注册人口的估算是1 130万。移民来自世界各地,但是我们发现他们的来源有了很大变化。在20世纪50年代和60年代,75%的移民来自欧洲。今天约有80%的移民来自拉丁美洲和亚洲。今天的流入量也变得更大了,每年的新进入者有100万到200万。但是这一数量仍然低于2007—2009年大衰退之前的水平,当时的房地产危机引起了非法移民的大幅度减少。

大家关心的是我们的经济如何能吸收这些移民,并给他们工作的。与其他发达国家相比,美国移民有更高的就业率。这部分是因为我们并没有制定很高的入门级工资或限制性雇用与解雇条例。在这种灵活的体制中会有更多的职位空缺,因而工人会有更多的机会。当然,入门级的工资也比较低,但移民至少可以落脚。

加入劳动力队伍使得移民们可以和社会上的其他人交往。他们学习语言更快了,并且还会纳税进而成为利益相关者。

问:移民进入了美国经济的哪些领域?

答:我们的移民在经济活动中的分布是多元化的。我们现依靠移民从事高技能工作,也依靠他们从事低技能工作。还有一些移民是中等技能工人,但是最主要的是,他们处于教育分布的高端或低端。

移民对经济的影响是正面的,但他们对财政的影响取决于你谈的是哪一个群体。我们有极为重要的高技能移民群体。我们依靠他们完成医疗、科学、技术和工程中的一些高技能工作。每年都有超过1/3的科学和工程博士学位授予了出生在美国以外国家的学生。而且,研究表明在STEM(科学、技术、工程与数学)领域,外国出生的工人比他们的美国同事更有创新和创业精神,这极大地促进了生产率的提高。

高技能移民对政府财政也做出了积极贡献。当讨论移民问题时，人们倾向于关注未注册的或者低技能的移民，而且往往没有意识到高技能移民的巨大贡献。

问：低技能移民又怎样呢？

答：低技能移民也带来了劳动力增加的经济利益，例如给消费者带来了更低的价格并给资本带来了更高的回报，但这种利益必须与其往往是消极的财政影响相平衡。财政影响表现为家庭对税收的贡献与家庭使用的公共服务之间的差别。

使财政问题更为困难的是税收负担的分摊。联邦政府从那些工作并支付就业税的移民那里得到了更多的收入。州政府和地方政府得到的收入要少一些，但却要支付更多与低技能移民相关的费用——通常是教育和医疗保障支出。

问：移民合不合法重要吗？

答：非法移民多年以来也对美国经济做出了贡献。美国工人中有5%是未经批准的，这是由于最近几十年劳动需求强劲增长并放松了管制。但是，从经济和财政的角度看，根据技能水平的差别对移民进行区分比关注其是否具有合法身份更有意义。

低技能移民的经济利益一般并不取决于他们是如何进入美国的。非法移民纳税较少，但他们也没有资格享受公共福利。所以说，非法并不意味着这些移民有较坏的财政影响。实际上，低技能的非法移民所带来的财政负担比低技能的合法移民要少，因为没有注册的移民几乎得不到任何福利。

问：移民如何影响本土出生的人的工作和收入？

答：劳动经济学家长期以来都致力于研究这个问题，即移民如何影响美国人的工资，特别是那些没有高中文凭的低技能工人的工资。我们关注这一点的原因是，自从20世纪70年代后期以来，低技能美国工人的真实工资一直在下降。

研究表明这种下降主要不是因为移民的进入。普遍的看法似乎是，今天工资下降的1%—3%是由于移民，尽管一些学者发现移民对低技能工人的影响要大一些。但是劳动经济学家认为，这是一个难题，因为他们并不能系统地确定移民对工资有更大的不利影响。

原因可能是经济一直在根据移民的进入而调整。例如，从地理来看，大量移民流入一个地区也会鼓励资本流入、技术或生产流程进步，这些都可供新工人使用。因此，劳动供给增加了，但劳动需求也增加了，从而移民的工资效应减弱了。

资料来源：本访谈内容原发表于 *Southwest Economy*, March/April 2006, 在本版中由 Orrenius 博士进行了更新。

18.3.2 劳动需求的移动

现在假定苹果受欢迎程度的提高引起了价格上升。这种价格上升并没有改变任何一种既定工人数量下劳动的边际产量,但它增加了边际产量值。在苹果价格较高时,雇用更多摘苹果工人就变得有利可图了。正如图18-6所示,当劳动需求从 D_1 向右移动到 D_2 时,均衡工资从 W_1 上升到 W_2,均衡就业量从 L_1 增加到 L_2。工资和劳动的边际产量值再次同时发生了变动。

图 18-6 劳动需求的移动

也许由于企业产品价格的上升,劳动需求从 D_1 增加到 D_2,均衡工资从 W_1 上升到 W_2,就业量从 L_1 增加到 L_2。工资变动又反映了劳动边际产量值的变动:由于产品价格上升,增加一个工人所增加的产量更值钱了。

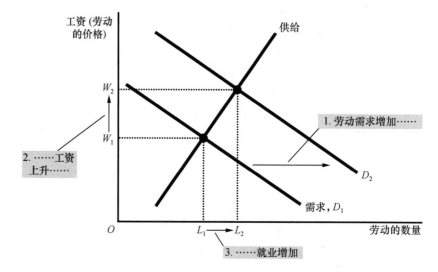

这种分析表明,一个行业中企业的繁荣程度往往是与这个行业中工人的繁荣程度密切相关的。当苹果价格上升时,苹果生产者赚到了更多利润,摘苹果工人也得到了更多的工资。当苹果价格下降时,苹果生产者赚到的利润变少了,摘苹果工人的工资也变少了。那些价格变动大的行业的工人都知道这个道理。例如,石油行业的工人从经验中了解到,他们的收入与世界原油价格密切相关。

从这些例子中你应该可以充分理解工资在竞争性劳动市场上是如何确定的。劳动供给与劳动需求共同决定了均衡工资,而且劳动供给曲线或劳动需求曲线的移动引起了均衡工资的变动。同时,那些需要工人的企业对利润最大化的追求确保了均衡工资总是等于劳动的边际产量值。

案例研究
生产率与工资

第 1 章中的经济学十大原理之一是,我们的生活水平取决于我们生产物品与服务的能力。我们现在可以说明这个原理如何在劳动市场上发挥作用了。具体而言,劳动需求分析表明,工资等于用劳动的边际产量值衡量的生产率。简言之,生产率高的工人其工资也高,生产率低的工人其工资也低。

这个结论对于理解为什么现在的工人比前几代工人状况更好是至关重要的。表 18-2 列出了一些生产率增长与实际工资(即根据通货膨胀调整后的工资)增长的数据。从 1960 年到 2015 年,以每小时产量衡量的生产率每年增长 2.0% 左右,实际工资则以每年 1.8% 的速度增长——生产率与实际工资的增长率几乎相等。当增长率每年为 2.0% 时,生产率和实际工资大约每 35 年就翻一番。

表 18-2　美国的生产率与工资增长情况

时　间	生产率增长率(%)	实际工资增长率(%)
1960—2015 年	2.0	1.8
1960—1973 年	2.7	2.7
1973—1995 年	1.4	1.2
1995—2015 年	2.1	1.8

资料来源:Bureau of Labor Statistics.

在表 18-2 中,生产率增长用非农业部门每小时产量的年度变动率来衡量。实际工资增长用非农业部门每小时报酬的年度变动率除以该部门的隐性物价平减指数来衡量。这些生产率数据衡量平均生产率——产量除以劳动量——而不是边际生产率,但可以认为平均生产率与边际生产率是密切地同时变动的。

生产率的增长一直在随时间而波动。表 18-2 还列出了经济学家认为生产率变化很不同的三个较短时期的相关数据。1973 年左右,美国开始了经历持续到 1995 年的生产率增长的放慢。虽然其中的原因还未能得到很好的解释,但我们从数据中发现生产率和实际工资之间的关系完全符合标准理论的预计。生产率从每年 2.7% 放慢到 1.4%,这与实际工资增长率从每年 2.7% 放慢到 1.2% 是一致的。

1995 年左右生产率的增长又加快了,而且许多观察者把这种现象归因于"新经济"的到来。这次的生产率加速增长主要归因于电脑和信息技术的传播。正如理论所预计的,实际工资的增长也加快了。从 1995 年到 2015 年,生产率每年增长 2.1%,而实际工资每年增长 1.8%。

综上所述,理论和历史都证明了生产率和实际工资之间有着紧密的联系。

即问即答　工人移民如何影响劳动供给、劳动需求、劳动的边际产量及均衡工资?

参考资料
买方垄断

如前所述,我们用供求工具对劳动市场进行了分析。在分析中,我们假设劳动市场是竞争性的。这就是说,我们假设有许多的劳动买者和卖者,因此,每个买者或卖者对工资的影响都是微不足道的。

但这个假设并不总是适用的。现在设想一个小镇的劳动市场由一个大雇主支配,那么这个雇主就对现行工资有相当大的影响,而且它可以很好地运用其市场势力来改变结果。这种只有一个买者的市场被称为**买方垄断**。

买方垄断(只有一个买者的市场)在许多方面类似于垄断(只有一个卖者的市场)。回忆一下第15章,一个垄断企业生产的物品少于竞争企业,它通过减少用于销售的数量来沿着产品的需求曲线变动,从而提高了产品价格,并增加了利润。类似地,劳动市场上买方垄断企业雇用的工人也少于竞争企业,通过减少可获得的工作数量,买方垄断企业沿着劳动供给曲线变动,减少了它支付的工资,并增加了利润。因此,垄断和买方垄断都使市场经济活动降到社会最优水平之下。在这两种情况下,市场势力的存在都扭曲了结果,并引起了无谓损失。

本书没有提出正式的买方垄断模型,因为在现实世界中买方垄断是极少见的。在大多数劳动市场上,工人有许多可能的雇主,企业也相互竞争以吸引工人。在这种情况下,供求模型是最好的分析工具。

18.4 其他生产要素:土地和资本

我们已经说明了企业如何决定雇用多少工人,以及这些决策如何决定工人的工资。在企业雇用工人的同时,它们还要决定其他生产投入。例如,苹果生产企业必须选择其苹果园的规模,以及供摘苹果工人使用的梯子的数量。我们可以把企业的生产要素分为三类:劳动、土地和资本。

劳动和土地这两个术语的含义是清楚的,但资本的定义有点棘手。经济学家用**资本**(capital)这个术语来指生产中所使用的设备与建筑物的存量。这就是说,经济中的资本代表过去所生产的物品的积累,并且它们被用于生产新物品和服务。就苹果企业而言,资本存量包括用于爬树的梯子、用于运输苹果的卡车、用于贮藏苹果的建筑物,甚至苹果树本身。

资本:
用于生产物品与服务的设备和建筑物。

18.4.1 土地和资本市场的均衡

什么决定了土地与资本所有者由于他们对生产过程的贡献而赚到的回报呢?在回答这个问题之前,我们需要区分两种价格:购买价格和租赁价格。土地或资本的购买价格是一个人为了无限期地拥有那些生产要素而支付的价格,租赁价格是一个人为了在一个有限时期内使用那些生产要素而支付的价格。记住这种区别很重要,因为正如我们将看到的,这些价格是由略有不同的经济力量决定的。

在为这些术语下定义之后,我们现在就可以把我们为劳动市场提出的要素需求理论运用到土地和资本市场中。由于工资是劳动的租赁价格,因此我们所知道的关于工资决定的许多内容都可以运用于土地和资本的租赁价格。正如图18-7所示,(a)幅中的土地的租赁价格,以及(b)幅中的资本的租赁价格,都是由供给和需求决定的。此外,土地和资本需求的决定也与劳动需求的决定一样。这就是说,当苹果生产企业决定租用多少土地和梯子时,也遵循与决定雇用多少劳动时同样的逻辑。无论是土地还是资本,企业都会一直增加对它们的租用量,直到要素的边际产量值等于要素的价格时为止。因此,每种要素的需求曲线就反映了该要素的边际生产率。

图 18-7 土地和资本市场

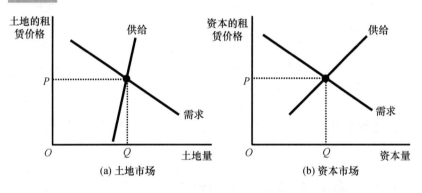

(a) 土地市场　　(b) 资本市场

供给和需求决定了对土地所有者支付的报酬,如(a)幅所示,以及对资本所有者支付的报酬,如(b)幅所示。每种要素的需求又取决于该要素的边际产量值。

现在我们可以解释多少收入归工人,多少收入归土地所有者,以及多少收入归资本所有者了。只要使用生产要素的企业是竞争性且利润最大化的,每种要素的租赁价格就必须等于该要素的边际产量值。劳动、土地和资本各自赚到了它们在生产过程中的边际贡献的价值。

现在考虑土地和资本的购买价格。租赁价格和购买价格是相关的:如果土地或资本能产生有价值的租赁收入流,那么买者就愿意花更多钱去买一块土地或资本。而且,正如我们刚刚说明的,任何一个时点的均衡租赁收入都等于要素的边际产量值。因此,一块土地或资本的均衡购买价格取决于当前的边际产量值以及预期未来会有的边际产量值。

参考资料
什么是资本收入

劳动收入是一个容易理解的概念:它是工人从其雇主那里得到的薪酬。但资本收入的含义并不那么显而易见。

在我们的分析中一直暗含着一个假设,即家庭拥有经济的资本存量——梯子、钻床、仓库等——并把它们租给企业使用。在这种情况下,资本收入是家庭因企业对其资本进行使用而得到的租金。这种假设可以使我们对资本所有者如何得到报酬的分析简单化,但这并不完全符合实际。实际上,企业通常拥有它们所使用的资本,因此企业从这些资本中赚得收入。

但是,资本的这些收入最终要以各种形式支付给家庭。一些是以利息的形式支付给借钱给企业的家庭。债券持有者和银行储户是利息获得者的两个例子。因此,当你从你的银行账户上得到利息时,这种收入就是经济中资本收入的一部分。

此外,一些资本收入以股利的形式支付给家庭。股利是企业支付给企业股东的报酬。股东是购买了部分企业所有权,从而有权分享企业利润的人。

企业并不一定要以利息和股利的形式把收入全部支付给家庭。它也可以在企业内保留一部分收入,用于购买更多的资本。与股利不同,这些保留的收入没有直接以现金形式支付给企业股东,但股东仍然可以从中获益。因为留存收益增加了企业拥有的资本量,它们往往会增加未来的收益,从而提高企业股票的价值。

对这些基本原理进行详细阐述是有趣而重要的,但它们并没有改变我们关于资本所有者赚到的收入的结论。无论资本的收入是以利息或股利的形式转移给家庭,还是作为留存收益留在企业内,资本都是根据其边际产量值来获得报酬的。

18.4.2 生产要素之间的联系

我们已经说明了,支付给任何一种生产要素——劳动、土地或资本——的价格等于该要素的边际产量值。任何一种要素的边际产量又取决于可以得到的那种要素的量。由于边际产量递减,一种供给充足的要素边际产量低,从而价格较低;而一种供给稀缺的要素边际产量高,从而价格也较高。因此,当某种要素供给减少时,它的均衡价格上升。

然而,当某种要素的供给发生变化时,它的影响并不仅局限于对该要素市场的影响。在大多数情况下,生产要素以某种方式组合在一起使用,这就使得每种要素的生产率都取决于生产过程中需要使用的其他要素的可获得量。结果是,任何一种生产要素的供给发生变化不仅影响该种要素的收益,而且影响所有要素的收益。

例如,假设一场飓风毁坏了工人用来从果园摘苹果的梯子,那么各种生产要素的收益会发生什么变动呢?最明显的结果是,梯子的供给减少了,因此梯子的均衡租赁价格上升了。那些幸运的梯子免于被毁的所有者们现在把梯子租给生产苹果的企业时,可以赚到更多的收入。

但这个事件的影响并不仅仅停留在梯子市场上。由于用来工作的梯子少了,摘苹果的工人的边际产量也就减少了。因此,梯子供给的减少降低了摘苹果工人的需求,而这又引起均衡工资下降。

这个事件说明了一个一般性结论:改变任何一种生产要素供给的事件会改变所有要素的收入。而任何一种要素收入的变动,都可以通过分析某个事件对该要素边际产量值的影响来确定。

案例研究
黑死病的经济学

14世纪的欧洲,鼠疫的流行在短短几年内夺去了大约三分之一人口的生命。这一被称为黑死病的事件为检验我们刚刚提出的要素市场理论提供了一个可怕的自然实验。我们来看看黑死病对那些幸存者的影响。你认为工人赚到的工资和土地所有者赚到的租金会发生什么变化呢?

为了回答这个问题,我们来考察人口减少对劳动的边际产量和土地的边际产量的影响。在工人供给减少时,劳动的边际产量增加了(这是边际产量递减在相反方向起作用)。因此,我们估计黑死病提高了工资。

大难不死,必有后福。

图片来源:© Bettman/Corbis.

由于土地和劳动被同时用于生产,所以工人供给减少也会影响土地市场,而土地是中世纪欧洲另一种主要的生产要素。由于耕种土地的工人减少了,所以增加一单位土地所生产的额外产量少了。换句话说,土地的边际产量减少了。因此,我们可以认为黑死病降低了地租。

实际上,这两种预言都与历史证据相一致。在这一时期,工资翻了将近一番,而租金减少了50%,甚至更多。黑死病给农民阶级带来了经济繁荣,却使土地阶级的收入有所减少。

即问即答 • 什么决定了土地所有者和资本所有者的收入? • 资本量的增加如何影响那些已经拥有资本的人的收入和工人的收入?

18.5　结论

本章解释了劳动、土地和资本如何由于它们在生产过程中所起的作用而得到报酬。这里所提出的理论被称为新古典分配理论。根据新古典分配理论，每种生产要素所得到的报酬量取决于该要素的供给与需求。需求又取决于某种要素的边际生产率。在达到均衡时，每种生产要素都获得它在物品与服务生产中所提供的边际贡献的价值。

新古典分配理论被广泛接受。大多数经济学家在解释美国经济的 15 万亿美元收入如何在其不同成员间分配时都是从新古典分配理论开始的。在接下来两章中，我们将更详细地探讨收入分配。你将会看到，新古典理论为这种讨论提供了一个框架。

现在你可以用这个理论来回答本章开始时提出的问题：为什么电脑程序员的收入比加油站服务员的收入高？这是因为电脑程序员生产的物品的市场价值大于加油站服务员生产的物品的市场价值。人们愿意为一个好的电脑游戏支付高价格，但只愿意为加油和擦洗挡风玻璃付一点点钱。这些工人的工资反映了他们所生产物品的市场价格。如果人们突然对使用电脑感到厌倦，并决定把更多时间用在开车上，那么这些物品的价格就会变动，从而这两个工人群体的均衡工资也会发生变动。

快速单选

1. 与资本和土地所有者相比，美国国民收入中支付给工人的部分大概有多少？
   a. 25%　　　　　b. 45%
   c. 65%　　　　　d. 85%
2. 如果企业是竞争性的，而且以利润最大化为目标，那么劳动需求曲线由_____决定。
   a. 工人时间的机会成本
   b. 劳动的边际产量值
   c. 抵消性的收入效应与替代效应
   d. 资本的边际产量值
3. 一家在竞争市场上经营的面包店以每块 20 美元的价格出售点心，并以每小时 10 美元的价格雇用工人。为使利润最大化，它应该雇用工人直到劳动的边际产量为_____。
   a. 每小时 1/2 块点心
   b. 每小时 2 块点心
   c. 每小时 10 块点心
   d. 每小时 15 块点心
4. 提高劳动边际产量的技术进步使劳动_____曲线向_____移动。
   a. 需求，左　　b. 需求，右
   c. 供给，左　　d. 供给，右
5. 1973 年左右，美国经济经历了重大的生产率增长_____，相应的是真实工资增长_____。
   a. 加速，加速　　b. 加速，放缓
   c. 放缓，加速　　d. 放缓，放缓
6. 暴风雨摧毁了几个工厂，从而减少了资本存量。这个事件对要素市场有什么影响？

a. 工资与资本的租赁价格都上升。
b. 工资与资本的租赁价格都下降。
c. 工资上升，而资本的租赁价格下降。
d. 工资下降，而资本的租赁价格上升。

内容提要

◎ 经济的收入是在生产要素市场上分配的。三种最重要的生产要素是劳动、土地和资本。

◎ 要素需求，例如劳动需求，是一种派生需求，它产生于用这些要素生产物品与服务的企业。竞争的、以利润最大化为目标的企业在某要素的边际产量值等于其价格这一点上使用该要素。

◎ 劳动的供给产生于个人在工作和闲暇间的权衡取舍。向右上方倾斜的劳动供给曲线意味着人们对工资上升的反应是做更多工作和少享受闲暇。

◎ 支付给每种要素的价格的调整使该要素的供求趋于平衡。由于要素需求反映了该要素的边际产量值，所以在达到均衡时每种要素根据其对物品和服务生产的边际贡献获得报酬。

◎ 由于生产要素是同时使用的，因此任何一种要素的边际产量都取决于可以得到的所有要素量。因此，一种要素供给的变动会改变所有要素的均衡收入。

关键概念

生产要素　　　　　　　劳动的边际产量　　　　　　　边际产量值
生产函数　　　　　　　边际产量递减　　　　　　　　资本

复习题

1. 解释一个企业的生产函数如何与其劳动的边际产量相关，一个企业的劳动边际产量如何与其边际产量值相关，以及一个企业的边际产量值如何与其劳动需求相关。
2. 列举出可以使劳动需求移动的两个事件，并解释它们为什么能够这样。
3. 列举出可以使劳动供给移动的两个事件，并解释它们为什么能够这样。
4. 解释工资如何能调整到使劳动供求平衡，而同时又等于劳动的边际产量值。
5. 如果美国的人口由于移民进入而突然增加，工资会发生什么变动？土地所有者和资本所有者赚到的租金会发生什么变动？

问题与应用

1. 假设总统提出一项旨在减少医疗成本的新法律：要求所有美国人每天吃一个苹果。
   a. 每天吃一个苹果的法律将如何影响苹果的需求与均衡价格？
   b. 这项法律将如何影响摘苹果工人的边际产量和边际产量值？
   c. 这项法律将如何影响摘苹果工人的需求和均衡工资？

2. 说明下列每个事件如何影响电脑制造行业的劳动市场：
   a. 国会为所有美国大学生购买个人电脑。
   b. 更多的大学生选择工程与计算机科学专业。
   c. 电脑企业建立新的制造厂。

3. 假设劳动是某个完全竞争企业使用的唯一投入。该企业的生产函数如下：

劳动的天数	产量
0	0
1	7
2	13
3	19
4	25
5	28
6	29
7	29

   a. 计算每增加一个工人的边际产量。
   b. 每单位产品售价为 10 美元。计算每个工人的边际产量值。
   c. 计算当日工资从 0 美元增长到 100 美元时所雇用工人数量的需求表。
   d. 画出企业的需求曲线。
   e. 如果产品价格从每单位 10 美元上升为 12 美元，这条需求曲线会发生什么变动？

4. Smiling 牛奶场可以以每加仑牛奶 4 美元的价格售出它想要出售的全部牛奶，而且它可以以每天 100 美元的资本租金价格租下它想要为奶牛挤奶的全部机器人。它面对的生产表如下所示：

机器人数量	总产量（加仑）
0	0
1	50
2	85
3	115
4	140
5	150
6	155

   a. 企业在哪种市场结构中出售其产品？你是怎么判断的？
   b. 企业在哪种市场结构中租用机器人？你是怎么判断的？
   c. 计算每增加一个机器人的边际产量和边际产量值。
   d. 企业应该租用多少机器人？解释原因。

5. Ectenia 国有 20 个竞争性的苹果园，它们都以每个 2 美元的世界价格出售苹果。下面的方程式描述了每个苹果园的生产函数和劳动的边际产量：
   $$Q = 100L - L^2$$
   $$MPL = 100 - 2L$$
   其中，Q 是一天生产的苹果量，L 是工人量，MPL 是劳动的边际产量。
   a. 作为日工资 W 的函数的每个苹果园的劳动需求是什么？整个市场的劳动需求是什么？
   b. Ectenia 有 200 个工人无弹性地提供他们的劳动。求解工资 W。每个苹果园雇用多少工人？每个苹果园主获得多少利润？

c. 如果苹果的世界价格翻了一番，达到 4 美元，那么工人和苹果园主的收入将发生什么变化？

d. 现在假设苹果价格又回到 2 美元，但一场飓风摧毁了一半苹果园。计算这场飓风如何影响每个工人和每个剩下的苹果园主的收入。Ectenia 国整体的收入发生了什么变动？

6. 你具有创业精神的叔叔开了一家雇用 7 个工人的三明治店。雇员每小时工资为 6 美元，每个三明治卖 3 美元。如果你叔叔追求利润最大化，那么他雇用的最后一个工人的边际产量值是多少？这个工人的边际产量是多少？

7. Leadbelly 公司在完全竞争的产品市场上出售铅笔，并在完全竞争的劳动市场上雇用工人。假设工人的市场工资率是每天 150 美元。

   a. Leadbelly 公司应遵循什么规则来雇用使利润最大化的劳动量？

   b. 在利润最大化的产量水平下，所雇用的最后一个工人的边际产量是每天 30 箱铅笔。计算每箱铅笔的价格。

   c. 画出铅笔工人劳动市场的图形（与图 18-4 一样），再在旁边画出劳动的供给曲线和 Leadbelly 公司的需求曲线图（与图 18-3 一样）。标出市场和企业的均衡工资和均衡劳动量。这两个图形有什么关系？

   d. 假设一些铅笔工人转而从事新兴的电脑行业工作。用与 c 并列的图形说明这种变化对铅笔市场和 Leadbelly 公司的均衡工资和均衡劳动量有什么影响？这种变化如何影响 Leadbelly 公司的劳动的边际产量？

8. 有时一些决策者建议，应要求企业给予工人一定量的福利津贴，例如医疗保险或带薪产假。让我们来考虑这种政策对劳动市场的影响。

   a. 假定法律规定企业给所雇用工人每小时 3 美元的津贴。在任一给定的货币工资下，这项法律对企业从每个工人身上赚到的边际利润有什么影响？这项法律对劳动需求曲线有什么影响？用图形给出你的答案，纵轴代表货币工资。

   b. 如果劳动供给没有发生变化，那么这项法律将如何影响就业与工资？

   c. 为什么劳动供给曲线会由于这项法律而移动？这种劳动供给的移动增强还是削弱了这项法律对工资和就业的影响？

   d. 正如第 6 章所讨论的，一些工人（特别是低技能工人和无经验工人）的工资由于最低工资法而高于均衡水平。一项关于福利津贴的强制性管制对这些工人会有什么影响？

9. 一些经济学家认为，美国经济作为一个整体可以用以下生产函数来建模，这个生产函数被称为科布-道格拉斯生产函数：

$$Y = AK^{1/3}L^{2/3},$$

这里 Y 是产量，K 是资本量，L 是劳动量，A 是一个参数，它衡量技术状态。根据这个生产函数，劳动的边际产量是：

$$MPL = (2/3)A(K/L)^{1/3}$$

假设产品的 P 是 2，A 是 3，K 是 1 000 000，L 是 1 000。劳动市场是完全竞争的，因此，根据边际产量值支付劳动报酬。

   a. 计算产量 Y 以及产量的美元价值 PY。

   b. 计算工资 W 以及真实工资 W/P。（注意：工资是用美元衡量的劳动报酬，而真实工资是用单位产量衡量的劳动报酬。）

   c. 计算劳动份额（支付给劳动的产值所占的比例），用 $(WL)/(PY)$ 计算。

   d. 计算在以下每一种情况下，产量 Y、工

资 W、真实工资 W/P，以及劳动份额 $(WL)/(PY)$ 会发生什么变动。

i. 通货膨胀使 P 从 2 上升到 3。
ii. 技术进步使 A 从 3 增加到 9。
iii. 资本积累使 K 从 1 000 000 增加到 8 000 000。
iv. 一场瘟疫使 L 从 1 000 减少为 125。

e. 尽管随着时间的推移美国经济发生了许多变化，但劳动份额却是比较稳定的。这个观察与科布-道格拉斯生产函数一致吗？解释原因。

第 19 章
收入与歧视

在今天的美国,一名普通医生一年赚 20 万美元左右,一名普通警官一年赚 6 万美元左右,一名普通快餐店厨师一年赚 2 万美元左右。这些例子说明了在我们的经济中人们的收入存在巨大差距。这些差距解释了为什么一些人住高档豪宅、开豪华轿车、到法国的 Riviera 海滩度假,而另一些人住小型公寓、乘公共汽车、只能在自家后院里度假。

为什么人与人之间的收入差别如此之大?在第 18 章中,我们提出了劳动市场的基本新古典理论,该理论为这个问题提供了一种答案。我们说明了工资由劳动供给与劳动需求决定。劳动需求又反映了劳动的边际生产率。在达到均衡时,每个工人都得到了他为经济生产物品与服务所提供的边际贡献的价值。

这种为经济学家所广泛接受的劳动市场理论只是一个起点。为了理解我们所观察到的收入的巨大差别,我们必须突破这个一般框架,并更准确地考察什么因素决定了不同类型劳动的供给与需求。这是本章的目标。

19.1 决定均衡工资的若干因素

正如所从事的工作一样,工人在许多方面都有所不同。在这一节我们将考虑工人和工作的特点是如何影响劳动供给、劳动需求和均衡工资的。

19.1.1 补偿性工资差别

当一个工人决定是否接受某个工作时,工资仅仅是他要考虑的许多工作特性之一。某些工作轻松、有趣又安全,而另一些工作艰苦、枯燥又危险。按这些非货币特性来判断的工作越好,那么在工资既定时愿意从事这种工作的人就越多。换句话说,那些轻松、有趣而安全的工作的劳动供给大于那些艰苦、枯燥而危险的工作。因此,"好"工作往往比"坏"工作的均衡工资低。

例如,设想你正在本镇海滩俱乐部找一份暑期工作。可以得到的工作有两种:你可以接受一份做海滩入场证检查员的工作,或者可以接受一份做清洁工的工作。海滩入场证检查员可以整天悠闲地沿着海滩散步,并检查一下旅游者是否带了规定的进入海滩的许可证。而清洁工要在天没亮时就起来,开着肮脏、有噪声的卡车在镇上收垃圾。你想做哪一种工作呢?如果工资相同,那么大多数人会喜欢做入场证检查员。为了让人们当清洁工,镇里向清洁工提供的工资必定要高于入场证检查员的工资。

补偿性工资差别:
为抵消不同工作的非货币特性而产生的工资差别。

经济学家用**补偿性工资差别**(compensating differential)来指不同工作的非货币特性所引起的工资差别。补偿性工资差别在经济中普遍存在。下面是几个例子:

- 煤矿工人得到的工资高于其他有相似教育水平的工人的工资。他们的高工资用来补偿采煤的不干净和危险性,以及煤矿工人所面临的长期健康问题。

"一方面,我知道如果我离开公职到私人部门就可以赚更多的钱;但另一方面,那样的话我就不能砍头了!"

图片来源:ⓒ Robert Mankoff/The New Yorker Collection/www.cartoonbank.com

- 工厂中夜班工人的工资也高于同类白班工人的工资。高工资用来补偿他们不得不夜里工作而白天睡觉这种大多数人都不喜欢的生活方式。

- 教授的工资低于受教育程度差不多的律师和医生。律师和医生的高工资是补偿他们缺失的教授工作所带来的学术上和个人价值上的满足。(实际上,讲授经济学如此有趣,以至于令人惊讶的是,经济学教授竟然还能得到报酬!)

19.1.2 人力资本

人力资本:
对人的投资的积累,如教育和在职培训。

正如我们在上一章所讨论的,资本这个词通常是指经济中设备与建筑物的存量。资本存量包括农民的拖拉机、制造商的工厂以及教师的黑板。资本的本质在于它本身是一种被生产出来的生产要素。

还有另外一种类型的资本,尽管它没有物质资本具体,但对经济中的生产同样重要。**人力资本**(human capital)是对人的投资的积累。最重要的一类人力资本是教育。与所有资本形式一样,教育代表着为了提高未来生产率而在某一时点的资源支出。但是,与对其他资本形式的投资不同,教育投资是与一个特定的人相联系的,这种联系使教育成为人力资本。

毫不奇怪,拥有较多人力资本的工人的平均收入高于人力资本较少的工人。例如,美国大学毕业生的收入比只有高中文凭的工人高出几乎一倍。这种巨大的差距在世界上许多国家都得到了验证。这种差距在欠发达国家甚至更大,因为在那里受过教育的工人供给稀缺。

从供给和需求的角度可以很容易地说明为什么教育提高了工资。企业——劳动需求者——愿意向教育水平高的工人支付更高的工资,因为受教育程度高的工人有较高的边际生产率。工人——劳动供给者——只有在受教育能得到回报时才愿意支付受教育的成本。实际上,受教育程度较高的工人与受教育程度较低的工人之间的工资差别可以被看作一种对受教育成本的补偿性工资差别。

案例研究
技能的价值日益增加

"富者愈富,穷者愈穷。"就像很多谚语一样,这句话并不总是正确的,但近年来情况却的确如此。许多研究证明,过去几十年来,高技能工人与低技能工人之间的收入差距一直在扩大。

表19-1提供了大学毕业生的平均收入与高中毕业后再也没有接受任何教育的人的平均收入的数据。这些数据说明,教育的货币报酬在增加。在1974年,一个有大学学位的男性的平均收入比没有大学学位的男性的平均收入高42%;到了2014年,这个数字上升到81%。对于女性来说,上大学的报酬比不上大学的报酬从1974年的高出35%提高到2014年的高出71%。继续上学的激励现在和以前一样大。

表19-1 不同受教育程度的人的平均年收入

		1974年	2014年
男性	高中,未上大学	52 521美元	46 688美元
	大学毕业生	74 801美元	84 567美元
	大学毕业生高出的百分比	+42%	+81%
女性	高中,未上大学	30 185美元	34 394美元
	大学毕业生	40 831美元	58 894美元
	大学毕业生高出的百分比	+35%	+71%

注:收入数据根据通货膨胀进行了调整,并用2014年的美元表示。数据适用于18岁及以上的全职工人。大学毕业生的数据不包括有大学以上教育经历的工人,例如有硕士或博士学位的人。

资料来源:U. S. Census Bureau 以及作者的计算。

大学毕业生赚的钱一直比没上过大学的工人赚的钱多,但在过去的几十年间,这种薪水的差距扩大了。

为什么近年来熟练工人与非熟练工人之间的收入差距扩大了呢?没有人知道确切的原因,但经济学家提出了两种假说来解释这种趋势。这两种假说都提出,相对于对非熟练劳动力的需求,对熟练劳动力的需求一直在增加。需求的移动引起了这两组相应的工资变动,工资变动又引起更大的不平等。

第一个假说是,国际贸易改变了对熟练劳动力与非熟练劳动力的相对需求。近年来,美国与其他国家的贸易量大大增加,进口占物品与服务

专家看法
不平等与技能

"过去三十年来美国收入不平等加剧的主要原因之一是技术变革对有某种技能工人的影响不同于对另一些工人的影响。"

经济学家怎么说？

4% 不同意
8% 不确定
88% 同意

资料来源：IGM Economic Experts Panel, January 24, 2012.

总产值的比重从1974年的8%增加到2014年的17%，而出口占总产值的比重从1974年的8%增加到2014年的14%。由于许多外国非熟练劳动力丰富而廉价，美国倾向于进口非熟练劳动力生产的物品，而出口熟练劳动力生产的物品。因此，当国际贸易扩大时，美国国内对熟练劳动力的需求增加了，而对非熟练劳动力的需求减少了。

第二个假说是，技术变革改变了对熟练劳动力与非熟练劳动力的相对需求。例如，考虑电脑的发明。电脑增加了对会用这种新机器的熟练工人的需求，并减少了对那些工作被电脑替代的非熟练工人的需求。例如，许多公司现在更多地依靠电脑数据库来储存商业记录，从而减少了对文件柜的依赖。这种变化增加了对电脑程序员的需求，而减少了对档案管理员的需求。因此，随着越来越多的企业使用电脑，对熟练劳动力的需求增加了，而对非熟练劳动力的需求减少了。经济学家把这种现象称为技能偏向型的技术变革。

经济学家对贸易、技术和其他因素在改变工资分布上的重要性存在争论。对于为什么收入不平等在加大看起来并没有一个简单的答案。日益增长的国际贸易和技能偏向型的技术变革可能共同导致了我们最近几十年所观察到的日益扩大的收入不平等。在下一章，我们将更详细地讨论日益扩大的不平等问题。

19.1.3 能力、努力和机遇

为什么美国职业棒球大联盟的运动员收入高于小联盟的运动员？显然这里的高工资并不是补偿性工资差别。在大联盟里打球并不比在小联盟里打球更不愉快；实际上，情况正好相反。大联盟也并不要求读过更多年书或更有经验。在很大程度上，大联盟的运动员赚钱更多只是因为他们的天赋更高。

对于从事各种职业的人来说，天赋都是重要的。由于先天遗传和后天培养，人们在体力与脑力上的特征都有所不同。一些人强壮，另一些人瘦弱；一些人聪明，另一些人差一点；一些人在公共场合中是外向的，另一些人是内向的。这些和很多其他个人特征决定了工人的生产能力，因此在他们工资收入的决定中起着作用。

与能力密切相关的是努力。一些人工作勤奋，另一些人懒散。我们不应该对那些工作勤奋的人生产能力更高并且工资更高感到奇怪。在某种程度上，企业直接按人们生产多少支付报酬。例如，销售人员通常是按他们完成的销售额百分比提成。在另一些时候，勤奋工作以并不直接的高年薪或奖金的形式得到补偿。

在工资决定中，机遇也在起作用。如果一个人进职业学校学习如何修理真空管电视机,但由于晶体管电器的发明而使这种技能已经过时了,那么与其他受过相似年限培训的人相比,她赚到的工资更低。这个工人的低工资是由于机遇——一种经济学家承认,但并没有深入论述的现象。

能力、努力和机遇在决定工资的过程中有多重要呢?这是很难说的,因为这些因素都很难衡量。但间接的证据表明,它们是非常重要的。当劳动经济学家研究工资时,他们把工人的工资与一些可衡量的变量,如受教育年限、工作年限、年龄和工作特性联系起来,虽然所有这些可衡量的变量正如理论所预期的那样影响着工人的工资,但它们只能解释我们经济中不足一半的工资差别。由于无法解释的工资差别如此之大,因此一些被忽略的变量,包括能力、努力和机遇,应该起着重要的作用。

案例研究
漂亮的收益

人与人之间在许多方面有所不同,其中一种差别是他们的外貌吸引力。例如,演员艾玛·斯通(Emma Stone)是一个美女。部分由于这个原因,她的电影吸引了大量观众。毫不奇怪,对于斯通女士,观众多意味着收入高。

漂亮的经济收益普遍存在吗?劳动经济学家 Daniel Hamermesh 与 Jeff Biddle 在其发表于《美国经济评论》(*American Economic Review*) 1994 年 12 月上的一项研究中力图回答这个问题。Hamermesh 和 Biddle 考察了对美国和加拿大个人进行调查的数据。这项调查要求进行调查的访问者评价每个被访者的外貌。然后,Hamermesh 和 Biddle 考察被访者的工资在多大程度上取决于标准的决定因素——教育、工作经验等——以及在多大程度上取决于他们的外貌。

漂亮值钱。

图片来源:Jenna Blake/ Corbis.

Hamermesh 和 Biddle 发现,漂亮值钱。那些被认为更有魅力的人的收入比相貌平常的人平均高 5%,那些相貌平常的人的收入比那些被认为不太有魅力的人高 5%—10%。对男人和女人的调查都得出了类似的结论。

用什么来解释这些工资差别呢?有几种解释"漂亮津贴"的方法。

第一种解释是,漂亮的外貌本身是决定生产率和工资的内在能力之一。一些人生来就有电影明星的气质,而另一些人则没有。在任何一种需要在公众前露面的工作中,漂亮的外貌都是有用的——例如表演、销售和侍者。在这种情况下,有魅力的工人对企业的价值比没有魅力的工人更大。企业对有魅力的工人愿意支付更多反映了其顾客的偏好。

第二种解释是,外貌是对其他类型能力的间接衡量。一个人看起来多有魅力还取决于遗传之外的其他因素,如服装、发型、个人举止以及其他可以控制的气质。也许在调查访问中成功设计了其魅力形象的人,也是在其他工作中取得成功的聪明人。

第三种解释是,以貌取人是一种歧视,以后我们还会回到这个话题。

19.1.4 教育的另一种观点：信号

前面我们讨论了教育的人力资本理论。根据这种理论，学校教育增加了工人的工资是因为教育使这些人的生产率提高了。虽然这种理论被广泛接受，但一些经济学家提出了另一种理论，这种理论强调，企业把教育状况当作一种区分高能力工人与低能力工人的方法。根据这种理论，例如，当人们获得大学学历时，他们的生产率并未提升，但他们向未来雇主发出了他们高能力的信号。因为高能力的人比低能力的人更容易获得大学学历，所以更多高能力的人获得了大学学历。因此，企业把大学学历解释为能力的一种信号是合理的。

教育的信号理论和第16章中讨论的广告的信号理论是相似的。根据广告的信号理论，广告本身并没有包含实际信息，但企业通过为广告花钱的意愿向消费者发出了其产品质量的信号。根据教育的信号理论，学校教育并没有使生产率实际提高，但工人通过在学校花费数年学习的意愿向雇主发出其内在的生产率的信号。在这两种情况下，人们采取一定的行为并不是为了行为本身的内在利益，而是由于采取该行为的意愿向关注这种行为的人传递了私人信息。

因此，现在我们有两种关于教育的观点：人力资本理论和信号理论。这两种观点都可以解释为什么受教育多的人往往比受教育少的人赚得多。根据人力资本理论，教育使工人生产率提高；根据信号理论，教育是与天赋相关的。但这两种理论对旨在提高教育水平的政策的影响给出了完全不同的预测。根据人力资本理论，提高所有工人的教育水平会提高所有工人的生产率，从而提高所有工人的工资；根据信号理论，教育并没有提高生产率，因此提高所有工人的教育水平并不影响工资。

最可能的情况是，真理存在于这两种极端情况之间。教育的收益也许结合了人力资本的生产率提高效应和信号的生产率显示效应。这两种效应的相对大小还是有待讨论的问题。

19.1.5 超级明星现象

虽然大多数演员赚得很少，而且还不得不从事侍者这样的工作来养活自己，但演员小罗伯特·唐尼（Robert Downey, Jr.）拍每部片子都能赚几百万美元。同样，尽管大部分人把打网球仅仅当作爱好，但玛丽亚·莎拉波娃（Maria Sharapova）却能在职业巡回赛中赚几百万美元。唐尼和莎拉波娃在他们的领域中都是超级明星，他们巨大的公众魅力就反映在这天文数字般的收入上。

为什么唐尼和莎拉波娃赚的钱这么多呢？在一些职业内存在收入差距并不奇怪。好木匠赚的钱比一般木匠多，好管道工赚的钱比一般管道工多。人们的能力与努力程度不同，这些不同都会引起收入上的差别。但即使是最好的木匠和管道工也没有像最好的演员和运动员中常见的那样，赚到几百万美元。用什么来解释这种差别呢？

为了解释唐尼和莎拉波娃的巨额收入，我们必须考察他们卖出自己服务的市场的特征。超级明星产生的市场有两个特点：
- 市场上的每位顾客都希望享受最优生产者提供的物品。
- 生产这种物品所用的技术可以使最优生产者以低成本向每位顾客提供物品成为可能。

如果唐尼是最棒的演员，那么每个人都想看他的下一部影片；把只有唐尼一半才华的演员的电影看上两遍并不是好的替代品。此外，每个人都享受到唐尼的表演也是可能的，因为生产一部电影的多个复制品是很容易的，唐尼可以同时向数百万人提供他的服务。同样，由于网球比赛在电视上播出，几百万球迷都可以欣赏莎拉波娃精湛的球艺。

现在我们可以说明为什么不存在超级明星木匠与管道工了。在其他条件相同的情况下，每个人都会希望雇用最好的木匠；但与一个电影演员不同，一个木匠只能为有限的顾客提供他的服务。虽然最好的木匠也能得到比一般木匠高一些的收入，但普通木匠仍能过上好日子。

19.1.6 高于均衡水平的工资：最低工资法、工会和效率工资

大多数对工人之间工资差别的分析都是基于劳动市场的均衡模型——假设工资调整到使劳动的供求平衡。但这种假设并不总是适用的。对一些工人来说，工资被设定在高于使供求平衡的水平上。现在我们考虑会出现这种情况的三个原因。

正如我们在第6章中首次说明的，工资高于均衡水平的一个原因是最低工资法。经济中的大多数工人并不受这些法律影响，因为他们的均衡工资远远高于法定的最低工资。但是，对一些工人，特别是对最低技能而又最无经验的工人来说，最低工资法把他们的工资提高到他们在不受管制的劳动市场上所能赚到的水平之上。

工资会上升到其均衡水平之上的第二个原因是工会的市场势力。**工会**（union）是与雇主谈判工资和工作条件的工人协会。工会通常会把工资提高到没有工会存在时的水平之上，也许是因为它们可以通过号召**罢工**（strike），用拒绝劳动来威胁企业。研究表明，工会工人赚的钱比类似的非工会工人高出10%—20%。

工资高于均衡水平的第三个原因是基于**效率工资**（efficiency wages）理论。这种理论认为，企业会发现支付高工资是有利的，因为这样做提高

工会：
与雇主谈判工资和工作条件的工人协会。

罢工：
工会有组织地从企业撤出劳动。

效率工资：
企业为了提高工人的生产率而支付的高于均衡工资的工资。

了工人的生产率。具体而言，高工资可以降低工人的流动性，提高工人的努力程度，并提高申请该企业工作岗位的工人素质。如果这种理论是正确的，那么一些企业就会选择向工人支付高于工人在正常情况下所赚到的工资。

高于均衡水平的工资，无论是由最低工资法、工会还是效率工资引起的，对劳动市场都会产生相似的影响。特别是，把工资推到均衡水平之上会增加劳动供给量、减少劳动需求量，结果是劳动过剩或失业。旨在解决该问题的失业和公共政策研究通常被认为是宏观经济学中的一个主题，因此它已经超出了本章的范围。但是在分析收入时完全不考虑这些问题也是错误的。尽管可以在保持劳动市场均衡的假设之下解释大部分工资差别，但在某些情况下，高于均衡水平的工资也带来了一部分工资差别。

即问即答 • 给出补偿性工资差别的定义，并举出一个例子。• 列举两个原因说明为什么受教育多的工人的收入比受教育少的工人高。

19.2 歧视经济学

工资差别的另一个来源是歧视。当市场向那些仅仅是种族、民族、性别、年龄或其他个人特征不同的相似个人提供不同机会时，就出现了**歧视**（discrimination）。歧视反映了某些人对某个社会群体的偏见。歧视是一个经常引起激烈争论的情绪化话题，但经济学家力图客观地研究这个题目，以便把假象与现实分开。

歧视： 对仅仅是种族、民族、性别、年龄或其他个人特征不同的相似个人提供不同的机会。

19.2.1 对劳动市场的歧视进行衡量

劳动市场上的歧视对不同工人群体的收入有多大影响？这个问题是重要的，但并不容易回答。

如表19-2所示，不同群体工人赚到的工资无疑差别很大。美国黑人男性的中值工资比白人男性低20%左右，而黑人女性的中值工资比白人女性低17%左右。性别差异也是很大的。白人女性的中值收入比白人男性低21%，黑人女性的中值收入比黑人男性低18%。从这些表面的数字来看，这些差异似乎是雇主歧视黑人和女性的证据。

表 19-2　不同种族与性别的中值年收入

	白人	黑人	黑人工人收入低出的百分比
男性	51 022 美元	40 719 美元	20%
女性	40 439 美元	33 533 美元	17%
女性工人收入低出的百分比	21%	18%	

注：表中是 2014 年 14 岁以上全职工人的相关数据。本数据中不包括报告了多于一个种族的工人。

资料来源：U.S. Census Bureau.

但这一结论有一个潜在的问题。那就是即使在一个没有歧视的劳动市场上，不同人的工资也会不同。人们拥有的人力资本量以及能够并愿意从事的工作种类不同。我们在经济中所观察到的工资差别在一定程度上归因于前一部分讨论的均衡工资的决定因素。简单地观察不同群体——白人与黑人、男人与女人——之间的工资差别证明不了雇主的歧视。

例如，考虑人力资本的作用。2014 年，在 25 岁及以上的男性工人中，32% 的白人拥有大学学历，与此相比，黑人的这一比例为 20%。在 25 岁及以上的女性中，32% 的白人拥有大学学位，而黑人的这一比例为 24%。因此，至少有一部分黑人工资与白人工资之间的差别可以追溯到受教育程度的差别。

此外，在解释工资差别时，人力资本也许比受学校教育年限这一衡量指标更重要。从历史上看，以黑人为主的地区的公立学校质量——按经费、班级规模等来衡量——一直低于以白人为主的地区的公立学校质量。如果我们可以衡量教育的质量与数量，这些群体之间人力资本的差别看来还会更大一些。

以工作经验的形式获得的人力资本也有助于解释工资差别。特别是，女性往往要中断工作去抚养孩子。在 25 岁到 44 岁的人口中（在这一年龄段，许多人家中有幼小的孩子），只有 75% 的女性加入了劳动力队伍，相比之下，男性的这一比例为 90%。因此，女性工人，尤其是年龄较大的女性工人的工作经验少于男性工人。

但工资差别的另一个来源是补偿性工资差别。男性和女性不总是选择同样类型的工作，这个事实可以部分解释男性与女性的工资差别。例如，女性更可能当秘书，而男性更可能当卡车司机。秘书与卡车司机的相对工资部分取决于各自的工作条件。由于这些非货币方面的因素是难以衡量的，因此要确定补偿性工资差别在解释我们所观察到的工资差别中的实际重要性也是困难的。

因此，对不同群体之间工资差别的研究还没有得出任何一个关于美国劳动市场普遍存在歧视的清晰结论。大多数经济学家认为，某些观察到的工资差别是由于歧视所造成的，但对于有多少差别是由于歧视造成的,经济学家的看法并不一致。经济学家唯一达成共识的结论是否定性的结论:由于不同群体之间平均工资的差别部分反映了人力资本和工作特性的差别,这些差别本身并不能说明劳动市场上到底存在多大歧视。

当然,不同工人群体之间人力资本的差异本身可能就反映了某种歧视。例如,在历史上,向女学生提供难度较小的专业课就是一种歧视。同样,在历史上,黑人学生的学校质量低劣可以追溯到市议会与校董事会部分的偏见。但在工人进入劳动市场之前,这种歧视就早已发生了。在这种情况下,虽然其表象是经济上的,但其深层原因却是政治上的。

案例研究
Emily 比 Lakisha 更容易找到工作吗

尽管用劳动市场的结果来衡量歧视程度是困难的,但存在这种歧视的一些有力证据来自一次富有创造性的"田野实验"。经济学家 Marianne Bertrand 和 Sendhil Mullainathan 根据刊登在波士顿和芝加哥报纸上的 1 300 多则招聘广告,寄出了近 5 000 份假简历。其中一半简历上的名字用的是非裔美国人社区中常用的名字,比如说 Lakisha Washington 或者 Jamal Jones;而另一半简历上是白人常用的名字,如 Emily Walsh 或者 Greg Baker。除此之外,这些简历都是相似的。这个实验的结果发表在 2004 年 9 月的《美国经济评论》上。

研究者发现,雇主对这两组简历的反应差别相当大。有白人姓名的求职者接到的对其感兴趣的雇主的电话比有非裔美国人姓名的求职者高出 50% 以上。这项研究发现,这种歧视发生在所有类型的雇主中,包括在招聘广告中声称自己是"机会平等雇主"的人。研究者的结论是:"种族歧视仍然是劳动市场的一个显著特点。"

19.2.2 雇主的歧视

现在让我们从对歧视程度的衡量转向劳动市场上歧视背后的经济力量。即使在考虑到人力资本和工作特性之后,如果一个社会群体得到的工资仍低于另一个群体,那么谁是造成这种差别的罪魁祸首呢?

答案并不明显。把歧视性工资差别归罪于雇主看来是自然而然的,毕竟是雇主做出了决定劳动需求与工资的雇佣决策。如果某些群体的工人得到的收入低于他们应该得到的,那么雇主似乎应该负责任。但许多经济学家对这个简单的答案持怀疑态度。他们相信竞争市场经济对雇主的歧视给出了一种自然的矫正方法。这种矫正方法被称为利润动机。

设想一个按发色区分工人的经济。金发人与褐发人都有同样的技能、经验和职业道德。但由于歧视，雇主更愿意雇用褐发工人，因此他们对金发工人的需求低于没有歧视时的情况。结果，金发工人赚到的收入低于褐发工人。

这种工资差别能维持多长时间呢？在这种经济中，一个企业可以用一种简单易行的方法打垮竞争对手：雇用金发工人。通过雇用金发工人，一家企业可以使其支付的工资和成本低于雇用褐发工人的企业。随着时间的推移，越来越多的"金发人"企业利用这种成本优势进入市场。现有的"褐发人"企业成本更高，因此，当面临新竞争者时他们就开始亏损。这些亏损使"褐发人"企业被逐出市场。最后，"金发人"企业进入和"褐发人"企业退出引起对金发工人需求的增加以及对褐发工人需求的减少。这个过程一直持续到工资差别消失为止。

简而言之，在与那些既对赚钱感兴趣又关心歧视的企业的竞争中，只对赚钱感兴趣的企业处于优势地位。因此，没有歧视的企业取代了有歧视的企业。竞争市场以这种方法对雇主歧视进行了自发的矫正。

案例研究
电车上的种族隔离与利润动机

20世纪初，许多南部城市的电车上会实行种族隔离。白人乘客坐在电车前面，而黑人乘客坐在电车后面。你认为是什么因素引起并维持了这种歧视性做法呢？经营电车的企业如何看待这种做法呢？

在1986年发表于《经济史杂志》(Journal of Economic History)的一篇文章中，经济史学家Jennifer Roback考察了这些问题。Roback发现，电车上的种族隔离是要求这种隔离的法律的结果。在这些法律通过之前，座位上的种族歧视是很少见的，它远不如把吸烟者和不吸烟者隔离开那么普遍。

此外，经营电车的企业通常都反对这种要求种族隔离的法律。向不同种族的人提供分开的座位增加了企业的成本，并减少了它们的利润。一个铁路公司的经理向市议会抱怨说，在种族隔离法下，"公司不得不拖着许多空位跑"。

下面是Roback对一个南部城市情况的描述：

> 铁路公司并不是种族隔离政策的始作俑者，也根本不愿意服从这种政策。州政府的法律、公众煽动以及逮捕铁路公司总裁的威胁都迫使它们在自己的车厢里实行种族隔离……没有什么证据表明管理者受到人权或种族平等信念的鼓动。证据表明，他们的主要动机是经济的：种族隔离成本高昂……公司的官员可能喜欢黑人，也可能不喜欢黑人，但他们不愿意为了满足这种偏见而放弃

一定的利润。

南部电车上的故事说明了一个一般结论：企业所有者通常对赚钱比对歧视某个群体更感兴趣。当企业采用歧视性做法时，歧视的最终来源往往并不在企业本身而在其他方面。在这个特定的例子中，电车公司把白人与黑人分开是由于歧视性的法律要求他们这样做，而公司是反对这种法律的。

19.2.3 顾客与政府的歧视

利润动机是消除歧视性工资差别的强大力量，但也存在着对这种矫正能力的限制。两个重要的限制因素是顾客偏好与政府政策。

为了说明顾客的歧视性偏好会如何影响工资，仍然考虑我们虚拟的金发人与褐发人经济。假设餐馆老板在雇用服务员时歧视金发人，那么结果便是金发服务员赚的工资低于褐发服务员。在这种情况下，其他餐馆可以通过雇用金发服务员来营业并收取低价格。如果顾客只关心他们饭菜的质量和价格，那么歧视性企业就会关门大吉，而且工资差别就会消失。

另一方面，也可能是顾客偏好褐发服务员的服务。如果这种歧视性偏好是强大的，金发人餐馆的进入就不一定能成功地消除褐发人与金发人之间的工资差别。这就是说，如果顾客有歧视性偏好，那么竞争市场就与歧视性工资差别不矛盾。存在这种歧视的经济将包含两种类型的餐馆：金发人餐馆雇用金发人，成本低，收取的价格低；褐发人餐馆雇用褐发人，成本高，收取的价格也高。那些不关心服务员发色的顾客将被金发人餐馆的低价格所吸引；有偏好的顾客将到褐发人餐馆，并以高价格的形式为他们的歧视性偏好付出代价。

歧视在竞争市场中得以持续的另一种方法是政府强制实行歧视性做法。例如，如果政府通过法律，宣布金发人在餐馆中只能刷盘子而不能当服务员，那么工资差别在竞争市场上就可以保持下去。前面案例研究中电车上的种族隔离就是政府强制歧视的一个例子。类似地，南非在1990年放弃其种族隔离制度以前，也曾禁止黑人从事某些工作。歧视性政府通过这些法律是为了压制自由竞争市场的正常的平等化力量。

总之，竞争市场包含了一种自发矫正雇主歧视的方法。只关心利润的企业进入市场倾向于消除歧视性工资差别。只有在顾客愿意为维持歧视性做法进行支付或政府强制歧视时，竞争市场上的这种工资差别才能持续下去。

案例研究
体育运动中的歧视

正如我们所说明的,衡量歧视程度通常是很困难的。为了确定一个工人群体是否受到歧视,研究者必须对该群体与经济中其他工人之间的生产率差别进行矫正。但在大多数企业中,要衡量某个工人对物品与服务生产的贡献是很困难的。

较易进行这种矫正的一种企业类型是体育运动队。职业的体育运动队有许多衡量生产率的客观标准。例如,在棒球队中,我们可以衡量一个运动员的平均击球率、本垒打频率、盗垒的数量等。

对运动队的研究表明,种族歧视实际上是普遍存在的,而且大部分的责任应该归咎于顾客。1988 年发表于《劳动经济学杂志》(*Journal of Labor Economics*)的一项研究考察了篮球运动员的薪水。该项研究发现黑人运动员的收入比能力相当的白人运动员低 20%。该研究还发现,在篮球比赛中,白人运动员较多的球队观众更多。对这个事实的一种解释是,至少在进行该项研究的时候,顾客的歧视使黑人运动员给球队老板赚到的钱不如白人运动员多。当存在这种顾客歧视时,即使球队老板只关心利润,这种歧视性工资差别也会持续下去。

类似的情况也曾在棒球运动员中存在。一项研究用 20 世纪 60 年代后期的数据说明了黑人运动员赚到的收入比能力相当的白人运动员少。此外,即使黑人投球手的记录比白人投球手好,观看黑人投球比赛的球迷也比观看白人投球比赛的少。但是,近年来对棒球运动员工资的研究并没有发现歧视性工资差别的证据。

1990 年发表在《经济学季刊》(*Quarterly Journal of Economics*) 上的另一项研究考察了老式棒球队员卡的市场价格。这项研究发现了类似的歧视证据。黑人击球手的队员卡的售价比能力相当的白人击球手的队员卡低 10%,黑人投球手的队员卡的售价比能力相当的白人投球手的队员卡低 13%。这些结论表明,在棒球迷中存在顾客歧视。

即问即答 • 为什么很难确定一个工人群体是否受到歧视? • 解释利润最大化企业如何消除歧视性工资差别。 • 歧视性工资差别怎样才能保持下去?

19.3 结论

在竞争市场上,工人赚到的工资等于他们对物品与服务生产的边际贡献值。但是,有许多因素影响边际产量值。企业对那些较有才能、较勤奋、较有经验而受教育较多的工人支付的更多一些,因为这些工人的生产率较高。企业对那些受到顾客歧视的工人支付的少一些,因为这些工人对收益的贡献较少。

我们在这两章提出的劳动市场理论解释了为什么一些工人的工资比另一些工人高。这种理论并没有以任何方式说明所引起的收入分配是否平等、公正或合意。这是我们在第 20 章中将涉及的话题。

快速单选

1. Ted 放弃了当高中数学教师的工作,并回到学校学习电脑编程的最新进展,此后他在一家软件企业得到一份高报酬的工作。这是_____的例子?
   a. 补偿性差别　　b. 人力资本
   c. 发信号　　　　d. 效率工资

2. Marshall 和 Lily 都在当地一家百货公司工作。Marshall 负责在顾客来时向他们问好,Lily 负责清洗卫生间,Marshall 的收入少于 Lily。这是_____的例子?
   a. 补偿性差别　　b. 人力资本
   c. 发信号　　　　d. 效率工资

3. Barney 经营一家小型制造业公司。尽管 Barney 可以支付较低工资并仍然招到他想要的所有人,但他向其雇员支付了相当于当地其他企业两倍的工资。他认为更高的工资使他的工人更忠诚、更努力。这是_____的例子。
   a. 补偿性差别　　b. 人力资本
   c. 发信号　　　　d. 效率工资

4. 一家商业咨询公司雇用 Robin 是由于她大学学习的是数学专业。她的新工作一点也不需要她学过的数学知识,但企业认为任何一个获得数学学位的人都十分聪明。这是_____的例子。
   a. 补偿性差别　　b. 人力资本
   c. 发信号　　　　d. 效率工资

5. 衡量歧视对劳动市场的结果有多大影响是困难的,这是因为_____。
   a. 工资的数据非常重要,但不易获取
   b. 企业会谎报它们支付的工资以掩盖它们的歧视做法
   c. 工人的特性不同,而且他们的工作类型也不同
   d. 同样的最低工资法适用于各群体的工人

6. 市场上自由进入与退出的竞争力量会消除以下哪一种歧视所带来的工资差别?
   a. 雇主　　　　b. 顾客
   c. 政府　　　　d. 以上所有各种

内容提要

◎ 工人由于许多原因而赚到不同的工资。在某种程度上,工资差别是对工人工作特性的补偿。当其他条件相同时,从事艰苦、乏味工作的工人得到的工资高于从事轻松、有趣工作的工人。

◎ 人力资本多的工人得到的工资高于人力资本少的工人。累积的人力资本的收益是很高的,而且在过去几十年来一直在增加。

◎ 虽然受教育年限、经验和工作特性都像理论所预期的那样影响收入,但仍有许多收入差别不能用经济学家可以衡量的

东西来解释。收入中无法解释的差异主要归因于天生的能力、努力和机遇。

◎ 一些经济学家提出，受教育更多的人得到更高工资并不是因为教育提高了其生产率，而是因为有更高天赋的工人把教育作为一种向雇主显示他们高能力的信号。如果这种信号理论是正确的，那么提高所有工人的受教育程度就不会提高整体工资水平。

◎ 有时工资会高于使供求平衡的水平。高于均衡水平的工资产生的三个原因是最低工资法、工会和效率工资。

◎ 收入中的一些差别是基于种族、性别或其他因素的歧视。但是，对歧视进行衡量是很困难的，因为必须根据人力资本和工作特性的差别进行矫正。

◎ 竞争市场倾向于限制歧视对工资的影响。如果一个工人群体的工资由于与边际生产率无关的原因而低于另一个工人群体，那么非歧视企业将比歧视企业盈利更多。因此，利润最大化行为可以减少歧视性工资差别。如果顾客愿意向歧视企业支付更多，或如果政府通过要求企业歧视的法律，那么竞争市场上的歧视就会持续下去。

关键概念

补偿性工资差别　　　　　　工会　　　　　　　　效率工资
人力资本　　　　　　　　　罢工　　　　　　　　歧视

复习题

1. 为什么煤矿工人得到的工资高于其他有相似教育水平的工人？
2. 从什么意义上说教育是一种资本？
3. 教育为何可能在不提高工人生产率的情况下增加工人的工资？
4. 产生收入上的超级明星的条件是什么？你预期牙科行业中会出现超级明星吗？在音乐行业中呢？解释原因。
5. 举出工人的工资会高于使供求平衡的水平的三个原因。
6. 确定一个工人群体工资低是否是由于歧视存在什么困难？
7. 经济竞争的力量是加重还是削弱了基于种族的歧视？
8. 举出一个竞争市场中歧视如何会持续的例子。

问题与应用

1. 大学生有时通过暑期实习为私人企业或政府工作。许多这类工作工资很少或没有工资。
   a. 从事这种工作的机会成本是什么？
   b. 解释为什么学生愿意接受这些工作。
   c. 如果把做过暑期实习的学生与做过工资较高的暑期工作的工人们以后一生的收入进行比较，你预计会发现什么？
2. 正如第 6 章所解释的，最低工资法扭曲了低工资劳动市场。为了减少这种扭曲，一些经济学家提倡一种双重最低工资制度，对成年工人实行正常的最低工资，对青少年工人实行"次最低工资"。举出两种原因说明为什么单一最低工资对青少年工人劳动市场的扭曲大于对成年工人劳动市场的扭曲。

3. 劳动经济学的一项基本结论是，那些工作经验多的工人得到的工资高于那些(正规教育年限相同但)工作经验少的工人。为什么会出现这种情况？一些研究也发现，同种工作中的经验(称为"工龄")对工资有额外的正影响。解释原因。

4. 在一些学院和大学中，经济学教授的薪水高于一些其他学科的教授。
   a. 为什么这种情况可能是真实的？
   b. 一些其他学院和大学制定了对所有学科教授支付相同工资的政策。在这些学校中，经济学教授的教学负担比一些其他学科的教授轻。教学负担的差别起了什么作用？

5. 设想某人向你提出一种选择：你可以在世界上最好的大学学习四年，但你必须为你在那里上学保密。或者你可以从世界上最好的大学获得一个正式的学位，但你不能实际去那里上学。你认为哪一种选择能更多地提高你未来的收入？你的回答为教育的信号效应与人力资本效应的争论提供了什么启发？

6. 当录音机在近一百年前第一次被发明出来时，音乐家们突然可以以低成本向大量听众提供他们的音乐。你认为这件事如何影响最优秀音乐家的收入？它又如何影响一般音乐家的收入？

7. 当前有关教育的争论是，应该仅仅根据教师的受教育年限和教学经验按标准薪级支付工资，还是应该部分地根据他们的业绩支付工资(称为"绩效工资")。
   a. 为什么绩效工资可能是合意的？
   b. 谁会反对绩效工资制？
   c. 绩效工资潜在的挑战是什么？
   d. 一个相关的问题：为什么一个学区提供给教师的工资可能远远高于周围地区提供的工资？

8. 当艾伦·格林斯潘(后来成为美联储主席)在20世纪60年代经营一家经济咨询公司时，他主要雇用女经济学家。他曾经在《纽约时报》上说："我总是给予男性与女性同样的评价，而且我发现，由于其他人不这样评价，好的女经济学家就比男经济学家的雇佣成本低。"格林斯潘的行为是利润最大化的吗？这种行为值得赞赏还是应该受到谴责？如果更多的雇主像格林斯潘这样，那么男性与女性之间的工资差别会发生什么变动？为什么当时其他经济咨询公司没有遵循格林斯潘的经营战略呢？

第 20 章
收入不平等与贫困

我们可以观察发现两个重要事实。第一,运用市场机制来配置资源的国家一般都比不运用市场机制的国家实现了更大的繁荣。这是亚当·斯密的看不见的手在现实中发挥作用的结果。第二,人们并不能平等地分享市场经济带来的繁荣。在经济阶梯中,最上层与最下层的人之间收入极不平等。富人与穷人之间的收入差距是一个迷人而重要的研究课题——无论对生活舒适的富人,在困苦中挣扎的穷人,还是有进取心而又有所担忧的中产阶级,都是如此。

从前两章中你应该对为什么不同的人有不同的收入有了一些了解。一个人的收入取决于这个人劳动的供给与需求,供给与需求又取决于天赋、人力资本、补偿性工资差别和歧视等。由于劳动收入构成了美国经济中总收入的 2/3,因此,决定工资的因素也就是决定经济中总收入如何在各社会成员间分配的主要因素。换句话说,这些因素决定了谁是富人,谁是穷人。

在本章中我们将讨论收入分配——一个引出有关经济政策作用的一些基本问题的论题。第 1 章中的经济学十大原理之一是政府有时可以改善市场结果。这种可能性在考虑收入分配时特别重要。市场中看不见的手可以有效地配置资源,但它并不一定能保证公平地配置资源。因此,许多经济学家——但不是全部——认为,政府应该为了实现更大的平等而进行收入再分配。但是,在这样做时,政府又遇到了另一个经济学十大原理:人们面临权衡取舍。当政府实施一些政策来使收入分配更平等时,它扭曲了激励,改变了行为,并降低了资源配置效率。

我们对收入分配的讨论分三步进行:第一,我们来评估一下社会中不平等的严重程度;第二,考虑有关政府在改变收入分配中应该起什么作用的不同观点;第三,讨论旨在帮助社会最贫困成员的各种公共政策。

20.1 对不平等的衡量

我们从提出衡量不平等的四个问题开始对收入分配的研究:
- 我们社会中的不平等程度有多大?
- 有多少人生活在贫困之中?
- 衡量不平等程度时引出了哪些问题?
- 人们在不同收入阶层之间流动的频度如何?

这些衡量问题是讨论旨在改变收入分配的公共政策的自然出发点。

20.1.1 美国的收入不平等

"对我来说,只要他们不干涉最高工资,对最低工资怎么调整都可以。"

图片来源:Robert Mankoff/The New Yorker Collection/www.cartoonbank.com

设想你根据年收入给经济中所有的家庭排队。然后你把家庭分为五个数量相等的群体:收入最低的1/5、次低的1/5、中间的1/5、次高的1/5,以及收入最高的1/5。表 20-1 列出了每一个群体的收入范围,另外还列出了收入最高的 5% 家庭。你可以通过这个表找出你的家庭在收入分配中处于什么位置。

表 20-1　美国的收入分配:2014 年

群　体	家庭年收入
最低的 1/5	29 100 美元以下
次低的 1/5	29 101—52 697 美元
中间的 1/5	52 698—82 032 美元
次高的 1/5	82 033—129 006 美元
最高的 1/5	129 007 美元及以上
最高的 5%	230 030 美元及以上

资料来源:U. S. Bureau of the Census.

为了考察随着时间推移收入分配的变化情况,经济学家发现提供像表 20-2 中这样的收入数据是有用的。该表表明了在所选的年份中每个群体的家庭得到的总收入份额。在 2014 年,收入最低的 1/5 家庭得到了所有收入的 3.6%,而收入最高的 1/5 家庭得到了所有收入的 48.9%。换言之,虽然最高和最低的 1/5 包括了相同数量的家庭,但收入最高的 1/5 家庭的年收入比收入最低的 1/5 家庭的年收入高约 13 倍。

表 20-2 的最后一列表示最富有家庭的收入在总收入中所占的份额。2014 年,最富有的 5% 家庭的收入占总收入的 20.8%,比最穷的 40% 的家庭的总收入还多。

表 20-2　美国的收入不平等状况

年　份	最低的 1/5(%)	次低的 1/5(%)	中间的 1/5(%)	次高的 1/5(%)	最高的 1/5(%)	最高的 5%(%)
2014	3.6	9.2	15.1	23.2	48.9	20.8
2010	3.8	9.4	15.4	23.5	47.9	20.0
2000	4.3	9.8	15.4	22.7	47.7	21.1
1990	4.6	10.8	16.6	23.8	44.3	17.4
1980	5.3	11.6	17.6	24.4	41.1	14.6
1970	5.4	12.2	17.6	23.8	40.9	15.6
1960	4.8	12.2	17.8	24.0	41.3	15.9
1950	4.5	12.0	17.4	23.4	42.7	17.3
1935	4.1	9.2	14.1	20.9	51.7	26.5

资料来源：U. S. Bureau of the Census.

该表表示收入分配中每 1/5 的家庭及收入最高的 5% 家庭所得到的税前总收入的百分比。

表 20-2 还说明了 1935 年以来不同年份的收入分配状况。乍一看，收入分配似乎一直是相当稳定的。在过去几十年间，收入最低的 1/5 家庭得到 4%—5% 的收入，而收入最高的 1/5 家庭得到 40%—50% 的收入。进一步考察该表会发现不平等程度的某种趋势。从 1935 年到 1970 年，分配逐渐变得较为平等。收入最低的 1/5 家庭的收入份额由 4.1% 提高到 5.4%，而收入最高的 1/5 家庭的收入份额由 51.7% 下降到 40.9%。近年来这种趋势又倒过来了。从 1970 年到 2014 年，收入最低的 1/5 家庭的收入份额从 5.4% 下降到 3.6%，而收入最高的 1/5 家庭的收入份额从 40.9% 上升到 48.9%。

在第 19 章中，我们探讨了对近年来收入不平等程度加剧的某些解释。与低工资国家之间国际贸易的增长和技术变革倾向于减少对不熟练劳动的需求，并增加对熟练劳动的需求。因此，不熟练工人的工资相对于熟练工人的工资下降了，而且这种相对工资的变动加剧了家庭收入的不平等。

20.1.2　世界各国的不平等状况

与其他国家相比，美国的收入分配不平等状况如何呢？这个问题是令人感兴趣的，但答案却是不确定的。有的国家的相关数据无法获得。即使我们可以获得数据，世界上每个国家也并不是都用同样的方法收集数据。例如，一些国家收集个人收入数据，而另一些国家收集家庭收入数据，还有一些国家收集支出数据而不是收入数据。结果，当我们发现两国之间的收入存在差别时，我们无法确定这是反映了经济中真实的差别，还是仅仅体现了收集数据方法上的差别。

记住这一点提示，再来看图 20-1，该图比较了 20 个主要国家的不平等状况。这里用五分率来衡量不平等，五分率是最富的五分之一人的收入除以最穷的五分之一人的收入。最平等的国家是瑞典,在那里收入最高的五分之一人的收入是收入最低的五分之一人的收入的3.7倍。南非是其中最不平等的国家,在那里收入最高的五分之一人的收入是收入最低的五分之一人的收入的28.5倍。虽然各国的贫富差距都很大,但世界各国的收入不平等程度差别相当大。

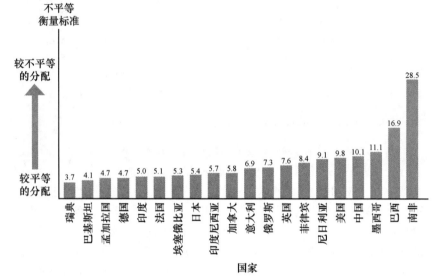

图20-1 世界各国的收入不平等状况

该图显示了最富有的20%人口的收入与最穷的20%人口的收入的比值。在这些国家中,瑞典和巴基斯坦经济福利的分配最平等,而南非和巴西最不平等。

资料来源:*Human Development Report 2015.*

当各国根据收入不平等状况排序时,美国比一般国家要更不平等一点。而且与大多数经济发达的国家(如日本和德国)相比,美国的收入不平等要严重得多。但美国的收入分配比一些发展中国家(如南非和巴西)要平等。美国与中国(世界上人口最多的国家)有差不多的收入不平等程度。

新闻摘录
收入分配的全球视野

从全球来看,不平等方面还是有好消息。

全球范围的收入不平等并未加剧,反而趋缓

Tyler Cowen

收入不平等已经成为一个政治和经济问题,但从全球范围来看,并没有数据表明不平等加剧了。的确,从单个国家来看,大多数情况下这个问题更尖锐了,但从整体来看,世界范围的收入不平等在近二十年中的大部分时间里都呈下降趋势。这是一个还没有引起充分注意的事实。

这个发现来自世界银行顾问Christoph Lakner和卢森堡收入研究中心高级学者Branko Milanovic最近做的一项研究。这种结论乍一看会让人大吃一惊,但稍加思考就会意识到这是符合直觉的。中国、印度和其他一些国家的经济起飞是平等主义在历史上取得的巨大成就之一。

当然,没有一个人应该把观察到的上述事实作为不再帮助不太幸运的国家的借口。但它有助于我们认识到,即使对严格的平等主义者来说,严重的收入不平等也并不总是最值得关注的问题。例如,移民与自由贸易政策有时会在一个国家的范围内加剧不平等,但也可以使世界的状况更好,因为它们往往降低了全球的不平等。

国际贸易极大地减少了发展中国家的贫穷,例证就是中国和其他国家的出口导向型增长。但是,与许多经济学家所承诺的相反,也有新的证据表明,中国出口的增加压低了一部分美国中产阶级的工资。麻省理工学院的经济学家 David H. Autor、马德里货币金融研究中心(Center for Monetary and Financial Studies)的 David Dorn 和加州大学圣迭戈分校的 Gordon H. Hanson 在最近的一篇文章中得出了这样的结论。

同时,中国的经济增长会增加美国最富的1%的人的收入。这是因为尽管中国的出口增加了公司的价值,但这些公司的股份往往是由最富的美国人持有。因此中国的经济增长在使美国收入不平等加剧的同时,也同样提高了全球的繁荣和收入平等程度。

还有证据表明,不熟练工人移民到美国对没有大学文凭的美国工人的工资也有某种不利影响,正如哈佛大学经济学教授 George Borjas 的研究所说明的。但这类移民也使那些移民到美国等富裕国家的人受益极大。(也许还帮助了收入最高的美国人,因为他们可以以更低的价格雇用家政与儿童看护人员。)此外,一个国家内的收入不平等可能加剧了,但全球的不平等程度可能下降了,尤其是当新来的移民把钱寄回国内时,情况就更是如此。

从狭隘的民族主义观点看,这些发展对美国并非好事。但这种狭隘的观点才是主要问题。我们已经卷入了一场政治争论,在这场政治争论中,平等主义的优雅外表下其实隐藏着民族主义观点。为了厘清这种混淆,一个建议是在所有关于不平等的讨论前面都提示全球不平等正在下降,而且在这方面世界正朝着一个更好的方向前进。

像参与"占领华尔街"运动这样的群体认为不平等加剧了,而且资本主义辜负了我们。一个更正确但与此有细微差别的观点是,尽管仍然有重大的经济问题,但我们生活在一个世界正趋于平等的时代——变化总体来说是好的。这也许不能成为一个令人信服的口号,但它是事实。

一个公认的观点是,一些国家内严重而加剧的不平等会引起政治上的麻烦,也许会发生暴力甚至革命。因此有人认为,民族主义的视野是重要的。但这种政治骚乱的预言很难是显而易见的,特别是对美国这样犯罪率下降的成熟社会来说。

此外,我们也可以通过调整公共政策来适应某些对平等主义的关注。例如,我们可以改善我们的教育体制。

不过,在某种程度上而言,对国内不平等加剧的政治担忧也是合理的,它表明还存在其他不同的问题。如果我们国内的政治不能处理收入分配中的变化,那么问题也许不在于资本主义的内在缺陷,而是在于我们的政治制度不够灵活。我们的政治在世界作为一个整体变得更加富有、更加公正的压力之下不会崩溃。

Tyler Cowen 是乔治·梅森大学的经济学教授。

资料来源: From The New York Times. © ［2014］ The New York Times Company. All rights reserved. Used under license.

20.1.3 贫困率

贫困率:
家庭收入低于一个称为贫困线的绝对水平的人口所占的百分比。

贫困线:
由联邦政府根据每个家庭规模确定的一种收入绝对水平,低于这一水平的家庭被认为处于贫困状态。

常用的收入分配的判断标准是贫困率。**贫困率**(poverty rate)是家庭收入低于一个称为贫困线的绝对水平的人口所占的百分比。**贫困线**(poverty line)是联邦政府按提供充足食物成本的大约三倍的标准确定的。贫困线取决于家庭规模,并根据价格水平的变动每年进行调整。

为了知道贫困率可以告诉我们一些什么信息,我们来考虑 2014 年的数据。这一年美国中值家庭收入为 66 632 美元,四口之家的贫困线是 24 230 美元。贫困率是 14.8%。换句话说,有 14.8% 的人属于那些按其家庭规模收入来看低于贫困线的家庭。

图 20-2 显示了美国 1959 年以来的贫困率,官方数据正是从这一年开始统计的。你可以看到,贫困率从 1959 年的 22.4% 下降到 1973 年的 11.1%。这种下降并不奇怪,因为在这一时期内经济中的平均收入(根据通货膨胀调整之后)增加了 50% 以上。由于贫困线是绝对标准而不是相对标准,因此,随着经济增长把整个收入分配向上推动,更多的家庭被推到贫困线之上。正如约翰·F.肯尼迪曾经指出的,水涨船高。

贫困率表示收入低于一个称为贫困线的绝对水平的人口百分比。

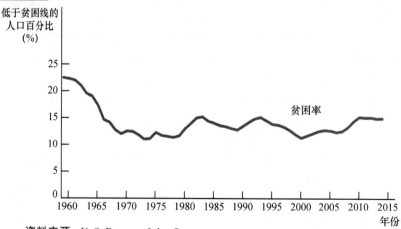

图 20-2 贫困率

资料来源: U.S. Bureau of the Census.

但是,自从20世纪70年代初以来,经济的"水"涨了而一些"船"却没有随之升高。尽管平均收入持续增加,但贫困率并没有下降到1973年达到的水平之下。美国近几十年来减少贫困方面并没有进步,这与我们在表20-2中看到的不平等状况加剧密切相关。虽然经济增长增加了一般家庭的收入,但不平等状况的加剧使最贫穷的家庭无法享受到这一经济更加繁荣的成果。

贫困是一种影响人口中所有群体的"经济病症",但对各群体影响的大小并不相同。表20-3显示了某些群体的贫困率,并反映出三个显著的事实:

表20-3　谁是穷人

群　体	贫困率(%)
总人口	14.8
白人(非西班牙裔)	10.1
黑人	26.2
西班牙裔	23.6
亚裔	12.0
孩子(18岁以下)	21.1
老人(64岁以上)	10.0
已婚夫妇家庭	6.2
没有丈夫的以女性为家长的家庭	33.1

该表表明,在人口的不同群体之间,贫困率差别很大。

资料来源:U. S. Bureau of the Census. 取2014年的数据。

- 贫困与种族相关。黑人和西班牙裔人生活在贫困中的可能性是白人的两倍左右。
- 贫困与年龄相关。孩子比一般人更容易成为贫困家庭的成员,而老年人比一般人更不容易贫穷。
- 贫困与家庭结构相关。单身母亲支撑的家庭生活在贫困中的可能性是已婚夫妇家庭的五倍多。

这三个事实描述了美国社会多年来的情况,它们说明了哪些人更可能成为穷人。这三个因素也会同时起作用:在以女性为家长的家庭中,如果孩子是黑人和西班牙裔,那么会有一半以上生活在贫困中。

20.1.4　衡量不平等时的问题

虽然收入分配和贫困率数据有助于我们了解社会不平等的程度,但解释这些数据并不像看上去那么简单。这些数据基于家庭年收入,但人们所关心的并不是他们的收入,而是他们维持良好生活水平的能力。至少由于三个方面的原因,收入分配和贫困率数据所给出的生活水平不平等状况并不是完整的。

实物转移支付　收入分配和贫困率的衡量是基于家庭的货币收入。但是,穷人通过各种政府计划得到了许多非货币物品,包括食品券、住房补贴和医疗服务。以物品和服务形式而不是以现金形式给予穷人的转移支付称为**实物转移支付**(in-kind transfers)。不平等程度的标准衡量方法并没有考虑这些实物转移支付。

由于实物转移支付的对象主要是社会中最穷的成员,因此,没有把实物转移支付考虑在内就大大影响了所衡量的贫困率。根据美国人口普查局的研究,如果把实物转移支付按其市场价值纳入收入,那么生活在贫困中的家庭数量会比标准数据所显示的低10%左右。

经济生命周期　可以对人一生中收入的变动进行大致的估计。一个年轻工人,尤其是还在学校的年轻人,收入是较低的。随着工人的年龄增长和经验增加,其收入会增加,在50岁左右达到最高,然后在工人65岁退休时又大幅度减少。这种有规律的收入变动模式被称为**生命周期**(life cycle)。

由于人们可以通过借款和储蓄来平滑收入的生命周期变动,所以他们在任何一年的生活水平更多地依赖于一生中的收入,而不是当年的收入。年轻人也许会为了上学或买房子而借款,然后在收入增加时偿还这些贷款。人们在中年时的储蓄率最高。由于人们可以根据退休预期来储蓄,因此在退休时收入大大减少并不一定会引起生活水平的相应降低。这种正常的生命周期模式会引起年度收入分配的不平等,但这并不一定代表生活水平的真正不平等。

暂时收入与持久收入　人一生的收入不仅仅会因为预期的生命周期而变动,还会因为随机的和暂时的力量而变动。某一年的霜冻摧毁了佛罗里达的橙子树,佛罗里达橙子种植者的收入就会暂时减少。同时,佛罗里达的霜冻也使橙子价格上升,加利福尼亚橙子种植者的收入就会暂时增加。下一年也可能会出现相反的情况。

正如人们可以通过借款和储蓄来平滑收入的生命周期变动一样,他们也可以通过借款和储蓄来平滑收入的暂时变动。在某种程度上,家庭在收入状况好的年份储蓄,而在收入状况差的年份借款(或动用储蓄)。在这个意义上,收入的暂时变动就并不一定会影响他们的生活水平。家庭购买物品与服务的能力主要取决于其**持久收入**(permanent income),即正常收入或平均收入。

为了衡量生活水平的不平等程度,持久收入的分配比年度收入的分配更相关。许多经济学家认为,人们根据他们的持久收入来消费,因此,消费不平等是持久收入不平等的主要判断标准。由于持久收入和消费受收入的暂时变动影响较小,因此持久收入的分配比当期收入的分配更平等。

实物转移支付:
以物品和服务而不是以现金形式给予穷人的转移支付。

生命周期:
在人的一生中有规律的收入变动模式。

持久收入:
一个人的正常收入。

案例研究
不平等的其他衡量标准

达拉斯联邦储备银行的 Michael Cox 和 Richard Alm 在 2008 年的一项研究表明，不同的不平等衡量标准会导致极为不同的结论。Cox 和 Alm 比较了美国最富的 1/5 家庭与最穷的 1/5 家庭的收入分配，来观察它们的差距有多大。

根据 Cox 和 Alm 的研究，2006 年美国最富的 1/5 家庭的平均收入为 149 963 美元，而最穷的 1/5 家庭的平均收入为 9 974 美元。因此，最富有群体的收入是最贫穷群体的 15 倍。

如果考虑到税收，那么富人与穷人的差距会缩小一点。由于税制是累进的，因此最富有群体的税收占其收入的百分比高于最贫穷群体。Cox 和 Alm 发现，最富的 1/5 家庭的税后收入是最穷的 1/5 家庭的 14 倍。

如果观察消费而不是收入，那么这个差距还会大大缩小。某一年年景特别好的家庭更可能进入富有群体，而且他们更可能把收入中相当高的一部分储蓄起来。某一年年景特别坏的家庭更可能进入贫穷群体，而且他们更可能把储蓄用于消费。根据 Cox 和 Alm 的研究，最富的 1/5 家庭的消费仅仅是最穷的 1/5 家庭的 3.9 倍。

如果根据家庭人数差别进行矫正，那么消费的差距会变得更小。由于大家庭更有可能是两个人赚钱，因此他们更有可能位于收入分配的上层。但是，他们也要养活更多的人。Cox 和 Alm 报告，最富的 1/5 家庭平均有 3.1 人，而最穷的 1/5 家庭平均有 1.7 人。因此，最富的 1/5 家庭的人均消费仅仅是最穷的 1/5 家庭的 2.1 倍。

这些资料表明，物质生活水平的不平等程度比年收入的不平等程度要小得多。

20.1.5 经济流动性

人们在谈及"富人"与"穷人"时，仿佛年复一年这些群体都由同样的家庭组成。实际上情况根本不是这样。经济流动性，即人们在各收入阶层之间的变动，在美国经济中是相当常见的。沿着收入阶梯向上移动可能是由于好运气或勤奋工作，向下移动可能是由于坏运气或懒惰。这种流动性有一些反映在暂时的收入变动上，而另一些则反映在收入较持久的变动上。

由于家庭收入随时间而变化，因此，暂时贫困比贫困率显示的更常见，而持久贫困则更少见。在一个典型的 10 年期中，四个家庭中约有一个至少在 1 年中处于贫困线之下,但只有不到 3% 的家庭在 8 年或更长时间中处于贫困状态。由于暂时贫困和持久贫困很可能面临不同的问题,因此,旨在反贫困的政策需要对这两个群体进行区分。

判断经济流动性的另一个方法是经济成功的代际持续性。那些研究这个问题的经济学家发现,超过平均水平的收入会从父母延续到孩子,但这种持续性并不完全,这表明在各收入阶层之间有相当大的流动性。如果父亲的收入比同辈人的平均收入高 20%,那么他的儿子很可能比同辈人平均收入高 8%。祖父的收入与孙子的收入之间的关联性则很小。

这种巨大的代际经济流动性的一个结果是,美国经济中存在大量靠自己致富的百万富翁(以及挥霍所继承财产的继承人)。某项研究表明,美国有 4/5 的百万富翁是靠自己赚的钱,例如通过开办并建立企业或通过公司职务的晋升。只有 1/5 的百万富翁是靠继承财产。

即问即答 • 贫困率衡量了什么? • 说明在解释所衡量的贫困率时可能存在的三个问题。

20.2 收入再分配的政治哲学

我们刚刚说明了一个经济的收入如何分配,并讨论了在解释所衡量出的不平等程度时可能遇到的问题。从这种解释仅仅描述了世界是什么样的意义上说,它是实证的。我们现在转向决策者面临的规范问题:政府对经济不平等应该做些什么?

这个问题不仅仅是经济学问题。仅仅通过经济分析并不能告诉我们决策者是否应该努力使社会更平等。我们对这个问题的观点在很大程度上是政治哲学问题。但由于政府在收入再分配中的作用是许多经济政策争论的中心,因此我们暂且离开经济科学,考虑一点政治哲学。

20.2.1 功利主义

功利主义:
一种政治哲学,根据这种政治哲学,政府应该选择使社会上所有人总效用最大化的政策。

效用:
衡量幸福或满足程度的指标。

政治哲学中的一个主要学派是**功利主义**(utilitarianism)。功利主义的奠基人是英国哲学家杰里米·边沁(Jeremy Bentham,1748—1832)和约翰·斯图亚特·穆勒(John Stuart Mill,1806—1873)。在很大程度上,功利主义的目的是要把个人决策的逻辑运用于涉及道德与公共政策的问题中。

功利主义的出发点是**效用**(utility)——人们从其环境中得到的幸福或满足程度。效用是福利的衡量指标,而且根据功利主义者的看法,它也是所有公共政策和私人行动的最终目标。他们声称,政府的合理目标应该是使社会中每个人的效用总和最大化。

功利主义者支持收入再分配的根据是边际效用递减假设。一个穷人的 1 美元额外收入给其所带来的额外效用大于富人的 1 美元额外收入带来的效用,这看来是有道理的。换句话说,随着一个人收入的增加,其从增加的 1 美元收入中得到的额外福利是递减的。这个看来有道理的假设与功利主义者总效用最大化的目标结合就意味着政府应该努力达到更平等的收入分配。

道理很简单。设想 Peter 和 Paul 两人除了 Peter 收入 8 万美元而 Paul 收入 2 万美元之外其他条件完全相同。在这种情况下,拿走 Peter 的 1 美元支付给 Paul 将减少 Peter 的效用而增加 Paul 的效用。但由于边际效用递减,Peter 效用的减少小于 Paul 效用的增加。因此,这种收入再分配增加了总效用,而这正是功利主义者的目标。

乍一看,这种功利主义者的观点似乎意味着,政府应该一直进行收入再分配,直至社会上每个人的收入都完全相同为止。实际上,如果收入总量是固定的——我们例子中的 10 万美元——那么情况确实是这样。但实际情况并非如此。功利主义者否定收入的完全平等化,因为他们接受了第 1 章中提出的经济学十大原理之一:人们会对激励做出反应。

为了把 Peter 的钱支付给 Paul,政府就应该实行收入再分配政策。美国的联邦所得税和福利制度就是例子。在这些政策下,收入高的人支付高税收,而收入低的人得到收入转移支付。这种收入转移支付是逐渐减少的:随着一个人收入的提高,他从政府得到的转移支付将会减少。但是,当 Peter 面对高所得税而 Paul 面对随收入逐渐减少的转移支付时,他们勤奋工作的激励都变小了,因为他们都只能赚到额外收入的一小部分。当他们工作减少时,社会收入减少了,总效用也减少了。功利主义政府必须在更大平等的好处与扭曲激励的损失之间保持平衡。因此,为了使总效用最大化,政府不会试图使社会完全平等。

一个有名的寓言阐明了功利主义者的逻辑。设想 Peter 和 Paul 在一个沙漠的不同地方旅行,他们都感到口渴难耐。Peter 所在的地方是一片绿洲,有许多水;而 Paul 所在的地方水很少。如果政府可以无成本地把一个绿洲的水转移到另一个地方,那么它就可以通过使两个地方的水量相等而使水带来的总效用最大化。但假设政府只有一个漏水的桶。当它把水从一个地方运到另一个地方时,运输途中有一些水损失了。在这种情况下,功利主义政府可能仍将根据 Paul 的口渴程度和水桶漏洞的大小,努力把一些水从 Peter 那里运到 Paul 那里。然而,在只有一个漏水的桶的情况下,功利主义政府不会试图达到完全平等。

20.2.2 自由主义

自由主义：
一种政治哲学，根据这种政治哲学，政府应该选择被认为是公正的政策，这种公正要由一位在"无知之幕"背后的无偏见观察者来评价。

思考不平等的第二种方法可以称为**自由主义**(liberalism)。哲学家约翰·罗尔斯(John Rawls)在他的著作《正义论》(*A Theory of Justice*)中提出了这种观点。这本书在1971年出版，并很快成为政治哲学中的一本经典之作。

罗尔斯从一个社会的制度、法律和政策应该是公正的这个前提开始，提出了一个自然的问题：我们的社会成员如何能对公正的含义达成一致认识呢？似乎每个人的观点都必然要取决于他自己所处的特定环境——才能高还是才能低，勤奋还是懒惰，受教育多还是受教育少，出生在富裕家庭还是贫穷家庭。我们能客观地决定一个公正的社会应该是什么样子吗？

为了回答这个问题，罗尔斯提出了以下的思想实验。设想在任何一个人出生之前，所有人都要到一起开会来设计统治社会的规则。这时我们对每个人最终将处的位置都一无所知。用罗尔斯的话来说，我们都处于"无知之幕"(veil of ignorance)背后的"原始状态"。罗尔斯认为，在这种原始状态下，我们可以为社会选择一套公正的规则，因为我们必须考虑这些规则将如何影响每一个人。正如罗尔斯所指出的："由于所有人都处于相似的状况，没有一个人能设计出有利于自己特定状况的原则，因此，公正的原则是公平协商或谈判的结果。"用这种方法设计公共政策和制度，能使我们在判断什么政策为公正的时候保持客观。

然后，罗尔斯考虑在这种无知之幕下所设计的政策要达到什么目标。特别是，如果一个人不知道自己最终是在收入分配的最上层、最下层还是中间层，那么他会认为什么样的收入分配是公正的。罗尔斯认为，处于原始状态下的人会特别关注处于收入分配最底层的可能性。因此，在设计公共政策时，我们的目标应该是提高社会中状况最差的人的福利。这就是说，不是像功利主义者所主张的那样使每个人效用的总和最大化，罗尔斯是要使最小效用最大化。罗尔斯的规则被称为**最大最小准则**(maximin criterion)。

最大最小准则：
一种主张，认为政府的目标应该是使社会上状况最差的人的福利最大化。

由于最大最小准则强调的是社会上最不幸的人，因此它证明了旨在使收入分配平等化的公共政策是正确的。通过把富人的收入转移给穷人，社会增进了最不幸者的福利。但是，最大最小准则并不会带来一个完全平等的社会。如果政府承诺使收入完全平等，那么人们就没有勤奋工作的激励，社会的总收入就将大大减少，而且，最不幸者的状况肯定会更加恶化。因此，最大最小准则仍然允许收入不对称，因为这种不对称可以增强激励，从而提高社会帮助穷人的能力。然而，由于罗尔斯的哲学只重视最不幸的社会成员，因此它要求的收入再分配比功利主义者更多。

罗尔斯的观点是有争议的，但他提出来的思想实验非常引人注目。

特别是这种思想实验可以使我们把收入再分配当作一种**社会保险**(social insurance)的形式。这就是说,从无知之幕背后的原始状态的角度看,收入再分配很像一种保险政策。房主购买火灾保险是为了应对他们房子着火的风险。同样,当我们的社会选择了向富人征税以补助穷人收入的政策时,我们就为自己成为穷人家庭成员的可能性上了保险。由于人们不喜欢风险,因此我们应该为自己出生在一个给我们提供了这种保险的社会而感到庆幸。

然而,有一点还不是很清楚,那就是无知之幕背后的理性人是否足够厌恶风险,以至于他们将遵循最大最小准则。实际上,由于原始状态的人最终可能处于收入分配的任何一个位置上,因此,在设计公共政策时,他可能平等地对待所有可能的结果。在这种情况下,在无知之幕之下最好的政策应该是使社会成员的平均效用最大化,而且由此产生的公正概念就更接近于功利主义者而不是罗尔斯主义者。

社会保险:
旨在保护人们规避负面事件风险的政府政策。

20.2.3 自由至上主义

关于不平等的第三种观点被称为**自由至上主义**(libertarianism)。到现在为止,我们考虑的两种观点——功利主义和自由主义——都把社会总收入作为社会计划者为了达到某种社会目标而能够自由再分配的共享资源。与此相反,自由至上主义者认为,社会本身并没有赚到收入——只是单个社会成员赚到了收入。根据自由至上主义者的看法,政府不应该为了实现任何一种收入分配而拿走一些人的收入并给予另一些人。

例如,哲学家罗伯特·诺齐克(Robert Nozick)在他 1974 年的著作《无政府、国家与乌托邦》(*Anarchy, State, and Utopia*)中写了下面一段话:

> 我们并不是那些从某人那里分到一块蛋糕的孩子,而分蛋糕的人又可以对自己粗心的切割作最后的弥补。没有任何集中的分配,没有任何个人或群体有权控制所有的资源并且决定怎样发放这些资源。每个人得到的东西都是其他人与他交换或作为礼物送给他的。在一个自由社会里,不同的人们控制着不同的资源,新的持有来自人们自愿的交换和行动。

在功利主义者和自由主义者努力判断社会上的不平等程度多高为合意时,诺齐克否定了这个问题的正当性。

自由至上主义者评价经济结果的方法,是评价这些结果产生的过程。当收入分配是以不公正手段达到的时候,例如,当一个人偷了另一个人的东西时,政府有权利也有义务解决这个问题。但是,只要决定收入分配的过程是正义的,那么分配结果无论如何不平等都是公正的。

诺齐克通过将社会收入分配与课程成绩分布进行类比来批评罗尔斯的自由主义。假设有人要你判断你现在正在学习的经济学课程成绩的公

自由至上主义:
一种政治哲学,根据这种政治哲学,政府应该惩罚犯罪并实行自愿的协议,但不应该进行收入再分配。

正性,你会设想你自己处于无知之幕之下,在不知道每个学生的才能与努力程度的情况下,去选择某个成绩分布吗?还是你会保证评价学生成绩的过程是公正的,而不考虑成绩分布结果是否平均?至少就成绩的情况而言,自由至上主义者强调过程而不是结果的观点是非常有说服力的。

自由至上主义者的结论是,机会平等比收入平等更重要。他们认为,政府应该落实个人的权利,以确保每个人都有同样的发挥自己才能并获得成功的机会。一旦建立了这些游戏规则,政府就没有理由改变由此引起的收入分配。

即问即答 Petra 赚的钱比 Paula 多。一个人建议向 Petra 征税并补贴 Paula 的收入。功利主义者、自由主义者和自由至上主义者分别会如何评价这种建议呢?

20.3 减少贫困的政策

正如我们刚刚说明的,政治哲学家对政府在改变收入分配中应该起什么作用持有各种不同的观点。在更大范围的选民政治争论中反映了类似的分歧。尽管这些争论仍在继续,但大多数人认为,起码政府应该帮助那些最需要帮助的人。依照一个广为人知的比喻,政府应该提供一个"安全网",以使任何一个公民免于陷入极度贫困。

贫困是决策者面临的最困难的问题之一。贫困家庭的成员比一般人更可能经历无家可归、毒品依赖、健康问题、青少年怀孕、文盲、失业和受教育程度低等问题。贫困家庭成员更可能犯罪,也更可能成为犯罪的牺牲品。虽然很难把贫困的原因与结果分开,但毫无疑问,贫困与各种经济和社会问题相关。

假设你是一个政府决策者,你的目标是减少生活在贫困中的人数。你应该如何实现这一目标呢?我们将考察一些你可能会考虑的政策选择。每一种选择都会帮助一些人脱贫,但没有哪一种选择是完美的,要确定哪一种政策组合最好并不容易。

20.3.1 最低工资法

规定雇主支付给工人最低工资的法律总是争论的来源。支持者把最低工资当作帮助那些有工作的穷人而政府又不用花钱的一种方法,批评者则把最低工资看成对它想帮助的人的一种伤害。

正如我们最早在第 6 章中所说明的,很容易用供求工具来理解最低工资。对那些技能水平低和经验不足的工人来说,较高的最低工资导致其工资高于供求平衡的水平。因此它提高了企业的劳动成本,并减少了这些企业需求的劳动量。结果是受最低工资影响的这些工人群体的高失业。虽然那些仍然就业的工人得以从较高的工资中受益,但那些原本在较低工资时能就业的工人的状况变坏了。

这些影响的大小主要取决于劳动需求弹性。支持高水平最低工资的人认为,不熟练劳动的需求是较为缺乏弹性的,因此,高水平最低工资所减少的就业是微不足道的。批评最低工资的人则认为,劳动需求富有弹性,特别是在企业可以更充分地调整就业与生产的长期中更是如此。他们还注意到,许多最低工资工人是中产阶级家庭的青少年,因此高水平最低工资作为帮助穷人的一种政策并不能完美地帮助其目标人群。

20.3.2 福利

提高穷人生活水平的一种方法是政府补贴其收入,政府主要通过福利制度来实现这种补贴。**福利**(welfare)是包括各种政府计划的一个广义术语。贫困家庭临时援助是一项旨在帮助那些需要抚养孩子,但没有成年人能支撑生活的家庭的计划。在一个典型的接受这种援助的家庭中,往往是母亲在家抚养小孩而没有父亲。另一项福利计划是补充性保障收入(SSI),它为有病或有残疾的穷人提供帮助。需要注意的是,在这两项福利计划中,仅仅是收入低的穷人并没有资格获得帮助。要想获得帮助,他还应该有一些额外的困难,例如,有小孩或者残疾。

福利:
补贴贫困者收入的政府计划。

反对福利计划的一种普遍观点认为,福利计划实际上激励了人们变成"需要帮助者"。例如,这些计划会鼓励家庭破裂,因为许多家庭只要没有父亲就有资格得到经济帮助。这个计划也会鼓励未婚生育,因为许多贫穷的单身女性只要有孩子就符合接受帮助的标准。由于贫穷的单身母亲是贫困问题中相当重要的一部分,而且由于福利计划似乎增加了贫穷单身母亲的数量,因此这种福利制度的批评者断言,这些政策恶化了它们原本打算解决的问题。基于这些意见,1996年的一部法律对福利制度进行了修订,该法律对可以领取福利的时间进行了限制。

福利制度存在的上述潜在问题有多严重?没有一个人知道确切的情况。福利制度的支持者指出,贫穷的单身母亲依靠福利充其量也只是艰难度日,而且他们怀疑,如果不是迫不得已,这种制度是否会鼓励许多人追求这种接受帮助的贫困生活。此外,长期趋势有时也不支持福利制度批评者所持的观点,即双亲家庭的减少主要是福利制度导致的结果。自20世纪70年代初以来,福利补助(根据通货膨胀调整后的)一直在下降,但生活在单亲家庭中的儿童的百分比上升了。

20.3.3 负所得税

只要政府选择一种制度来征税,那么它就会影响收入分配。在累进所得税的情况下这显然是正确的,在这种税制下,高收入家庭收入中纳税的百分比大于低收入家庭。正如我们在第 12 章中讨论的,在设计税制时各收入群体之间的平等是一个重要的目标。

负所得税:
向高收入家庭征税并给低收入家庭补贴的税制。

许多经济学家建议用**负所得税**(negative income tax)来补贴穷人的收入。根据这种政策,每个家庭都要向政府报告自己的收入。高收入家庭根据他们的收入纳税,而低收入家庭将得到补助。换句话说,这些低收入家庭将"支付"一种"负所得税"。

例如,假设政府用以下公式来计算一个家庭的税收义务:

$$应纳税额 = 收入 \times 1/3 - 10\,000 \text{ 美元}$$

在这种情况下,一个收入 6 万美元的家庭要缴纳 1 万美元的税;一个收入 9 万美元的家庭要缴纳 2 万美元的税;一个收入 3 万美元的家庭不纳税;而一个收入 1.5 万美元的家庭"应纳" -5 000 美元的税。换句话说,政府将给这个家庭送去一张 5 000 美元的支票。

在负所得税之下,贫困家庭不用证明其需要就可以得到经济帮助。得到帮助所需要的唯一资格就是收入低。根据不同人的观点,这个政策既有优点也有缺点。一方面,负所得税不鼓励非婚生育和家庭破裂,正如福利制度的批评者认为现行的政策鼓励了非婚生育和家庭破裂;另一方面,负所得税不仅补贴那些不幸运的人,而且补贴那些仅仅是由于懒惰而陷于贫穷的人,而一些人认为,政府不应该补贴这样的人。

一种和负所得税有相同作用的现实税收条款是劳动所得税抵免。这种优惠使贫困劳动家庭一年中得到的所得税返还大于其缴纳的税收。由于劳动所得税抵免只适用于工作的穷人,它就不会像其他反贫困计划那样鼓励得到补贴的人不工作。但由于同样的原因,它也无助于减轻由于失业、生病或其他无工作能力引起的贫困。

20.3.4 实物转移支付

帮助穷人的另一种方法是直接向他们提供提高生活水平所需的某些物品与服务。例如,慈善机构向需要帮助的人提供食物、衣服、居住场所和圣诞节的玩具。政府通过食品券计划向贫困家庭提供食物,该项目替代了之前的食品券,它会向低收入家庭提供一张塑料卡,有点像银行借记卡,可以用来在商店购买食物。政府也通过医疗援助向穷人提供医疗保健。

是用这些实物转移支付帮助穷人好,还是直接给穷人现金好呢?对此并没有一个明确的答案。

实物转移支付的支持者认为,这种转移支付确保穷人得到他们最需要的东西。最贫困社会成员中的嗜酒和吸毒现象与整个社会相比更为普遍。通过向穷人提供食物和居住场所,社会可以更确信自己不是在助长这些恶习。这是实物转移支付比现金支付在政治上更受欢迎的一个原因。

另一方面,现金支付的支持者认为,实物转移支付是无效率的和不尊重穷人的做法。政府并不知道穷人最需要什么物品与服务。许多穷人只是运气不好的普通人。尽管他们不幸,但由他们来决定如何提高自己的生活水平是最适当的。与其通过实物转移支付来为穷人提供他们可能并不需要的物品与服务,还不如给他们现金以购买他们认为最需要的东西,这样会使他们的状况更好。

20.3.5 反贫困计划和工作激励

许多旨在帮助穷人的政策可能对鼓励穷人依靠自己的力量脱贫有意想不到的不利影响。为了说明这一点,让我们来看看下面这个例子。假设一个家庭维持合理的生活水平需要 20 000 美元。再假设出于对穷人的关心,政府承诺每个家庭都会达到这个收入。无论一个家庭赚多少钱,政府都会补足其收入和 20 000 美元之间的差额。你预期这种政策会产生什么影响呢?

这种政策的激励效应是显而易见的:任何一个工作收入在 20 000 美元以下的人都没有找工作和保持工作的激励。因为这个人每赚到 1 美元,政府就会减少 1 美元的收入补贴。实际上,这相当于政府对增加的收入征收 100% 的税。有效边际税率为 100% 的政策必定会招致巨大的无谓损失。

这种高有效税率的负面影响会一直持续下去。一个被鼓励不工作的人失去了工作所提供的在职培训机会。此外,他的孩子也不能通过观察有全职工作的父母而学到一些经验,而这可能对他们自己找工作和保持工作的能力有负面影响。

虽然我们讨论的这个反贫困计划是假设的,但它并不像乍看起来那样不切实际。福利、医疗援助、食品券计划和劳动所得税抵免都是旨在帮助穷人的计划,而且这些计划都与家庭收入相关。随着一个家庭收入的增加,该家庭就不再具有符合这些计划的资格。当把所有这些计划放在一起时,这些家庭就会面临很高的有效边际税率。有效边际税率有时甚至超过 100%,以至于当贫穷家庭的人们赚到更多钱时,他们的状况反而变坏了。政府努力帮助穷人,然而结果却是鼓励这些家庭的人们不工作。根据反贫困计划批评者的看法,这些计划改变了人们的工作态度,并创造了一种"贫困文化"。

对这个问题似乎有一个简单的解决办法:随着贫困家庭收入的增加,逐渐地减少对他们的补贴。例如,如果一个贫困家庭每赚 1 美元就减少 30 美分补贴,那么它就面临 30% 的有效边际税率。虽然这种有效税率在某种程度上降低了人们工作的努力程度,但并没有完全消除对工作的激励。

这种解决方法的问题是它会大大增加反贫困计划的成本。如果随着贫困家庭收入的增加逐渐减少补贴,那么正好在贫困水平以上的家庭也有资格得到大量补贴。补贴减少得越慢,符合补贴资格的家庭就越多,实施这个计划的成本也越大。因此,决策者面临着用高有效边际税率增加穷人负担与用高成本反贫困计划增加纳税人负担之间的权衡取舍。

还有各种其他方法可用于减少反贫困计划的非激励性。一种方法是要求任何一个得到补贴的人都接受一份政府提供的工作——有时被称为劳动福利制度。还有一种方法是只在有限的时间内提供补贴。1996 年的福利改革法案遵循了这种思路,该法案把接受福利的年限定为一生中只有 5 年。当克林顿总统签署这个法案时,他是这样解释这种政策的:"福利应该成为人们的另一种机会,而不是一种生活方式。"

即问即答 列出旨在帮助穷人的三项政策,并讨论每种政策的优缺点。

20.4 结论

人们长期以来都在思考社会中的收入分配。古希腊哲学家柏拉图得出的结论是:在一个理想社会中,最富的人的收入不超过最穷的人的收入的四倍。虽然很难衡量不平等程度,但显然我们社会的不平等已大大超过了柏拉图所建议的程度。

第 1 章中的经济学十大原理之一是政府有时可以改善市场结果。但是人们对于应该如何把这一原理运用到收入分配中很少有一致的看法。对于多大程度的收入不平等为合意的,或者对于公共政策是否应该以改变收入分配为目的,现在的哲学家和决策者的看法并不一致。许多公共争论反映了这种不一致。例如,当税收提高时,法律制定者就会为富人应该承担多少、中产阶级应该承担多少,以及穷人应该承担多少而争论不休。

经济学十大原理中还有一个是人们面临权衡取舍。当考虑经济不平等时,记住这个原理是很重要的。惩罚成功和奖励失败的政策减少了对成功者的激励。因此,决策者面临平等和效率之间的权衡取舍。越平等地分割蛋糕,蛋糕就会变得越小。这几乎是每一个人都同意的有关收入分配的一个结论。

快速单选

1. 在美国,最穷的 1/5 人口的收入是全部收入的百分之____,而最富的 1/5 人口的收入是全部收入的百分之____。
   a. 2,70
   b. 4,50
   c. 60,35
   d. 8,25

2. 当与其他国家的收入不平等相比时,你会发现美国_____。
   a. 是世界上最平等的国家之一
   b. 是世界上最不平等的国家之一
   c. 比大多数发达国家平等,但比许多发展中国家不平等
   d. 比大多数发达国家不平等,但比许多发展中国家平等

3. 功利主义者相信,在什么情况下从富人向穷人的收入再分配是有用的?
   a. 最穷的社会成员由此得到好处。
   b. 对这种制度做出贡献的人同意它。
   c. 在税收和转移支付之后,每个人的收入都反映了其边际产量。
   d. 对工作激励的扭曲效应并不太大。

4. 罗尔斯关于"无知之幕"背后的"原始状态"的思想实验是要引起人们对以下哪一事实的关注?
   a. 大多数穷人并不知道如何找到更好的工作并脱贫。
   b. 我们每个人出生的状态很大程度上依靠幸运。
   c. 富人有太多钱了,以至于不知该怎么花完它们。
   d. 只要每个人开始时有平等的机会,结果就是有效率的。

5. 负所得税是指在这种政策下_____。
   a. 低收入者从政府得到转移支付
   b. 政府在不扭曲激励的情况下提高税收收入
   c. 每个人支付的税收都少于传统所得税下支付的税收
   d. 一些纳税人处于拉弗曲线不利的一面

6. 如果从某个反贫困项目中得到的收益随个人收入增加而减少,那么该项目将_____。
   a. 鼓励穷人更努力工作
   b. 引起不熟练工人的劳动供给过剩
   c. 提高穷人面临的有效边际税率
   d. 使政府的成本大于对每个人都有好处的项目的成本

内容提要

◎ 收入分配数据表明美国社会中存在巨大的不平等。最富的 1/5 家庭的收入是最穷的 1/5 家庭的收入的 12 倍还多。

◎ 由于实物转移支付、经济生命周期、暂时收入和经济流动性对于理解收入变动如此重要,以至于要用某一年的收入分配数据来判断我们社会中的不平等程度是很困难的。当把这些其他因素也纳入考虑时,它们总倾向于表明经济福利的分配比年收入的分配更平等。

◎ 政治哲学家关于政府在改变收入分配中的作用的观点并不相同。功利主义者(例如约翰·斯图亚特·穆勒)选择使社会中每个人效用之和最大化的收入分配。自由主义者(例如约翰·罗尔斯)认为在决定收入分配时,我们应该仿佛

被置于不了解自己生活状况的"无知之幕"之下。自由至上主义者（例如罗伯特·诺齐克）要求政府保护个人权利以保证一个公正的过程，但不用关注其所引起的收入分配结果的不平等。

◎ 有许多旨在帮助穷人的不同政策——最低工资法、福利、负所得税以及实物转移支付。虽然这些政策都帮助了一些家庭脱贫，但它们也有意想不到的副作用。由于经济援助随着收入增加而减少，因此，穷人往往面临很高的有效边际税率。这种高有效税率不鼓励贫困家庭依靠自己的力量脱贫。

关键概念

贫困率	功利主义	自由至上主义
贫困线	效用	福利
实物转移支付	自由主义	负所得税
生命周期	最大最小准则	
持久收入	社会保险	

复习题

1. 最富的 1/5 美国人的收入是最穷的 1/5 美国人的收入的 3 倍、6 倍，还是 12 倍？
2. 过去四十年间，美国最富的 1/5 人口的收入份额发生了什么变化？
3. 美国人口中的哪一个群体最有可能生活在贫困之中？
4. 在衡量不平等程度时，为什么收入的暂时变动和生命周期变动使得这种衡量更加困难？
5. 功利主义者、自由主义者和自由至上主义者各是如何决定多大程度的收入不平等是可被允许的？
6. 对穷人的实物（而不是现金）转移支付有什么优缺点？
7. 解释反贫困计划如何不鼓励穷人工作。你能如何减少这种障碍？你所建议的政策有什么不利之处？

问题与应用

1. 表 20-2 表明自 20 世纪 70 年代以来美国的收入不平等加剧了。第 19 章中讨论的一些因素对这种加剧起了作用。这些因素是什么？
2. 表 20-3 表明，收入低于贫困线的家庭中儿童的百分比远远高于这些家庭中老年人的百分比。政府在不同社会计划之间的资金配置如何引起了这种现象？
3. 本章讨论了经济流动性的重要性。
   a. 政府可以采取什么政策来提高一代人之内的经济流动性？
   b. 政府可以采取什么政策来提高隔代人之间的经济流动性？
   c. 你认为我们应该为了增加对提高经

济流动性计划的支出而减少对现期福利计划的支出吗?这样做有什么有利之处与不利之处?

4. 考虑两个社区。在一个社区中,有 10 个家庭每家有 10 万美元收入,还有 10 个家庭每家有 2 万美元收入。在另一个社区,有 10 个家庭每家有 20 万美元收入,还有 10 个家庭每家有 2.2 万美元收入。

   a. 在哪个社区中收入分配更不平等?在哪个社区中贫困问题可能更严重?

   b. 罗尔斯更喜欢哪一种收入分配?解释原因。

   c. 你更喜欢哪一种收入分配?解释原因。

   d. 为什么有人会持相反的偏好?

5. 本章用"漏水的桶"的比喻来解释一种对收入再分配的限制。

   a. 美国的收入再分配制度中有哪些因素引起了"桶中水"的漏出?具体说明。

   b. 你认为一般情况下,是共和党还是民主党会认为用于收入再分配的"桶"漏出更多?这种信念是如何影响他们关于政府应该进行多大程度的收入再分配的观点的?

6. 假设在一个有 10 个人的社会中存在两种可能的收入分配方案。在第一种分配方案中,有 9 个人的收入为 3 万美元,有 1 个人的收入为 1 万美元。在第二种分配方案中,10 个人每人的收入都是 2.5 万美元。

   a. 如果社会采用的是第一种分配方案,那么功利主义者支持对收入进行再分配的论据是什么?

   b. 罗尔斯会认为哪一种收入分配方案更平等?解释原因。

   c. 诺齐克会认为哪一种收入分配方案更平等?解释原因。

7. 如果把实物转移支付的市场价值加到家庭收入中,那么贫困率就会大大降低。最大的实物转移支付是医疗援助——政府为穷人提供的医疗计划。假设该计划为每个受援助家庭支出 10 000 美元。

   a. 如果政府给每个受援助家庭一张 10 000 美元的支票,而不是把它们列入医疗援助计划,你认为大多数受援助家庭会用这笔钱去买医疗保险吗?为什么?(记住,四口之家的贫困线大约是 23 000 美元。)

   b. 你对 a 的回答如何影响你关于我们是否应该通过评估政府为实物转移支付的价格来确定贫困率的观点?解释原因。

   c. 你对 a 的回答如何影响你关于我们是应该以现金转移支付还是实物转移支付来向穷人提供帮助的观点?解释原因。

8. 考虑美国的两种收入保障方案:贫困家庭临时援助和劳动所得税抵免。

   a. 当一个有孩子而且收入很低的女性多赚到 1 美元时,她得到的贫困家庭临时援助收入减少了。你认为贫困家庭临时援助的这个特点对低收入女性的劳动供给有什么影响?解释原因。

   b. 低收入工人赚到的收入越多(直到某一点为止),劳动所得税抵免给予的收益越多。你认为这个方案对低收入者的劳动供给有什么影响?解释原因。

   c. 取消贫困家庭临时援助并将节省下来的钱给予劳动所得税抵免的不利之处是什么?

第 7 篇 深入研究的论题

第 21 章
消费者选择理论

当你走进商店时,你会见到成千上万种可以购买的物品。然而,由于你的财力是有限的,你不能买到自己想买的一切。因此,你会考虑各种所出售物品的价格,并在你既有的财力下购买最适合你需要和意愿的一组商品。

在本章中,我们将介绍消费者如何做出购买决策的理论。到现在为止,我们一直用需求曲线来概括消费者决策。正如前面所说的,一种物品的需求曲线反映消费者对该物品的支付意愿。当一种物品的价格上升时,消费者愿意购买的数量将减少,因此其需求量减少。现在我们深入考察需求曲线背后的决策。本章所提出的消费者选择理论将对需求进行更全面的解释,正如第 14 章的竞争企业理论对供给提供了更全面的解释一样。

第 1 章讨论的经济学十大原理之一是人们面临权衡取舍。消费者选择理论考察了人们在作为消费者时所面临的权衡取舍。当消费者多购买某种物品时,他只能少购买其他物品。当他把更多时间用于休闲并用更少的时间工作时,他的收入就减少,并只能减少消费。当他把收入更多地用于现在并减少储蓄时,他就必须接受未来的低消费水平。消费者选择理论考察的是面临这些权衡取舍的消费者如何做出选择,以及他们如何对环境的变化做出反应。

在提出消费者选择的基本理论之后,我们将把它应用于三个家庭决策问题。具体来说,我们要问:

- 所有的需求曲线都是向右下方倾斜吗?
- 工资如何影响劳动供给?
- 利率如何影响家庭储蓄?

乍一看,这些问题似乎是毫不相关的。但正如下文将要说明的,这三个问题都可以用消费者选择理论来分析。

21.1 预算约束:消费者能买得起什么

大多数人都想提高他们所消费的物品的数量或质量——度更长时间

的假、开更豪华的车,或者在更好的餐馆吃饭。人们所消费的之所以比他们想要的少是因为他们受到收入的约束,或者说限制。我们从考察收入和支出之间的这种联系来开始对消费者选择的研究。

为了使问题简化,我们考察一个只购买两种物品——比萨饼与百事可乐——的消费者面临的决策。当然,人们实际上购买成千上万种不同的物品。但假设只有两种物品极大地简化了问题,并且又不会改变关于消费者选择的基本观点。

首先考虑消费者的收入如何约束用于比萨饼和百事可乐的支出量。假设消费者每月收入为1 000美元,而且全部用于消费比萨饼和百事可乐。一个比萨饼的价格是10美元,而一升百事可乐的价格是2美元。

图21-1中的表格说明了消费者可以购买的比萨饼和百事可乐的多种组合。该表的第一行数据表示,如果消费者把全部收入都用于购买比萨饼,那么他一个月可以吃100个比萨饼,但此时就不能买百事可乐了;第二行数据表示另一种可能的消费组合:90个比萨饼和50升百事可乐;以此类推。表中每种消费组合的花费正好是1 000美元。

图 21-1 消费者的预算约束线

预算约束线表示消费者在某种既定收入时能买得起的物品的各种组合。这里指消费者购买比萨饼和百事可乐的组合。其中的表和图说明如果消费者的收入为1 000美元,比萨饼的价格是10美元而百事可乐的价格是2美元时,他能买得起的东西。

比萨饼数量 (个)	百事可乐数量 (升)	比萨饼支出 (美元)	百事可乐支出 (美元)	总支出 (美元)
100	0	1 000	0	1 000
90	50	900	100	1 000
80	100	800	200	1 000
70	150	700	300	1 000
60	200	600	400	1 000
50	250	500	500	1 000
40	300	400	600	1 000
30	350	300	700	1 000
20	400	200	800	1 000
10	450	100	900	1 000
0	500	0	1 000	1 000

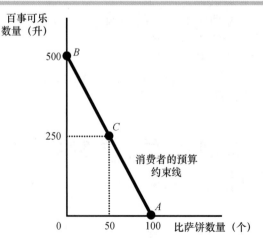

图 21-1 中的图形说明了消费者可以选择的消费组合。纵轴代表百事可乐的升数,横轴代表比萨饼的个数。该图上标出了三个点:在 A 点,消费者不买百事可乐而消费 100 个比萨饼;在 B 点,消费者不买比萨饼而消费 500 升百事可乐;在 C 点,消费者买 50 个比萨饼和 250 升百事可乐。C 点正好是线段 AB 的中点,在这一点上消费者在比萨饼和百事可乐上的支出相同(500 美元)。这只是消费者可以选择的比萨饼和百事可乐的许多组合中的三种。线段 AB 上的所有各点都是可能的选择。这条线被称为**预算约束线**(budget constraint),它表示消费者支付得起的消费组合。在本例中,它表示消费者面临的比萨饼和百事可乐之间的权衡取舍。

> **预算约束线:**
> 对消费者可以支付得起的消费组合的限制。

预算约束线的斜率衡量的是消费者用一种物品换另一种物品的比率。回想一下,可以用纵轴距离变动除以横轴距离变动(向上量比向前量)来计算两点之间的斜率。从 A 点到 B 点,纵轴距离是 500 升百事可乐,横轴距离是 100 个比萨饼。因此,斜率是每个比萨饼可以换 5 升百事可乐(实际上,由于预算约束线向右下方倾斜,斜率是一个负数。但出于我们分析的目的,可以略去负号)。

要注意的是,预算约束线的斜率等于两种物品的相对价格——一种物品与另一种物品的价格之比。1 个比萨饼的价格是 1 升百事可乐价格的 5 倍,因此,1 个比萨饼的机会成本是 5 升百事可乐。预算约束线的斜率为 5,反映了市场提供给消费者的权衡取舍:1 个比萨饼换 5 升百事可乐。

即问即答 如果百事可乐的价格为 5 美元,比萨饼的价格为 10 美元,画出收入为 1 000 美元时的预算约束线。这条预算约束线的斜率是多少?

21.2 偏好:消费者想要什么

本章的目的是说明消费者如何做出选择。预算约束是分析该问题的一个方面,它表明消费者在收入与物品价格既定时所能买得起的物品组合。但是,消费者的选择不仅取决于他的预算约束,而且还取决于他对这两种物品的偏好。因此,消费者的偏好是我们分析的另一个方面。

21.2.1 用无差异曲线代表偏好

消费者的偏好使其在比萨饼与百事可乐的不同组合中做出选择。如果提供给消费者的是两个不同的组合,那么他将选择最适合他爱好的组合。如果两种组合同等程度地适合他的爱好,我们就说消费者在这两种组合之间是无差异的。

无差异曲线：

一条表示给消费者带来相同满足程度的消费组合的曲线。

正如用图形表示消费者的预算约束一样，我们也可以用图形来表示他的偏好。我们用无差异曲线来实现这一目的。**无差异曲线**（indifference curve）表示给消费者带来相同满足程度的消费组合。在本例中，无差异曲线表示使消费者同样满足的比萨饼和百事可乐的组合。

图21-2 显示了消费者的许多无差异曲线中的两条。消费者在 A、B 和 C 组合之间是无差异的，因为它们都在同一条曲线上。毫不奇怪，如果消费者消费的比萨饼减少了，比如说从 A 点减少到 B 点，那么百事可乐的消费量必然增加，以使他同样满足；如果比萨饼的消费量再减少，比如从 B 点减少到 C 点，那么百事可乐的消费量还会再增加。

可以用无差异曲线表示消费者偏好，它代表使消费者同样满足的比萨饼与百事可乐的组合。由于消费者偏好更多的某种物品，因此，他对较高无差异曲线（I_2）上各点的偏好大于较低无差异曲线（I_1）上的各点。边际替代率（MRS）表示消费者愿意用百事可乐换取比萨饼的比率。它衡量消费者为了交换一个比萨饼必须给出的百事可乐的数量。

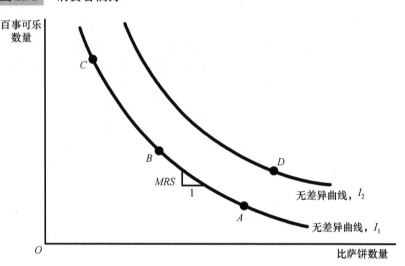

图21-2　消费者偏好

边际替代率：

消费者愿意以一种物品交换另一种物品的比率。

一条无差异曲线上任意一点的斜率等于消费者愿意用一种物品替代另一种物品的比率，这个比率被称为**边际替代率**（marginal rate of substitution，MRS）。在本例中，边际替代率衡量了为了补偿一单位比萨饼消费的减少，消费者要得到多少单位百事可乐。要注意的是，由于无差异曲线并不是一条直线，因此在一条既定的无差异曲线上，所有各点的边际替代率并不相同。消费者愿意用一种物品交换另一种物品的比率取决于他已经消费的物品量。这就是说，消费者愿意用比萨饼换取百事可乐的量取决于他的饥饿或干渴程度，而这种程度又取决于他消费了多少比萨饼和百事可乐。

在任何一条既定的无差异曲线的所有点上，消费者的满足程度都相同，但他对某些无差异曲线较为偏好。因为他对较多消费的偏好大于较少消费，所以对较高无差异曲线的偏好大于较低的无差异曲线。在图21-2 中，消费者对无差异曲线 I_2 上任何一点的偏好都大于无差异曲线 I_1 上任何一点。

消费者的无差异曲线束给出了消费者偏好的完整排序。这就是说，我们可以用无差异曲线来给任意两种物品的组合排序。例如，无差异曲线告诉我们,消费者对 D 点的偏好大于 A 点,因为 D 点所在的无差异曲线高于 A 点所在的无差异曲线(然而这个结论可能是显而易见的,因为 D 点向消费者提供了更多的百事可乐和更多的比萨饼)。无差异曲线还告诉我们,消费者对 D 点的偏好大于 C 点,因为 D 点在更高的无差异曲线上。尽管 D 点的百事可乐比 C 点少,但其额外的比萨饼足以使消费者更偏好它。通过找出更高无差异曲线上的一点,我们可以用无差异曲线束来给出任何比萨饼和百事可乐组合的排序。

21.2.2 无差异曲线的四个特征

由于无差异曲线代表消费者偏好,因此它们具有某些反映这些偏好的特征。下面我们考虑可以描述大多数无差异曲线的四个特征:

- **特征1**:消费者对较高无差异曲线的偏好大于较低无差异曲线。消费者通常偏好消费更多而不是更少的商品。这种对更大数量的偏好反映在无差异曲线上。正如图 21-2 所示,较高的无差异曲线所代表的物品量多于较低的无差异曲线,因此消费者偏好较高的无差异曲线。
- **特征2**:无差异曲线向右下方倾斜。无差异曲线的斜率反映了消费者愿意用一种物品替代另一种物品的比率。在大多数情况下,消费者对两种物品都喜欢。因此,如果要减少一种物品的量,为了使消费者同样满足,就必须增加另一种物品的量。由于这个原因,大多数无差异曲线向右下方倾斜。
- **特征3**:无差异曲线不相交。为了证明这一点,假设两条无差异曲线相交,如图 21-3 所示。这样,由于 A 点和 B 点在同一条无差异曲线上,

图 21-3 无差异曲线相交的不可能性

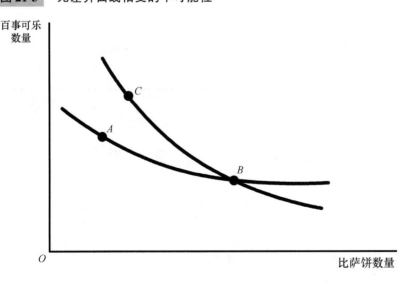

图中所示的这种情况是绝不会发生的。根据图中所示的无差异曲线,尽管 C 点的两种物品都多于 A 点,但消费者在 A、B 和 C 点时将获得相同的满足程度。

所以这两点能使消费者同样满足。此外,由于 B 点与 C 点也在同一条无差异曲线上,所以这两点也能使消费者同样满足。但这些结论意味着,尽管消费者在 C 点时对两种物品都可以消费更多,但 A 点与 C 点能使消费者同样满足。这就与消费者对较多两种物品的偏好大于较少两种物品的假设相矛盾。因此,无差异曲线不能相交。

- 特征4:无差异曲线凸向原点。无差异曲线的斜率是边际替代率——消费者愿意用一种物品替代另一种物品的比率。边际替代率通常取决于消费者目前已消费的每一种物品的量。特别是,由于人们更愿意放弃他们已经拥有的数量较多的物品,而不愿意放弃他们不多的物品,因此,无差异曲线凸向原点。例如,考虑图 21-4 中的例子。在 A 点时,由于消费者有大量百事可乐而只有少量比萨饼,他非常饿但并不太渴。为了使消费者放弃 1 个比萨饼,就要给他 6 升百事可乐;边际替代率是每个比萨饼换 6 升百事可乐。与此相反,在 B 点时,消费者有少量百事可乐和大量比萨饼,因此他很渴但不太饿。在这一点时,他愿意放弃 1 个比萨饼来得到 1 升百事可乐;边际替代率是每个比萨饼换 1 升百事可乐。因此,无差异曲线凸向原点,反映了消费者更愿意放弃他已大量拥有的那一种物品。

图 21-4　凸向原点的无差异曲线

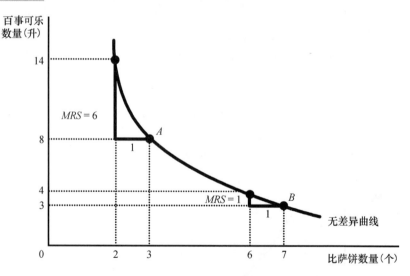

无差异曲线通常是凸向原点的。这种形状意味着,边际替代率(MRS)取决于消费者正消费的两种物品量。在 A 点时,消费者有大量百事可乐和少量比萨饼,因此,让他放弃 1 个比萨饼,他就要求有大量额外的百事可乐;边际替代率是每个比萨饼换 6 升百事可乐。在 B 点时,消费者有大量比萨饼和少量百事可乐,因此,让他放弃 1 个比萨饼,他只要求少量额外的百事可乐;边际替代率是每个比萨饼换 1 升百事可乐。

21.2.3　无差异曲线的两个极端例子

无差异曲线的形状告诉了我们消费者用一种物品交换另一种物品的意愿。当物品容易相互替代时,无差异曲线呈现出较小的凸性;当物品难以相互替代时,无差异曲线呈现出很大的凸性。为了说明这两种情况存在的原因,我们考虑两种极端的情况。

完全替代品 假设某人向你提供5美分硬币和10美分硬币的组合。你如何对这些不同的组合排序呢？

很可能的情况是，你只关心每种组合的总货币价值。如果是这样的话，无论一组组合中的5美分硬币和10美分硬币有多少，你总愿意用2个5美分硬币换一个10美分硬币。你在5美分硬币和10美分硬币之间的边际替代率是一个不变的数：$MRS=2$。

我们可以用图21-5(a)中的无差异曲线表示你对5美分硬币和10美分硬币的偏好。由于边际替代率是不变的，因此无差异曲线都是直线。在这种无差异曲线为直线的极端情况下，我们说这两种物品是**完全替代品**（perfect substitutes）。

完全替代品：
无差异曲线为直线的两种物品。

图21-5 完全替代品和完全互补品

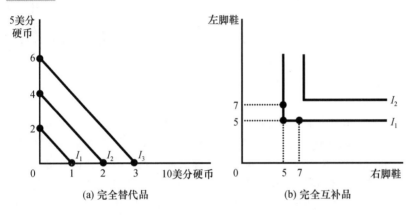

(a) 完全替代品　　(b) 完全互补品

当两种物品很容易替代时，比如5美分硬币和10美分硬币，那么无差异曲线是一条直线，如(a)幅所示。当两种物品非常互补时，例如左脚的鞋和右脚的鞋，那么无差异曲线是直角形，如(b)幅所示。

完全互补品 假设某人向你提供了一些鞋的组合。一些鞋适合于你的左脚，另一些鞋适合于你的右脚。你如何对这些不同的组合排序呢？

在这种情况下，你只关心鞋的对数。换句话说，你将根据从这些鞋中配成的对数来判断某个组合。5只左脚鞋和7只右脚鞋的组合只有5双。如果不同时提供左脚鞋，那么多给一只右脚鞋没有价值。

我们可以用图21-5(b)的无差异曲线来代表你对右脚鞋和左脚鞋的偏好。在这种情况下，5只左脚鞋和5只右脚鞋与5只左脚鞋和7只右脚鞋的组合是等同的，它也与7只左脚鞋和5只右脚鞋的组合等同。因此，无差异曲线是直角形。在这种无差异曲线为直角形的情况下，我们说这两种物品是**完全互补品**（perfect complements）。

完全互补品：
无差异曲线为直角形的两种物品。

当然，在现实世界中，大多数物品既不是完全替代品（像5美分硬币和10美分硬币）也不是完全互补品（像右脚鞋与左脚鞋）。更典型的情况是，无差异曲线凸向原点，但不会成为直角形的形状。

即问即答 画出比萨饼和百事可乐的一些无差异曲线。解释这些无差异曲线的四个特征。

21.3 最优化：消费者选择什么

本章的目的是说明消费者如何做出选择。我们已经说明了这种分析所需的两个方面：消费者预算约束（他能支付得起的数量）与消费者的偏好（他愿意为之支付的东西）。现在我们把这两个方面结合起来，考察消费者关于购买什么的决策。

21.3.1 消费者的最优选择

再来考虑比萨饼和百事可乐的例子。消费者想达到比萨饼和百事可乐最好的可能组合——也就是说，在他的最高可能无差异曲线上的组合。但消费者还必须达到或低于他的预算约束线，预算约束线衡量他可以得到的总资源。

图21-6表示消费者的预算约束线和其许多无差异曲线中的三条。消费者可以达到的最高无差异曲线（图中的 I_2）是与预算约束线刚好相接触的那条无差异曲线，相接触的点被称为最优点。消费者也许更偏爱 A 点，但他负担不起那一点，因为这一点在他的预算约束线之外。消费者可以负担得起 B 点，但这一点在较低的无差异曲线上，因此给消费者带来的满足程度较低。最优点代表消费者可以得到的比萨饼和百事可乐的最优组合。

消费者选择同时位于预算约束线和最高无差异曲线上的那一点。在这个被称为最优点的点上，边际替代率等于两种物品的相对价格。图中消费者可以达到的最高无差异曲线是 I_2。消费者更偏好 A 点，A 点在无差异曲线 I_3 上，但消费者负担不起这种比萨饼和百事可乐的组合。与此相比，B 点是消费者能负担得起的，但由于它在较低的无差异曲线上，因此消费者不偏好这一点。

图 21-6　消费者最优点

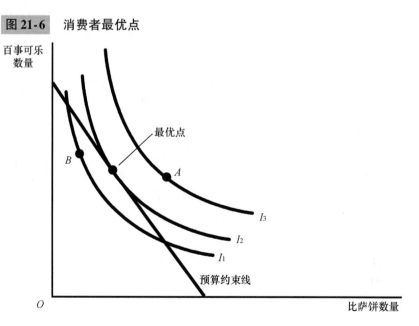

要注意的是,在最优点时,无差异曲线的斜率等于预算约束线的斜率,此时我们说,无差异曲线与预算约束线相切。无差异曲线的斜率是比萨饼和百事可乐之间的边际替代率,而预算约束线的斜率是比萨饼和百事可乐的相对价格。因此,消费者选择的两种物品的组合要使边际替代率等于相对价格。

在第7章中,我们说明了市场价格如何反映消费者对物品的边际评价。这里对消费者选择的分析以另一种方法说明了同样的结论。消费者在做出自己的消费选择时,把两种物品的相对价格当作既定的,然后选择使他的边际替代率等于这种相对价格的最优点。相对价格是市场愿意用一种物品交换另一种物品的比率,而边际替代率是消费者愿意用一种物品交换另一种物品的比率。在消费者最优点上,消费者对两种物品的评价(用边际替代率表示)等于市场的评价(用相对价格表示)。因此,作为这种消费者最优选择的结果,不同物品的市场价格反映了消费者对这些物品的评价。

参考资料
效用:描述偏好和最优化的另一种方法

我们常用无差异曲线来表示消费者的偏好。另一种表示偏好的常用方法是效用的概念。效用是对消费者从一组物品中得到的满足和幸福程度的抽象衡量。经济学家说,如果第一种物品组合提供的效用大于第二种,那么消费者对第一种组合的偏好就大于第二种。

无差异曲线和效用是密切相关的。由于消费者偏好于更高无差异曲线上的各点,因此更高无差异曲线上物品的组合提供了更高的效用。由于消费者在同一条无差异曲线的所有各点上的满足程度都相同,因此所有这些组合都提供了同样的效用。你可以把一条无差异曲线当作一条"等效用"曲线。

一种物品的边际效用是消费者从多消费一单位该物品中得到的效用的增加。一般假设大多数物品都表现出边际效用递减:消费者已经拥有的某种物品越多,那么额外一单位该物品所提供的边际效用就越低。

两种物品之间的边际替代率取决于它们的边际效用。例如,如果X物品的边际效用是Y物品边际效用的两倍,那么一个人需要两个单位的Y物品来补偿失去的一单位X物品,边际替代率等于2。也就是说,边际替代率(从而无差异曲线的斜率)等于一种物品的边际效用除以另一种物品的边际效用。

效用分析提供了描述消费者最优化的另一种方法。回想一下,在消费者最优点,边际替代率等于两种物品价格的比率,即

$$MRS = P_X/P_Y$$

由于边际替代率等于边际效用的比率,因此我们可以把这个最优化的条件写为

$$MU_X/MU_Y = P_X/P_Y$$

整理得

$$MU_X/P_X = MU_Y/P_Y$$

对该等式有一个简单的解释:在最优点,为 X 物品支出的每美元的边际效用等于为 Y 物品支出的每美元的边际效用。(为什么?如果该等式不成立,那么消费者就可以通过减少对每美元边际效用较少的物品的支出,增加对每美元边际效用较多的物品的支出,来增加效用。)

当经济学家讨论消费者选择理论时,他们可能会用不同的词语来表达。一个经济学家可能会说,消费者的目标是效用最大化;另一个经济学家可能会说,消费者的目标是达到最高可能的无差异曲线。第一个经济学家的结论是,在消费者最优点,用于所有物品的每美元的边际效用都是相等的;而第二个经济学家的结论是,无差异曲线与预算约束线相切。在本质上,这只是表述同一件事情的两种方法。

21.3.2 收入变动如何影响消费者的选择

我们已经说明了消费者如何做出消费决策,现在来考察消费决策如何对收入变动做出反应。具体来说,假设收入增加了。当收入更高时,消费者可以买得起更多的两种物品。因此,收入增加使预算约束线向外移动,如图 21-7 所示。由于两种物品的相对价格并没有变,因此新预算约束线的斜率与原来的预算约束线一样。这就是说,收入增加引起预算约束线平行移动。

图 21-7 收入增加

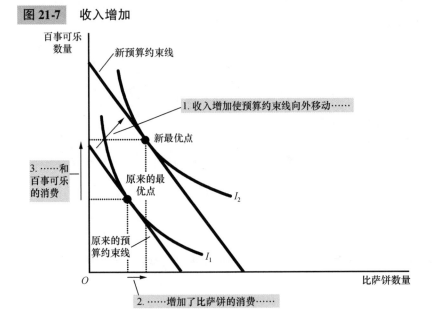

当消费者收入增加时,预算约束线向外移动。如果两种物品是正常物品,那么消费者对收入增加的反应是购买更多的这两种物品。在这里,消费者会购买更多的比萨饼和更多的百事可乐。

预算约束的扩大允许消费者选择更好的比萨饼和百事可乐的组合。换句话说,消费者现在可以达到更高的无差异曲线。当预算约束线发生移动而用无差异曲线代表的消费者偏好为既定时,消费者的最优点从"原来的最优点"移动到"新最优点"。

需要注意的是,在图21-7中,消费者选择消费更多的百事可乐和更多的比萨饼。虽然这个模型的逻辑并不要求两种物品的消费都随收入的增加而增加,但这种情况是最常见的。回忆一下第4章,如果当消费者收入增加时,他想更多地购买一种物品,那么经济学家就称这种物品是**正常物品**(normal good)。图21-7中的无差异曲线所依据的假设是,比萨饼和百事可乐都是正常物品。

图21-8表示收入增加引起消费者多买比萨饼而少买百事可乐的例子。如果消费者在收入增加时减少某种物品的购买量,那么经济学家就称这种物品是**低档物品**(inferior good)。图21-8就是依据比萨饼是正常物品而百事可乐是低档物品的假设而绘出的。

正常物品:
收入增加引起需求量增加的物品。

低档物品:
收入增加引起需求量减少的物品。

图21-8 低档物品

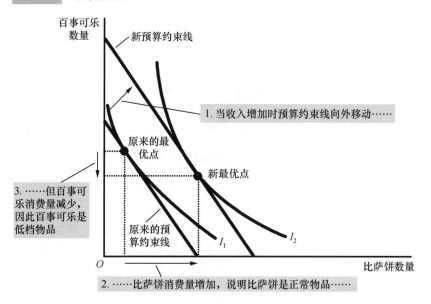

如果消费者收入增加时对一种物品的购买量减少,那么这种物品就是低档物品。在这里,百事可乐是低档物品:当消费者收入增加并使得预算约束线向外移动时,消费者购买的比萨饼多了,但购买的百事可乐少了。

虽然大多数物品是正常物品,但在世界上仍有一些低档物品。低档物品的一个例子是坐公共汽车。随着收入增加,消费者更可能拥有自己的汽车或坐出租车,而不太可能坐公共汽车。因此,坐公共汽车是一种低档物品。

21.3.3 价格变动如何影响消费者的选择

现在我们用消费者选择模型来考察一种物品价格变动如何改变消费者的选择。具体来说,假设百事可乐的价格由每升2美元下降到1美元。

毫不奇怪,较低的价格增加了消费者的购买机会。换句话说,任何一种物品价格的下降都会使预算约束线向外移动。

图21-9更具体地描述了价格下降如何影响预算约束线。如果消费者把全部1 000美元的收入都用于购买比萨饼,那么百事可乐的价格是不会影响消费者的购买决策的。因此,图中的A点仍然不变。但如果消费者把他1 000美元的全部收入都用于购买百事可乐,那么他现在可以买1 000升,而不是500升。因此,预算约束线的端点从B点移动到D点。

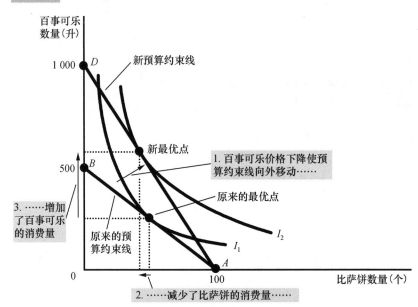

图21-9　价格变动

当百事可乐价格下降时,消费者的预算约束线向外移动,而且斜率发生了变化。消费者从原来的最优点移动到新最优点,这改变了他对比萨饼和百事可乐的购买量。在本例中,消费者对百事可乐的消费量增加了,而对比萨饼的消费量减少了。

需要注意的是,在这种情况下,预算约束线向外移动改变了预算约束线的斜率(这不同于价格不变但消费者收入变动时所出现的情况)。正如我们已经讨论过的,预算约束线的斜率反映了百事可乐与比萨饼的相对价格。由于百事可乐的价格从2美元下降到1美元,而比萨饼的价格仍然是10美元,所以消费者要用10升而不是5升百事可乐换1个比萨饼。因此,新预算约束线更为陡峭。

预算约束线的这种变动如何改变两种物品的消费量取决于消费者的偏好。就图21-9中的无差异曲线而言,消费者将购买更多的百事可乐和更少的比萨饼。

收入效应:
当价格的某种变动使消费者移动到更高或更低无差异曲线时所引起的消费变动。

替代效应:
当价格的某种变动使消费者沿着一条既定的无差异曲线变动到有新边际替代率的一点时所引起的消费变动。

21.3.4　收入效应与替代效应

一种物品价格变动对消费的影响可以分解为两种效应:**收入效应**(income effect)和**替代效应**(substitution effect)。为了说明这两种效应,考虑当消费者得知百事可乐价格下降时会做出什么反应。他可能会以以下方式推理：

- "好消息！现在百事可乐便宜了，我的收入的购买力增加了。其实就是我比以前更富了。因为我变富了，所以我可以买更多的比萨饼和更多的百事可乐。"（收入效应）
- "现在百事可乐的价格下降了，我放弃一个比萨饼可以得到更多百事可乐。因为现在比萨饼相对来说更贵了，所以我要少买比萨饼而多买百事可乐。"（替代效应）

你觉得哪一种说法更有说服力？

事实上，这两种说法都有道理。百事可乐价格下降使消费者状况变好。如果比萨饼和百事可乐都是正常物品，那么消费者将把他提高的购买力分配到这两种物品的消费上。这种收入效应倾向于使消费者购买更多比萨饼和更多百事可乐。但同时，百事可乐的消费相对于比萨饼的消费变得便宜了。这种替代效应使消费者选择购买更少比萨饼和更多百事可乐。

现在考虑这两种效应同时发挥作用的结果。消费者肯定会购买更多百事可乐，因为收入效应和替代效应都增加了对百事可乐的购买。但消费者是否会购买更多比萨饼是难以确定的，因为收入效应和替代效应在相反方向上发生作用。表21-1 总结了这个结论。

表21-1　百事可乐价格下降时的收入效应与替代效应

物品	收入效应	替代效应	总效应
百事可乐	消费者比以前更富有了，因此他会购买更多百事可乐。	百事可乐相对便宜了，因此消费者会购买更多百事可乐。	收入效应与替代效应同方向发生作用，因此消费者会购买更多百事可乐。
比萨饼	消费者比以前更富有了，因此他会购买更多比萨饼。	比萨饼相对贵了，因此消费者会买更少比萨饼。	收入效应与替代效应反方向发生作用，因此对比萨饼消费的总效应难以确定。

我们可以用无差异曲线解释收入效应与替代效应。收入效应是向更高无差异曲线移动所引起的消费变动；替代效应是沿着无差异曲线变动到有不同边际替代率的一点所引起的消费变动。

图21-10 用图形表示如何把消费者决策的变动分解为收入效应和替代效应。当百事可乐的价格下降时，消费者从原来的最优点 A 点移动到新最优点 C 点。我们可以认为这种变动是分两步发生的。首先，消费者沿着最初的无差异曲线 I_1 从 A 点变动到 B 点。在这两点上消费者获得同样的满足，但在 B 点，边际替代率反映了新的相对价格（过 B 点的虚线与新的预算约束线平行，反映了新的相对价格）。其次，消费者移动到更高的无差异曲线 I_2，从 B 点变动到 C 点。尽管 B 点和 C 点在不同的无差异

曲线上,但它们有相同的边际替代率。这就是说,无差异曲线 I_1 在 B 点的斜率等于无差异曲线 I_2 在 C 点的斜率。

图 21-10 收入效应与替代效应

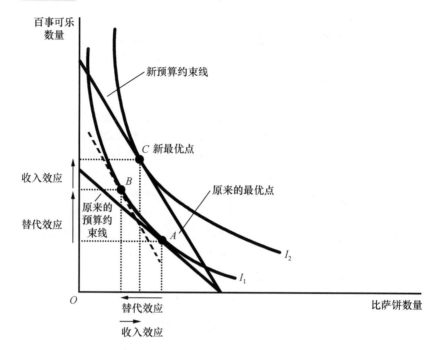

价格变动的效应可以分解为替代效应和收入效应。替代效应——沿着一条无差异曲线变动到有不同边际替代率的一点上——在图中表示为沿着无差异曲线 I_1 从 A 点移动到 B 点。收入效应——移动到更高的无差异曲线上——在图中表示为从无差异曲线 I_1 上的 B 点变动到无差异曲线 I_2 上的 C 点。

虽然消费者实际上绝不会选择 B 点,但这个假设的点在阐释决定消费者选择的两种效应时是有用的。需要注意的是,从 A 点变动到 B 点仅仅代表边际替代率的变动而消费者的福利没有任何变动。同样,从 B 点到 C 点的变动仅仅代表福利的变动而边际替代率没有任何变动。因此,从 A 点到 B 点的变动表示替代效应,而从 B 点到 C 点的变动表示收入效应。

21.3.5 需求曲线的推导

我们刚刚说明了一种物品价格的变动如何改变了消费者的预算约束线,从而也改变了他选择购买的两种物品量。物品的需求曲线反映了这些消费决策。你应该记得,需求曲线表示一种物品在每一价格水平下的需求量。我们可以把消费者的需求曲线作为由他的预算约束线和无差异曲线引起的最优决策的总结。

例如,图 21-11 考虑百事可乐的需求。(a)幅表示,当 1 升百事可乐的价格从 2 美元下降到 1 美元时,消费者的预算约束线向外移动。由于收入效应与替代效应,消费者购买的百事可乐从 250 升增加到 750 升。(b)幅表示由这种消费者决策引起的需求曲线。用这种方法,消费者选择理论为消费者需求曲线提供了一个理论基础。

图 21-11 需求曲线的推导

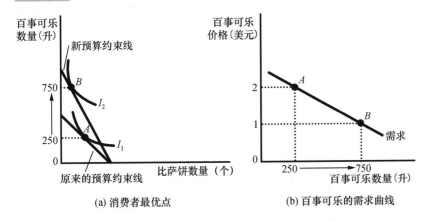

(a) 消费者最优点

(b) 百事可乐的需求曲线

(a) 幅表示当百事可乐的价格从 2 美元下降为 1 美元时，消费者的最优点从 A 点移动到 B 点，百事可乐的消费量也从 250 升增加到 750 升。
(b) 幅的需求曲线反映了价格和需求量之间的关系。

了解到需求曲线自然产生于消费者选择理论或许是令人欣慰的，但需求曲线的推导本身并没有说明我们为什么要提出消费者选择理论。如果仅仅是要确定人们会对价格变动做出反应，那么并不需要建立一个严格的分析框架，但是，正如我们将在下一节中说明的，消费者选择理论对研究人们在生活中做出的各种决策都是有用的。

即问即答 画出百事可乐和比萨饼的预算约束线和无差异曲线。说明当比萨饼价格上升时，预算约束线与消费者最优点会发生什么变动。用图形把这种变动分解为收入效应与替代效应。

21.4 三种应用

我们已经提出了消费者选择的基本理论，现在可以用它来说明三个关于经济如何运行的问题。这三个问题乍一看似乎是不相关的，但是由于每个问题都涉及家庭决策，因此我们可以用刚刚提出的消费者行为模型来分析这些问题。

21.4.1 所有的需求曲线都向右下方倾斜吗

一般来说，当一种物品价格上升时，人们对其的购买量减少。这种正常行为被称为需求定理，它反映在需求曲线向右下方倾斜上。

但是，就经济学理论而言，需求曲线有时也会向右上方倾斜。换句话说，消费者有时会违背需求定理，并在一种物品价格上升时购买更多。为了说明这种情况如何发生，考虑图 21-12。在这个例子中，消费者购买两种物品——肉和土豆。最初，消费者预算约束线是从 A 点到 B 点的直线，此时最优点是 C 点。当土豆价格上升时,预算约束线向内移动,现在是从 A 点到 D 点的一条直线,此时最优点是 E 点。需要注意的是,土豆价格上升使消费者购买了更多的土豆。

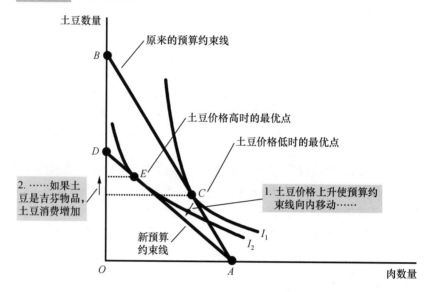

图 21-12 吉芬物品

在这个例子中,当土豆价格上升时,消费者的最优点从 C 点变动到 E 点。在这种情况下,消费者对土豆价格上升的反应是少买肉而多买土豆。

为什么消费者以一种看似反常的方式做出反应呢?在这个例子中,土豆是一种非常低档的物品。当土豆价格上升时,消费者变穷了。收入效应使消费者想少买肉而多买土豆。同时,由于土豆相对于肉来说变贵了,替代效应使消费者想多买肉而少买土豆。但是,在这种特定情况下,收入效应如此之大,以至于超过了替代效应。结果导致消费者对土豆高价格的反应是少买肉,多买土豆。

经济学家用**吉芬物品**(Giffen good)这个术语来描述这种违背需求定理的物品,这个术语是以最早注意到这种可能性的经济学家罗伯特·吉芬(Robert Giffen)的名字命名的。在这个例子中,土豆是一种吉芬物品,即收入效应大于替代效应的物品。因此,吉芬物品的需求曲线向右上方倾斜。

吉芬物品:
价格上升引起需求量增加的物品。

案例研究
寻找吉芬物品

有谁见过真实的吉芬物品吗?一些历史学家指出,在 19 世纪爱尔兰的土豆灾荒时期,土豆实际上是吉芬物品。土豆是当时对人们如此重要的食物,以至于其价格上升会产生很强的收入效应。人们对自己生活水平下降的反应是削减奢侈品——肉,从而更多地购买土豆这种主食。因此,可以认为土豆价格上升实际上引起了土豆需求量的增加。

Robert Jensen 和 Nolan Miller 在 2008 年发表于《美国经济评论》的研究提出了类似但更为具体的存在吉芬物品的证据。这两位经济学家在中国湖南省进行了为期5个月的实地考察。他们随机地送给所选家庭购物券以补贴这些家庭对当地主要食物大米的购买,并利用调查来衡量大米消费量对价格变动的反应。他们发现了贫穷家庭表现出吉芬行为的有力证据。补贴带来的大米价格下降引起了这些家庭减少它们的大米消费,取消补贴则起了相反的作用。Jensen 和 Miller 写道:"就我们所知,这是吉芬行为的第一个严格的经验证据。"

因此,消费者选择理论使需求曲线可以向上方倾斜,而且有时这种奇怪的现象的确会发生。因此,我们在第 4 章中所见到的需求定理并不完全可靠。但是,可以确定的是,吉芬物品是极为罕见的。

21.4.2 工资如何影响劳动供给

到现在为止,我们用消费者选择理论分析了人们如何在两种物品间分配自己的收入。我们可以用同样的理论分析人们如何分配时间。人们将一部分时间用于享受闲暇,而将另一部分时间用于工作以便购买消费品。这种时间分配的本质是闲暇与消费之间的权衡取舍。

考虑自由职业者软件设计师 Kayla 面临的决策。Kayla 每周除了睡觉之外有 100 小时。她把一些时间用于享受闲暇——打游戏、看电视、学习经济学,其余时间用于开发电脑软件。她开发软件可以每个小时赚 50 美元,她把这些钱用于消费——食物、衣服、音乐下载。因此,她的工资(50 美元)反映了她面临的闲暇和消费之间的权衡取舍。对于她放弃的每小时闲暇,她都多工作 1 小时,并得到了 50 美元的消费。

图 21-13 表示 Kayla 的预算约束线。如果她把每周 100 小时全部用于

图 21-13　工作—闲暇决策

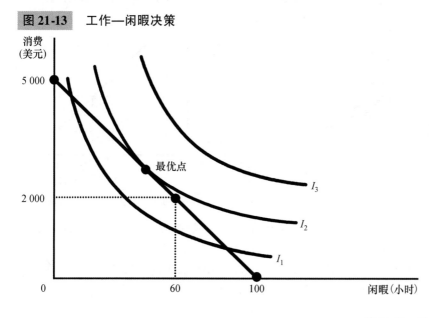

该图表示 Kayla 决定工作多少时间时的预算约束线、她消费与闲暇的无差异曲线,以及她的最优点。

享受闲暇，那么她就没有消费；如果她把每周 100 小时全部用于工作，那么她每周可以消费 5 000 美元，但没有闲暇时间；如果她每周正常工作 40 小时，那么她将享受 60 小时闲暇，并且每周消费 2 000 美元。

图 21-13 用无差异曲线代表 Kayla 对消费和闲暇的偏好。在这里，消费和闲暇是 Kayla 要做出选择的两种"物品"。由于 Kayla 总喜欢更多闲暇和更多消费，因此她对较高无差异曲线上各点的偏好大于较低无差异曲线上的各点。当每小时工资为 50 美元时，图 21-13 中的"最优点"代表 Kayla 选择的消费与闲暇的组合。它是同时位于预算约束线和最高可能的无差异曲线 I_2 上的那一点。

现在考虑当 Kayla 的工资从每小时 50 美元增加到 60 美元时会发生什么变动。图 21-14 表示两种可能的结果。在每种情况下，左图所示的预算约束线都从 BC_1 向外移动至 BC_2。在这个过程中，预算约束线变得陡峭了，这反映了相对价格的变动：当工资较高时，Kayla 所放弃的每小时闲暇得到了更多消费。

图 21-14 工资增加

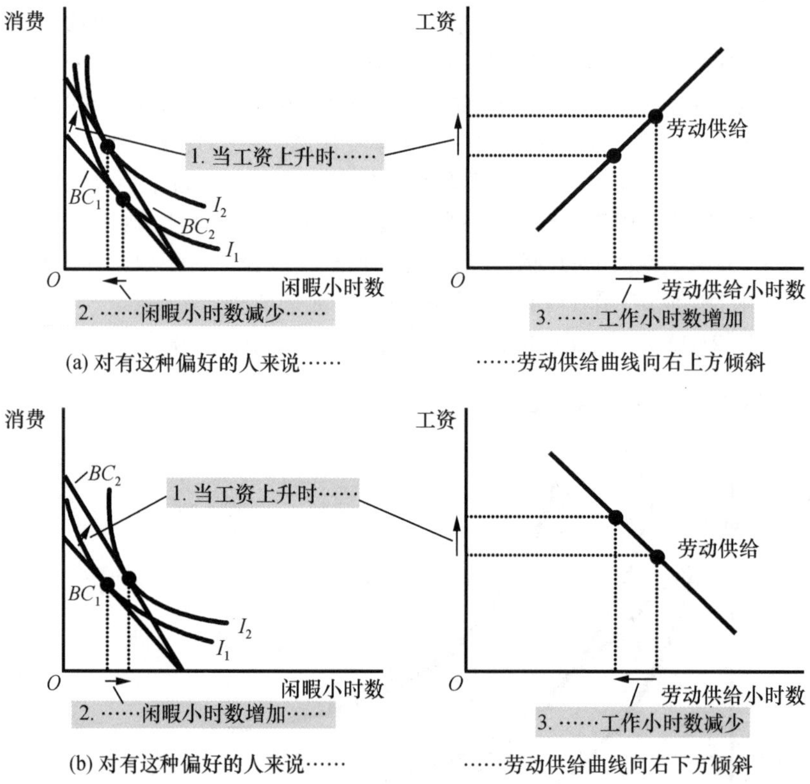

该图表示一个人会如何对工资增加做出反应。左图表示消费者最初的预算约束线 BC_1 和新预算约束线 BC_2，以及消费者对消费和闲暇的最优选择。右图表示所引起的劳动供给曲线。由于工作小时数等于可以得到的总小时数减闲暇小时数，因此，闲暇的任何一种变动都意味着劳动供给量的反方向变动。在(a)幅中，当工资上升时，消费增加而闲暇减少，导致向右上方倾斜的劳动供给曲线。在(b)幅中，当工资上升时，消费和闲暇都增加了，导致向右下方倾斜的劳动供给曲线。

(a) 对有这种偏好的人来说……⋯⋯劳动供给曲线向右上方倾斜

(b) 对有这种偏好的人来说……⋯⋯劳动供给曲线向右下方倾斜

用无差异曲线代表的 Kayla 的偏好决定了她有关消费和闲暇的选择对更高工资的反应。在这两幅图中，消费都增加了。但在这两种情况下，闲暇对工资变动的反应不同。在(a)幅中，Kayla 对更高工资的反应是享受更少闲暇；在(b)幅中，Kayla 对更高工资的反应是享受更多闲暇。

Kayla 对闲暇与消费的决策决定了她的劳动供给，因为她享受的闲暇越多，用于工作的时间就越少。图 21-14 中每幅中的右图都表示 Kayla 决策所暗含的劳动供给曲线。在(a)幅中，更高的工资使 Kayla 享受更少闲暇和更多工作，因此她的劳动供给曲线向右上方倾斜；在(b)幅中，更高的工资使 Kayla 享受更多闲暇和更少工作，因此劳动供给曲线"向右下方"倾斜。

乍一看，向右下方倾斜的劳动供给曲线很令人费解：为什么人们对更高工资的反应是减少工作？要回答这个问题，我们先来考虑高工资的收入效应与替代效应。

首先来考虑替代效应。当 Kayla 工资增加时，相对于消费而言，闲暇变得更昂贵了，而这就鼓励 Kayla 用消费替代闲暇。换句话说，替代效应使 Kayla 因为更高的工资而更勤奋地工作，这就倾向于使劳动供给曲线向右上方倾斜。

现在考虑收入效应。当 Kayla 工资增加时，她移动到更高的无差异曲线上。现在她的状况变得比以前好了。只要消费和闲暇都是正常物品，那么她就倾向于用这种福利增加来享受更高消费和更多闲暇。换句话说，收入效应导致她减少工作，这就倾向于使劳动供给曲线向右下方倾斜。

最后，工资增加会导致 Kayla 工作更多还是更少，经济学理论并没有给出明确的预期。如果对 Kayla 来说替代效应大于收入效应，那么她就增加工作；如果收入效应大于替代效应，那么她就减少工作。因此，劳动供给曲线既可能向右上方倾斜，也可能向右下方倾斜。

案例研究
劳动供给的收入效应：历史趋势、彩票赢家及卡内基的猜测

向右下方倾斜的劳动供给曲线乍看起来似乎仅仅是一个理论上的新奇想法，但实际并非如此。证据表明，从长期来看，劳动供给曲线实际上是向右下方倾斜的。一百多年前，许多人每周工作 6 天，现在人们一般是每周工作 5 天。在每周工作时间减少的同时，一般工人的工资（根据通货膨胀调整后）则一直在增加。

经济学家是这样解释这种历史模式的：长期中技术进步提高了工人的生产率，从而增加了劳动需求。劳动需求的增加提高了均衡工资。随着工资上升，工人的报酬也增加了。但大多数工人对此的反应不是工作更多，而是将他们更多的财富用于闲暇。换句话说，更高工资的收入效应大于替代效应。

关于劳动供给的收入效应的更多证据来自一种非常不同的数据：彩票赢家。巨额奖金的彩票赢家会在收入上突然大幅增加，因此他们的预算约束线大大向外移动。但是，由于赢家的工资并没有改变，他们预算约束线的斜率也没有变，因此就没有替代效应。通过考察彩票赢家的行为，我们可以把劳动供给的收入效应分离出来。

"我再也不用朝九晚五了。"

图片来源：Getty Images News/Getty Images.

对彩票赢家进行研究的结果是惊人的。那些赢得 5 万美元以上奖金的人们中有几乎 25% 在一年内辞职，还有 9% 减少了他们工作的小时数。那些赢得 100 万美元以上奖金的人们中有几乎 40% 不再工作。赢得这种巨额奖金对劳动供给的收入效应是很大的。

发表在 1993 年《经济学季刊》(Quarterly Journal of Economics) 上的一项研究也得出了类似的结论，该研究说明了获得遗产对人们劳动供给的影响。这项研究发现，一个继承遗产超过 15 万美元的人不再工作的可能性是继承遗产少于 2.5 万美元的人的 4 倍。19 世纪的工业家安德鲁·卡内基 (Andrew Carnegie) 也许对此并不会感到吃惊。卡内基曾警告人们："给儿子留下巨额财产的父母会使他们儿子的才能和热情大大丧失，而且使他的生活不如没有遗产时那样有用和有价值。"这就是说，卡内基认为劳动供给的收入效应是相当大的，以至于给孩子留下巨额遗产的父母们会后悔。卡内基在有生之年和死后，把他巨额财产的大部分都捐给了慈善机构。

21.4.3 利率如何影响家庭储蓄

每个人所面临的一个重要决策是把多少收入用于今天的消费，把多少收入用于储蓄以备未来之需。我们可以用消费者选择理论来分析人们如何做出这种决策，以及他们的储蓄量如何取决于储蓄将赚到的利率。

考虑计划退休的工人 Saul 面临的决策。为了使问题简化，我们把 Saul 的一生分为两个时期。在第一个时期，Saul 年轻并且工作；在第二个时期，他年老并且退休。Saul 年轻时赚了 10 万美元收入。他把这笔收入分为现期消费和储蓄。当年老时，他将消费他所储蓄的钱及赚到的利息。

假设利率是 10%。那么 Saul 年轻时每储蓄 1 美元，年老时就可以消费 1.1 美元。我们可以把"年轻时的消费"和"年老时的消费"当作两种物品，而 Saul 必须在两者之间做出选择。利率决定了这两种物品的相对价格。

图 21-15 表示 Saul 的预算约束线。如果他不储蓄，那么他年轻时消费 10 万美元而年老时没有消费；如果他把所有收入都储蓄起来，那么他年轻时没有消费，而年老时有 11 万美元的消费。预算约束线表示这两种以及所有中间的可能性。

图 21-15 用无差异曲线代表 Saul 对两个时期中消费的偏好。由于 Saul 偏好在两个时期都多消费，因此他对较高无差异曲线上各点的偏好大于较低无差异曲线上的各点。在这种既定的偏好之下，Saul 选择生命中两个时期消费的最优组合，这是既在最高可能无差异曲线上又在预算约束线上的一点。在这个最优点，Saul 年轻时消费 5 万美元，年老时消费 5.5 万美元。

图 21-15　消费—储蓄决策

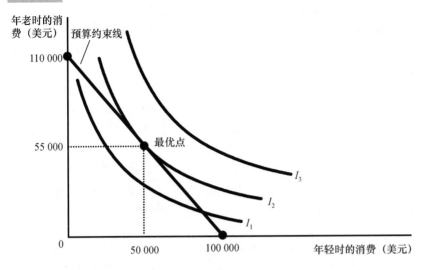

该图表示一个正决定在他生命的两个时期里消费多少的人的预算约束线、代表其偏好的无差异曲线和最优点。

现在考虑当利率从 10% 上升为 20% 时会发生什么变动。图 21-16 表示两种可能的结果。在这两种情况下,预算约束线都向外移动,并且变得更陡峭了。在新的高利率下,Saul 在年轻时所放弃的每 1 美元消费都将使其在年老时得到更多消费。

图 21-16　利率上升

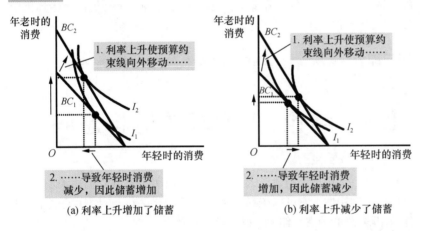

(a) 利率上升增加了储蓄　　　　(b) 利率上升减少了储蓄

在这两幅图中,利率上升都使预算约束线向外移动。在(a)幅中,年轻时消费减少,而年老时消费增加,结果是年轻时储蓄增加。在(b)幅中,两个时期消费都增加,结果是年轻时储蓄减少。

两幅图表示了 Saul 在不同偏好下的结果。在这两种情况下,年老时的消费都增加了,但年轻时的消费对利率变动的反应是不同的。在(a)幅中,Saul 对高利率的反应是减少年轻时的消费;在(b)幅中,Saul 对高利率的反应是增加年轻时的消费。

Saul 的储蓄是他年轻时的收入减去他年轻时的消费。在(a)幅中,当利率上升时,年轻时的消费减少,因此储蓄必然增加;在(b)幅中,Saul 年轻时的消费增加,因此储蓄必然减少。

(b)幅中所反映的情况乍一看有点奇怪:Saul 对储蓄收益增加的反应

是减少储蓄。但这种行为实际上并不奇怪。我们可以通过利率上升的收入效应与替代效应来说明这一点。

首先来考虑替代效应。当利率上升时,相对于年轻时的消费而言,年老时消费的成本变低了。因此,替代效应使 Saul 年老时消费得更多,而年轻时消费得更少。换句话说,替代效应使 Saul 储蓄得更多。

然后来考虑收入效应。当利率上升时,Saul 移动到更高的无差异曲线上。他现在的状况比过去改善了。只要两个时期消费的都是正常物品,那么他就倾向于用这种福利增加来在两个时期中享受更多消费。换句话说,收入效应使他的储蓄减少。

结果既取决于收入效应又取决于替代效应。如果利率上升的替代效应大于收入效应,则储蓄增加;如果收入效应大于替代效应,则储蓄减少。因此,消费者选择理论说明了,利率上升既可能鼓励储蓄,也可能抑制储蓄。

这种不确定的结果虽然从经济学理论的角度看是令人感兴趣的,但从经济政策的角度看,这种结果令人失望。事实证明,税收政策的一个重要问题就部分取决于储蓄对利率的反应。一些经济学家主张减少对利息及其他资本收入的税收,认为这种政策变化会提高储蓄者可以赚到的税后利率,从而鼓励人们多储蓄。另一些经济学家则认为,由于收入效应与替代效应的相互抵消,这种税收变化可能不会增加储蓄,甚至反而会减少储蓄。遗憾的是,对利率如何影响储蓄在研究领域还没有一致的看法。因此,经济学家对旨在鼓励储蓄的税收政策变动实际上是否会达到预期效果仍然存在争论。

即问即答 解释工资增加如何可能减少一个人想要工作的量。

21.5 结论:人们真的这样想吗

消费者选择理论描述了人们如何做出决策。正如我们所说明的,它有广泛的适用性。它可以解释一个人如何在比萨饼与百事可乐之间、工作与闲暇之间、消费与储蓄之间等进行选择。

但是,现在你也许会对消费者选择理论有一些怀疑,毕竟你也是一个消费者,你会决定每次走进商店时要买什么,而且你也知道,你并不是通过画预算约束线和无差异曲线来做出这种决策。这种对你自己如何做出决策的了解是否提供了与该理论相反的证据呢?

回答是否定的。消费者选择理论并不旨在对人们如何做出决策提供一种精确的描述,它只是一个模型。而且,正如我们最早在第 2 章中所讨论的,模型并不一定是完全符合现实的。

看待消费者选择理论的最好方法是把它当作消费者如何做出决策的

一个比喻。没有一个消费者(除非他碰巧是一位经济学家)是明确借助这种理论中设想的最优化来做出决策的。但消费者知道他们的选择要受到自己财力的约束。而且,当这些约束为既定时,他们会尽其所能达到最高满足程度。消费者选择理论试图用清晰的经济学分析方法来描述这种隐含的心理过程。

正如布丁好不好吃了才知道,对理论的检验也在于其运用。在本章最后一节,我们把消费者选择理论运用于与经济有关的三个实际问题。如果你选修高级经济学课程,那么你将看到这种理论为更多的分析提供了一个框架。

快速单选

1. Emilio 购买价格为 10 美元的比萨饼和价格为 2 美元的苏打水。他的收入为 100 美元。如果以下哪一个事件出现,他的预算约束线就会平行向外移动?
   a. 比萨饼的价格下降到 5 美元,苏打水的价格下降到 1 美元,而他的收入减少为 50 美元。
   b. 比萨饼的价格上升到 20 美元,苏打水的价格上升到 4 美元,而他的收入仍保持不变。
   c. 比萨饼的价格下降到 8 美元,苏打水的价格下降到 1 美元,而他的收入增加到 120 美元。
   d. 比萨饼的价格上升为 20 美元,苏打水的价格上升到 4 美元,而他的收入增加到 400 美元。

2. 在无差异曲线上的任何一点,该曲线的斜率衡量消费者的_____。
   a. 收入
   b. 用一种物品交换另一种物品的意愿
   c. 对两种物品是替代品还是互补品的认知
   d. 需求弹性

3. Matthew 和 Susan 是衬衫和帽子市场上的两个追求最优化的消费者,他们用 100 美元买一件衬衫,用 50 美元买一顶帽子。Matthew 买了 4 件衬衫和 16 顶帽子,而 Susan 买了 6 件衬衫和 12 顶帽子。从这些信息我们可以推断,Matthew 的边际替代率是每件衬衫_____顶帽子,而 Susan 是每件衬衫_____顶帽子。
   a. 2,1   b. 2,2
   c. 4,1   d. 4,2

4. Darius 只购买龙虾和鸡肉。龙虾是正常物品,而鸡肉是低档物品。当龙虾价格上升时,Darius 购买的_____。
   a. 两种物品都更少
   b. 龙虾更多,鸡肉更少
   c. 龙虾更少,鸡肉更多
   d. 龙虾更少,但对鸡肉的影响并不清楚

5. 如果意大利面价格上升而消费者购买更多意大利面,那么我们就可以推断出:
   a. 意大利面是正常物品,而且收入效应大于替代效应。
   b. 意大利面是正常物品,而且替代效应大于收入效应。
   c. 意大利面是低档物品,而且收入效应大于替代效应。
   d. 意大利面是低档物品,而且替代效应大于收入效应。

6. 在下列哪种情况下,劳动供给曲线向上方倾斜?
   a. 闲暇是正常物品。

b. 消费是正常物品。
c. 对闲暇的收入效应大于替代效应。
d. 对闲暇的替代效应大于收入效应。

内容提要

◎ 消费者预算约束线表示在消费者收入与物品价格为既定时，消费者可以购买的不同物品的可能组合。预算约束线的斜率等于这些物品的相对价格。

◎ 消费者的无差异曲线代表其偏好。无差异曲线表示能使消费者同样满足的各种物品组合。消费者对较高无差异曲线上各点的偏好大于对较低无差异曲线上的各点。无差异曲线上任何一点的斜率是消费者的边际替代率——消费者愿意用一种物品交换另一种物品的比率。

◎ 消费者通过选择同时位于预算约束线和最高无差异曲线上的那一点来实现最优化。在这一点上，无差异曲线的斜率（物品之间的边际替代率）等于预算约束线的斜率（物品的相对价格），而且消费者对两种物品的评价（由边际替代率衡量）等于市场的评价（由相对价格衡量）。

◎ 当一种物品价格下降时，对消费者选择的影响可以分解为收入效应和替代效应。收入效应是由于价格降低使消费者状况变好而引起的消费变动。替代效应是由于价格变动鼓励更多地消费变得相对便宜的物品而引起的消费变动。收入效应反映在从较低无差异曲线向较高无差异曲线的移动上，而替代效应表现为沿着一条无差异曲线向有不同斜率的点的变动上。

◎ 消费者选择理论适用于许多情况。它可以解释为什么需求曲线有可能向右上方倾斜，为什么工资提高既可能增加也可能减少劳动供给量，以及为什么高利率既可能增加也可能减少储蓄。

关键概念

预算约束线 完全互补品 替代效应
无差异曲线 正常物品   吉芬物品
边际替代率 低档物品
完全替代品 收入效应

复习题

1. 某消费者收入为 3 000 美元。1 杯红酒 3 美元，1 磅奶酪 6 美元。画出该消费者的预算约束线，纵坐标表示红酒数量。这条预算约束线的斜率是多少？

2. 画出消费者对红酒和奶酪的无差异曲线。描述并解释这些无差异曲线的四个特征。

3. 选出红酒与奶酪无差异曲线上的一点，并指出边际替代率是多少。边际替代率告诉了我们什么？

4. 画出消费者关于红酒与奶酪的预算约束线及无差异曲线。标出最优消费选择。如果1杯红酒的价格是3美元,而1磅奶酪的价格是6美元,那么在最优点边际替代率是多少?

5. 某个消费红酒和奶酪的人得到晋升,因此其收入从3 000美元增加到4 000美元。如果红酒和奶酪都是正常物品,会发生什么变动?如果奶酪是低档物品,会发生什么变动?

6. 奶酪的价格由1磅6美元上升为1磅10美元,而红酒的价格仍然是1杯3美元。对一个收入为3 000美元不变的消费者来说,红酒和奶酪的消费会发生什么变动?把这种变动分解为收入效应和替代效应。

7. 奶酪价格上升有可能使消费者购买更多奶酪吗?解释原因。

问题与应用

1. Maya把她的收入用于消费咖啡和牛角面包(这两种物品都是正常物品)。巴西早来的寒流使美国咖啡的价格大幅度上升。
   a. 说明寒流对Maya预算约束线的影响。
   b. 假定牛角面包的替代效应大于收入效应,说明寒流对Maya最优消费组合的影响。
   c. 假定牛角面包的收入效应大于替代效应,说明寒流对Maya最优消费组合的影响。

2. 比较下列两对物品:
   - 可口可乐与百事可乐
   - 滑雪板与滑雪板上的固定装置

   a. 在哪一种情况下两种物品是互补品?在哪一种情况下它们是替代品?
   b. 在哪种情况下你预期无差异曲线完全是一条直线?而在哪种情况下你预期无差异曲线有很强的凸性?
   c. 在哪种情况下,消费者对两种物品相对价格的变动反应更大?

3. 你只消费苏打水和比萨饼。有一天,苏打水的价格上升了,比萨饼的价格下降了,而你与价格变动以前的满足程度相同。
   a. 用图形说明这种情况。
   b. 你对这两种物品的消费量会如何变动?你的反应如何取决于收入效应和替代效应?
   c. 你能买得起价格变动前你消费的苏打水和比萨饼的组合吗?

4. Carlos只消费奶酪和饼干。
   a. 对Carlos来说,奶酪和饼干可能都是低档物品吗?解释原因。
   b. 假设奶酪对Carlos而言是正常物品,而饼干是低档物品。如果奶酪的价格下降,Carlos的饼干消费量会发生什么变动?他的奶酪消费量会发生什么变动?解释原因。

5. Jacob只买牛奶和点心。
   a. 在第一年中,Jacob赚了100美元,牛奶为每夸脱2美元,点心为每打4美元。画出Jacob的预算约束线。
   b. 现在假设在第二年所有价格都上升了10%,而Jacob的薪水也增加了10%。画出Jacob的新预算约束线。与第一年的最优组合相比,Jacob第二年牛奶和点心的最优组合会如何变动?

6. 说明下面每一种说法正确还是错误。解释你的答案。
   a. "所有的吉芬物品都是低档物品。"
   b. "所有的低档物品都是吉芬物品。"

7. 某个大学生有两种吃饭的选择:到食堂吃每份 6 美元的饭,或者吃每份 1.5 美元的方便面。他每周的食物预算是 60 美元。

   a. 画出表示到食堂吃饭和吃方便面的预算约束线。假设该大学生在两者的支出量相等,画出一条表示这一最优选择的无差异曲线,并将最优点标记为 A 点。

   b. 假设方便面的价格现在上升到每份 2 美元。用你 a 中的图说明这种价格变动的结果。假设该大学生现在只把 30% 的收入用于到食堂吃饭,将这一新的最优点标记为 B 点。

   c. 由于这种价格变动,方便面的消费量会发生什么变动?这种结果说明了收入效应与替代效应的什么关系?解释原因。

   d. 用 A 点和 B 点画一条方便面的需求曲线。这类物品被称为什么物品?

8. 考虑你关于工作多少小时的决策。

   a. 画出假设你的收入不纳税时的预算约束线。在同一个图上,画出假设纳 15% 个人所得税时的预算约束线。

   b. 说明税收如何可能引起工作时数增加、减少或不变。解释原因。

9. Anya 每周除了睡觉之外有 100 个小时。用图说明她每小时赚 12 美元、16 美元和 20 美元时的预算约束线。再画出工资为每小时 12—16 美元时使 Anya 的劳动供给曲线向右上方倾斜的无差异曲线,以及当工资为每小时 16—20 美元时使 Anya 的劳动供给曲线向右下方倾斜的无差异曲线。

10. 画出某人决定如何分配工作和闲暇的无差异曲线。假设工资增加了,这个人的消费可能会减少吗?这是否合理?讨论之。(提示:考虑收入效应和替代效应。)

11. 经济学家乔治·斯蒂格勒(George Stigler)曾经写道,根据消费者理论,"当消费者收入增加时,如果他们不减少某种商品的购买量,那么当这种商品价格上升时,他们肯定要少买这种商品"。用收入效应和替代效应的概念解释这句话。

12. 五个消费者有以下关于苹果和梨的边际效用:

	苹果的边际效用	梨的边际效用
Claire	6	12
Phil	6	6
Haley	6	3
Alex	3	6
Luke	3	12

每个苹果的价格是 1 美元,每个梨的价格是 2 美元。这些消费者中哪一个的水果选择是最优的(如果有的话)?对那些没有实现最优选择的人,他们应该如何改变自己的支出?

第 22 章
微观经济学前沿

经济学研究人们做出的选择以及由此而引发的人们相互之间的影响。正如我们在前面章节中所看到的,这种研究包括许多内容。但如果你认为前面所学的内容组成了一个已然完备的知识宝库,完美而恒久,那么你就错了。正如所有科学家一样,经济学家总是关注着新的研究领域,解释着新现象。本章,也是微观经济学部分的最后一章,提出了经济学的三个前沿主题,以说明经济学家如何努力扩展他们对人类行为和社会的理解。

第一个主题是不对称信息经济学。在很多不同情景中,一些人往往比其他人拥有更多的信息,而且这种拥有信息的不平衡会影响他们做出的决策以及他们如何相互影响。对这种不对称性的考察有助于解释现实中的许多事情,从二手车市场到送礼物的习俗均有涉及。

第二个主题是政治经济学。在本书中,我们说明了许多市场失灵和政府政策可以潜在地改善现实问题的例子。但"潜在地"是需要加以限定的:这种潜力能否实现取决于政治制度良好运行的程度。政治经济学学科运用经济学工具去理解政府的运作。

第三个主题是行为经济学。这个学科把一些心理学观点运用于研究经济问题。它提供了一种比传统经济理论更微妙、更复杂的关于人类行为的观点,这种观点可能更接近于现实。

本章包括了许多领域的内容。为了做到这一点,本章对这三个主题的介绍并非面面俱到,而是浅尝辄止。本章的一个目的是介绍经济学家为了拓展对经济运行的理解而正在着力研究的几个方向;另一个目的是激发你对经济学的更多课程的兴趣。

22.1 不对称信息

"我知道一些你不知道的事。"这是经常在孩子们中听到的一句嘲弄人的话,但它蕴含了人们有时如何相互影响的深刻真理。在日常生活中,许多时候，一个人对正在发生的事情知道得比另一个人多。人们在获得与相互影响相关的知识上的差别被称为信息不对称。

信息不对称的例子有很多。一个工人对自己会把多少精力用于工作比他的雇主知道得多；一个二手车的卖者对车况的了解比买者多。第一个是隐蔽性行为的例子，而第二个是隐蔽性特性的例子。在每种情况下，没有信息的一方（雇主、买车者）都想知道相关信息，但有信息的一方（工人、卖车者）都有掩盖这些信息的激励。

由于不对称信息普遍存在，因此经济学家近几十年来把许多精力都用于研究它所产生的影响。下面我们来讨论这种研究已经揭示的一些见解。

22.1.1　隐蔽性行为：委托人、代理人及道德风险

道德风险：
一个没有受到完全监督的人从事不诚实或不合意行为的倾向。

代理人：
为另一个人（称为委托人）完成某种行为的人。

委托人：
让另一个人（称为代理人）完成某种行为的人。

道德风险（moral hazard）是在一个人，即所谓的**代理人**（agent）代表另一个人，即所谓的**委托人**（principal）完成一些工作时出现的问题。如果委托人不能完全监督代理人的行为，那么代理人就倾向于不会像委托人期望的那样努力。道德风险这个词指代理人从事不适当或"不道德"行为的风险。在这种情况下，委托人就要试图用各种方法激励代理人更负责地行事。

雇佣关系是经典的例子。雇主是委托人，而工人是代理人。道德风险问题是工人在没有受到充分监督时责任心下降的现象。雇主可以用各种方法对这个问题做出反应：

- **更好的监督**。雇主可能安装隐蔽录像机，以便记录工人的行为。其目的是抓住在监督者不在时的不负责的行为。
- **高工资**。根据效率工资理论（在第19章中讨论的），一些雇主会选择向其工人支付高于劳动市场供求均衡水平的工资。赚到这种高于均衡水平工资的工人不太可能会怠工，因为如果他被抓住并被解雇，那么他就可能无法再找到另一份高工资工作。
- **延期支付**。企业可以延迟支付工人的部分报酬，这样的话如果工人被抓住怠工并被解雇，他就会遭受较大的惩罚。延期报酬的一个例子是年终奖金。类似地，一个企业也可能会选择在工人生命的后期进行支付。因此，工人的工资随年龄而增加可能不仅反映了经验增长带来的利益，而且也是对道德风险的一种反映。

雇主可以将这些用于减少道德风险问题的各种机制组合起来使用。

在工作场所之外，也有许多关于道德风险的例子。投保了火灾保险的房东可能购买过少的灭火器，因为房东要承担灭火器的费用，而保险公司却得到了灭火器带来的大部分利益。家庭可能选择住在洪水风险较高的河边，因为家庭要享受美景，而洪水之后灾难补贴的成本则由政府承担。许多管制的目的正是要解决这个问题：保险公司会要求房东买灭火

参考资料
公司管理

现代经济中的许多生产是在公司内进行的。公司和其他企业一样,在生产要素市场上购买投入品,并在物品与服务市场上出售它们的产品。它们也与其他企业一样,在决策中受利润最大化目标的指引。但大公司要解决一些小企业(如小型家庭企业)中不存在的问题。

大公司的特点是什么呢?从法律的角度看,公司是被授予许可证以承认其是独立法律实体的一种组织,公司的权利和责任与其所有者及雇员相互分开。从经济的角度看,公司这种组织形式最重要的特点是所有权与控制权的分离。一个称为股东的群体拥有公司并分享利润,另一个称为管理者的群体受雇于公司并做出如何配置公司资源的决策。

所有权与控制权的分离引起了委托—代理问题。在这种情况下,股东是委托人,而管理者是代理人。CEO和其他管理者处于了解企业可获得的商业机会的最有利地位,并承担为股东实现利润最大化的任务。但要确保他们执行这个任务并不总是一件容易的事。管理者可能有自己的目标,例如,使生活更轻松,有豪华的办公室和私人飞机,举行豪华宴会,或者统治一个大企业帝国。总之,管理者的目标可能并不总是与股东利润最大化的目标相一致。

公司董事会负责雇用与解雇高层管理人员。董事会考察管理者的业绩并设计其工资福利。这种工资福利通常包括旨在使股东利益与管理人员利益相一致的激励,它可能会根据业绩给予管理者奖金或给予其公司的股票期权,如果公司业绩好,这种股票的价值就更大。

但是,要注意的是,董事本身也是股东的代理人。监督管理者的董事会的存在仅仅是转变了委托—代理问题。这个问题变成了如何确保董事会履行其法律责任,也就是按股东的最大利益行事。如果董事们与管理者的关系足够好,那么他们可能就不会提供所要求的监督。

2005年,公司的委托—代理问题成了一个大新闻。安然、泰科、世通等几个著名公司的高管人员被发现从事以损害股东利益为代价来使自己致富的活动。在这些案例中,高管人员的行为如此过分,以至于被认定有罪。这些公司管理者不仅被解雇,而且还被判入狱。一些股东由于董事会没有充分监督管理者而向其提起诉讼。

幸运的是,公司管理人员的犯罪活动是很少见的,但从某种角度来说,这也只是冰山一角。只要所有权与控制权分离,像在大多数大公司中那样,股东利益和管理者利益之间的冲突就是不可避免的。

器,而政府禁止人们在洪水风险较高的土地上安家落户。但是,保险公司并没有关于房东谨慎程度的完全信息,政府也没有关于家庭选择住所时有多大风险的完全信息。因此,道德风险问题就仍然存在。

22.1.2 隐蔽性特征：逆向选择和次品问题

逆向选择：
从无信息一方的角度看，无法观察到的特征组合变为不合意的倾向。

逆向选择(adverse selection)是在卖者对所出售物品的特征了解得比买者多的市场上产生的问题。在这种情况下，买者要承担物品质量低的风险。这就是说，从无信息买者的角度看，其对所出售物品的"选择"可能是"逆向的"。

逆向选择的经典例子是二手车市场。二手车的卖者知道自己的汽车有哪些缺陷，而买者通常并不知道。由于最破旧的二手车的车主比那些拥有最好的二手车的车主更可能出售自己的车，买者就担心得到一个"次品"。结果，许多人都不去二手车市场上买车。这个次品问题可以解释为什么只使用了几周的二手车比同一种型号的新车价格要低几千美元这个现象。二手车的买者可能会推测，卖者这么快把车出手是因为卖者知道一些买者不知道的情况。

逆向选择的第二个例子出现在劳动市场上。根据另一种效率工资理论，工人的能力是有差别的，而且他们比雇用自己的企业更了解自己的能力。当企业降低其支付的工资时，能力较强的工人就会离去，因为他们知道自己能找到其他更好的工作。因此，企业会选择支付高于均衡水平的工资，以吸引更好的工人组合。

逆向选择的第三个例子出现在保险市场上。例如，购买医疗保险的人比保险公司更了解自己的健康问题。由于有较多隐蔽性健康问题的人比其他人更可能购买医疗保险，因此医疗保险的价格反映的是病人的成本而不是普通人的成本。结果，高价格可能会阻止拥有正常健康水平的人购买医疗保险。

当市场受逆向选择困扰时，看不见的手就不一定能发挥其魔力。在二手车市场上，好的二手车的车主可能会选择保留自己的车，而不是以低价格卖给那些持怀疑态度的买者；在劳动市场上，工资会高于使供求平衡的水平，这就会引起失业；在保险市场上，低风险的买者可能选择不买保险，因为向他们提供的保险单没有反映他们的真实特征。支持政府提供医疗保险的人有时把逆向选择问题作为不相信私人市场能自行提供合适医疗保险数量的一个原因。

22.1.3 为传递私人信息发信号

发信号：
有信息的一方向无信息的一方披露自己私人信息的行动。

虽然不对称信息有时是公共政策的动因，但它也激励了一些用其他理由很难解释的个人行为。市场以多种方式对不对称信息问题做出反应，发信号就是其中之一。**发信号**(signaling)是指有信息的一方仅仅为了获得信任就披露自己私人信息的行动。

在前几章中,我们已经说明了一些发信号的例子。我们在第 16 章中看到,企业会花钱做广告,来向潜在顾客发出它们有高质量产品的信号;我们在第 19 章中看到,学生通过获得大学学历向潜在雇主发出他们能力强的信号,而不是为了提高他们的生产率。有关发信号的这两个例子(广告、教育)看起来似乎是非常不同的,但在表面现象之下它们有许多相似之处:在这两种情况下,有信息的一方(企业、学生)都用信号让无信息的一方(顾客、雇主)相信有信息的一方正在提供高质量的东西。

怎样才能使一项行动成为一种有效信号呢? 显然,其成本必须是很高昂的。如果信号是免费的,那么任何人就都可以使用它,它也就传递不了信息。由于同样的原因,还有另一个要求:对有高质量产品的人来说,信号必须是成本更低或是更有利的。否则的话,每一个人都有同样的使用信号的激励,信号也就不能说明什么了。

再来考虑我们的两个例子。在广告的例子中,有好产品的企业从广告中得到了更大的利益,因为尝试过一次这种产品的顾客更可能成为经常性顾客。因此,有好产品的企业为信号(广告)付费是理性的,而且顾客把信号作为一条有关产品质量的信息也是理性的。在教育的例子中,有能力的人会比没有能力的人更容易从学校毕业。因此,有能力的人为信号(教育)付费是理性的,而且雇主把该信号作为一条有关个人能力的信息也是理性的。

世界上充满了发信号的例子。杂志上的广告有时包含"正如在电视上看到的"这样的语句。为什么在杂志上出售产品的企业会强调这个事实? 一种可能性是,企业正力图传递它支付昂贵信号(电视上的广告时间)的意愿,希望你由此推断出它的产品是高质量的。由于同样的原因,精英学校的毕业生总是很有信心地在他们的简历上列出所毕业的学校名称。

案例研究
作为信号的礼物

一个男人正在为送女朋友什么生日礼物而发愁。"我知道了,"他自言自语,"我认为应该给她现金。我毕竟不像她自己那样知道她的喜好;有了现金,她可以买任何她想要的东西。"但是,当他把钱给她的时候,他把这位女孩得罪了。女孩觉得他并不是真正爱她,于是跟他分手了。

这个故事的背后有什么经济学道理呢?

从某些方面看,送礼物是一种奇怪的习俗。正如我们故事中的男人所指出的,人们通常比其他人更知道自己的偏好,因此我们可以预期每个人对现金的偏好都大于实物。如果你的雇主要用商品代替你的工资支票,你很可能会拒绝这种支付手段。但是,当(你希望是)爱你的某个人做同样的事时,你的反应会完全不同。

对送礼物的一种解释是,礼物反映了不对称信息和发信号。我们故

"现在让我看看他到底有多爱我。"

图片来源:www.1tu.com

事中的男人拥有女朋友想知道的私人信息:他真的爱她吗？为她选择一件好礼物是他的爱的信号。可以肯定,挑选一件礼物而不是直接给现金的行动才能成为一个适当的信号。其代价是高昂的(需要时间),而且它的代价取决于私人信息(他多爱她)。如果他是真的爱她,那么选择一件好礼物就不难,因为他时刻在想着她。如果他并不爱她,那么找到适当的礼物就较为困难。因此,送一件适合女朋友的礼物是他传递自己爱她这种私人信息的一种方法。送现金表明他甚至懒得去试一试。

送礼物的发信号理论与另一种观察是一致的:当感情有多深最受到质疑时,人们最在乎这一习惯。因此,给女朋友或男朋友送现金是一个很糟糕的举动。但是,当大学生收到父母的支票时,他们通常并不感觉被得罪了。父母的爱不容置疑,因此接受者也许并不会把现金礼物理解为缺乏感情的信号。

22.1.4 引起信息披露的筛选

当有信息的一方采取披露自己私人信息的行动时,这种现象被称为发信号。当无信息的一方采取行动以引起有信息的一方披露私人信息时,这种现象被称为**筛选**(screening)。

筛选:
无信息的一方所采取的引起有信息的一方披露信息的行动。

一些筛选是常识。一个买二手车的人会要求这辆车在出售之前经过汽车技师的检验。拒绝这个要求的卖者披露了他的车是次品的私人信息。买者会决定出一个低价或去寻找另一辆车。

筛选的另一个例子较为微妙。例如,考虑一个出售汽车保险的企业。这个企业想向安全驾驶的司机收取较低的保险费,而向爱冒险的司机收取较高的保险费。但是,如何才能把这两种司机区分开呢？司机知道他们自己是习惯安全驾驶的还是爱冒险的,但爱冒险的司机不会承认这一点。司机的历史记录是一种(保险公司实际上在使用的)信息,但由于汽车事故固有的随机性,历史记录并不是预期未来风险的一种完美指标。

保险公司通过提供能使司机自行分开的不同保险单来区分两类司机。一种保单保险费较高,但补偿所发生的任何一次事故的全部费用;另一种保单保险费较低,但要免赔1 000美元(这就是说,司机要对事故的第一个1 000美元负责,而保险公司只补偿剩余的风险)。要注意的是,对于爱冒险的司机,有免赔条款的保单会带来更大的负担,因为他们更可能发生事故。因此,当免赔额足够大时,含有免赔条款的低保险费保单将吸引安全驾驶的司机,而没有免赔条款的高保险费保单将吸引爱冒险的司机。面对这两种保单,两类司机会通过选择不同的保险单而披露自己的私人信息。

22.1.5 不对称信息与公共政策

我们已经考察了两种不对称信息——道德风险和逆向选择。而且，我们也说明了个人如何用发信号和筛选对这个问题做出反应。现在我们考虑研究信息不对称对于公共政策的适当范围的意义。

市场成功和市场失灵之间的紧张关系是微观经济学的中心。我们在第 7 章中知道了，从使社会可以在市场上实现总剩余最大化的意义上说，供求均衡是有效率的。亚当·斯密的看不见的手似乎是无所不能的。但这个结论被外部性（第 10 章）、公共物品（第 11 章）、不完全竞争（第 15—17 章）和贫困（第 20 章）的研究弱化了。在这些章节中，我们发现政府有时可以改善市场结果。

关于不对称信息的研究给了我们一个警惕市场的新理由。当一些人知道的比另一些人多时，市场也不能使资源得到最好的利用。由于买者担心买到次品，所以那些拥有高质量二手车的人会在卖车时遇到麻烦。由于保险公司把那些很少生病的人与那些有大病（但隐瞒起来了）的人放在一起，前者就很难得到低成本的医疗保险。

尽管不对称信息可以在一些情况下要求政府有所作为，但以下三个事实使这个问题更加复杂。第一，正如我们已经说明的，私人市场有时可以用发信号和筛选的组合，自己来解决不对称信息问题。第二，政府也并不比私人各方拥有更多信息。尽管市场的资源配置结果不是最优的，但它可能是可以达到的最好结果。这就是说，当存在信息不对称时，决策者会发现很难改善所普遍承认的市场的不完美结果。第三，政府本身也是一种不完善的制度——我们将在下一节讨论这个主题。

即问即答 某个人购买了一份人寿保险，他每年要支付一定数量的保费，在他死时，他的家人会得到比保费多得多的赔付。你预计购买人寿保险的人的死亡率是高于还是低于普通人？这如何成为一个道德风险的例子呢？如何成为一个逆向选择的例子呢？人寿保险公司会如何处理这些问题？

22.2 政治经济学

正如我们已经说明的，市场依靠自身并不总是能实现合意的资源配置。当我们断定市场结果无效率或不平等时，可能就需要政府介入并改善这种状况。但是，在引入一个积极干预的政府之前，我们需要再考虑一个事实，那就是政府也是一种不完善的机构。**政治经济学**（political economy）学科（有时也被称为公共选择学科）就是运用经济学的方法来研究政

政治经济学：
用经济学的分析方法研究政府。

府如何运作。

22.2.1 康多塞投票悖论

大多数先进的社会都依靠民主原则来决定政府政策。例如,当一个城市决定在两个地方中选一个来建新公园时,就有一种简单的选择方法:多数获胜。但是,对大多数政策问题来说,可能的结果往往会超过两个。例如,新公园可以建在许多可能的地方。在这种情况下,正如 18 世纪法国政治理论家马奎斯·康多塞(Marquis de Condorcet)的著名论断所指出的那样,在试图通过民主原则选出最好的结果时会遇到一些问题。

例如,假设有三种可能的结果,分别记为 A、B 和 C,而且有三类具有表 22-1 所示偏好的选民。市长想把这些个人偏好整合为整个社会的偏好。他应该怎么做?

表 22-1　康多塞悖论

	选民类型		
	类型 1	类型 2	类型 3
选民的百分比(%)	35	45	20
第一选择	A	B	C
第二选择	B	C	A
第三选择	C	A	B

如果选民对结果 A、B 和 C 有这样的偏好,那么,在两两多数投票中,A 击败 B,B 击败 C,而 C 击败 A。

首先,他会试着用一种两两投票的方式。如果他问选民在 B 和 C 中首先选什么,类型 1 和类型 2 选民将投 B 的票,B 得到了多数票。然后,如果他让选民在 A 和 B 中选择,类型 1 和类型 3 选民将投 A 的票,A 得到了多数票。观察到 A 击败了 B,B 击败了 C 之后,市长可能会得出结论,A 是选民的明确选择。

但是等一等,假设市长让选民在 A 和 C 中选择呢?在这种情况下,类型 2 和类型 3 选民将投 C 的票,C 得到多数票。这就是说,在两两多数投票的方式下,A 击败了 B,B 击败了 C,而 C 又击败了 A。按照常规来说,我们期望偏好表现出所谓传递性的特征:如果 A 优于 B,而 B 优于 C,那么,我们应该期望 A 会优于 C。**康多塞悖论**(Condorcet paradox)是指民主的结果并不总是遵照这个特性。两两投票在某些情况下可能会产生有传递性的社会偏好,但正如我们的例子所表明的,不能期望它总可以这样。

康多塞悖论:多数原则并不能产生可传递的社会偏好。

康多塞悖论的一个含义是,投票的顺序会影响最终结果。如果市长建议先在 A 和 B 中选择,然后将赢家与 C 相比较,那么该市最终会选择 C。但是,如果选民先在 B 和 C 之间选择,然后将赢家与 A 相比较,那么该市最终会选择 A。而且,如果选民先在 A 和 C 之间选择,然后将赢家与 B 相比较,那么该市最终会选择 B。

从康多塞悖论中可以得出两个结论。狭义的结论是，当有两种以上的选择时，确定议程（也就是决定对事项进行投票的顺序）会对民主选举结果有重大影响。广义的结论是，多数投票本身并没有告诉我们社会真正想要什么结果。

22.2.2 阿罗不可能性定理

自从政治理论家最早注意到康多塞悖论以来，他们花费了大量精力研究投票制度并提议了一些新制度。例如，作为对两两多数投票的一种可供选择的替代，市长可以让每一个选民对可能的结果进行排序。对于每一个选民给出的排序，我们可以进行赋分：排在最后的选项得 1 分，排在倒数第二的选项得 2 分，排在倒数第三的选项得 3 分，以此类推。然后把每个选项的得分进行加总，总分最高的获胜。在表 22-1 中，结果 B 是赢家（你可以自己计算）。这种投票方法被称为博达计算，以纪念提出这种计算方法的 18 世纪法国数学家和政治学家博达（Borda）。在为运动队排序的投票中常使用这种方法。

有没有一种完美的投票制度呢？经济学家肯尼思·阿罗（Kenneth Arrow）在他 1951 年的著作《社会选择与个人价值》（*Social Choice and Individual Values*）中探讨了这个问题。阿罗从定义什么是完美的投票制度开始。他假设社会中的个人对各种可能的结果 A、B、C 等都有偏好。他又假设，社会想设计出一种能在这些结果中选出满足以下几个特征的结果的投票方案：

- 确定性：如果每个人对 A 的偏好都大于 B，那么 A 就击败了 B。
- 传递性：如果 A 击败了 B，B 击败了 C，那么 A 一定击败 C。
- 不相关选择的独立性：任何两个结果 A 和 B 之间的排序不应取决于是否还存在某个第三种结果 C。
- 没有独裁者：没有一个人总能获胜，而无论其他人的偏好如何。

所有这些看来都是一种投票制度所应具有的合意特征。但是，阿罗证明了，从数学上可以毫无疑问地说，没有一种投票制度能满足所有这些特征。这个令人惊讶的结果被称为**阿罗不可能性定理**（Arrow's impossibility theorem）。

证明阿罗定理所需的数学知识超出了本书的范围，但是我们可以通过两个例子来理解这个定理为什么是正确的。我们已经说明了多数原则方法所存在的问题。康多塞悖论表明，多数原则并不能总是产生一个满足传递性的排序结果。

作为另一个例子，博达计算不能满足不相关选择的独立性。回想一下表 22-1 中的偏好，用博达计算，结果是 B 胜出。但是，假设作为另一种可能的 C 突然消失了。如果博达计算仅仅用于 A 和 B，那么 A 就将获胜（你还是可以自己计算）。因此，消除了可供选择的 C，就改变了 A 和 B 之间的排序。发生这种变化是因为，博达计算的结果取决于 A 和 B 得到的

阿罗不可能性定理：
一个数学结论，它表明在某些假设条件之下，没有一种方案能把个人偏好加总为一组有效的社会偏好。

分数,而分数又取决于是否还有不相关的选择,即 C。

阿罗不可能性定理是一个既深刻而又使人不安的结果。它并不是说我们应该放弃民主这种政府运作方式。但是,它认为无论社会在把其成员的偏好加总时采用哪一种投票方案,作为一种社会选择机制,这种方案总是存在某些方面的缺陷。

22.2.3 中值选民说了算

尽管有阿罗定理,但投票仍然是大多数社会选出领导人和确定公共政策的方式,而投票又通常是使用多数原则。研究政府的下一步是要考察采取多数原则的政府如何运作。这就是说,在一个民主社会里,谁来决定选择什么政策?在某些情况下,民主政府理论也产生了一个惊人的简单答案。

我们考虑一个例子。设想一个社会正在决定把多少钱用于一些公共物品,比如说军队或国家公园。每个选民都有他自己最偏好的预算,而且他对离自己最偏好的值较近的结果的喜爱总是大于离自己最偏好的值较远的结果。因此,我们可以按偏好最小预算规模到偏好最大预算规模将选民排序。图 22-1 是一个例子。这里有 100 个选民,而且预算规模从 0 到 200 亿美元不等。在这些偏好既定的情况下,你预期民主会产生什么结果呢?

根据被称为**中值选民定理**(median voter theorem)的著名结论,多数原则将产生中值选民最偏好的结果。中值选民是指正好处在分布的中间的选民。在这个例子中,如果你按选民所偏好的预算给他们排序,而且无论从这个队列的哪一头数 50 个选民,你将发现,中值选民想要 100 亿美元的预算。与此相比,平均偏好的结果(把偏好的结果相加再除以选民的数量)是 90 亿美元,而多数结果(最多选民偏好的结果)是 150 亿美元。

中值选民定理:
一个数学结论,表明如果要选沿着一条线选一个点,而且每个选民都想选离他最偏好的点最近的点,那么,多数原则将选出中值选民最偏好的点。

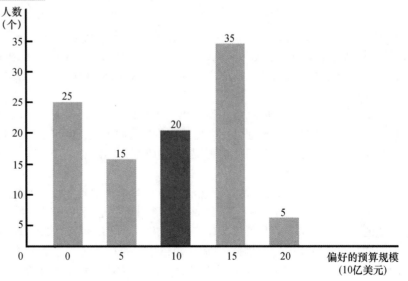

图 22-1 中值选民定理:一个例子

这个柱形图表明了 100 个选民最偏好的预算如何分布在 0—200 亿美元的五种选择上。如果社会用多数原则做出选择,那么中值选民(偏好 100 亿美元的选民)决定了投票结果。

中值选民决定了投票结果,因为他偏好的结果战胜了两边任何一种其他主张。在我们的例子中,有一半以上的选民想要100亿美元或更多的预算,有一半以上的选民想要100亿美元或更少的预算。如果有人建议80亿美元而不是100亿美元,那么每一个偏好100亿美元或更多的选民就将与中值选民一起投票。同样,如果有人建议120亿美元而不是100亿美元,那么每个偏好100亿美元或更少的选民就将与中值选民一起投票。在这两种情况下,中值选民这边都有一半以上的票数。

这与康多塞投票悖论有什么关系呢?结果是,当选民沿着一条线寻找一点,而且每个选民的目的都是自己最偏好的一点时,康多塞悖论就不会产生了。中值选民最偏好的结果击败了所有的挑战者。

中值选民定理的一个含义是,如果两个政党都希望努力使自己当选的机会最大化,那么它们就要使自己的立场接近中值选民。例如,假设民主党主张150亿美元的预算,而共和党主张100亿美元的预算。从150亿美元的支持者多于其他任何一种选择的意义上说,民主党的立场更受欢迎。然而,共和党将得到50%以上的选票:它们吸引了20位想要100亿美元的选民、15位想要50亿美元的选民以及25位想要零预算的选民。如果民主党想获胜,那么就也要使其立场向中值选民靠近。因此,这种理论可以解释为什么两党制下各党是非常类似的,因为它们都在向中值选民靠近。

中值选民定理的另一个含义是,少数人的观点不会得到过多重视。设想40%的人想把大量的钱用在国家公园上,而60%的人不想花钱。在这种情况下,中值选民的偏好是零,而无论少数人的观点有多强烈。多数原则并不是考虑到每个人偏好的一种折中,而是只关注正好处在分布中间的那个人。这就是民主的逻辑。

22.2.4 政治家也是人

当经济学家研究消费者行为时,他们假设消费者会购买一组能给他们带来最大满足水平的物品与服务的组合。当经济学家研究企业行为时,他们假设企业会生产能带来最高利润水平的物品与服务量。当他们研究参与政治活动的个体时,他们应该假设什么呢?

政治家也是有目标的。最好假设政治领导人总是追求整个社会的福利,即他们的目标是效率与平等的最优结合。这也许是最好的,但这并不现实。利己是政治活动者的强大动机,正如它是消费者和企业所有者的动机一样。一些政治家的动机是想再次当选,因此为了加强自己的选民基础,他们可能愿意牺牲国家利益。另一些政治家的动机只是贪婪。如果你对此有所怀疑,你就应该看看世界上的穷国,在这些国家,政府官员的腐败普遍制约了经济发展。

本书并不想提出某种政治行为理论。但是,在考虑经济政策时要记

"这不就是民主的真谛吗?……最终该批评的是选民。"

图片来源:www.cartoonstock.com/Chris Wildt.

住,这些政策并不是由仁慈的国王(甚至是仁慈的经济学家)制定的,而是由具有所有人类欲望的真实的人制定的。有时他们的动机是增进国家利益,但有时他们的动机是自己的政治和金钱野心。当经济政策并不像经济学教科书中那么理想时,我们不应该大惊小怪。

即问即答 某公立学校所在的地区正在就学校预算和由此引起的学生—教员比率进行投票。调查发现,20%的选民想要的比率是9∶1,25%的选民想要的比率是10∶1,15%的选民想要的比率是11∶1,而40%的选民想要的比率是12∶1。如果这个地区采用多数投票制,你预计该地区的投票结果会是什么?解释原因。

22.3 行为经济学

经济学是研究人类行为的,但它并不是研究人类行为的唯一学科。社会心理学也可以对人们在他们生活中做出的选择提供解释。经济学和心理学通常独立进行研究,这部分是因为它们解决的是不同范畴的问题。但是,最近出现了一个被称为**行为经济学**(behavioral economics)的学科,在这个学科中,经济学家运用了心理学的基本观点。下面我们来讨论其中某些观点。

行为经济学:
经济学中将心理学的观点考虑进来的分支学科。

22.3.1 人们并不总是理性的

经济学理论植根于一种特定的"物种",它有时被称为理性经济人(homo economicus)。这个物种的成员总是理性的。作为企业所有者,他们使利润最大化;作为消费者,他们使效用最大化(或者也可以说,在最高的无差异曲线上选一点)。当他们面对既定的约束时,他们理性地评价所有成本和收益,并总是选择尽可能好的行为过程。

但是,现实的人是智人(homo sapiens)。虽然他们在许多方面类似于经济学中所假设的理性的、精明计算的人,但他们也要复杂得多。他们可能是健忘的、冲动的、困惑的、有感情的和目光短浅的。人类在理性方面的这些不完善之处正是心理学家的主要研究对象,但直到最近,经济学家才开始对这些不完善之处给予重视。

第一位从事经济学和心理学边缘研究的社会学家赫伯特·西蒙(Herbert Simon)提出,不应该把人当作理性的最大化者,而应该当作满意者。他们并不总是选择最好的行为过程,而是仅仅做出足够好的决策。同样,其他经济学家也提出,人仅仅是"接近理性",或者表现出"有限理性"。

对人类决策过程的研究力图查明人们犯下的系统性错误。下面是几个发现:

- **人们过分自信。**设想有人向你请教一些数字问题,比如,联合国有多少个非洲国家,北美最高的山有多高,等等。但是,不是要你给出一个数字,而是要你给出 90% 的置信区间,即你有 90% 的信心相信正确的数字会落入其中。当心理学家进行这类实验时,他们发现大多数人给出的范围是极小的:正确的数字落入其区间的概率远远小于 90%。这就是说,大多数人过分相信自己的能力。

- 人们过分重视从现实生活中观察到的细枝末节。设想你正在考虑购买一辆 X 牌的小汽车。为了了解这种车的可靠性,你阅读了《消费者报告》(*Consumer Reports*),这个报告调查了 1 000 位 X 车的车主。然后你找到了有 X 车的朋友,但他告诉你他的车不怎么样。你如何看待你朋友的意见呢?如果你理性地思考,你将认识到,他仅仅使你的样本从 1 000 个增加到 1 001 个,这并没有提供更多的新信息。但是,由于你朋友的故事就发生在身边,所以当你做出决策时,你给予它的重视会比你应给予其重视更大。

- 人们不愿改变自己的观念。人们倾向于用证据来坚定自己已有的信念。在一项研究中,被试者被要求阅读并评价一份死刑能否制止犯罪的研究报告。在阅读了这份报告后,那些本来就支持死刑的人说,他们更加坚信自己的观点;而那些原来就反对死刑的人也说,他们更加坚信自己的观点。也就是说,这两组人用完全相反的方法来解读同一个证据。这种行为有时被称为确认偏误。

考虑一下你在自己生活中所做出的决策。你有表现出这类特征吗?

一个广受争议的问题是,背离理性对于理解经济现象是不是很重要。在研究 401(k) 计划,即一些企业向工人提供的享受税收优惠的退休金储蓄账户时,出现了一个令人感兴趣的例子。在一些企业,工人填一个简单的表就可以参与这个计划。在另一些企业,工人们被自动加入该计划,并可以通过填一个简单的表而退出这个计划。结果,在第二种情况下参与该计划的工人比第一种情况下多得多。如果工人是完全的理性最大化者,那么无论他们雇主提供的计划是否为默认的,工人都应该选择最优量的退休金储蓄。实际上,工人的行为似乎表现出相当大的惯性。一旦我们放弃了理性人模型,理解他们的行为似乎就容易多了。

你会问,为什么当心理学和常识都怀疑理性假设时,经济学却仍要建立在这个假设上呢?一种回答是,即使理性假设并不完全真实,它还是足够接近真实来建立合理准确的行为模型。例如,当我们研究竞争企业和垄断企业之间的差别时,企业理性的利润最大化假设就得出了许多重要而有效的观点。将一些复杂的心理偏差加入分析中,可能会增加现实性,但也可能会把水搅浑,使我们难以得出上述洞见。回想一下第 2 章,经济模型并不意味着复制现实,它只是要说明所研究问题的本质,以有助于理解。

经济学家经常做出理性假设的另一个原因可能是经济学家本身也不是理性的最大化者。与大多数人一样,他们也过分自信,而且他们也不愿改变自己的观念,他们在可供选择的人类行为理论中做出选择时也表现出巨大的惯性。此外,经济学家也会满足于并不完美但足够好的理论,理性人模型可能是社会科学家所选择的令其感到满意的理论。

新闻摘录
对偏离理性的运用

本文是行为经济学领军人物在这个领域内的一个案例分析。

不相关因素的重要性
Richard H. Thaler

Richard H. Thaler

图片来源：Vicki Couchman/Camera Press/Redux.

在我的教学生涯刚开始的时候，我班上的大多数学生都很生我的气，起因是一次期中考试。

我最初是希望通过考试把同学们分出上、中、下来，所以考试题目不得不难一些，以便分数能够分散些。我出的考题成功做到了这一点，但当学生们拿到考试成绩时，班里一片骚乱。学生们的主要抱怨是平均分只有 72 分（百分制）。

学生们的这种反应有点奇怪，因为我早已解释过考试的平均分对字母计分制成绩的分布没有任何影响：我们所采用的成绩分布曲线显示，平均分为 B＋，只有极少数同学会得到 C 以下。我告诉了学生们这一点，但这丝毫不能减轻他们的怨气。他们还是恨我的考试，而且也不那么喜欢我。作为一名年轻的教授，我也担心自己的教职能否保得住，因此不知道如何是好。

后来我有了一个主意。在下一次考试中，我把满分定为 137 分。这次考试比上一次还要难，学生们的答案大概有 70％ 是对的，但这一次的平均分是 96 分。学生们都很开心！

我选择 137 分作为满分有两个理由。首先，它能让平均分恰好在 90 分以上，还有些同学可以得到 100 分以上，这样皆大欢喜。其次，137 分这个数字并不容易用心算就除开，所以我猜大多数学生不会去算成绩的百分比。

以后多年来，我都开诚布公地在教学大纲里声明："考试的总分是 137 分，而不是通常的 100 分。这种评分体系并不影响你在该课程中最后的评分，但好像可以让你更高兴点。"事实上，在我做了这种改变之后，再也没有学生抱怨考试太难了。

在经济学家的眼中，我的学生们是"行为不当"。我的意思是说，学生们的行为与经济学的核心理想模型并不一致。从理性的角度来看，没有人应该因为得了 137 分中的 96 分（70％）就比得了 100 分中的 72 分更高兴，但我的学生们确实就是更高兴了。认识到这一点之后，我就可以把考试设置成我希望的那样，而且学生还不会抱怨我。

这说明了传统经济学理论存在的一个重要问题。经济学家并不考虑那些对理性人的思考没有什么影响的因素。这些因素被假定为不相关的。但不幸的是，许多被认为不相关的因素其实至关重要。

这个问题源于经济学家坚持认为自己所研究的是被称为"理性经济

人"（homo economicus）的神秘生物。我更喜欢称之为"经济人"（econs）——具有高度智力的人类，可以胜任任何复杂的计算，但却完全没有情感。想想《星际迷航》（*Star Trek*）里的 Spock 先生吧。在经济人的世界中，许多事情实际上都是不相关的。

没有一个经济人会因为在周日购物时碰巧饿了而为周二的晚餐购买更多东西。周日的饥饿和周二的晚餐吃多少没有关系。一个经济人也不会仅仅因为付了钱就在已经吃饱的时候还继续吃下去并把一大份晚餐都吃完。对一个经济人来说，他在过去已经付出去的钱和他现在决定吃多少完全没有关系。

一个经济人不会希望她婚礼或生日那天能收到礼物。这特定的一天有什么区别吗？实际上，经济人很容易被礼物的想法搞昏了头。一个经济人应该知道现金可能才是最好的礼物：现金能让收到礼的人去买他最心仪的东西。但除非你和经济学家结婚，我可不建议你在下一个结婚纪念日送现金。想想吧，即使你的配偶是经济学家，送现金也不是一个好主意。

当然，大多数经济学家都知道，和他们打交道的人并不完全是经济人。实际上，经济学家们私下里通常都挺开心地承认他所认识的绝大多数人都对经济学事务一无所知。但几十年来，这种认识并没有影响大多数经济学家做研究的方式。他们有一个正当理由：市场。对正统经济学的捍卫者来说，市场被认为具有某种魔力。

还有一种关于市场魔力的观点，我称之为"看不见的摆手"（invisible hand wave）。它的逻辑是这样的："的确，我的配偶、我的学生以及国会议员不懂经济学，但他们都必须与市场打交道……"这时看不见的摆手就出场了。"高风险""学习"和"套利"这类词语会被抛出来，以说明市场展现自身魔力的某些方式，但我要说，没有人可以证明看不见的手能够自动发挥其魔力。

"摆手"是必要的，因为市场的运行机制无法把本来是正常的人类变成经济人。例如，如果你选错了职业、选错了房贷或者没有为退休而储蓄，那么市场不会纠正这些错误。事实上，往往会出现相反的情况：迎合消费者的偏见比纠正这种偏见更容易赚钱。

也许因为"看不见的摆手"这一看法还未被广泛接受，所以经济学家一直忽视不相关因素（supposedly irrelevant factors，SIF），满足于认为这些因素在市场上无关紧要。唉，经济学领域和社会正由于这一观点而变糟了。不相关因素其实是相当重要的，而且如果我们经济学家能够认识到它的重要性，那么我们可以做得更好。事实上，行为经济学在很大程度上就是将不相关因素整合到标准经济学中，从而使后者得到完善。

不相关因素在许多重要的领域都会起到作用，不仅仅是能让学生为考试成绩而高兴。考虑像 401(k) 这样的固定缴款退休计划。经济人可以毫不费力地知道为退休储蓄多少钱并能知道如何去投资这些钱，但仅仅作为正常的人类会发现这是十分困难的。因此有真知灼见的雇主会在他们的退休计划设计中融入三项不相关因素：自动地让雇员加入（他们可以选择退出)、自动地逐年提高储蓄率，以及选定一个合适的默认投资项目，例如目标日期型基金等。这些特点大大改善了退休计划参与者的储蓄结果，但在经济学家看来，这些都只是不相关因素，因为即使没有这些安排经济人也会知道做正确的事。

这些退休计划也有一个假定的相关因素：储蓄投入与资本增值到退休前都是可以避税的，这种减税会促使人们更多地储蓄。但你猜怎么着？最近一项研究利用丹麦的数据对比了不相关因素和类似税收补贴的相对效率，作者认为在储蓄中只有1%可以归因于丹麦的减税计划，其他99%都来自以上提到的退休计划的自动的特点。

他们的结论是："总而言之，我们的研究结果对税收补贴到底是不是增加退休储蓄最有效的政策提出了疑问。那些能够促进个人更多储蓄的自动加入或默认政策可能对国民储蓄有更大的影响，而且社会成本更低。"不相关因素确实是重要的！

值得注意的是，基于不相关因素所做的设计基本都是免费的，而减税代价高昂。美国国会联合经济委员会(Joint Economic Committee)估算，美国政府在2015年为税收减免付出了620亿美元，预期这个数字还会迅速增加。而这些税收利益中的大部分最终都归属了富裕的纳税人。

还有另一个例子。在奥巴马执政的早期，议会通过了给纳税人暂时减税的法律，而政府必须决定如何去实施它。是应该给纳税人一张一次性的定额支票，还是应该通过定期的薪水支票把这些钱分摊在全年中？

在经济人的世界中，这种选择是无关紧要的。1 200美元的一次性支票和每月100美元的薪水支票对消费的影响是相同的。但现实中大多数中产阶级纳税人会把每个月的薪水几乎都花光，而如果给他们一次性支票，他们就更可能把其中一些钱储蓄起来或者用于偿还债务。由于减税的目的是刺激支出，我相信政府会做出把这些钱分摊到全年的明智选择。

行为经济学已经出现三十多年了，但把它的结论应用于研究社会问题是近年来才开始的。幸运的是，对新思维方式持开放态度的经济学家正在寻找各种运用不相关因素的新方法，以使世界更美好。

Richard H. Thaler是芝加哥大学经济学教授。

资料来源： From The New York Times. © [2015] The New York Times Company. All rights reserved. Used under license.

22.3.2 人们关注公正

关于人类行为的另一种观点可以用一个被称为最后通牒博弈的实验来作最好的说明。实验过程如下：两位志愿者(他们相互不认识)被告知，他们将要去进行一个实验并可以赚到100美元。在进行这项实验之前，他们要了解规则。实验从掷硬币开始,硬币用来将两位志愿者分配为玩家 A 和玩家 B 的角色。玩家 A 的任务是在他自己和玩家 B 之间分 100 美元奖金。在玩家 A 提出他的建议后,玩家 B 决定是接受还是拒绝。如果他接受了,两个玩家根据这个建议得到钱;但如果玩家 B 拒绝了建议,两个玩家都空手离开。无论在哪一种情况下,实验就此结束。

在继续进行之前,停下来想想在这种情况下你会怎么做。如果你是玩家 A,你会建议如何分这 100 美元? 如果你是玩家 B,你会接受什么建议?

传统的经济学理论假设在这种情况下,人们是理性的财富最大化者。这个假设得出了一个简单的预期:玩家 A 应该建议他得 99 美元,而 B 得 1 美元,而且玩家 B 应该接受这个建议。毕竟,一旦玩家 A 提出了建议,玩家 B 只要能从中得到点什么,他就应该接受建议,因为他的状况会有所改善。此外,由于玩家 A 知道接受建议符合玩家 B 的利益,所以玩家 A 就没有理由给玩家 B 多于 1 美元的钱。用博弈论(第 17 章中讨论的)的语言说,99－1 分配是纳什均衡。

但是,当实验经济学家让现实中的人玩最后通牒博弈时,结果与这种预期差别很大。充当玩家 B 角色的人通常会拒绝只给他 1 美元或类似的少量钱的建议。由于预料到这一点,扮演玩家 A 角色的人通常建议给玩家 B 的钱远远多于 1 美元。一些人将提出 50－50 的分法,但更经常的是,玩家 A 建议给玩家 B 30 美元或 40 美元这样的量,并把大部分留给自己。在这种情况下,玩家 B 通常会接受建议。

这说明了什么呢? 合理的解释是人们部分受天生的公正观念的驱使。99－1 的分法在许多人看来是如此之不公正,以至于即使自己一无所获也要拒绝。与此相反,70－30 的分法虽然仍不公正,但没有不公正到使人们放弃正常的利己心。

在我们对家庭和企业行为的整个研究中,天生的公正观念并没有起到任何作用。但是,最后通牒博弈的结果表明,也许应该考虑这一点。例如,在第 18 章和第 19 章,我们讨论了劳动供求如何决定工资。一些经济学家提出,应该把企业支付给工人工资的可观察到的公正性也包括在内。因此,当企业某一年获利特别丰厚时,工人(和玩家 B 一样)可能期望得到一份公正的奖金,尽管标准的均衡并没有给出这样的结果。企业(和玩家 A 一样)也可能由于担心工人会用降低努力、罢工甚至恶意破坏来惩罚企业而决定向工人支付高于均衡水平的工资。

22.3.3 人们是前后不一致的

设想有一些枯燥的工作,比如,洗衣服、扫自己门前路上的雪,或填写你的所得税申报表。现在考虑以下几个问题:

(1) 你偏好 A(立即花 50 分钟做完这些事),还是 B(明天花 60 分钟做这些事)？

(2) 你偏好 A(在 90 天内花 50 分钟做这些事)，还是 B(在 91 天内花 60 分钟做这些事)？

当被问到这类问题时，许多人对问题(1)选 B，而对问题(2)选 A。当预期未来时[正如问题(2)那样]，他们将用于枯燥工作的时间最小化。但当面对需要立即做这些事的情况时[正如问题(1)那样]，他们又选择了拖延。

在一些方面，这种行为并不令人惊讶：每个人都时常会拖一拖。但是，从理性人理论的角度看，这令人困惑。假设当回答问题(2)时，一个人选择在 90 天内花 50 分钟。然后，当第 90 天到来时，我们允许他改变自己的主意。实际上，这时他就面临问题(1)，因此他选择明天再做这件事。但是，为什么仅仅是时间的流逝就会影响他做出的选择呢？

生活中人们经常为自己制订计划，但他们往往并没有遵守计划。一个吸烟者答应戒烟，但在吸完最后一支烟的几小时里，他又要求再吸一支并违背了诺言。一个想减肥的人答应不再吃甜点，但当侍者端来甜点盘时，他又忘记了诺言。在这两种情况下，即时满足的欲望使他们放弃了自己过去的计划。

一些经济学家认为，消费—储蓄决策是人们总是表现出这种不一致性的一个重要例子。对许多人来说，支出提供了即时满足。而储蓄，如同放弃香烟和甜点一样，要求人们为遥远未来的报酬而做出现时的牺牲。而且，也正如许多吸烟者希望自己戒烟以及许多超重的人希望自己吃得少一点一样，许多消费者希望自己储蓄更多的收入。根据一份调查，76% 的美国人说他们的储蓄将不够退休后使用。

这种前后不一致性意味着人们应该努力用一些方法使自己忠于未来并按计划行事。想戒烟的吸烟者可以把他的烟扔掉，想减肥的人可以锁住电冰箱。一个储蓄太少的人该怎么做呢？他应该找到某种方法在他花钱之前把钱锁起来。一些退休金账户，如 401(k)，正是起到了这一作用。一个工人可以同意在他看到钱之前就从他的工资支票中划出一些钱。存入这个账户的钱可以在退休之前支取，但需要交一定的罚金。也许这就是这些退休金账户如此受欢迎的原因之一：它们制止了人们即时满足的欲望。

即问即答 描述人的决策不同于传统经济学理论中理性人决策的至少三个方面。

22.4 结论

本章考察了微观经济学的前沿问题。你可能已经注意到，我们只是简述了思想，而没有完全展开这些思想。这不是偶然的。一个原因是，你可能会在高级课程中更详细地学习这些主题。另一个原因是,这些主题还是活跃的研究领域,因此内容仍然在不断更新。

为了说明这些主题如何适用于更广泛的情况,回想一下第 1 章中的经济学十大原理。其中一个原理是,市场通常是组织经济活动的一种好方法。另一个原理是,政府有时可以改善市场结果。当你学习经济学时,你可以更充分地领悟这些原理的真谛以及运用这些原理时应该注意的问题。不对称信息的研究应该使你更谨慎地对待市场结果;政治经济学的研究应该使你更谨慎地对待政府的解决方法;而行为经济学的研究应该使你更谨慎地对待依靠人的决策的任何一种制度,既包括市场也包括政府。

如果说这些主题有一个统一的观点,那就是:生活是杂乱的。信息是不完全的,政府是不完善的,人也是不完美的。当然,在你开始学习经济学之前,你早就知道这些。但是,如果经济学家要解释,或者甚至要改善周围的世界,那么就需要尽可能准确地理解这些不完善之处。

快速单选

1. 由于 Elaine 有重大的家族遗传病史,所以她购买了医疗保险,而她的朋友 Jerry 家族健康,没有买医疗保险。这是_____的例子。
   a. 道德风险　　　b. 逆向选择
   c. 发信号　　　　d. 筛选

2. George 有人寿保险,如果他去世,保险公司就会付给他家人 100 万美元。因此,他毫无顾忌地享受他喜欢的蹦极爱好。这是_____的例子。
   a. 道德风险　　　b. 逆向选择
   c. 发信号　　　　d. 筛选

3. 在出售任何一份医疗保险之前,Kramer 保险公司都要求申请者进行体检。那些有重大先天健康问题的人要交纳更多的保费。这是_____的例子。
   a. 道德风险　　　b. 逆向选择
   c. 发信号　　　　d. 筛选

4. 康多塞悖论通过说明两两多数领先的投票_____,证明了阿罗不可能性定理。
   a. 与确定性原则不一致
   b. 引起不可传递的社会偏好
   c. 违背了不相关选择的独立性
   d. 会使一个人成为独裁者

5. 两个政党候选人竞选某镇镇长,竞选的关键问题是每年 7 月 4 日的国庆焰火晚会应该花多少钱。在 100 个选民中,40 个人想花 3 万美元,30 个人想花 1 万美元,而 30 个人想一分钱不花。在这个问题中获胜的立场将是_____。
   a. 1 万美元　　　b. 1.5 万美元
   c. 2 万美元　　　d. 3 万美元

6. 被称为最后通牒博弈的实验说明人们_____。
   a. 对自己的能力过分自信
   b. 在策略上采用了纳什均衡
   c. 即使对自己不利,也会关注公正
   d. 会做出前后不一致的决策

内容提要

◎ 在许多经济交易中,信息是不对称的。当存在隐蔽性行为时,委托人会关注因代理人道德风险问题引起的损失。当存在隐蔽性特征时,买者会关注卖者中的逆向选择问题。私人市场有时用发信号和筛选来应对不对称信息。

◎ 虽然政府政策有时可以改善市场结果,但政府本身也是不完善的制度。康多塞悖论说明,多数原则并不能产生可传递的社会偏好;而阿罗不可能性定理说明,没有一种投票制度是完美的。在许多情况下,民主制度将产生中值选民想要的结果,而无论其他选民的偏好是什么。此外,那些决定政府政策的人会受到利己而不是国家利益的驱动。

◎ 心理学和经济学的研究表明,人的决策比传统经济理论所假设的要复杂。人们并不总是理性的,他们关心经济结果的公正性(即使对他们自己有不利影响),而且他们可能具有前后不一致性。

关键概念

道德风险
代理人
委托人
逆向选择
发信号
筛选
政治经济学
康多塞悖论
阿罗不可能性定理
中值选民定理
行为经济学

复习题

1. 什么是道德风险?列出雇主为了降低这个问题的严重性可能会做的三件事。
2. 什么是逆向选择?举出可能存在逆向选择问题的一个市场的例子。
3. 给发信号和筛选下定义,并各举出一个例子。
4. 康多塞发现的投票的非正常特征是什么?
5. 解释为什么多数原则代表了中值选民的偏好,而不是平均选民的偏好。
6. 描述最后通牒博弈。传统经济学理论预期这个博弈的结果是什么?实验证实了这种预期吗?解释原因。

问题与应用

1. 下列每一种情况都涉及道德风险。在每种情况下,确定委托人和代理人,并解释为什么存在不对称信息。所描述的行为如何减少了道德风险问题?

   a. 房东要求房客支付保证金。
   b. 公司把在未来以既定价格购买公司股票的期权作为对高层管理人员的报酬。

c. 汽车保险公司对在汽车上安装防盗装置的客户提供折扣。

2. 假设"长寿健康医疗保险公司"对一种家庭保险单每年收取5 000美元。公司总裁建议,为了增加利润,公司可以把每年的价格提高到6 000美元。如果公司采纳了这个建议,那么会产生哪种经济学问题?平均而言,在公司的客户群中,健康的人更多还是不健康的人更多?公司的利润一定会增加吗?

3. 本章的案例研究描述了男朋友如何通过向女朋友赠送适当的礼物发出"他爱她"的信号。你认为说"我爱你"是否也能算作一种信号?为什么?

4. 2010年奥巴马总统将医疗保险改革法案签署成法,它包括了以下两个条款:
(i) 保险公司必须为每个申请人都提供医疗保险,而且无论一个人以前的健康状况如何,对他们都收取相同的价格。
(ii) 每个人都必须购买医疗保险,否则就要支付罚金。
a. 该法案中的哪一项条款会使逆向选择问题更严重?
b. 你认为该方案中为什么会包括你在a中确定的条款。
c. 你认为该方案中为什么会包括另一项条款。

5. Ken走进了一家冰淇淋店。
侍者:"今天我们有香草口味的和巧克力口味的冰淇淋。"
Ken:"我要香草的。"
侍者:"我差点忘了。我们也有草莓味的。"
Ken:"这样的话,我要巧克力的。"
Ken违背了决策的什么标准特征?(提示:再读一下有关阿罗不可能性定理的那部分内容。)

6. 三个朋友正在选择吃晚饭的餐馆。下面是他们的偏好:

	Rachel	Ross	Joey
第一选择	意大利餐馆	意大利餐馆	中国餐馆
第二选择	中国餐馆	中国餐馆	墨西哥餐馆
第三选择	墨西哥餐馆	墨西哥餐馆	法国餐馆
第四选择	法国餐馆	法国餐馆	意大利餐馆

a. 如果三个朋友用博达计算做出他们的决策,他们会到哪里吃饭?
b. 在他们去所选择的餐馆的路上,他们看到墨西哥餐馆和法国餐馆关门了,因此,他们还是用博达计算以在剩下的两家餐馆中选择。现在他们决定去哪家餐馆?
c. 你对a和b的回答如何与阿罗不可能性定理相关?

7. 三个朋友选择看哪一个电视节目。下面是他们的偏好:

	Chandler	Phoebe	Monica
第一选择	*Empire*	*Supergirl*	*Homeland*
第二选择	*Supergirl*	*Homeland*	*Empire*
第三选择	*Homeland*	*Empire*	*Supergirl*

a. 如果三个朋友用博达计算做出他们的选择,会出现什么结果?
b. Monica建议按多数原则投票。她提出,他们先在 *Empire* 和 *Supergirl* 之间选择,然后在第一次投票中的赢者和 *Homeland* 之间选择。如果他们都忠实地按他们的偏好投票,会出现什么结果?

c. Chandler 会同意 Monica 的建议吗？他偏好哪一种投票制度？

d. Phoebe 和 Monica 说服 Chandler 接受了 Monica 建议的投票制度。在第一轮投票中，Chandler 违心地说，他对 *Supergirl* 的偏好大于 *Empire*。他为什么会这么做？

8. 五位室友计划在他们的宿舍里看电影来度过周末，而且他们正在争论看几部电影。下面是他们的支付意愿：

（单位：美元）

	Quentin	Spike	Ridley	Martin	Steven
第一部电影	14	10	8	4	2
第二部电影	12	8	4	2	0
第三部电影	10	6	2	0	0
第四部电影	6	2	0	0	0
第五部电影	2	0	0	0	0

买一张 DVD 的成本为 15 美元，由室友平分，因此每部电影每人支付 3 美元。

a. 有效率的看电影数量（使总剩余最大化的数量）是几部？

b. 从每个室友的角度看，他们偏好的电影数量分别是几部？

c. 中值室友的偏好是什么？

d. 如果室友在有效率的结果和中值投票人的偏好之间进行投票，那么每个人会如何投票？哪一个结果会得到大多数选票？

e. 如果一个室友提出了一个不同数量的电影的建议，他的建议能战胜 d 中投票的赢者吗？

f. 在公共物品的提供中，多数原则能达到有效率的结果吗？

9. 两家冰淇淋店正在一条一英里的海岸上选址。人群沿着海岸均匀分布，坐在海滩上的每个人每天都从离自己最近的店买一个冰淇淋蛋卷。每个冰淇淋卖者都想使自己的顾客数量最大化。这两家店应设在沿海岸的什么地方？这种结果使你想到了本章中的哪一个结论？

10. 政府正考虑两种帮助穷人的方法：给他们分发现金或给他们分发免费食物：

a. 根据标准的理性消费者理论，给出一种支持分发现金的观点。

b. 根据信息不对称原理，给出一种支持分发免费食物好于分发现金的观点。

c. 根据行为经济学理论，给出一种支持分发免费食物好于分发现金的观点。

术 语 表

支付能力原则（ability-to-pay principle） 认为应该根据一个人可以承受的负担来对这个人征税的思想。

绝对优势（absolute advantage） 一个生产者用比另一个生产者更少的投入生产某种物品的能力。

会计利润（accounting profit） 总收益减总显性成本。

逆向选择（adverse selection） 从无信息一方的角度看，无法观察到的特征组合变为不合意的倾向。

代理人（agent） 为另一个人（称为委托人）完成某种行为的人。

阿罗不可能性定理（Arrow's impossibility theorem） 一个数学结论，它表明在某些假设条件之下，没有一种方案能把个人偏好加总为一组合理的社会偏好。

平均固定成本（average fixed cost） 固定成本除以产量。

平均收益（average revenue） 总收益除以销售量。

平均税率（average tax rate） 支付的总税收除以总收入。

平均总成本（average total cost） 总成本除以产量。

平均可变成本（average variable cost） 可变成本除以产量。

行为经济学（behavioral economics） 经济学中将心理学的观点考虑进来的分支学科。

受益原则（benefits principle） 认为人们应该根据他们从政府服务中得到的利益来纳税的思想。

预算约束线（budget constraint） 对消费者可以支付得起的消费组合的限制。

经济周期（business cycle） 就业和生产等经济活动的波动。

资本（capital） 用于生产物品与服务的设备和建筑物。

卡特尔（cartel） 联合起来行事的企业集团。

循环流量图（circular-flow diagram） 一个说明货币如何通过市场在家庭与企业之间流动的直观经济模型。

俱乐部物品（club goods） 有排他性但无消费竞争性的物品。

科斯定理（Coase theorem） 认为如果私人各方可以无成本地就资源配置进行协商，那么，他们就可以自己解决外部性问题的观点。

勾结（collusion） 一个市场上的企业之间就生产的产量或收取的价格达成的协议。

公共资源（common resources） 有消费竞争性但无排他性的物品。

比较优势（comparative advantage） 一个生产者以低于另一个生产者的机会成本生产某种物品的能力。

补偿性工资差别（compensating differential） 为抵消不同工作的非货币特性而产生的工资差别。

竞争市场（competitive market） 有许多买者与卖者交换相同产品，以至于每个买者与卖者都是价格接受者的市场。

互补品（complements） 一种物品价格的上升引起另一种物品需求量的减少的两种物品。

康多塞悖论（Condorcet paradox） 多数原则没有能够产生可传递的社会偏好。

规模收益不变（constant returns to scale） 长期平均总成本在产量变动时保持不变的特性。

消费者剩余（consumer surplus） 买者愿意为一种物品支付的量减去其为此实际支付的量。

矫正税（corrective tax） 旨在引导私人决策者考虑负外部性引起的社会成本的税收。

成本（cost） 卖者为了生产一种物品而必须放弃的所有东西的价值。

成本—收益分析（cost-benefit analysis） 比较提供一种公共物品的社会成本与社会收益的

研究。

需求的交叉价格弹性(cross-price elasticity of demand) 衡量一种物品需求量对另一种物品价格变动的反应程度的指标,用第一种物品需求量变动百分比除以第二种物品价格变动百分比来计算。

无谓损失(deadweight loss) 市场扭曲(例如税收)引起的总剩余减少。

需求曲线(demand curve) 表示一种物品的价格与需求量之间关系的图形。

需求表(demand schedule) 表示一种物品的价格与需求量之间关系的表格。

边际产量递减(diminishing marginal product) 一种投入的边际产量随着投入量增加而减少的特征。

歧视(discrimination) 对仅仅是种族、宗教、性别、年龄或其他个人特征不同的相似个人提供不同的机会。

规模不经济(diseconomies of scale) 长期平均总成本随产量增加而增加的特性。

占优策略(dominant strategy) 博弈中无论其他参与者选择什么策略,对一个参与者都为最优的策略。

经济利润(economic profit) 总收益减总成本,包括显性成本与隐性成本。

经济学(economics) 研究社会如何管理自己的稀缺资源的学科。

规模经济(economies of scale) 长期平均总成本随产量增加而减少的特性。

效率(efficiency) 社会能从其稀缺资源中得到最大利益的特性。

效率工资(efficiency wages) 企业为了提高工人的生产率而支付的高于均衡工资的工资。

有效规模(efficient scale) 使平均总成本最小的产量。

弹性(elasticity) 衡量需求量或供给量对其某种决定因素的变动的反应程度的指标。

平等(equality) 经济成果在社会成员中公平分配的特性。

均衡(equilibrium) 市场价格达到使供给量与需求量相等的水平时的状态。

均衡价格(equilibrium price) 使供给与需求平衡的价格。

均衡数量(equilibrium quantity) 均衡价格下的供给量与需求量。

排他性(excludability) 一种物品具有的可以阻止一个人使用该物品的特性。

显性成本(explicit costs) 需要企业支出货币的投入成本。

出口(exports) 在国内生产而在国外销售的物品与服务。

外部性(externality) 一个人的行为对旁观者福利的未经补偿的影响。

生产要素(factors of production) 用于生产物品与服务的投入。

固定成本(fixed costs) 不随着产量变动而变动的成本。

搭便车者(free rider) 得到一种物品的利益但可以避开为此付费的人。

博弈论(game theory) 研究人们在策略状况下如何行为的理论。

吉芬物品(Giffen good) 价格上升引起需求量增加的物品。

横向平等(horizontal equity) 主张有相似支付能力的纳税人应该缴纳等量税收的思想。

人力资本(human capital) 对人的投资的积累,如教育和在职培训。

隐性成本(implicit costs) 不需要企业支出货币的投入成本。

进口(imports) 在国外生产而在国内销售的物品与服务。

激励(incentive) 引起一个人做出特定行为的某种东西。

收入效应(income effect) 当价格的某些变动使消费者移动到更高或更低无差异曲线时所引起的消费变动。

需求收入弹性(income elasticity of demand) 衡量一种物品需求量对消费者收入变动的反应程度的指标,用需求量变动百分比除以收入变动百分比来计算。

无差异曲线(indifference curve) 一条表示给消费者相同满足程度的消费组合的曲线。

低档物品(inferior good) 在其他条件不变时,收入增加引起需求量减少的物品。

通货膨胀(inflation) 经济中物价总水平的上升。

实物转移支付(in-kind transfers) 以物品和服务而不是以现金形式给予穷人的转移支付。

外部性内在化(internalizing the externality) 改变激励,以使人们考虑到自己行为的外部效应。

需求定理(law of demand) 认为在其他条件不变时,一种物品的价格上升,对该物品的需求量减少的观点。

供给定理(law of supply) 认为在其他条件不变时,一种物品的价格上升,该物品的供给量增加的观点。

供求定理(law of supply and demand) 任何一种物品的价格都会自发调整,使该物品的供给和需求达到平衡。

自由主义(liberalism) 一种政治哲学,根据这种政治哲学,政府应该选择被认为是公正的政策,而是否公正要由一位在"无知之幕"背后的无偏见观察者来评价。

自由至上主义(libertarianism) 一种政治哲学,根据这种政治哲学,政府应该惩罚犯罪并保证自愿的协议能够实施,但不应该进行收入再分配。

生命周期(life cycle) 收入在人的一生中有规律的收入变动形式。

定额税(lump-sum tax) 对每个人等量征收的税收。

宏观经济学(macroeconomics) 研究整体经济现象,包括通货膨胀、失业和经济增长的学科。

边际变动(marginal change) 对行动计划的微小增量调整。

边际成本(marginal cost) 额外一单位产量所引起的总成本的增加。

边际产量(marginal product) 增加一单位投入所引起的产量增加。

劳动的边际产量(marginal product of labor) 增加一单位劳动所引起的产量增加。

边际替代率(marginal rate of substitution) 消费者愿意以一种物品交换另一种物品的比率。

边际收益(marginal revenue) 增加一单位销售量引起的总收益变动。

边际税率(marginal tax rate) 增加1美元收入所支付的额外税收。

市场(market) 由某种物品或服务的买者与卖者组成的一个群体。

市场经济(market economy) 当许多企业和家庭在物品与服务市场上相互交易时,通过他们的分散决策配置资源的经济。

市场失灵(market failure) 市场本身不能有效配置资源的情况。

市场势力(market power) 单个经济活动者(或某个经济活动小群体)对市场价格有显著影响的能力。

最大最小准则(maximin criterion) 一种主张,认为政府的目标应该是使社会上状况最差的人的福利最大化。

中值选民定理(median voter theorem) 一个数学结论,表明如果要选民沿着一条线选一个点,而且每个选民都想选离他最偏好的点最近的点,那么多数原则将选出中值选民最偏好的点。

微观经济学(microeconomics) 研究家庭和企业如何做出决策,以及它们如何在市场上相互交易的学科。

垄断竞争(monopolistic competition) 存在许多出售相似但不相同产品的企业的市场结构。

垄断企业(monopoly) 作为一种没有相近替代品的产品的唯一卖者的企业。

道德风险(moral hazard) 一个没有受到完全监督的人从事不诚实或不合意行为的倾向。

纳什均衡(Nash equilibrium) 相互作用的经济主体在假定所有其他主体所选策略为既定的情况下选择他们自己最优策略的状态。

自然垄断(natural monopoly) 由于一个企业能以低于两个或更多企业的成本向整个市场供给一种物品或服务而产生的垄断。

负所得税(negative income tax) 向高收入家庭征税并给低收入家庭补贴的税制。

正常物品(normal good) 在其他条件不变时,收入增加引起需求量增加的物品。

规范表述(normative statements) 试图描述世界应该是什么样子的观点。

寡头(oligopoly) 只有少数几个提供相似或相同产品的卖者的市场结构。

机会成本(opportunity cost) 为了得到某种东西所必须放弃的东西。

完全互补品(perfect complements) 无差异曲线为直角形的两种物品。

完全替代品(perfect substitutes) 无差异曲线为直线的两种物品。

持久收入(permanent income) 一个人的正常收入。

政治经济学(political economy) 用经济学的分析方法来研究政府的学科。

实证表述(positive statements) 试图描述世界是什么样子的观点。

贫困线(poverty line) 由联邦政府根据每个家庭规模确定的一种收入绝对水平，低于这一水平的家庭被认为处于贫困状态。

贫困率(poverty rate) 家庭收入低于一个称为贫困线的绝对水平的人口百分比。

价格上限(price ceiling) 出售一种物品的法定最高价格。

价格歧视(price discrimination) 以不同价格向不同顾客出售同一种物品的经营做法。

需求价格弹性(price elasticity of demand) 衡量一种物品需求量对其价格变动反应程度的指标，用需求量变动百分比除以价格变动百分比来计算。

供给价格弹性(price elasticity of supply) 衡量一种物品供给量对其价格变动反应程度的指标，用供给量变动百分比除以价格变动百分比来计算。

价格下限(price floor) 出售一种物品的法定最低价格。

委托人(principal) 让另一个人(称为代理人)完成某种行为的人。

囚徒困境(prisoners' dilemma) 两个被捕的囚徒之间的一种特殊"博弈"，说明为什么甚至在合作对双方都有利时，保持合作也是困难的。

私人物品(private goods) 既有排他性又有消费竞争性的物品。

生产者剩余(producer surplus) 卖者出售一种物品得到的量减去其生产成本。

生产函数(production function) 用于生产一种物品的投入量与该物品产量之间的关系。

生产可能性边界(production possibilities frontier) 表示在可得到的生产要素与生产技术既定时，一个经济所能生产的产品数量的各种组合的图形。

生产率(productivity) 每单位劳动投入所生产的物品与服务数量。

利润(profit) 总收益减去总成本。

累进税(progressive tax) 高收入纳税人缴纳的税收在收入中的比例高于低收入纳税人的这一比例。

产权(property rights) 个人拥有并控制稀缺资源的能力。

比例税(proportional tax) 高收入纳税人和低收入纳税人缴纳收入中相同比例的税收。

公共物品(public goods) 既无排他性又无消费竞争性的物品。

需求量(quantity demanded) 买者愿意并且能够购买的一种物品的数量。

供给量(quantity supplied) 卖者愿意并且能够出售的一种物品的数量。

理性人(rational people) 系统而有目的地尽最大努力实现其目标的人。

累退税(regressive tax) 高收入纳税人缴纳的税收在收入中的比例低于低收入纳税人的这一比例。

消费中的竞争性(rivalry in consumption) 一个人使用一种物品将减少其他人对该物品的使用的特性。

稀缺性(scarcity) 社会资源的有限性。

筛选(screening) 无信息的一方所采取的引起有信息的一方披露信息的行动。

短缺(shortage) 需求量大于供给量的状态。

发信号(signaling) 有信息的一方所采取的向无信息的一方披露自己私人信息的行动。

社会保险(social insurance) 旨在保护人们规避负面事件风险的政府政策。

罢工(strike) 工会有组织地从企业撤出劳动。

替代品(substitutes) 一种物品价格的上升引起另一种物品需求量的增加的两种物品。

替代效应(substitution effect) 当价格的某种变动使消费者沿着一条既定的无差异曲线变动到有新边际替代率的一点时所引起的消费变动。

沉没成本(sunk cost) 已经发生而且无法收回的成本。

供给曲线(supply curve) 表示一种物品的价格与供给量之间关系的图形。

供给表(supply schedule)　表示一种物品的价格与供给量之间关系的表格。

过剩(surplus)　供给量大于需求量的状态。

关税(tariff)　对在国外生产而在国内销售的物品征收的一种税。

税收归宿(tax incidence)　税收负担在市场参与者之间进行分配的方式。

总成本(total cost)　企业用于生产的投入的市场价值。

总收益(total revenue)　一种物品的买者支付从而卖者得到的量,用该物品的价格乘以销售量来计算。

公地悲剧(Tragedy of the Commons)　一个寓言,说明了为什么从整个社会的角度看,公有资源的使用大于合意的水平。

交易成本(transaction costs)　各方在达成协议与遵守协议过程中所发生的成本。

工会(union)　与雇主谈判工资、福利和工作条件的工人协会。

功利主义(utilitarianism)　一种政治哲学,根据这种政治哲学,政府应该选择使社会上所有人总效用最大化的政策。

效用(utility)　衡量幸福或满足程度的指标。

边际产量值(value of the marginal product)　一种投入的边际产量乘以该产品的价格。

可变成本(variable costs)　随着产量变动而变动的成本。

纵向平等(vertical equity)　主张支付能力更强的纳税人应该缴纳更多税收的思想。

福利(welfare)　补贴贫困者收入的政府计划。

福利经济学(welfare economics)　研究资源配置如何影响经济福利的学科。

支付意愿(willingness to pay)　买者愿意为某种物品支付的最高量。

世界价格(world price)　一种物品在世界市场上通行的价格。

索　引

说明：索引中的页码为英文原书页码，即译文的边码。黑体的页码指给出关键术语定义的页码。

A

能力与工资（Ability, wages and），388—389
支付能力原则（Ability-to-pay principle），**237**，237—239
　　横向平等（horizontal equity），239
　　纵向平等（vertical equity），237—239
绝对优势（Absolute advantage），**52**
绝对值（Absolute value），91—92
与开车相关的事故（Accidents, associated with driving），197—198
经济学家与会计师（Accountants, economists vs.），249—250
会计利润（Accounting profit），**250**，250—251
管理负担（Administrative burden），234—235
逆向选择（Adverse selection），**454**
广告（Advertising），328—332
　　品牌（brand names and），331—332
　　对广告的批评（critique of），328—329
　　关于广告的争论（debate over），328—329
　　对广告的辩护（defense of），329
　　广告与眼镜的价格（and price of eyeglasses），329
　　广告的发信号理论（signaling theory of），389
　　作为质量信号的广告（as signal of quality），330—331
代理人（Agents），**452**，452—454
民航业中的价格歧视（Airline price, price discrimination and），307
美国航空公司（American Airlines），350
全国冰淇淋消费者协会（American Association of Ice-Cream Eaters），121
《美国经济评论》（*American Economic Review*），388，393，440
对价格歧视的分析（Analytics of price discrimination），305—306

作为公共资源的动物（Animals as common resources），221—222
反贫困计划（Antipoverty programs）
　　作为公共物品的反贫困（fighting poverty is public good），215—216
　　最低工资法（minimum-wage laws），413
　　负所得税（negative income tax），414—415
　　福利（welfare），414
　　与工作激励（work incentives），415—418
反托拉斯法（Antitrust laws）
　　用反托拉斯法增强竞争（increasing competition with），308—309
　　与贸易限制（restraint of trade and），349—350
反托拉斯政策（Antitrust policy）
　　关于反托拉斯政策的争论（controversies over），350—353
　　掠夺性定价（predatory pricing），351—352
　　转售价格维持（resale price maintenance），351
　　搭售（tying），352
套利（Arbitrage），305
作为囚徒困境例子的军备竞赛（Arms races, as example of prisoners' dilemma），346
肯尼思·阿罗（Arrow, Kenneth），459
阿罗不可能性定理（Arrow's impossibility theorem），458—459，**459**
假设（Assumptions），21—22
不对称信息（Asymmetric information），452—457
　　逆向选择（adverse selection），454
　　代理人（agents），452—454
　　作为信号的礼物（gifts as signals），455—456
　　次品问题（lemons problem），454
　　道德风险（moral hazards），452—454
　　委托人（principals），452—454
　　与公共政策（and public policy），456—457
　　引起个人信息披露的筛选（screening to uncover private information），456
　　发信号（signaling），455—456

美国电话电报公司(AT&T), 309
汽车行业与安全法(Automobile industry, safety laws), 7—8
Autor, David H., 405
《复仇者联盟》(Avengers, The), 352
平均成本(Average cost), 6—7
　与边际成本曲线(and marginal-cost curves), 257
平均固定成本(Average fixed cost), **256**, 262
平均固定成本曲线[Average fixed cost(AFC) curve], 257
平均收益(Average revenue), **270**, 294
平均税率(Average tax rate), **235**
平均总成本(Average total cost), **256**, 262, 271—272
　与边际成本的关系(related to marginal cost and), 258
　与短期和长期相关(related to short- and long-run), 260—261
　U形(U-shaped), 257—258
平均总成本曲线[Average total cost(ATC) curve], 257, 271—272
平均可变成本(Average variable cost), **256**, 262
平均可变成本曲线[Average variable cost(AVC) curve], 257, 259
Axelrod, Robert, 349

B

Baker, Greg, 393
孟加拉国(Bangladesh)
　收入不平等(income inequality), 404
柱形图(Bar graph), 37, 38
Barro, Josh, 205
《美丽心灵》(A Beautiful Mind), 340
漂亮的收益(Beauty, benefits of), 388—389
漂亮津贴(Beauty premium), 389
行为经济学(Behavioral economics), **461**, 461—466
　与公正(fairness and), 463—465
　与前后不一致性(inconsistency and), 466
　与理性(rationality and), 462—463, 464—465
受益原则(Benefits principle), **236**, 236—237
仁慈的社会计划者(Benevolent social planner), 143—144
Benham, Lee, 329
杰里米·边沁(Bentham, Jeremy), 410
Bertrand, Marianne, 393
Biddle, Jeff, 388—389
黑死病的经济学(Black Death, economics of), 377—378
黑人与歧视经济学(Blacks, economics of discrimination), 391—396
宝马(BMW), 342
博达计算(Borda count), 458—459
Borjas, George, 405
博茨瓦纳,作为私人物品的大象(Botswana, elephants as private good), 222
品牌(Brand names), 331—332
布拉尼夫航空公司(Braniff Airways), 350
巴西(Brazil)
　收入不平等(income inequality in), 404
预算(Budget)
　预算约束线(constraint), **427**, 427—428
乔治·W.布什(Bush, George W.), 242
　最高税率的降低(tax cuts under), 242
经济周期(Business cycle), **14**
抢走业务外部性(Business-stealing externality), 327
买者(Buyers)
　边际买者(marginal), 135—136
　买者人数与需求曲线移动(number of, and shifts in demand), 71
　向买者征税对市场结果的影响(taxes on, affect market outcomes), 122—124
　影响买者的变量(variables that influence), 71
　支付意愿(willingness to pay), 134—135

C

加拿大(Canada)
　收入不平等(income inequality in), 404
　与北美自由贸易协定(NAFTA and), 181
资本(Capital), 362, **375**
　资本成本(cost of), 249—250
　资本的定义(defined), 362
　资本市场均衡(equilibrium in markets for), 375—376

生产要素资本(factor of production), 375—378
人力资本(human), 385—386
资本收入(Capital income), 376
碳税(Carbon tax), 199
安德鲁·卡内基(Carnegie, Andrew), 444
卡特尔(Cartel), 339。参看"石油输出国组织"[See also Organization of Petroleum Exporting Countries (OPEC)]
　与竞争(competition and), 339—340
　与寡头(monopolies and), 339—340
原因与结果(Cause and effect), 43—45
中央计划经济(Centrally planned economies), 9
爱德华·张伯伦(Chamberlin, Edward), 331
机遇与工资(Chance, wages and), 388—389
慈善,外部性的私人解决方法(Charities, private solution to externalities), 203
Chew, Victor, 146
智利,自由贸易的单边方法(Chile, unilateral approach to free trade), 181
中国(China)
　收入不平等(income inequality in), 404
　生活水平(living standards in), 13
选择(Choice)。参看"消费者选择""最优化"(See Consumer choice; Optimization)
循环流量图(Circular-flow diagram), **22**, 22—24
《克莱顿反托拉斯法》(Clayton Antitrust Act), 309, 350
《清洁空气法》(Clean Air Act), 201
作为公共资源的清洁空气与水(Clean air and water as common resource), 219
气候变化(Climate change), 199
比尔·克林顿(Clinton, Bill), 242
俱乐部物品(Club goods), **213**, 292
罗纳德·科斯(Coase, Ronald), 203
科斯定理(Coase theorem), **203**, 203—204, 205
大学教育,成本(College education, cost of), 385—386, 389, 392
Collins, Suzanne, 319
勾结(Collusion), **339**
命令与控制政策(Command-and-control policies), 195—196
公共资源(Common resources), **213**, 218—222
　囚徒困境的例子(as an example of prisoners' dilemma), 347
　作为公共资源的动物(animals as), 221—222
　清洁的空气与水(clean air and water), 219
　拥挤的道路(congested roads), 219—221
　大象(elephants), 222
　鱼、鲸及其他野生动物(fish, whales, and other wildlife), 221—222
　产权的重要性(importance of property rights), 223
　受管制最少的海洋(oceans least regulated), 222
　公地悲剧(Tragedy of the Commons), 218—219
苏联解体、东欧剧变(Collapse in Soviet Union and Eastern Europe), 9
比较优势(Comparative advantage), **53**
　绝对优势(absolute advantage), 52
　应用(applications of), 55—58
　与机会成本(opportunity cost and), 52—53
　与贸易(trade and), 53—54
　与世界价格(world price and), 169
补偿性工资差别(Compensating differentials), **384**
竞争(Competition), 66—67
　与卡特尔(cartels and), 339—340
　差别产品的竞争(with differentiated products), 322—328
　与性别歧视(gender differences and), 389—392
　用反托拉斯法增强竞争(increasing with antitrust laws), 308—309
　国际贸易增加了竞争(international trade increases), 176
　竞争与市场(markets and), 66—67
　垄断竞争与完全竞争(monopolistic vs. perfect), 324—327
　竞争与垄断(monopoly vs.), 293—294, 312
竞争企业(Competitive firms)
　需求曲线(demand curves for), 294
　劳动需求(demand for labor), 362—368
　进入或退出市场的长期决策(long-run decision to exit or enter a market), 276—277
　长期供给曲线(long-run supply curve), 277, 282—284
　边际成本曲线(marginal-cost curve), 271—273
　边际成本曲线与供给决策(marginal-cost curve

and supply decision of），271—273

有进入与退出的市场供给（market supply with entry and exit），279—280

有固定数量企业的市场供给（market supply with fixed number of），279

用图形衡量利润（measuring profit in graph），277—278

与利润最大化（profit maximization and），270—278，363

竞争企业的收益（revenue of），269—270

短期与长期内的需求移动（shift in demand in short run and long run），281—282

停止营业的短期决策（short-run decision to shut down），273—275

短期供给曲线（short-run supply curve），275

与沉没成本（sunk costs and），274，275—276

作为竞争企业供给曲线的边际成本曲线（supply curve, marginal cost as），271—273

供给决策（supply decision），271—273

与零利润（zero profit and），280—281

竞争市场（Competitive market），66，268，268—270

竞争市场的特征（characteristics of），268

竞争市场上的企业（firms in），267—284

长期供给曲线（long-run supply curve），282—284

有进入与退出时的市场供给（market supply with entry and exit），279—280

有固定企业数量时的市场供给（market supply with fixed number of firms），279

含义（meaning of），268

竞争企业的收益（revenue of competitive firm），269—270

短期与长期内的需求移动（shift in demand in short run and long run），281—282

供给曲线（supply curve in），279—284

与零利润（zero profit and），280—281

互补品（Complements），70

需求的交叉价格弹性（cross-price elasticity of demand），98

集中率（Concentration ratio），320

马奎斯·康多塞（Condorcet, Marquis de），457

康多塞悖论（Condorcet paradox），458

拥堵（Congestion）

与公共资源（common resource and），220—221

与汽油税（gas tax and），197

拥堵定价（pricing），219，220

交通拥堵与收费道路（traffic and toll roads），220—221

国会预算办公室（Congressional Budget Office, CBO），29，238，239

规模收益不变（Constant returns to scale），261

消费者选择（Consumer choice）

预算约束（budget constraint），426—427

消费者的最优选择（consumer optimal choices），432—434

需求曲线的推导（deriving demand curve），438—439

吉芬物品（Giffen goods），440

与收入变动（income changes and），434—435

收入效应（income effect），436—438

无差异曲线（indifference curve），428—432

低档物品（inferior good），435

利率和家庭储蓄（interest rates and household saving），444—446

边际替代率（marginal rate of substitution），428

正常物品（normal good），434

最优化（optimization），432—439

完全互补品（perfect complements），431—432

完全替代品（perfect substitutes），431

偏好（preferences），428—432

与价格变动（price changes and），435—436

替代效应（substitution effect），436—438

消费者选择理论（theory of），439—446

工资影响劳动供给（wages affect labor supply），440—443

消费者剩余（Consumer surplus），134—138，135，300

评估市场均衡（evaluating market equilibrium），144—146

价格降低引起消费者剩余增加（lower price raises），136—137

与市场效率（market efficiency and），142—148

度量（measure），137—138

价格影响消费者剩余（price affects），138

用需求曲线衡量消费者剩余（using demand

curve to measure），135—136，137
支付意愿（willingness to pay），134—135
消费（Consumption）
消费中的竞争性（rivalry in），212
贸易扩大了消费机会的集合（trade expands set of opportunities），51
消费—储蓄决策（Consumption-saving decision），444
消费税（Consumption tax），234
Cooper, Michael, 146
合作经济学（Cooperation, economics of），342—349
坐标系（Coordinate system），37—39
协调问题（Coordination problems），261—262
Cornwell, Patricia, 319
公司所得税（Corporate income taxes），243，240—241
公司的定义（Corporation, defined），231
矫正税（Corrective tax），**196**，196—198
正相关与负相关（Correlation, positive and negative），39
成本［Cost(s)］，**139**，248—251
　平均固定成本（average fixed），256，262
　平均总成本（average total），256，262，271—272
　平均可变成本（average variable），256，262
　资本成本（of capital），249—250
　经济利润与会计利润（economic profit vs. accounting profit），250—251
　与规模经济（economies of scale and），176
　显性成本（explicit），249，250，262
　固定成本（fixed），255，262
　隐性成本（implicit），249，262
　边际成本（marginal）。参看"边际成本"（See Marginal cost）
　机会成本（opportunity）。参看"可能的卖者的机会成本"［See Opportunity cost(s) of possible sellers］，139
　与生产（production and），251—253
　短期成本与长期成本（in short run and long run），259—262
　社会成本（social），192—193
　沉没成本（sunk），274，275—276
　税收成本（of taxation），153—164
　总成本（total），248—249
　交易成本（transaction），204
　可变成本（variable），255，262
　成本的不同衡量指标（various measures of），254—259
Costanza, George, 147
成本—收益分析（Cost-benefit analysis），216—218，**217**
成本曲线（Cost curves）
　成本曲线的形状（and their shapes），256—258
　典型的成本曲线（typical），258—259
经济顾问委员会（Council of Economic Advisers, CEA），28
OPEC成员国［Countries（OPEC）］
　供给、需求和弹性的应用（application of supply, demand, and elasticity），104—105
　不能保持石油高价（failure to keep price of oil high），104—105
　提高原油价格（increase in price of crude oil），114—115
Cowen, Tyler, 405
Crandall, Robert, 350
需求的交叉价格弹性（Cross-price elasticity of demand），**98**
曲线（Curves），39—41
　沿着曲线变动（movements along），40—41
　曲线的移动（shifts of），40—41
　曲线的斜率（slope of），41—43
顾客歧视（Customers, discrimination by），395—396

D

牛奶行业（Dairy industry），268，269
无谓损失（Deadweight loss），**157**，228，232—234
　福利的变动（changes in welfare），157
　关于无谓损失的争论（debate），160—161
　决定因素（determinants of），158—161
　与弹性（elasticity and），158—161
　与贸易的好处（gains from trade and），157—158
　垄断中的无谓损失（in monopoly），301—302
　无谓损失的来源（source of），158
　与关税（tariffs and），174—175
　税收的无谓损失（of taxation），154—158

与税收收入(tax revenue and),161—163
DeBeers,291
需求(Demand),67—72
 需求的应用(applications of),102—107
 需求变动(change in),80
 需求的交叉价格弹性(cross-price elasticity of),98
 需求减少(decrease in),69
 派生需求(derived),362
 富有弹性的需求(elastic),90,93,94,97
 需求弹性(elasticity of)。参看"需求弹性"(See Demand elasticity)
 供求均衡(equilibrium of supply and),76—78
 超额需求(excess),77,78
 与预期(expectations and),70—71
 收入变动(income changes),69—70
 需求增加(increase in),69,79—80,283
 个人需求(individual),68—69
 缺乏弹性的需求(inelastic),90,93,94,97
 劳动需求(for labor),362—368
 需求定理(law of),67
 市场需求(market),68—69
 供给与需求的市场力量(market forces of supply and),65—85
 与买者数量(number of buyers and),71
 完全无弹性的需求(perfectly inelastic),93,94
 需求的价格弹性(price elasticity of),94
 与相关物品的价格(prices of related goods and),70
 减少吸烟(reducing smoking),71—72
 价格与需求量之间的关系(relationship between price and quantity demanded),67—68
 供给与需求(supply and),76—83,111—112,363,367
 与爱好(tastes and),70
需求曲线[Demand curve(s)],39—40,67—68,**68**
 竞争企业的需求曲线(for competitive firms),294
 与需求表(demand schedule and),136
 需求曲线的推导(deriving),438—449
 线性需求曲线的弹性(elasticity of linear),97
 用需求曲线衡量消费者剩余(measuring consumer surplus with),135—136,137
 垄断企业的需求曲线(for monopoly firms),294
 与需求价格弹性(price elasticity of demand and),92,93,94
 需求曲线的移动(shifts in),40—41,69—72
 需求曲线的移动与沿需求曲线的变动(shifts in vs. movements along),72
 各种不同的需求曲线(variety of),93—94
需求弹性(Demand elasticity),90—98
 需求收入弹性(income),98
 需求价格弹性(price),90—91
需求表(Demand schedule),**67**
 与需求曲线(demand curve and),68,136
司法部(Department of Justice),28,290,308—309,350,353
劳工部(Department of Labor),28
财政部(Department of the Treasury),28
派生需求(Derived demand),362
有差异产品(Differentiated products)
 有差异产品的竞争(competition with),322—328
边际产量递减(Diminishing marginal product),**253**,364
边际效用递减(Diminishing marginal utility),410
折扣券,与价格歧视(Discount coupons, price discrimination and),307
歧视(Discrimination),**391**
 顾客与政府的歧视(by customers and governments),395—396
 收入与歧视(earnings and),383—396
 歧视的经济学(economics of),391—396
 雇主的歧视(by employers),393—395
 劳动市场的歧视(in labor market),391—393
 劳动市场歧视的衡量(measuring labor-market discrimination),391—393
 与利润动机(profit motive and),394—395
 体育运动中的歧视(in sports),395—396
规模不经济(Diseconomies of scale),**261**,261—262
分配(Distribution)
 收入分配的全球视野(of income, worldwide view of),405
 美国的收入分配(of income in U.S.),402—

403

　　新古典分配理论(neoclassical theory of)，378

占优策略(Dominant strategy)，**343**

Dorn, David, 405

小罗伯特·唐尼(Downey, Robert, Jr.)，390

Downs, Anthony, 220

禁毒与供给、需求及弹性的应用(Drug interdiction, applications of supply, demand and elasticity)，105—107

药品(Drugs)

　　非专利药品与垄断药品(generic *vs.* monopoly)，299—300

双头(Duopoly)，338—339

E

劳动所得税抵免［Earned Income Tax Credit(EITC)］，120,415

经济增长(Economic growth)

　　与生产可能性边界(production possibilities frontier and)，24—26

经济生命周期(Economic life cycle)，407—408

经济流动性(Economic mobility)，409

经济模型(Economic models)，22—26

经济利润(Economic profit)，**250**,250—251

《总统经济报告》(*Economic Report of the President*)，28

经济学(Economics)，**4**。参看"福利经济学"(See also Welfare economics)

　　行为经济学(behavioral)，461—466

　　黑死病的经济学(of Black Death)，377—378

　　合作经济学(of cooperation)，342—349

　　歧视经济学(of discrimination)，391—396

　　移民经济学(of immigration)，372—373

　　婚姻经济学(within a marriage)，56—57

　　学习经济学(studying)，33

　　供给方与拉弗曲线(supply-side, and Laffer curve)，162—163

　　经济学十大原理(ten principles of)，3—15

经济福利(Economic welfare)

　　与总剩余(total surplus and)，143

规模经济(Economies of scale)，**261**,261—262

　　垄断产生的原因(as a cause of monopoly)，292

　　通过规模经济降低成本(lower costs through)，176

　　与专业化(specialization and)，261—262

经济学家(Economists)

　　经济学家与会计师(*vs.* accountants)，249—250

　　经济学家之间的不一致(disagreement among)，30—32

　　采纳经济学家的建议(follow-up on advice of)，29

　　作为公共政策顾问(as policy adviser)，27—29

　　大多数经济学家赞同的主张(propositions which most agree about)，31

　　作为科学家(as scientist)，20—27

　　像经济学家一样思考(thinking like)，19—33

　　华盛顿的经济学家(in Washington)，28—29

经济(Economy)

　　中央计划经济(centrally planned)，9

　　市场经济(market)，9—10

　　现代经济寓言(parable for modern)，48—52

　　政治经济学(political)，457—461

　　地下经济(underground)，161

　　美国的严重经济衰退(U.S. deep economic downturn)，14

教育(Education)

　　教育的另一种观点(alternative view of)，389—390

　　大学教育的费用(cost of college)，5—6

　　教育的正外部性(as positive externality)，193—194

　　教育的发信号理论(signaling theory of)，389—390

　　教育与社会最优(social optimum and)，194

　　人力资本的类型(type of human capital)，385—387

　　与工资(wages and)，389—390

效率(Efficiency)，**5**,**143**

　　均衡数量的效率(of equilibrium quantity)，145

　　与政府干预(government intervention and)，12

　　市场效率(market)。参看"市场效率"(See Market efficiency)

　　与生产可能性边界(production possibilities frontier and)，25

　　税收与效率(taxes and)，232—236

与总剩余(total surplus and)，143
平等与效率之间的权衡取舍(trade-off between equity and)，242
效率工资(Efficiency wages)，390—**391**
有效规模(Efficient scale)，**258**，280，325
努力与工资(Efforts, wages and)，388—389
阿尔伯特·爱因斯坦(Einstein, Albert)，20
富有弹性的需求(Elastic demand)，90，93，94，97
弹性(Elasticity)，**90**
  沿着一条线性需求曲线的弹性(along a linear demand curve)，96—98
  应用(applications of)，89—107
  与无谓损失(deadweight loss and)，158—161
  需求弹性(of demand)。参看"需求弹性"(See Demand elasticity)
  需求的收入弹性(income elasticity of demand)，98
  现实世界(real world)，93
  供给弹性(of supply)，99—101
  与税收归宿(tax incidence and)，124—126
作为公共资源的大象(Elephants, common resource)，222
雇主歧视(Employers, discrimination by)，393—395
进入与退出市场(Entry/exit into market)
  公司进入与退出的长期决策(firm's long-run decision to)，276—277
  与长期中的市场供给(long run market supply with)，279—280
环境保护署[Environmental Protection Agency (EPA)]，196
环境管制(Environmental regulations)，196
平等(Equality)，**5**，**143**
  政府干预与平等(government intervention and)，12
均衡(Equilibrium)，**76**，76—78
  均衡变动的分析(analyzing changes in)，78—82
  寡头的均衡(for an oligopoly)，340—341
  市场中的消费者剩余与生产者剩余(consumer and producer surplus in market)，144
  供给减少影响均衡(decrease in supply affects)，81
  需求增加影响均衡(increase in demand affects)，80
  劳动市场均衡(in labor market)，369—374
  长期均衡(long-run)，323—324
  市场均衡，与供给移动(market, and shift in supply)，80—81
  土地与资本市场均衡(in markets for land and capital)，375—376
  非均衡的市场(markets not in)，78
  供求均衡(of supply and demand)，77—78
  没有国际贸易时的均衡(without international trade)，167—169
  零利润均衡(zero-profit)，281
均衡价格(Equilibrium price)，**76**
均衡数量(Equilibrium quantity)，**76**，145
均衡工资(Equilibrium wages)，391
  能力、努力和机遇(ability, effort, and chance)，388—389
  高于均衡水平的工资(above-equilibrium wages)，390—391
  补偿性工资差别(compensating differentials)，384
  决定因素(determinants of)，384—391
  人力资本(human capital)，385—386
  信号(signaling)，389—390
  超级明星现象(superstar phenomenon)，390
平等(Equity)
  横向平等(horizontal)，237，239
  与税收(taxes and)，236—242
  平等与效率之间的权衡(trade-off between efficiency and)，242
  纵向平等(vertical)，237—239
埃塞俄比亚，收入不平等(Ethiopia, income inequality in)，404
欧盟(EU)，见"欧盟"(See European Union)
欧洲(Europe)，354
  对谷歌(vs. Google)，354
欧洲委员会(Europe Commission)，354
欧盟[European Union(EU)]，353，354
生产能力过剩(Excess capacity)，325—326
超额供给和超额需求(Excess supply and demand)，77

特种物品销售税(Excise taxes),231
排他性(Excludability),**212**,213,215,216
预期(Expectations)
 对自由贸易的预期(of free trade),179
 需求曲线移动(shifts in demand curve),70—71
 供给曲线移动(shifts in supply curve),75
显性成本(Explicit costs),**249**,250,262
出口(Exports),**57**。参看"国际贸易"(See also International trade)
 进口国的得失(gains and losses from exporting country),170—171
外部性(Externalities),**12**,149,189—206,**190**
 抢走业务(business-stealing),327
 碳税(carbon tax),199
 科斯定理(Coase theorem),203—204
 命令与控制政策(command-and-control policies),195—196
 矫正税与补贴(corrective taxes and subsidies),196—198
 教育的外部性(education as),193—194
 与汽油税(gas tax and),197—198
 外部性内在化(internalizing),193
 与市场无效率(market inefficiency and),191—195
 负外部性(negative),190,192—193
 正外部性(positive),190,193—195
 外部性的私人解决方法(private solutions to),202—206
 产品多样化(product-variety),327
 对外部性的公共政策(public policies toward),195—202
 技术溢出效应(technology spillovers),194—195
 可交易的污染许可证(tradable pollution permits),200—202
 交易费用(transaction costs),204
 Exxon,347
 眼镜(Eyeglasses),329

F

生产要素(Factors of production),22—24,**362**
 竞争性的利润最大化企业(competitive profit-maximizing firm),363
 劳动需求(demand for labor),362—368
 劳动市场均衡(equilibrium in labor market),369—374
 土地与资本(land and capital),375—378
 生产要素之间的联系(linkages among),377—378
 生产要素市场(markets for),22—24,361—378
 生产函数与劳动的边际产品(production function and marginal product of labor),363—365
 劳动需求曲线的移动(shifting labor-demand curve),366—368
 劳动供给(supply of labor),368—369
 边际产量值(value of marginal product),365—366
《1938年公平劳动标准法案》(Fair Labor Standards Act of 1938),118
公平与行为经济学(Fairness, behavioral economics and),463—465
农产品与供给、需求及弹性的应用(Farming, applications of supply, demand, and elasticity),102—104
联邦政府(Federal government)
 政府收入(receipts of),230
 联邦政府筹集的税收(taxes collected by),228—231
联邦储备系统[Federal Reserve(Fed)],29
联邦税收负担(Federal tax burden),248
《联邦保险税法案》[Federal Insurance Contributions Act (FICA)],124
财务援助,与价格歧视(Financial aid, price discrimination and),307
企业(Firms)。参看"竞争企业"(See also Competitive firms)
 循环流量图中的企业(in circular-flow diagram),22—24
 企业的有效规模(efficient scale of),325
 边际企业(marginal),284
 有固定数量企业的市场供给(market supply with fixed number of),279
 利润最大化企业(profit-maximizing),363
Fisher, Franklin,353
固定成本(Fixed costs),**255**,262

平均固定成本(average), **256**, 262
税收归宿的粘蝇纸理论(Flypaper theory of tax incidence), 239
食品券计划(Food Stamp program), 215
杰拉尔德·福特(Ford, Gerald), 14
福特汽车公司(Ford Motor Company), 260, 342
401(K)计划[401(k) plans], 234
法国,收入不平等(France, income inequality in), 404
本·富兰克林(Franklin, Ben), 227
搭便车者(Free rider), **214**
每个人都可以保持自我(*Free To Be You and Me* style), 56
自由贸易(Free trade), 167—183

G

贸易的好处(Gains from trade)
 比较优势(comparative advantage), 52—58
 与无谓损失(deadweight losses and), 157—158
 出口国从贸易中得到的好处(of exporting country), 170—171
 进口国从贸易中得到的好处(of importing country), 171—173
 生产可能性(production possibilities), 49—50
 专业化(specialization), 50—52
博弈论(Game theory), **338**
汽油价格的激励效应(Gasoline prices, incentive effects of), 7
汽油税(Gasoline tax), 236
 作为矫正税(as corrective tax), 197—198
 与道路拥堵(road congestion and), 197
比尔·盖茨(Gates, Bill), 353
性别(Gender), 389, 392。参看"女性"(*See also* Women)
 性别差异(differences), 408—409
关税与贸易总协定[General Agreement on Tariffs and Trade (GATT)], 181—182
通用磨坊(General Mills), 330
通用汽车(General Motors), 342
非专利药品与垄断药品(Generic drugs *vs.* monopoly drugs), 299—300
德国(Germany)
 收入不平等(income inequality in), 404

通货膨胀(inflation in), 13—14
罗伯特·吉芬(Giffen, Robert), 440
吉芬物品(Giffen good), **440**
作为信号的礼物(Gifts as signals), 455—456
物品[Good(s)], 70
 俱乐部物品(club), **213**, 292
 互补品(complements), **70**
 不同类型的物品(different kinds of), 212—213
 物品的排他性(excludability of), 212—213, 215, 216
 低档物品(inferior), 70, 98, 435
 国际贸易增加了物品的多样性(international trade increases variety of), 176
 物品市场(markets for), 22—24
 正常物品(normal), 70, 98, 434
 私人物品(private), 212, 213
 公共物品(public), 212, 213, 214—218
 相关物品(related), 70
 消费中的竞争性(rivalry in consumption), 212
 替代品(substitutes), 70
 物品的类型(types of), 212—213
谷歌(Google), 290, 354
 欧盟对谷歌(Europe *vs.*), 354
政府(Government)。参看"联邦政府"(*See also* Federal government)
 政府的利益(benefits of), 11—12
 政府引起的歧视(discrimination by), 395—396
政府创造的垄断(Government-created monopolies), 291—292
政府政策(Government policies)
 与价格控制(price control and), 112—120
 与供给、需求(supply, demand, and), 111—112
 与税收(taxes and), 120—127
图形[Graph(s)], 37—45
 原因和结果(cause and effect), 43—45
 图形中的曲线(curves in), 39—41
 用图形衡量利润(measuring profit in), 277—278
 单变量的图形(of single variable), 37, 38
 斜率(slope of), 41—43
 两个变量的图形(of two variables), 37—39
英国(Great Britain)

自由贸易的单边方法(unilateral approach to free trade), 181
艾伦·格林斯潘(Greenspan, Alan), 234
"大炮与黄油"的权衡取舍("Guns and butter" trade-off), 5

H

Hamermesh, Daniel, 388—389
《哈姆雷特》(*Hamlet*), 352
Hason, Gordon H., 405
Hemingway, Mark, 205
高等教育(Higher education)
 高等教育中的价格歧视(price discrimination in), 308
小奥利弗·温德尔·霍姆斯(Holmes, Oliver Wendell, Jr.), 153
理性经济人(Homo economicus), 462, 464
智人(Homo sapiens), 462
本田汽车(Honda), 342
横向平等(Horizontal equity), **237**, 239
家庭(Households)
 循环流量图中的家庭(in circular-flow diagram), 22—24
 家庭面临的决策(decisions faced by), 3
住房(Housing)
 租金控制(rent control), 115—116
人力资本(Human capital), **385**, 385—386
 教育作为人力资本(education as), 385—387
 人力资本的作用(role of), 392
人力资本理论(Human-capital theory), 389
人的生命的价值(Human life, value of), 217—218
人体器官市场(Human organs, market for), 147—148

I

移民(Immigration), 369
不完全竞争(Imperfect competition), 320
隐性成本(Implicit costs), **249**, 262
进口配额(Import quota), 32
 与关税比较(compared to tariff), 175
进口(Imports), **57**。参看"国际贸易"(*See also* International trade)
进口国的得失(gains and losses of importing country), 171—173
激励(Incentives), **7**, 7—8
收入(Income)。参看"工资"(*See also* Wages)
 资本的收入(capital), 376
 收入变化对消费者选择的影响(changes in affect consumer's choices), 434—435
 经济生命周期(economic life cycle), 407—408
 收入效应(effect), 436—438
 实物转移支付作为收入(in-kind transfers as), 407
 持久收入(permanent), 408
 收入再分配的政治哲学(political philosophy of redistributing), 409—413
 收入与需求移动(shifts in demand and), 70
 暂时收入与持久收入(transitory *vs.* permanent), 408
 美国的收入分配(U. S. distribution of), 402—403
收入分配,全球视野(Income distribution, world wideview of), 405
收入效应(Income effect), 436—438
需求的收入弹性(Income elasticity of demand), **97**, 98
收入不平等(Income inequality)
 收入不平等程度的其他衡量方法(alternative measures of), 408—409
 世界范围内的收入不平等(around world), 403—404
 经济流动性(economic mobility), 409
 收入不平等程度的衡量(measurement of), 402—409
 与贫困(poverty and), 406—407
 美国的收入不平等(in U. S.), 402—403
对收入征税还是对消费征税的讨论(Income or consumption debate, taxation), 233—234
收入再分配的国际差异(Income redistribution, international differences in), 416—417
负所得税(Income tax, negative), 414—415
前后不一致,与行为经济学(Inconsistency, behavioral economics and), 466
印度(India)
 收入不平等(income inequality in), 404

无差异曲线[Indifference curve(s)], **428**
    极端例子(extreme examples of), 430—432
    收入效应(income effect), 428—432
    完全互补品(perfect complements), 431—432
    完全替代品(perfect substitutes), 431
    特征(properties of), 429—430
个人需求(Individual demand), 68—69
个人退休账户[Individual retirement account (IRA)], 234
个人供给与市场供给(Individual supply *vs.* market supply), 74
印度尼西亚(Indonesia)
    收入不平等(income inequality in), 404
产业组织(Industrial organization), 248
产业政策(Industrial policy), 194—195
无效率,与外部性(Inefficiency, externalities and), 191—195
缺乏弹性的需求(Inelastic demand), 90, 93, 94, 97
缺乏弹性的供给(Inelastic supply), 99
不平等(Inequality)
    其他衡量标准(alternative measures of), 408—409
    世界范围内的不平等(around world), 403—404
支持贸易限制的幼稚产业论(Infant-industry argument for trade restrictions), 180—181
低档物品(Inferior good), **70,435**
    与需求的收入弹性(income elasticity of demand and), 98
通货膨胀(Inflation), **13**, 13—14
    与货币供给(money supply and), 14
    与失业的短期权衡取舍(short-run trade-off between unemployment and), 14—15
不对称信息(Information, asymmetry)。参看"不对称信息"(*See* Asymmetric information)
实物转移支付(In-kind transfers), **407**
    减少贫困的政策(policies to reduce poverty), 415
    不平等程度衡量的问题(problems in measuring inequality), 407
投入需求与产量供给(Input demand and output supply), 367

投入品价格与供给(Input prices and supply), 75
保险(Insurance)
    社会保险(social)。参看"社会保险税"(*See* Social insurance taxes)
外部性内在化(Internalizing the externality), **193**
国际贸易(International trade), 167—183
    好处(benefits of), 176—178
    比较优势(comparative advantage), 169
    决定因素(determinants of), 173—175
    关税对国际贸易的影响(effects of tariffs), 177—179
    没有国际贸易时的均衡(equilibrium without), 168—169
    出口国的得失(gains and losses of exporting country), 170—171
    进口国的得失(gains and losses of importing country), 171—173
    与关税相比的进口配额(import quota compared to tariff), 175
    贸易政策的结论(lessons for policy of), 175—176
    自由贸易的多边方法(multilateral approach to free trade), 181
    对熟练劳动和非熟练劳动的相对需求(relative demand for skilled and unskilled labor and), 386
    限制(restriction of), 175
    美国的国际贸易(of United States), 57—58
    国际贸易的赢家和输家(winners and losers from), 170—178
    世界价格(world price), 169
Intuit, 309
投资(Investment)
    对人的投资(in people), 385
    学校教育作为投资(schooling as), 387
看不见的手(Invisible hand), 10, 11—12, 146—147
IRA。参见"个人退休账户"(*See* Individual retirement account)
以色列,与劳动供给移动(Israel, shifts in labor supply and), 371
意大利,收入不平等(Italy, income inequality in), 404

Jackson, Penfield, 353

J

日本(Japan)
    收入不平等(income inequality in),404
Jensen, Robert, 440
工作岗位(Jobs)
    支持贸易限制的工作岗位论(argument for trade restrictions),178—180
    工作特性(characteristics of),388—493
《经济史杂志》(Journal of Economic History),394
《劳动经济学杂志》(Journal of Labor Economics),396
《法律与经济学杂志》(Journal of Law and Economics, The),329

K

凯洛格(Kellogg),330
肯尼亚,大象猎杀(Kenya, elephant poaching),222
约翰·梅纳德·凯恩斯(Keynes, John Maynard),29,32—33
King, Stephen, 319
膝盖保护器(Knee, Defender),205

L

劳动(Labor)
    劳动需求(demand for),362—368
    国际贸易与对熟练工人和非熟练工人的需求(international trade and demand for skilled and unskilled),386
    支持贸易限制的工作岗位论(jobs argument for trade restrictions),178—180
    劳动的边际产量(marginal product of),363—365
    劳动供给(supply of),368—369
    劳动的税收(taxes on),160—161
    技术与对熟练工人和非熟练工人的需求(technology and demand for skilled and unskilled),386
劳动需求(Labor demand)
    与最低工资(minimum wage and),119
    移动(shifts in),371—374

劳动需求曲线(Labor-demand curve)
    产出价格(output price),366
    其他生产要素的供给(supply of other factors),367—368
    技术变革(technological change),366—367
劳动市场(Labor market)
    歧视的衡量(discrimination, measuring),391—393
    均衡(equilibrium in),369—374
    最低工资的影响(minimum wage effects on),118—119
    劳动市场上的种族歧视(racial discrimination in),394,396
劳动供给(Labor supply)
    移动(shifts in),370—371
劳动供给曲线(Labor-supply curve)
    可供选择的机会改变(changes in alternative opportunities),369
    爱好变动(changes in tastes),368—369
    移民(immigration),369
    移动(shift in),368—369
劳动税的无谓损失(Labor tax, deadweight loss of),160—161
阿瑟·拉弗(Laffer, Arthur),162—163
拉弗曲线(Laffer curve),162—163
拉弗曲线和供给学派经济学(Laffer curve and supply-side economics),163
自由放任(Laissez faire),145
Lakner, Christoph, 405
土地(Land)
    生产要素市场均衡(equilibrium in markets for factor of production),375—378
Landsburg, Steven E., 179
需求定理(Law of demand),**67**,439
供给定理(Law of supply),**73**
供求定理(Law of supply and demand),**78**
干中学(Learning by doing),57
闲暇与工作之间的权衡取舍(Leisure, trade-off between work and),368
次品问题(Lemons problem),454
自由主义(Liberalism),**411—412**
自由至上主义(Libertarianism),**412—413**
生命周期(Life cycle),**407**

作为公共物品的灯塔（Lighthouses as public goods），216

地方政府，征收的税（Local government, taxes collected by），231—232

Long, Russell, 236

长期（Long run）
  长期成本（costs in），259—262
  进入与退出市场的决策（decision to exit or enter a market），276—277
  市场供给（market supply），279—280, 281
  租金控制（rent control），115—116
  需求移动（shift in demand），281—282
  供给曲线（supply curve），277, 282—284

长期均衡（Long-run equilibrium），323—324

损失（Losses）。参见"无谓损失"（See also Deadweight loss）
  出口国的损失（of exporting country），170—171
  进口国的损失（of importing country），171—173

定额税（Lump-sum taxes），235, 235—236

奢侈品（Luxuries）
  与需求收入弹性（income elasticity of demand and），98
  与需求价格弹性（price elasticity of demand and），90—91

奢侈品税（Luxury tax），126—127

M

宏观经济学（Macroeconomics），26—27, **27**

马拉维，作为私人物品的大象（Malawi, elephants as private good），222

N. 格里高利·曼昆（Mankiw, N. Gregory），199, 240

边际，定义（Margin, defined），6

边际收益（Marginal benefits），6

边际买者（Marginal buyers），135—136

边际变动（Marginal change），**6**

边际成本［Marginal cost（MC）］，6—7, 255—256, **256**, 262, 367
  加成（markup over），326—327
  与平均总成本的关系（related to average total cost），258
  边际成本递增（rising），257

边际成本曲线［Marginal cost（MC）curve］
  与平均成本曲线（and average-cost curves），257
  与企业供给决策（firm's supply decision and），271—273

边际企业（Marginal firm），284

边际产量（Marginal product），**252**
  劳动需求与边际产量值（demand for labor and value of），365—366
  边际产量递减（diminishing），253, 364

劳动的边际产量［Marginal product of labor（MPL）］，**364**
  与生产函数（production function and），363—365
  劳动的边际产量值（value of），365—366

边际替代率［Marginal rate of substitution（MRS）］，**428**

边际收益［Marginal revenue（MR）］，**270**, 295
  竞争企业的边际收益（for competitive firm），269—270

边际收益产量（Marginal revenue product），365

边际卖者（Marginal seller），140

边际税率（Marginal tax rates），160, 230, **235**
  与平均税率（vs. average tax rates），235

市场［Market(s)］，**66**。参看"竞争市场"（See also Competitive market）
  与竞争（competition and），66—67
  市场的定义（definition of），91
  市场的效率（efficiency of），133—148
  企业的长期退出与进入决策（firm's long-run decision to exit or enter），276—277
  物品与服务市场（for goods and services），22—24
  土地和资本市场的均衡（for land and capital, equilibrium in），375—376
  只有少数几个卖者的市场（with only few sellers），338—342
  完全竞争市场（perfectly competitive），66
  寡头数量影响市场结果（size of oligopoly affecting），341—342

市场需求（Market demand），68—69

市场经济（Market economy），**9**, 9—11

市场效率（Market efficiency），142—149
  与消费者剩余（consumer surplns and），142—148
  与市场失灵（market failure and），148—149

索引 ▶507

与生产者剩余(producer surplus and),142—148
评价市场均衡(Market equilibrium, evaluating),144—148
市场失灵(Market failure),12,148—149。参看"外部性"(See also Externalities)
市场势力(Market power),12,148,268
市场结构,类型(Market structure, types of),321
市场供给(Market supply)
　有进入和退出的长期市场供给(with entry and exit, long run),279—280
　有固定数量企业的短期企业供给(with fixed number of firms, short run),279
　与个人供给(vs. individual supply),74
　个人供给的总和(as sum of individual supplies),74
　高于边际成本的加成(Markup over marginal cost),326—327
Marron, Donald, 205
最大最小准则(Maximin criterion),**411**
MC。参见边际成本(See Marginal Cost)
麦当劳(McDonald's),331—332
McGinty, Jo Craven, 146
中值选民定理(Median voter theorem),459—461,**460**
医疗援助(Medicaid),232,415
医疗保险(Medicare),4,160,231
墨西哥(Mexico)
　收入不平等(income inequality in),404
　生活水平(living standards in),13
　与NAFTA(NAFTA and),181
微观经济学(Microeconomics),26—27,**27**
　不对称信息(asymmetric information),452—457
　行为经济学(behavioral economics),461—466
　政治经济学(political economy),457—461
微软公司(Microsoft Corporation),289—290,309,352—353
中点法(Midpoint method),92
Milanovic, Branko, 405
约翰·斯图亚特·穆勒(Mill, John Stuart),410
Miller, Nolan, 440
最低工资(Minimum wage),118—120
　支持者与反对者(advocates and opponents of),119—120
《1938年公平劳动标准法案》(Fair Labor Standards Act of 1938),118
　最低工资与劳动市场(labor market and),118—119
　价格下限(price floor),118—120
　与青少年劳动市场(teenage labor market and),119
最低工资法(Minimum-wage laws)
　均衡工资的决定(determinant of equilibrium wages),390—391
　评价价格控制(evaluating price controls),120
　减少贫困的政策(policies to reduce poverty),413
货币收入(Monetary income),407
货币供给(Money supply)
　与通货膨胀(inflation and),14
短期中的垄断竞争企业(Monopolistically competitive firms in the short run),322—323
垄断竞争(Monopolistic competition),319—333,**321**
　广告(advertising),328—332
　差别产品的竞争(competition with differentiated products),322—328
　过度生产能力(excess capacity),325—326
　企业自由进入与退出(free entry and exit of firms),321
　长期均衡(long-run equilibrium),323—324
　许多卖者(many sellers),321
　高于边际成本的加成(markup over marginal cost),326—327
　在垄断和完全竞争之间(between monopoly and perfect competition),320—322
　与完全竞争(vs. perfect competition),324—327
　产品差异(product differentiation),321
　与社会福利(and welfare of society),327—328
短期中的垄断竞争企业(Monopolistic competitors in the short run),322—323
垄断[Monopoly(ies)],67,289—312,**290**,320—322
　产生(arising),290—293
　与卡特尔(cartels and),339—340
　与竞争(vs. competition),293—294

竞争与垄断(competition vs.),312
与无谓损失(deadweight loss and),301—302
垄断的需求曲线与边际收入曲线(demand and marginal-revenue curves for),296
因规模经济的垄断(economies of scale as a cause of),292
政府创造的垄断(government-created),291—292
垄断的无效率(inefficiency of),302
自然垄断的边际成本定价(marginal-cost pricing for a natural),310
自然垄断(natural),213,292—293
关于定价的寓言(parable about pricing),304
垄断的普遍性(prevalence of),311—312
价格歧视(price discrimination and),303—308
生产与定价决策(production and pricing decisions in),293—300
垄断企业的利润(profit),298—300
利润,一种社会代价(profit as social cost),303
利润最大化(profit maximization),296—298
垄断的公有制(public ownership and),310—311
针对垄断的公共政策(public policy toward),308—311
管制(regulation),309—310
资源(resources),291
垄断收益(revenue),294—296
与供给曲线(supply curve and),298
福利代价(welfare cost of),300—303
垄断药品与非专利药品(Monopoly drugs vs. generic drugs),299—300
垄断企业的需求曲线(Monopoly firms, demand curves for),294
买方垄断(Monopsony),374
道德风险(Moral hazard),**452**,452—454
Morris, Eric A., 220
电影票与价格歧视(Movie tickets, price discrimination and),306—307
Mullainathan, Sendhil, 393
Muskie, Edmund, 202

N

拉尔夫·纳德(Nader, Ralph),8

纳米比亚,大象作为私人物品(Namibia, elephants as private good),222
约翰·纳什(Nash, John),340
纳什均衡(Nash equilibrium),**340**,341
国防(National defense)
　重要的公共物品(important public goods),214—215
美国国家公路交通安全管理局(National Highway Traffic Safety Administration),197
国民收入(National income),361
美国国立卫生研究院[National Institutes of Health (NSA)],215
美国国家科学基金会(National Science Foundation),215
支持贸易限制的国家安全论(National-security argument for trade restrictions),180
自然灾害与价格(Natural disasters, prices and),84—85
自然垄断(Natural monopolies),213,**292**,292—293
　自然垄断的边际成本定价(marginal-cost pricing for),310
负相关性(Negative correlation),39
负外部性(Negative externality),190,192—193
负所得税(Negative income tax),**414**—415
新古典分配理论(Neoclassical theory of distribution),378
艾萨克·牛顿(Newton, Isaac),20
《纽约时报》(New York Times),350
尼日利亚(Nigeria)
　收入不平等(income inequality in),404
　生活水平(living standards in),13
正常物品(Normal good),**70**,**434**
　与需求的收入弹性(income elasticity of demand and),98
规范表述(Normative statements),27—28,**28**
北美自由贸易协定[North American Free Trade Agreement(NAFTA)],181
罗伯特·诺齐克(Nozick, Robert),412

O

巴拉克·奥巴马(Obama, Barack),14—15,239,242

观察(Observation),20—21
海洋,公共资源(Oceans, common resources),222
管理与预算办公室(Office of Management and Budget),28
Oikonomos,3
寡头(Oligopoly),**320**,**337**
 合作经济学(economics of cooperation),342—349
 寡头的均衡(equilibrium for),340—341
 只有少数几个卖者的市场(markets with only a few sellers),338—342
 作为囚徒困境(as prisoners' dilemma),344—345
 对寡头的公共政策(public policy toward),349—354
 寡头数量影响市场结果(size of, affecting market outcome),341—342
遗漏的变量(Omitted variable),43—44
OPEC。参看"石油输出国组织"(See Organization of Petroleum Exporting Countries)
机会成本[Opportunity cost(s)],**6**,**52**,52—53,249—250
 与比较优势(comparative advantage and),52—53
 作为机会成本的资本成本(cost of capital as),249—250
 作为机会成本的成本(costs as),249
 经济学家与会计师(economists vs. accountants),249—250
 显性与隐性成本(explicit and implicit costs),249—250,262
 与生产可能性边界(production possibilities frontier and),24—26
最优化(Optimization)
 消费者最优选择(consumer optimal choices),432—434
 需求曲线的推导(deriving demand curve),438—439
 与收入变动(income changes and),434—435
 收入效应(income effect),436—438
 与价格变动(price changes and),435—436
 替代效应(substitution effect),436—438
 效用的最优化(utility of),433

最优(Optimum),192,432
有序数对(Ordered pair),37
石油输出国组织[Organization of the Petroleum Exporting Countries(OPEC)],345
 与石油价格(and price of oil),104—105
 与世界石油市场(and world oil market),345
 世界石油市场以及价格上限与加油站前的长队(world oil market and price ceilings and lines at gas pump),114—115
人体器官市场[Organs(human), market for],147—148
图形的原点(Origin, of graph),38
Orrenius, Pia,372—373
Oster, Emily,56—57
产量效应(Output effect),295,341
产品价格(Output price),366
外包(Outsourcing),179

P

巴基斯坦(Pakistan)
 收入不平等(income inequality in),404
劳动供给移动与巴勒斯坦人(Palestine, shifts in labor supply and),371
停车位(Parking spots),146—147
专利保护(Patent protection),194—195
工薪税(Payroll taxes),230—231
 工薪税的负担(burden of),124
萨姆·佩兹曼(Pelzman, Sam),8
百事可乐(PepsiCo),308
感觉与现实(Perception vs. reality),31—32
完全竞争(Perfect competition),320—322
 生产能力过剩(excess capacity),325—326
 高于边际成本的价格加成(markup over marginal cost),326—327
 与垄断竞争(vs. monopolistic competition),324—327
完全互补品(Perfect complements),**431**—432
完全竞争市场(Perfectly competitive markets),66,268
完全有弹性的供给(Perfectly elastic supply),100
完全缺乏弹性的需求(Perfectly inelastic demand),93,94
完全缺乏弹性的供给(Perfectly inelastic supply),

100

完全价格歧视(Perfect price discrimination),305

完全替代品(Perfect substitutes),**431**

持久收入(Permanent income),**408**

个人所得税(Personal income taxes),230

Philbrick,Nathaniel,319

菲律宾,收入不平等(Philippines,income inequality in),404

饼形图(Pie chart),37,38

阿瑟·庇古(Pigou,Arthur),196,197

庇古税(Pigovian taxes),196

制针厂(Pin factory),261

政治经济学(Political economy),**457**,457—461

 阿罗不可能性定理(Arrow's impossibility theorem),458—459

 康多塞投票悖论(Condorcet voting paradox),457—458

 中值选民定理(median voter theorem),459—461

 政治家的行为(politician's behavior),461

政治家的行为(Politicians,behavior of),461

污染(Pollution)

 作为公共资源的清新空气与水(clean air and water as common resource),219

 与矫正税(corrective taxes and),196—198

 环境保护署[Environmental Protection Agency(EPA)],196

 汽油税(gas tax),198

 作为负外部性(as negative externality),219

 对关于污染的经济分析的批评(objections to economic analysis of),202

 与管制(regulation and),196—197

 与社会最优(social optimum and),192

 可交易的污染许可证(tradable pollution permits),200—202

正相关(Positive correlation),39

正外部性(Positive externalities),190,193—195

 技术溢出效应、产业政策与专利保护(technology spillovers,industrial policy,and patent protection),194—195

实证表述(Positive statements),27—28,**28**

贫困(Poverty)

 与种族、年龄与家庭构成相关(correlated with age, race, and family composition),406—407

 作为公共物品的反贫困(fighting, as public good),215—216

 与收入不平等(income inequality and),406—407

 与实物转移支付(in-kind transfers),415

 减少贫困的政策(policies to reduce),413—418

贫困线(Poverty line),**406**

贫困率(Poverty rate),**406**

掠夺性定价(Predatory pricing),351—352

偏好(Preferences)

 消费者选择(consumer choice),428—432

 边际替代率(marginal rate of substitution),428

 用无差异曲线代表偏好(representing with indifference curves),428—429

 与效用(utility and),433

垄断的普遍性(Prevalence of monopolies),311—312

价格[Price(s)]

 价格与资源配置(allocation of resources and),83—84

 影响消费者的选择(changes in consumer choices),435—436

 价格控制(control on),112—120

 均衡价格(equilibrium),**76**

 高价格增加了生产者剩余(higher price raises producer surplus),141—142

 投入品价格与供给(input prices and supply),75

 低价格增加了消费者剩余(lower price raises consumer surplus),136—137

 市场出清价格(market-clearing),76

 与自然灾害(natural disasters and),84—85

 产量(output),366

 土地和资本的购买价格(purchase, of land or capital),375—376

 与需求量(quantity demanded and),67—68

 与供给量(quantity supplied and),73

 相关物品的价格与需求(of related goods and demand),70

 土地或资本的租赁价格(rental, of land or capital),375—377

 与短缺(shortages and),77

与过剩(surplus and), 77
贸易的价格(of trade), 54
当供给和需求变动时(when supply and demand shifts), 81—82
支付意愿(willingness to pay), 134—135
世界价格(world), 169
价格上限(Price ceiling), **112**
 有限制作用的价格上限(binding constraint), 113
 加油站前排队(lines at gas pump), 114—115
 与市场结果(market outcomes and), 112—113
 没有限制作用的价格上限(not binding), 112
 租金控制(rent control), 115—116
价格控制,评价(Price controls, evaluating), 120
价格歧视(Price discrimination), **303**
 机票价格(airline prices), 307
 价格歧视的分析(analytics of), 305—306
 折扣券(discount coupons), 307
 例子(examples of), 306—307
 财务援助(financial aid), 307
 高等教育中的价格歧视(in higher education), 308
 与垄断(monopolies and), 303—308
 电影票(movie tickets), 306—307
 数量折扣(quantity discounts), 307
 有价格歧视与无价格歧视时的福利(welfare with and without), 306
价格效应(Price effect), 295, 341
需求价格弹性(Price elasticity of demand), **90**, 90—91
 计算(computing), 91—92
 决定因素(determinants of), 90—91
 沿着一条线性需求曲线的弹性和总收益(elasticity and total revenue along a linear demand curve), 96—98
 中点法(midpoint method), 92
 与总收益(total revenue and), 95—96
 需求曲线的多样性(variety of demand curves), 93—94
供给价格弹性(Price elasticity of supply), **99**
 计算(computing), 99
 决定因素(determinants of), 99
 供给曲线的多样性(variety of supply curves), 100—101
价格下限(Price floor), **112**
 价格下限与市场结果(market outcomes and), 116—117
 最低工资(minimum wage), 117—119
哄抬物价(Price gouging), 83, 84—85
价格制定者(Price maker), 290
价格接受者(Price takers), 67, 170, 268, 290
定价(Pricing)
 交通拥堵定价(congestion), 219—220
 垄断中的定价(in monopoly), 304
 掠夺性定价(predatory), 351—352
 价值(value), 220
定价决策(Pricing decisions)
 垄断中的定价决策(in monopolies), 293—300
委托人(Principal), **452**, 452—454
《政治经济学及赋税原理》(李嘉图)[*Principles of Political Economy and Taxation*(Ricardo)], 55
囚徒困境(Prisoners' dilemma), **342**, 343—344
 军备竞赛(arm races), 346
 公共资源(common resources), 347
 与合作(cooperation and), 348—349
 例子(examples of), 346—347
 作为囚徒困境的寡头(oligopolies as), 344—345
 与社会福利(and the welfare of society), 347—348
囚徒困境的比赛(Prisoners' dilemma tournament), 348—349
私人物品(Private goods), **212**, 213
生产者剩余(Producer surplus), **139**, 139—142, 300
 成本和销售意愿(cost and willingness to sell), 139—140
 评价市场均衡(evaluating market equilibrium), 144—146
 价格上升引起生产者剩余增加(higher price raises), 141—142
 与市场效率(market efficiency and), 142—148
 用供给曲线衡量生产者剩余(using supply curve to measure), 140—141
产品差别(Product differentiation), 321

生产(Production)
　　生产成本(cost of), 247—248
　　与成本(and costs), 251—253
　　生产要素(factors of), 22—24, 361—378
　　数量有限的资源(resources, limited quantities of), 282
生产决策(Production decisions)
　　垄断中的生产决策(in monopolies), 293—300
生产函数(Production function), **252**, **364**
　　从生产函数到总成本曲线(from, to the total-cost curve), 253
　　与劳动的边际产量(marginal product of labor and), 363—365
　　与总成本(total cost and), 251—253
生产可能性边界(Production possibilities frontier), **24**, 24—26
　　与经济增长(economic growth and), 24—26
　　与效率(efficiency and), 25
　　贸易的好处(gains from trade), 49—50
　　与机会成本(opportunity costs and), 24—26
　　与权衡取舍(trade-offs and), 25—26
生产率(Productivity), **13**
　　与生活水平的关系(relationship between living standards and), 13
　　与工资(wages and), 373—374
产品多样性的外部性(Product-variety externality), 327
利润(Profit), **248**, 248—249
　　会计利润(accounting), 250—251
　　价格与平均总成本之间的区域(as area between price and average total cost), 278
　　经济利润(economic), 250—251
　　用图形衡量竞争企业的利润(measuring in graph for competitive firm), 277—278
　　垄断利润(in monopoly), 298—300
利润最大化(Profit maximization)
　　与竞争企业的供给曲线(competitive firm's supply curve and), 270—278
　　例子(example of), 270—271
　　垄断中的利润最大化(in monopoly), 296—298
累进税(Progressive tax), **237**
产权(Property rights), **11**, 11—12
　　产权的重要性(importance of), 223

　　与技术(technology and), 195
财产税(Property taxes), 231—232
比例税(Proportional tax), **237**
支持贸易限制的作为讨价还价筹码的保护论(Protection-as-a-bargaining-chip argument for trade restrictions), 181
公共物品[Public good(s)], **212**
　　反贫困计划(antipoverty programs), 215—216
　　作为公共物品的基础研究(basic research), 215
　　成本—收益分析(cost-benefit analysis), 216—218
　　搭便车者问题(free-rider problem), 214
　　产权的重要性(importance of property rights), 223
　　作为公共物品的灯塔(lighthouses as), 216
　　作为公共物品的国防(national defense), 214—215
　　人的生命的价值(value of human life), 217—218
公共投资,学校教育(Public investment, schooling as), 387
公有制,与垄断(Public ownership, monopolies and), 310—311
公共政策(Public policy), 12, 456—457。参见"反垄断法"(See also Antitrust laws)
　　针对外部性的公共政策(toward externalities), 195—202
　　针对垄断的公共政策(toward monopolies), 308—311
　　针对寡头的公共政策(toward oligopolies), 349—354
公共政策制定者(Public policymakers), 7
购买价格(Purchase price), 375—376
Putnam, Howard, 350

Q

质量(Quality)
　　作为质量信号的广告(advertising as signal of), 330—331
数量(Quantity)
　　均衡数量(equilibrium), 76
需求量(Quantity demanded), **67**

需求量变动(change in), 80
  与价格的关系(relationship between price and), 67—68
数量折扣,与价格歧视(Quantity discounts, price discrimination and), 307
供给量(Quantity supplied), **73**, 79
《经济学季刊》(Quarterly Journal of Economics), 444
五分率(Quintile ratio), 404
五分之一(Quintiles), 238, 402
进口配额(Quotas, import), 32, 175

R

种族(Race)
  劳动市场上的歧视(discrimination in labor market), 394, 396
  体育运动中的歧视(discrimination in sports), 395—396
  各种族的年收入中值(median annual earnings by), 392
  与电车上的隔离(segregated streetcars and), 394—395
Randlett, Tom, 147
理性与行为经济学(Rationality, behavioral economics and), 462—463, 464—465
理性人(Rational people), **6**, 6—7
约翰·罗尔斯(Rawls, John), 411
罗纳德·里根(Reagan, Ronald), 30, 242
  减税(tax cuts under), 163
感觉与现实(Reality, perception vs.), 31—32
累退税(Regressive tax), **237**
外部性管制(Regulation of externalities), 195
租赁价格(Rental price), 375—376
租金控制(Rent control), 32
  对价格控制的评价(evaluating price controls), 120
  价格上限(price ceiling), 115—116
  短期与长期(in short run and long run), 115—116
租金补贴(Rent subsidies), 120
转售价格维持(Resale price maintenance), 351
资源(Resources)
  公共资源(common), 213, 218—222, 347

有限的产量(limited quantities of production), 282
  垄断(monopoly), 291
  价格与资源配置(prices and allocation of), 83—84
  资源的稀缺性(scarcity of), 4
对贸易的限制(Restraint of trade), 349—350
收益(Revenue)。参看"总收益"(See also Total revenue)
  平均收益(average), 270, 294
  竞争企业的收益(of competitive firm), 269—270
  边际收益(marginal), 269—270, 295
  垄断的收益(monopoly), 294—296
  税收(tax), 155
  总收益(total), 294
反向因果关系(Reverse causality), 44—45
Rhodes, Cecil, 291
大卫·李嘉图(Ricardo, David), 55
消费中的竞争性(Rivalry in consumption), **212**
道路拥挤与汽油税(Road congestion, gasoline tax and), 197
Roback, Jennifer, 394
俄罗斯(Russia)
  收入不平等(income inequality in), 404

S

Saldate, Edward, 147
销售税(Sales taxes), 231—232
三星(Samsung), 290
满意者(Satisficers), 462
稀缺性(Scarcity), **4**
离散点(Scatterplot), 38—39
Schmalensee, Richard, 353
经济学家之间科学判断的差别(Scientific judgments, differences among economists), 30
科学方法(Scientific method), 20—21
筛选(Screening), **456**
隔离、隔离电车与利润动机(Segregation, segregated streetcars and profit motive), 394—395
卖者[Seller(s)]
  卖者数量,与供给曲线移动(number of, and shifts in supply curve), 76

向卖者征税,影响市场结果(taxes on, affect market outcomes), 121—122

影响的变量(variables that influence), 76

最明智的税(Sensible tax), 199

服务(Services)

服务市场(markets for), 22—24

性别,中值年收入(Sex, median annual earnings by), 392

玛利亚·莎拉波娃(Sharapova, Maria), 390

萧伯纳(Shaw, George Bernard), 30

《谢尔曼反托拉斯法》(Sherman Antitrust Act), 309,349—350

短缺(Shortage), **77**

加油站前的长队(lines at gas pump), 114—115

与价格上限(price ceilings and), 113

短期(Short run)

成本(costs in), 259—262

需求增加(increase in demand), 283

有固定数量企业的市场供给(market supply with fixed number of firms), 279

短期中的垄断竞争企业(monopolistically competitive firm in), 322—323

短期中的垄断竞争者(monopolistic competitors in), 322—323

租金控制(rent control), 115—116

需求的移动(shift in demand), 281—282

Shoup, Donald, 147

停业(Shutdown)

竞争企业的短期停业决策(competitive firm's short-run decision to), 273—275

与生意冷清的餐馆(near-empty restaurants and), 275—276

与淡季的小型高尔夫球场(off-season miniature golf and), 275—276

西拉俱乐部(Sierra Club), 203

发信号(Signaling), **455**, 455—456

作为信号的广告(advertising), 389

作为信号的教育(education), 389—390

赫伯特·西蒙(Simon, Herbert), 462

技能偏向型的技术变革(Skill-biased technological change),386

技能的价值日益增加(Skills, increasing value of),385—386

斜率(Slope), 41—43

亚当·斯密(Smith, Adam), 9—11, 55,146,261, 350

减少吸烟(Smoking, reducing), 71—72

SNAP。见"食品券计划"(See Supplemental Nutrition Assistance Program)

《社会选择与个人价值》(阿罗)[Social Choice and Individual Values (Arrow)], 459

社会成本(Social cost), 192—193

垄断利润作为一种社会成本(monopoly's profit as), 303

社会保险(Social insurance), **411**—412

社会保险税(Social insurance taxes), 231

社会保障(Social Security), 124,231,238

社会保障税(tax), 160

社会(Society)

社会面临的决策(decisions faced by), 4

面临失业与通货膨胀之间的短期权衡取舍(faces short-run trade-off between inflation and unemployment), 14

Soltas, Evan, 308

南非的收入不平等(South Africa, income inequality in), 404

韩国(Korea)

自由贸易的多边方法(unilateral approach to free trade), 181

苏联(Soviet Union),9

专业化(Specialization)

动力(driving force of), 52—58

与规模经济(economies of scale and), 261—262

与贸易(trade and), 50—52

体育运动中的歧视(Sports, discrimination in), 395—396

SSI。见补充性保障收入(See Supplemental Security Income)

生活水平(Standard of living)

决定因素(determinants of), 13

生产率与生活水平之间的关系(relationship between productivity and), 13

星巴克(Starbucks),23

州政府(State government)

州政府收的税(taxes collected by), 231—232

乔治·斯蒂格勒(Stigler, George), 311

Stockman, David, 163
艾玛·斯通(Stone, Emma), 388
罢工(Strike), **391**
补贴(Subsidies)
    以市场为基础的补贴政策(market-based policy), 196—198
    租金补贴(rent), 120
    工资补贴(wage), 120
替代品(Substitutes), **70**
    需求的交叉价格弹性(cross-price elasticity of demand), 98
    需求价格弹性(price elasticity of demand), 90
替代效应(Substitution effect), 436—438
沉没成本(Sunk costs), 274, **275**, 275—276
超级明星现象(Superstar phenomenon), 390
食品券计划[Supplemental Nutrition Assistance Program (SNAP)], 415
补充性保障收入[Supplemental Security Income (SSI)], 414
供给(Supply), 73—76
    供给的应用(applications of), 102—107
    变动(change in), 80
    减少(decrease in), 75, 81
    供给弹性(elasticity of), 99—101
    供求均衡(equilibrium of demand and), 77—78
    超额供给(excess), 77
    供给增加(increase in), 75, 103
    个人供给(individual), 74
    缺乏弹性的供给(inelastic), 99
    与投入品价格(input prices and), 75
    劳动供给(of labor), 368—369
    供给定理(law of), 73
    市场供给与个人供给(market vs. individual), 74
    与卖者的数量(number of sellers and), 76
    完全有弹性的供给(perfectly elastic), 100
    完全无弹性的供给(perfectly inelastic), 100
    供给的价格弹性(price elasticity of), 100, 101
    价格与供给量之间的关系(relationship between price and quantity supplied), 73—74
    供给移动，与市场均衡(shift in, and market equilibrium), 80—81
    与技术(technology and), 75

供求(Supply and demand), 76—82, 111—112
    供求均衡(equilibrium of), 76—77
    供求定理(law of), 78
    供求的市场力量(market forces of), 65—85
    供求变动(shift in), 81—82
    多功能性(versatility of), 363
供给曲线[Supply curve(s)], **74**
    竞争市场上的供给曲线(in competitive market), 279—284
    供给价格弹性(price elasticity of supply), 100—101
    供给曲线移动(shifts in), 75—76
    供给曲线移动与沿着供给曲线的变动(shifts in vs. movements along), 80
    供给表与供给曲线(supply schedule and), 73—74, 140
    用供给曲线衡量生产者剩余(using to measure producer surplus), 140—141
    供给曲线的多样性(variety of), 100—101
供给表(Supply schedule), **73**
    供给表与供给曲线(supply curve and), 73—74, 140
供给学派经济学与拉弗曲线(Supply-side economics and Laffer curve), 163
剩余(Surplus), 77。参见"预算盈余""消费者剩余""总剩余"(See also Budget surplus; Consumer surplus; Total surplus)
    与价格下限(price floors and), 118
    生产者剩余(producer)。参看"生产者剩余"(See Producer surplus)
瑞典(Sweden)
    收入不平等(income inequality in), 404
    拉弗曲线(Laffer curve), 163
协同效应(Synergies), 309

T

贫困家庭临时援助(TANF)。见"贫困家庭临时援助"(See Temporary Assistance for Needy Families)
坦桑尼亚，大象猎杀(Tanzania, elephant poaching), 222
关税[Tariff(s)], 32, **173**
    与进口配额比较(compared to import quotas),

175
关税的无谓损失(deadweight loss of),174—175
在国际贸易中的影响(effects of in international trade),173—175
爱好(Tastes)
爱好的变化(changes in),368—369
与需求曲线移动(shifts in the demand curve and),70
税收负担(Tax burden)
税收负担的分配(distributed),238—239
划分税收负担(divided),125—126
减税(Tax cuts)
里根时期的减税(under Ronald Reagan),163
税收平等(Tax equity),239—241
税收(Taxes),120—127
支付能力原则(ability-to-pay principle),237—239
行政负担(administration burden),234—235
受益原则(benefits principle),236—237
对买者征税与市场结果(on buyers, market outcomes and),122—124
碳税(carbon),199
州政府与地方政府筹集的税收(collected by state and local governments),231—232
联邦政府筹集的税收(collected by the federal government),228—231
消费税(consumption),234
公司所得税(corporate income),231,240—241
矫正税(corrective),196—198
税收的代价(costs of),153—164
里根时期的减税(cuts under Reagan),163
无谓损失(deadweight losses),232—234
税收的无谓损失(deadweight loss of taxation),154—158,161—163
与效率(and efficiency),232—236
与平等(and equity),236—242
销售税(excise),231
汽油税(gas),197—198
税收归宿(incidence),121
对收入征税还是对消费征税的争论(income or consumption debate),233—234
劳动税(on labor),160—161

定额税(lump-sum),235—236
奢侈品税(luxury),126—127
边际税率与平均税率(marginal tax rates vs. average tax rates),235
负所得税(negative income),414—415
工薪税(payroll),124,230—231
个人所得税(personal income),230
庇古税(Pigovian),196
累进税(progressive),237
财产税(property),231—232
比例税(proportional),237
累退税(regressive),237
销售税(sales),231—232
对卖者征税与市场结果(on sellers, market outcomes and),121—122
社会保险税(social insurance),231
税收对市场参与者的影响(tax effects on market participants),155—157
税收平等(tax equity),239—241
税收归宿(tax incidence),293—241
税收支出(Tax expenditures),240—241
税收归宿(Tax incidence),**121**,239—241
与弹性(elasticity and),124—126
税收收入(Tax revenue),155,161—163
税制的设计(Tax systems, design of),227—242
技术变革(Technological change),366—367
技术知识(Technological knowledge)
特定的技术知识(specific),215
技术(Technology)
与对熟练与不熟练工人的需求(demand for skilled and unskilled labor and),386
与产权(property rights and),195
与供给曲线移动(shifts in supply curve and),75
技术溢出效应(spillovers),194—195
青少年劳动市场与最低工资(Teenage labor market, minimum wage and),119
贫困家庭临时援助[Temporary Assistance for Needy Families (TANF)],215,414
Texaco,347
纺织业(Textile market),168—182
Thaler, Richard H.,464—465
理论(Theory),20—21

索 引 ▶517

时间范围与需求价格弹性(Time horizon, price elasticity of demand), 91
时间序列图(Time-series graph), 37,38
一报还一报战略(Tit-for-tat strategy), 349
T-Mobile 公司, 309
收费道路(Toll roads), 220—221
总成本曲线(Total-cost curve), 253
总成本(Total costs), **248**, 248—249
 平均总成本(average), 256,262
 与生产函数(production function and), 252—254
总收益(Total revenue), **95**, **248**, 248—249
 沿着线性需求曲线的总收益(along a linear demand curve), 96—98
 总收益随着价格变化发生变化(changes with price changes), 96
 竞争企业的总收益(for competitive firm), 269—270
 与需求价格弹性(price elasticity of demand and), 95—96
总剩余(Total surplus), 143,145,300
丰田汽车(Toyota), 342
可交易的污染许可证(Tradable pollution permits), 200—202
贸易(Trade)。参看"自由贸易""贸易的好处""国际贸易"(See also Free trade; Gains from trade; International trade)
 贸易协定与世界贸易组织(agreements and World Trade Organization), 182
 贸易的收益(benefits of), 8—9
 与比较优势(comparative advantage and), 53—54
 无谓损失与贸易的好处(deadweight losses and gains from), 157—158
 没有国际贸易时的均衡(equilibrium without international), 168—169
 相互依存与贸易的好处(interdependence and gains from), 47—58
 贸易的价格(price of), 54
 贸易限制(restraint of), 349—350
 与专业化(specialization and), 50—52
 作为经济发展的工具(as a tool for economic development), 177

贸易壁垒(Trade barriers), 32
权衡取舍(Trade-offs), 4—5
 平等与效率之间的权衡取舍(between equity and efficiency), 242
 通货膨胀与失业之间的权衡取舍(between inflation and unemployment), 14—15
 与政策决策(policy decisions and), 28
 与生产可能性边界(production possibilities frontier and), 25—26
 工作与闲暇之间的权衡取舍(between work and leisure), 368
贸易限制(Trade restrictions)
 支持贸易限制的观点(arguments for), 178—182
 支持贸易限制的幼稚产业论(infant-industry argument), 180—181
 支持贸易限制的工作岗位论(jobs argument for), 178—180
 支持贸易限制的国家安全论(national-security argument), 180
 支持贸易限制的作为讨价还价筹码的保护论(protection-as-a-bargaining-chip argument), 181
 关税(tariffs), 32
 支持贸易限制的不公平竞争论(unfair-competition argument for), 181
交通,作为公共物品或公共资源的拥堵道路(Traffic, congested roads as public goods or common resources), 220—221
公地悲剧(Tragedy of the Commons), **218**, 218—219
交易成本(Transaction costs), **204**
传递性(Transitivity), 458
临时收入(Transitory income), 408
哈里·杜鲁门(Truman, Harry), 28
搭售(Tying), 352

U

优步(Uber), 11
乌干达,大象猎杀(Uganda, elephant poaching), 222
最后通牒博弈(Ultimatum game), 463
地下经济(Underground economy), 161

失业(Unemployment)
　　失业与通货膨胀之间的短期权衡取舍(short-run trade-off between inflation and),14—15
支持贸易限制的不公平竞争论(Unfair-competition argument for trade restrictions),181
工会(Union),**391**
　　均衡工资的决定(determinant of equilibrium wages),390—391
英国(United Kingdom)
　　收入不平等(income inequality in),404
美国(United States)
　　碳税(carbon tax),199
　　收入分配(distribution of income in),402—403
　　收入不平等(income inequality in),402—404
　　通货膨胀(inflation in),14
　　与美国的国际贸易(international trade with),57—58
　　生活水平(living standards in),13
　　与北美自由贸易协定(NAFTA and),181
　　管理鱼类和其他野生动物使用的法律(various laws to manage use of fish and other wildlife),222
美国邮政服务公司(United States Postal Service),311
《任何速度都不安全》(纳德尔)[Unsafe at Any Speed (Nader)],8
U 形的平均总成本曲线(U-shaped average total cost),257—258
功利主义(Utilitarianism),410—411
效用(Utility),**410**
　　与偏好(preferences and),433

V

增值税[Value-added (VAT) tax],234
人生命的价值,成本—收益分析(Value of human life, cost-benefit analysis),217—218
边际产量值(Value of marginal product),**365**,365—366
价值定价(Value pricing),220
经济学家之间价值观的差别(Values, differences among economists in),30—31
可变成本(Variable costs),**255**,262
　　平均可变成本(average),256,262

变量(Variables)
　　单变量的图形(graphs of single),37,38
　　两个变量的图形(graphs of two),37—39
　　忽略的变量(omitted),43—44
　　影响买者的变量(that influence buyers),71
　　影响卖者的变量(that influence sellers),76
可变收费(Variable tolling),220
增值税(VAT)。见增值税(See value-added tax)
纵向平等(Vertical equity),**237**,237—239
Vestager, Margrethe,354
大众汽车(Volkswagen),342
投票机制(Voting systems)
　　阿罗不可能性定理(Arrow's impossibility theorem),458—459
　　康多塞投票悖论(Condorcet voting paradox),457—458
　　中值选民理论(median voter theorem),459—461

W

工资(Wages)。另见"收入"(See also Income)
　　与能力、努力和机遇(ability, effort, and chance),388—389
　　高于均衡的工资(above-equilibrium),390—391
　　与漂亮(beauty and),388—389
　　与黑死病(Black Death and),377—378
　　补偿性工资差别(compensating differentials),384
　　均衡工资的决定(determinants of equilibrium),384—391
　　与教育(education and),389—390
　　效率(efficiency),390—391
　　人力资本(human capital),385—386
　　与移民(immigration and),369,372—373
　　与劳动供给(labor supply and),440—443
　　最低工资(minimum),118—120
　　最低工资法、工会与效率工资(minimum-wage laws, unions, and efficiency wages),390—391
　　与生产率(productivity and),373—374
　　发信号(signaling),389—390
　　超级明星现象(superstar phenomenon),390

工资补贴(Wage subsidies),120
Walsh,Emily,393
《国富论》(斯密)[*Wealth of Nations*(Smith)],9,10,55,261,350
福利(Welfare),**414**
 自由贸易的福利效应(effects of free trade),170
 关税的福利效应(effects of tariffs),173—175
 减少贫困的政策(policies to reduce poverty),414
 税收影响福利(tax affects),156—157
垄断的福利成本(Welfare cost of monopolies),300—303
福利经济学(Welfare economics),**134**,134—148,155—157,197,313
社会福利(Welfare of Society)
 与垄断竞争(monopolistic competition and),327—328
 与囚徒困境(prisoners' dilemma and),347—348
支付意愿(Willingness to pay),**134**,134—135
销售意愿与成本(Willingness to sell, cost and),139—140
女性(Women)
 竞争中的性别歧视(gender differences in competition),389,392

工作与闲暇之间的权衡取舍(Work, trade-off between leisure and),368
工作激励与反贫困计划(Work incentives, anti-poverty programs and),415—418
工作—闲暇决策(Work-leisure decision),441
世界价格(World price),**169**
世界贸易组织[World Trade Organization(WTO)],182
 世界贸易组织与贸易协定(trade agreements and),182
第二次世界大战(World War II),346
世界贸易组织(WTO)。参见"世界贸易组织"(*See* World Trade Organization)

X

x轴(x-coordinate),38

Y

y轴(y-coordinate),38

Z

零利润(Zero profit)
 继续经营的零利润的竞争企业(competitive firms stay in business with),280—281
 零利润均衡(equilibrium),281—282

Supplements Request Form(教辅材料申请表)

Lecturer's Details (教师信息)			
Name: (姓名)		Title: (职务)	
Department: (系科)		School/University: (学院/大学)	
Official E-mail: (学校邮箱)		Lecturer's Address /Post Code: (教师通讯地址/邮编)	
Tel: (电话)			
Mobile: (手机)			

Adoption Details(教材信息)　　原版☐　　翻译版☐　　影印版☐	
Title:(英文书名) Edition:(版次) Author:(作者)	
Local Publisher: (中国出版社)	

Enrolment: (学生人数)		Semester: (学期起止日期时间)	

Contact Person & Phone/E-Mail/Subject:
(系科/学院教学负责人电话/邮件/研究方向)
(我公司要求在此处标明系科/学院教学负责人电话/传真及电话和传真号码并在此加盖公章.)

教材购买由 我☐ 我作为委员会的一部份☐　　其他人☐[姓名：　　　　]决定。

申请方式一：填写以上表格，扫描后同时发送至以下邮箱：

asia.infochina@cengage.com
em@pup.cn

申请方式二：扫描下方二维码，通过微信公众号线上申请教辅资料

如需**中英文PPT**，请扫描下方二维码：
关注 "北京大学经管书苑" 微信公众号，
点击菜单栏的【在线申请】—【教辅申请】，
选择并填写相关信息后提交即可。

如需**其他英文教辅资料**，请扫描下方二维码：
关注 "圣智教育服务中心" 微信公众号，
点击菜单栏的【教学服务】—【获取教辅】，
选择并填写相关信息后提交即可。

北京大学出版社经济与管理图书事业部
电话：010-62767312

Cengage Learning Beijing
电话：010-83435000

VERIFICATION FORM / CENGAGELEARNING